孟子淺悟

姜厚粤　著

山東大學出版社

圖書在版編目(CIP)數據

孟子淺悟/姜厚粤著. —濟南:山東大學出版社,
2020.3
ISBN 978-7-5607-5792-6

Ⅰ.①孟… Ⅱ.①姜… Ⅲ.①儒家 ②《孟子》—研究
Ⅳ.①B222.25

中國版本圖書館 CIP 數據核字(2017)第 151021 號

策劃編輯:劉　彤
責任編輯:秦大忠　董付蘭　陳海軍
封面題字:姜　濤
封面制圖:楊曉怡
美術編輯:張　荔

出版發行:山東大學出版社
社　址　山東省濟南市山大南路 20 號
郵　編　250100
電　話　市場部(0531)88363008
經　銷:新華書店
印　刷:山東和平商務有限公司
規　格:787 毫米×1092 毫米　1/16
28.25 印張　800 千字
版　次:2020 年 3 月第 1 版
印　次:2020 年 3 月第 1 次印刷
定　價:69.00 元

前言

孟子身處戰國之末最混亂的時期,爲了匡世濟民,挽救時弊,以其"舍我其誰"的豪邁氣概,以儒道游説諸侯。然"時君咸谓之迂闊於事,終莫能聽納其説"。進入暮年,恥没世而無聞,遂論集所與弟子難疑答問及自撰其法度之言,著《孟子》七篇。

《史記·孟荀列傳》載:"太史公曰:余讀《孟子》書,至梁惠王問'何以利吾國',未嘗不廢書而歎也。曰:嗟呼,利誠亂之始也!夫子罕言利者,常防其原也,故曰'放於利而行,多怨'。自天子至於庶人,好利之獘何以異哉!"

趙岐《孟子題辭》謂此書'包羅天地,揆度萬類,仁義道德,性命禍福,粲然靡所不載。帝王公侯遵之,則可以致隆平,頌清廟;卿大夫士蹈之,則可以尊君父,立忠信;守志立操者儀之,則可以崇高節,抗浮雲。有風之人託物,《二雅》之正言,可謂直而不倨,曲而不屈,命世亞聖之大才者也。"

書中更不乏至理名言,諸如"老吾老以及人之老,幼吾幼以及人之幼,天下可運於掌"、"天下之不助苗長者寡矣"、"愛人不親反其仁,治人不治反其智,禮人不答反其敬。行有不得者皆反求諸己,其身正而天下歸之"、"人之患在好爲人師"、"古者易子而教,父子之閒不責善。責善,朋友之道也;父子責善,賊恩之大者"、"説詩者不以文害辭,不以辭害志。以意逆志,是爲得之"等等,俯拾即是。還有許多精辟論述,諸如"居天下之廣居,立天下之正位,行天下之大道。得志,與民由之;不得志,獨行其道:富貴不能淫,貧賤不能移,威武不能屈,此之謂大丈夫"、"古之人,得志澤加於民,不得志脩身見於世。窮則獨善其身,達則兼善天下"、"天將降大任於是人也,必先苦其心志,勞其筋骨,餓其體膚,空乏其身,行拂亂其所爲,所以動心忍性,增益其所不能。人恒過,然後能改;困於心,衡於慮,而後作;徵於色,發於聲,而後喻。入則無法家拂士,出則無敵國外患者,國恒亡。然後知生於憂患而死於安樂也"等等。尤其可貴的是,書中充滿了民貴君輕思想,道出了生活在水深火熱中的無告百姓的心聲。

這樣一部有益於國計民生的好書,爲什麼"時君咸謂之迂闊於事,終莫能聽納其説"呢?

《史記》云:"當是之時,秦用商君,富國强兵;楚、魏用吴起,戰勝弱敵;齊威王、宣王用孫子、田忌之徒,而諸侯東面朝齊。天下方務合從連衡,以攻伐爲賢。而孟軻乃述唐虞三代之德,是以所如者不合。"又云:"持方枘欲内圜鑿,其能入乎?或曰,伊尹負鼎而勉湯以王，百里奚飯牛車下而繆公用霸。作先合，然後引之大道。”

是的，當時齊楚燕趙韓魏秦七雄之君皆僭稱王，都想一統天下，又怕被别國吞併。所以富國强兵成了各國之急務。《禮記・禮器》云：“禮，時爲大。”就是説，禮的制訂，當以時勢之急需放在首位。孟子不是不知這個道理，他曾説：“知者無不知，當務之爲急；仁者無不愛，急親賢之爲務。堯舜之知而不徧物，急先務也；堯舜之仁不徧愛人，急親賢也。”但他遊説諸侯並未踐此言，却向諸侯强調“民爲貴，君爲輕”，居然説：“争地以戰，殺人盈野；争城以戰，殺人盈城。此所謂率土地而食人肉，罪不容於死。故善戰者服上刑，連諸侯者次之，辟草萊任土地者次之。”指責梁惠王“庖有肥肉，廐有肥馬，民有飢色，野有餓莩，此率獸而食人也。獸相食且人惡之，爲民父母行政不免於率獸而食人，惡在其爲民父母也？”齊宣王問貴戚之卿的職責範圍，回答説：“君有大過則諫，反覆之而不聽，則易位。”這樣的言論，究竟是想匡世濟民，還是欲激怒諸侯？爲何不學伊尹懷負鼎之願，先求與湯合作，然後引之大道呢？孔子曰：“不可與言而與之言，失言。”孟子失言矣！“時君咸謂之迂闊於事”，對他已是很客氣了。

大概正是這個緣故，《孟子》書自漢以降的一千多年間，始終納入子部，其間漢文帝雖曾一度將《孟子》與已列入經部的《論語》、《孝經》、《爾雅》皆置博士加以提倡，然不久又罷傳記博士，不會與此無關吧？

趙岐《孟子題辭》云：“《論語》者，五經之錧鎋，六藝之喉衿也。”堪稱明鑑。拿《孟子》對照《論語》，其差異顯而易見。

一、《論語》文筆流暢，言近指遠，給人思考的空間無限；《孟子》言辭晦澀，理解頗費揣測，有思考餘地的章節不多。

二、孔子“述而不作”，所傳述的都是從散落在民間浩如烟海、粟稗混雜的官藏简策中，遴選出足以模範後世的部分，整理成的《詩》、《書》、《禮》、《樂》、《易》、《春秋》六經，未曾創作新説。朱熹云：“夫子蓋集羣聖之大成而折衷之，其事雖述，而功則倍於作矣。”可謂持正之論。孟子則有標新立異之創見，諸如“不孝有三，無後爲大。舜不告而娶，爲無後也”、“大人者，言不必信，行不必果，惟義所在”等等。其説之荒謬，拙淺悟皆有駁辯，兹不贅述。

三、孔子罕言“性”，在《論語》中僅説過“性相近也，習相遠也”唯一的一次。孟子則創出個“性善”論。因有破綻，荀子遂又創出個“性惡”論與之抗衡。這便引起後學們無休止地争執，迄今無定論。足見他們全都不曾探討過何爲“性”。

《禮記・中庸》曰：“天命之謂性。”鄭玄注：“天命，謂天所生人者也，是謂性命。《孝經説》曰：‘性者，生之質，命人所稟受度也’”。

《荀子・正名》曰：“生之所以然者謂之性”。

《漢書》董仲舒曰：“性者，生之質也。”

北宋張載《正蒙・誠明篇》曰：“性者，萬物之一源，非有我之得私也。”又《近思録》曰：“所謂性者，人物之所同得。非惟己有是，而人亦有是；非惟人有是，而物亦有是。”又《西銘》曰：“民吾同胞，物吾與也。”

綜上所述，所謂性，即與生俱來，不學而能的天性，或稱自然本性。人的天性與禽獸大致相同，都有飲食、蕃衍及喜怒哀懼愛惡欲七情等功能，故曰"性相近"。所不同的是，除操縱這些天性的各器官的靈敏程度各有高低外，還有一個質的差異，那就是思維，是天獨賜給人類的本能。禽獸不會思維，其生命活動全靠天性的支配；人類則可動用思維選擇生存方式，這種選擇則是根據各自的愛好，而愛好又是由積久的習慣形成的；習慣（或者説愛好）是多種多樣的，不同習慣的人自然要選擇習慣的生存方式，相互間的差别於是越拉越大，故曰"習相遠"。

天性究竟善還是惡，孔子從未論及，説明爭論性的善惡毫無意義。不過中華文化判斷是非善惡的標準只有一個，即天道法則：凡是遵循天道法則的言行，必是善的；違背天道法則的言行，必是惡的。

《易·繫辭下》曰："天地之大德曰生。"天地生育萬物，使各司其職，構成了一個既相互依存又相互制約的龐大而嚴密的生物鏈，維持着生態平衡，萬物才得以生生不息。天之所以獨賜給人類思維，就是要人類能贊天地之化育，去維護生態的平衡。然而人類却倚仗思維的强大勢力，依照自身的愛憎標準，蠻横地將萬物劃分爲益蟲和害蟲，而對害蟲肆意摧殘和勦滅。如果其中某一物種被滅絶，滅絶的哪怕是蒼蠅、蚊子或某病菌，生物鏈便不再完整，生態也失去了平衡，這便意味着下一個賴此物種生存的物種面臨滅絶，緊接着又是下一個、下一個……萬物終將統統滅絶而無一能幸免。從這個意義講，誰能説出哪個物種的天性是善還是惡的呢？如果説惡源是人類，可是人在只用天性生存的童蒙時期，其哪一種行爲是惡的呢？可見不論人還是萬物，其天性都没有善惡之分。孟子强調性善，最典型的事例是："人皆有不忍人之心。今人乍見孺子將入於井，皆有怵惕側隱之心。"這種"不忍"，同樣是後天思維發出的信號。懷抱的嬰兒乍見孺子將入於井，莫非也會生出怵惕惻隱之心？孟子所列舉的所有性善的例證，其實都是後天的"習"，而不是先天的"性"。

孔子所説的"性相近也，習相遠也"有何意義呢？孔安國注："君子慎所習。"慎重選擇自己的愛好，培養良好的習慣，才是正道。

四、周遊列國。孔子遊説諸侯，以其"温良恭儉讓"的人格魅力，每到一國"必聞其政"；孟子遊説諸侯，所持的態度是："説大人則藐之，勿視其巍巍然。在彼者皆我所不爲也，在我者皆古之制也，吾何畏彼哉！"所换來的是"終莫能聽納其説"。

五、孔子曰："攻乎異端，斯害也已。"攻擊異己，只不過製造禍害而已。告誡樊遲："攻其惡，無攻人之惡。"教誨弟子："躬自厚而薄責於人，則遠怨矣。"子貢方人，即譏謗人。孔子批評道："端木賜，你就那麽好嗎？要是我就没那閒工夫。"子貢問："君子亦有惡乎？"孔子説："有惡，惡稱人之惡。"曾坦言："吾之於人也，誰毁誰譽？如有所譽者，其有所試矣。"的確，整部《論語》中，孔子不曾詆毁過任何人，所贊譽的則不少，諸如堯、舜、禹、泰伯、文王、管仲、晏嬰、子産等等，且皆有"所試"的事實依據。對待不同主張的所謂異端，也僅限止於"道不同不相爲謀"。孟子也懂這個道理，他曾説："言人之不善，當如後患何？"可就是控制不住好辯、好攻異端的慣性，攻擊"楊氏爲我，是無君也；墨氏兼愛，是無父也。無父無君，是禽獸也。我亦欲正人心，息邪説，距詖行，放淫辭，以承三聖者，豈好辯哉？予不得已也！能言距楊墨者，聖人之徒也。”以聖人之徒的名義攻擊異端，這聖人中是否包括孔子呢？孔子稱贊子産“有君子之道四焉：其行己也恭，其事上也敬，其養民也惠，其使民也義”；孟子則挖苦子産“惠而不知爲政”。還有管仲，因其自身脩養欠檢束，孔子曾批評他“器識小，不節儉，不知禮”：當子路和子貢指責管仲不仁時，孔子便列舉他對人類社會做出的重大貢獻予以肯定，連説：“如其仁，如其仁”，即應當稱他是仁者。孟子却不以爲然，一味貶損管仲，説他“得到國君的知遇是那樣專一，行使國政是那樣長久，而功勳業績却是那樣卑微不足道。提起管仲，連曾子的兒子曾西都不屑與之相比，我會羡慕他嗎？”此言未免有失厚道。從史料和孔子口中得知，管仲是春秋亂世中的傑出政治家。在上無天子，下無方伯，各國交相廝殺兼併，夷狄乘虚而入，邢國、衛國相繼爲其所滅的情形下，管仲以其獨具的魄力，輔佐齊桓公“霸諸侯，一匡天下”，平息了内戰，令夷狄屈服，使天下有了相對穩定、統一的秩序。假如没有管仲，可以肯定地説，没有哪個諸侯國能制止夷狄的入侵，中原各國將會被其逐一吞滅，所有人都將淪爲“披髮左衽”的奴隸，流散在民間的文化典籍也將不復存在，自然也就不會誕生孔子這位聖人，以及由他整理的六經和由他培育的三千弟子七十二賢者，中華文化也將像古埃及、古巴比倫文化一樣，成爲千古之謎。相比之下，管仲之“器小、不儉、不知禮”又算得了什麽？總不至於吝嗇到聽了孔子許給他兩聲“如其仁”也感到不舒服吧？

六、《論語》曰：“子之所慎：齊、戰、疾。”孔子對待戰事持慎重態度。衛靈公向其詢問如何排兵布陣，孔子答道：“俎豆之類禮器的操作曾聽説過，軍旅之事未之學也。”第二天便離開了衛國。《史記》載：“孔子既不得用於衛，將西見趙簡子。”趙簡子是晉國上卿。到達黄河邊，聽説竇鳴犢、舜華兩位賢大夫被殺，臨河歎道：“趙簡子未得志之時，須此兩人而後從政；及其已得志，殺之乃從政。丘聞之也，刳胎殺夭則麒麟不至郊，竭澤涸魚則蛟龍不合陰陽，覆巢毁卵則鳳凰不翔，何則？君子諱傷其類也。夫鳥獸之於不義也尚知辟之，而況乎丘哉！”於是又返回衛國。孔子曾説：“篤信好學，守死善道。危邦不入，亂邦不居。天下有道則見，無道則隱。”還説：“邦有道，危言危行；邦無道，危行言遜。”此乃踐其言也。孟子則不然，無論危邦亂邦、有道無道，言行一概不拘。比如在齊國身居卿位，因宣王不聽納其説而久有去意，所以不肯接受俸禄。之所以遲遲滯留，只因齊國侵佔了燕國，諸侯正在謀劃救燕。孟子認爲齊國被戰事糾纏，不可請求離開。

七、祭祀在中華文化中的地位極爲重要。《禮記·祭統》云：“凡治人之道，莫急於禮。禮有五經，莫重於祭。”祭祀的内涵是遵奉天道，報本反始，是純粹的感恩活動。孔子在《論語》中有關祭祀的論述達十數章；整部《孟子》涉及祭祀的話題僅有兩次，且不是主體話題。

這些差異，大概也是《孟子》久居子部的原因之一吧？

時至宋代，理學興起，鼓吹性善，好攻異端，極力推尊《孟子》，爲開展其理學張本。其奠基者程子曰：“孟子有功於聖門，不可勝言。仲尼只説一個‘仁’字，孟子開口便説‘仁義’；仲尼只説一個‘志’，孟子便説許多‘養氣’出來。只此二字，其功甚多。”又曰：

"孟子有大功於世，以其言性善也。"又曰："孟子性善、養氣之論，皆前聖所未發。"或問程子曰："孟子還可爲聖人否？"程子曰："未敢便道他是聖人，然學已到聖處。"赫赫程子，竟説出如此幼稚而荒誕之言！

時至南宋，程子之四傳弟子朱熹，接過祖師之衣鉢而發揚之。從《禮記》中抽出所謂"孔門傳授心法"之《中庸》及"初學入德之門"之《大學》兩篇，與《論語》、《孟子》合編爲《四書》，傾其畢生精力爲之輯録衆家注疏並加以注釋，合稱《四書章句集注》。其注釋經文師心自任，擅改經文，隨意增删，强經就我，將孔子從未言及之理學觀念注入其中；遇有難解處，或斷爲錯簡、脱簡，或謂之衍文，或委過於記者傳抄之誤，獨不懷疑自己的理解水平。然此書客觀上却起到了維護君主專制政體的作用，被元明清三代皆欽定爲科舉考試命題的範圍和答案的標準。於是《孟子》由子書擢升爲經書，孟子被尊奉爲亞聖，朱熹則被譽爲理學之集大成者。七百多年來，學子爲了求取功名，只得死記朱子的注釋而不敢懷疑其中是否有誤，從此教育成了"應試"的奴隸，教師"呻其佔畢"，弟子鸚鵡學舌，七百多年來的師生都在重復着朱熹説過的話，致使這種高度統一的學舌風氣影響到整個社會的思維方式和行爲模式。鵲巢鳩占的程朱理學成了中華文化的主導。可想而知，應運而生的後學必然多爲趨附者。於是孟子的弱點也成了優點，説什麽"孟子對孔子學説不但有所取捨，而且有所發展；不是亦步亦趨，照本宣科，而是有重大革新和突破。他以其浩然正氣，犀利的筆鋒，反擊邪説、淫辭，終於使儒學在盈天下的異端包圍中，取得了主導地位。"這話説得太離譜。《論語》中，孔子的每一則教言，都是經得起推敲，經得起實踐檢驗、不受時代限制，放之四海而皆準的真理，真理是可以發展、革新和突破的嗎？至於儒學的主導地位，衆所周知，那是漢武帝詔試天下賢良文學之士，策問古今治國之道時，董仲舒以其"天人三策"應對，内中所引皆《論語》孔子之言、《春秋》大一統之義，得到漢武帝的賞識，促其下定罷黜百家，獨尊儒術的决心，使漢王朝很快走向鼎盛，從而奠定了儒學兩千多年正統地位的堅實基礎。假如董子對策所引皆孟子之言，武帝會聽納其説嗎？明太祖朱元璋就曾將《孟子》中有礙君主專制統治的五十八章剔除，並廢孟子之祀。再説，程朱理學及其趨附者們的過高之譽，也有違孟子之心願。

孟子曰："自有生民以來，未有盛於孔子也。"又曰："乃所願，則學孔子也。"

平心而論，《孟子》書中的精辟論述、至理名言，尤其是那些富有民主思想的言論，只有在推翻了君主專制統治，建立起人民當家作主的公有制社會的當今，才能焕發出其應有的光彩。

拙淺悟放膽狂言，想必會激起明者之不忿而攻之，或可收到抛磚引玉之效，從而達到還《孟子》以本真之初衷。正所謂儒外之異端不可攻，儒内之異端"鳴鼓而攻之可也"。懇望各位熱衷振興中華文化的有識之士，勿吝賜教，不勝感激。

榮城蕉嶺姜厚粤

二〇一二年秋於山東石島

凡例

孟子淺悟

一、全書採用繁體字，主要有以下考慮：首先，繁體字是中華文化發展成熟後的產物，尤其是會意字，每字皆有思想，諸如人言爲“信”，止戈爲“武”等。我國自古以來的學堂皆設有專門學習、研究文字的學科，即所謂“小學”，可見繁體字是中華文化賴以流傳不息的保障，要想了解中華文化的真實涵義，不可不識繁體字；其次，古籍原著皆繁體字，若改用如今推行的簡體字，由於許多簡體與繁體字同而涵義乃至讀音皆不同，容易混淆致誤，故有志研究古籍者，必須閱讀繁體字的原著。

二、《孟子》七篇之章節，仍沿襲《十三經注疏》本中之趙岐《孟子章句》之體例，每篇分上下卷，凡十四卷，章名下標明章數。

三、原文之文字，均以趙岐《孟子章句》與焦循《孟子正義》二者之原文互相參照，擇善而從，其中的異體字、假借字均保持原貌

四、原文之斷句，在參照趙氏《章句》、焦氏《正義》沈文倬點校本的基礎上，略有改動。

五、原文之標點符號，在參照焦氏《正義》沈文倬點校本的基礎上，略有改動。

六、譯文部分，在參考古注，擇善而從的基礎上，對原文之字義經過慎重選擇，儘量採取對號入座的直譯方式，使其中起關鍵作用的字儘量出現在譯文中。不過礙於一字多義，個别關鍵字必須換成其他字才能解釋通者，將在淺悟中作説明。爲達到通俗易懂之效果，有些語句在不失原意的前提下，略加一些字。

七、古注部分，只對趙岐注作全録，對孫奭疏、朱熹集注、焦循正義及其所引衆家之解説，或節録，或不録。

八、淺悟部分，一方面針對原文或古注中的謬誤給予必要的辯駁，一方面略談學習該章的感悟；此外還對一些生僻字和破讀字，用現代新舊兩種拼音字母作了注音。以上三事未必每章皆備，無則缺之。

九、書中之精辟論述、至理名言太多，有些早已成了習用成語。然在引用時，查找起來頗費周折。爲此，特設“索引”一欄，附於書末，以期讀者引用時能儘快查到相關資料之出處。

目録

孟子淺悟

孟子卷一淺悟

梁惠王章句上　凡七章

漢趙岐《注》(以下簡稱《注》)　梁惠王者,魏惠王也。魏,國名。惠,謚也。王,號也。時天下有七王,皆僭號者也。猶春秋之時,吳楚之君稱王也。魏惠王居於大梁,故號曰梁王。聖人及大賢有道德者,王公矦伯及卿大夫咸願以爲師,孔子時,諸矦問疑質禮,若弟子之問師也。魯衛之君,皆尊事焉。故《論語》或以弟子名篇,而有《衛靈公》《季氏》之篇。孟子亦以大儒爲諸矦所師,是以《梁惠王》《滕文公》題篇,與《公孫丑》等而爲一例也。

宋孫奭《疏》(以下簡稱《疏》)　自此至《盡心》是《孟子》七篇之目及次第也。摠而言之,則《孟子》爲此書之大名,《梁惠》以下爲當篇之小目,其次第蓋以聖王之盛唯有堯舜。堯舜之道,仁義爲首,故以梁惠王問利國,對以仁義爲七篇之首也。此篇凡二十三章,趙氏分爲上下卷。此上卷只有七章,其餘十六章分在下卷,各有言説,大抵皆是君國之要務,故述爲篇章之先。凡此二十三章,既以梁惠王問利國爲章首,遂以梁惠王爲篇名。《公孫丑》以下諸篇所以次當篇之下,各有所説。云《章句》者,章,文之成也;句者,辭之絶也。又言章者,明也,摠義包體所以明情者也;句必聯字,而言句者,局也,聯字分疆所以局言者也。案《史記世家》云:"魏之先,畢公高之後也。武王伐紂,而高封於畢,是爲畢姓。其後絶封,爲庶人,或在夷狄。其裔曰畢萬,事晉獻公。獻公十六年,以魏封畢萬,爲大夫。卜偃曰:'畢萬之後必大矣。萬,滿數也;魏,大名也。'畢萬封十一年,獻公卒,畢萬之世彌大,從其國名爲魏氏,生武子,武子生悼,悼生魏絳,絳生嬴,嬴生魏獻子,子生侈,侈之孫曰魏桓子,桓子孫曰文矦;文矦卒,子擊立,爲武矦;武矦卒,子罃立,爲惠王。惠王三十一年,齊趙共伐我邑,於是徙都大梁。"然則梁惠王是武矦之子,名罃,謚曰惠。謚法云:愛人好與曰惠。

清焦循《正義》(以下簡稱《正義》)　《漢書·藝文志》:"《易章句》,有施、孟、梁丘各二篇。《書》有《歐陽章句》三十一卷,《大小夏矦章句》二十九卷。《春秋》有《公羊章句》三十八篇,《穀梁章句》三十三篇"。……趙氏以"章句"命名,其來尚矣。周氏廣業《孟子古注考》云:"《意林》云:'蜀郡趙臺卿作《章句》,章句曰指事。'廣按:臺卿京兆人,而稱蜀郡者,蓋因避難改籍也。章句曰指事者,謂斷章而揭其大指,離句而證以實事也。《意林》録自梁庾仲容《子抄》，當是庾所見舊本標題如此。或云：‘《史記》稱莊周善屬書離辭，指事類情，指事之名本此。’案指事爲六書之一，許慎《説文》敍云：‘視而可識，察而可見，上下是也。’趙意蓋兼取顯著之義。”……孟子言五教，而答問居其一，故諸侯質疑問禮，卽是以師道尊之。乃《論語》名篇，但舉篇首以爲之目。其稱《衛靈公》，以篇首有“衛靈公問陳”。其稱《季氏》，以篇首有“季氏將伐顓臾”，與《學而》《述而》等篇同。《孟子》以《梁惠王》《滕文公》名篇，亦如是耳，非謂例衛靈公、季氏於子路、顔淵，例梁惠王、滕文公於公孫丑、萬章也。趙氏所云，恐未盡然。

1.1

【原文】

孟子見梁惠王。王曰：“叟不遠千里而來，亦將有以利吾國乎？”

孟子對曰：“王何必曰利？亦有仁義而已矣。王曰何以利吾國，大夫曰何以利吾家，士庶人曰何以利吾身，上下交征利，而國危矣！萬乘之國，弑其君者，必千乘之家。千乘之國，弑其君者，必百乘之家。萬取千焉，千取百焉，不爲不多矣。苟爲後義而先利，不奪不饜。未有仁而遺其親者也，未有義而後其君者也。王亦曰仁義而已矣，何必曰利？”

【譯文】

孟子拜見梁惠王。王問：“夫子不遠千里而來，也將有辦法爲我國牟利嗎？”

孟子答道：“王何必講求牟利？只要擁有仁義就够了呀。王一味講求如何爲我國牟利，大夫就會講求如何爲我的食邑牟利，士子庶民都會講求如何爲我自身牟利，朝野上下交相争利國家就危險了呀！兵車萬乘的王國中敢謀殺其君王的，必定是擁有兵車千乘的諸侯；兵車千乘的諸侯大國中敢謀殺其國君的，必定是擁有兵車百乘的卿大夫。在萬乘之王國中的諸侯可取兵車千乘，在千乘之諸侯國中的卿大夫可取兵車百乘，所取得的不能説不多呀。倘若把道義抛到腦後却去争先牟利，其後果將是不奪取天下决不會滿足其貪婪之心。不曾有具備仁德却會遺棄其父母的兒女嘛，也不曾有講道義竟把尊君抛到腦後的臣子嘛。王只要講仁義就够了呀，何必提到牟利？”

【古注】

《注》 孟子適梁，魏惠王禮請孟子見之。曰，辭也。叟，長老之稱也，猶父也。孟子去齊，老而之魏，故王尊禮之曰父，不遠千里之路而來至此，亦將有可以爲寡人興利除害乎？孟子知王欲以富國强兵爲利，故曰王何必以利爲名乎，亦惟有仁義之道者，可以爲名。以利爲名，則有不利之患矣。因爲王陳之。征，取也。從王至庶人，故云上下交争。各欲利其身，必至於篡弑，則國危亡矣。《論語》曰：

"放於利而行，多怨。"故不欲使王以利爲名也。又言交爲俱也。萬乘，兵車萬乘，謂天子也。千乘，兵車千乘，謂諸侯也。夷羿之弑夏后，是以千乘取萬乘也。天子建國，諸侯立家。百乘之家，謂大國之卿，食采邑有兵車百乘之賦者也，若齊崔、衛甯、晉六卿等是。以其終亦皆弑其君，此以百乘取千乘也。上千乘當言國而言家者，諸侯以國爲家，亦以避萬乘稱國，故稱家。君臣上下之辭。周制：君十卿録，君食萬鍾，臣食千鍾，亦多矣，故不爲不多矣。苟，誠也。誠令大臣皆後仁義而先自利，則不篡奪君位，不足自饜飽其欲矣。仁者親親，義者尊尊。人無行仁而遺棄其親、行義而忽後其君者。孟子復申此者，重嗟歎其禍也。《章指》言："治國之道明，當以仁義爲名，然後上下和親，君臣集穆。天經地義，不易之道，故以建篇立始也。"

《疏》 萬取千焉，千取百焉，不爲不多者，孟子言，凡欲天子之萬乘者，且於其内取千乘而爲天子之諸侯；欲諸侯之千乘者，且於其内但取百乘而爲之大夫，是亦不爲少矣，何必交相争奪慕多爲勝耶？苟爲後義而先利，不奪不饜者，孟子言，且令臣庶皆後去其仁義而先且以自利，則不交相殺奪故不足自飽饜，言必殺奪，如千乘奪取萬乘、百乘奪取千乘，然後爲飽足也。

南宋朱熹《集注》（以下簡稱《集注》） 仁者，心之德，愛之理。義者，心之制，事之宜也。此二句乃一章之大指，下文乃詳言之。後多放此。乘，去聲。饜，于艷反。此言求利之害，以明上文"何必曰利"之意也。征，取也。上取乎下，下取乎上，故曰"交征"。國危，謂將有弑奪之禍。乘，車數也。萬乘之國者，天子畿内地方千里，出車萬乘。千乘之家者，天子之公卿采地方百里，出車千乘也。千乘之國，諸侯之國。百乘之家，諸侯之大夫也。弑，下殺上也。饜，足也。言臣之於君，每十分而取其一分，亦已多矣。若又以義爲後，而以利爲先，則不弑其君而盡奪之，其心未肯以爲足也。此言仁義未嘗不利，以明上文"亦有仁義而已"之意也。遺，猶棄也；後，不急也。言仁者必愛其親，義者必急其君。故人君躬行仁義而無求利之心，則其下化之，自親戴於己也。重言之，以結上文兩節之意。此章言仁義根於人心之固有，天理之公也；利心生於物我之相形，人欲之私也。循天理，則不求利而自無不利；徇人欲，則求利未得而害已隨之。所謂毫釐之差，千里之謬。此孟子之書所以造端托始之深意，學者所宜精察而明辨也。太史公曰："余讀孟子書，至梁惠王問'何以利吾國'，未嘗不廢書而歎也。曰：嗟乎！利，誠亂之始也。夫子罕言利，常防其源也，故曰：'放於利而行，多怨。'自天子以至於庶人，好利之弊何以異哉！"程子曰："君子未嘗不欲利，但專以利爲心則有害。惟仁義則不求利而未嘗不利也。當是之時，天下之人惟利是求，而不復知有仁義。故孟子言仁義而不言利，所以拔本塞源而救其弊，此聖賢之心也。"

《正義》 《魏世家》云："惠王數被軍旅，卑禮厚幣，以招賢者，鄒衍、淳於髡、孟軻皆至梁。"時秦用商君，富國强兵，惠王所以遷梁，故曰亦將有以利吾國，謂亦如商君之於秦，俾富國强兵也。征、賦、取三字轉注，故趙氏訓征爲賦，又訓征爲取也。自王取於大夫，大夫取於士庶人，爲上征下；士庶人又取利於大夫，大夫取利於王，爲下征上，是交征也。又言交爲俱，謂天子以至庶人俱惟利是取，不必上取下、下取上，此别一義也。"萬取千焉，千取百焉"，經文承上萬乘千乘百乘，則萬千百仍指乘言。是諸侯於天子萬乘中取其千，大夫於諸侯千乘中取其百。篡奪，則不止遺其親後其君矣。以利爲名，其弊至此。行仁義，則愛其親，敬其君，不遺不後，詎至篡奪乎？錢大昕《養新録》云："趙岐注《孟子》，每章之末括其大旨，間作韻語，謂之《章指》，《文選》注所引趙岐《孟子章指》是也。南宋後，僞正義出，託名孫奭所撰，盡删《章指》正文，仍剽掠其語散入正義。明國子監刊《十三經》承用此本，世遂不復見趙氏原本矣。"考《崇文總目》載陸善經注《孟子》七卷，稱善經删去趙岐《章指》與其《注》之繁重者，復爲七篇。是删去《章指》始於善經，邵武士人作疏，蓋用善經本也。周廣業有《疏證孟子章指》一卷，今依用其原文，而稍增損之。

【淺悟】

乘，讀音 shèng(ㄕㄥˋ)。饜，讀音 yàn(ㄧㄢˋ)，飽、足的意思。

"上下交征利，而國危矣"這句話，值得我們深思。《荀子·大略篇》有云："義與利者，人之所兩有也。雖堯、舜不能去民之欲利，然而能使其欲利不克其好義也。雖桀、紂亦不能去民之好義，然而能使其好義不勝其欲利也。故義勝利者爲治世，利克義者爲亂世。上重義則義克利，上重利則利克義。"

《論語·里仁篇》子曰："放於利而行，多怨。"《顏淵篇》子曰："君子之德風，小人之德草，草上之風必偃。"孟子本章之所論及荀子以上所云，都是對孔子這一思想的發揮。

如何救治亂國之政，孔子在《論語》中已説得很清楚了。首先必須正名，即糾正一切破壞大自然、造成國家混亂、違背社會發展規律的各種名目的方針政策，直至名正言順。接下來便着手制定富民政策，使人民富裕起來，同時還需加强禮樂教化，使之知榮辱，有羞恥心。對那些頑固不化者，則施以刑罰。必須强調的是，欲使人民富裕，只要官府清正廉明，制定出完善的富民政策，清除致富路上的一切障礙，人們自會找到適合自己發展的致富路，切勿閉口不言教化而毫無遮攔、不厭其煩地號召發財致富，否則人們受此誘導，必將置死生於不顧而無所不用其極地牟利，因爲人的貪利之心是無止境的，即孟子所説的"苟爲後義而先利，不奪不饜。"孔子在《禮記·禮運》篇中説："飲食男女，人之大欲存焉；死亡貧苦，人之大惡存焉。"這大欲大惡是與生俱來的天性，無非牽涉一個利字，遏止尚且不能，何需號召？舶來的市場經濟將會造成怎樣的後果，孟子於兩千多年前就已説得很清楚了。長此以往，必然導至天怒而人怨。

子曰："爲政以德，譬如北辰居其所而衆星共之。"

子曰："道之以政，齊之以刑，民免而無恥；道之以德，齊之以禮，有恥且格。"

1.2

【原文】

孟子見梁惠王，王立於沼上，顧鴻鴈麋鹿，曰："賢者亦樂此乎？"

孟子對曰："賢者而後樂此；不賢者，雖有此不樂也。《詩》云：'經始靈臺，經之營之，庶民攻之，不日成之。經始勿亟，庶民子來。王在靈囿，麀鹿攸伏；麀鹿濯濯，白鳥鶴鶴。王在靈沼，於牣魚躍。'文王以民力爲臺爲沼，而民歡樂之，謂其臺曰靈臺，謂其沼曰靈沼，樂其有麋鹿魚鼈。古之人與民偕樂，故能樂也。《湯誓》曰：'時日害喪？予及女皆亡！'民欲與之皆亡，雖有臺池鳥獸，豈能獨樂哉？"

【譯文】

孟子拜見梁惠王。王正站在池沼上環顧鴻雁麋鹿，問："賢者也喜愛這樣享受嗎？"

孟子答道："賢者民富國强之後才會喜愛這樣享受，不賢者即便有這些鳥獸也得不到享樂哩。《詩經·大雅·靈臺》篇中有云：'開始籌畫造靈臺，動手建築營造時，民衆紛紛來幫工，不多幾日即告成；工期要求不急切，民衆如子趨事父。文王來在靈苑内，母鹿悠然静卧伏；母鹿肥碩有光澤，白鳥潔白亮閃閃。文王來在靈沼前，嗚呼，滿池魚兒競跳躍。'文王借用民力築高臺挖池沼，民衆却爲此異常歡樂，管其高臺叫靈臺，管其池沼叫靈沼，喜愛其養有的麋鹿魚鼈。古時的賢君能與民同享歡樂，所以能得到由衷的歡樂嘛。《尚書·湯誓》中民衆詛咒以太陽自比的暴君夏桀時説：'這顆太陽何不快點喪亡？我們寧願與你一同滅亡！'民衆希望與之同歸於盡，即便擁有臺池鳥獸，豈能獨自享樂啊？"

【古注】

《注》 沼，池也。王好廣苑囿，大池沼，與孟子遊觀，顧視禽獸之衆多，心以爲娱樂，夸咤孟子曰：賢者亦樂此乎？孟子言："惟有賢者然後乃得樂此耳。謂脩堯舜之道，國家安寧，故得有此以爲樂也。不賢之人亡國破家，雖有此，當爲人所奪，故不得以爲樂也。"《詩·大雅·靈臺》之篇也。言文王始初經營規度此臺，衆民並來治作之，而不與之相期日限，自來成之也。言文王不督促使之。亟，疾也。衆民自來趣之，若子來爲父使也。麀鹿，牝鹿也。言文王在此囿中，麀鹿懷妊，安其所而伏，不驚動也。獸肥飽則濯濯，鳥肥飽則鶴鶴而澤好。文王在池沼，魚乃跳躍喜樂，言其德及鳥獸魚鼈也。孟子爲王誦此詩，因曰文王雖以民力築臺鑿池，民猶歡樂之，謂其臺沼若神靈之所爲，欲使其多禽獸以養文王者也。偕，俱也。言古之賢君，與民同樂，故能得其樂。《湯誓》，《尚書》篇名也。時，是也。日，乙卯日也。害，大也。言桀爲無道，百姓皆欲與湯共伐之，湯臨士衆而誓之，言是日桀當大喪亡，我及女俱往亡之。孟子説《詩》《書》之義以感喻王。言民皆欲與湯共亡，桀雖有臺池禽獸，何能復獨樂之哉？復申明上言不賢者雖有此不樂也。《章指》言："聖王之德，與民共樂，恩及鳥獸，則忻戴其上，大平化興；無道之君，衆怨神怒，則國滅祀絶，不得保守其所樂也。"

《疏》 《湯誓》曰時日害喪，予及女皆亡者，是孟子引《商書》，謂桀於是時無道，暴虐百姓，故百姓皆欲與湯王共伐之。湯於是往伐，臨於衆中誥誓之曰：是日桀當大滅，我與女衆共往滅之。一云是桀云，故湯誓引而言之也，謂桀云：天有是日，猶吾之有民，日曷有亡哉？日亡則吾與民亦俱亡矣。……案《史記》云："是日何時喪？予與女皆亡，"駰注曰："《尚書大傳》云：'桀云天之有日，猶吾之有民；日有亡哉，日亡則吾亦亡矣。'"《尚書》孔安國注云："比桀於日曰：'是日何時喪？我與女皆亡。'欲殺身以喪桀是也。"

《集注》 鶴，《詩》作"翯"。此引《詩》而釋之，以明"賢者而後樂此"之意。經，量度也。營，謀爲也。攻，治也。不日，不終日也。亟，速也。言文王戒以勿亟也。子來，如子來趨父事也。靈囿、靈沼，臺下有囿，囿中有沼也。伏，安其所，不驚動也。濯濯，肥澤貌。鶴鶴，潔白貌。於音烏，歎美辭。牣，滿也。孟子言："文王雖用民力，而民反歡樂之，既加以美名，而又樂其所有"。蓋由文王能愛其民，故民樂其樂，而文王亦得享其樂也。《湯誓》，《商書》篇名。此引《書》而釋之，以明"不賢者雖有此，不樂"之意也。害音曷，何也。女音汝。時，是也。日，指夏桀。桀嘗自言："吾有天下，如天之有日，日亡，吾乃亡耳。"民怨其虐，故因其自言而目之曰："此日何時亡乎？若亡，則我寧與之俱亡。"蓋欲其亡之甚也。孟子引此，以明君獨樂而不恤其民，則民怨之，而不能保其樂也。

《正義》 《書序》云"伊尹相湯伐桀，升自陑，遂與桀戰於鳴條之野，作《湯誓》。"其書今存，作"時日曷喪？予及女偕亡。"伏生《大傳》云："夏人飲酒，醉者持不醉者，不醉者持醉者，相和而歌曰：'盍歸乎亳，亳亦大矣。'故伊尹退而閒居，深聽樂聲。更曰：'覺兮較兮，吾大命假兮！去不善而就善，何樂兮！'伊尹入告於王曰：'大命之去有日矣。'王僩然歎，啞然笑曰：'天之有日，猶吾之有民也，日亡吾亦亡矣。'"鄭康成本此注《湯誓》云："桀見民欲叛，乃自比於日曰：'是日何嘗喪乎，日若喪亡，我與汝亦皆喪亡。'引不亡之徵，以脅恐下民也。"《孟子》引此文而申之云："民欲與之皆亡。"則伏、鄭之解，乖於《孟子》矣。江氏聲《尚書古文集注音疏》云："桀自比於日，民卽假日以諭桀，言是日何時喪乎？我將與汝皆亡，甚欲桀之亡也。予者，民自予也。及，與也。汝，日也。假日以諭桀，實則汝桀也。"謹按：趙氏以此爲湯諭民之言；以予及汝皆亡，爲我及汝俱往亡之，則我爲湯自我，汝爲民，乃《書》文於此下云："夏德若兹，今朕必往。"語爲重沓矣。《孟子》引《詩》稱文王之德，全在而民勸樂之。引《書》言桀之失德，全在民欲與之皆亡。若作湯諭民往亡桀之辭，無以見桀之失德矣。趙氏之旨，既殊《孟子》，亦違伏、鄭，未知所本。

【淺悟】

麀，讀音 yōu(ㄧㄡ)，雌鹿。濯濯，讀音 zhuó(ㄓㄨㄛˊ)，肥澤貌。鶴鶴，《詩經》作翯翯，音同，潔白貌。於牣，於音 wū(ㄨ)，歎詞；牣音 rèn(ㄖㄣˋ)，充滿之義。《湯誓》"時日害喪"，《尚書》作"時日曷喪"，時，是此之義；害，讀音 hé(ㄏㄜˊ)，同曷、盍，有何、何不之義。

孟子所引《湯誓》之義，其實下句的"民欲與之皆亡"，就是最好的解釋，不知趙岐爲何别出歧義。焦循反駁得很有道理，故從之。

1.3

【原文】

梁惠王曰："寡人之於國也，盡心焉耳矣。河内凶，則移其民於河東，移其粟於河内。河東凶亦然。察鄰國之政，無如寡人之用心者。鄰國之民不加少，寡人之民不加多，何也？"

孟子對曰："王好戰，請以戰喻。填然鼓之，兵刃既接，棄甲曳兵而走，或百步而後止，或五十步而後止。以五十步笑百步，則何如？"

曰："不可！直不百步耳，是亦走也。"

曰："王如知此，則無望民之多於鄰國也。不違農時，穀不可勝食也。數罟不入洿池，魚鼈不可勝食也。斧斤以時入山林，材木不可勝用也。穀與魚鼈不可勝食，材木不可勝用，是使民養生喪死無憾也。養生喪死無憾，王道之始也。五畝之宅，樹之以桑，五十者可以衣帛矣。雞豚狗彘之畜，無失其時，七十者可以食肉矣。百畝之田，勿奪其時，數口之家可以無饑矣。謹庠序之教，申之以孝悌之義，頒白者不負戴於道路矣。七十者衣帛食肉，黎民不饑不寒，然而不王者，未之有也。狗彘食人食而不知檢，塗有餓莩而不知發；人死，則曰：'非我也，歲也'，是何異於刺人而殺之，曰：'非我也，兵也。'王無罪歲，斯天下之民至焉。"

【譯文】

梁惠王說："寡人對於國家呢，盡心治理了呀：河内遭凶年，就把那裏的部分居民遷移到河東，並將河東多餘的粟米轉移到河内；河東遭逢凶年也這樣辦理。考察鄰國的政務，没有像寡人這樣用心的。可是鄰國的居民不比原先的少，寡人的居民也没增多，爲什麽呢？"

孟子答道："王好戰，請拿戰争作比喻：戰鼓雷動，兵刃經過一陣接觸，敗者丢下鎧甲拖着兵器逃走，有的逃出百步之後停下，有的逃出五十步之後停下，那些因逃出五十步而譏笑逃出百步的，這樣如何？"

惠王說："不可！只是不足百步而已，這些人也逃走了嘛。"

孟子說："王若明白此道理，就没有必要奢望人口比鄰國多嘛。能够不違背農耕時節，穀物便吃不完嘛；細密的魚網不得進入江河湖海，魚蝦蟹鼈就吃不完嘛；斧頭刀鋸依照時令規定進入山林，成材的樹木就用不盡嘛。穀物和魚類吃不完，成材的樹木用不盡，這就使人民贍養生者和爲死者辦理喪葬没有遺憾了嘛。能使人民養生喪死没有遺憾，乃王道的起始哩。再使每户五畝的住宅，宅院四周種植桑樹，五十歲以上的長者就可以穿上絲帛襖了呀；雞狗豬這些家畜，不要錯失飼養的時機，七十歲以上的老人就可以吃肉了呀；百畝的農田，不用徭役等侵奪他們的農時，數口成員的家庭就可以不再忍饑挨餓了呀。謹嚴學校的教育，向學子們申明孝悌的意義，這樣下來道路上再也不見鬚髮斑白的老者肩扛頭頂着重物行走了呀。七十歲以上的老人能穿上絲帛襖吃上肉，黎民百姓能不忍饑不受凍，若能做到這樣却不能成就帝王之業的，未曾有過嘛。可如今，狗豬吃人食却不主張檢點約束，道路旁有餓死的屍首却不主持發倉振救，人餓死却推說'不是我造成的嘛，是年成不好哩'，這跟用鎗刺殺人却推說'不是我殺的，是兵器殺的'有何不同？王只要不歸罪於年成，那麽天下的黎民百姓都會被吸引到這裏來嘛。"

【古注】

《注》 王侯自稱孤寡。言寡人於治國之政，盡心欲利百姓。焉耳者，懇至之辭。言凶年以此救民也。魏舊在河東，後爲强國，兼得河内也。言鄰國之君，用心憂民，無如己也。王自怪爲政有此惠，而民人不增多於鄰國者何也？因王好戰，故以戰事喻解王意。填，鼓音也。兵以鼓進，以金退。孟子問王曰，今有戰者，兵刃已交，其負者棄甲曳兵而走，五十步而止，足以笑百步止者不？王曰：不足以相笑也。是人俱走，直争不百步耳。孟子曰：王如知此不，足以相笑，王之政猶此也。王雖有移民轉穀之善政，其好戰殘民與鄰國同，而猶望民之多，何異於以五十步笑百步者乎。從此以下，爲王陳王道也。使民得三時務農，不違奪其要時。則五穀饒穰，不可勝食。數罟，密網也。密細之網，所以捕小魚鼈者也，故禁之不得用。魚不滿尺不得食。時，謂草木零落之時。使林木茂暢，故有餘。憾，恨也。民所用者足，故無恨。王道先得民心，民心無恨，故言王道之始。廬井邑居各二畝半以爲宅，冬入保城二畝半，故爲五畝也。樹桑墻下。古者年五十，乃衣帛矣。言孕字不失時也。七十不食肉不飽。一夫一婦，耕耨百畝。百畝之田，不可以徭役奪其時功，則家給人足。農夫上中下所食多少各有差，故摠言數口之家也。庠序者，教化之宫也。殷曰序，周曰庠。謹脩教化，申重孝悌之義。頒者，班也。頭半白班班者也。壯者代老，心各安之，故曰頒白者不負戴於道路也。言百姓老稚温飽，禮義脩行，積之可以致王也。孟子欲以風王何不行此，可以王天下，有率土之民。何但望民多於鄰國。言人君但養犬彘，使食人食，而不知以法度檢斂也。塗，道也。餓死者曰莩。《詩》曰："莩有梅。"莩，零落也。道路之旁有餓死者，不知發倉廩以用振救之也。人死，謂餓疫死者也。王政使然，而曰非我殺之，歲殺之也，此何以異於用兵殺人，而曰非我也，兵自殺之也。戒王無歸罪於歲，責己而改行，則天下之民皆可致也。《章指》言：王化之本，在於使民。養生送死之用備足，然後導之以禮義，責己矜窮，則斯民集矣。

《正義》 焉耳當作"焉爾"。《禮記·三年問》云："然則何以三年也？曰：加隆焉爾也。"隱公二年《公羊傳》云"託始焉爾"，何休注云："焉爾，猶於是也。"然則此言盡心焉爾者，猶云盡心於是矣。凶謂荒年，移民之壯者，就食於河東；移河東之粟，以賑河内之老稚也。《說文》土部云："填，塞也。"《荀子·非十二子》云"填填然"，楊倞注云："填填然，滿足之貌。"……此兵刃交接之時，鼓聲督戰，故填填充塞而盛也。云直不百步者，王氏引之《經傳釋詞》云："直，猶特也，但也。直、特古同聲。《史記·叔孫通傳》云'吾直戲耳'，《漢書》直作特。"又云："然，詞之轉也。然而者，亦詞之轉也。《孟子·公孫丑篇》'夫二子之勇，未知其孰賢。然而孟施舍守約也。'今人用然而二字、皆與此同義。然而者，詞之承上而轉者也，猶言如是而也。《梁惠王篇》'然而不王者未之有也'，謂如是而也。今人用然而二字則與此異義矣。"顧氏炎武《日知録》云："古之言兵，非今日之兵，謂五兵也。……《周禮·司右》'五兵'，注引《司馬法》云：'弓矢圍，殳矛守，戈戟助'是也。……秦漢以下，始謂執兵之人爲兵，《五經》無此語也。以執兵之人爲兵，猶之以被甲之人爲甲。"

【淺悟】

數罟，數讀 cù(ㄘㄨˋ)，細密之義；罟讀 gǔ(ㄍㄨˇ)，網也。洿讀 wū(ㄨ)，池塘。彘讀 zhì(ㄓˋ)，豬也。庠序，即鄉學名，庠讀 xiǎng(ㄒㄧㄤˇ)。莩讀 piǎo(ㄆㄧㄠˇ)，餓死者。不知檢、不知發的"知"字，訓爲主持、主張比較恰當。

《論語》載：孔子來到衛國境内，冉有駕車。孔子說："人烟好稠密啊！"冉有問："稠密之後呢，又該爲他們增加什麽？"孔子說："使他們富裕。"又問："富裕之後呢，又該爲他們增加什麽？"孔子說："教育他們。"孟子本章所灌輸的，正是孔子的這一理念。

1.4

【原文】

梁惠王曰:“寡人願安承教!”

孟子對曰:“殺人以梃與刃,有以異乎?”

曰:“無以異也。”

“以刃與政,有以異乎?”

曰:“無以異也。”

曰:“庖有肥肉,廄有肥馬,民有飢色,野有餓莩,此率獸而食人也。獸相食,且人惡之;爲民父母行政,不免於率獸而食人,惡在其爲民父母也?仲尼曰:‘始作俑者,其無後乎!’爲其象人而用之也。如之何其使斯民飢而死也。”

【譯文】

梁惠王説:“寡人願安心承受教誨。”

孟子問道:“用梃仗打死人跟用刀殺人,有什麽不同嗎?”

回答没什麽不同。

又問:“用刀殺死人跟用政治手段陷人致死,有什麽不同嗎?”

回答没什麽不同.

孟子説:“庖廚中有肥肉,廄舍内有肥馬,黎民百姓臉上却有飢餓之色,野外横卧着餓死的屍體,這等於率領着野獸吃人哩。野獸之間的弱肉强食,人見了尚且憎惡;身爲民之父母行使政權,却不能避免率獸吃人的事件發生,將怎麽在其權位上擔當民之父母呢?仲尼説:‘創始作俑殉葬的人,難道没有後裔嗎?’仲尼的憤怒,是因爲俑的形狀像人而用之殉葬的緣故嘛。用俑殉葬尚且不可,又怎能使這些黎民百姓因飢餓而死呢!”

【古注】

《**注**》 願安意承受孟子之教令。梃,杖也。王曰梃刃殺人無以異也。孟子欲以政喻王。王復曰政殺人,無以異也。孟子言人君如此,爲率禽獸以食人也。虎狼食禽獸,人猶尚惡視之,牧民爲政,乃率禽獸食人,安在其爲民父母之道也。俑,偶人也。用之送死。仲尼重人類,謂秦穆公時以三良殉葬,本由有作俑者也。夫惡其始造,故曰此人其無後嗣乎,如之何其使此民飢而死邪。孟子陳此以教王愛民。《章指》言:王者爲政之道,生民爲首。以政殺人,人君之咎猶以白刃,疾之甚也。

《**疏**》 此一段宜與前段合爲一章,趙氏分别之,蓋言王者爲政之道在生民爲首也。

《**集注**》 厚斂於民以養禽獸,而使民飢以死,則無異於驅獸以食人矣。“惡之”之惡,去聲。“惡在”之惡,平聲,猶言何在也。君者,民之父母也。俑,從葬木偶人也,則有面目機發而太似人矣,故孔子惡其不仁，而言其必無後也。孟子言：此作俑者，但用象人以葬，孔子猶惡之，況實使民飢而死乎？李氏曰："爲人君者固未嘗有率獸食人之心，然徇一己之欲而不恤其民，則其流必至於此。故以民父母告之。夫父母之於子，爲之就利避害，未嘗頃刻而忘於懷，何至視之不如犬馬乎？"

《正義》《文子·微明篇》云："魯以偶人葬而孔子歎，見其所始，即知其所終。"終謂至於以生人爲殉也，故趙氏引三良殉死事。事見《詩·秦風·黄鳥篇》。文公六年《左傳》云："秦伯任好卒，以子車氏之三子奄息、仲行、鍼虎爲殉。"是其事也。推孟子之意，蓋謂木偶但象人耳，用之，孔子尚歎其無後，況真是人而使之飢而死，其爲無後，更當何如？趙氏推孔子之意，以其始於作俑，終至用生人爲殉；此孔子歎無後之意，非孟子引以況使斯民饑死之意也。

【淺悟】

庖，讀音 páo(ㄆㄠˊ)，廚房。廄，讀音 jiù(ㄐㄧㄡˋ)，馬舍。莩，讀音 piǎo(ㄆㄧㄠˇ)，餓死者。惡之，惡讀 wù(ㄨˋ)，憎惡也。惡在，惡讀 wū(ㄨ)，何、安之義。

孟子將執政者稱作"民之父母"，這是多麼恰如其分的稱謂呀。衆所周知，世上只有不孝的子女，決無不愛護子女的父母。如果執政者都能像愛護子女那樣對待轄下的黎民百姓，社會這個大家庭必然是一片温暖、祥和氣象。這一稱謂同時也反映出人民大衆對執政者的重託和期待，因此被這樣呼喊了數千年。然而在一段時間裏，有的人專以誣衊中華傳統文化爲能事，説什麼"儒家把統治階級的君主或官吏叫做'民之父母'，這種稱呼，集中體現出，儒家倫理的反動因素和欺騙因素"，這種奇談怪論，令人咋舌。

1.5

【原文】

梁惠王曰："晉國，天下莫强焉，叟之所知也。及寡人之身，東敗於齊，長子死焉；西喪地於秦七百里，南辱於楚，寡人恥之，願比死者壹洒之，如之何則可？"

孟子對曰："地方百里而可以王。王如施仁政於民，省刑罰，薄税斂，深耕易耨，壯者以暇日，脩其孝弟忠信，入以事其父兄，出以事其長上，可使制梃以撻秦、楚之堅甲利兵矣。彼奪其民時，使不得耕耨，以養其父母；父母凍餓，兄弟妻子離散。彼陷溺其民，王往而征之，夫誰與王敵？故曰：仁者無敵，王請勿疑！"

【譯文】

梁惠王問："我們晉國，天下没有哪一國比我們更强盛，這是夫子您所知道的嘛。自從王位傳承到寡人身上，東邊被齊國戰敗，長子就死在這場戰役中；西邊被秦國戰敗喪失國土七百里；南方又遭受楚國的凌辱。寡人爲此深感羞恥，願替死者一洗前恥，怎麼做才可以？"

孟子答道："方圓百里土地的小國都可以成就擁有天下的王業。王如果對人民施行仁政，省刑罰，輕收税，令其深耕農田耘苗就簡易了，壯年人騰出閒暇日修養其孝悌忠信的品德，回到家用以侍奉其父兄，出了門用以服事其尊長和上司，如此便可使他們製作梃仗去撻伐秦、楚這些大國的堅甲利兵呀。那三個好戰國侵奪其農時，使農民無法耕耨來贍養自己的父母；父母受凍挨餓，兄弟妻子離散。他們陷人民於水深火熱的苦難之中，王如果前往征討他們，還有誰能與王爲敵？所以説：行仁政者天下無敵，王請不要懷疑！”

【古注】

《注》 韓魏趙本晉六卿，當此時號三晉，故惠王言晉國天下莫强焉。王念有此三恥，求策謀於孟子。言古聖人以百里之地以致王天下，謂文王也。易耨，芸苗令簡易也。制，作也。王如行此政，可使國人作杖以捶敵國堅甲利兵，何患恥之不雪也。彼，謂齊、秦、楚也。彼困其民，願王往征之也。彼失民心，民不爲用，夫誰與共禦王之師，而爲王之敵乎。鄰國暴虐，己脩仁政，則無敵矣。王請行之，無有疑也。《章指》言：以百里行仁，天下歸之；以政傷民，民樂其亡；以梃服强，仁與不仁也。

《集注》 百里，小國也。然能行仁政，則天下之民歸之矣。省刑罰，薄税斂，此二者仁政之大目也。君行仁政，則民得盡力於農畝，而又有暇日以脩禮義，是以尊君親上而樂於效死也。彼，謂敵國也。陷，陷於阱；溺，溺於水：暴虐之意。以彼暴虐其民，而率吾尊君親上之民往正其罪，彼民方怨其上而樂歸於我，則誰與我爲敵哉？“仁者無敵”，蓋古語也，百里可王，以此而已。恐王疑其迂闊，故勉使勿疑也。孔氏曰：“惠王之志，在於報怨。孟子之論，在於救民。所謂‘惟天吏則可以伐之’，蓋孟子之本意。”

《正義》 《廣雅·釋詁》云：“比，代也。”洒、洗古通。……《音義》云：“洒之，丁音洗，謂洗雪其恥也。”死者，舊疏謂死不惜命者，蓋卽長子死之死。太子申之死，西河之喪，睢濊之辱，三者俱宜洗雪。死重於喪辱，舉死者以互見耳。謂願代死者專壹洗雪之。或謂比讀比方之比，蓋將不顧其生，願效前之戰死者，與敵決戰，以雪其恥也。“省刑罰”以下八句，趙氏以行此政括之，未詳注，以其易明也。惟省刑罰，薄税斂，使得深耕易耨，所以得有暇日。《潛夫論·愛日篇》云：“富而後教，民有暇日，以養其父母，及其兄弟妻子，乃可脩其孝弟忠信也。民知孝弟忠信，則入以事其父兄，出以事其君上矣。此所以可以以梃撻强也。”

【淺悟】

洒，讀音 xǐ(ㄒㄧˇ)，同洗。耨，讀音 nòu(ㄋㄡˋ)，芸苗之器，在此作芸苗講。

彼，趙岐注謂齊、秦、楚三國，此後歷代的注疏均支持這一觀點。如果是這樣，梁惠王所統治的“天下莫强焉”的晉國，爲什麽屢遭“陷溺其民”的齊、秦、楚三國的敗績，而不是像孟子説的“夫誰與王敵”那樣？由此可見，“彼”字之中包含着假設成分，即孟子開頭説的“王如施仁政於民……”，待强盛到“可使制梃以撻秦、楚之堅甲利兵”之後，再去征討“陷溺其民”的不論哪個諸侯國，就都會收到“夫誰與王敵”的效果，這也正是孟子對其這番談話的主旨“仁者無敵”的總結。

1.6

【原文】

孟子見梁襄王，出語人曰："望之不似人君，就之而不見所畏焉，卒然問曰：'天下惡乎定？'吾對曰：'定于一。''孰能一之？'對曰：'不嗜殺人者能一之。''孰能與之？'對曰：'天下莫不與也。王知夫苗乎！七八月之閒旱，則苗槁矣。天油然作雲，沛然下雨，則苗浡然興之矣。其如是，孰能禦之？今夫天下之人牧，未有不嗜殺人者也。如有不嗜殺人者，則天下之民，皆引領而望之矣。誠如是也，民歸之，由水之就下，沛然誰能禦之。'"

【譯文】

孟子見過梁襄王，出來對人說："離遠望他不像是國君，就近也見不出他有什麼值得敬畏之處，猝然向我問道：'天下如何能安定？'我回答在統一的情況下才能安定。又問：'誰能統一天下？'我回答不嗜好殺人的國君便能統一天下。他又說：'誰能參與這種事？'我對他說：天下沒有人會不參與哩。王知道這禾苗怎麼生長嗎？周曆七八月之閒遇上天旱，禾苗就會枯槁呀；忽然天空聚集起濃雲，下起滂沱大雨，這苗又會浡然興起啊。禾苗遇上這種情形，誰能制止它興起？如今這天下的統治者，未曾有不嗜好殺人的嘛。如果有不嗜好殺人的國君出現，那麼天下的黎民都將伸長脖頸盼望他的到來呀。果真能這樣呢，民心歸向他，猶如水的往下奔流，那浩浩蕩蕩的洪流誰能阻止住它？"

【古注】

《注》 襄，謚也，梁之嗣王也。望之無儼然之威儀也。就與之言，無人君操秉之威，知其不足畏。卒暴問事，不由其次也。問天下安所定，言誰能定之。孟子謂仁政爲一也。言孰能一之者。嗜，猶甘也。言今諸侯有不甘樂殺人者，則能一之。王言誰能與不嗜殺人者乎？孟子曰，時人皆苦虐政，如有行仁，天下莫不與之。以苗生喻人歸也。周七八月，夏之五六月。油然，興雲之貌。沛然下雨，以潤槁苗，則浡然已盛，孰能止之。今天下牧民之君，誠能行此仁政，民皆延頸望欲歸之，如水就下，沛然而來，誰能止之。《章指》言：定天下者一道，仁政而已；不貪殺人，人則歸之，是故文王視民如傷，此之謂也。

《集注》 襄王，惠王子，名赫。語，去聲，告也。不似人君，不見所畏，言其無威儀也。卒然，急遽之貌。蓋容貌辭氣，乃德之符，其外如此，則其中之所存者可知。油然，雲盛貌。沛然，雨盛貌。浡然，興起貌。禦，禁止也。人牧，謂牧民之君也。蓋好生惡死，人心所同，故人君不嗜殺人，則天下悦而歸之。蘇氏曰："孟子之言，非苟爲大而已，然不深原其意而詳究其實，未有不以爲迂者矣。予觀孟子以來，自漢高祖及光武，及唐太宗，及我宋太祖皇帝，能一天下者四君，皆以不嗜殺人致之；其餘殺人愈多，而天下愈亂。秦、晉及隋，力能合之，而好殺不已，故或合而復分，或遂以亡國。孟子之言，豈偶然而已哉！"

《正義》 惡，猶安也，何也。……昭三十一年《公羊傳》曰"惡有言人之國賢若此者乎"，何注曰："惡有，猶何有。"又莊二十年《公羊傳》曰"魯矦之美惡乎至"，注曰："惡乎至，猶何所至。"由《公羊傳》注及《孟子》注推之，蓋惡本訓何，惡乎猶何所。趙氏以仁政爲一。孟子對滕文公亦云："夫道一而已。"趙氏《章指》言"定天下者，一道而已"。謂孟子對梁襄王之定於一，即對滕文公之道一也。趙氏之説正矣。然下云"能一之"，又云"民歸之"，則謂時無王者，不能統一，故天下争亂而不能定；惟有王者布政施教於天下，天下皆遵奉之而後定。孔子作《春秋》書"王正月"，《公羊傳》云"大一統也"，孟子當亦謂此。《説文》攴部云："牧，養牛人也。"牧之義爲養，每一州之中，天子選諸矦之賢者，以養一州之人，即以名之爲牧，故趙氏云牧民之君即養民之君也。君所以養民，而反嗜殺人，失其爲君之道，趙氏探孟子稱人牧之義而説之也。……《吕氏春秋・順説篇》云"莫不延頸"，高誘注云："延頸，引領也。"引延，義皆爲長而引申也。望則伸其頸，故爲引領也。《音義》云："由與猶同，古字通用，猶即如也。"故趙氏云如水就下。……劉熙《釋名・釋水》云："水從河出曰雍沛。"言在河岸限内，時見雍出，則沛然也。水之壅出，與雨之下注同，故皆云沛然。趙氏解兩沛然不同者，經以沛然下雨，比不嗜殺人者以仁恩及民，故以潤澤解之。此水之就下，比天下來歸，故云沛然而來，謂民之來，如水之湧也。

【淺悟】

語，讀音 yù(ㄩˋ)，告也。卒，讀音 cù(ㄘㄨˋ)，通猝，急遽之義。與，讀音 yù(ㄩˋ)，參與的意思。

孟子所處之時代，各諸矦國之間連年交戰，從未間斷，直至秦統一六國止，史稱戰國時代。所謂"嗜殺人者"，自然是指嗜戰争者而言。"嗜殺人"一語，突出了戰争的醜惡，也表現出了孟子對戰争的極度憎惡。

社會的安定只能有賴於天下統一。而能一統天下者，必是那種不嗜殺人、且能像時雨普灑旱苗般地普施仁政者。否則便無法統一，即便以殘忍地殺人實現了統一，也終必走向滅亡。

1.7

【原文】

齊宣王問曰："齊桓晉文之事，可得聞乎？"

孟子對曰："仲尼之徒，無道桓文之事者，是以後世無傳焉。臣未之聞也。無以，則王乎？"

曰："德何如則可以王矣？"

曰："保民而王，莫之能禦也。"

曰："若寡人者，可以保民乎哉？"

曰："可。"

曰："何由知吾可也？"

曰："臣聞之胡齕曰：'王坐於堂上，有牽牛而過堂下者，王見之曰：牛何之？對曰將以釁鐘。王曰：舍之，吾不忍其觳觫，若無罪而就死地。對曰：然則廢釁鐘與？曰：何以廢也，以羊易之。'不識有諸？"

曰：'有之。'

曰："是心足以王矣。百姓皆以王爲愛也，臣固知王之不忍也。"

王曰："然。誠有百姓者，齊國雖褊小，吾何愛一牛？卽不忍其觳觫，若無罪而就死地，故以羊易之也。"

曰："王無異於百姓之以王爲愛也。以小易大，彼惡知之。王若隱其無罪而就死地，則牛羊何擇焉？"

王笑曰："是誠何心哉！我非愛其財。而易之以羊也，宜乎百姓之謂我愛也。"

曰："無傷也，是乃仁術也，見牛未見羊也。君子之於禽獸也，見其生不忍見其死，聞其聲不忍食其肉，是以君子遠庖廚也。"

王説曰："《詩》云：'他人有心，予忖度之。'夫子之謂也。夫我乃行之，反而求之，不得吾心；夫子言之，於我心有戚戚焉。此心之所以合於王者，何也？"

曰："有復於王者曰：'吾力足以舉百鈞，而不足以舉一羽；明足以察秋毫之末，而不見輿薪。'則王許之乎？"

曰："否。"

"今恩足以及禽獸，而功不至於百姓者，獨何與？然則一羽之不舉，爲不用力焉；輿薪之不見，爲不用明焉；百姓之不見保，爲不用恩焉。故王之不王，不爲也，非不能也。"

曰："不爲者與不能者之形，何以異？"

曰："挾太山以超北海，語人曰'我不能'，是誠不能也。爲長者折枝，語人曰'我不能'，是不爲也，非不能也。故王之不王，非挾太山以超北海之類也；王之不王，是折枝之類也。老吾老，以及人之老；幼吾幼，以及人之幼。天下可運於掌。《詩》云：'刑于寡妻，至于兄弟，以御于家邦。'言舉斯心加諸彼而已。故推恩足以保四海，不推恩無以保妻子。古之人所以大過人者，無他焉，善推其所爲而已矣。今恩足以及禽獸，而功不至於百姓者，獨何與？權，然後知輕重，度，然後知長短。物皆然，心爲甚，王請度之！抑王興甲兵，危士臣，搆怨於諸侯，然後快於心與？"

王曰："否，吾何快於是！將以求吾所大欲也。"

曰："王之所大欲，可得聞與？"

王笑而不言。

曰："爲肥甘不足於口與？輕煖不足於體與？抑爲采色不足視於目與？

聲音不足聽於耳與？便嬖不足使令於前與？王之諸臣，皆足以供之，而王豈爲是哉？”

曰："否！吾不爲是也。”

曰："然則王之所大欲可知已，欲辟土地，朝秦楚，莅中國而撫四夷也。以若所爲，求若所欲，猶緣木而求魚也。”

王曰："若是其甚與？”

曰："殆有甚焉！緣木求魚，雖不得魚，無後災。以若所爲，求若所欲，盡心力而爲之，後必有災。”

曰："可得聞與？”

曰："鄒人與楚人戰，則王以爲孰勝？”

曰："楚人勝。”

曰："然則小固不可以敵大，寡固不可以敵衆，弱固不可以敵强，海内之地，方千里者九，齊集有其一，以一服八，何以異於鄒敵楚哉？蓋亦反其本矣。今王發政施仁，使天下仕者皆欲立於王之朝，耕者皆欲耕於王之野，商賈皆欲藏於王之市，行旅皆欲出於王之塗，天下之欲疾其君者，皆欲赴愬於王，其若是，孰能禦之？”

王曰："吾惛，不能進於是矣。願夫子輔吾志，明以教我，我雖不敏，請嘗試之。”

曰："無恒産而有恒心者，惟士爲能；若民，則無恒産，因無恒心。苟無恒心，放辟邪侈，無不爲已。及陷於罪，然後從而刑之，是罔民也。焉有仁人在位，罔民而可爲也？是故明君制民之産，必使仰足以事父母，俯足以畜妻子，樂歲終身飽，凶年免於死亡，然後驅而之善，故民之從之也輕。今也制民之産，仰不足以事父母，俯不足以畜妻子，樂歲終身苦，凶年不免於死亡，此惟救死而恐不贍，奚暇治禮義哉！王欲行之，則盍反其本矣！五畝之宅，樹之以桑，五十者可以衣帛矣。雞豚狗彘之畜，無失其時，七十者可以食肉矣。百畝之田，勿奪其時，八口之家可以無飢矣。謹庠序之教，申之以孝悌之義，頒白者不負戴於道路矣。老者衣帛食肉，黎民不飢不寒，然而不王者，未之有也。”

【譯文】

齊宣王問道："齊桓公和晉文公他們的事蹟，能説來聽聽嗎？”

孟子答道："仲尼的門徒没有稱道桓公文公之事的，所以後世没有傳下來,臣未曾聽到這類傳聞哩,没有什麽可説的。效法王道不行嗎?”

王問:“怎樣的德行才可以王天下呀?”

孟子説:“一心保護人民就能王天下,没有什麽力量能够阻止這一作爲嘛。”

又問:“像寡人這樣的德行也可以保護人民啊?”

回答可以。

王問:“有什麽原由知道我可以呢?”

孟子道:“臣聽那位胡齕説,王坐在堂上,有人牽着牛從堂下經過,王見了問:牛牽哪兒去?回答説打算殺了用血塗鐘;王説放了牠,我不忍其恐懼發抖的樣子,爲何無罪却要置於死地;此人問:那就廢止釁鐘麽?王説:怎麽可以廢止呢?用羊替换牠。不知有這回事嗎?”

王説有這回事。

孟子道:“此心足以王天下呀。百姓都認爲王是吝惜哩,臣一聽就知王是不忍心嘛。”

王説:“是的,確實有百姓這樣認爲。齊國雖説面積狹小,可我怎麽會吝惜一頭牛?就是不忍其恐懼發抖的樣子,爲何無罪却要置於死地,所以才用羊替换牠嘛。”

孟子説:“王不要奇怪百姓們認爲王是吝惜嘛。用小牲替换大牲,他們怎麽會明白王的心思?不過王倘若因惻隱其無罪而置於死地,那麽牛和羊又將怎麽選擇牠們的生死?”

王不禁笑道:“這果真是什麽心思啊!我實在不是愛惜那些財物。然而用羊替换牛這件事呢,百姓們説我吝惜也是合適的嘛。”

孟子説:“没有妨害嘛,這乃是形成仁心的一種途徑嘛,只因見到牛没見到羊的緣故嘛。君子對待禽獸呢,願見其生存不忍見其被殺死,聽到其被殺時的慘叫聲便不忍吃其肉,所以君子才會遠離廚房嘛。”

王高興地説:“《詩經·小雅·巧言》篇中云:‘他人有心事,我能揣測到。’夫子正如《詩》中説的一樣嘛。此前我對自己做過的這件事,曾反省探求爲什麽要這樣做,得出的結論都不能令我稱心;夫子説的王天下那番話,倒使我怦然心動。不過以羊易牛這一心思能用來跟王天下的偉業結合在一起,爲什麽呢?”

孟子道:“有人向王復命説:‘我的力氣足以舉起三千斤,却不能舉起一根羽毛;視力足以觀察到秋季鳥獸新生羽毛的末端,却看不見車上的柴草。’

王就相信他的話嗎?”

王説不會相信。

“如今恩愛足以顧及到禽獸,而這種功效却到不了百姓身上,這是爲什麽?就像一根羽毛的舉不起,那是因爲不肯用力的緣故;一車柴草的看不見,那是因爲不肯用眼睛的緣故;百姓的不被保護,那是因爲恩惠不肯往他們身上用的緣故。所以王的不謀畫王天下,是不肯做哩,並非不能做嘛。”

王問:“不肯做和不能做二者的表現如何分别?”

孟子説:“用胳膊夾起太山越過北海,告訴人家説我不能,這確實是不能嘛;爲尊長按摩肢體,告訴人家説我不能,這是不肯哩,並非不能嘛。所以王的不謀畫王天下,並非屬於用胳膊夾起太山越過北海那類哩;王的不謀畫王天下,這屬於按摩肢體那一類嘛。敬重我家的老人,同時把這種敬重延伸到對待别人的老人;慈愛我家的幼童,同時將這種慈愛延及到對待别人的幼童。懷有這種情意,治理天下便可像在掌上運轉物件那般容易。《詩經·大雅·思齊》篇中有云:‘對嫡妻以禮相待,延伸到宗祖兄弟,用在國家的治理上。’説的是用此心意施加到其他一切事物上而已。所以推廣恩澤足以安保四海,不去推廣恩澤即便妻室兒女都無法保護。古時候的聖人爲何能有大大超過别人的能力,没有其他緣故,只是善於推廣其所做的善事而已呀。如今恩愛足以顧及到禽獸,而施恩的功效却到不了百姓身上,這是爲什麽?權衡之後才能知道輕重,度量之後才能知道長短。任何事物都需這樣,心思尤其需這樣,王請忖度這個道理。莫非王想興兵打仗,危及將士臣民,與諸侯結怨,這樣之後心中才感到爽快麽?”

王説:“不,我怎麽會以此爲快事!只不過打算借此尋求我所需要的最大欲望嘛。”

孟子問:“王的最大欲望,能説來聽聽麽?”

王只是笑而不説話。

又問:“是因爲口中的美味得不到滿足麽?身上穿的皮襖不够輕暖麽?還是因爲眼前五彩絢麗的顔色滿足不了視覺享受麽?耳朵感受到的音樂不够聽的麽?面前受寵倖的親信不够役使麽?王的衆臣都足以供王役使了,而王莫非只是爲了滿足這樣的欲望啊?”

王説:“不,我不是爲了這樣的欲望哩。”

孟子説:“這樣王所需要的最大欲望就可以知道了:想開闢土地,使秦楚這些大國都來朝聘,親莅視察中原各國並安撫周邊的蠻夷部族嘛。以興兵構怨這樣的作爲，來謀求闢地撫四夷這樣的欲望，只恐怕猶如爬到樹上尋求魚一樣哩。”

王說：“像這樣比喻難道不太過分麼？”

孟子說：“恐怕有過於緣木求魚！爬到樹上尋求魚，雖說得不到魚，事後却不會有災害。用興兵構怨這樣的作爲，來謀求闢土地撫四夷這樣的欲望，竭盡心力地實施這一欲望，日後必有災害。”

王問：“能將災害說來聽聽麼？”

孟子反問：“鄒這樣的小國跟楚這樣的大國作戰，王認爲誰能取勝？”

王說楚國勝。

繼續問：“是的，小國必定不可以抵抗大國，人口少必定不可以抵抗人口多的國家，弱國必定不可以抵抗强國，四海之内的地域方圓千里的大國有九個，齊國的面積只有其一，以一征服其八，這跟鄒國抵抗楚國有何不同啊？合當返回到解決問題的根本上呀！現在王若能發布政令實施仁術，使天下的仕宦者都希望站在王的朝廷上，農民都希望在王的田野耕作，商人都希望在王的市場儲藏貨物，遠行的旅客都希望出現在王的道路上，天下各國疾恨其國君的人都希望奔赴前來向王申訴，倘若能這樣，誰能阻止這些情況的發生？”

王說：“我昏庸，對此仁術不能進取實行呀。願夫子輔助我立定志向，將此仁術明白地教我，我雖不靈敏，也願嘗試着施行。”

孟子說：“没有恒久不變的産業却有持久不變的恒心者，惟有學士能具備這種品格；若是其他民衆，如果没有恒久不變的産業，因而没有持久不變的恒心。如果没有持久不變的恒心，那種放蕩乖僻奸邪奢侈等等陋行，就會没有做不到的呀；待其陷進罪案，然後處以刑罰制裁他們，這等於張網捕人嘛。哪有仁人在位却許可做張網捕人這種事呢？正是這個緣故，賢明的君王制定民衆的産業，必使對上足以侍奉父母，對下足以養育妻室兒女，豐年終身衣食無憂，荒年免於餓死流亡，然後驅使他們向善，使人們服從明君呢，必定輕而易舉。如今呢，制定民衆的産業，上不足以侍奉父母，下不足以養育妻室兒女，豐年終身困苦，荒年不能免於餓死流亡，在此情形下考慮挽救死亡的精力尚恐不够，哪有閒暇顧及脩禮行義啊！王打算施行王道，那爲什麼不返回使民養生喪死没有遺憾這一根本問題上做起呀！使每户五畝的住宅，宅院四周種植桑樹，五十歲的人就可以穿絲帛了呀；雞狗豬這些家畜，不錯失飼養繁殖的時機，七十歲的老人就可以吃肉了呀；百畝的農田，不用徭役等侵奪他們的農時，八口成員的家庭就可以不再忍飢挨餓了呀；謹嚴學校的教育，向學子們申明孝悌的意義，這樣一來，道路上再也不見鬚髮斑白的老人肩扛頭頂着重物行走了呀。老人能穿上絲帛吃上肉，黎民百姓能不忍飢不受凍，若能做到這樣却不能成就帝王之業的，未曾有過嘛。”

【古注】

《注》 宣，謚也。宣王問孟子，欲庶幾齊桓公小白、晉文公重耳。孟子冀得行道，故仕於齊，齊不用而去，乃適於梁。建篇先梁者，欲以仁義爲首篇，因言魏事，章次相從，然後道齊之事也。孔子之門徒，頌述宓羲以來，至文、武、周公之法制耳。雖及五霸，心賤薄之，是以儒家後世無欲傳道之者，故曰臣未之聞也。既不論三皇、五帝，殊無所問，則尚當問王道耳，不欲使王問霸事也。王曰，德行當何如而可得以王乎。保，安也。禦，止也。言安民則惠，黎民懷之，若此以王，無能止也。王自恐懷不足以安民，故問之。孟子以爲如王之性，可以安民也。王問孟子何以知吾可以安民。胡齕，王左右近臣也。觳觫，牛當到死地處恐貌。新鑄鐘，殺牲以血塗其釁郄，因以祭之，曰釁。《周禮・大祝》曰："墮釁，逆牲逆尸，令鐘鼓。"《天府》："上春，釁寶鐘，及寶器。"孟子曰，臣受胡齕言，王嘗有此仁，不知誠有之否。王曰有之。愛，嗇也。孟子曰，王推是仁心，足以至於王道。然百姓皆謂王嗇愛其財，臣知王見牛恐懼不欲趨死，不忍，故易之也。王曰，亦誠有百姓所言者矣，吾國雖小，豈愛惜一牛之財費哉。卽見其牛，哀之；釁鐘又不可廢，故易之以羊耳。異，怪也。隱，痛也。孟子言無怪百姓之謂王愛財也，見王以小易大故也。王如痛其無罪，羊亦無罪，何爲獨釋牛而取羊。王自笑心不然，而不能自免爲百姓所非，乃責己之以小易大，故曰宜乎其罪我也。孟子解王自責之心曰，無傷於仁，是乃王爲仁之道也。時未見羊，羊之爲牲次於牛，故用之耳，是以君子遠庖廚，不欲見其生食其肉也。詩，《小雅・巧言》之篇也。王喜悦，因稱是《詩》以嗟歎孟子忖度知己心，戚戚然心有動也。寡人雖有是心，何能足以王也。復，白也。許，信也。人有白王如此，王信之乎。百鈞，三千斤也。王曰我不信也。孟子言王恩及禽獸而不安百姓，若不用力不用明者也。不爲耳，非不能也。王問其狀何以異也。孟子爲王陳爲與不爲之形若是，王則不折技之類也。折枝，案摩折手節解罷枝也，少者恥見役，故不爲耳，非不能也。太山、北海皆近齊，故以爲喻也。老，猶敬也。幼，猶愛也。敬吾之老，亦敬人之老，愛我之幼，亦愛人之幼。推此心以惠民，天下可轉之掌上，言其易也。詩，《大雅・思齊》之篇也。刑，正也。寡，少也。言文王正己適妻，則八妾從，以及兄弟。御，享也。享天下國家之福，但舉己心加於人耳。大過人者，大有爲之君也。善推其心所好惡，以安四海也。復申此言，非王不能，不爲之耳。權，銓衡也，可以稱輕重。度，丈尺也，可以度長短。凡物皆當稱度乃可知，心當行之乃爲仁；心比於物，尤當爲之甚者也。欲使王度心如度物也。抑，辭也。孟子問王，抑亦如是乃快邪。王言不然，我不快是也。將欲以求我心所大欲者耳。孟子雖心知王意而故問者，欲令王自道，遂緣以陳之。王意大，而不敢正言。孟子復問此五者，欲以致王所欲也。故發異端以問之也。王言我不謂是也。莅，臨也。言王意欲庶幾王者，莅臨中國，而安四夷者也。若，順也。順嚮者所爲，謂搆兵諸侯之事。求順今之所欲莅中國之願，其不可得，如緣喬木而求生魚也。王謂比之緣木求魚爲大甚。孟子言盡心戰鬬，必有殘民破國之災，故曰殆有甚於緣木求魚者也。王欲知其害也。言鄒小楚大也。王曰楚人勝也。固，辭也。言小弱固不可以敵强大。集會齊地，可方千里，譬一州耳。今欲以一州服八州，猶鄒欲敵楚。王欲服之之道，蓋當反王道之本。反本道行，仁政若此，則天下歸之，誰能止之者。王言我情思惛亂，不能進行此仁政，不知所當施行也。欲使孟子明言其道，以教訓之，我雖不敏，願嘗使少行之也。孟子爲王陳其法也。恒，常也。産，生也。

恒産,則民常可以生之業也。恒心,人所常有善心也。惟有學士之心者,雖窮不失道,不求苟得耳。凡民迫於飢寒,則不能守其常善之心。民誠無恒心,放溢辟邪,侈於姦利,犯罪觸刑,無所不爲,乃就刑之,是猶張羅罔以罔民者也。安有仁人爲君,罔陷其民,是政何可爲也。言衣食足,知榮辱,故民從之,教化輕易也。言今民困窮,救死恐凍餓而不給,何暇脩禮行義也。其説與上同。八口之家,次上農夫也。孟子所以重言此者,乃王政之本,常生之道,故爲齊梁之君,各具陳之。當章究義,不嫌其重也。《章指》言:典籍攸載,帝王道純,桓文之事,譎正相紛,撥亂反正,聖意弗珍,故曰後世無傳未聞。仁不施人,猶不成德;釁鐘易牲,民不被澤;王請嘗試,欲踐其跡;答以反本,惟是爲要。此蓋孟子不屈道之言也。

《集注》 齊宣王,姓田氏,名辟疆,諸侯僭稱王也。齊桓公、晉文公,皆霸諸侯者。道,言也。董子曰:"仲尼之門,五尺童子羞稱五霸,爲其先詐力而後仁義也。"亦此意也。以、已通用。無已,必欲言之而不止也。王,謂王天下之道。保,愛護也。觳觫,恐懼貌。王見牛之觳觫而不忍殺,即所謂"惻隱之心,仁之端也"。擴而充之,則可以保四海矣。或孟子指而言之,欲王察識於此而擴充之也。愛,猶吝也。言以羊易牛,其迹似吝,實有如百姓所譏者,然我之心不如是也。惡,平聲。異,怪也。隱,痛也。擇,猶分也。言牛羊皆無罪而死,何所分别而以羊易牛乎?孟子故設此難,欲王反求而得其本心。王不能然,故卒無以自解於百姓之言也。無傷,言雖有百姓之言,不爲害也。戚戚,心動貌。王因孟子之言,而前日之心復萌,乃知此心不從外得,然猶未知所以反其本而推之也。百鈞,至重難舉也。一羽,至輕易舉也。秋毫之末,毛至秋而末鋭,小而難見也。輿薪,以車載薪,大而易見也。蓋天地之性,人爲貴,故人之與人又爲同類而相親。是以惻隱之發,則於民切而於物緩;推廣仁術則仁民易而愛物難。今王此心能及物矣,則其保民而王,非不能也,但自不肯爲耳。挾,以腋持物也。超,躍而過也。"爲長者折枝",以長者之命,折草本之枝,言不難也。是心固有,不待外求,擴而充之,在我而已,何難之有?寡妻,寡德之妻,謙辭也。御,治也。不能推恩,則衆叛親離,故無以保妻子。權,稱錘也。度,丈尺也。度之,謂稱量之也。言物之輕重長短,人所難齊,必以權、度度之而後可見。若心之應物,則其輕重長短之難齊,而不可不度以本然之權度,又有甚於物者。今王恩及禽獸而功不至於百姓,是其愛物之心重且長,而仁民之心輕且短,失其當然之序而不自知也。士,戰士也。構,結也。孟子以王愛民之心所以輕且短者,必其以是三者爲快也。然三事實非人心之所快,有甚於殺觳觫之牛者,故指以問王,欲其以此而度之也。便嬖,近習嬖幸之人也。緣木求魚,言必不可得。發政施仁,所以王天下之本也。近者悦,遠者來,則大小强弱非所論矣。蓋力求所欲,則所欲者反不可得;能反其本,則所欲者不求而至。恒,常也。産,生業也。恒産,可常生之業也。恒心,人所常有之善心也。士嘗學問,知義理,故雖無常産而有常心,民則不能然矣。盍,何不也。使民有常産者,又發政施仁之本也。趙氏曰:"八口之家,次上農夫也。此王政之本,常生之道,故孟子爲齊、梁之君各陳之也。"楊氏曰:"爲天下者,舉斯心加諸彼而已。然雖有仁心仁聞而民不被其澤者,不行先王之道故也。故以制民之産告之。"此章言人君當黜霸功、行王道,而王道之要,不過推其不忍之心,以行不忍之政而已。齊王非無此心,而奪於功利之私,不能擴充以行仁政。雖以孟子反復曉告,精切如此 ,而蔽固已深,於不能悟,是可歎也。

《正義》 欲庶幾,謂心慕桓文之所爲,思有以近之。"殊無所問"解"無以"二字,蓋謂孔子之徒所道者,三皇、五帝及王道也。所不道者,五伯也。王乃問桓文之事,豈舍此遂無所問乎?縱不問三皇、五帝,亦當問王道,而不當問桓文霸者之事。元人《四書辨疑》云:"無以,無以言也。桓文之事,既無以言,則言王道可乎?"此以無以二字屬上,解以爲用,謂桓文之事,儒者不道,無用言之,與趙氏義異。若皆訓爲如此。此云若無罪而就死地,猶云如此無罪而就死地也。釁本間隙之名,故殺牲以血塗器物之隙，卽名爲釁。“自笑心不然”解首二句，“不然”二字解我非愛其財，謂我之心，果何心哉！自信非愛財也。“乃責己之以小易大”解而易之以羊句，“故曰易乎其罪我也”解末句，於其間隔以“而不能自免爲百姓所非”一句，明“我非愛其財”斷句，不與下而字連。“而易之以羊也”不斷句，與“宜乎”一氣接下。趙氏此書名“章句”，故其分析明白如此，舉此以例其餘。翟氏灝《考異》云：“‘君子遠庖廚’，本《禮記·玉藻》文，孟子述之，故加有‘是以’二字。”毛氏奇齡《四書賸言》云：“趙氏注折枝‘案摩折手節解罷枝’，此卑賤奉事尊長之節。屈抑枝體，與折義正同。以此皆卑役，非凡人屑爲，故曰是不爲，非不能。”《音義》引陸善經云：“折枝，折草樹枝。”趙氏佑《温故録》云：“《文獻通考》載陸筠解爲‘罄折腰枝’，蓋猶今拜揖也。”元人《四書辨疑》以枝與肢通，謂斂折肢體，爲長者作禮，與徐行後長意類，正竊其意而衍之。王之大欲，本在辟土地，朝秦楚，莅中國，而撫四夷，而故舉肥甘、輕煖、采色、聲音、便嬖五者，此五者非王之所大欲，則爲所大欲外之他端，故云發異端以問之也。按若，宜同“若無罪而就死地”之“若”。若，如此也。謂以如此所爲，求如此所欲。解爲順，於辭不達。“殆有甚焉”，王氏引之《經傳釋詞》云：“有，猶又也。”言殆又甚焉。“小固不可以敵大，弱固不可以敵强”，高誘注《國策》及《吕氏春秋》，皆訓固爲必，固然者，必然之辭。固不如强大，卽必不如强大。“蓋亦反其本”，蓋與盍古通。《爾雅·釋詁》云：“盍，合也。”《史記·司馬相如傳》索隱引文穎云：“蓋，合也。”趙氏讀蓋爲合，故以當釋蓋，蓋當猶合當也。下文“則盍反其本矣”，與此義同，故趙氏不複注。或謂此文蓋字乃“盍”字之誤，或謂下文蓋字該改“盍”字，説者又謂蓋是疑辭，盍是決辭，皆非是。王氏引之《經傳釋詞》云：“凡言‘盍亦’者，以亦爲語助。《左傳》僖二十四年‘盍亦求之’，盍求之也。昭元年‘子盍亦遠績禹功，而大庇民乎’，盍遠績禹功而大庇民也。《吴語》‘王其盍亦鑑於人’，盍鑑於人也。《孟子》‘盍亦反其本矣’，盍反其本也。”《管子·牧民篇》云：“倉廩實，知禮節；衣食足，知榮辱。”《史記·孟子列傳》云：“天下方務合從連横，以攻伐爲賢，而孟軻乃述唐虞之德，是以所如者不合。”又云：“孟軻困於齊梁。”故趙氏以崇王黜霸，爲不屈道之言。

【淺悟】

齕，讀音 hé(ㄏㄜˊ)。釁，讀音 xìn(ㄒㄧㄣˋ)。觳觫，讀音 húsù(ㄏㄨˊㄙㄨˋ)。褊，讀音 biǎn(ㄅㄧㄢˇ)，狹小之義。忖度，讀音 cǔnduò(ㄘㄨㄣˇㄉㄨㄛˋ)，揣測、估量之義。便嬖，讀音 piánbì(ㄆㄧㄢˊㄅㄧˋ)，寵倖之近臣。辟土地，辟同闢。愬即訴字。惛同惽。罔民，罔同網。放辟，辟同僻。

“刑于寡妻，至于兄弟，以御于家邦。”毛傳：“刑，法也。寡妻，適妻也。御，迎也。”鄭箋：“寡妻，寡有之妻，言賢也。御，治也。文王以禮法接待其妻，至於宗族以此，又能爲政治于邦家也。”趙注：“刑，正也。御，享也。”相比之下，似覺毛傳及鄭箋較合情理，爲譯文所採用。“爲長者折技”，趙注：“折技，案摩折手節解罷枝也。”罷通疲，枝通肢。朱注：“以長者之命折草木之枝。”二注皆通，取趙注。

趙注引《管子》“衣食足，知榮辱”，恐未必，難道貪官衣食不足？惟孔子所云“道之以德，齊之以禮”，乃知榮辱之正途。

孟子卷二淺悟

梁惠王章句下　凡十六章

2.1

【原文】

莊暴見孟子曰："暴見於王，王語暴以好樂，暴未有以對也。曰，好樂何如？"

孟子曰："王之好樂甚，則齊國其庶幾乎？"

他日見於王曰："王嘗語莊子以好樂，有諸？"

王變乎色曰："寡人非能好先王之樂也，直好世俗之樂耳！"

曰："王之好樂甚，則齊其庶幾乎！今之樂，猶古之樂也。"

曰："可得聞與？"

曰："獨樂樂，與人樂樂，孰樂？"

曰："不若與人。"

曰："與少樂樂，與衆樂樂，孰樂？"

曰："不若與衆。"

"臣請爲王言樂：今王鼓樂於此，百姓聞王鍾鼓之聲，管籥之音，舉疾首蹙頞而相告曰：'吾王之好鼓樂，夫何使我至於此極也！父子不相見，兄弟妻子離散。'今王田獵於此，百姓聞王車馬之音，見羽旄之美，舉疾首蹙頞而相告曰：'吾王之好田獵，夫何使我至於此極也？父子不相見，兄弟妻子離散。'此無他，不與民同樂也。今王鼓樂於此，百姓聞王鍾鼓之聲，管籥之音，舉欣欣然有喜色而相告曰：'吾王庶幾無疾病與？何以能鼓樂也！'今王田獵於此，百姓聞王車馬之音，見羽旄之美，舉欣欣然有喜色而相告曰：'吾王庶幾無疾病與？何以能田獵也！'此無他，與民同樂也。今王與百姓同樂，則王矣。"

【譯文】

莊暴見到孟子説："我莊暴去王那裏朝見時，王把喜好娛樂的事告訴了我莊暴，我莊暴没有話可應對哩。請問，喜好娱樂怎麽樣?”

孟子説:“王喜好娱樂的範圍若能盡量擴大，齊國的面貌豈不就接近完善了嗎?”改日見到王時問:“王曾把喜好娱樂的情形告訴給莊子，有這回事嗎?”

王頓時變了臉色説:“寡人並非能够喜好先王那種娱樂方式哩，只是喜好世俗流行的娱樂方式而已。”

孟子説:“王喜好娱樂的範圍若能盡量擴大，齊國的面貌豈不就接近完善了嗎? 如今的娱樂方式跟古時候的娱樂方式大致相同嘛。”

王問:“可以説來聽聽麽?”

孟子反問:“獨自娱樂所得到的快樂，和跟别人一起娱樂所得到的快樂，哪種更快樂?”

回答不如跟别人一起那種。

又問:“跟少數人一起娱樂所得到的快樂，和跟衆人一起娱樂所得到的快樂，哪種更快樂?”

回答不如跟衆人一起那種。

孟子説:“臣請爲王説説娱樂:假如現在王在此地擊鼓奏樂，百姓聽到王那鍾鼓的聲響，吹管籥的音調，都頭痛得緊皺眉頭相告説:‘咱的王如此喜好擊鼓奏樂，那爲什麽使我們落到如此窮極的地步呢? 父子不能相見，兄弟妻子離散。’假如現在王到此地打獵，百姓聽到王的車馬聲音，見到羽飾的旌旗那樣壯美，都頭痛得緊皺眉頭相告説:‘咱的王如此喜好打獵，那爲什麽使咱們落到如此窮極的地步呢? 父子不能相見，兄弟妻子離散。’這没有其他緣故，只因不能給與人民同等地娱樂嘛。如果現在王在此地擊鼓奏樂，百姓聽到鍾鼓的聲響，吹管籥的音調，都露出欣喜的樣子相告説:‘咱的王或許没染疾病吧? 爲什麽能擊鼓奏樂呢?’如果現在王到此地打獵，百姓聽到王的車馬聲音，見到羽飾的旌旗那樣壯美，都露出欣喜的笑容相告説:‘咱的王或許没染疾病吧? 爲什麽能打獵呢?’這没有其他原故，正因給與了人民同樣的娱樂嘛。如今王若能給與百姓同樣的娱樂，就可以王天下了呀!”

【古注】

《注》 莊暴，齊臣也。不能決知之，故無以對。而問曰王好樂何如。王誠能大好古之樂，齊國其庶幾治乎。孟子問王有是語不。變乎色，愠恚莊子道其好樂也。王言我不能好先聖王之樂也，直好世俗之樂，謂鄭聲也。甚，大也。謂大要與民同樂，古今何異也。王問古今同樂之意，寧可得聞之與? 孟子復問王獨自作樂樂邪，與人共聽其樂樂也。王曰獨聽樂，不如與衆共聽之樂也。孟子復問王與少人共聽樂樂邪，與衆人共聽樂樂也。王言不若與衆人共聽樂爲樂。孟子欲爲王陳獨樂與衆人樂之狀。鼓樂者，樂以鼓爲節也。管，笙。籥，簫。或曰籥若笛，短而有三孔，《詩》云“左手執籥”，以節衆也。疾首，頭痛也。蹙頞，愁貌。言王擊鼓作樂，發賦徭役，皆出於民，而德不加之，故使百姓愁也。田獵無節，以非時取牲也。羽旄之美，但飾羽旄，使之美好也。發民驅獸，供給役使，不得休息，故民窮極而離散犇走也。百姓欲令王康强而鼓樂也，今無賦斂於民而有惠益，故欣欣然而喜也。王以農隙而田，不妨民時，有愍民之心，因田獵而加撫恤之，是以民悦之也。孟子言王何故不大好樂，效古賢君，與民同樂，則可以王天下也。何惡莊子之言王之好樂也？《章指》言：人君田獵以時，鐘鼓有節，發政行仁，民樂其事，則王道之階，在於此也。故曰“天時不如地利，地利不如人和”矣。

《疏》 孟子稱莊子不稱曰暴者，是孟子尊王之臣，故不欲稱其名也。……齊王自孟子問之後，變其常容而有憤怒之色，蓋憤莊暴言己之好樂於孟子也。古聖王之樂，如黄帝之《咸池》、堯之《大章》、舜禹之《韶》、《夏》，商周之《濩》、《武》是也。但能直好世俗樂耳，如鄭衛之聲是也。……今之樂猶古之樂者，是孟子見齊王言不能好先王之樂，直好世俗之樂，故以此言今之樂亦若古之聖王樂也，但其要在能與民同聽樂爲樂耳。

《集注》 庶幾，近辭也。言近於治。變色者，慚其好之不正也。今樂，世俗之樂。古樂，先王之樂。疾首，頭痛也。蹙，聚也。頞，額也。人憂戚則蹙其額。極，窮也。不與民同樂，謂獨樂其身而不恤其民，使之窮困也。范氏曰：“戰國之時，民窮財盡，人君獨以南面之樂自奉其身。孟子切於救民，故因齊王之好樂，開導其善心，深勸其與民同樂。而謂今樂猶古樂，其實今樂、古樂何可同也？但與民同樂之意則無古今之異耳。若必欲以禮樂治天下，當如孔子之言，必用韶舞，必放鄭聲。蓋孔子之言，爲邦之正道；孟子之言，救時之急務，所以不同。”楊氏曰：“樂以和爲主。使人聞鐘鼓管弦之音，而疾首蹙頞，則雖奏以《咸》、《英》、《韶》、《濩》，無補於治也。故孟子告齊王以此，姑正其本而已。”

《正義》 以世俗之樂爲鄭聲，則趙氏以好樂爲好音樂也。《音義》云：“獨樂樂，丁《公著》上音岳，下音洛。下文及注‘樂樂’皆同。……此章内‘孰樂’‘樂邪’‘樂也’，同‘樂樂’，其字皆同。餘並音岳。”趙氏解獨樂樂、與人樂樂、與少樂樂、與衆樂樂，凡上樂字爲作樂、聽樂，則上音岳，下音洛是也。閻氏若璩《釋地又續》云：“宋陳善《捫蝨新語》云：‘莊暴一章，皆言悦樂之樂，而世讀爲禮樂之樂，誤矣。惟鼓樂當爲禮樂，其他獨樂樂、與衆樂樂，亦悦樂之樂也。不然，方言禮樂，又及田獵，無乃非類乎？’真通人之言也！蓋孟子告齊宣，以先王無流連之樂，荒亡之行，一旦語及其心病，故不覺變色，答以云云。若果爲好禮樂，莊暴庸臣，縱不能對其所以，亦何至向孟子而猶咨詢何如乎？正緣好歡樂，與好貨、好色一例事耳。今樂，古樂之異，子夏對魏文侯辯之甚悉，即齊音敖辟喬志，與《韶》樂之在齊者，可比而同邪？不可比而同，豈孟子之言，先順其君以非道，而後轉之於當道邪？應不至此。必讀爲悦樂字，文義方協。郝氏《孟子解》亦云：‘樂樂，猶言樂其樂，上樂謂好，下樂謂所樂之事也。至所樂之事，下文鼓樂其一也，田獵又其一也，故曰臣請爲王言樂。’”《釋地三續》云：“或謂子解‘今之樂猶古之樂’爲歡樂之樂，但‘古之樂’三字，别未見。愚曰：《左傳》昭公二十年，晏子曰‘古而無死，則古之樂’，非與？”翟氏灝《孟子考異》云：“《儀禮·鄉射禮》‘請以樂樂賓’，《釋文·音義》云：‘下樂音洛，又皆如字。’舊注讀上樂如字，《儀禮》堪爲證。《後漢書·臧宫傳》引《黄石公記》云：‘有德之君，以所樂樂人；無德之君，以所樂樂身。’《晏子春秋·雜上篇》：‘樂者上下同之，故天子與天下，諸侯與境内，自大夫以下，各與其僚，無有獨樂。今上樂其樂，下傷其費，是獨樂也。’《説苑》載晏子語同。陳氏欲讀諸樂字盡爲悦樂，觀《晏子春秋》與《後漢書》，亦不爲無因。舊注所倚，既屬有經傳大典，其他子史中，依稀之説，終恐難爲據。”

【淺悟】

自趙岐以來的多數注疏家，都將齊王所説的“好樂”、“先王之樂”、“世俗之樂”，以及孟子説的“今之樂猶古之樂”中的“樂”，解説成音樂。假如是音樂，單就孟子説的“今之樂猶古之樂”一語便解釋不通。爲了自圓其説，趙氏解爲：“大要與民同樂，古今何異也？”孫氏疏爲：“今之樂亦若古之聖王樂也，其要在能與民同聽樂爲樂耳。”朱熹集注則引范氏曰：“其實今樂古樂何可同也？但與民同樂之意則無古今之異耳。”又曰：“孟子之言，救時之急務。”莫非爲了救時，只要能與民同樂，同聽古聖王之雅樂跟同聽世俗之靡靡之音、亡國之音竟然會收到相同的效果？這會是孟子的本意嗎？衆所周知，儒家對待高雅音樂和低俗音樂的態度一向涇渭分明，從無含混之論：

《論語·八佾篇》中，孔子評論舜帝時的《韶》樂説：“盡美矣，又盡善也。”評論武王時的《武》樂説：“盡美矣，未盡善也。”同是雅樂，差别何以如此懸殊呢？《禮記·樂記》云：“王者功成作樂，治定制禮。”又云：“樂者，音之所由生也，其本在人心之感於物也。”就是説，人的内心對外在事物産生怎樣的感動，便會制作出怎樣的音樂。尤其王者功成時所作的音樂，最能體現其時的心境，就像運動員無法掩飾其獲勝時的心境一樣。舜以揖讓有天下，實行的是“天下爲公，選賢與能，講信脩睦”的社會制度，没有血腥的廝殺，没有獲勝的激情，《韶》樂所反映的必是那個時代“人不獨親其親，不獨子其子，使老有所終，壯有所用，幼有所長，矜寡孤獨廢疾者皆有所養……是故謀閉而不興，盜竊亂賊而不作，外户而不閉”的一派升平祥和的景象，故曰盡美又盡善。周武王以征伐得天下，實行的是“天下爲家”、“大人世及以爲禮”的社會制度，其《武》樂所呈現的必是大加歌頌武功和武王的作用，故曰盡美未盡善。孔子對《武》樂尚且嫌其未盡善，何况世俗之音樂。

《論語·衛靈公篇》中，顔淵問治國之道，孔子給予的指導之一便是“樂則《韶舞》，放鄭聲，遠佞人——鄭聲淫，佞人殆”。《八佾篇》中孔子再次申明：“惡鄭聲之亂雅樂也。”

孟子終生都以孔子爲榜樣，難道會散佈有悖孔子教誨的言論麽？

焦循《正義》所引各家之説極是，本章中除“鼓樂”之樂字屬音樂外，其餘所有樂字均爲娱樂。只有這樣，孟子所説的“今之樂猶古之樂”才講得通，即如今的娱樂方式跟古時候的娱樂方式大致相同。孟子下面列舉的“鼓樂”和“田獵”兩項，就是古代的先王和如今的齊王都採用的娱樂活動。如果能使百姓一見王舉行這類娱樂活動就從内心感到快樂，國家的面貌就接近完善了。如何才能使百姓經常處於發自内心的歡樂狀態呢？這才是統治者需要認真思考、拿出决策的問題。

2.2

【原文】

齊宣王問曰：“文王之囿，方七十里，有諸？”

孟子對曰：“於傳有之。”

曰：“若是其大乎？”

曰：“民猶以爲小也！”

曰：“寡人之囿，方四十里，民猶以爲大，何也？”

曰："文王之囿方七十里，芻蕘者往焉，雉兔者往焉，與民同之；民以爲小，不亦宜乎？臣始至於境，問國之大禁，然後敢入。臣聞郊關之内，有囿方四十里，殺其麋鹿者如殺人之罪；則是方四十里爲阱於國中，民以爲大，不亦宜乎？"

【譯文】

齊宣王問道："據説周文王的苑囿方圓七十里，有這回事嗎？"

孟子回答説："在傳記中有這樣的記載。"

又問："居然如此之大嗎？"

孟子説："民衆還以爲小呢！"

又問："寡人的苑囿才方圓四十里，民衆仍然認爲大，爲什麼呢？"

孟子説："文王的苑囿方圓七十里，割草打柴的人可以前往那裏，捕獵野雞野兔的人可以前往那裏，跟民衆共同享用，民衆認爲苑囿小，不也合情合理嗎？臣當初來到齊國邊境，問明貴國的重大禁令之後才敢進入。臣聽説郊外關卡之内有苑囿方圓四十里，獵殺了裏面麋鹿的話依照殺人之罪懲處，這方圓四十里的地域就成了設在國中的陷阱，民衆認爲苑囿太大，不也合情合理嗎？"

【古注】

《注》 王言聞文王苑囿方七十里，寧有之。於傳文有是言。王怪其大。言文王之民尚以爲小也。王以爲文王在岐、豐之時，雖爲西伯，土地尚狹，而囿已大矣。今我地方千里，而囿小之，民以爲寡人之囿爲大，何故也？芻蕘者，取芻薪之賤人也。雉兔，獵人取雉兔者。言文王聽民往取禽獸，刈其芻薪，民苦其小，是其宜也。言王之政嚴刑重也。郊關，齊四境之郊皆有關。設陷阱者，不過丈尺之間耳，今王陷阱，乃方四十里，民苦其大，不亦宜乎。《章指》言：譏王廣囿專利，嚴刑陷民也。

《集注》 囿者，蕃育鳥獸之所。傳，謂古書。芻，草也。蕘，薪也。國外百里爲郊，郊外有關。阱，坎地以陷獸者，言陷民於死也。

【淺悟】

囿，讀音 yòu（ㄧㄡˋ）。傳，讀音 zhuàn（ㄓㄨㄢˋ）。芻蕘，讀音 chú（ㄔㄨˊ）ráo（ㄖㄠˊ）。雉，讀音 zhì（ㄓˋ），野雞。阱，讀音 jǐng（ㄐㄧㄥˇ），亦作穽。

2.3

【原文】

齊宣王問曰："交鄰國有道乎？"

孟子對曰："有。惟仁者爲能以大事小，是故湯事葛，文王事昆夷。惟智者爲能以小事大，故大王事獯鬻，勾踐事吴。以大事小者，樂天者也。以小事大者，畏天者也。樂天者保天下，畏天者保其國。《詩》云：‘畏天之威，于時保之。’”

王曰：“大哉言矣！寡人有疾，寡人好勇。”

對曰：“王請無好小勇。夫撫劍疾視曰：‘彼惡敢當我哉！’此匹夫之勇，敵一人者也。王請大之！《詩》云：‘王赫斯怒，爰整其旅，以遏徂莒，以篤周祜，以對于天下。’此文王之勇也。文王一怒而安天下之民。《書》曰：‘天降下民，作之君，作之師，惟曰其助上帝寵之。四方有罪無罪惟我在，天下曷敢有越厥志？’一人衡行於天下，武王恥之。此武王之勇也。而武王亦一怒而安天下之民。今王亦一怒而安天下之民，民惟恐王之不好勇也。”

【譯文】

齊宣王問道：“結交鄰國有門道嗎？”

孟子回答説：“有。惟獨仁者能以自身的大國地位服事小國，這樣的舊例，成湯曾服事過葛伯，文王曾服事過昆夷。惟獨智者才能以自身的小國卑位服事大國，舊日周太王就曾服事過獯鬻，越王勾踐曾服事過吴王夫差。以大國地位服事小國的君王，是樂於按天德行事的人嘛；以小國地位服事大國的君王，是敬畏天威的人嘛。樂於按天德行事的人能保全天下，敬畏天威的人能保全自己的國家。《詩經·周頌·我將》篇中有云：‘敬畏上天之威嚴，於是得以保天下。’”

宣王説：“此話説得太誇大了呀！寡人有個毛病，寡人好鬬勇。”

孟子應對説：“王請不要好這種小勇。一位勇夫按劍怒視道：‘他怎敢抵擋我啊！’這是匹夫之勇，僅能抵擋一人的勇夫嘛。王請弘大勇氣！《詩經·大雅·皇矣》篇中有云：‘文王與羣臣赫然盡怒，於是整飭其軍旅，以遏止討伐莒國之敵，以篤厚周家之福，以揚名於天下。’這是文王之勇嘛。文王一怒之下能安定天下的人民。《尚書·泰誓上篇》中有云：‘上天降生下民。爲之設立君王，爲之設立師輔，惟其協助天帝治理下民因而尊寵他們。四方有罪無罪惟我君師核察，天下怎敢有踰越上天意志的行爲？’一人在天下横行妄爲，武王對此感到恥辱。此爲武王之勇嘛。武王也能一怒之下安定天下的人民。如今王也能一怒之下安定天下的人民，人民就會惟恐王您不好勇哩。”

【古注】

《注》 問與鄰國交接之道。欲爲王陳古聖賢之比。葛伯放而不祀，湯先助之祀；《詩》云“昆夷兑矣，唯其喙矣”，謂文王也。是則聖人行仁政，能以大事小者也。獯鬻，北狄彊者，今匈奴也。大王去邠避獯鬻。越王勾踐退於會稽，身自臣事吳王夫差，是則智者用智，是故以小事大，而全其國也。聖人樂天行道，如天無不蓋也，故保天下，湯文是也。智者量時畏天，故保其國，大王、勾踐是也。《詩》，《周頌・我將》之篇，言成王尚畏天之威，於是時故能安其太平之道也。王謂孟子之言大，不合於其意，答之云寡人有疾，疾在好勇，不能行聖賢之所履也。疾視，惡視也。撫劍瞋目曰，人安敢當我哉，此一夫之勇，足以當一人之敵者也。《詩》，《大雅・皇矣》之篇也，言文王赫然斯怒，於是整其師旅，以遏止往伐莒者，以篤周家之福，以揚名於天下。文王一怒而安民，願王慕其大勇，無論匹夫之小勇而已。《書》，《尚書》逸篇也。言天生下民，爲作君，爲作師，以助天光寵之也。四方善惡皆在己，所謂在予一人，天下何敢有越其志者也。衡，横也。武王恥天下一人有横行不順天道者，故伐紂也。孟子言武王好勇，亦則文王一怒而安天下之民也。今王好勇，亦則武王一怒而安天下之民，民恐王之不好勇耳。王何爲欲小勇而自謂有疾也。《章指》言：聖人樂天，賢者知時，仁必有勇；勇以討亂而不爲暴，則百姓安之。

《集注》 仁人之心寬洪惻怛。而無較計大小强弱之私，故小國雖或不恭，而吾所以字之之心自不能已。智者明義理，識時勢，故大國雖見侵陵，而吾所以事之之禮尤不敢廢。湯事見後篇。文王事見《詩・大雅》。太王事見後章，所謂狄人，即獯鬻也。勾踐，越王名。事見《國語》、《史記》。天者，理而已矣。大之事小，小之事大，皆理之當然也。自然合理，故曰樂天。不敢違理，故曰畏天。包含徧覆，無不周徧，保天下之氣象也。制節謹度，不敢縱逸，保一國之規模也。疾視，怒目而視也。小勇，血氣所爲。大勇，義理所發。赫，赫然怒貌。爰，於也。遏，止也。徂，往也。篤，厚也。祜，福也。對，答也。以答天下仰望之心也。此文王之大勇也。衡與横同。《書》，《周書・泰誓》之篇也，然所引與今書文小異，今且依此解之。"寵之四方"，寵異之於四方也。有罪者，我得而誅之；無罪者，我得而安之。我既在此，則天下何敢有過越其心志而作亂者乎？衡行，謂作亂也。孟子釋《書》意如此，而言武王亦大勇也。王若能如文、武之爲，則天下之民望其一怒以除暴亂，而拯己於水火之中，惟恐王之不好勇耳。此章言：人君能懲小忿，則能恤小事大，以交鄰國；能養大勇，則能除暴救民，以安天下。張敬夫曰："小勇者，血氣之怒也；大勇者，理義之怒也。血氣之怒不可有，理義之怒不可無。如此，則可以見性情之正，而識天理、人欲之分矣。"

《正義》 《易・繫辭傳》云："樂天知命，故不憂。"此以知命申明樂天之義。聖人不忍天下之危，包容涵畜，爲天下造命，故爲知命，是爲樂天。天之生人，欲其並生並育，仁者以天爲量，故以天之並生並育爲樂也。天道又虧盈而益謙，不畏則盈滿招咎，戮其身卽害其國。智者不使一國之危，故以天之虧盈益謙爲畏也。而究之樂天者無不畏天。故引周公之頌申明之。畏天爲畏天之威，則樂天爲樂天之德也。天生萬物無不蓋，聖人道濟天下無不容，行道者所以樂天也。不知時不可爲，則將以所養人者害人，量時者所以畏天也。《國語》范蠡對句踐云："聖人隨時以行，是謂守時。天時不作，弗爲人客。今君王未盈而溢，未盛而驕，不勞而矜其功；天時不作，而先爲人客。此逆於天而不和於人，將妨於國家。"此謂不量時則不保其國也。其後卑辭尊禮，身爲之市，蠡又戒王勿早圖，謂人事必與天地相參，然後乃可以成功，此亦能量時者矣。王問交鄰，孟子比以古聖賢之所履，故以爲誇大也。按此孟子所引《書》，在梅賾書《泰誓》上篇。……按《泰誓》不爲逸《書》，而此趙氏以逸《書》目之，則非《泰誓》之文矣。趙氏讀"惟曰其助上帝寵之"八字句，"四方"二字連下"有罪無罪惟我在"九字句。《易・師》九二傳云"承天寵也"，《釋文》引鄭注云："寵，光耀也。"《詩・蓼蕭》"爲龍爲光"，毛傳云："龍，寵也。"趙氏以光解寵。《論語・堯曰篇》言"百姓有過，在予一人"，有過在予，與"有罪惟我在"相近，故趙氏引以證之。江氏聲《尚書集注音疏》云："趙氏'以助天光寵之'者，謂以其能助天，故光寵之。作兩句解，義了明白。

趙氏聯言助天光寵，意恉不明；又‘惟我在’之言，非在我之謂，而乃引‘在予一人’以況，殊不合。故聲不取，而自爲解：寵，尊居也。言天降生下民，爲作之君，爲作之師者，惟曰其助天牧民，故尊寵之，使居君師之任。我，我君師也。在，察也。四方有罪無罪惟我君師司察焉。天下何敢有踰越其志者乎？”襄十四年《左傳》云：“天生民而立之君，使司牧之，勿使失性。”是作君師爲牧民也。云故尊寵之，使居君師之任者，從趙氏讀“寵之”絶句也。王鳴盛《尚書後案》云：“《孟子》所引，自‘天降下民’起，直到‘一人衡行於天下，武王恥之’，皆《書》詞，皆史臣所作，故孟子從而釋之曰：此武王之勇也。亦猶上文引《詩》畢，然後從而釋之曰：此文王之勇也。”臧氏琳《經義雜記》云：“趙注讀‘四方有罪無罪’爲句，與孟子釋《書》意‘一人衡行於天下’句正合。或云《書》詞至‘武王恥之’止，非也。趙注亦斷‘天下曷敢有越厥志’住。”

【淺悟】

獯鬻，讀音 xūn（ㄒㄩㄣ）yù（ㄩˋ）。

孟子所引《尚書》之文，應當是孔子整理的《尚書》原貌，與流傳至今的《尚書·泰誓上》篇中的文字不盡相同。造成文義各殊，皆因秦火所致。斟酌各注，似覺焦氏《正義》所引江聲《尚書集注音疏》之説更近原文之義，故譯文從之。

2.4

【原文】

齊宣王見孟子於雪宫，王曰：“賢者亦有此樂乎？”

孟子對曰：“有人不得則非其上矣。不得而非其上者，非也。爲民上而不與民同樂者，亦非也。樂民之樂者，民亦樂其樂；憂民之憂者，民亦憂其憂。樂以天下，憂以天下，然而不王者，未之有也。昔者，齊景公問於晏子曰：‘吾欲觀於轉附、朝儛，遵海而南，放於琅邪，吾何脩而可以比於先王觀也？’晏子對曰：‘善哉問也！天子適諸矦曰巡狩，巡狩者，巡所守也。諸矦朝於天子曰述職，述職者，述所職也。無非事者，春省耕而補不足，秋省斂而助不給。夏諺曰：吾王不遊，吾何以休？吾王不豫，吾何以助？一遊一豫，爲諸矦度。今也不然，師行而糧食，飢者弗食，勞者弗息，睊睊胥讒，民乃作慝。方命虐民，飲食若流，流連荒亡，爲諸矦憂。從流下而忘反謂之流，從流上而忘反謂之連，從獸無厭謂之荒，樂酒無厭謂之亡。先王無流連之樂，荒亡之行，惟君所行也。’景公説，大戒於國，出舍於郊，於是始興發，補不足。召大師曰：‘爲我作君臣相説之樂。’蓋《徵招》、《角招》是也。其詩曰：‘畜君何尤？’畜君者，好君也。”

【譯文】

齊宣王來到各種娱樂設施齊全、專爲禮遇貴賓的雪宫看望孟子，宣王問：“有賢德的人也有心情享受這些娱樂活動嗎？”

孟子答道："有的人得不到這種享受就會非議其君上呀。得不到享受便非議其君上的話，顯然不對嘛；作爲人民的君上如果不跟人民同享歡樂的話，也不對嘛。能喜愛人民的娛樂的話，人民也會喜愛他的娛樂；能憂慮人民憂愁的話，人民也會憂慮他的憂愁。娛樂是爲了全天下，憂慮是爲了全天下，這樣如果不能王天下的話，未曾有過嘛。往昔齊景公向晏子問道：'我想到轉附山和朝儛山去觀覽，再沿着海邊往南，抵達琅邪，我怎樣脩治自身才可以跟先王的觀覽類似呢？'晏子答道：'問得好啊！天子前往各諸侯國稱巡狩，巡狩的用意是，巡視其所職守的事務嘛。諸侯到天子那裏朝覲稱述職，述職的用意是，陳述所職守的事務嘛。無非都爲農事而奔波：春季省察農耕從而貼補農具種子不足者，秋季省察收斂從而資助衣食不給者。夏代民諺云：我王不巡遊，我怎會有休閒？我王不巡豫，我怎會獲資助？王的一遊一豫，爲諸侯做法度。如今呢，則不是這樣：諸侯興師行軍强征徭役遠道運輸食用的口糧，飢民得不到食物，勞碌者得不到休息，在位者側目怒視以讒言相譏，民間於是興起邪惡之風；放棄先王的教命虐待庶民，飲食無度似河流般没有窮盡，似這流連荒亡的行爲，實在爲這樣的諸侯擔憂。順水行舟樂而忘返稱之爲流，逆水行舟樂而忘返稱之爲連，驅獸打獵不知厭倦稱之爲荒，喜好飲酒毫無節制稱之爲亡。先王没有這種流連的娛樂，荒亡的行爲，只盼國君自己考慮該怎樣做哩。'景公悦服，立即在國内大脩戒備，走出宫殿到郊外居住，於是開始振興惠民政策，發散倉廩的糧米以補助貧困者之不足。召見太師説：'爲我創作君臣相愉悦的音樂。'大概《徵招》、《角招》即此時創作的樂章哩，其中有詩句説：'限制國君有何罪過？'限制國君的用意是，愛護國君嘛。"

【古注】

《注》 雪宫，離宫之名也。宫中有苑囿臺池之飾，禽獸之饒，王自多有此樂，故問曰賢者亦能有此樂乎？有人不得，人有不得志者也。不責己仁義不自脩，而責上之不用己，此非君子之道。人君適情從欲，獨樂其身，而不與民同樂，亦非在上不驕之義也。言民之樂，君與之同，故民亦樂使其君有樂也。民之所憂者，君亦助憂之，故民亦能憂君之憂，爲之赴難也。言古賢君樂則以己之樂與天下同之，憂則以天下之憂與己共之，如是未有不王者。孟子以是答王者，言雖有此樂，未能與人共之。孟子言往者齊景公嘗問其相晏子若此也。轉附、朝儛，皆山名也。又言朝，水名也。遵，循也。放，至也。循海而南，至於琅邪，琅邪，齊東南境上邑也。當何脩治可以比先王之遊觀乎。先王，先聖之王也。晏子言天子諸侯出，必因王事有所補助於民，無非事而空行者也。春省耕，補耒耜之不足。秋省斂，助其力不給也。晏子道夏禹之世，民之諺語也。言王者巡狩觀民，其行從容，若遊若豫，豫亦遊也，《春秋傳》曰：魯季氏有嘉樹，晉范宣子豫焉。吾王不遊，我何以得見勞蒙休息也。吾王不豫，我何以得見賑贍助不足也。王者一遊一豫，行恩布德，應法而出，可以爲諸侯之法度也。今也者，晏子言今時天下之民，人君興師行軍，皆遠轉糧食而食之，有飢不得飽食者，勞者致重亦不得休息；在位在職者又睊睊側目相視，更相讒惡，民由是化之而作慝惡也。方，猶放也，放棄不用先王之命，但爲虐民之政，恣意飲食，若水流之無窮極也。謂沉湎於酒，熊蹯不熟，怒而殺人之類也。流連荒亡，皆驕君之溢行也。言王道虧，諸侯行霸，由當相匡正，故爲諸侯憂也。言驕君放遊，無所不爲。或浮水而下、樂而忘反謂之流，若齊桓與蔡姬乘舟於囿之類也。連者，引也。使人徒引舟船，上行而忘反以爲樂，故謂之連。《書》曰"罔水行舟"，丹朱慢遊，無水而行舟，豈不引舟於水而上行乎，此其類也。從獸無厭，若羿之好田獵，無有厭極，以亡其身，故謂之荒亂也。樂酒無厭，若殷紂以酒喪國也，故謂之亡。言聖人之行，無此四者，惟君所欲行也。晏子之意，不欲使景公空遊於琅邪而無益於民也。景公説晏子之言也。戒，備也。大脩戒備於國。出舍於郊，示憂民困，始興惠政，發倉廩以振貧困不足者也。大師，樂師也。《徵招》、《角招》，其所作樂章名也。其詩，樂詩也。言臣説君謂之好君，何尤者，無過也。孟子所以道晏子、景公之事者，欲以感喻宣王，非其矜夸雪宫而欲以苦賢者。《章指》言：與天下同憂者，不爲慢遊之樂，不循肆溢之行。是以文王不敢盤于遊田也。

《疏》 齊宣王見孟子於雪宫者……言宣王在雪宫之中而見孟子來至也。王曰賢者亦樂此乎者，是宣王稱孟子爲賢者，問之孟子亦嘗有此雪宫之樂也。云乎者，亦未知孟子可否若何而疑之之辭也，亦梁惠王在沼上而問孟子賢者亦樂此乎同意。

《集注》 言人君能與民同樂，則人皆有此樂。不然，則下之不得此樂者，必有非其君上之心。明人君當與民同樂，不可使人有不得者，非但當與賢者共之而已也。下不安分，上不恤民，皆非理也。景公説以下，説音悦。戒，告命也。出舍，自責以省民也。興發，發倉廩也。樂官也。樂有五聲，三曰角爲民；四曰徵爲事。尤，過也。言晏子能畜止其君之欲，宜爲君之所尤，然其心則何過哉？孟子釋之，以爲臣能畜止其君之欲，乃是愛其君者也。尹氏曰："君之與民，貴賤雖不同，然其心未始有異也。孟子之言可謂深切矣，齊王不能推而用之，惜哉！"

《正義》 閻氏若璩《釋地》云：'解者謂雪宫孟子之館，宣王就見於此，因誇其禮遇之隆。賢者指孟子，與梁惠王賢者指人君不同。果爾，孟子當正色而對，以明不屑。漢章帝祀闕里，大會孔氏男子六十二人，謂孔僖曰：'今日之會，其於卿宗有光榮乎？'對曰：'臣聞明王聖主，莫不尊師貴道；今陛下親屈萬乘，辱臨敝里，此乃崇禮先師，增輝聖德。至於光榮，非所敢承。'僖尚能爲斯言，況巖巖之孟子耶？賢者指人君言。《元和郡縣志》：'齊雪宫故址，在青州臨淄縣，縣即齊都東北六里，《晏子春秋》所謂齊侯見晏子於雪宫。'蓋齊離宫之名，遊觀勝迹。宣延見孟子於其地，非就見之謂。管晏，孟子羞稱，兹祥及晏子，蓋亦以其地曾爲先齊君臣共遊觀，以近事爲鑒，則言易及。"曹氏之升《摭餘説》云："閻氏説非也。趙氏注孟子將朝王章亦云'寡人就孟子之館相見也'。蓋雪宫如漢甘泉、唐九成之屬。齊宣尊禮孟子，館之離宫，不使儕於稷下，故景丑氏以爲丑見王之敬子也。齊宣以孟子爲賓師，極致尊禮，其問隱然自表其優遇之至意。"趙氏佑《温故録》亦云："此蓋齊王館孟子於雪宫而來就見也。賢者，即謂孟子，與梁惠王之問不同。"按孟子見梁惠王，與宣王見孟子於雪宫，文順逆不同。謂孟子在雪宫，宣王就見，義似爲長。齊宣有此雪宫之樂，今館孟子於此，則賢者亦有此雪宫之樂，見能與賢者共此樂也。趙氏下云："非其矜夸雪宫，而欲以苦賢者。"則此賢者即陰指孟子，非指賢君也。翟氏灝《考異》云："齊侯見晏子於雪宫，今《晏子春秋》無此語，當因下文述晏子事，《元和志》遂訛孟子爲晏子也。"何異孫《十一經問對》云："有字是句。人不得則非其上矣是句。或曰：有人當作人有。"韓愈《送徐皡下第序》云："吾觀於人有不得志，則非其上者衆矣。"蓋趙氏解有人爲人有，韓氏本趙氏也。不得志爲上不用己，故以指下第。齊宣館孟子，自以能用孟子，孟子之志得，乃能亦有此樂。孟子推及於凡人，以爲不特賢者得志有此樂，凡人皆得志乃有此樂；有此樂，則不非其上；不與民同樂，則民不得志也。閻氏若璩《釋地》云："余曾徧考轉附、朝儛二山，杳不知所在。惟趙氏德，南宋人，有'轉附，附作鮒，屬萊州'之説，殊無依據。意此二山當在海之東盡頭，如成山、召石山之類，登之可以觀海，然後回轍，循海之濱西行，以南至琅邪，亦可觀海焉。"按《史記·秦始皇紀》二十八年，並渤海以東，過黄、腄，窮成山，登之罘，立石頌秦德焉而去，南登琅邪，大樂之。三十七年，自琅邪北至榮成山，至之罘。《漢書·郊祀志》："後五年，東幸琅邪，禮日成山，登之罘，浮大海。"……蓋之罘卽轉附也。之與轉一聲之轉……罘與附古音通，山川之名，古今更變，乃以聲音求之尚可得。秦皇、漢武所遊，自琅邪而北，則至之罘、成山；自之罘、成山而南，則至琅邪。齊景欲觀乎轉附、朝儛，轉附卽之罘也，朝儛卽成山也。……閻氏疑此二山當如成山、召石山之類，未以聲音轉借求之，故不能定爾。《管子·戒篇》云："春出，原農事之不本者。秋出，補人之不足者。"朱長春云："不本，春從不足於耕稼者，原省助之。春種爲本，秋穫爲利，今田家諺'下工用本'是也。耒耜用於耕，耒耜不足，即謂耕稼之本不足也。"房玄齡云："秋謂西成，尚有不足者，當補之。秋稼已斂，而力仍有不給於衣食，故云力不給也。力卽力田之力，謂雖力田，而所獲不足以養其父母妻子。"毛氏奇齡《賸言補》云："《管子·戒篇》云：'夫師行而糧食其民者，謂之亡。'予幼讀'師行糧食'句，疑糧食二字難通，似有脱誤，今始知糧食其民爲確不可易也。"……按趙氏云"遠轉糧食而食之"，此以食釋糧，而食之三字解食字。……糧食與師行對言，謂軍師之興，以糧米爲食。……必須遠轉，轉卽運也。遠行轉運，則必負重，不得休息矣。《晏子春秋·問下篇》云："今君不然，師行而糧食。"與《孟子》同。則《孟子》"糧食"之下，非有脱誤，亦非食於民之義也。……王氏念孫《廣雅疏證》云："睊睊，視也。《説文》：'睊，視貌。'重言之則曰睊睊。"然則趙氏不單言視而云側目相視者……側目者忿恨之貌，《説文》心部云："悁，忿也。"……蓋趙氏以睊睊與悁悁通合言之。……胥，相也。更，代也。互相讒短，則其目亦互相忿視，故知睊睊爲側目相視。下言民乃作慝，知此胥讒者，爲在位之人矣。……《詩·大雅·民勞篇》云"無俾作慝"，毛傳云："慝，惡也。"是作慝卽作惡也。《周禮·秋官·小行人》云"其悖逆暴亂作慝，猶犯令者爲一書"，注云："慝，惡也。猶，圖也。"然則作惡爲悖逆暴亂，希圖犯令之謂也。方猶放者，假借字也。《堯典》云"方命圮族"……鄭康成注云："方，放，謂放棄教命。"趙氏與之同。全氏祖望《經史問答》云："爲諸矦憂，古注以爲列國諸矦。試觀僖公四年，桓公欲循海而歸，轅宣仲謂申矦曰：'師出陳、鄭之間，供其資糧屝屨，國必甚病。'哀公時，吴爲黄池之會，過宋、鄭，殺其丈夫，囚其婦人，霸者之世，役小役弱，不可勝道，豈但徵百牢、索三百乘而已。春秋之晚，雖魯亦困於征輸，願降而與邾、滕爲伍，而杞至自貶爲子，則其與附庸之君相去不遠。"此申趙氏之説，則以驕君之流連荒亡，卽指行霸之君。而爲諸矦憂之諸矦，則事霸國之諸矦，非行霸之諸矦。乃趙氏稱諸矦行霸，是以行霸解爲諸矦憂之諸矦也。云當相匡正，似不謂驕君矣。或云如同盟，或婣國，皆憂其國之將亡。王氏念孫《廣雅疏證》云："《説文》：'嬸，媚也。'孟康注《漢書·張敞傳》云：'北方人謂媚好爲詡畜。'畜與嬸通。《説文》：'媚，説也。'故媚好謂之畜，相説亦謂之畜，又謂之好。《孟子·梁惠王篇》：'畜君者，好君也。'本承上君臣相悦而言，故趙氏注云：'言臣説君謂之好君。'好畜古聲相近，畜君何尤卽好君何尤。《祭統》云：'孝者，畜也。順於道不逆於倫，是之謂畜。'《孔子閒居》及《坊記》注並云：'畜，孝也。'《釋名》云：'孝，好也。愛好父母，如所悦好也。'畜孝好聲並相近。……後世聲轉義乖，而古訓遂不可通矣。"

【淺悟】

"樂民之樂"、"樂其樂"二者之前的"樂"及"樂酒"之樂字，當讀 yào(ㄧㄠˋ)，喜愛、喜好的意思。睊，讀音 juàn(ㄐㄩㄢˋ)。慝，讀音 tè(ㄊㄜˋ)。畜君，畜讀 chù(ㄔㄨˋ)。徵招，讀音 zhǐsháo(ㄓˇㄕㄠˊ)。

本章之古注有三處需要商榷。

首先,“齊宣王見孟子於雪宫”一語,孫氏《疏》和閻氏《釋地》都認爲是齊宣王在雪宫接見孟子,尤其閻氏還將宣王説的“君子”指認爲人君,更是不可思議。正如焦氏《正義》所云:“按孟子見梁惠王,與齊宣王見孟子於雪宫,文順逆不同。謂孟子在雪宫,宣王就見,義似爲長。齊宣有此雪宫之樂,今館孟子於此,則賢者亦有此雪宫之樂,見能與賢者共此樂也。趙氏下云:‘非其矜夸雪宫,而欲以苦賢者。’則此賢者即陰指孟子,非指賢君也。”焦氏此説合乎情理,故譯文從之。

其次,孟子回答的“有人不得則非其上”一語,何氏《十一經問對》認爲:“有”字單獨成句,“人”以下爲一句;或將“有人”當作“人有”成一句,趙氏注即如此。如果“有”字單獨成句,就是説,孟子承認自己有享受這種娱樂的興趣;接下來又説:人一旦得不到這種娱樂享受就會非議其君上,這就將孟子自己也包括在内了。孟子既然指出非議是不對的,以他的人品,難道也會跟凡人一起非議嗎?如果將“有人”當作“人有”,這句話的意思跟以上所説的没有任何區别。這樣解讀愚不敢苟同。愚以爲,“有人不得則非其上”是一句很完整的話。面對宣王之問,孟子似乎是在有意繞開“賢者”之虚文,未作正面回答,只是作了看似籠統實則涵義深刻的陳述:“有人不得則非其上,”即有的人得不到這種娱樂享受就會非議其君上——有的人,而不是全體,非常符合客觀實際。下面兩句换個説法即:君上若能與民同樂,也就不存在“非其上”的問題了。相信這應當是孟子所要表達的中心思想。下面列舉的齊景公與晏子的對話,也是爲這一中心思想服務的,説得多麽巧妙。

再者,“畜君何尤”的畜君,也許因前文景公命太師“作君臣相悦之樂”,下文孟子將“畜君”解釋爲“好君”的緣故,於是趙氏注便以此爲據,將“畜”字的讀音定爲 xù(ㄒㄩˋ),“畜君”解説成悦君、好君。後世的注疏除朱熹《集注》外,多沿此説。果真是這樣,請問,誰會提出“愛好君上有何罪過”這樣的問題?就像没有人會提出“孝敬父母有何罪過”這樣的問題一樣。就算有人提,請問,在“愛好君上有何罪過”這句話下面,孟子所解釋的“畜君者,好君也”,不就成了廢話嗎?所幸的是,《康熙字典》和《辭源》解釋“畜君何尤”時,採用了朱熹的見解,將“畜”字讀爲 chù(ㄔㄨˋ),分别訓爲“止”和“限制”,此語的意思豁然開朗:“阻止君上(流連荒亡)有何罪過?”孟子解釋的“畜君者,好君也”,即“阻止君上(流連荒亡)的用意是,愛護君上嘛”,才能成立,而不是廢話。

2.5

【原文】

齊宣王問曰:“人皆謂我毁明堂,毁諸,已乎?”

孟子對曰:“夫明堂者,王者之堂也。王欲行王政,則勿毁之矣。”

王曰:“王政可得聞與?”

對曰："昔者文王之治岐也，耕者九一，仕者世禄，關市譏而不征，澤梁無禁，罪人不孥。老而無妻曰鰥，老而無夫曰寡，老而無子曰獨，幼而無父曰孤，此四者天下之窮民而無告者。文王發政施仁，必先斯四者。《詩》云：'哿矣富人，哀此煢獨。'"

王曰："善哉言乎！"

曰："王如善之，則何爲不行？"

王曰："寡人有疾，寡人好貨。"

對曰："昔者公劉好貨，《詩》云：'乃積乃倉，乃裹餱糧，于橐于囊，思戢用光，弓矢斯張，干戈戚揚，爰方啟行。'故居者有積倉，行者有裹囊也，然後可以爰方啟行。王如好貨，與百姓同之，於王何有？"

王曰："寡人有疾，寡人好色。"

對曰："昔者太王好色，愛厥妃。《詩》云：'古公亶父，來朝走馬，率西水滸，至于岐下；爰及姜女，聿來胥宇。'當是時也，内無怨女，外無曠夫。王如好色，與百姓同之，於王何有？"

【譯文】

齊宣王問道："很多人都勸我拆毁明堂，應該拆毁嗎？還是制止呢？"

孟子答道："這明堂嘛，是帝王的殿堂哩。王要是打算實行帝王之政，就不要拆毁它呀。"

王問："帝王之政可以説來聽聽麽？"

答道："往昔文王他治理西岐呢，耕田的農夫同養九分之一的公田，仕宦之家世代享有俸禄，關卡集市盤問而不征收捐税，水澤中用簡單的工具築梁捕魚不予禁止，懲罰罪犯不牽累其妻室兒女。年老如果喪妻稱鰥夫，年老如果喪夫稱寡婦，年老如果没有子女稱獨老，年幼如果喪父稱孤兒，這四種人是天下境遇最窮困而且有苦無處訴的人。文王發布政令實施仁恩，必定首先照顧這四種人。《詩經·小雅·正月》篇中有云：'富人們生活可以就行了，哀憐這孤獨無告的人吧。'"

王稱讚道："這話説得好啊！"

問："王既然看好這説法，那爲什麽不實行？"

王説："寡人有缺陷，寡人喜好財貨。"

孟子説："早年周代先祖公劉就喜好財貨。《詩經·大雅·公劉》篇中有云：'堆積糧穀運入倉，裹起旅途的乾糧，裝罷橐袋裝行囊，欲使國人輯睦顯榮光；弓箭手皆張滿弓，手持斧鉞和刀槍，於是開始動身到路上。'所以留守的人有積穀在糧倉，行軍的人有裹着的乾糧在行囊嘛，這樣之後才可以下令開始動身上路。王倘若喜好財貨，能做到跟百姓同享，對於王來説何難之有？”

王説：“寡人還有個缺陷，寡人喜好女色。”

孟子説：“昔日周太王古公亶父喜好女色，鍾愛其妃子。《詩經·大雅·緜》之篇有云：‘古公亶父，來日清晨騎馬疾行，沿水涯向西方前進，來至在岐山脚下；於是與其愛妃姜氏女，相伴前來考察建造屋宇。’當太王那時呢，民間的閨内没有無夫的怨女，室外没有無妻的曠夫。王倘若喜好女色，能給予百姓同樣的男婚女嫁的關懷，對於王來説何難之有？”

【古注】

《注》 謂泰山下明堂，本周天子東巡狩朝諸侯之處也。齊侵地而得有之，人勸宣王，諸侯不用明堂可毁壞，故疑而問於孟子，當毁之乎。已，止也。言王能行王道者，則可無毁也。王言王政當何施，其法寧可得聞。言往者文王爲西伯時，始行王政，使岐民脩井田，八家耕八百畝，其百畝者，以爲公田及廬井，故曰九一也。紂時税重，文王復行古法也。仕者世禄，賢者子孫必有土地。關以譏難非常，不征税也。陂池魚梁不設禁，與民共之也。孥，妻子也。《詩》云：“樂爾妻孥。”罪人不孥，惡惡止其身，不及妻子也。言此四者皆天下之窮民，文王常恤鰥寡，存孤獨也。詩，《小雅·正月》之篇。哿，可也。詩人言居今之世，可矣富人，但憐憫此煢獨羸弱者耳。文王行政如此也。善此王政之言。孟子言王如善此王政，則何爲不行也。王言我有疾，疾在好貨，故不能行。詩，《大雅·公劉》之篇也。乃積穀於倉，乃裹盛乾食之糧於槖囊也。思安民，故用有寵光也。戚，斧。揚，鉞也。又以武備之四方啟道路。孟子言公劉好貨若此，王若則之，於王何有不可也。王言我有疾，疾於好色，不能行也。詩《大雅·緜》之篇也。亶父，太王名也，號稱古公。來朝走馬，遠避狄難，去惡疾也。率，循也。滸，水涯也。循西方水滸，來至岐山下也。姜女，太王妃也。於是與姜女俱來相土居也。言太王亦好色，非但與姜女俱行而已，普使一國男女無有怨曠；王如則之，與百姓同欲，皆使無過時之思，則於王之政，何有不可乎。《章指》言：夫子恂恂然善誘人，誘人以進於善也。齊王好貨好色，孟子推以公劉、太王，所謂“責難於君謂之恭”者也。

《集注》 明堂，王者所居以出政令之所也。能行王政，則亦可以王矣，何必毁哉？九一者，井田之制也。方一里爲一井，其田九百畝。中畫井字，界爲九區，一區之中爲田百畝。中百畝爲公田，外八百畝爲私田。八家各受私田百畝，而同養公田，是九分而税其一也。世禄者，先王之世，仕者之子孫皆教之，教之而成材則官之；如不足用，亦使之不失其禄。關，謂道路之關。市，謂都邑之市。譏，察也。征，税也。關市之吏，察異服異言之人，而不征商賈之税也。哿，可也。煢，困悴貌。戢，《詩》作輯……安集也。言思安集其人民，以光大其國家也。何有，言不難也。孟子言公劉之民富足如此，是公劉好貨，而能推己之心以及民也。今王好貨亦能如此，則其於王天下也，何難之有？無怨曠者，是太王好色，而能推己之心以及民也。楊氏曰：“孟子與人君言，皆所以擴充其善心而格其非心，不止就事論事。若使爲人臣者論事每如此，豈不能堯、舜其君乎？”愚謂此篇自首章至此，大意皆同。蓋鐘鼓、苑囿、遊觀之樂，與夫好勇、好貨、好色之心，皆天理之所有而人情之所不能無者。然天理、人欲，同行異情。循理而公於天下者，聖人之所以盡其性也。縱欲而私於一己者，衆人之所以滅其天也。二者之間不能以發，而其是非得失之歸，相去遠矣。故孟子因時君之問,而剖析爲幾微之際,皆所以遏人欲而存天理。其法似疏而實密,其事似易而實難。學者以身體之,則有以識其非曲學阿世之言,而知所以克己復禮之端矣。

《正義》 閻氏若璩《釋地》云:"《封禪書》:'初天子封太山,太山東北阯,古時有明堂處。'是古明堂至漢武帝時猶有遺蹤。"阮氏元《明堂論》云:"粤惟上古,水土荒沈,橧穴猶在,政教朴略,宫室未興。神農氏作,始爲帝宫,上圓下方,重蓋以茅,外環以水,足以禦寒暑,待風雨,實惟明堂之始。明堂者,天子所居之初名也。是故祀上帝則於是,祭先祖則於是,朝諸侯則於是,養老尊賢教國子則於是,饗射獻俘馘則於是,治天文告朔則於是,抑且天子寢食恒於是,此古之明堂也。黄帝、堯、舜氏作,宫室乃備,洎夏、商、周三代,文治益隆,於是天子所居,在邦畿王城之中,三門三朝,後曰路寢,四時不遷。路寢之制,準郊外明堂四方之一,鄉南而治,故路寢猶襲古號曰明堂。若於祭昊天上帝,則有圜丘;祭祖考,則有應門内左之宗廟;朝諸侯,則有朝廷;養老尊賢教國子獻俘馘,則有辟雍學校;其地既分,其禮益備,故城中無明堂也。然而聖人事必師古,禮不忘本,於近郊東南,别建明堂,以存古制,藏古帝治法册典於此;或祀五帝,布時令,朝四方諸侯,非常典禮,乃於此行之,以繼古帝王之蹟。譬之上古衣裳未成,始有韍皮;椎輪初制,惟尚越席;後世聖人,采備繪繡,無廢赤芾之垂;車成金玉,不增大路之飾;此後世之明堂也。自漢以來,儒者惟蔡邕、盧植,實知異名同地之制,尚昧上古中古之分。後之儒者執其一端,以蔽衆説,分合無定,制度鮮通,蓋未能融洽經傳,參驗古今,二千年來,遂在絶學。試執吾言,以求之經史百家,有相合無相戾者别勒成書,以備稽覽,括其大指,著於斯篇。"乃,《詩》作迺,古字通也。戢,《詩》作輯。毛傳云:"公劉居於邰,而遭夏人亂,迫逐公劉;公劉乃辟中國之難,遂平西戎,而遷其民,邑於豳焉。迺積迺倉,言民事時和,國有積倉也。小曰橐,大曰囊。思輯用光,言民相與和睦,以顯於時也。"箋云:"邰國乃有積委及倉也。安安而能遷,積而能散,爲夏人迫逐己之故,王不忍鬬其民,乃裹糧食於橐囊之中,棄其餘而去,思在和其民人,用光大其道,爲今子孫之基。"《詩》以積倉與上埸疆對,埸疆是二事,故鄭以積爲委積,與倉對,亦爲兩事。趙氏謂"積穀於倉",與鄭異也。《爾雅·釋詁》云:"輯,和也。"故毛、鄭皆以和釋之。《説文》戈部云:"戢,藏兵也。"藏兵不戰,所以安民,故趙氏以安釋之。惟和則安,亦惟安則和,二義可相備。以寵釋光,《詩·長發》箋云:"寵,榮名之謂。"榮名即毛傳"顯於時"之義。鄭云"光大",則讀光爲廣,與毛、趙異也。箋云:"來朝走馬,言其辟惡,早且疾也。"早解來朝,疾解走馬,辟惡解其早且疾之故。趙氏云疾,解走字也;來朝爲早,易明,故不釋耳。毛傳云:"姜女,太姜也。胥,相也。宇,居也。"箋云:"爰,於。及,與。聿,自也。於是與其妃太姜自來相可居者,著太姜之賢智也。"趙氏以於是釋爰,以與釋及,以相釋胥,以居釋宇,與毛、鄭同。惟不用自來之訓,而以聿來爲俱來,聿猶律,《説文》彳部云:"律,均布也。"蔡邕《月令章句》云:"律,率也。"《漢書·宣帝紀》杜注云:"率者,總計之言也。"均、總即俱,趙氏以自來之義不協,故讀聿爲律爲率也。"相土居"即《詩》正義云"相土地之可居也"。《管子·樞言篇》"與人相胥",注云:"胥,視也。"《説文》云:"相,省視也。"胥之爲視,即相之爲省視也。

【淺悟】

砮,讀音 nú(ㄋㄨˊ)。哿,讀音 gě(ㄍㄜˇ)。煢,讀音 qióng(ㄑㄩㄥˊ)。餱,讀音 hóu(ㄏㄡˊ)。槖,讀音 tuó(ㄊㄨㄛˊ)。亶,讀音 dǎn(ㄉㄢˇ)。來朝,朝音 zhāo(ㄓㄠ).

本章《章指》所言之"夫子恂恂然善誘人"一語,是引用《論語》中顔淵贊歎孔子"夫子循循然善誘人"一番話的片段。恂恂與循循的音義皆同,只是《章指》所言之夫子是指孟子而已。孟子對齊宣王的誘導,實踐着他上章所説的"畜君者,好君也"的教言,亦即本《章指》所謂"責難於君謂之恭"者也。

2.6

【原文】

孟子謂齊宣王曰："王之臣，有託其妻子於其友而之楚遊者，比其反也，則凍餒其妻子，則如之何？"

王曰："棄之。"

曰："士師不能治士則如之何？"

王曰："已之。"

曰："四境之内不治，則如之何？"

王顧左右而言他。

【譯文】

孟子向齊宣王問道："王的臣下有位將其妻室兒女託付給其友人幫忙照料然後前往楚國遊學，待其返回呢，其妻室兒女却受凍挨餓，這該拿其友人怎麽辦？"

王説放棄他。

又問："主審獄訟的士師不能治理獄訟，這該拿他怎麽辦？"

王説罷免他。

又問："整個國家不能治理，這該怎麽辦？"

王回過頭向左右侍從説起了其他事。

【古注】

《注》 假此言以爲喻。言無友道，當如之何。言當棄之，絶友道也。士師，獄官吏也。不能治獄，當如之何。已之者，去之也。境内之事，王所當理，不勝其任，當如之何。孟子以此動王心，令戒懼也。王慙而左右顧視，道他事，無以答此言也。《章指》言：君臣上下，各勤其任，無墮其職，乃安其身也。

《疏》 士師，即周司寇之屬，有士師、鄉士，皆以士爲官。鄭玄云："士，察也，主察獄訟之事。"是士師爲獄官之吏者也。

《集注》 士師，獄官也。其屬有鄉士、遂士之官，士師皆當治之。孟子將問此，而先設上二事以發之，及此而王不能答也。其憚於自責、恥於下問如此，不足與有爲可知矣。

《正義》 《説文》頁部云："顧，還視也。"《詩・晉風》"顧瞻周道"，箋云："回首曰顧。"左右立王少後，視之必回首，故云左右顧視，即回旋視之也。

【淺悟】

國君能否成大事，視其能否接納不利自己的諫言。王顧左右而言他，是羞慚還是惱羞成怒？那就要看齊宣王是君子還是小人了。此是享譽諸侯的孟子，若换成賤民説這番話，王也會顧左右而言他？

子曰："唯女子與小人爲難養也：近之則不孫，遠之則怨。"

2.7

【原文】

孟子見齊宣王曰："所謂故國者，非謂有喬木之謂也，有世臣之謂也。王無親臣矣！昔者所進，今日不知其亡也。"

王曰："吾何以識其不才而舍之？"

曰："國君進賢，如不得已，將使卑踰尊，疏踰戚，可不慎與？左右皆曰賢，未可也；諸大夫皆曰賢，未可也；國人皆曰賢，然後察之；見賢焉，然後用之。左右皆曰不可，勿聽；諸大夫皆曰不可，勿聽；國人皆曰不可，然後察之；見不可焉，然後去之。左右皆曰可殺，勿聽；諸大夫皆曰可殺，勿聽；國人皆曰可殺，然後察之；見可殺焉，然後殺之。故曰國人殺之也。如此，然後可以爲民父母。"

【譯文】

孟子拜見齊宣王時説："通常所説的古老國家，不是指擁有多少參天古樹説的哩，而是指擁有衆多世代相承的賢臣説的嘛。王現在已没有可親近信任的臣下了呀！昔日因不詳審而登進的臣僚，如今不知其逃亡到何處哩。"

王問："我將怎麽識别其没有才幹而舍棄他？"

孟子説："國君進用賢才，如果在迫不得已的情況下，將會使位卑者超越位尊者，疏遠者超越親近者，對此敢不慎重麽？推薦時，左右親信都稱賢，不要認可哩；衆大夫都稱賢，不要認可哩；舉國之人全稱賢，然後考察他；發現他是位德才兼備的賢者，然後録用他。左右親信都説不可録用，不要聽從；衆大夫都説不可録用，不要聽從；舉國之人全説不可録用，然後考察他；發現他確實不可任用，然後除去其名。左右親信都説可殺，切勿聽從；衆大夫都説可殺，切勿聽從；舉國之人全説可殺，然後審察他；發現此人確實可殺，然後處決他，所以説這是舉國之人都要殺他嘛。若能這樣做，然後可以擔當民之父母。"

【古注】

《注》 故者，舊也。喬，高也。人所謂是舊國也者，非但見其有高大樹木也，當有累世脩德之臣，常能輔其君以道，乃爲舊國可法則也。今王無可親任之臣。言王取臣不詳審，往日之所知，今日爲惡當誅亡，王無以知也。王言我當何以先知其不才而舍之不用也。言國君欲進用人，當留意考擇；如使忽然不精心意而詳審之，如不得已而取備官，則將使尊卑親疏相踰，豈可不重慎之。謂選大臣，防比周之譽，核鄉愿之徒。《論語》曰："衆好之，必察焉。"衆惡之，必察焉。惡直醜正，實繁有徒，防其朋黨，以毁忠正。言當慎行大辟之罪，五聽三宥，古者刑人於市，與衆棄之。行此三慎之聽，乃可以子畜百姓也。《章指》言：人君進賢退惡，翔而後集；有世賢臣，稱曰舊國，則四方瞻仰之，以爲則矣。

《集注》 世臣，累世勳舊之臣，與國同休戚者也。親臣，君所親信之臣，與君同休戚者也。此言喬木、世臣，皆故國所宜有，然所以爲故國者，則在此而不在彼也。昨日所進用之人，今日有亡去而不知者，則無親臣矣，況世臣乎？王意以爲，此亡去者皆不才之人，我初不知而誤用之，故今不以其去爲意耳，因問：何以先識其不才而舍之邪？如不得已，言謹之至也。蓋尊尊親親，禮之常也。然或尊者親者未必賢，則必進疏遠之賢而用之，是使卑者踰尊，疏者踰戚，非禮之常，故不可不謹也。左右，近臣，其言固未可信。諸大夫之言宜可信矣，然猶恐其蔽於私也。至於國人，則其論公矣；然猶必察之者，蓋人有同俗而爲衆所悦者，亦有特立而爲俗所憎者，故必自察之而親見其賢否之實，然後從而用、舍之，則於賢者知之深、任之重，而不才者不得以幸進矣。所謂"進賢如不得已"者如此。至於用刑亦以此道。蓋所謂天命天討，皆非人君之所得私也。傳曰："民之所好好之，民之所惡惡之，此之謂民之父母。"

【淺悟】

"見賢焉"的見，讀音 xiàn(ㄒㄧㄢˋ)，古現字。

《論語·衛靈公》篇子曰："衆惡之，必察焉；衆好之，必察焉。"還有《子路》篇子貢問曰："鄉人皆好之何如？"子曰："未可也。""鄉人皆惡之何如？"子曰："未可也。不如鄉人之善者好之，其不善者惡之。"這大概就是孟子本章所論的依據吧？趙氏注所提到的"鄉愿之徒"，往往是"衆好之"那種人。孔子將"鄉愿"定義爲"德之賊"。關於鄉愿的嘴臉，孟子在後面的《萬章章句下》篇中將有生動的描述，兹不贅言。

孟子本章之所論，可謂精采異常。賢臣是國之棟梁，是社會穩定、興旺、發達的保障。但是在獨裁的家天下的社會制度中，有幾個帝王能傾聽國人的聲音？有幾個棟梁賢才能被帝王所認可？《論語·衛靈公》篇子曰："君子矜而不争，群而不黨。"他們的爲人處世往往是特立獨行，不肯隨世俯仰，很易遭世俗攻訐、厭惡，如果不察之，勢必棄於草菅。那些朋黨比周、"巧言令色"之徒，往往能討上司喜歡，若不明察而擢用，國家豈有寧日？中華文化縱然光輝燦爛，然其畢竟是政治的附庸。因此，造成中華民族貧窮、落後、愚昧、受人欺凌的根源，無疑是家天下的社會制度，與孔孟之道了不相干。

2.8

【原文】

齊宣王問曰："湯放桀，武王伐紂，有諸？"

孟子對曰："於傳有之。"

曰："臣弑其君，可乎？"

曰："賊仁者謂之賊，賊義者謂之殘，殘賊之人，謂之一夫。聞誅一夫紂矣，未聞弑君也。"

【譯文】

齊宣王問道："商湯流放夏桀，周武王討伐商紂，有這等事嗎？"

孟子答道："在傳記中有這樣的記載。"

又問："臣下殺死他的君王可以嗎？"

孟子説："殺害有仁德的人稱他爲賊，殺害有道義的人稱他爲殘，既殘又賊這種人稱他爲一夫。只聽説誅戮一夫紂而已，未曾聽説殺死君王嘛。"

【古注】

《注》 有之否乎。於傳文有之矣。王問臣何以得弑其君，豈可行乎。言殘賊仁義之道者，雖位在王公，將必降爲匹夫，故謂之一夫也。但聞武王誅一夫紂耳，不聞弑其君也。《書》云"獨夫紂"，此之謂也。《章指》言：孟子言紂以崇惡，失其尊名，不得以君臣論之，欲以深寤齊王，垂戒於後也。

《疏》 宣王問孟子，言商之湯王放其夏王桀於南巢之地，周武王伐商王紂於鹿臺之中，還是有此言也否乎？孟子荅宣王，以爲傳文有是言也，故《書》云"湯放桀於南巢，惟十有一年"；又《史記》"武王伐紂，紂走，入登鹿臺，蒙衣其珠玉，自燔於火而死。武王以黄鉞斬紂頭，縣大白之旗"是也。宣王問孟子，如是則爲臣下者得以弑其君上，豈可乎？孟子荅宣王，以謂賊害其仁者名謂之賊，賊害其義者名謂之殘，名謂殘賊者皆謂之一匹夫也，我但聞誅亡其一匹夫紂矣，未嘗聞知有弑君者也。故《書》有云"獨夫紂"是其證也。

《集注》 桀、紂，天子。湯、武，諸侯。賊，害也。殘，傷也。害仁者，凶暴淫虐。滅絶天理，故謂之賊。害義者，顛倒錯亂，傷敗彝倫，故謂之殘。一夫，言衆叛親離，不復以爲君也。蓋四海歸之則爲天子，天下叛之則爲獨夫。王勉曰："斯言也，惟在下者有湯、武之仁，而在上者有桀、紂之暴，則可，不然，是未免於篡弑之罪也。"

《正義》 《荀子·議兵篇》云："誅桀紂若誅獨夫，故《太誓》云'獨夫紂'，此之謂也。"趙氏引《書》，蓋即謂此。又《正論篇》云："誅暴國之君，若誅獨夫。湯武非取天下也，脩其道，行其義，與天下之同利，除天下之同害，而天下歸之也。天下歸之之謂王，天下去之之謂亡，故桀紂無天下，而湯武不弑君，由此效之也。"

【淺悟】

商湯滅夏桀，其後裔商紂不免爲周武所滅；周武的後裔最終也不免爲異姓所滅。其後的歷朝歷代都不免這一下場。這就是家天下的社會制度帶給人類的思考。

2.9

【原文】

孟子謂齊宣王曰："爲巨室，則必使工師求大木，工師得大木，則王喜，以爲能勝其任也。匠人斲而小之，則王怒，以爲不勝其任矣。夫人幼而學之，壯而欲行之，王曰'姑舍女所學而從我'，則何如？今有璞玉於此，雖萬鎰必使玉人彫琢之。至於治國家，則曰'姑舍女所學而從我'，則何以異於教玉人彫琢玉哉？"

【譯文】

孟子對齊宣王説:“建造大宫室,就必須指使工師尋求大木料。工師得到大木料,王就歡喜,因爲他能勝任嘛;木匠如果把木料砍小了,王就會動怒,只爲他不能勝任而已。倘若某人自幼學習先王之道,壯年後打算付諸施行,王却説‘姑且捨棄你所學到的知識先來服從我的指令’,將會怎樣?比如今有未經彫琢的璞玉在此,其重量哪怕有萬鎰之多也必須使玉人進行彫琢。談到治理國家,却説‘姑且捨棄你所學到的知識先來服從我的指令’,這跟教給玉人如何彫琢玉器有什麽不同啊?”

【古注】

《注》 巨室,大宫也。《爾雅》曰:“宫謂之室。”……工師,主工匠之吏。匠人,工匠之人也。將以此喻之也。姑,且也。謂人少學先王之正法,壯大而仕,欲施行其道,而王止之曰,且舍置汝所學,而從我之教命,此何如也。二十兩爲鎰。彫琢,治飾玉也。《詩》曰:“彫琢其章。”雖有萬鎰在此,言衆多也,必須玉人能治之耳。至於治國家而令從我,是爲教玉人治玉也。教人治玉,不得其道,則玉不得美好。教人治國,不以其道,則何由能治者乎。《章指》言:任賢使能,不違其學,則功成而不墮。屈人之是,從己之非,則人不成道,玉不成圭,善惡之致,何可不察哉!

《疏》 《國語》云:“二十四兩爲鎰。”《禮》云:“朝一鎰米。”注亦謂二十四兩。今注誤爲二十兩。

《集注》 璞,玉之在石中者。鎰,二十兩也。玉人,玉工也。不敢自治而付之能者,愛之甚也。治國家則徇私欲而不任賢,是愛國家不如愛玉也。范氏曰:“古之賢者,常患人君不能行其所學。而世之庸君,亦常患賢者不能從其所好。是以君臣相遇,自古以爲難。孔、孟終身而不遇,蓋以此耳。”

《正義》 《吕氏春秋·驕恣篇》云:“齊宣王爲大室,大益百畝,堂上三百户,以齊之大,具之三年而未能成。”翟氏灝《考異》云:“孟子巨室之言,疑卽覩斯而發。”《月令》“季春之月,命工師,令百工,審五庫之量”,注云:“工師,司空屬官也……工官之長也。”爲司空屬官,故爲主工匠之吏,吏卽官也。漢儒解鎰字,皆與趙氏同。……惟《文選·詠懷詩》“黄金百溢盡”,注引賈逵《國語》注云:“一鎰,二十四兩。”又《吴都賦》“金鎰磊砢”,劉淵林注云:“金二十四兩爲鎰。”二者皆見《文選》注,當是李善誤羨四字。萬鎰爲一萬二千五百斤,故衆多。言玉雖衆多,不能不委任於人;猶國雖廣大,不能不委任於人也。蓋玉人學治玉之道,乃能治;以其衆多而矜重之,既不能自治,而又不委任之而掣其肘,雖有良工,弗能善其事矣。教人治玉,謂舍其彫琢之正法,而從己之教命,所教違其所學,烏能得其道哉?

【淺悟】

斲,讀音 zhuó(ㄓㄨㄛˊ),砍、削之義。

在家天下的時代裏,王者視天下爲己家,自家的事委託别人去管理,當然不放心。自己管不過來,也不會管,却要指手畫脚地教訓被委任者。這便注定其“家”終必走向衰亡。

2.10

【原文】

齊人伐燕,勝之。

宣王問曰："或謂寡人勿取，或謂寡人取之，以萬乘之國伐萬乘之國，五旬而舉之，人力不至於此，不取必有天殃。取之何如？"

孟子對曰："取之而燕民悦，則取之。古之人有行之者，武王是也。取之而燕民不悦，則勿取。古之人有行之者，文王是也。以萬乘之國伐萬乘之國，簞食壺漿，以迎王師，豈有它哉，避水火也。如水益深，如火益熱，亦運而已矣！"

【譯文】

齊國討伐燕國，戰勝了它。

宣王問道："有的建議寡人不要兼并燕國；有的建議寡人兼并它：説以萬乘兵車的大國討伐同樣是萬乘兵車的大國，僅五十天便將其攻克，人力是不能達到這樣的成果，若不兼并恐怕必遭上天降下的禍殃。兼并燕國如何？"

孟子答道："兼并它倘若燕國民衆愉悦，那就兼并它；古時候的人有這樣做的，周武王正是這樣嘛。兼并它倘若燕國民衆不樂意，就不要兼并；古時候的人也有這樣做的，周文王正是這樣嘛。以萬乘之國討伐萬乘之國，那裏的百姓用竹簞盛着食物用壺盛着米漿來迎接王師的到來，難道會有其他意圖啊？爲了避免遭受像水火一樣凶猛的災難嘛。如果王師的到來會給這裏製造比水災、火災更加深重的災難，只會使這裏的民心又一次轉移而已呀！"

【古注】

《注》 萬乘，非諸侯之號。時燕國皆侵地廣大，僭號稱王，故曰萬乘。五旬，五十日也。《書》曰："朞三百有六旬。"言五旬未久而取之，非人力，乃天也。天與不取，懼有殃咎，取之何如。武王伐紂，而殷民喜悦，篚厥玄黄而來迎之，是以取之也。文王以三仁尚在，樂師未犇，取之懼殷民不悦，故未取之也。燕人所以持簞食壺漿來迎王師者，欲避水火難耳。如其所患益甚，則亦運行犇走而去矣。今王誠能使燕民免於水火，亦若武王伐紂殷民喜悦之時，則可取之而已。《章指》言：征伐之道，當順民心。民心悦則天意得，天意得，然後乃可以取人之國也。

《集注》 按《史記》，燕王噲讓國於其相子之，而國大亂。齊因伐之，燕士卒不戰，城門不閉，遂大勝燕。以伐燕爲宣王事，與《史記》諸書不同，已見《序説》。商紂之世，文王三分天下有其二，以服事殷。至武王十三年，乃伐紂而有天下。張子曰："此事間不容髮。一日之間，天命未絶，則是君臣；當日命絶，則是獨夫。然命之絶否，何以知之？人情而已。諸侯不期而會者八百，武王安得而止之哉？"簞，竹器。食音嗣，飯也。運，轉也。言齊若更爲暴虐，則民將轉而望救於他人矣。

《正義》 《戰國策·齊策》云："張儀以秦、魏伐韓，齊王曰：'韓，吾與國也。秦伐之，吾將救之。'田臣思曰：'王之謀過矣，不如聽之。子噲與子之國，百姓不戴，諸侯弗與。秦伐韓，楚、趙必救之，是天下以燕賜我也。'王曰'善'，因起兵攻燕，三十日而舉燕國。"此三字當是"五"字之譌。《論語》云："微子去之，箕子爲之奴，比干諫而死，孔子曰：'殷有三仁焉。'"《史記·周本紀》云："諸侯不期而會盟津者，八百諸侯。諸侯皆曰'紂可伐矣'。武王曰：'女未知天命，未可也。'乃還師歸。居二年，聞紂昏亂暴虐滋甚，殺王子比干，囚箕子，太師疵、少師强抱其樂器而犇周。”樂師即所云太師疵、少師彊也。……《燕策》云：“孟軻謂齊宣王曰：‘今伐燕，此文武之時，不可失也。’”孟子言“文、武之時不可失”，即《孟子》所謂“取之而燕民悦，則取之，武王是也。取之而燕民不悦，則勿取，文王是也。”而《策》不達其辭耳。

【淺悟】

簞食，讀音 dānsì（ㄉㄢㄙˋ）。

國家之成敗興衰，只在民心之向背。

2.11

【原文】

齊人伐燕，取之。諸侯將謀救燕，宣王曰：“諸侯多謀伐寡人者，何以待之？”

孟子對曰：“臣聞七十里爲政於天下者，湯是也。未聞以千里畏人者也。《書》曰：‘湯一征，自葛始。’天下信之，東面而征西夷怨，南面而征北狄怨，曰‘奚爲後我’？民望之，若大旱之望雲霓也。歸市者不止，耕者不變，誅其君而弔其民，若時雨降，民大悦。《書》曰：‘徯我后，后來其蘇。’今燕虐其民，王往而征之，民以爲將拯己於水火之中也，簞食壺漿，以迎王師，若殺其父兄，係累其子弟，毁其宗廟，遷其重器，如之何其可也？天下固畏齊之彊也，今又倍地而不行仁政，是動天下之兵也。王速出令，反其旄倪，止其重器，謀於燕衆，置君而後去之，則猶可及止也。”

【譯文】

齊國攻伐燕國，奪取了燕地。諸侯準備謀畫營救燕國。

宣王問：“諸侯多方謀畫討伐寡人的話，該怎麽對待他們？”

孟子答道：“臣聽説僅有方圓七十里國土而在全天下進行其政教的，成湯就能做到這樣嘛，没聽説擁有方圓千里面積的大國居然畏懼别人這種事哩。《尚書・仲虺之誥》中有云：‘成湯初次征討，從葛伯開始。天下人都信任他：如果他嚮東征討則西方直到夷族都埋怨，如果他嚮南征討則北方直到狄族都埋怨，埋怨説爲什麽最後解救我們？’人民盼望成湯到來，就像大旱時的盼望濃雲和霓虹哩。回歸集市的商旅絡繹不止，耕田的農夫按原有的耕作秩序不變，誅除其暴君從而弔慰那些遭受虐害的平民，有如應時之雨的降臨，人民大歡悦。《尚書・仲虺之誥》又云：‘期待我的君王到來，君王到來就可得以蘇息。’如今燕王虐待國民，王如果發兵前往征討，其國民就會認爲要將自己從水火之中拯救出來哩，他們用竹簞盛着食物用壺盛着米漿來迎接王師；然而你們却殺其父兄，拘囚其子弟，毁壞其宗廟，搬遷其貴重之寶器，這怎麼可以呢？天下諸侯素來畏懼齊國的强大哩，今又兼并一倍的土地却不施行仁政，這是在挑動天下諸侯聯合興兵嘛。王趕快發出命令，返還其拘囚的老幼，停止搬遷其重器，與燕國衆臣謀畫，安置好一位賢君之後撤離燕國，就仍來得及制止諸侯圖謀救燕之兵嘛。”

【古注】

《注》 宣王貪燕而取之，諸侯不義其事，將謀伐齊救燕，宣王懼而問之。成湯脩德以七十里而得天下，今齊地方千里，何畏懼哉。此二篇，皆《尚書》逸篇之文也。言湯初征自葛始，誅其君，恤其民，天下信湯之德。面者，嚮也。東嚮征西夷怨者，去王城四千里夷服之國也，故謂之四夷。言遠國思望聖化之甚也，故曰何爲後我。霓，虹也。雨則虹見，故大旱而思見之。徯，待也。后，君也。待我君來，則我蘇息也。拯，濟也。係累，猶縛結也。燕民所以悦喜迎王師者，謂濟救於水火之中耳。今又殘之若此，安可哉？言天下諸侯素畏齊彊，今復并燕一倍之地，以是行暴，則多所危，是動天下之兵共謀齊也。速，疾也。旄，老耄也。倪，弱小繄倪者也。孟子勸王急出令，先還其老小，止勿徙其寶重之器，與燕民謀置所欲立君而去之歸齊，天下之兵猶可及其未發而止之也。《章指》言：伐惡養善，無貪其富，以小王大，夫將何懼也？

《疏》 《書》曰湯一征自葛始……怨至民大悦者，此皆《商書》遺亡篇文也。今據《尚書·仲虺之誥》篇則云：“乃葛伯仇餉，初征自葛，東征西夷怨，南征北狄怨，曰奚爲後予？”大抵孟子引此者，蓋恐齊王爲己之臆説，故引此而證之，欲使齊王信之也。

《集注》 兩引《書》，皆《商書·仲虺之誥》文也，與今《書》文亦小異。一征，初征也。天下信之，信其志在救民，不爲暴也。奚爲後我，言湯何爲不先來征我之國也。霓，虹也。雲合則雨，虹見則止。徯，待也。后，君也。蘇，復生也。他國之民，皆以湯爲我君而待其來，使己得蘇息也。此言湯之所以七十里而爲政於天下也。拯，救也。係累，縶縛也。重器，寶器也。畏，忌也。倍地，併燕而增一倍之地也。齊之取燕，若能如湯之征葛，則燕人悦之，而齊可爲政於天下矣。今乃不行仁政而肆爲殘虐，則無以慰燕民之望而服諸侯之心，是以不免乎以千里而畏人也。旄，與耄同，老人也。倪，小兒也。謂所虜略之老小也。猶，尚也。及止，及其未發而止之也。范氏曰：”孟子事齊、梁之君，論道德則必稱堯、舜，論征伐則必稱湯、武。蓋治民不法堯舜，則是爲暴；行師不法湯、武，則是爲亂。豈可謂吾君不能而舍所學以徇之哉？”

《正義》 王氏鳴盛《尚書後案》云：“《書序》云‘湯征諸侯，葛伯不祀，湯始征之，作《湯征》。’則‘葛伯仇餉’及‘湯一征，自葛始’云云，正《湯征》中語。”江氏聲《尚書集注音疏》云：“天下信之之言，不似《尚書》之文。又《滕文公篇》云‘湯始征，自葛載，十一征而無敵於天下，東面而征’云云，云‘湯始征，自葛載’，與《梁惠王篇》所引小異，而《梁惠王篇》明稱‘《書》曰’，《滕文公篇》則否。言‘十一征而無敵於天下’，與‘天下信之’之文絶殊，信乎皆非《尚書》文也。”僖公四年《公羊傳》云：“古者周公東征則西國怨，西征則東國怨。”按《荀子·王制》篇云：“周公南征而北國怨，曰‘何獨不來也？’東征而西國怨，曰‘何獨後我也？’”《後漢書》班固奏記：“古者周公，一舉則三方怨，曰‘奚爲而後己’？”然則東西而征云云，乃本周公事，孟子引以釋《書》耳。《戰國策·燕策》云：“燕王噲既立，蘇秦死於齊，齊宣王復用蘇代。燕噲三年，子之相燕。蘇代爲齊使於燕，燕王問之曰：‘齊宣王何如’云云。王因收印，自三百石吏而效之子之。子之南面行王事，而噲老不聽政，顧爲臣，國事皆決子之。子之三年，燕國大亂，百姓恫怨。儲子謂齊宣王：‘因而仆之，破燕必矣。’孟軻謂齊宣王曰：‘今伐燕，此文、武之時，不可失也。’王因令章子將五都之兵，以因北地之衆以伐燕。士卒不戰，城門不閉，燕王噲死，齊大勝燕，子之亡。”此齊往征燕，燕民迎王師之事也。《國策》云：“齊破燕，趙欲存之，乃以河東易齊。楚、魏憎之，令淖滑、惠施之趙，請伐齊而存燕。”又云：“楚許魏六城，與之伐齊而存燕。”此天下諸矦謀齊救燕之事也。……《史記・燕世家》云：“燕人共立太子平，是爲燕昭王。”是燕所立君也。

【淺悟】

霓，讀音 ní（ㄋㄧˊ）。徯，讀音 xī（ㄒㄧ）。旄倪，讀音 màoní（ㄇㄠˋㄋㄧˊ），旄通耄，老人；倪謂小兒。

本章兩引《書》曰，趙氏云“皆《尚書》逸篇之文”。所謂逸篇，即指《古文尚書・仲虺之誥》之篇，文中有云：“初征自葛，東征西夷怨，南征北狄怨，曰奚獨後予？”又云：“徯予后，后來其蘇。”與孟子所引基本一致。由於孟子只是向齊宣王陳述其意，並非照本宣科，故與原文小異。

《論語》載“子之所慎：齊、戰、疾”、“子不語怪、力、亂、神”、“子曰：‘危邦不入，亂邦不居。’”、“衛靈公問陳於孔子，孔子對曰：’俎豆之事則嘗聞之矣，軍旅之事未之學也。’明日遂行。”由此可見孔子的處世態度和主張。而孟子似乎對此並不避諱。這大概跟他們都具備“無可無不可”的處世智慧有關吧？

2.12

【原文】

鄒與魯鬨。穆公問曰：“吾有司死者三十三人，而民莫之死也。誅之則不可勝誅，不誅則疾視其長上之死而不救，如之何則可也？”

孟子對曰：“凶年饑歲，君之民，老弱轉乎溝壑，壯者散而之四方者，幾千人矣。而君之倉廩實，府庫充，有司莫以告，是上慢而殘下也。曾子曰：‘戒之戒之！出乎爾者，反乎爾者也。’夫民今而後得反之也，君無尤焉？君行仁政，斯民親其上，死其長矣。”

【譯文】

鄒國跟魯國發生爭鬭。鄒穆公問道：“我方官吏在爭鬭中死者多達三十三人，平民却無一人爲此而死哩。誅殺他們又不能全都殺盡，不誅殺又恨他們眼瞅着自己的長官上司一個個死去却不營救，怎樣處理他們才可以呢？”

孟子答道：“凶年饑歲，國君治下的平民，年老體弱饑死的尸首轉移棄置到溝壑，壯年人流散到四面八方逃荒者，幾乎千人之多呀！然而國君儲存米穀的倉廩殷實，儲藏貨財的府庫充盈，各司其職的官吏竟無一人將民間的實情向國君稟告，上頭如此怠慢從而殘害下邊哩。曾子曾說：‘警戒着警戒着！你對别人作出怎樣的舉動，别人也會怎樣返還給你哩。’這平民如今就是在前事之後得到的返還其長上的機會嘛，國君切勿責怪他們。國君只要施行仁政，這些平民就會親近其上司、爲其長官而死呀。”

【古注】

《注》 鬨，鬭聲也，猶構兵而鬭也。長上，軍帥也。鄒穆公忿其民不赴難，而問其罰當謂何則可也。言往者遭凶年之阨，民困如是，有司諸臣無告白於君，有以振救之，是上驕慢以殘賊其下也。曾子有言，上所出善惡之命，下終反之，不可不戒也。尤，過也。孟子言百姓乃今得反報諸臣不哀矜耳，君無過責之也。君行仁恩，憂民困窮，則民化而親其上，死其長矣。《章指》言：上恤其下，下赴其難；惡出乎己，害及其身，如影響自然也。

《集注》 不可勝誅，言人衆不可盡誅也。長上，謂有司也。民怨其上，故疾視其死而不救也。君不仁而求富，是以有司知重斂而不知恤民。故君行仁政，則有司皆愛其民，而民亦愛之矣。范氏曰："《書》曰：'民惟邦本，本固邦寧。'有倉廩府庫，所以爲民也。豐年則斂之，凶年則散之，恤其饑寒，救其疾苦，是以民親愛其上，有危難則赴救之，如子弟之衛父兄，手足之捍頭目也。穆公不能反己，猶欲歸罪於民，豈不誤哉！"

《正義》 周氏廣業《孟子出處時地考》云："穆公行仁政，見於賈誼《新書》。有云：'鄒穆公食鳧鴈者必以秕，毋得以粟，於是倉無秕而求易於民，二石粟得一石秕。吏以爲費，請以粟食鴈。公曰：粟，人之上食也。奈何以養鳥也。君者，民之父母，取倉中之粟，移之於民，此非吾子粟乎？粟在倉與在民，與我何擇？鄒民聞之，皆知私積之於公家爲一體也。'又《新序》稱'穆公食不重味，衣不雜采，自刻以廣民，親賢以定國，親民如子，鄒國之治，路不拾遺，臣下順從。故以鄒子之細，魯、衛不能輕，齊、楚不能脅，穆公死，鄒之百姓，若失慈父，行哭三日，四境之鄰於鄒者，士民嚮方而道哭'。據其言，與孟子所謂上慢而殘下者迥異。豈壅於上聞，罪固專在有司，而孟子一言悟主，乃側身修行，發政施仁以致此歟？"《管子·心術篇》云："若影之象形，響之應聲也。"《列子·天瑞篇》引《黄帝書》云："形動不生形而生影，聲動不生聲而生響。"又《説符篇》云："言美則響美，言惡則響惡，身長則影長，身短則影短。"董子《繁露·保位權》云："有聲必有響，有形必有影，聲出於內，響報於外，形立於上，影報於下。"賈子《新書·大政篇》云："君鄉善於此，則佚佚然協民皆鄉善於彼矣，猶景之寫形也。君爲惡於此，則啍啍然協民皆爲惡於彼矣，猶響之應聲也。"《漢書·天文志》云："政失於此，則變見於彼，如景之象形，響之應聲，自然之符也。"

【淺悟】

鬨，讀音 hòng（ㄏㄨㄥˋ）。

"出乎爾者，反乎爾者也"，用民間流行的話説即："善有善報，惡有惡報，不是不報，時機未到，時機一到，統統都報。"縱觀世間一切善惡，都逃不脱這一規律。我們確實應牢記曾子"戒之戒之"這番忠告。

2.13

【原文】

滕文公問曰："滕，小國也，閒於齊楚，事齊乎？事楚乎？"

孟子對曰："是謀，非吾所能及也。無已，則有一焉，鑿斯池也，築斯城也，與民守之，效死而民弗去，則是可爲也。"

【譯文】

滕文公問道："滕國，弱小國家哩，夾在齊楚兩大國之間，服事齊國嗎？還是服事楚國？"

孟子答道："這種謀略不是我所能勝任的嘛。實在無法推辭，只有一個建議：鑿寬這護城河嘛，築牢這城墻嘛，跟民衆一道堅守城池，上頭捨死忘生地效力能使民衆不叛離，倘若能這樣便大有可爲嘛。"

【古注】

《注》 文公言我居齊、楚二國之閒，非其所事，不能自保也。孟子以二大國之君皆不由禮義，我不能知誰可事者也。不得已則有一謀焉，惟施德義以養民，與之堅守城池，至死使民不畔去，則是可以爲也。《章指》言：事無禮之國，不若得民心，與之守死善道也。

《集注》 效，猶致也。國君死社稷，故致死以守國。至於民亦爲之死守而不去，則非有以深得其心者不能也。此章言有國者當守義而愛民，不可僥幸而苟免。

【淺悟】

在天下大亂的世道裏，弱小國家的統治者只要能與民同甘共苦、團結一心，就能無敵於天下。倘若爲了維持現狀，採取投靠大國的辦法，無異於引狼入室，終必受其奴役。不過做到與民同甘共苦、團結一心，決非庸碌之輩所能實現的。這大概就是孟子推辭"是謀非吾所能及也"的原因所在吧？

2.14

【原文】

滕文公問曰："齊人將築薛，吾甚恐，如之何則可？"

孟子對曰："昔者大王居邠，狄人侵之，去之岐山之下居焉。非擇而取之，不得已也。苟爲善，後世子孫必有王者矣。君子創業垂統，爲可繼也。若夫成功，則天也。君如彼何哉？强爲善而已矣。"

【譯文】

滕文公問道："齊國打算在與滕國接壤的薛地築城，我甚恐懼，怎樣對待此事才可以？"

孟子答道："昔日周太王居守邠地，狄人不斷來侵犯，他就遷移到岐山之下安居下來。並非經過選擇而選取了偏遠的岐山之下，是不得已而爲之嘛。如果能一直做善事，後世子孫必有能統一天下的王者出現呀。君子開創基業傳給後世子孫，爲了可以繼續推行仁政嘛。若想使此事成功，還須以天道爲法則哩。國君能拿他齊人怎樣啊？只有强勉自己多做善事而已呀。"

【古注】

《注》 齊人并得薛，築其城以偪於滕，故文公恐也。大王非好岐山之下，擇而居之焉，迫不得已，困於强暴，故避之。誠能爲善，雖失其地，後世乃有王者，若周家也。君子造業垂統，貴令後世可繼續而行耳。又何能必有成功，成功乃天助之也。君豈如彼齊何乎，但當自强爲善法，以遺後世而已矣。《章指》言：君子之道，正己任天，强暴之來，非己所招，謂窮則獨善其身者也。

《集注》 創，造。統，緒也。然君子造基業於前，而垂統緒於後，但能不失其正，令後世可繼續而行耳。若夫成功，則豈可必乎？彼，齊也。君之力既無如之何，則但强於爲善，使其可繼而俟命於天耳。此章言人君但當竭力於其所當爲，不可徼幸於其所難必。

【淺悟】

邠，讀音 bīn(ㄅㄧㄣ)。

則天，謂效法天道。所謂天道，即自然法則，大自然的運行規律，中華祖先稱之爲天道法則。人類的一切行爲必須順應天道法則，否則便是自我毁滅。這決非危言聳聽。

2.15

【原文】

滕文公問曰："滕，小國也，竭力以事大國，則不得免焉，如之何則可？"

孟子對曰："昔者大王居邠，狄人侵之，事之以皮幣，不得免焉；事之以犬馬，不得免焉；事之以珠玉，不得免焉。乃屬其耆老而告之曰：'狄人之所欲者，吾土地也。吾聞之也，君子不以其所以養人者害人。二三子何患乎無君，我將去之。'去邠，踰梁山，邑于岐山之下居焉。邠人曰：'仁人也，不可失也。'從之者如歸市。或曰：'世守也，非身之所能爲也，效死勿去。'君請擇於斯二者。"

【譯文】

滕文公問道："滕國，弱小國家哩，竭盡全力地服事大國，却還是不能免遭其勒索，怎麼應付他們才可以？"

孟子答道："昔日周太王居守邠地，狄人不斷來侵犯，拿毛皮繒帛賄賂他們，不能免遭騷擾；用獵犬戰馬賄賂他們，不能免遭騷擾；拿珍珠碧玉賄賂他們，不能免遭騷擾。太王乃會集起德高望重的老人告訴他們説：'狄人他們想要的東西，是我們的土地哩。我聽説呢，君子不拿那些用來養人的東西去害人。各位老夫子還怕没有國君嗎？我即將離開這片土地。'離開邠地，越過梁山，在岐山之下築起都邑安居下來。邠人紛紛説：'太王是位有仁德的人哩，不可失算哩。'隨從太王而去的人就像擁向集市般踴躍。也有人説：'這裏是世代守護的土地哩，不是自身所能做主的事哩，當以死報效而不可離去。'國君請在這兩種決定中選擇好了。"

【古注】

《注》 問免難全國於孟子。皮，狐貉之裘。幣，繒帛之貨也。屬，會也。土地生五穀，所以養人也，會長老告之如此而去之矣。言樂隨大王，如歸趨於市，若將有得也。或曰土地，乃先人之所受也。世世守之，非己身所能專爲，至死不可去也。欲令文公擇此二者，惟所行也。《章指》言：太王去邠，權也。效死而守業，義也。義權不並，故曰擇而處之也。

《集注》 屬，會集也。土地本生物以養人，今争地而殺人，是以其所以養人者害人也。又言：或謂土地乃先人所受而世守之者，非己所能專，但當致死守之，不可舍去。此國君死社稷之常法，《傳》所謂"國滅，君死之，正也"，正謂此也。能如大王則避之，不能則謹守常法。蓋遷國以圖存者，權也；守正而俟死者，義也。審己量力，擇而處之可也。楊氏曰："孟子之於文公，始告之以效死而已，禮之正也。至其甚恐，則以大王之事告之，非得已也。然無大王之德而去，則民或不從，而遂至於亡，則又不若效死之爲愈。故又請擇於斯二者。"又曰："孟子所論，自世俗觀之，則可謂無謀矣。然理之可爲者，不過如此。舍此則必爲儀秦之爲矣。凡事求可，功求成，取必於智謀之末而不循天理之正者，非聖賢之道也。"

《正義》 閻氏若璩《釋地續》云："雍州有二梁山，一在今韓城、郃陽兩縣境……於《孟子》之梁山無涉。《孟子》梁山，則在今乾州西北五里，其山横而長，自邠抵岐二百五十餘里，山適界乎一百三十里之間。太王當日必踰此山，然後可遠狄患，營都邑，改國曰周。"然則"不以其所以養人者害人"，蓋古有此語，不必專指土地。《史記·周本紀》云："古公亶父復脩后稷、公劉之業，積德行義，國人皆戴之。薰育戎狄攻之，欲得財物，與之；已復攻，欲得地與民，民皆怒，欲戰，古公曰：'有民立君，將利之。今戎狄所爲攻戰，以吾地與民，民之在我與其在彼何異，民欲以我故戰，殺人父子而君之，予不忍爲。'乃與私屬，遂去邠，渡漆沮，踰梁山，止於岐下，豳人舉國扶老攜弱，盡復歸古公於岐下。及他旁國聞古公仁，亦多歸之。"孟子所述，亦見《莊子·讓王篇》，云："大王、亶父居邠，狄人攻之，事之以皮帛而不受，事之以犬馬而不受。事之以珠玉而不受。狄人之所求者，土地也。大王亶父曰：'與人之兄居而殺其弟，與人之父居而殺其子，吾不忍也。子皆勉居矣。爲吾臣與爲狄人臣，奚以異？且吾聞之，不以所用養害所養。'因杖策而去之，民相連而從之，遂成國於岐山之下。"《吕氏春秋·審爲篇》、《淮南子·道應訓》，俱録《莊子》之文。高誘注《吕氏春秋》云："所以養者，土地也。所養者，謂民人也。連，結也。民相與結檐隨之衆多，復成爲國也。"《莊》與《孟》小異而事略同。《毛詩·大雅·緜》正義云："《曲禮下》曰：'國君死社稷。'《公羊傳》曰：'國滅君死之，正也。'則諸侯爲人侵伐，當以死守之，而公劉、太王皆避難遷徙者，《禮》之所言，謂國正法，公劉、太王則權時之宜。《論語》曰：'可與適道，未可與權。'《公羊傳》云：'權者，反經合義。權者，稱也。稱其輕重，度其利害而爲之。太王爲狄人所攻，必求土地；不得其地，攻將不止。戰以求勝，則人多殺傷，故棄戎狄而適岐陽，所以成三分之業，建七百之基，雖於禮爲非，而其義則是。此乃賢者達節，不可以常禮格之。"按《梁惠王》上下篇，至此二十二章，皆對時君之言，而結之以"君請擇斯二者"，趙氏以權解之是也。權之義，孟子自申明之。聖人通變神化之用，必要歸於巽之行權。請擇者，行權之要也。孟子深於《易》，七篇之作，以發明伏羲、神農、黄帝、堯、舜之道，疏述文王、周公、孔子之言，端在於此。儒者未達其指，猶沾沾於井田封建，而不知變通，豈知孟子者哉！

【淺悟】

屬，讀音 zhǔ(ㄓㄨˇ)，聚集、會合之義。

據《史記·周本紀》載，周家始祖名弃，堯舜時舉爲農師，天下得其利，有功，封於邰，號曰后稷。夏末失政廢農，其後裔失官奔於戎狄之間。公劉時，復脩后稷之業，都於邠，周道之興自此始。由此可見，邠地原是戎狄的棲息之地。到了太王古公亶父時，"復脩后稷、公劉之業，積德行義，國人皆戴之"。其時之富庶，可想而知；狄人侵之，也是勢所必然。太王以"君子不以其所以養人者害人"之心而去邠，踰梁山，邑於岐山之下居之，其仁心可見。而滕國是滕家的始封地，在家天下時代的大背景下，爲了抵禦大國的侵犯，若能遵照或曰"世守也，非身之所能爲也，效死勿去"的决心誓死抵抗，不論勝負，都有其可歌可泣的一面，故孟子曰"君請擇於斯二者"。

2.16

【原文】

魯平公將出，嬖人臧倉者請曰："他日君出，則必命有司所之；今乘輿已駕矣，有司未知所之，敢請。"

公曰："將見孟子。"

曰："何哉！君所爲輕身以先於匹夫者，以爲賢乎？禮義由賢者出，而孟子之後喪踰前喪。君無見焉。"

公曰："諾。"

樂正子入見曰："君奚爲不見孟軻也？"

曰："或告寡人曰：'孟子之後喪踰前喪。'是以不往見也。"

曰："何哉？君所謂踰者，前以士後以大夫，前以三鼎而後以五鼎與？"

曰："否！謂棺椁衣衾之美也。"

曰："非所謂踰也，貧富不同也。"

樂正子見孟子曰："克告於君，君爲來見也。嬖人有臧倉者沮君，君是以不果來也。"

曰："行或使之，止或尼之，行止非人所能也。吾之不遇魯侯，天也。臧氏之子，焉能使予不遇哉？"

【譯文】

魯平公將要外出，有個名叫臧倉的嬖倖寵臣請示説："往日君外出，就必定把所去的地點通知有司；今天車輛已駕好了呀，有司尚不知所去之處，冒昧請示。"

平公説："打算去見孟子。"

嬖人説："爲什麼啊？君所輕視自己千乘之身率先去見一介匹夫的原因，就是認爲他是賢者嗎？禮儀當從賢者身上體現出，而孟子後辦母喪的規格超過先前的父喪。君不要去見他。"

平公允諾。

樂正子進宫參見問:"君何故不見孟軻呢?"

平公説:"有人告訴寡人説,孟子後辦母喪的規格超過先前的父喪,爲此不去見嘛。"

又問:"指什麽事啊?君所説的超過規格這件事,是指前喪用士禮後喪用大夫禮,前喪用三個鼎盛祭品後喪用五個鼎盛祭品麽?"

平公説:"不是,是指棺椁衣衾的精美程度説的嘛。"

樂正子説:"所説的超過規格不對哩,因爲前後貧富不同嘛。"

樂正子去見孟子説:"我樂正克向魯君稟告夫子的到來,君打算前來相見了。有個名叫臧倉的嬖倖小人阻止君,君爲此決定不來了。"

孟子説:"要來或許是受某種機緣的驅使,不來或許是受某種機緣的阻止,來與不來不是人所能主宰的嘛。我的不遭遇魯侯,乃天意嘛,姓臧的那人怎能使我不遭遇啊?"

【古注】

《注》 平,謚也。嬖人,愛幸小人也。平公敬孟子有德,不敢請召,將往就見之。匹夫,一夫也。臧倉言君何爲輕千乘而先匹夫乎,以爲孟子賢故也。賢者當行禮義,而孟子前喪父約,後喪母奢,君無見也。諾止不出。樂正,姓。子,通稱,孟子弟子也,爲魯臣,問公何爲不便見孟軻。公言以此故也。樂正子曰君所謂踰者,前者以士禮後者以大夫禮,士祭三鼎大夫祭五鼎故也。公曰不爲鼎數也,以其棺椁衣衾之美惡也。樂正子曰,此非薄父厚母,令母喪踰父也。喪父時爲士,喪母時爲大夫,大夫禄重於士,故使然,貧富不同也。克,樂正子名也。果,能也。曰克告君以孟子之賢,君將欲來,臧倉者沮君,故君不能來也。尼,止也。孟子之意,以爲魯侯欲行,天使之矣。及其欲止,天令嬖人止之耳。行止天意,非人所能爲也。如使吾見魯侯,冀得行道,天欲使濟斯民也。故曰吾之不遭遇魯侯,乃天所爲也,臧倉小子何能使我不遇哉。《章指》言:讒邪搆賢,賢者歸天,不尤人也。

《疏》 趙注樂正者爲姓,案《禮記》有樂正子春,是樂正之姓有自矣。云孟子弟子者,蓋嘗受教於孟子者,無非弟子也。爲魯臣者,蓋非魯平公之臣何以"克知於君"?是以知爲魯臣明矣,……如於他經書則未詳。……蓋衾,今之被也,案《喪大記》"小斂君錦衾,大夫縞,士緇,凡衾皆五幅",鄭注云:"衾,單被也。"

《集注》 乘輿,君車也。駕,駕馬也。孟子前喪父,後喪母。言其厚母薄父也。三鼎,士祭禮。五鼎,大夫祭禮。沮、尼,皆止之之意也。言人之行,必有人使之者!其止,必有人尼之者。然其所以行、所以止,則固有天命,而非此人所能使,亦非此人所能尼也。然則我之不遇,豈臧倉之所能爲哉?此章言聖賢之出處,關時運之盛衰,乃天命之所爲,非人力之可及。

《正義》 《禮記·緇衣》云:"毋以嬖御人疾莊后,毋以嬖御士疾莊士大夫卿士。"注云:"嬖御人,愛妾也。嬖御士,愛臣也。"然則男女之賤而得幸者通稱嬖人。臧倉云君無見焉,戒止平公之出見孟子也。平公諾之,即受其無見之言,故以止不出解之。"君爲來見也",《禮記·檀弓》注云:"爲,猶行也。"君爲來見猶云君行來見也。今人稱事之將然者,每云行將。《毛詩》傳多以行訓將。《爾雅·釋詁》云:

"將，欲也。"是將、欲、爲三字轉注互訓。君爲來即君行將來，君行將來即君將欲來，故趙氏以將欲釋爲字也。按治平之要，歸之於權；出處之命，歸之於天。此《梁惠王》一篇之大旨，亦即七篇之大旨也。

【淺悟】

魯平公打算見孟子的初衷，或出於好奇，或爲了附庸風雅，故經嬖人一挑唆，即打消了見孟子的念頭。假如有當務之急須求孟子給以開導，恐怕十個嬖人也不能阻止平公的脚步，即所謂"行止非人所能也"。所以孟子堅信"臧氏之子，焉能使予不遇哉？"

孟子卷三淺悟

公孫丑章句上　凡九章

《注》　公孫丑者，公孫，姓。丑，名。孟子弟子也。丑有政事之才，問管、晏之功，猶《論語》子路問政，故以題篇。

《疏》　前篇章首論梁惠王問以利國，孟子答以仁義之事，故目梁惠王爲篇題，蓋謂君國當以仁義爲首也。既以仁義爲首，然後其政可得行之。是以此篇公孫丑有政事之才，而問管、晏之功，如《論語》子路問政，遂以目爲篇題不亦宜乎？故次梁惠王之篇，所以揭公孫丑爲此篇之題也。此篇凡二十有三章，自趙氏分之，遂爲上下卷，據此上卷有九章而已。

《正義》　魯公孫茲爲叔孫氏，公孫敖爲仲孫氏，公孫歸父爲東門氏，公孫嬰齊爲叔氏。鄭公孫舍之爲罕氏，公孫申爲孔氏，公孫黑、公孫夏爲駟氏，公孫喬爲國氏，公孫蠆爲游氏。此如公子王子之稱，非氏也。齊有公孫氏，未知所出？董子《繁露》云："公孫之養氣曰：禮義泰實，則氣不通，泰虚則氣不足，泰勞則氣不入，泰佚則氣宛，至怒則氣高，喜則氣衰，憂則氣狂，懼則氣懾，凡此皆氣之害。"陶淵明《聖賢群輔録・八儒篇》云："公孫氏傳《易》爲道，爲潔浄精微之儒。樂正氏傳《春秋》爲道，爲屬辭比事之儒。"説者謂即公孫丑、樂正克。趙氏謂丑有政事之才，未詳所出。《齊乘・人物篇》云："公孫丑，滕州北公村有墓。"

3.1

【原文】

公孫丑問曰："夫子當路於齊，管仲晏子之功，可復許乎？"

孟子曰："子誠齊人也，知管仲晏子而已矣。或問乎曾西曰：'吾子與子路孰賢？'曾西蹵然曰：'吾先子之所畏也。'曰：'然則吾子與管仲孰賢？'曾西艴然不悦曰：'爾何曾比予於管仲？管仲得君，如彼其專也；行乎國政，如彼其久也；功烈，如彼其卑也。爾何曾比予於是？'曰管仲，曾西之所不爲也，而子爲我願之乎？"

曰："管仲以其君霸，晏子以其君顯，管仲晏子猶不足爲與？"

曰："以齊王，由反手也。"

曰："若是，則弟子之惑滋甚。且以文王之德，百年而後崩，猶未洽於天下；武王周公繼之，然後大行。今言王若易然，則文王不足法與？"

曰："文王何可當也。由湯至於武丁，賢聖之君六七作，天下歸殷久矣，久則難變也。武丁朝諸侯，有天下，猶運之掌也。紂之去武丁，未久也。其故家遺俗，流風善政，猶有存者。又有微子、微仲、王子比干、箕子、膠鬲，皆賢人也。相與輔相之，故久而後失之也。尺地莫非其有也，一民莫非其臣也，然而文王猶方百里起，是以難也。齊人有言曰：'雖有智慧，不如乘勢；雖有鎡基，不如待時。'今時則易然也。夏后殷周之盛，地未有過千里者也，而齊有其地矣。雞鳴狗吠相聞，而達乎四境，而齊有其民矣。地不改辟矣，民不改聚矣，行仁政而王，莫之能禦也。且王者之不作，未有疏於此時者也。民之憔悴於虐政，未有甚於此時者也。飢者易爲食，渴者易爲飲。孔子曰：'德之流行，速於置郵而傳命。'當今之時，萬乘之國行仁政，民之悦之，猶解倒懸也。故事半古之人，功必倍之，惟此時爲然。"

【譯文】

公孫丑問道："夫子倘若在齊國當政行道，管仲或晏子那樣的功業，可以再期許嗎？"

孟子説："你果然是齊國人哩，只知道管仲晏子而已呀。有人向曾西問道：'你跟子路誰更賢明？'曾西登時現出恭敬不安的樣子説：'那是我先父都敬畏的人哩。'又問：'那麽你跟管仲誰更賢明？'曾西面露怒色不高興地説：'你怎能拿我跟管仲相比？管仲得到國君知遇，聽從他是那樣專一哩；在國政的施行上，聽從他那麽長久哩；論列功勳業績，他是那樣卑微不足道。你怎能拿我跟這種人相比？'説到管仲其人，曾西尚且不屑與之相比，你以爲我會羡慕他嗎？"

丑問："管仲使其君成就霸業，晏子使其君名顯諸侯，管仲晏子仍不值得效法麽？"

孟子説："使齊國成就王業，易如反掌嘛。"

又問："若是這樣，弟子的疑惑就越發加重。就拿文王所具有的德行爲例，其一生直到駕崩，仍然未能使其恩澤遍及天下；武王及周公繼續推行統一大業，然後才大行於天下。剛才講成就王業易如反掌，這麽説文王就不值得效法了麽？"

孟子説："文王怎麽可以擔當王業呢？從成湯直到武丁，賢明聖哲的君王興起六七位，天下歸順殷朝很久了呀，歷時越久就越難變更嘛。殷高宗武丁接受諸侯朝覲，治理天下，仍像在他掌上運行那麼容易嘛。殷紂時代相距武丁没多久哩，那些舊時世家大族遺留的敦厚習俗、流傳下來的好風氣好政令仍有存在的；又有微子、微仲、王子比干、箕子、膠鬲這些重臣，都是德才兼備的賢人哩，一同輔佐紂王，所以其暴政能維持長久然後才喪失政權的嘛。那時没有一尺土地不歸紂王所有哩，没有一介平民不是紂王的臣民哩，然而文王要由方圓百里的小地盤上興起，因此難以成就王業嘛。齊國有句諺語云：'縱使有智慧，不如抓住時勢；即便有農具，不如等待時節。'如今的時勢就容易成就王業嘛。夏殷周三代的鼎盛時期，土地未曾有超過方圓千里的諸侯國嘛，你們齊國就有這樣遼闊的土地呀；人烟之稠密，鷄鳴狗吠之聲相聞能一直通到四周邊境，你們齊國有足够的民力呀。土地不需再開闢呀，民力不需再集聚呀，通過實行仁政來成就王業，就没有什麽力量能够阻止嘛。況且帝王號令的不振作，未曾有比截止此時的年頭更長久的嘛；人民在暴虐政治下所遭受的困苦，未曾有比此時更深重的嘛。餓者容易使他吃得香美，渴者容易使他喝得甘甜。孔子説：'道德的流行，比驛站傳遞文書命令更迅速。'當今之時，擁有萬輛兵車的大國若能實行仁政，人民的喜悦情狀，就會像把他們從倒懸的苦難中給解救下來一樣嘛。果真能如此，出力必定比古先王們小，而功效必定比他們大，只有此時適宜這樣做。"

【古注】

《注》 夫子，謂孟子。許，猶興也。如使夫子得當仕路於齊而可以行道，管夷吾晏嬰之功，寧可復興乎？誠，實也。子實齊人也，但知二子而已。豈復知王者之佐乎。曾西，曾子之孫。蹵然，猶蹵踖也。先子，曾子也。子路在四友，故曾子畏敬之。曾西不敢比。艴然，愠怒色也。何曾，猶何乃也。曾西答或人，言管仲得遇桓公，使之專國政如彼，行政於國其久如彼，功烈卑陋如彼。謂不率齊桓公行王道而行霸道，故言卑也。重言何曾比我，恥見比之甚也。孟子心狹曾西，曾西尚不欲爲管仲，而子爲我願之乎。非丑之言小也。丑曰：管仲輔桓公以霸道，晏子相景公以顯名，二子如此，尚不可以爲邪？孟子言以齊國之大，而行王道，其易若反手耳。故譏管晏不勉其君以王業也。丑曰，如是言，則弟子惑益甚也。文王尚不能及身而王，何謂王易然也。若是，則文王不足以爲法邪。武丁，高宗也。孟子言文王之時難爲功，故言何可當也。從湯以下，賢聖之君六七興，謂太甲、太戊、盤庚等也。運之掌，言易也。紂得高宗餘化，又多良臣，故久乃亡也。微仲、膠鬲皆良臣也，但不在三仁中耳。文王當此時，故難也。齊人諺言也。乘勢，居富貴之勢。鎡基，田器耒耜之屬。待時，三農時也。今時易以行王化者也。三代之盛，封畿千里耳。今齊地土民人以足矣，不更辟土聚民也。鷄鳴狗吠相聞，言民室屋相望而衆多也。以此行仁而王，誰能止之也。言王政不興久矣，民患虐政甚矣，若饑者食易爲美，渴者飲易爲甘，德之流行，疾於置郵傳書命也。倒懸，喻困苦也。當今所施恩惠之事，半於古人，而功倍之矣。言今行之易也。《章指》言：德流之速，過於置郵；君子得時，大行其道；是以吕望覩文王而陳王圖，管、晏雖勤，猶爲曾西所羞也。

《集注》 當路，謂居要地也。許，猶期也。孟子未嘗得政，丑蓋設辭以問也。齊人但知其國有二子而已，不復知有聖賢之事。孟子引曾西與或人問答如此。曾西，曾子之孫。蹵，不安貌。先子，曾子也。艴，怒色也。桓公獨任管仲四十餘年，是專且久也。管仲不知王道而行霸術，故言功烈之卑也。楊氏曰："孔子言子路之才，曰：'千乘之國，可使治其賦也。'使其見於施爲，如是而已，其於九合諸侯、一匡天下，固有所不逮也。然則曾西推尊子路如此，而羞比管仲者，何哉？譬之御者，子路則範我馳驅而不獲者也；管仲之功，詭遇而獲禽耳。曾西，仲尼之徒也，故不道管仲之事。"曰，孟子言也。願，望也。由，猶，通。文王九十七而崩，言"百年"，舉成數也。文王三分天下有其二，武王克商乃有天下。周公相成王，制禮作樂，然後教化大行。故家，舊臣之家也。鎡基，田器也。時，謂耕種之時。辟，與闢同。三代盛時，王畿不過千里，今齊已有之，異於文王之百里。又鷄犬之聲相聞，自國都以至於四境，言民居稠密也。自文王至此七百餘年，異於商之聖賢繼作。民苦虐政之甚，異於紂之猶有善政。

《正義》 毛氏奇齡《四書賸言》云："《經典叙録》'曾申字子西，子夏以《詩》傳曾申。左丘明作傳，以授曾申。'則是曾西卽曾申，爲曾子之子，非孫也。其以申字西者，或以申枝爲西方之辰，如《春秋》楚鬬宜申、公子申皆字子西可驗。"江氏永《羣經補義》云："曾西卽曾申，曾子之子，非曾子之孫。稱先子者，謂父非謂祖父也。"閻氏若璩《釋地》亦同。《四書辨疑》云："自子誠齊人也下，連此節，皆孟子言，此處不當又有孟子發語之辭。'曰'本衍字無疑。"王氏引之《經傳釋詞》云："此述古語既畢，而更及事也。《吕氏春秋·驕恣篇》李悝述楚莊王之言畢，則云'曰此霸王之所憂也，而君獨伐之'，文義與此同。"故家，勳舊世家，謂臣也。遺俗，敦龐善俗，謂民也。流風之播，恩澤之政，謂君上也。《莊子·胠篋篇》云："昔者，齊國鄰邑相望，鷄狗之音相聞。"翟氏灝《考異》云："此必時俗語，故《老子》亦云：'樂其俗，安其居，鄰里相望，鷄犬之聲相聞。'百家之書，凡非孟子後時而其辭有同者，如'挾山超海'，'杯水車薪'、'絶長補短'、'過化存神'之類，均當持此論觀。"《淮南子·氾論訓》云："體大者節疏"，高誘注云："疏，長也。"長與久同義，故以久釋疏。《楚辭·離世篇》云"身憔悴而考旦"，王逸注云："憔悴，憂貌也。"憂與患同義，故以患釋憔悴。閻氏若璩《釋地續》云："顔師古《漢書》注云：'傳，若今之驛。古者以車，謂之傳車。其後單置馬，謂之驛騎。'《字書》曰：'馬遞曰置，步遞曰郵。'馬遞指駕車之馬，非徒馬也。"《吕氏春秋·上德篇》云："三苗不服，禹請攻之，舜曰：'以德可也。'行德三年而三苗服。孔子聞之曰：'通乎德之情，則孟門、太行不爲險矣。故曰德之速，疾乎以郵傳命。'"此爲孟子引孔子言之證。"吕望覯文王而陳王圖"，覯，見也。圖，謀也。

【淺悟】

蹵，讀音 cù（ㄘㄨˋ）。艴，讀音 fú（ㄈㄨˊ）。鬲，讀音 gé（ㄍㄜˊ）。鎡，讀音 zī（ㄗ）。

"曰管仲"以下這段話，陳天祥《四書辨疑》和王引之《經傳釋詞》的見解應是正確的，不過"曰"不應是衍字，即"説到管仲，曾西尚且不屑與之相比……"；如果去掉"曰"字，此語反而没了氣韻，也不流暢。因此，"曰"字既非孟子更端發語，亦非衍字。

"且王者之不作"一語，趙注云"王政不興久矣"，似不妥。周朝歷時八百年，其間儘管長期處於禮壞樂崩的混亂狀態，却無一日無王，只是王綱不振、號令不行而已。因此"作"字只有訓爲振作，才符合當時的實情。

孔子在《論語·八佾篇》中給予管仲的評價是"器小"。所謂器識小，大概正是指他只是輔佐齊桓公成就了霸業，而未能成就王業這件事説的吧？但是孔子在《憲問篇》中針對子路和子貢都批評管仲“不仁”時，則亮出了自己的觀點，認爲齊桓公“九合諸侯，不以兵車”、“一匡天下”、“管仲之力也”，即多次糾合諸侯會盟，統一匡正了天下的秩序，相互不再以兵戎相見，全是管仲一力促成。“微管仲，吾其被髮左衽矣”，就是説，没有管仲，我等都將披髮左衽淪爲夷狄的奴隸了。這樣的人能否算仁者呢？孔子的回答是：“如其仁，如其仁。”連説兩遍“應當稱他仁”。這與曾西不屑於跟管仲相比的態度形成鮮明的對比。假如齊王肯重用曾西，不知能否做得比管仲的貢獻更傑出。《衛靈公篇》中，子曰：“吾之於人也，誰毁誰譽？如有所譽者，其有所試矣。斯民也，三代之所以直道而行也。”孔子之器識，堪爲楷模，無求備於一人。真不知當如何評價孟子。

3.2

【原文】

公孫丑問曰：“夫子加齊之卿相，得行道焉，雖由此霸王不異矣。如此則動心否乎？”

孟子曰：“否，我四十不動心。”

曰：“若是，則夫子過孟賁遠矣。”

曰：“是不難，告子先我不動心。”

曰：“不動心有道乎？”

曰：“有。北宫黝之養勇也：不膚橈，不目逃，思以一豪挫於人，若撻之於市朝；不受於褐寬博，亦不受於萬乘之君；視刺萬乘之君，若刺褐夫，無嚴諸侯；惡聲至，必反之。孟施舍之所養勇也，曰：‘視不勝，猶勝也。量敵而後進，慮勝而後會，是畏三軍者也。舍豈能爲必勝哉？能無懼而已矣。’孟施舍似曾子，北宫黝似子夏，夫二子之勇，未知其孰賢，然而孟施舍守約也。昔者曾子謂子襄曰：‘子好勇乎？吾嘗聞大勇於夫子矣。自反而不縮，雖褐寬博，吾不惴焉。自反而縮，雖千萬人，吾往矣。’孟施舍之守氣，又不如曾子之守約也。”

曰：“敢問夫子之不動心，與告子之不動心，可得聞與？”

“告子曰：‘不得於言，勿求於心；不得於心，勿求於氣。’不得於心，勿求於氣，可。不得於言，勿求於心，不可。夫志，氣之帥也。氣，體之充也。夫志至焉，氣次焉，故曰持其志，無暴其氣。”

“既曰志至焉，氣次焉，又曰持其志，無暴其氣者，何也？”

曰：“志壹則動氣，氣壹則動志也。今夫蹶者趨者，是氣也而反動其心。”

“敢問夫子惡乎長？”

曰：“我知言，我善養吾浩然之氣。”

“敢問何謂浩然之氣？”

曰：“難言也。其爲氣也，至大至剛，以直養而無害，則塞于天地之閒。其爲氣也，配義與道。無是，餒也。是集義所生者，非義襲而取之也。行有不慊於心，則餒矣。我故曰告子未嘗知義，以其外之也。必有事焉而勿正，心勿忘，勿助長也，無若宋人然：宋人有閔其苗之不長而揠之者，芒芒然歸，謂其人曰：‘今日病矣，予助苗長矣！’其子趨而往視之，苗則槁矣。天下之不助苗長者寡矣。以爲無益而舍之者，不耘苗者也。助之長者，揠苗者也，非徒無益。而又害之。”

“何謂知言？”

曰：“詖辭知其所蔽，淫辭知其所陷，邪辭知其所離，遁辭知其所窮。生於其心，害於其政；發於其政，害於其事；聖人復起，必從我言矣。”

“宰我、子貢善爲説辭，冉牛、閔子、顔淵善言德行，孔子兼之，曰：‘我於辭命，則不能也。’然則夫子既聖矣乎？”

曰：“惡，是何言也！昔者子貢問於孔子曰：‘夫子聖矣乎？’孔子曰：‘聖則吾不能，我學不厭而教不倦也。’子貢曰：‘學不厭，智也。教不倦，仁也。仁且智，夫子既聖矣乎。’夫聖，孔子不居，是何言也！”

“昔者竊聞之，子夏、子游、子張，皆有聖人之一體，冉牛、閔子、顔淵則具體而微。敢問所安？”

曰：“姑舍是。”

曰：“伯夷、伊尹何如？”

曰：“不同道。非其君不事，非其民不使，治則進，亂則退，伯夷也。何事非君，何使非民，治亦進，亂亦進，伊尹也。可以仕則仕，可以止則止，可以久則久，可以速則速，孔子也。皆古聖人也，吾未能有行焉。乃所願，則學孔子也。”

“伯夷、伊尹於孔子，若是班乎？”

曰：“否！自有生民以來，未有孔子也。”

“然則有同與？”

曰：“有。得百里之地而君之，皆能以朝諸侯、有天下；行一不義，殺一不辜，而得天下，皆不爲也。是則同。”

曰：“敢問其所以異？”

曰：“宰我、子貢、有若智足以知聖人，汙不至阿其所好。宰我曰：‘以予觀於夫子，賢於堯舜遠矣。’子貢曰：‘見其禮而知其政，聞其樂而知其德，由百世之後，等百世之王，莫之能違也。自生民以來，未有夫子也。'有若曰：'豈惟民哉！麒麟之於走獸、鳳凰之於飛鳥，泰山之於丘垤，河海之於行潦，類也。聖人之於民，亦類也。出於其類，拔乎其萃，自生民以來，未有盛於孔子也。'"

【譯文】

公孫丑問道："夫子您如果加官擔任齊國的卿相，得到施行自己主張的機會，即使由此稱霸諸侯乃至王天下也不奇怪呀。若是這樣您不會動心嗎？"

孟子説："不會，我四十歲上便能不動心。"

丑説："倘若這樣，夫子那就遠遠超過孟賁了呀。"

孟子説："這不難，告子比我先不動心。"

丑問："不動心有門道嗎？"

答："有。北宫黝所涵養的勇氣呢，肌膚被刺不撓屈退却，眼睛被刺不眨眼逃避；認爲遭受别人一絲一毫的挫辱，好似在人來人往的集市被鞭撻一般；不能忍受來自身穿褐色寬大粗布短衣的卑賤者的挫辱，也不能忍受來自萬乘大國之君的挫辱；看待刺殺萬乘大國之君，如同刺殺卑賤的褐夫一般；無視尊嚴的諸侯，惡聲加身，必反唇相譏。孟施舍所涵養的勇氣呢，他説：'看待不能戰勝的敵軍，猶如能戰勝一樣哩；倘若酌量敵軍人數之後再進攻，考慮可能戰勝然後才與之會戰，這是畏懼大國三軍兵多將廣的人哩。我孟施舍豈能每戰必勝啊？只能做到無所畏懼而已呀。'孟施舍類似曾子，北宫黝類似子夏，這二人的勇氣不知誰能勝過誰，不過孟施舍略能掌握要領嘛。昔日曾子對子襄説：'你好鬬勇嗎？我曾從孔夫子那裏聽到過怎樣才算大勇呀：反躬自問如果正義不在自己這邊，即便對方是身穿寬大褐衣的卑賤者，我不驚動他；反躬自問如果正義在自己這邊，哪怕對方有千萬人，我也勇往直前呀。'由此看來，孟施舍所守的勇氣，又不如曾子以義理爲準的守約嘛。"

又問："冒昧請教夫子您的不動心跟告子的不動心，可以説來聽聽麽？"

"告子説：'從對方的言語中得不到好評，就不會期求其内心對我懷有善意；自己在其心中已經没有好感，就不會從其辭氣中尋求善意的表示。'自己在其心中已經没有好感，便不會從其辭氣中尋求善意的表示，這種不動心可取；從對方的言語中得不到好評，便不會期求其内心對我懷有善意，這種不動心不可取。這意志，乃是喜怒之氣的統帥嘛；喜怒之氣，就充塞在體内嘛。

這意志到達之處,喜怒之氣也隨之而止。所以説當保持自己的意志,不要暴露自己的喜怒之氣。”

“既然説意志所到之處喜怒之氣也隨之而止,又説保持自己的意志不要暴露自己的喜怒之氣這種話,爲什麼呢?”

答:“意志專一就會觸動或喜或怒之氣,或喜或怒之氣專一也會觸動意志嘛。比如現在這個因急走而跌倒的人,他這專一的怒氣呢,又能反過來觸動其恐懼之心。”

“敢問夫子您有什麼擅長?”

答:“我能識别言辭,我善於涵養我那浩然之氣。”

“敢問什麼是浩然之氣?”

答:“難以用語言形容哩。其作爲氣呢,那是極廣大極剛勁之氣,用正直來涵養它而且無所妨害,就會充塞在天地萬物之間。其作爲氣呢,又跟仁義和天道相匹配,不這樣匹配,氣便空虚了嘛。這種氣是自身集聚仁義所生的,並非從外偷襲仁義而取得這種氣嘛。内心自省所行仁義存在不足,乃是浩氣空虚罷了。我前面説的告子未曾明白義,因爲他把義當成是外來之物嘛。必須具有從事仁義活動而不預期其收效的意願,心中不可忘記此事,不可助長預期其效的非分之想嘛,不要像宋國人那樣。宋國有個憐憫自家禾苗不長而將其拔高的人,一身疲倦的樣子回到家,對其家人説:‘今天真累呀,我幫助禾苗增長了呀!’他兒子跑着前往探視,苗全枯槁了呀。其實天下不拔苗助長的人才是少數呀! 認爲從事仁義無益而舍棄從事的人,恰似那種不鋤草護苗的農夫嘛;幫助認爲從事仁義無益思想增長的人,正如那種拔高禾苗的蠢人嘛,這樣做非但無益,反而更害事。”

“如何解説識别言辭?”

答:“陷詖偏私的言辭能識别其所要遮蔽的事物,溢美失實的言辭能識别其所陷害,邪僻不正的言辭能識别其所離間,隱遁閃爍的言辭能識别其所窮阨。這四類言辭若在其心中産生,必會在其政教上制造危害;這類言辭若在政治領域中發出,必會使其國事民事遭受危害:縱然聖人再度興起,必從我這番話做起呀。”

“宰我和子貢善於從事辨解的言辭,冉牛、閔子和顔淵善於談論道德和品行,孔子兼而有之,却説:‘我在應對各國使節的辭令方面,就不能勝任嘛。’這麽説夫子您已經够得上聖人了嗎?”

答:“嗚,這是什麽話嘛! 昔日子貢向孔子問道:‘夫子您够得上聖人了嗎?'孔子説:'聖人我可達不到,我只是學知識不厭煩而且教誨弟子不知疲倦而已。'子貢説:'學知識不厭煩,屬於智者;教誨弟子不知疲倦,屬於仁者哩。仁者兼智者,夫子已經是聖人了呀。'這聖的稱號,孔子尚且不敢自居,你這是説的什麼話嘛!"

"昔日私下聽夫子説:子夏、子游和子張都有聖人的部分德行,冉牛、閔子和顔淵則是大體具備只是程度較小。敢問夫子所安適的是哪一類?"

答:"姑且捨棄這個話題。"

"跟伯夷、伊尹相比如何?"

答:"跟他倆走的不是一條道。不合自己意的君上不服事,不贊同自己主張的人不使用,治世就仕進,亂世就引退,這是伯夷奉行的人生之道嘛。服事不合意的君上有何妨?使用不同主張的人有何妨?治世也仕進,亂世也仕進,這是伊尹奉行的人生之道嘛。可以出仕就出仕,可以退隱就退隱,可以久留就久留,可以速去就速去,這是孔子奉行的人生之道嘛。他們都是不趨附流俗的古道聖人嘛,我没能有機會實行自己的主張,若説有何心願,只願仿傚孔子。"

"伯夷伊尹跟孔子相比,這三人的品節一般齊嗎?"

答:"不,自有生民以來,未曾出現過孔子這樣的聖人哩。"

問:"那麼他倆跟孔子有相同之處麽?"

答:"有。得到方圓百里的地域如果給他們去主宰,他們都能使諸侯來朝,擁有天下;做一件不合道義的事,殺一個無辜百姓從而獲得天下,他們都不幹嘛。這些方面就相同。"

"敢問他倆跟孔子有何不同?"

答:"宰我、子貢和有若的智慧足以了解聖人,雖各有汙點却不至於阿私其所喜好的人。宰我説:'以我宰予對夫子的觀察,恐怕勝過堯舜遠去了呀。'子貢説:'夫子指出,見了該國的禮制便能知曉其政治面貌,聽了該國的音樂便能知曉其道德風尚,由百世之後,來衡量這百世的帝王,没有哪一位能違離這一治亂興廢的規律嘛。自出生人類以來,未曾出現過夫子這樣有遠見卓識的聖人哩。'有若説:'難道只有人是這樣啊?麒麟對於一切走獸、鳳凰對於一切飛鳥、泰山對於一切土丘蟻窩、河海對於道旁流淌的水溝來説,都屬於同類嘛。聖人對於所有的人來説,也是同類嘛。出在其同類之中,超拔在其羣體之上,自生民以來,没有誰能比孔子對人類所作的貢獻更盛大的嘛。'"

【古注】

《注》 加，猶居也。丑問孟子，如使夫子得居齊卿相之位，行其道德，雖用此臣位而輔君行之，亦不異於古霸王之君矣，如是寧動心畏難，自恐不能行否邪？丑以此爲大道不易，人當畏懼之，不敢欲行也。孟子言禮四十强而仕，我志氣已定，不妄動心有所畏也。丑曰，若此，夫子志意堅勇過孟賁。賁，勇士也。孟子勇於德。孟子言是不難也，告子之勇，未四十而不動心矣。丑問不動心之道云何。孟子欲爲言之。北宫，姓。黝，名也。人刺其肌膚，不爲橈卻。刺其目，目不轉睛逃避之矣。人拔一毛，若見捶撻於市朝之中矣。褐寬博，獨夫被褐者。嚴，尊也。無有尊嚴諸侯可敬者也。以惡聲加己，己必惡聲報之。言所養育勇氣如是也。孟，姓，舍，名。施，發音也。施舍自言其名則但曰舍。舍豈能爲必勝哉，要不恐懼而已也。以爲量敵少而進，慮勝者足勝乃會，若此長三軍之衆者耳，非勇者也。孟子以爲曾子長於孝，孝百行之本；子夏知道雖重，不如曾子孝之大也。故以舍譬曾子，黝譬子夏。以施舍要之以不懼，爲約要也。子襄，曾子弟子也。夫子，謂孔子也。縮，義也。惴，懼也，《詩》云："惴惴其慄。"曾子謂子襄言孔子告我大勇之道：人加惡於己，己内自省，有不義不直之心，雖敵人被褐寬博一夫，不當輕驚懼之也。自省有義，雖敵家千萬人，我直往突之。言義之强也。施舍雖守勇氣，不如曾子守義之爲約也。丑曰，不動心之勇，其意豈可得聞與。不得者，不得人之善心善言也。求者，取也。告子爲人，勇而無慮，不原其情。人有不善之言加於己，不復取其心有善也，直怒之矣，孟子以爲不可也。告子知人之有惡心，雖以善辭氣來加己，亦直怒之矣，孟子以爲是則可，言人當以心爲正也。告子非純賢，其不動心之事，一可用一不可用也。志，心所念慮也。氣，所以充滿形體爲喜怒也。志帥氣而行之，度其可否也。志爲至要之本，氣爲其次焉。暴，亂也。言志所嚮，氣隨之，當正持其志，無亂其氣，妄以喜怒加人也。丑問暴亂其氣云何。孟子言壹者，志氣閉而爲壹也。志閉塞則氣不行，氣閉塞則志不通，蹶者相動。今夫行而蹶者，氣閉不能自持，故志氣顛倒。顛倒之間，無不動心而恐矣，則志氣之相動也。丑問孟子才志所長何等。孟子云，我聞人言，能知其情所趨，我能自養育我之所有浩然之大氣也。丑問浩然之氣狀何如。言此至大至剛正直之氣也。然而貫洞纖微，洽於神明，故言之難也。養之以義，不以邪事干害之，則可使滋蔓，塞滿天地之間，布施德教，無窮極也。重説是氣。言此氣與道義相配偶俱行。義謂仁義，可以立德之本也。道謂陰陽大道，無形而生有形，舒之彌六合，卷之不盈握，包絡天地，稟授羣生者也。言能養此道氣而行義理，常以充滿五臟；若其無此，則腹腸饑虚，若人之餒餓也。集，雜也。密聲取敵曰襲。言此浩然之氣，與義雜生，從内而出，人生受氣所自有者。慊，快也。自省所行仁義不備，干害浩氣，則心腹饑餒矣。孟子曰，仁義皆出於内，而告子嘗以爲仁内義外，故言其未嘗知義也。言人行仁義之事，必有福在其中，而勿正但以爲福，故爲仁義也。但心勿忘其爲福，亦勿汲汲助長其爲福也。汲汲則似宋人也。揠，挺拔之，欲亟長也。病，罷也。芒芒然，罷倦之貌。其人，家人也。其子，揠苗者之子也。趨，走也。槁，乾枯也。以喻人助情邀福者必有害，若欲急長苗而反使之枯死也。天下人行善者，皆欲速得其福，恬然者少也。以爲福禄在天，求之無益，舍置仁義，不求爲善，是由農夫任天，不復耘治其苗也。其邀福欲急得之者，由此揠苗之人也。非徒無益於苗，而反害之。言告子外義，常恐其行義，欲急得其福。故爲丑言，人之行當内治善，不當急欲求其福，亦若此揠苗者矣。丑問知言之意謂何。孟子曰：人有險詖之言，引事以褒人，若賓孟言雄鷄自斷其尾之事，能知其欲以譽子朝蔽子猛也。有淫美不信之辭，若驪姬勸晉獻公與申生之事，能知其欲以陷害之也。有邪辟不正之辭，若豎牛觀仲壬賜環之事，能知其欲行譖毁以離之於叔孫也。有隱遁之辭，若秦客之廋辭於朝，能知其欲以窮晉諸大夫也。若此四者之類，我聞能知其所趨者也。生於其心，譬若人君有好殘賊嚴酷心，必妨害仁政，不得行之也。發於其政者，若出令欲以非時田獵，築作宫室，必妨害民之農事，使百姓有饑寒之患也。吾見其端，欲防而止之。如使聖人復興，必從吾言也。言人各有能，我於言辭命教，則不能如二子。丑見孟子但言不能辭命，不言不能德行，謂孟子欲自比孔子，故曰夫子既已聖矣乎。惡者，不安事之歎辭也。孟子答丑言，往者子貢、孔子相答如此。孔子尚不敢安居於聖，我何敢自謂爲聖，故再言“是何言也”。體者，四肢股肱也。孟子言昔日竊聞師言也。丑方問欲知孟子之德，故謙辭言竊聞也。一體者，得一肢也。具體者，四肢皆具。微，小也，比聖人之體微小耳。體以喻德也。丑問孟子所安比也。姑，且也。孟子曰，且置是，我不願比也。丑曰，伯夷之行何如，孟子心可願比伯夷不。言伯夷之行，不與孔子伊尹同道也。非其君，非己所好之君也。非其民，不以正道而得民，伯夷不願使之，故謂之非其民也。伊尹曰，事非其君者，何傷也。使非其民者，何傷也。要欲爲天理物，冀得行道而已矣。止，處也。久，留也。速，疾去也。此皆古之聖人，我未能有所行，若此乃言我心之所庶幾，則願欲學孔子所履，進退無常，量時爲宜也。班，齊等之貌也。丑嫌伯夷、伊尹與孔子相比，問此三人之德，班然而等乎。孟子曰，不等也。從有生民以來，非純聖人，則未有與孔子齊德也。丑曰，然則此三人有同者邪。孟子曰，此三人君國，皆能使鄰國諸侯尊敬其德而朝之。不以其義得之，皆不爲也。是則孔子同之矣。丑問孔子與二人異謂何。孟子曰，宰我等三人之智，足以識聖人。汙，下也。言三人雖小汙不平，亦不至阿其所好以非其事，阿私所愛而空譽之。其言有可用者，欲爲丑陳三子之道孔子也。予，宰我名也。以爲孔子賢於堯舜。以孔子但爲聖，不王天下，而能制作素王之道，故美之。如使當堯舜之世，賢之遠矣。見其制作之禮，知其政之可以致太平也。聽聞其《雅》《頌》之樂，而知其德之可與文、武同也。《春秋外傳》曰“五聲昭德”，言五音之樂聲可以明德也。從孔子後百世，上推等其德於前百世之聖王，無能違離孔子道者。自從生民以來，未有能備若孔子也。垤，蟻封也。行潦，道傍流潦也。萃，聚也。有若以爲萬類之中，各有殊異，至於人類卓絶，未有盛美過於孔子者也。若三子之言孔子，則所以異於伯夷、伊尹也。夫聖人之道，同符合契，前聖後聖，其揆一也，不得相踰。云生民以來無有者，此三子皆孔子弟子，緣孔子聖德高美而盛稱之也。孟子知其言太過，故貶謂之汙下，但不以無爲有耳。因事則褒，辭在其中矣。亦以明師徒之義，得相褒揚也。《章指》言：義以行勇，則不動心；養氣順道，無效宋人。聖人量時，賢者道偏，是以孟子究言情理，而歸之學孔子也。

《集注》 此承上章，又設問孟子：若得位而行道，則雖由此而成霸王之業，亦不足怪。任大責重如此，亦有所恐懼疑惑而動其心乎？四十强仕，君子道明德立之時。孔子四十而不惑，亦不動心之謂。程子曰：“心有主，則能不動矣。”膚橈，肌膚被刺而橈屈也。目逃，目被刺而轉睛逃避也。挫，猶辱也。寬博，寬大之衣，賤者之服也。不受者，不受其挫也。嚴，畏憚也。言無畏憚之諸侯也。黝蓋刺客之流，以必勝爲主，而不動心者也。舍自言其戰雖不勝，亦無所懼。若量敵慮勝而後進戰，則是無勇而畏三軍矣。舍蓋力戰之士，以無懼爲主而不動心者也。黝，務敵人。舍，專守己。子夏篤信聖人，曾子反求諸己。故二子之與曾子、子夏雖非等倫，然論其氣象，則各有所似。賢，猶勝也。約，要也。言論二子之勇，則未知誰勝；論其所守，則舍比於黝爲得其要也。子襄，曾子弟子也。夫子，孔子也。縮，直也。《檀弓》曰：“古者冠縮縫，今也衡縫。”又曰：“棺束縮二衡三。”惴，恐懼之也。言孟施舍雖似曾子，然其所守乃一身之氣，又不如曾子之反身循理，所守尤得其要也。孟子誦告子之言……告子謂：於言有所不達，則當舍置其言，而不必反求其理於心；於心有所不安，則當力制其心，而不必更求其助於氣。此所以固守其心而不動之速也。孟子既誦其言而斷之曰：“彼謂不得於心而求諸氣者，急於本而緩其末，猶之可也；謂不得於言而不求諸心，則既失於外，而遂遺其内，其不可也必矣。”若論其極，則志固心之所之，而爲氣之將帥；然氣亦人之所以充滿於身，而爲志之卒徒者也。故志固爲至極，而氣即次之。人固當敬守其志，然亦不可不致養其氣。公孫丑見孟子言志至而氣次，故問：如此則專持其志可矣，又言“無暴其氣”何也？孟子言志之所向專一，則氣固從之；然氣之所在專一，則志亦反爲之動。如人顛躓趨走，則氣專在是而反動其心焉。程子曰：“志動氣者什九，氣動志者什一。”公孫丑復問孟子之不動心所以異於告子如此者，有何所長而能然；而孟子又詳告之以其故也。知言者，盡心知性，於凡天下之言，無不有以究極其理，而識其是非得失之所以然也。浩然，盛大流行之貌。氣，即所謂體之充者。本自浩然，失養故餒，惟孟子爲善養之以復其初也。蓋惟知言，則有以明夫道義，而於天下之事無所疑；養氣，則有以配夫道義，而於天下之事無所懼。難言者，蓋其心所獨得，而無形聲之驗。至大，初無限量。至剛，不可屈橈。惟其自反而縮，則得其所養，而又無所作爲以害之，則其本體不虧而充塞無間矣。程子曰：“天人一也，更不分别。浩然之氣，乃吾氣也，養而無害，則塞乎天地。一爲私意所蔽，則欿然而餒，知其小也。”謝氏曰：“浩然之氣，須於心得其正時識取。”又曰：“浩然，是無虧欠時。”……言人能養成此氣，則其氣合乎道義而爲之助，使其行之勇決，無所疑憚。若無此氣，則其一時所爲雖未必不出於道義，然其體有所不充，則亦不免於疑懼，而不足以有爲矣。集義，猶言積善。蓋欲事事皆合於義也。……言氣雖可以配乎道義，而其養之之始，乃由事皆合義，自反常直，是以無所愧怍，而此氣自然發生於中。非由只行一事，偶合於義，便可掩襲於外而得之也。慊，快也，足也。言所行一有不合於義，而自反不直，則不足於心，而其體有所不充矣。“必有事焉而勿正”，必有事焉，有所事也。正，預期也，《春秋傳》曰“戰不正勝”是也。……此言養氣者必以集義爲事，而勿預期其效。其或未充，則但當勿忘其所有事，而不可作爲以助其長，乃集義養氣之節度也。閔，憂也。揠，拔也。芒芒，無知之貌。其人，家人也。病，疲倦也。詖，偏陂也。淫，放蕩也。邪，邪僻也。遁，逃避也。四者相因，言之病也。蔽，遮隔也。陷，沈溺也。離，叛去也。窮，困屈也。四者亦相因，則心之失也。人之有言，皆本於心。其心明乎正理而無蔽，然後其言平正通達而無病。苟爲不然，則必有是四者之病矣。即其言之病，而知其心之失，又知其害於政事之決然而不可易者如此，非心通於道而無疑於天下之理，其孰能之？公孫丑言數子各有所長，而孔子兼之，然猶自謂不能於辭命；今孟子乃自謂“我能知言，又善養氣”，則是兼言語、德行而有之，然則豈不既聖乎？程子曰：“孔子自謂不能於辭命者，欲使學者務本而已。”惡，驚歎辭也。“昔者”以下，孟子不敢當丑之言，而引孔子、子貢問答之辭以告之也。再言“是何言也”，以深拒之。一體，猶一肢也。具體而微，謂其有全體，但未廣大耳。伯夷，孤竹君之長子，兄弟遜國，避紂隱居，聞文王之德而歸之，及武王伐紂，去而餓死。伊尹，有莘之處士，湯聘而用之。使之就桀，桀不能用，復歸於湯。如是者五，乃相湯而伐桀也。班，齊等之貌。公孫丑問，而孟子答之以不同也。以百里而王天下，德之盛也。行一不義、殺一不辜而得天下，有所不爲，心之正也。聖人之所以爲聖人，其根本節目之大者，惟在於此。於此不同，則亦不足以爲聖人矣。汙，音蛙，下也。三子智足以知夫子之道，假使汙下，必不阿私所好而空譽之，明其言之可信也。程子曰：“語聖則不異，事功則有異。夫子賢於堯舜，語事功也，蓋堯舜治天下，夫子又推其道以垂教萬事，堯‘舜之道’非得孔子，則後世亦何所據哉？”言大凡見人之禮，則可以知其政；聞人之樂，則可以知其德。是以我從百世之後，差等百世之王，無有能遁其情者，而見其皆莫若夫子之盛也。行潦，道上無源之水也。出，高出也。拔，特起也。萃，聚也。言自古聖人固皆異於衆人，然未有如孔子之尤盛者也。

《正義》 趙氏云不異於古霸王之君，是解異爲同異之異。近解不異，謂雖從此而成霸王之業不足怪異。與趙氏異。惟智慮氣力未能堅强，則有所疑惑，疑惑則生畏懼，故以動心爲畏難自恐也。顧氏炎武《日知録》云：“凡人之動心與否，固在其加卿相行道之時也。枉道事人，曲學阿世，皆從此而始矣。我四十不動心者，不動其‘行一不義，殺一不辜，而得天下，有不爲也’之心。”《吕氏春秋·用衆篇》注云：“孟賁，古之大勇士。”《漢書·東方朔傳》注引《尸子》云：“人問孟賁：‘生乎勇乎？’曰勇；‘貴乎勇乎？'曰勇；'富乎勇乎？'曰：'勇'。三者人之所難能，而皆不足以易勇，此其所以能攝三軍、服猛獸之故也。"《音義》引《楊子》曰："請問孟軻之勇，曰：勇於義而果於德，不以貧富貴賤死生動其心，於勇也其庶乎。"錢氏大昕《潛研堂答問》云："問：孟子書有北宫黝、北宫錡，趙氏注以錡爲衛人，而黝獨未詳，亦可考否？曰：黝事固不可考，然《淮南子》有云：'握劍鋒以離北宫子、司馬蒯蕢，不使應敵。操其觚，招其末，則庸人能以制勝。'高誘注：'北宫子，齊人也。孟子所謂北宫黝也。'誘生於漢世，所見書籍尚多，以黝爲齊人宜可信。春秋之世，衛亦有北宫氏，世爲正卿，《戰國策》趙威后問齊使云：'北宫之女，嬰兒子無恙。'則齊亦有北宫氏也。"顧氏炎武《日知録》云："若撻之於市朝，即《書》所言'若撻於市'。古者朝無撻人之事，市則有之。《禮記·檀弓》：'遇諸市朝，不反兵而鬭。'兵器非可入朝之物。奔喪哭辟市朝，奔喪亦但過市，無過朝之事也。其謂之市朝者，《史記·孟嘗君傳》'日莫之後，過市朝者，掉臂不顧'，《索引》云：'言市之行列，有如朝位，故曰市朝。'"《史記·仲尼弟子列傳》云："曾參，南武城人，字子輿，孔子以其能通孝道，故授之業，作《孝經》"。《孝經》云："孝，德之本也"、《周禮·師氏》注云："德行，内外之稱，在心爲德，施之爲行。百行之本，即是德之本。"《後漢書·江革傳》云："夫孝，百行之冠，衆善之始也。"《顏氏家訓·勉學篇》云："孝爲百行之首"是也。《説苑》言子夏讀《易》，《尚書大傳》言子夏讀《書》，《韓詩外傳》言子夏讀《詩》，《新序》稱其論五帝師，《大戴禮記》稱其言《易》之生人，是知道衆也。《大戴記·曾子大孝篇》云："夫孝者，天下之大經也。"是道雖衆，不如孝之大也。北宫黝事事皆求勝人，故似子夏知道之衆。孟施舍不問能必勝與否，但專守己之不懼，故似曾子得道之大。約之訓爲要，於衆道之中得其大，是得其要也。下言大勇，是知得其要爲得其大也。曾子之勇，則有懼有不懼，一以義不義爲斷：此不獨北宫黝之勇不如，即孟施舍之守氣亦不如也。不得於言、不得於心，亦指人之言、人之心。謂人以惡言加己，而己受之；人以惡心待己，而己受之也。蓋人有惡心，而詐善其辭氣以欺我，我之心不爲之動，則能知其心，而不惑於其詐，故可也。若人本有善心，而言語之間，不免暴戾……我則但怒其言，不復能知其心，故不可也。若是則告子所言"勿求於心""不得於心"，皆人之心。而告子之不動心，第於兩"勿求"見之。《毛詩序》云"在心爲志"，《儀禮·聘禮記》注云"志，猶念也"，《大射儀》注云"志，意所擬度也"，故趙氏以"心所念慮"爲志，又云"度其可否"。《禮記·祭義》云："氣也者，神之盛也。"《淮南子·原道訓》云："夫形者，生之舍也。氣者，生之充也。神者，生之制也。夫舉天下萬物蚑蟯貞蟲蠉動跂作，皆知其所喜憎利害者，何也？以其性之在焉而不離也。忽去之，則骨肉無論矣。今人之所以眭然能視，瞽然能聽，形體能抗，而百節可屈伸，察能分黑白、視醜美，而知能別同異、明是非者，何也？氣爲之充，而神爲之使也。"《論衡·無形篇》云："形氣性，天也。生之舍，生之充，生之制，生即性也。性情神志，皆不離乎氣，以其能別同異、明是非，則爲志以帥乎氣。萬物皆有喜憎利害而不能別同異，明是非，則第爲物之性，而非人之性，僅爲氣而已。故喜憎、利害、視聽、屈伸，皆氣也。骨肉，則形體也。"趙氏言氣，專指喜怒，以上勿求於心，勿求於氣，作以怒言，故於此言之耳。人有志而物無志，故人物皆有是性，皆有是氣，而人能以志帥，則能度其可否，而性乃所以善也。"夫志至焉，氣次焉"，趙氏以至爲至極，次爲《説文》"不前"之義，謂次於志也。毛氏奇齡《逸講箋》云："此次字，如《毛詩傳》'主人入次'、《周禮》'宫正掌次'之次，言舍此也。"若然，則至爲來至之至，志之所至，氣即隨之而止，正與趙氏下注志嚮氣隨之意合。"志壹"，趙氏讀壹爲噎，以閉塞釋志壹氣壹。"蹶者趨者"，趙氏以行而蹶者解之，則蹶者趨，猶云蹶而趨矣。志壹則動氣，氣壹則動志，故云相動。按《説文》云："壹，專壹也。"文公三年《左傳》云"與人之壹也"，注云："壹無貳心。"持其志使專壹而不貳，是爲志壹。守其氣使專壹而不貳，是爲氣壹。黝之氣在"必勝"，舍之氣在"無懼"，是氣壹也。曾子"自反而縮，雖千萬人吾往"，是志壹也。毛氏奇齡《逸講箋》云："志一動氣，自然之理。且志亦不容不一者，不一則二三，安所持志？此所謂一，正志至之解。惟志一能動氣，故志帥而氣卽止也。若氣一動志，則帥轉爲卒所動，反常之道，故須善養，使不一耳。”按毛氏此説，陳組綬《近聖居燃犀解》已言之，云：“志至之至是至到之至，氣次之次是次舍之次，至如行，次如止。曰氣之帥，體之充，是帥其氣以充體者，志也。曰志曰次，言至其處，卽次其處。丑問志氣既不相離，持志卽是養氣，何必又無暴其氣？志本不動，不壹則涣散無其帥；氣本周流，不動則枯槁無其充。故志可壹而氣不可壹，氣可動而志不可動，如無心而蹶，是所壹之氣也。而反動其心，非氣壹動志之明驗歟？此告子勿求氣可也。但既不得於心，則全不知持志之道耳。”……此上但言告子之不動心，未明孟子之不動心，故下文丑又問孟子何以長於告子也。毛氏奇齡《逸講箋》云：“以直養者，集義所生，自反而縮也。無害者，不助長也。以助長，則非徒無益，而又害之也。……配義與道，正分疏直養。無論氣配道義，道義配氣，總是氣之浩然者，藉道義以充塞耳。無是者，是無道義。餒者是氣餒、道義不能餒也。”李氏紱《配義與道解》云：“心之裁制爲義，因事而發，卽羞惡之心也。身所踐履爲道，順理而行，卽率性之謂也。未嘗集義養氣之人，自反不縮。嘗有心知其事之是非而不敢斷者，氣不足以配義也。亦有心能斷其是非而身不敢行者，氣不足以配道也。吾性之義，遇事而裁制見焉。循此裁制而行之，乃謂之道。義先而道後，故曰配義與道，不曰配道與義也。”趙氏以密聲取敵解襲字，而未詳“義襲而取”之意。推其解集義而生爲從内而出，則義襲而取乃自外而取矣。氣合義而生，則有此氣，卽有此義，故爲人生受氣所自有者。義襲而取則義本在氣之外，取以附於氣耳。若然，則義不關於内，卽所行義有不附，將於心無涉矣。乃自省所行，仁義不具備，而邪事干之，則心必不快，可見義在於内，關係於心，不與氣配，氣則餒矣。告子勿求於氣，並不求於心，是不知義在於内，與氣俱生，故造爲外義之説。不知義，故不知持志，卽不知善養浩然之氣也。經言“必有事”，趙氏以“必有福在其中”解之，是以福釋事，乃事無福訓也。翟氏灝《考異》云：“通段凡十見福字。古文福但作‘畐’，中筆引長，形便類事。舊本《孟子》當作‘必有畐焉’，故趙氏注之如此。”而勿正但以爲福故爲仁義也者，蓋以但字解正字，《詩·終風序》箋云：“正，猶止也。”《莊子·應帝王篇》云：“不正”，《釋文》云：“正本作‘止’，正之義通於止也。”爲仁義卽上云行仁義之事，自然得福，不可止以得福之故，始行仁義之事。趙氏以必有事焉爲必有福焉，故而勿正是不可止爲此福也。心勿忘是心不忘其爲福也，勿助長是不可助長其福也。按趙氏讀事爲福，其所本不可詳；其讀正爲止，“必有事焉而勿止”，謂必有事於集義而不可止也。賓孟言雄鷄自斷其尾之事，見昭公二十二年《左傳》。景王太子壽卒，既立子猛，又欲立王子朝，故賓起因雄鷄斷尾以説王。賓起爲子朝傅，謀立子朝以廢子猛，是爲詖詖。驪姬勸晉獻公與申生之事，見莊公二十八年《左傳》。驪姬本欲廢申生，而先言“曲沃，君之宗也，不可以無主；若使大子主曲沃，則可以威民而懼戎，且旌君伐”，晉侯説之。是巧言不信，欲殺之先與之也。惟其與之，使居曲沃，而乃由是得罪，是陷害之也。豎牛勸仲壬賜環之事，見昭公四年《左傳》。豎牛者，叔孫穆子在庚宗所私婦生也。仲壬，穆子在齊娶國姜所生也。壬與公御萊書私遊于公宫，昭公與仲壬玉環。壬使牛入告穆子，牛入不告，而詐傳穆子命使壬佩之，乃讒於叔孫曰：“不見而自見矣。公與之環而佩之矣。”遂逐仲壬。仲壬被逐，是父子相離也。秦客廋辭於朝事，見《國語·晉語》，韋昭注云：“廋，隱也。謂以隱伏詭譎之言聞於朝也。”大夫莫之能對，故云欲以窮晉諸大夫也。若將此詖淫邪遁之言，見之於政，則天下效之，三綱爲之淪，百行由是壞，故害於事也。政，謂法教也。事，謂事爲也。吾言，指以直養而無害以下，至必有事焉而勿正，心勿忘，勿助長之言……聖人復起，必從吾配義集義之言也。注以政爲仁政，故指人君言之。趙佑《温故録》云：“此章舊注特多違失，如以子夏不如曾子孝之大，以告子之言心氣，皆屬人言；宰我、子貢善爲説辭一節，昔者竊聞之一節，皆爲孟子自言。莫不善於有若曰節注‘此三人皆孔子弟子’云云，直説成阿其所好，全相觸背，此漢注之所以不可廢而有可廢也。”

【淺悟】

賁，讀音 bēn（ㄅㄣ）。黝，讀音 yǒu（ㄧㄡˇ）。橈，讀音 náo（ㄋㄠˊ）。褐，讀音 hè（ㄏㄜˋ）。惴，讀音 zhuì（ㄓㄨㄟˋ）。慊，此處讀音 qiè（ㄑㄧㄝˋ）。揠，讀音 yà（ㄧㄚˋ）。詖，讀音 bì（ㄅㄧˋ）。垤，讀音 dié（ㄉㄧㄝˊ）。潦，此處讀 lǎo（ㄌㄠˇ）。

北宫黝所涵養的是面對挫辱之勇，一旦遭受挫辱，不管對方是帝王還是褐夫，都敢與之拼命。孟施舍所涵養的是無所畏懼，哪怕對方千萬人，也敢與之拼命。告子所涵養的是，别人批評自己，便不指望人家會有好心——交人交心，批評幾句，怎見得没安好心？所以孟子認爲這種不動心不可取；明知自己在此人心裏没有好感，便不指望他對自己説話的語氣會有善意的表示——既然内心没有好感，他話説得越好聽，越令人毛骨悚然，所以孟子認爲這種不動 心可取。以上三人不動心都不見“義”的影子。曾子所涵養的恰是充滿“義”的大勇，爲了正義事業，不惜捨生取義，殺身以成仁，相信世上没有哪種力量能征服這種勇氣。孟子所涵養的浩然之氣，必是以這種勇氣爲基礎予以發揚光大的。

趙岐注解本章，有幾處似乎欠妥。

志壹、氣壹的“壹”，趙氏讀成噎，取閉塞之義，似與原意不符。朱熹《集注》和毛奇齡《逸講箋》皆訓壹爲專一，其辨解很有道理，故爲譯文所採納。

“必有事焉而勿正”一語，趙氏注云：“言人行仁義之事必有福在其中，而勿正但以爲福故爲仁義也。”翟灝《考異》爲之辯解云：“古文福但作畐，中筆引長，形便類事，舊本《孟子》當作‘必有畐焉’，故趙氏注之如此。”焦氏循《正義》云：“蓋以但字解正字，趙氏訓詁每以二字相疊爲釋，此常例也。爲仁義，即上云行仁義之事，自然得福，不可止爲得福之故始行仁義之事。”如此解經甚感不安。首先，舊本《孟子》當作“必有畐焉”，然而誰曾見過舊本《孟子》？既然没人見過，只能視爲擅改經文、强經就我，此乃解經之大忌，必須予以糾正；其次，怎見得行仁義之事必有福在其中？而實際生活中，往往行仁義之事非但得不到福，反而惹禍上身，這樣的事例不勝枚舉，又當作何解釋？再者，以“行仁義必有福”爲誘餌，引誘人們行仁義，究竟是爲了行仁義還是求福？其目標不明，非教化之正途。如此經不起推敲的話，決不會出自孟子之口。朱熹《集注》訓“正”爲“預期”，“勿正”解爲“勿預期其效”，以此解讀原話：‘必須具有從事仁義且不預期其收效的心願’，這就通順了。

在我國，没聽過“揠苗助長”這一典故的人恐怕不多，却没有人相信世上竟會有這樣的傻瓜。所以孟子接下來所説的“天下之不助苗長者寡矣”這句振聾發聵的名言，也很少有人理會，可嘆！如果换個説法，將揠苗助長换成同義詞急功近利或急於求成，即“天下之不急功近利，急於求成者寡矣”，應當可以接受吧？比如爲了發家致富，爲了撈政績，爲了孩子的學習成績等等，有幾個不拔苗助長的？有益還是有害？再從大的方面看，歷朝歷代，有哪個王朝能做到“行一不義，殺一不辜而有天下皆不爲”呢？殊不知這種行不義，殺無辜的急功近利的行徑，恰是爲其王朝最終覆滅埋下的仇恨的種子。是所謂“非徒無益，而又害之”者也。

子貢所説的“見其禮而知其政，聞其樂而知其德”這句具有真理性質的話，估計不是他這種資歷的人所能總結出來的，必是轉述孔子的教言，否則便與下面説的“由百世之後，等百世之王，莫之能違也”這段話毫無因果關係，又有什麼理由稱頌“自生民以來，未有夫子也”呢？爲此，譯文在子貢發端那句話之前增入了“夫子指出”四字。之所以稱其爲真理，因爲歷來的王朝無論其多麼昏暗，皆稱自身爲盛世。如何辨别呢？見其禮，聞其樂，一切了然於胸，萬古不磨。一個國家的禮，全張貼在國民的素養上，它是藏不住、裝不像的精神狀態；所謂樂，包括音樂、詩歌、舞蹈、戲劇、小説以及各種藝術門類。問題是，高雅之樂與靡靡之音有着同等的影響力，而決定其存在與否的要件有二：一靠國家干預、規範和引導；二靠受衆的支持，支持者多的自然越來越繁盛，支持者少的便會逐漸萎蔫；如果不知如何規範、引導以致放棄干預而任其自由發展，能够繁盛起來的必定是那些能激發人的諸如色情，凶殺等欲望無限膨脹的“樂”，接踵而至的便是越來越猖獗且防不勝防的犯罪。適合這類“樂”滋殖的環境有二：一是没有和藐視“禮”文化的國家；一是陷入亂世下的國家。前者不知如何規範和引導人們的行爲，一切任由市場主宰，而市場除了金錢之外，什麼都不認，占領市場的自然是那些灰色之“樂”；後者的精力則完全集中在維持殘破的政局上，自然無暇顧及對其政權不會構成直接威脅的精神層面的事務。所謂亂世，即禮壞樂崩之世。“見其禮，聞其樂”，一切了然於胸。

3.3

【原文】

孟子曰：“以力假仁者霸，霸必有大國。以德行仁者王，王不待大，湯以七十里，文王以百里。以力服人者，非心服也，力不贍也。以德服人者，中心悦而誠服也。如七十子之服孔子也。《詩》云：‘自西自東，自南自北，無思不服。’此之謂也。”

【譯文】

孟子説：“使用威力借用仁德的諸侯可以成就霸業，稱霸必須擁有大國地位；使用恩德實行仁政的諸侯可以成就王業，成就王業不必待到大國出現：成湯當年國土只有方圓七十里，文王當年國土也不過方圓百里。用威力使人服從的話，並非真心服從哩，乃國力不足的緣故嘛；用恩德使人服從的，才是從心底喜悦而且真誠佩服哩，就像孔門七十多位弟子那樣佩服孔子嘛。《詩經·大雅·文王有聲》中有云：‘來自東來自西，來自南來自北，没有哪家諸侯不心服。’説的就是以德服人嘛。”

【古注】

《注》 言霸者以大國之力，假仁義之道，然後能霸，若齊桓晉文等是也。以己之德，行仁政於民，小國則可以致王，若湯文王是也。贍，足也。以己力不足而往服從於人，非心服者也。以己德不如彼，而往服從之，誠心服者也。如顏淵子貢等之服於仲尼，心服者也。《詩經·大雅·文王有聲》之篇。言從四方來者，無思不服武王之德，此亦心服之謂也。《章指》言：王者任德，霸者兼力，力服心服，優劣不同，故曰遠人不服，脩文德以懷之。

《集注》 鄒氏曰："以力服人者有意於服人，而人不敢不服。以德服人者無意於服人，而人不能不服。從古以來論王霸者多矣，未有若此章之深切而著明者也。"

《正義》 孟子前言"文王由方百里起，是以難也"。……孟子之文，彼此互見，貫而通之，乃見其備。湯文始小而終大，由能行仁政而諸侯歸之。詩在《大雅·文王有聲篇》第六章。箋云："自，由也，武王於鎬京行辟廱之禮，自四方來觀者，皆感化其德，心無不歸服者。"……無思不服，猶云無不心服，故鄭箋謂"心無不歸服"，趙氏亦云此亦心服之謂。

【淺悟】

《章指》所云"故曰遠人不服，脩文德以懷之"一語，取自《論語·季氏篇》"故遠人不服，則脩文德以來之，既來之，則安之"云云。

3.4

【原文】

孟子曰："仁則榮，不仁則辱。今惡辱而居不仁，是猶惡溼而居下也。如惡之，莫如貴德而尊士，賢者在位，能者在職，國家閒暇，及是時明其政刑，雖大國必畏之矣。《詩》云：'迨天之未陰雨，徹彼桑土，綢繆牖户。今此下民，或敢侮予。'孔子曰：'爲此詩者，其知道乎！能治其國家，誰敢侮之？'今國家閒暇，及是時，般樂怠敖，是自求禍也。禍福無不自己求之者。《詩》云：'永言配命，自求多福。'太甲曰：'天作孽，猶可違；自作孽，不可活。'此之謂也。"

【譯文】

孟子説："行仁政將會獲得榮譽，爲政不仁將會蒙受恥辱。當今憎惡恥辱却身居不仁之名，這好比厭惡潮濕却要身居低窪近水之地嘛。若憎惡恥辱，不如重視德行和尊敬士子，使有賢德的人在位治國，有才能的在職任事，國家便會安閒無事，趁此時脩明政教刑罰，即使大國也必定畏懼這樣的局勢呀。《詩經·邠風·鴟鴞》中有云："鳥趁天陰未落雨，啄剥那桑樹根莖，纏束巢穴出入口。如今下面這些人，誰敢把我欺侮。'孔子説：'創作此詩的人，大概懂得治國之道吧？能治理好他的國家，誰敢欺侮他？'如今國家安閒無事，趁此時盤桓作樂怠惰敖遊，這是自己尋求災禍嘛。災禍和幸福沒有不是自己求來的。《詩經·大雅·文王》中有云:'我周家永遠配合天命,内自責求必然多福。'殷王太甲説:'上天造成的災害,尚可躲避;自己制造的災害,不可活命。'就是指不仁則辱説的嘛。"

【古注】

《注》 行仁政,則國昌而民安,得其榮樂。行不仁,則國破民殘,蒙其恥辱。惡辱而不行仁,譬猶惡濕而居卑下近水泉之地也。諸侯如惡辱之來,則當貴德以治身,尊士以敬人,使賢者居位得其人,能者居職任其事也。及無鄰國之虞,以是閒暇之時,明脩其政教,審其刑罰,雖天下大國,必來畏服。詩,邠風《鴟鴞》之篇。迨,及也。徹,取也。桑土,桑根也。言此鴟鴞小鳥,尚知及天未陰雨而取桑根之皮,以纏緜牖户。人君能治其國家,誰敢侮之。刺邠君曾不如此鳥。孔子善之,故謂此詩知道也。般,大也。孟子傷今時之君,國家適有閒暇,且以大作樂,怠惰敖遊,不脩政刑,是以見侵而不能距,皆自求禍者也。詩,《大雅·文王》之篇。永,長。言,我也。長我周家之命,配當善道,皆内自求責,故有多福也。殷王太甲言天之妖孽尚可違避,譬若高宗雊雉,宋景守心之變,皆可以德消去也。自己作孽者,若帝乙慢神震死,是爲不可活也。《章指》言:國必脩政,君必行仁;禍福由己,不專在天。言當防患於未亂也。

《集注》 好榮惡辱,人之常情。然徒惡之而不去其得之之道,不能免也。貴德,猶尚德也。士,則指其人而言之。賢,有德者。使之在位,則足以正君而善俗。能,有才者。使之在職,則足以脩政而立事。國家閒暇,可以有爲之時也。《詩》,《豳風·鴟鴞》之篇,周公之所作也。迨,及也。徹,取也。桑土,桑根之皮也。綢繆,纏綿補葺也。牖户,巢之通氣出入處也。予,鳥自謂也。言我之備患詳密如此,今此在下之人,或敢有侮予者乎?周公以鳥之爲巢如此,比君之爲國亦當思患而預防之。孔子讀而贊之,以爲知道也。詩,《大雅·文王》之篇。永,長也。言,猶念也。配,合也。命,天命也。此言福之自己求者。《太甲》,《商書》篇名。孽,禍也。違,避也。活,生也;《書》作逭,逭猶緩也。此言禍之自己求者。

《正義》 國家閒暇,謂不用兵戈,無論外患内亂,戰攻則不得休息。江氏聲《尚書集注音疏》云:"高宗雊雉者,經云'高宗融日,越有雊雉',叙云'高宗祭成湯,有飛雉升鼎耳而雊。'《史記》云:'武丁祭成湯,明日有飛雉登鼎耳而雊,武丁懼。祖乙曰王勿憂,先脩政事。武丁脩政行德,天下咸驩,殷道復興。'是其事。云宋景守心者,《吕氏春秋·制樂篇》云:'宋景公之時,熒惑在心,公懼。召子韋而問焉。子韋曰:熒惑者,天罰也。心者,宋之分野也,禍當於君。雖然,可移於宰相。公曰:宰相所與治國家也,而移死焉,不祥。子韋曰:可移於民。公曰:民死,寡人將誰爲君乎?寧獨死。子韋曰:可移於歲。公曰:歲害則民饑,民饑必死,爲人君而殺其民以自活,其誰以我爲君乎?是寡人之命固盡矣。子毋復言矣。子韋還走北面再拜曰:臣敢賀君,天處高而聽卑,君有至德之言三,天必三賞君,今夕熒惑其徙三舍,君延年二十一歲。公曰:子何以知之?對曰:有三善言必有三賞,熒惑三徙舍,舍行七星,星一徙當一年,三七二十一,臣故曰君延年二十一歲。臣請伏於陛下,以司候之。熒惑不徙,臣請死。公曰:可。是夕熒惑果徙三舍。'是其事也。高宗、宋景皆以德弭災,故云皆可以德消去也。云帝乙慢神震死者,《史記》云:'帝武乙無道,爲偶人,謂之天神,與之搏,令人爲行。天神不勝,乃僇辱之。爲革囊盛血,仰而射之,命曰射天。武乙獵於河、渭之間,暴雷,武乙震死。'是其事也。故云是爲不可活。聲謂活或爲'逭',《禮記·緇衣》引《太甲》曰'天作孽,可違也;自作孽,不可以逭',與《孟子》所引字雖有異,而大恉無殊。惟逭之於活,義訓不同,鄭康成曰:'逭,逃也。'"

【淺悟】

鴟鴞，讀音 chīxiāo(ㄔㄒㄧㄠ)。般，讀音 pán(ㄆㄢˊ)。敖，讀音 áo(ㄠˊ)，同遨。

趙氏注"天作孽，猶可違"時，列舉出殷高宗雊雉和宋景公守心之事加以説明；注"自作孽，不可活"時，列舉出殷帝乙慢神震死之事加以説明。此三人之事《史記》和《吕氏春秋》中也分别作了較詳細的記載。這些史料估計有其真實的一面，也有取自民間傳説的一面。雖説其内容頗似神話，然其既能在民間長期流傳，説明必是民意使然。民意類天意，同樣不可違。

3.5

【原文】

孟子曰："尊賢使能，俊傑在位，則天下之士，皆悦而願立於其朝矣。市廛而不征，法而不廛，則天下之商，皆悦而願藏於其市矣。關譏而不征，則天下之旅，皆悦而願出於其路矣。耕者助而不稅，則天下之農，皆悦而願耕於其野矣。廛無夫里之布，則天下之民，皆悦而願爲之氓矣。信能行此五者，則鄰國之民，仰之若父母矣。率其子弟，攻其父母，自有生民以來，未有能濟者也。如此，則無敵於天下。無敵於天下者，天吏也。然而不王者，未之有也。"

【譯文】

孟子説："尊重有賢德的人使用有才能的人，使這些德才出衆的俊傑們各居適當的職位，天下的士子就都會愉悦而且甘願爲該國的朝廷建功立業呀；集市存儲貨物的廛舍如果不征貨物稅，採用什一之稅法如不征廛舍稅，天下的商賈就都會愉悦而且願將貨物儲藏在該國的集市呀；關卡如果只稽察不征稅，天下的行旅就都會愉悦而且願意出現在該國的道路上呀；耕者助耕公田之外如果私田不再納稅，天下的農民就都會愉悦而且願意在該國的田野上耕作呀；平民所居住的房地如果没有征收夫布、里布這些額外的錢款，天下流亡在外的人就都會愉悦而且願意成爲該國的居民呀。如果哪家諸侯果真能施行這五項惠民政策，鄰國的人民就會仰慕他有如父母一般呀。如果好戰的鄰國想來攻伐，這就等於率領人家的子弟攻伐人家的父母，這種情形自有生民以來，未曾有能濟事的嘛。像這樣的諸侯，就會無敵於天下。無敵於天下的諸侯，乃是替天行道的官吏嘛。這樣的諸侯若是不能稱王天下的話，未曾有過哩。"

【古注】

《注》 俊,美才出衆者也。萬人者稱傑。廛,市宅也。古者無征,衰世征之。《王制》曰:“市廛而不税。”《周禮・載師》曰:“國宅無征。”法而不廛者,當以什一之法,征其地耳,不當征其廛宅也。言古之設關,但譏禁異言,識異服耳,不征税出入者也。故《王制》曰:“古者關譏而不征。”《周禮・大宰》曰:“九賦,七曰關市之賦。”《司關》曰:“國凶札則無關門之征,猶譏。”《王制》謂文王以前也。文王治岐,關譏而不征,《周禮》有征者,謂周公以來。孟子欲令復古去征,使天下行旅悦之也。助者,井田什一,助佐公家治公田。不横税賦,若履畝之類。里,居也。布,錢也。夫,一夫也。《周禮・載師》曰:“宅不毛者有里布,田不耕者出屋粟。凡民無職事者,出夫家之征。”孟子欲使寬獨夫去里布,則人皆樂爲之民矣。氓者,謂其民也。今諸侯誠能行此五事,四鄰之民,仰望而愛之如父母矣。鄰國之君,欲將其民來伐之,譬若率勉人子弟,使自攻其父母,自生民以來,何能以此濟成其所欲者也。言諸侯所行能如此者,何敵之有,是謂天吏。天吏者,天使之也。爲政當爲天所使,誅伐無道,故謂之天吏也。《章指》言:脩古之道,鄰國之民,以爲父母;行今之政,自己之民,不得而子。是故衆夫攫攫,非所常有,命曰天吏,明天所使也。

《集注》 俊傑,才德之異於衆者。氓,音盲。《周禮》:“宅不毛者有里布。民無職事者,出夫家之征。”鄭氏謂:“宅不種桑麻者罰之,使出一里二十五家之布。民無常業者罰之,使出一夫百畝之税、一家力役之征也。今戰國時,一切取之市宅之民,已賦其廛,又令出此夫、里之布,非先王之法也。”吕氏曰:“奉行天命,謂之天吏。廢興存亡,惟天所命,不敢不從,若湯、武是也。”

《正義》 大要皆才美出衆者之名,故典籍隨舉爲稱,或言“俊傑”,或言“俊乂”,或言“豪傑”,或言“英傑”。趙氏雖以萬人者稱傑,而俊則不言千人,而但云美才出衆也。趙氏謂法而不廛者,當以什一之法,征其地耳,不當征其廛宅。則是法而不廛乃申明上廛而所以不征之故,謂當以什一之法,征其一夫百畝之地,不當征其市中之舍,與先鄭所説亦不同。先鄭以貨物有滯而不售,以法出之,使不久滯於市廛,趙氏所不用也。……後鄭以爲民居區域,市物邸舍,商賈貨物,宜藏居舍之中,不得貯於空地。趙氏不用空地之説,以爲市宅,是也。江永《羣經補義》云:“凡民居區域關市邸舍通謂之廛,上文‘廛而不征,法而不廛’之廛是市宅,此廛謂民居。……布者,泉也,亦即錢也,非布帛之布。夫布見《周禮・閭師》‘凡無職者出夫布’,謂閒民爲民傭力者,不能赴公旬三日之役,使之出一夫力役之泉,猶後世之僱役錢也。里布見《地官・載師》‘凡宅不毛者有里布’,謂有宅不種桑麻,或荒其地,或爲臺榭游觀,則使之出里布,猶後世凡地皆有地税也。此皆民之常賦。戰國時一切取之非傭力之閒民,已有力役之征,而仍使之别出夫布。宅有種桑麻,有嬪婦布縷之征,而仍使之别出里布。是額外之征,借夫布、里布之名而横取者,今皆除之,則居廛者皆受惠也。”段氏玉裁《説文解字注》云:“氓,民也。從民,亡聲,讀若盲。……按此則氓與民小别,蓋自他歸往之民則謂之氓,故字從民亡。”

【淺悟】

“廛無夫里之布”一語,讀過江永《羣經補義》的解説後,此語之義豁然開朗,“夫里之布”原來是夫布和里布二事。

3.6

【原文】

孟子曰:“人皆有不忍人之心。先王有不忍人之心,斯有不忍人之政矣。

以不忍人之心，行不忍人之政，治天下可運之掌上。所以謂人皆有不忍人之心者，今人乍見孺子將入於井，皆有怵惕惻隱之心，非所以内交於孺子之父母也，非所以要譽於鄉黨朋友也，非惡其聲而然也。由是觀之：無惻隱之心，非人也；無羞惡之心，非人也；無辭讓之心，非人也；無是非之心，非人也。惻隱之心，仁之端也。羞惡之心，義之端也。辭讓之心，禮之端也。是非之心，智之端也。人之有是四端也，猶其有四體也；有是四端而自謂不能者，自賊者也。謂其君不能者，賊其君者也。凡有四端於我者，知皆擴而充之矣，若火之始然、泉之始達。苟能充之，足以保四海；苟不充之，不足以事父母。”

【譯文】

孟子説：“人人都有不忍别人受到傷害的心腸。先聖王正是賦有不忍人民受到傷害的心腸，乃有不忍人民受到傷害的政治呀。用不忍人民受到傷害的心腸，施行不忍人民受到傷害的政務，治理天下就會像把彈丸放在手掌上運轉一樣容易。用來説明人人都有不忍别人受到傷害之心的依據是，比如現在人們猛然見一幼兒將要落入井裏，都會有驚懼同情之心，其目的並非用來借此跟孩子的父母結交嘛，也不是用來借此在鄉親朋友面前求取名譽嘛，更不是厭惡自己會落下不仁的名聲才有這種心腸嘛。由此看來，没有同情憐憫之心，那不是人哩；没有羞恥憎惡之心，那不是人哩；没有推辭謙讓之心，那不是人哩；没有辨是明非之心，那不是人哩。惻隱之心，乃仁的發端嘛；羞惡之心，乃義的發端嘛；辭讓之心，乃禮的發端嘛；是非之心，乃智的發端嘛。人的有這四種發端呢，猶如人有四肢嘛；有這四種發端却自稱不能做到的話，則是戕賊自己的人哩；聲稱其國君不能做到的話，乃是陷害其國君的人哩。凡是認爲在我身上有這四種發端的人，必定知道這四端都須擴大充實呀，好似剛點燃的火苗、剛挖通的泉眼，如果能使之充實，便足以保安四海的人民；如果不使之充實，恐怕連侍奉父母都做不到。”

【古注】

《注》 言人人皆有不忍加惡於人之心也。先聖王推不忍害人之心，以行不忍傷民之政，以是治天下，易於轉丸於掌上也。乍，暫也。孺子，未有知之小子也。所以言人皆有是心，凡人暫見小孺子將入井，賢愚皆有驚駭之情，情發於中，非爲人也，非惡有不仁之聲名，故怵惕也。言無此四者，當若禽獸，非人心耳。爲人則有之矣，凡人但不能演用爲行耳。端者，首也。人皆有仁義禮智之首，可引用之。自謂不能爲善，自賊害其性，使不爲善也。謂君不能爲善而不匡正者，賊其君使陷惡也。擴，廓也。凡有四端在於我者，知皆廓而充大之，若火泉之始微小，廣大之則無所不至，以喻人之四端也。人誠能充大之，可保安四海之民；誠不充大之，内不足以事父母。言無仁義禮智，何以事父母也。《章指》言：人之行當内求諸己，以演大四端，充廣其道，上以匡君，下以榮身也。

《集注》 言衆人雖有不忍人之心，然物欲害之，存焉者寡，故不能察識而推之政事之間。惟聖人全體此心，隨感而應，故其所行無非不忍人之政也。乍，猶忽也。怵惕，驚動貌。惻，傷之切也。隱，痛之深也。此卽所謂不忍人之心也。言乍見之時，便有此心，隨見而發，非由此三者而然也。程子曰："滿腔子是惻隱之心。"謝氏曰："人須自識其真心。方乍見孺子入井之時，其心怵惕，乃真心也。非思而得，非勉而中，天理之自然也。内交、要譽、惡其聲而然，即人欲之私矣。"惻隱、羞惡、辭讓、是非，情也。仁、義、禮、智，性也。心，統性情者也。端，緒也。因其情之發，而性之本然可得而見，猶有物在中而緒見於外也。擴，推廣之意。充，滿也。四端在我，隨處發見。知皆卽推廣而充滿其本然之量，則其日新又新，將有不能自已者矣。能由此而遂充之，則四海雖遠，亦吾度内，無難保者。不能充之，則雖事之至近而不能矣。程子曰："人皆有是心，惟君子爲能擴而充之。不能然者，皆自棄也。然其充與不充，亦在我而已矣。"

《正義》 劉熙《釋名釋長幼》云："兒始能行曰孺子。"……始能行而尚無知識，不知井之溺人，故將入井也。《音義》云："内，本亦作'納'。"納交於孺子之父母，要譽於鄉黨朋友，皆爲人之事，故統云之非爲人也。孟子道性善，謂人之性皆善，禽獸之性則不善也。禽獸之性不善，故無此四者。禽獸無此四者，以其非人之心也。若爲人之心，無論賢愚，則皆有之矣。孟子四言"非人"，乃極言人心必有此四者。趙氏此注，深得孟子之指，不愧通儒。《三國志・鍾繇傳》注引《先賢行狀》，李膺謂鍾覲曰："孟子以爲人無好惡是非之心非人也。"《禮記・曲禮》注引《孟子》"人無是非之心非人也"。孔氏正義兼引"人無惻隱之心非人也，人無是非之心非人也"，於句首俱加"人"字。則四稱"非人"，竟爲指斥駡詈之辭，非孟子義。趙氏云："人但不能演用爲行"，正申明人必有此心，惟禽獸無之耳。火始燒，泉始通，其勢不可遏止，故由微小而無所不至，猶人之有四端，既知擴而充之，則亦無所不至也。惟無所不至，故放諸四海而民皆安保也。保四海卽安四海之民也。人不能事父母，卽是不仁不義，無禮無智。雖愚蒙豈不知父母之當事，惟賊害其性，遂至不能順於父母。趙氏言無仁義禮智，何以事父母？不能事父母，豈尚能保安四海？此言性善之切，可謂通儒矣。

【淺悟】

"内交"的内，讀音 nà（ㄋㄚˋ），同納。

"非惡其聲而然也"一語，趙氏注謂"非惡有不仁之聲名故怵惕也"，意思是：並非厭惡自己落下不仁的名聲之故才怵惕。也有人譯爲："不是厭惡那孺子的哭聲才如此。"這樣解説似欠妥。試想，"孺子將入於井"，説明孺子尚未落入井内，何故要哭？一個不懂事的小兒，步履蹣跚地走到井邊，假如知道井對其意味着什麽，還會走向井邊麽？既不知井邊有危險，何故要哭？前兩個"非所以"都是指乍見者而言，此"非惡其聲"的其字，也應指乍見者，即趙氏注所云。故譯文採用趙氏説。

3.7

【原文】

孟子曰："矢人豈不仁於函人哉？矢人惟恐不傷人，函人惟恐傷人，巫匠亦然。故術不可不慎也。孔子曰：'里仁爲美，擇不處仁，焉得智？'夫仁，天之尊爵也，人之安宅也。莫之禦而不仁，是不智也。不仁不智，無禮無義，人役也。人役而恥爲役,由弓人而恥爲弓,矢人而恥爲矢也。如恥之,莫如爲仁。仁者如射:射者正己而後發,發而不中,不怨勝己者,反求諸己而已矣。”

【譯文】

孟子説:“造箭的矢人難道比造鎧甲的函人不仁道啊?矢人惟恐傷不到人,函人惟恐傷到人。巫醫和做棺柩的匠人也如此。所以選擇謀生之術不可不慎重哩。孔子説:‘居住在仁德之中爲美好。不選擇仁德作爲安身之處,怎能算得上明智?’這仁德,乃天給與的尊貴爵位,人的安謐住宅嘛。没受到任何抵禦却不進住仁這個安宅,這就不明智了嘛。不仁不智,必然導致無禮無義,只能受人役使嘛。受人役使却又以擔任差役爲可恥,猶如弓人反而以造弓爲可恥、矢人反而以造箭爲可恥一樣嘛。如果認爲擔任差役可恥,不如致力實行仁道。實行仁道的人有如射藝,射箭者端正好自己的身姿然後發射,發射如果不中,不埋怨勝過自己的人,只是反過來責求自己而已呀。”

【古注】

《注》 矢,箭也。函,鎧也。《周禮》曰:“函人爲甲。”作箭之人,其性非獨不仁於作鎧之人也,術使之然。巫欲祝活人。匠,梓匠,作棺欲其蚤售,利在於人死也。故治術當慎脩其善者也。里,居也。仁,最其美者也。夫簡擇不處仁爲不智。爲仁則可以長天下,故曰天所以假人尊爵也,居之則安。無止之者,而人不能知入是仁道者,何得爲智乎?若此,爲人所役者也。治其事而恥其業者,惑也。如其恥爲人役而爲仁,仁則不爲役也。以射喻人爲仁,不得其報,當反責己之仁恩有所未至也,不怨勝己者。《章指》言:各治其術,術有善惡;禍福之來,隨行而作。恥爲人役,不若居仁;治術之忌,勿爲矢人也。

《集注》 惻隱之心,人皆有之,是矢人之心本非不如函人之仁也。巫者爲人祈祝,利人之生。匠人作爲棺椁,利人之死。里有仁厚之俗者,猶以爲美,人擇所以自處而不於仁,安得爲智乎?此孔子之言也。仁、義、禮、智,皆天所與之良貴。而仁者,天地生物之心,得之最先而兼統四者,所謂“元者,善之長也”,故曰尊爵。在人則爲本心全體之德,有天理自然之安,無人欲陷溺之危,人當常在其中,而不可須臾離者也,故曰安宅。此又孟子釋孔子之意,以爲人道之大如此,而自不爲之,豈非不智之甚乎?以不仁,故不智。不智,故不知禮義之所在。爲仁由己,而由人乎哉?

《正義》 《易·文言傳》云:“元者,善之長也”、“體仁足以長人”,故爲仁可以長天下也。假,如《漢書·儒林傳》“假固利兵”之假,顔師古注云:“給與也。”謂天以仁給與人,使得長人也。禦。止也。莫之禦,是無止之者也。《禮記·射義》云:“射者,仁之道也。射求正諸己,己正而後發,發而不中,則不怨勝己者,反求諸己而已矣。”《孟子》此文,蓋有所本。首言術不可不慎,術承上矢、函、巫、匠,則指藝術而言。藝術,人之所習也,習於争戰,則糜爛其民,如矢人之不仁矣。所以習於争戰者,以欲勝人也。故此以射爲喻,而戒其不怨勝己者。不特諸侯之習争戰也,推之士庶人,惟知利己損人,則時以忮害爲心,以争勝於人。此不能勝,必多方乞助於他人。役於彼以求伸於此,心日益刻,氣日益卑。苟始以正己，繼以反求，本無傾軋之心，無事屈身之辱。儒者求勝以學，市人求勝以利，朋黨阿比，托一人以爲庇，其趨同也。

【淺悟】

"矢人豈不仁於函人哉?"趙氏注云:"作箭之人其性非獨不仁於作鎧之人也。"將豈字解爲非獨，其《章指》更强調什麽"治術之忌，勿爲矢人也"。如果大家都"勿爲矢人"，請問，一旦遭遇外侮，誰來造箭抵禦侵略者？此觀點只能代表趙氏之見，決非孟子之意。孟子引用孔子所説的"里仁爲美。擇不處仁，焉得智"這段話，正是爲了幫助矢人、函人、巫、匠如何解決"術不可不慎"這一問題而引用的。孔子這段話，趙氏注云:"里，居也；仁，最美者也。夫簡擇不處仁爲不智。"朱氏集注云:"里有仁厚之俗者猶以爲美，人擇所以自處而不於仁，安得爲智乎?"二人都將此言理解成選擇居住地，接受外來的影響。孔子這段話出自《論語・里仁篇》，歷代學者皆沿用東漢大儒鄭玄所注"里者，民之所居。居於仁者之里是爲美。求居而不處仁者之里，不得爲有智"之説。這樣解説疑點很多，不能令人信服。拙著《論語淺悟》對此作了辯駁，不妨重述一遍：

首先，孔子在《論語》中有"君子食無求飽，居無求安"的教誨。既然"居無求安"，就應不論居住條件多麽惡劣，都能安之若素，何必還要選擇"居於仁者之里"或到"里有仁厚之俗"的地方居住呢？

其次，舜是孔子心目中的聖人。但是舜很不幸，《尚書・堯典》説他"父頑、母嚚、象傲。"其父頑梗妄爲、母愚悍奸詐、弟象傲慢狠毒，這樣的家庭，搬到哪里才能"居於仁者之里"、才能"有仁厚之俗"呢？但是舜終成萬世景仰的聖王。

再者，孔門三千弟子中，道德學問最優秀的顔淵，"一簞食，一瓢飲，在陋巷，人不堪其憂，回也不改其樂"，這一"憂"字足以説明他所居住的"陋巷"，決非"仁者之里"，必無"仁厚之俗"。如果因此而説他不明智，孔子爲何會"賢哉、賢哉"地大加贊美他呢？

其四，各注都是被動地選擇居住地，依賴外來的影響，這與孔子的一貫倡導不符。孔子對"仁"的所有論述，全是引導人們積極、主動去進取，諸如《述而篇》的"仁遠乎哉？我欲仁，斯仁至矣"、《顔淵篇》的"爲仁由己，而由人乎哉?"等等，無一例靠外力。

請看孟子是如何理解孔子此言的。

"夫仁"至"是不智也"，即孟子對此言的理解。就是説，這仁德，乃上天賜與的尊貴爵位，人的安謐住宅嘛，没受到任何抵禦却不進住仁這個安宅，這就不明智嘛。

無庸置疑，孟子的理解是準確的。

比如舜，没有人幫他改變"父頑、母嚚、象傲"的處境，全靠自己"克諧，以孝烝烝，乂不格奸"的仁心——與家人處之和諧，用自己的孝行感化他們，一切處理得十分妥帖，使家人不至於淪爲邪惡。這都是因爲舜的心始終堅定地住在"仁"這個安謐住宅中的緣故。

比如簞食瓢飲的顔淵，哪有能力擺脱"陋巷"之憂？正是由於其心始終住在"仁"這個安宅中，故能不改其樂，成爲孔門第一弟子。

比如矢人，造箭是爲了消滅侵略者還是爲了侵略别人？造與不造，全取決於自己，"故術不可不慎也"。如果自己的心住在"仁"這個安宅中，所作的選擇必是明智的，美的；如果"擇不處仁"，其選擇則很可能是愚蠢的、醜惡的。趙氏注云"作箭之人其性非獨不仁於作鎧之人也，術使之然"，其章指又云"術有善惡，治術之忌，勿爲矢人也"，將作箭之人統統劃入不仁的惡術之列，請問，六藝爲何選用射藝來培養君子之風？

本章適用的範圍其實很廣，不論當官、行醫、執教、經商還是從事五行八作的任何工種，都存在着選擇採用何種謀生之術的問題。如果"擇不處仁"，縱然能僥倖逃脱法律制裁，也逃不脱十目所視、十手所指、身背罵名的可恥下場，焉得智？所以智者必會選擇"里仁爲美"這一"天之尊爵，人之安宅"的生存之術。

3.8

【原文】

孟子曰："子路人告之以有過則喜，禹聞善言則拜。大舜有大焉，善與人同，舍己從人，樂取於人以爲善。自耕稼陶漁以至爲帝，無非取於人者；取諸人以爲善，是與人爲善者也。故君子莫大乎與人爲善。"

【譯文】

孟子説："子路别人告訴他哪裏出現過失就會欣喜接受，禹聽到正直的善言就向人拜謝。偉大的舜帝具有偉大的品行，其善良跟别人相同，且能舍棄自己的成見服從衆人的公論，喜愛從别人身上吸取長處來做善事；他從耕田種莊稼、燒制陶器、捕魚直到稱帝，没有一件事不是從别人身上的長處吸取來的。從别人身上吸取長處用來做善事，這就等於協助别人共同做善事嘛。所以君子心目中没有什麽能比協助别人共同做善事更重大。"

【古注】

《注》 子路樂聞其過，過而能改也。《尚書》曰："禹拜讜言。"大舜，虞帝也。孔子稱曰"巍巍"，故言大舜有大焉。能舍己從人，故爲大也。於子路與禹同者也。舜從耕於歷山及其陶漁，皆取人之善謀而從之，故曰莫大乎與人爲善。《章指》言：大聖之君，由采善於人，故曰"計及下者無遺策，舉及衆者無廢功"也。

《疏》 言舜自耕稼於歷山，陶於河濱，漁於雷澤之時以至爲帝，無非取人之善謀而從之也。取諸人以爲善，是亦與人爲其善者也。所謂"舜耕歷山，歷山之人皆讓畔；漁雷澤，雷澤之人皆讓居；陶河濱，河濱器皆不苦窳"，是亦與人爲善之事也，此皆《史記・帝紀》有云然也。

《集注》 周子曰："仲由喜聞過，令名無窮焉。今人有過，不喜人規，如諱疾而忌醫，寧滅其身而無悟也。噫！"程子曰："子路，人告之以有過則喜，亦可謂百世之師矣。"《書》曰："禹拜昌言。"蓋不待有過，而能屈己以受天下之善也。言舜之所爲，又有大於禹與子路者。善與人同，公天下之善而不爲私也。己未善，則無所繫吝而舍己從人。人有善，則不待勉强而取之於己。此"善與人同"之目也。舜之側微，耕於歷山，陶於河濱，漁於雷澤。取彼之善而爲之於我，則彼益勸於爲善矣，是我助其爲善也。能使天下之人皆勸於爲善，君子之善孰大於此！

3.9

【原文】

孟子曰："伯夷非其君不事，非其友不友；不立於惡人之朝，不與惡人言。立於惡人之朝，與惡人言。如以朝衣朝冠坐於塗炭。推惡惡之心，思與鄉人立，其冠不正，望望然去之，若將浼焉。是故諸侯雖有善其辭命而至者，不受也。不受也者，是亦不屑就已。柳下惠不羞污君，不卑小官，進不隱賢，必以其道，遺佚而不怨，阨窮而不憫。故曰：'爾爲爾，我爲我，雖袒裼裸裎於我側，爾焉能浼我哉！'故由由然與之偕而不自失焉，援而止之而止。援而止之而止者，是亦不屑去已。"

孟子曰："伯夷隘，柳下惠不恭。隘與不恭，君子不由也。"

【譯文】

孟子說："伯夷對待不合其心意的君主不服事，不是與他志同道合的人不結交，不在有惡人的朝廷任職，不跟惡人說話；在有惡人的朝廷任職，跟惡人說話，如同穿戴着朝衣朝冠坐在骯髒的泥濘上那樣不堪忍受。推移這種憎惡邪惡之心，思考着跟同鄉人站在一起，倘若他們帽子戴得不正，臉上就會露出失望的表情離開他們，好像將會污染他似的。正是這個緣故，諸侯雖有善於傳達其國君辭命而到此聘請他的使者，他也不接受哩；不接受聘請的原由，只不過認爲不值得就職而已。柳下惠不以服事污濁之君爲羞恥，擔任小官不覺得卑賤，進用不隱藏自己的賢才，必依照自己的途徑行事，遭貶黜能够不怨恨，窘阨困窮中能够不憂悶，依舊說：'你做你的人，我做我的人，你即便在我身旁袒臂裸體，你怎能污染到我啊？'依舊態度和悅恭謹地同人家在一起並不覺得自己有失身分，人家挽留就能使他留下；挽留就能使他留下的原由，只不過認爲不值得離去而已。"

孟子評論道："伯夷狹隘，柳下惠不恭謹。狹隘與不恭謹，君子不採用哩。"

【古注】

《注》 伯夷，孤竹君之長子，讓國而隱居者也。塗，泥。炭，墨也。浼，污也。思，念也。與鄉人立，見其冠不正，望望然，慙愧之貌也。去之，恐其污己也。屑，潔也。《詩》云："不我屑已"。伯夷不潔諸侯之行，故不忍就見也。殷之末世，諸侯多不義，故不就之，後乃歸於西伯也。柳下惠，魯公族大夫也，姓展，名禽，字季，柳下是其號也。進不隱己之賢才，必欲行其道也。憫，懣也。云善己而已，惡人何能污於我邪。由由，浩浩之貌。不憚與惡人同朝並立。偕，俱也。與之儷行於朝何傷，但不失己之正心而已耳。援而止之，謂三絀不懟去也。是柳下惠不以去爲潔也。伯夷隘，懼人之污來及己，故無所含容，言其太隘狹也。柳下惠輕忽時人，禽獸畜之，無欲彈正之心，言其大不恭敬也。聖人之道，不取於此，故曰君子不由也。先言二人之行，孟子乃評之耳。《章指》言：伯夷、柳下惠，古之大賢，猶有所闕。介者必偏，中和爲貴，純聖能然，君子所由，堯舜是尊。

《疏》 太史公云："伯夷叔齊，孤竹君之二子。父欲立叔齊。及父卒，叔齊讓伯夷；伯夷曰'父命也'，遂逃去。叔齊不肯立亦逃之。國人立其中子。於是伯夷叔齊聞西伯昌善養老，盍往歸焉。及西伯卒，武王東伐紂，伯夷叔齊叩馬而諫曰：'父死不葬，爰及干戈，可謂孝乎？以臣弑君，可謂仁乎？'左右欲兵之，太公曰：'此義人也。'扶而去之。武王平殷，天下宗周，伯夷叔齊恥之，義不食周粟，隱於首陽山，採薇而食之，及餓死者是矣。"……案《史記傳》云："柳下惠，姓展名禽，魯人也，爲魯典獄之官，任以直道。故孔子云：'柳下惠爲士師，三黜。人云："子未可去乎？曰：直道而事人，焉往而不三黜？枉道而事人，何必去父母之邦？"孔注云："士師，典獄之官。"鄭玄亦云然。

《集注》 鄉人，鄉里之常人也。望望，去而不顧之貌。屑，趙氏曰："潔也。"《說文》曰："動作切切也。"不屑就，言不以就之爲潔，而切切於是也。柳下惠，魯大夫展禽，居柳下而謚惠也。不隱賢，不枉道也。遺佚，放棄也。阨，困也。憫，憂也。"爾爲爾"至"焉能浼我哉"，惠之言也。袒裼，露臂也。裸裎，露身也。由由，自得之貌。偕，並處也。不自失，不失其正也。"援而止之而止者"，言欲去而可留也。隘，狹窄也。不恭，簡慢也。夷、惠之行，固皆造乎至極之地；然既有所偏，則不能無弊，故不可由也。

《正義》 絜與潔通。古已、以通。此不屑就，謂不以諸侯爲潔而就之也。言"不忍就見"者，《說文》云："忍，能也。"能卽耐……既以爲污，故不耐就之矣。"遺佚而不怨，阨窮而不憫"者，逸、佚、失三字古通，此云遺佚卽遺失也。柳下惠賢人，而魯不能得之，是遺失之也。阨窮即困窮，由遺佚至於困窮也。《列女傳・賢明篇》云："柳下惠處魯，三黜而不去，憂民救亂，妻曰：'無乃瀆乎？'柳下惠曰：'油油之民，將陷於害，吾能已乎？且彼爲彼，我爲我，彼雖裸裎，安能污我？'油油然與之處，仕於下位。其妻誄曰：'夫子之不伐兮！夫子之不竭兮！夫子之信誠，而與人無善兮！屈柔從俗，不强察兮！蒙耻救民，德彌大兮！雖遇三黜，終不蔽兮！愷悌君子，永能厲兮！嗟乎惜哉，乃下世兮！庶幾遐年，今遂逝兮！嗚呼哀哉，魂神泄兮！夫子之謚，宜爲惠兮！'門人從之以爲誄。"此與《孟子》相表裏。惟憂民救亂之心切，故不憚委蛇容忍，周旋補救於其間，所謂"進不隱賢，必行其道"，謂不藏此憂民救亂之才，欲行此蒙恥救民之道也。推此裸裎之人卽害民之人，彼自害民，我自救民，所謂"爾爲爾，我爲我"也。無救民行道之心，援之卽止，黜之不去，何以爲柳下惠哉？後世秉國者，一言未合，乞骸而退，以爲潔身去亂。不知執一己倖直之名，而以軍國生民之重，一任諸羣小之爲，莫或救止，則亦豈得爲潔哉？故位不以去爲潔，而悠游下位，足以爲矯潔爲高者示之鵠也。孟子舉一伯夷戒人之輕進，舉一柳下惠戒人之輕退，豈徒然哉！

【淺悟】

《論語・衛靈公篇》子曰："吾之於人也，誰毁誰譽？如有所譽者，其有所試矣。斯民也，三代之所以直道而行也。"對照這一教誨，似覺孟子最後對夷惠的評論有欠思量。

孟子卷四淺悟

公孫丑章句下　凡十四章

4.1

【原文】

孟子曰："天時不如地利，地利不如人和。三里之城，七里之郭，環而攻之而不勝。夫環而攻之，必有得天時者矣；然而不勝者，是天時不如地利也。城非不高也，池非不深也，兵革非不堅利也，米粟非不多也，委而去之，是地利不如人和也。故曰域民不以封疆之界，固國不以山谿之險，威天下不以兵革之利。得道者多助，失道者寡助。寡助之至，親戚畔之；多助之至，天下順之。以天下之所順，攻親戚之所畔，故君子有不戰，戰必勝矣。"

【譯文】

孟子說："天時不如地勢有利，地勢有利不如人心和協。比如一座方圓三里的内城，加上方圓七里的外郭，將其環繞起來進攻却不能獲勝。這敢於環繞起來進攻的一方，必是占有得天時的優勢罷了；然而不能獲勝這種結果，説明得天時不如占有地利嘛。再比如，該城的城墻並非不高，護城河並非不深，兵器甲胄並非不鋒利不堅固，糧食儲備並非不多，反而棄城逃走，這説明該城的地利不如對方的人和嘛。所以説留住域内的居民不能依賴封疆的界限，穩固國家不能依賴山溪的險阻，威震天下不能依賴兵革之堅利。擁有道義的一方必會得到多方援助，失去道義的一方必然很少得到援助。缺少援助到最後，親戚都會背叛他；多方援助到最後，全天下都會順從他。君子使用天下所順從的力量，去進攻連親戚都背叛的一方，所以要麼不交戰，一旦交戰必操勝算呀。"

【古注】

《注》 天時，謂時日、支干、五行、旺相、孤虚之屬也。地利，險阻城池之固也。人和，得民心之所和樂也。環城圍之必有得天時之善處者，然而城有不下，是不如地利。有堅强如此而破之走者，不得民心，民不爲守，衛懿公之民曰："君其使鶴戰，余焉能戰？"是也。域民，居民也。不以封疆之界禁之，使民懷德也；不依險阻之固，恃仁惠也；不馮兵革之威，仗道德也。得道之君，何嚮不平。君子之道，貴不戰耳。如其當戰，戰則勝矣。《章指》言：民和爲貴，貴於天地，故曰得乎丘民爲天子也。

《集注》 郭，外城。環，圍也。言四面攻圍，曠日持久，必有值天時之善者。革，甲也。委，棄也。言不得民心，民不爲守也。言不戰則已，戰則必勝。尹氏曰："言得天下者，凡以得民心而已。"

《正義》 《尉繚子·戰威篇》云："故曰天時不如地利，地利不如人和，聖人所貴，人事而已。"……翟氏灝《考異》云"尉繚與孟子同時，兩述斯言，皆以聖人稱之。《荀子·王霸篇》亦云：'上不失天時，下不失地利，中得人和。'斯言也，孟子之前，應見古別典。"藏琳《經義雜記》云："《晉書·段灼傳》云：'臣聞……和。……三里之城，五里之郭，圜圍而攻之，有不剋者，此天時不如地利。城非不高，池非不深，穀非不多，兵非不利，委而去之，此地利不如人和。然古之王者，非不先推思德，結固人心；人心苟和，雖三里之城，五里之郭，不可攻也；人心不和，雖金城湯池不能守也。'此本《孟子》。今《公孫丑下》作'三里之城，七里之郭'，疑誤也。郭爲外城……開廣二里已不爲狹；若城三里而郭七里，是外城反過倍於内城矣。外城既有七里，内城又當不止三里，段兩言'五里之郭'，必非誤。"按《戰國策·齊策》貂勃云"三里之城，五里之郭"，田單又云"五里之城、七里之郭"，皆指即墨而言，其城郭之小，七里五里，固未可拘也。周時術士，以七政占驗爲天道，故裨竈云："天道多在西北。"子產雖正斥之云："天道遠，人道邇，竈焉知天道？"然其時則混以天時爲天道，至孔子贊《易》，明元亨利貞爲天之道，言"天道虧盈而益謙"，言"立天之道，曰陰與陽，立地之道，曰柔與剛，立人之道，曰仁與義"，而天道乃明。孟子以"天道"與"仁義禮智"並言，而此五行時日之術，別之爲"天時"，而天時天道乃曉然明於世也。破之走者解委而去之，走字釋去之矣。委無破義，阮元《校勘記》云："岳本破作'被'。"《淮南子·精神訓》云"委萬物而不利"，高誘注云："委，棄也。"《漢書·地理志》千乘郡被陽，注引如淳云："被一作'疲'，音罷軍之罷。"罷即疲。《國語·周語》注云："棄，廢也。"《禮記·中庸》"半塗而廢"，注云："廢，猶罷止也。"《表記》"中道而廢"，注云："廢，喻力極罷頓，不能復行，則止也。"趙氏當作"疲之走者"，通疲爲被，傳寫誤作"破"也。罷而去之即棄而去之也，岳本得之。引衛懿公之事，見閔公二年《左傳》，云："狄人伐衛，衛懿公好鶴，鶴有乘軒者。將戰，國人受甲者皆曰：'使鶴，鶴實有禄位，余焉能戰？'"是其事也。……《音義》云："寡助之至，至或作主。"按多助之至亦當作多助之主。趙氏云"得道之君"，即解多助之主。上言"得道者多助"，則多助之主即是得道之君也。

【淺悟】

藏琳懷疑"三里之城，七里之郭"有誤，應是"三里之城，五里之郭"。這種懷疑並無確鑿的實地依據，而且從古至今對内城和外郭的規格未作數字上的嚴格規定，怎見得三里之城必須是五里之郭，而不準建成七里之郭？這三里、七里指的應是城和郭的總長度，即周長，而不是直徑；也許内城即王城，郭才是整座民居的外城，這樣的比例只能嫌小，而不是太大，當年北京的内城外城之比就是實例，怎能僅憑幾人口頭一説便否定原著？

4.2

【原文】

孟子將朝王，王使人來曰："寡人如就見者也，有寒疾，不可以風。朝將視朝，不識可使寡人得見乎？"

對曰："不幸而有疾，不能造朝。"明日，出弔於東郭氏。

公孫丑曰："昔者辭以病，今日弔，或者不可乎？"

曰："昔者疾，今日愈，如之何不弔？"

王使人問疾醫來。

孟仲子對曰："昔者有王命，有采薪之憂，不能造朝；今病小愈，趨造於朝，我不識能至否乎。"使數人要於路曰"請必無歸而造於朝"。

不得已，而之景丑氏宿焉。

景子曰："內則父子，外則君臣，人之大倫也。父子主恩，君臣主敬，丑見王之敬子也，未見所以敬王也。"

曰："惡！是何言也！齊人無以仁義與王言者，豈以仁義爲不美也？其心曰'是何足與言仁義也'云爾，則不敬莫大乎是。我非堯舜之道，不敢以陳於王前，故齊人莫如我敬王也。"

景子曰："否，非此之謂也。《禮》曰：'父召無諾，君命召不俟駕。'固將朝也，聞王命而遂不果，宜與夫《禮》若不相似然。"

曰："豈謂是與？曾子曰：'晉楚之富，不可及也。彼以其富，我以吾仁；彼以其爵，我以吾義，吾何慊乎哉？'夫豈不義而曾子言之，是或一道也。天下有達尊三：爵一，齒一，德一。朝廷莫如爵，鄉黨莫如齒，輔世長民莫如德。惡得有其一，以慢其二哉？故將大有為之君，必有所不召之臣，欲有謀焉則就之，其尊德樂道，不如是不足與有爲也。故湯之於伊尹，學焉而後臣之，故不勞而王。桓公之於管仲，學焉而後臣之，故不勞而霸。今天下地醜德齊，莫能相尚，無他，好臣其所教，而不好臣其所受教。湯之於伊尹，桓公之於管仲，則不敢召；管仲且猶不可召，而況不爲管仲者乎？"

【譯文】

孟子正打算去朝見齊王，正好齊王派人來轉達他的話說："寡人理應登門就見的嘛，不想患有怕寒的病，不可以受風。早晨將臨朝聽政，不知可使寡人得以相見嗎？"

孟子答道："我不幸也有病，不能前往朝廷。"第二天，便出門到東郭大夫家去弔唁。

公孫丑說："昨天拿生病推辭，今天就去弔唁，恐怕不合適吧？"

孟子說："昨天有病，今天痊愈，怎麼就不可以弔唁？"

齊王派人帶着太醫來探問病情。

孟仲子應對道："昨天有王命到，從兄因有采薪之憂，不能前去上朝；今天病情稍有好轉，便急忙向朝廷趕去，我不知此刻能否走到呀。”來人走後，忙支使數人分頭到孟子必經的各路口告訴説“請務必不要回來而是徑直趕往朝廷”。

迫於仲子之言不得已，孟子只好到景丑大夫家去寄宿。

景子説：“家内只有父子，外面只有君臣，乃是人的倫常大道哩。父子之間主要靠恩情維繫，君臣之間主要靠恭敬維繫，我景丑只見齊王他尊重您嘛，未曾見您如何尊重齊王哩。”

孟子道：“嗚，這説的什麽話嘛！齊國人没有用仁義之道向王獻言的，難道他們都認爲仁義之道不完美嗎？他們内心却在説‘此王怎麽值得與之談論仁義呢’之類的話，要説不恭敬則没有比這種態度更大的不恭敬。我則凡是不符合堯舜之道的言論不敢用來對王陳述，所以齊國人没有像我這樣恭敬王的嘛。”

景子説：“不，我不是指這方面説的嘛。《禮記》有云：‘父親召喚不可緩慢應諾，君下令召見不等馬車駕好先步行上路。’可你本打算去上朝嘛，聽到王命召反而託病不能去，應當跟這《禮記》説的好像不相似呀。”

孟子説：“莫非要提這件事麽？曾子説：‘晉楚兩國的富裕，不可企及哩。他們依恃其財富，我依賴我的仁道；他們倚仗其爵位，我倚靠我們的道義，我缺少什麽啊？’這番話莫非不合道義而曾子竟會這樣説？這番話有其一定的道理嘛。天下通行不變的尊重有三種：一是爵位，一是年齒，一是德行。朝廷内什麽都不如爵位受尊重，鄉親中什麽都不如年齒受尊重，輔佐治理世事長養生民什麽都不如德行受尊重。怎能倚仗自己的爵位去輕慢别人的年齒和德行啊？所以將大有作爲的君王，必有他所不忍召見的臣下，有事想求他謀畫則親自前去遷就他，其重視德行並以履行聖賢之道爲樂的氣魄不如此便不值得與他有所作爲嘛。舊日成湯對待伊尹，向其學過之後重用他，所以不勞碌便能王天下；齊桓公對待管仲，向他學過之後重用他，所以不勞碌便能稱霸諸侯。如今天下各國土地類似德教齊等，誰都不能超出誰之上，没有其他原因，只在都喜好役使那些聽從指教的臣下，而不喜好使用那種可以從其受到教誨的臣下。湯王對待伊尹，桓公對待管仲，就不敢召見；像管仲這樣的臣下尚且不可召見，何况對待不屑仿傚管仲的人呀！”

【古注】

《注》 孟子雖仕於齊，處賓師之位，以道見敬，或稱以病，未嘗趨朝而拜也。王欲見之，先朝使人往謂孟子云，寡人如就見者，若言就孟子之館相見也，有惡寒之病，不可見風，儻可來朝，欲力疾臨視朝，因得見孟子也，不知可使寡人得相見否。孟子不悦王之欲使朝，故稱其有疾而拒之也。東郭氏，齊大夫家也。昔者，昨日也。丑以爲不可。孟子言我昨日病，今日愈，我何爲不可以弔。王以孟子實病，遣人將醫來，且問疾也。孟仲子，孟子之從昆弟，從學於孟子者也，權辭以對如此。憂，病也，《曲禮》云："有負薪之憂。"仲子使數人要告孟子，君命宜敬，當必造朝也。孟子迫於仲子之言不得已，而心不欲至朝，因之其所知齊大夫景丑之家而宿焉，具以語景子。景丑責孟子不敬何義也。曰惡者，深嗟嘆。云景子之責我何言乎。今人皆謂王無知，不足與言仁義。云爾，絶語之辭也。人之不敬，無大於是者也。孟子言我每見王，常陳堯舜之道以勸勉王，齊人豈有如我敬王者邪。景子曰，非謂不陳堯舜之道，謂爲臣固自當朝也。今有王命而不果行，果，能也。《禮》"父召無諾"，無諾而不至也。君命召，輦車就牧，不坐待駕，而夫子若是，事宜與夫《禮》若不相似然乎，愚竊惑焉。孟子答景丑云，我豈謂是君臣召呼之間乎。謂王不禮賢下士，故道曾子之言，自以不慊晉楚之君。慊，少也。曾子豈嘗言不義之事邪，是或者自得道之一義，欲以喻王猶晉楚，我猶曾子，我豈輕於王乎。三者，天下之所通尊也。孟子謂賢者長者有德有齒，人君無德，但有爵耳，故云何得以一慢二乎。言古之大聖大賢，有所興爲之君，必就大賢臣而謀事，不敢召也。王者師臣，霸者友臣也。言師臣者王，桓公能師臣，而管仲不勉之於王，故孟子於上章陳其義，譏其烈之卑也。醜，類也。言今天下之人君，土地相類，德教齊等，不能相絶者，無他，但好臣其所教敕役使之才可驕者耳，不能好臣大賢可從而受教者也。孟子自謂不爲管仲，故非齊王之召己也，是以不往而朝見於齊王也。《章指》言：人君以尊德樂義爲賢，君子以守道不回爲志。

《集注》 章内"朝"並音潮，惟"朝將"之朝如字。孟子本將朝王，王不知而託疾以召孟子，故孟子亦以疾辭也。辭疾而出弔，與孔子不見孺悲、取瑟而歌同意。采薪之憂，言病不能采薪，謙辭也。景丑所言，敬之小者也。孟子所言，敬之大者也。言孟子本欲朝王而聞命中止，似與此禮之意不同也。孟子言："我之意，非如景子之所言者。"因引曾子之言，而云："夫此豈是不義？而曾子肯以爲言。是或别有一種道理也。"蓋通天下之所尊，有此三者。今齊王但有爵耳，安得以此慢於齒、德乎？大有爲之君，大有作爲，非常之君也。程子曰："古之人所以必待人君致敬盡禮而後往者，非欲自爲尊大也，爲是故也。"先從受學，師之也。後以爲臣，任之也。所教，謂聽從於己可役使者也。所受教，謂己之所從學者也。"不爲管仲"，孟子自謂也。范氏曰："孟子之於齊，處賓師之位，非當仕有官職者，故其言如此。"此章見賓師不以趨走承順爲恭，而以責難陳善爲敬；人君不以崇高富貴爲重，而以貴德尊士爲賢：則上下交而德業成矣。

《正義》 云寡人如就見者……《廣雅·釋言》云："如，若也。"……《爾雅·釋詁》云："圖、如、猷，謀也。"《釋言》云"猷，若也。"然則如與若義同，而如之爲謀爲圖爲猷，與若之爲猷爲圖同。寡人如就見者也，即寡人圖就見者也。……王氏引之《經傳釋詞》云："如字亦與將同義。"閻氏若璩《釋地三續》云："古者雞鳴而起朝，辨色始入，君日出而視之。以知孟子將朝王，蓋鷄鳴之後，辨色之前；朝將視朝，則日出時也。愚初解如此，復閲趙注云：'儻可來朝，欲力疾臨視朝。'視朝内仍帶有力疾不得已之意，頗妙。不然，既惡寒，大廷之上與道塗奚别焉？'朝將視朝'，上朝字當讀住，齊王以孟子肯來朝，方視朝。不然，仍以疾罷，語頗婉切。"……《荀子·王制篇》云："臣諸侯者王，友諸侯者霸，敵諸侯者亡。"又《堯問篇》引中蘬之言云："諸侯自爲得師者王，得友者霸，得疑者存，自爲謀而莫己若者亡。"……當時諸侯無德可言，故德齊，亦謂其所教敕於臣民者同也。

【淺悟】

孟子以其道德學問受到列國諸侯的重視。他應聘到齊國，既無官職、又無俸禄，只被尊一虚名賓師。初到齊國，曾與齊王有過幾次交談，孟子"非堯舜之道不敢以陳於王前”；估計齊王對此毫無興趣，由此將孟子冷落在一邊。應聘而來居然遭冷落，這種感受可想而知。爲了探明王的意圖，以決去留，或許是“孟子將朝王”的原因所在。恰巧“王使人來”；一聽王以“有寒疾，不可以風”爲借口，要他到朝廷去觐見，於是也以有疾爲借口，打消了朝王的念頭。景子引《禮記》“君命召不俟駕”一語，依世俗之見，乃專制王朝不容違背的金科玉律，一旦違背，便是犯了不忠的大忌。殊不知家天下的社會制度更注重關乎其生死存亡的“禮尚往來”，即孔子在《禮運篇》中提到的“十義——父慈子孝，兄良弟悌，夫義婦聽，長惠幼順，君仁臣忠”，以及在《論語》中所説的“君使臣以禮，臣事君以忠”這種有來有往的關系。如果君不仁或使用臣下不以禮，又怎能一味强調“臣事君以忠”呢？孟子僅是位賓師，没有必須朝覲君王的義務。假如齊王是位有爲之君，必定會像湯王對待伊尹、桓公對待管仲那樣，放下王侯的架子，登門虚心求教；通過求教，對方的人品、學識、謀略等，便可一覽無餘。可惜齊王不是這樣的有爲之君，自然留不住人才。孟子的行爲足爲後世法。

4.3

【原文】

陳臻問曰：“前日於齊，王餽兼金一百而不受；於宋，餽七十鎰而受；於薛，餽五十鎰而受。前日之不受是，則今日之受非也；今日之受是，則前日之不受非也。夫子必居一於此矣。”

孟子曰：“皆是也。當在宋也，予將有遠行，行者必以贐，辭曰‘餽贐’，予何爲不受？當在薛也，予有戒心，辭曰‘聞戒’，故爲兵餽之，予何爲不受？若於齊，則未有處也。無處而餽之，是貨之也。焉有君子而可以貨取乎？”

【譯文】

陳臻問道：“前日在齊國，齊王餽贈精金百鎰却不接受；今日在宋國，餽贈七十鎰又接受；在薛國，餽贈五十鎰也接受。前日的不接受如果對，今日的接受就不對嘛；今日的接受如果對，以前的不接受就不對嘛。夫子您在這兩種情形中必居其一呀。”

孟子説：“做得都對嘛。當時在宋國呢，我有遠行的打算，走遠路的人必須用所贈的財物支付旅費，他們稱此爲‘饋贐’，我爲何不接受？當時在薛國呢，我有戒備路上發生意外危害的想法，他們稱此爲‘聞戒’，原來是爲了制造兵器給我的饋贈，我爲何不接受？至於在齊國，就没有處在這類困境中嘛。没有處在這類困境中却要接受饋贈，這是賄賂我哩。哪有君子居然可以收取賄賂的？”

【古注】

《注》 陳臻，孟子弟子。兼金，好金也。其價兼倍於常者，故謂之兼金。一百，百鎰也。古者以一鎰爲一金，鎰，二十兩也。贐，送行者贈賄之禮也，時人謂之贐。戒，有戒備不虞之心也。時有惡人欲害孟子，孟子戒備，薛君曰聞有戒，此金可鬻以作兵備，故餽之，我何爲不受也。我在齊時無事，於義未有所處也。義無所處而餽之，是以貨財取我，欲使我懷惠也。安有君子而以貨財見取乎。《章指》言：取與之道，必得其禮。於其可也，雖少不辭；義之無處，兼金不顧。

《集注》 無遠行、戒心之事，是未有所處也。尹氏曰："言君子之辭受取予，唯當於理而已。"

《正義》 《國策·秦策》去"黄金萬溢"……周氏廣業《孟子出處時地考》云："孟子所在之薛，乃齊靖郭君田嬰封邑，非春秋之薛也。……《史記·孟嘗君列傳》：'湣王三年，封嬰於薛。嬰卒，子文代立。'……此戰國之薛也。……薛之俗在孟嘗未招致任俠奸人之前，其子弟已多暴桀，異於鄒、魯，故惡孟子欲害之耶？抑上下無交，有如孔子之阨於陳、蔡者耶？是皆未可知。而孟子設兵戒備，則非尋常剽掠明矣。孟子在齊，東郭、公行輩皆所往還，寧獨遣一田嬰，是其取道於薛，固因避禍而餽金以其困乏，亦東道主之義也。"江永《羣經補義》云："孟子過薛，薛君餽五十鎰，當宣王時，即孟嘗君田文也。"……爲，猶作也，趙氏以作兵釋爲兵。

【淺悟】

餽，讀音 kuì(ㄎㄨㄟˋ)，與饋音義同。鎰，讀音 yì(ㄧˋ)。贐，讀音 jìn(ㄐㄧㄣˋ)。

4.4

【原文】

孟子之平陸，謂其大夫曰："子之持戟之士，一日而三失伍，則去之否乎？"

曰不待三。

"然則子之失伍也，亦多矣：凶年饑歲，子之民，老羸轉於溝壑，壯者散而之四方者，幾千人矣！"

曰："此非距心之所得爲也。"

曰："今有受人之牛羊而爲之牧之者，則必爲之求牧與芻矣。求牧與芻而不得，則反諸其人乎，抑亦立而視其死與？"

曰："此則距心之罪也。"

他日見於王曰："王之爲都者，臣知五人焉，知其罪者惟孔距心。"爲王誦之。

王曰："此則寡人之罪也。"

【譯文】

孟子來到齊國邊邑平陸，問治邑大夫道："您的守衛邊邑的戰士，如果一天三次離開隊伍，依法能不除去他嗎？"

回答不需待到第三次。

"那麼您的失職呢，也很多呀：凶年饑歲，您治下的人民，年老羸弱餓死者的屍骸丢棄在溝壑，壯年人逃散流落到四方的，幾乎千人呀！"

答道："這不是我孔距心的職責所能照顧到的嘛。"

孟子問："比如今有受人雇傭爲其放牧牛羊的人，他就必須爲這羣牛羊尋找到牧場給與飼養呀。如果找不到牧場給與飼養，是將牛羊歸還給人家呀，還是站在那裏看着這羣牛羊活活餓死呢？"

答道："這乃是我孔距心的罪過哩。"

改日孟子到齊王那裏覲見説："王所委派治理都邑的大夫，臣了解到五人的情況，知道自己罪過的只有孔距心。"給王把跟孔距心對話的經過陳述了一遍。

齊王説："這乃是寡人的罪過嘛。"

【古注】

《注》 平陸，齊下邑也。大夫，治邑大夫也。持戟，戰士也。一日三失其行伍，則去之否乎，去之，殺之也，戎昭果毅。大夫曰：一失之則行罰，不及待三失伍也。轉，轉尸於溝壑也，此則子之失伍也。距心，大夫名。曰此乃齊王之大政，不肯賑窮，非我所得專爲也。牧，牧地。以此喻距心不得自專，何不致爲臣而去乎，何爲立視民之死也。距心自知以不去位爲罪也。孔，姓也。爲都，治都也。邑有先君之宗廟曰都。誦，言也。爲王言所與孔距心語者也。王知本之在己，故受其罪。《章指》言：人臣以道事君，否則奉身以退。《詩》云："彼君子兮，不素餐兮。"言不尸其禄也。

《集注》 陳氏曰："孟子一言，而齊之君臣舉知其罪，固足以興邦矣。然而齊卒不得爲善國者，豈非説而不繹，從而不改故邪？"

《正義》 《毛詩·鄘風》"在浚之都"，傳云："下邑曰都。"下言"王之爲都者"，平陸是都，故云下邑也。……閻氏若璩《釋地》云："讀《史記·商君列傳》'持矛而操闟戟者，旁車而趨'，《聶政列傳》'韓相俠累，方坐府上，持兵戟而衛侍者甚衆'，因悟《孟子》'持戟之士'亦然。蓋爲大夫守衛者，非指戰士，伍亦非行間，七國時尚武備，多姦變生於不測，而平陸又屬齊邊邑，故雖治邑大夫，亦日日陳兵自衛，孟子即所見以爲喻。郝京山曰：'伍，班次也。失伍，不在班也。去之，罷去也。'亦指守衛者言。或問：平陸之爲齊邊邑者，何也？……余謂漢屬東平國，爲古厥國，孔子時爲魯中都邑地，爾時屬齊，即今汶上縣是。"……《淮南子·主術訓》云"生無乏用，死無轉尸"，高誘注云："轉，棄也。"劉熙《釋名·釋喪制》云："不得埋曰棄，謂棄之於野也。"……

【淺悟】

羸，讀音 léi（ㄌㄟˊ）。壑，讀音 hè（ㄏㄜˋ）。

身爲一方百姓的父母官，遭逢凶年饑歲，理應義無反顧地開倉放賑，哪怕爲此丢官加罪，也在所不惜，只爲良心得以慰藉。是之謂民之父母，將永遠活在百姓心中。

齊王但知檢討，不知改正，不免庸君之名。

4.5

【原文】

孟子謂蚳鼃曰："子之辭靈丘而請士師，似也，爲其可以言也。今既數月矣，未可以言與？”

蚳鼃諫於王而不用，致爲臣而去。

齊人曰：“所以爲蚳鼃則善矣？所以自爲則吾不知也。”

公都子以告。

曰：“吾聞之也：有官守者，不得其職則去；有言責者，不得其言則去。我無官守，我無言責也，則吾進退，豈不綽綽然有餘裕哉！”

【譯文】

孟子問蚳鼃道：“您辭去靈丘大夫却請求擔任士師之舉，似乎呢，是爲了自己可以獻言嘛。現已數月過去了呀，還不可以獻言麼？”

蚳鼃向齊王諫諍却不被采用，便歸還了爲臣之印離去了。

齊國人譏誚孟子説：“爲何他替蚳鼃的謀畫就那麼好呀？如何爲他自己謀畫我們就不知道了嘛。”

公都子將此議論告訴了老師。

孟子説：“我聽説呢，有官職可守的官員，無法行使其職分就辭官離去；負有獻言職責的官員，不能接納其諫言就辭官離去。我没有官職可守，也没有獻言的責任嘛，那麼我進退的範圍，豈不是寬寬綽綽有充裕的餘地啊！”

【古注】

《注》 蚳鼃，齊大夫。靈丘，齊下邑。士師，治獄官也。《周禮·士師》曰：“以五戒先後刑罰，毋使罪麗於民。”孟子見蚳鼃辭外邑大夫，請爲士師，知其欲近王，以諫正刑罰之不中者，數月而不言，故曰未可以言與，以感責之也。三諫不用，致仕而去。齊人論者譏孟子爲蚳鼃謀，使之諫而去，則善矣；不知自諫，又不去，故曰我不見其自爲謀者。公都子，孟子弟子也。以齊人語告孟子也。官守，居官守職者。言責，獻言之責，諫諍之官也。孟子言人臣居官，不得守其職，諫正君不見納者，皆當致仕而去。今我居師賓之位，進退自由，豈不綽綽然舒緩有餘裕乎。綽、裕，皆寬也。《章指》言：執職者劣，藉道者優，以是臧武仲雨行而不息，段干木偃寢而式閭。

《集注》 似也，言所爲近似有理。可以言，謂士師近王，得以諫刑罰之不中者。孟子居賓師之位，未嘗受禄，故其進退之際寬裕如此。尹氏曰：“進退久速，當於理而已。”

《正義》 臧武仲，魯大夫臧孫紇也。襄公二十二年《左傳》云：“臧武仲如晉，雨。過御叔，御叔在其邑，將飲酒，曰：‘焉用聖人？我將飲酒而已，雨行何以聖爲？’穆叔聞之曰：‘不可使也，而傲使人。’”注云：“言御叔不任使四方。”此引以爲執職者劣證也。武仲有官守，當使四方，故雖遇雨，不敢止息，所以爲劣……猶云食肉者鄙也。“段干木偃寢而式閭”，《吕氏春秋·尊師篇》云：“段干木，晉國之大駔也，學於子夏。”……《期賢篇》云：“魏文矦過段干木之閭而軾之，其僕曰：‘君胡爲軾？’曰：‘此非段干木之閭與？段干木蓋賢者也，吾安敢不軾？且吾聞段干木未嘗肯以己易寡人也，吾安敢驕之？段干木光乎德，寡人光乎地；段干木富乎義，寡人富乎財。’其僕曰：‘然則君何不相之？’於是君請相之，段干木不肯受，則君乃致禄百萬，而時往館之。於是國人皆喜，相與誦之曰：‘吾君好正，段干木之敬；吾君好忠，段干木之隆。'居無幾何，秦興兵欲攻魏。司馬唐諫秦君曰：'段干木賢者也，而魏禮之，天下莫不聞，無乃不可加兵乎？'秦君以爲然，乃按兵輟不敢攻之。"高誘注云："閭，里也。軾，伏軾也。"又《順説篇》云："田贊可謂能立其方矣。若夫偃之義，則未之識也。"高誘注云："段干木偃息以安魏，田贊辯説以服荆，比之偃息，故曰未知。"……左太沖《魏都賦》云："閒居隘巷，室邇心遐；富仁寵義，職競弗羅；千乘爲之軾廬，諸侯爲之止戈，則干木之德，自解紛也。"……趙氏云偃寢，即偃息也。引此以爲"藉道者優"之證也，謂段干木無官守之職，故優裕而閒居，偃息於隘巷之間，致魏文侯過而軾之也。

【淺悟】

蚳，讀音(chí)(ㄔˊ)。鼃，讀音 wā(ㄨㄚ)，即蛙字。

治國之急務，孔子在《論語》中説："必也，正名乎！名不正則言不順，言不順則事不成，事不成則禮樂不興，禮樂不興則刑罰不中，刑罰不中則民無所措手足。"從本章的内容可以看出，齊國正處在"刑罰不中"的混亂狀態。通過齊人對孟子的譏誚可以得知，刑罰問題已引起衆怒，否則蚳蛙怎麽會辭去邑大夫之職而俯就典獄之官？以及孟子爲何王餽百金而不受，甘居無官守，無言責的賓師之閒位？要想救治這種狀況，就必須先從"正名"下手。孟子在本篇各章中的論述，基本都在"正名"，却未能使齊王拿出有效的行動。不知孟子有什麽理由不屑與管仲相比。莫非此時齊國的衰敗已到了不可救藥的地步？

4.6

【原文】

孟子爲卿於齊，出弔於滕，王使蓋大夫王驩爲輔行。王驩朝暮見，反齊、滕之路，未嘗與之言行事也。

公孫丑曰："齊卿之位不爲小矣，齊、滕之路，不爲近矣，反之而未嘗與言行事，何也？"

曰："夫既或治之，予何言哉？"

【譯文】

孟子在齊國擔任正卿，出使到滕國去弔唁，齊王派蓋邑大夫王驩擔任副使同行。王驩從早到晚都能見到，反而從齊國到滕國這一路上，居然未曾跟他説過有關交際應酬之事哩。

公孫丑問："齊國正卿的職位不能説小呀，從齊國到滕國這段路程不能説近呀，直到返回的路上也未曾跟王驩議論過辦交際應酬之類的事，爲什麽呢？"

孟子説："此人已經自稱有處理此事的辦法，我還有什麽話可説啊？"

【古注】

《注》 孟子嘗爲齊卿，出弔滕君。蓋，齊下邑也。王以治蓋之大夫王驩爲輔行。輔，副使也。

王驩，齊之諂人，有寵於王，後爲右師。孟子不悦其爲人，雖與同使而行，未嘗與之言行事，不願與之相比也。丑怪孟子不與驩議行事也。既，已也。或，有也。孟子曰，夫人既自謂有治行事，我將復何言哉。言其專知自善，不知諮於人也。《章指》言：道不合者，不相與言。王驩之操，與孟子殊，君子處時，危行言遜，故不尤之，但不與言。至於公行之喪，以禮爲解也。

《疏》 注云王驩後爲右師，《正義》曰："此蓋推經於。"《離婁篇》有云："孟子不與右師言，右師不悦。"是知王驩後爲右師也。

《集注》 "夫既或治之"，言有司已治之矣。孟子之待小人，不惡而嚴如此。

《正義》 孟子以卿爲正使，驩以大夫爲副使，凡一切使事，驩宜聽命於孟子；乃驩則自專而行，此丑所以問也。言夫子以卿爲正使，位不爲小，何得聽其自專而不與言？故孟子所答云云。趙氏於"齊卿之位"二句不注者，正以此卿位即孟子爲卿之卿，不必更注。而下言驩專知自善，則孟子之不與言，正非徒以不悦其爲人，而不與相比而已也。……孟子若與之言，謙卑則轉以爲驩所帥，高亢則又似忌其攬權而争之，故爲往反千里，一概以默而不言處之。既不啻彼司其職，我統其成，又不致以伺問之嫌，陰成疑隙，孟子與權臣共事，所處如此。……苟孟子徒以其諂人，不悦與比而不言，則亦狹隘者所有，非大賢之學也。……"道不同，不相爲謀"，"邦有道，危言危行；邦無道，危行言遜"，皆《論語》文。

【淺悟】

蓋，讀音 gě(ㄍㄜˇ)。驩，讀音 huān(ㄏㄨㄢ)，同歡。

家天下的社會制度，終必出現諂佞者得寵幸、正直不阿者遭壓抑、職位處於"上愚而下智"這種本末倒置的狀況。處於這種狀況而不滅亡的朝代，未之有也。

4.7

【原文】

孟子自齊葬於魯，反於齊，止於嬴。充虞請曰："前日不知虞之不肖，使虞敦匠，事嚴，虞不敢請。今願竊有請也，木若以美然。"

曰："古者棺椁無度，中古棺七寸，椁稱之，自天子達於庶人；非直爲觀美也，然後盡於人心。不得不可以爲悦，無財不可以爲悦。得之爲有財，古之人皆用之，吾何爲獨不然？且比化者，無使土親膚，於人心獨無恔乎？吾聞之也，君子不以天下儉其親。"

【譯文】

孟子從齊國護送母親的靈柩到魯國安葬，服滿返回齊國途中，在嬴邑停留。弟子充虞請示説："您以前不了解我充虞的不才，讓我敦促匠人制作棺材，因喪事緊急，虞不敢請示。今天願意私下請教：木料好像太完美一樣。"

孟子説："遠古時代棺椁的厚薄没有規定限度。中古規定棺的厚度七寸，椁的厚度與棺相稱即可，此規定從天子通行到平民百姓；使用棺椁不是只爲了美觀哩，這樣做之後是要盡到孝子不忍之心。不得做禮制規定不可以做的能滿足自己心願的事，没有財力更不可以硬做滿足自己心願的事。

禮制規定能做且有財力做的事，古時候的人都這樣做，爲什麽獨有我不這樣做？而且等到死者形體發生變化時，不會因棺椁太薄過早朽敗而使泥土接觸肌膚，這在孝子心中難道會没有快感嗎？我聽説呢，君子不以天下人都需使用的物品在自己父母身上考慮節儉。"

【古注】

《注》 孟子仕於齊，喪母，歸葬於魯。嬴，齊南邑。充虞，孟子弟子。敦匠，厚作棺也。事嚴，喪事急。木若以泰美然也。孟子言古者棺椁薄厚無尺寸之度。中古，謂周公制禮以來，棺厚七寸，椁薄於棺，厚薄相稱相得也，從天子至於庶人，厚薄皆然。但重累之數、牆翣之飾有異，非直爲人觀視之美好也。厚者難腐朽，然後能盡於人心所不忍也。謂一世之後，孝子更去辟世，是爲人盡心也。過是以往，變化自其理也。悦者，孝子之欲厚送親，得之則悦也。王制所禁，不得用之，不可以悦心也。無財以供，則度而用之。禮，喪事不外求，不可稱貸而爲悦也。禮得用之，財足備之，古人皆用之，我何爲獨不然。不然者，言其不如是也。恔，快也。棺椁敦厚，比親體之變化，且無令土親肌膚，於人子之心，獨不快然無所恨乎？我聞君子之道，不以天下人所得用之物，儉約於其親，言事親竭其力者也。《章指》言：孝必盡心，匪禮之踰。《論語》曰："生事之以禮；死葬之以禮，可謂孝矣。"

《正義》 毛氏奇齡《經問》云："孔子要……先仲氏嘗謂自齊葬魯，則必喪在齊而葬於魯者。若母喪在魯，則其文當云：'孟子自齊奔喪於魯。'戰國游士，多家於寄，以孟母嫠婦，孟子孤兒，則出必偕出，處必偕處，未有拋母居魯而可獨身仕齊者。故《列女傳》云：'孟子處齊，有憂色，孟母見之。'是孟母與孟子同在齊國有明據矣。特以墳墓在魯，不得不至魯合葬。"……孔氏廣森《經學卮言》云："中古尚指周公以前，周公制禮，則自天子至於庶人皆有等，故《喪大記》曰：'君大棺八寸，屬六寸。下大夫大棺六寸，屬四寸；士棺六寸。'夫子制於中都，亦爲四寸之棺，五寸之椁，是庶人不得棺椁同七寸矣。《易・繫辭》'後世聖人易之以棺椁'，大抵通言黄帝堯舜。墨子偏主節葬之説，然已云'禹有桐棺三寸'，則木椁代瓦，不始於殷，而《檀弓》特舉殷人棺椁，似殷正始定棺椁尺寸之度者也。孟子多言殷法，分田則取助不取徹，分國則言三等不言五等。《春秋》變周之文，從殷之質，孟子學長《春秋》，每於此見之。"……"孝子更去辟世"，辟世猶歿世也。父死子繼曰世，終己之身不可使父母棺椁腐朽，己身後以往，其腐朽原不能免，但及人子之身不腐朽，爲盡人心所不忍也。翟氏灝《考異》云："《檀弓》子思與柳若論喪禮曰：'吾聞有其禮無其財，君子弗行也；有其禮有其財無其時，君子弗行也。'孟子此言，乃即受之於子思者。得之爲，猶云有其禮。"……趙氏云禮得用之解"得之爲"句，財足備之解"有財"句，以用釋爲，以足備釋有也。……王引之《經傳釋詞》云："家大人曰：爲，猶與也。……《孟子》'得之爲有財'，言得之與有財也。"隱公三年《公羊傳》云："武氏子來求賻，何以書？譏。何譏爾？喪事無求，求賻，非禮也。"注云："禮本爲有財者制，有則送之，無則致哀而已。不當求，求則主傷孝子之心。"即趙氏不外求之説也。……《淮南子・精神訓》云："故形有摩而神未嘗化者，以不化應化，千變萬抮，而未始有極，化者復歸於無形也。"高誘注云："化，猶死也。不化者精神，化者形骸，死者形爲灰土，爲日化也。"……比，猶至也。親，近也。棺椁不厚，則木先腐，肌膚尚存，必與土近。惟棺椁敦厚，則肌膚先木而化，故至肌膚不存，而木猶足以護之，不使近於土。化雖有死訓，而不言死言化者，以形體變化言也。……知親體之將親於土，而先厚其棺椁以護之。則恨可解免。倘無財不可厚，則一思及泉壤之間，終身大限，何日解乎。

【淺悟】

稱，讀音 chèn（ㄔㄣˋ）。恔，讀音 xiào（ㄒㄧㄠˋ）。

孟子鄒人，在齊國無官職，無俸祿，即使餽金也不受，只是徒有賓師之虚名而已，且不時受到齊人的排斥和讒誚，何苦久留而不肯離去？原來老母在身旁，不忍其遭受遷徙途中的顛簸之苦。正所謂“生，事之以禮；死，葬之以禮”者也。

4.8

【原文】

沈同以其私問曰：“燕可伐與？”

孟子曰：“可。子噲不得與人燕，子之不得受燕於子噲。有仕於此，而子悦之，不告於王而私與之吾子之禄爵；夫士也，亦無王命而私受之於子，則可乎？何以異於是？”

齊人伐燕。

或問曰：“勸齊伐燕，有諸？”

曰：“未也。沈同問燕可伐與，吾應之曰可，彼然而伐之也。彼如曰：孰可以伐之？則將應之曰：爲天吏則可以伐之。今有殺人者，或問之曰：人可殺與？則將應之曰可。彼如曰：孰可以殺之？則將應之曰：爲士師則可以殺之。今以燕伐燕，何爲勸之哉！”

【譯文】

齊國大臣沈同以自己私下的想法向孟子問道：“燕國可以討伐麼？”

孟子説：“可以。燕王子噲不得擅自把燕國贈與别人，宰相子之不得私自從子噲手上接受燕國。比如有人在此仕進，因爲您喜歡他，不向國王稟告就私自將您的俸禄贈與了他；這位人士呢，也没經國王的任命就私自從您手上接受下俸禄爵位，這樣可以嗎？子噲和子之的授受跟此事例有什麼不同？”

齊國於是討伐了燕國。

有人向孟子問道：“是你勸説齊王討伐燕國，有這回事嗎？”

孟子説：“未曾勸過嘛。當時沈同問燕國可以討伐麼？我回答他説可以，他們就這樣去討伐燕國的嘛。他如果問：誰可以討伐燕國？我將會對他説：擔任稟承天意的大吏才可以討伐。比如現有殺人的罪犯，有人問此案道：犯人可以殺麼？我將對他説可以。他如果問：誰可以殺他？我將對他説：擔任士師之職才可以殺犯人。今以跟燕國同樣無道的齊國去討伐燕國，我何苦勸説這種事啊！”

【古注】

《注》 沈同，齊大臣，自以其私情問，非王命也，故曰私。子噲，燕王也。子之，燕相也。孟子曰可者，以子噲不以天子之命而擅以國與子之，子之亦不受天子之命而私受國於子噲，故曰其罪可伐。子，謂沈同也。孟子設此，以譬燕王之罪。沈同以孟子言可，因歸勸其王伐燕。有人問孟子勸齊王伐燕，有之？孟子曰，我未勸王也。同問可伐乎？吾曰可，彼然而伐之。彼如將問我曰：誰可以伐之？我將曰：爲天吏則可以伐之。天吏，天所使，謂王者得天意者也。彼不復問孰可，便自往伐之矣。今有殺人者，問此人可殺否？將應之曰可，爲士官主獄，則可以殺之矣。言燕雖有罪，猶當王者誅之耳，譬如殺人者雖當死，士師乃得殺之耳。今齊國之政猶燕政也，不能相踰，又非天吏也，我何爲當勸齊伐燕乎？《章指》言：誅不義者，必須聖賢，禮樂征伐自天子出，王道之正也。

《集注》 子噲、子之，事見前篇。諸侯、土地、人民，受之天子，傳之先君。私以與人，則與者、受者皆有罪也。言齊無道，與燕無異，如以燕伐燕也。《史記》亦謂孟子勸齊伐燕，蓋傳聞此説之誤。楊氏曰："燕固可伐矣，故孟子曰'可'。使齊王能誅其君、弔其民，何不可之有？乃殺其父兄，虜其子弟，而後燕人畔之。乃以是歸咎孟子之言，則誤矣。"

《正義》 《史記·燕世家》云："易王立十二年卒，子燕噲立。燕噲既立，齊人殺蘇秦。蘇秦之在燕，與其相子之爲婚，而蘇代與子之交。及蘇秦死，而齊宣王復用蘇代。燕噲三年，與楚、三晉攻秦，不勝而還。子之相燕，貴重主斷。蘇代爲齊使於燕，燕王問曰：'齊王奚如？'對曰：'必不霸。'燕王曰：'何也？'對曰：'不信其臣。'蘇代欲以激燕王以尊子之也。於是燕王大信子之。子之因遺蘇代百金而聽其所使。鹿毛壽謂燕王不如以國讓相子之，燕王因屬國於子之；子之南面行王事，而噲老不聽政，顧爲臣，國事皆決於子之。"此燕王子噲讓國與其相子之之事也。《史記》此文，全本《戰國策·燕策》，明云"齊宣王復用蘇代"，與《策》同也。惟《策》云："儲子謂齊宣王：'因而仆之，破燕必矣。'孟子謂齊宣王曰：'今伐燕，此文武之時，不可失也。'"……閻氏若璩《孟子生卒年月考》云："《史記》與《孟子》不同者，惟伐燕一事。《史記》以爲湣王，《孟子》以爲宣王。然就《史記·燕世家》載噲初立，有齊宣王復用蘇代之文，是噲與宣王同時，與《孟子》合，而與《六國表》異。"……周氏廣業《孟子出處時地考》云："孟子事齊宣王始末，本書甚明。自《史記》誤以伐燕一事繫之湣王十年，以致諸家聚訟。"……《史記》於攻伐靡不詳記，獨齊之伐燕，《世家年表》俱絶不道一字，惟《燕表》書君噲及相子之皆死，其年當湣王十年耳。然亦不言爲齊所破。至《燕世家》本極疎略，如惠侯以下皆失名，又不言屬，桓、獻二公爲他書所無，而伐燕事則撏撦《國策》之文，云：'易王初立，齊宣因喪伐我，取十城，蘇秦説使復歸。'又云：'噲既立，齊人殺蘇秦，齊宣王復用蘇代。'夫復用蘇代者爲齊宣王，則噲立秦死俱不在湣王初明矣，而其下又言湣言齊何也？……同在一書，而前後背馳若此。試以《國策》考之，《燕策·燕王噲既立篇》，其用蘇代及儲子勸齊宣王伐燕，孟軻謂齊王等語，俱明指宣王，與《孟子》悉合。《史記》乃取其文而改'儲子'爲'諸將'，於'宣王'之字一改爲'湣王'，以曲護《年表》之失；一改爲'齊王'，以影附《孟子》之書。此當從《策》而棄《世家》，不待智者決矣。"……《論衡·刺孟》云："夫或問孟子勸王伐燕，不誠是乎？沈同問燕可伐與，此挾私意，欲自伐之也。知其意慊於是，宜曰'燕雖可伐，須爲天吏乃可以伐之。'沈同意絶，則無伐燕之計矣。不知有此私意而徑應之，不省其語，是不知言也。孟子知言者也，又知言之所起之禍，其極所致之福。見彼之問，則知其措辭所欲之矣。"……蓋沈同之私問，在未伐燕之先，斯時誠無容阻而絶之。既兩對宣王之問，則燕所以可伐，所以須爲天吏，孟子非不腆腆言之。而時人勸齊伐燕之疑，則在取燕之後。方伐燕，未取燕，王師也，拯民水火也，非燕伐燕也，可勸也。既取燕，則水益深也，火益熱也，是乃燕伐燕也，不可勸也。至於以燕伐燕，而以勸齊疑孟子，孟子所不受矣。《梁惠王篇》所載，皆對齊王之言，故與梁惠王、滕文公、鄒穆公、魯平公等相次。《公孫丑篇》所載，皆對齊臣之言，故與景丑氏、孔距心、蚳鼃，王讙等相次。其互見之旨，思之自著。孟子兩對宣王，皆明燕雖可伐，須爲天吏之説，豈必沈同私問之時不耐而預刺刺言之乎？王充淺學，詎足知大賢哉！

【淺悟】

王充《論衡·刺孟》中的言論，焦循《正義》反駁得很有道理。沈同之私問，在未伐燕之前，孟子怎麼知道他會動真格的？又怎能預知其伐燕的企圖和後果？前面《梁惠王下篇》第十章和第十二章，記載了孟子回答齊宣王有關伐燕問題，只要讀過，就不會歪曲孟子。

4.9

【原文】

燕人畔。王曰："吾甚慙於孟子。"

陳賈曰："王無患焉。王自以爲與周公，孰仁且智？"

王曰："惡，是何言也！"

曰："周公使管叔監殷，管叔以殷畔。知而使之，是不仁也；不知而使之，是不智也。仁智，周公未之盡也，而況於王乎？賈請見而解之。"見孟子，問曰："周公何人也？"

曰："古聖人也。"

曰："使管叔監殷，管叔以殷畔也，有諸？"

曰："然。"

曰："周公知其將畔而使之與？"

曰："不知也。"

"然則聖人且有過與？"

曰："周公弟也，管叔兄也，周公之過，不亦宜乎？且古之君子，過則改之；今之君子，過則順之。古之君子，其過也，如日月之食，民皆見之，及其更也，民皆仰之；今之君子，豈徒順之，又從爲之辭。"

【譯文】

燕人畔逆不肯歸齊。齊王説："我對孟子甚感慚愧。"

陳賈説："王不要憂慮此事。王自認爲跟周公相比，誰更具備仁德和智慧？"

齊王説："嗚，這算説的什麼話嘛！"

陳賈説："周公派遣管叔監督殷遺民，結果管叔利用殷遺民製造叛亂。如果知道管叔將會製造這一事端而派遣他，這屬於不仁道哩；如果不知道而派遣他，這屬於不明智哩。仁道和明智，周公尚且未能完全具備哩，何況是王呀！我陳賈請求去見孟子從而解析此事。"見了孟子問道："周公是怎樣的人呢?”

答:“古聖人嘛。”

又問:“派遣管叔監督殷遺民,管叔却利用殷遺民製造叛亂哩,有這回事嗎?”

回答有此事。

又問:“周公知其將會叛亂才派遣他的麼?”

答:“不知道嘛。”

“那麼聖人還會有過錯麼?”

孟子説:“周公是弟弟嘛,管叔是哥哥哩,周公會犯這樣的過錯,不也合情合理嗎? 而且古時候的君子,出現過錯就改正;如今的君子,出現過錯則是順從迎合。古時候的君子,他所出現的過錯呢,有如日蝕和月蝕,人人都能看得見,當其改正呢,人人都會仰慕他;如今的君子,豈只是順從迎合其過錯,還幫助爲其過錯尋找借口予以辭辯。”

【古注】

《注》 燕人畔,不肯歸齊。齊王聞孟子與沈同言爲未勸王,今竟不能有燕,故慙之。陳賈,齊大夫也。問王曰,自視何如周公仁智乎。欲爲王解孟子意,故曰王無患焉。王歎曰,是何言,言周公何可及也。賈欲以此説孟子也,賈問之也。孟子曰,周公古之聖人也。賈問有之否乎? 孟子曰如是也。賈問之也。孟子曰:周公不知其將畔也。過,謬也。賈曰:聖人且猶有謬誤。孟子以爲周公雖知管叔不賢,亦必不知其將畔,周公惟管叔弟也,故愛之。管叔念周公兄也,放望之。親親之恩也,周公於此過謬,不亦宜乎? 古之所謂君子,真聖人賢人君子也。周公雖有此過,乃誅三監,作《大誥》,明勅庶國,是周公改之也。今之所謂君子,非真君子也,順過飾非,就爲之辭。孟子言此,以譏賈不能匡君,而欲以辭解之。《章指》言:聖人親親,不文其過;小人順非,以諂其上也。

《疏》 案《尚書·大誥》篇云:“武王崩,三監及淮夷叛。周公相成王,將黜殷,作《大誥》。”孔安國云:“三監,管、蔡、商是也,言作《大誥》以誥天下。”又案《史記》云:“周公奉成王命,興師東伐,作《大誥》,遂誅管叔,殺武庚,放蔡叔,收殷餘民。”

《集注》 齊破燕後二年,燕人共立太子平爲王。管叔,名鮮,武王弟,周公兄也。武王勝商殺紂,立紂子武庚,而使管叔與弟蔡叔、霍叔監其國。武王崩,成王幼,周公攝政。管叔與武庚畔,周公討而誅之。然則周公不知管叔之將畔而使之,其過有所不免矣。或曰:“周公之處管叔,不如舜之處象,何也?”游氏曰:“象之惡已著,而其志不過富貴而已,故舜得以是而全之。若管叔之惡則未著,而其志其才皆非象比也,周公詎忍逆探其兄之惡而棄之邪? 周公愛兄,宜無不盡者。管叔之事。聖人之不幸也。舜誠信而喜象,周公誠信而任管叔,此天理人倫之至,其用心一也。”林氏曰:“齊王慙於孟子,蓋羞惡之心有不能自已者。使其臣有能因是心而將順之,則義不可勝用矣。而陳賈鄙夫,方且爲之曲爲辯説,而沮其遷善改過之心,長其飾非拒諫之惡,故孟子深責之。然此書記事,散出而無先後之次,故其説必參考而後通。若以第二篇十章、十一章置之前章之後、此章之前,則孟子之意不待論説而自明矣。”

《正義》 宣王欲取燕……畔與叛同,違背之意,故以不肯歸齊爲畔。此皆宣王事,至燕昭王用樂毅下齊城，乃湣王事耳。……《尚書序》云："武王崩，三監及淮夷畔。"……《毛詩》正義引鄭氏注云："三監，管叔、蔡叔、霍叔三人，爲武庚監於殷國者也。"王氏鳴盛《尚書後案》云："《逸周書·作雒解》云：'武王克殷，立王子禄父，俾守商祀；建管叔於東，蔡叔、霍叔於殷，俾殷監臣。'是管、蔡、霍爲三監之明文。"……按三監之建在武王時，賈以爲周公使之，已非其實；至於東征破斧，零雨心悲，公自行其所當然，原非謂先此誤使，爲斯救敗之舉也。惟孟子不爲周公辨過，而轉爲周公任過，且謂其能改過，特以取燕之舉，過於前，不能改於後，假周公之事以貺齊耳。必謂誅三監作《大誥》爲周公改過之徵，尚非孟子之恉矣。

【淺悟】

齊王"甚慙於孟子"的原由，參閲《梁惠王下》第十一章即可明白。齊王因不聽孟子勸告，雖占領了燕國，却换來"燕人叛"、"諸侯多謀伐齊"的下場。齊王甚感慚愧，説明他尚有羞惡之心。朝中若有忠良，定會借此機會勉勵齊王改過遷善。怎奈機會被陳賈抓住，爲了使齊王"無患"，竟然編造周公之過爲主子開脱，這對原本就喜諂拒諫的齊王會産生怎樣的影響，可想而知。諂佞的嘴臉，令人切齒！之所以謂其編造，因爲"使管叔監殷"的是武王，而非周公。孟子給予陳賈的答復也極妙：手足之情，不相猜疑，周公自然不知管叔會策動叛亂，所體現的正是其悌愛之情，不也合乎情理嗎？且更强調周公知錯能改，不像"今之君子，過則順之"，影射到陳賈。若其稍有自尊心，聽了此言，必將愧悔無地。

《集注》所引之或曰："周公之處管叔，不如舜之處象，何也？"游氏的解答雖説不無道理，但有一個根本性的問題，是他所處的那個時代的任何人都不敢披露的，即舜所處的是公天下的社會制度，周公所處的是家天下的社會制度。家天下的君位，乃天下最大的誘惑；公天下的君位，是由天子與羣臣共同推舉、磋商、篩選、考驗之後確定下來的，再由天子舉行莊嚴的儀式禪讓，不是靠暴力、耍手段、黨同伐異等伎倆所能得到的，因此不存在誘惑。舜父瞽叟愚昧，後母奸詐，異母弟象性情殘暴，幾次三番置舜於死地，皆被巧妙躲過，非但不懷恨，反而以其真誠的孝行和愛心將他們感化。這也是舜受到堯的器重，將天子位禪讓給他的主要原因之一。周公代幼帝攝政，身處最大誘惑的焦點，稍不留意，即會遭懷疑和暗算，在我國自夏朝以降的四千多年家天下的歷史長河中，爲了這一誘惑，子弑父、兄弟相殘的事例不勝枚舉，管叔之畔，何足爲奇。家天下的社會制度一日不除，這種叛亂就不會滅絶，而叛亂的最大受害者永遠是黎民百姓。同時這也是擁有五千多年文明、璨爛、放之四海而皆準的不朽文化的中華民族，始終處在愚昧、貧窮、受人欺陵境地的根源。

至於周公和管叔誰是兄、誰是弟的問題，到了漢代，除《史記·管蔡世家》的記載與孟子之説相同外，其他大部分古籍和學者都與孟子的説法相反，就連趙岐注《孟子》也以周公爲兄、管叔爲弟。由於原文説得很明確：周公弟，管叔兄，又有《史記》這部信史支持，所以譯文没有理由不服從此説。

本章需要探討的是，孟子稱周公爲聖人，不知以何爲標準。大概是受此影響，漢代以後的絶大多數學者，都一相情願地指認孔子心目中的聖人有堯、舜、禹、湯、文、武和周公七位，更是莫名其妙。《論語》中，孔子認定的聖人只有兩位，一位是開創以天下爲公這種社會制度的堯帝，一位是繼承並忠實維護這一制度的舜帝。僅次於聖人的稱謂是“至德”，孔子以“至德”相許也僅兩位，一位是“三以天下讓，民無得而稱焉”的泰伯，另一位是“三分天下有其二，以服事殷”的西伯姬昌，即武王平定天下後追謚的文王。除此之外，無論禹、湯還是武王、周公，縱然他們都堪稱一代賢明的帝王，孔子却從未以“聖”或“至德”相許。孔子慣用寓大義於微言的一字褒貶的“春秋筆法”，作如此評價，其褒貶盡在其中矣。從這種筆法中不難看出，孔子確認聖人的標準是以天下爲公作爲尺度的。至於周公，盡管他是武王平定天下最得力的輔佐之一，並爲周王朝制定出“郁郁乎文哉”的禮法制度，奠定了周王朝八百年江山的堅實基礎，而且在代幼帝攝政期間從未萌生過將天下據爲己有的圖謀，但他這些殫精竭力地付出，全是爲了維護和加强以天下爲家的社會制度。這種制度是私欲膨脹的産物，是違背天道、强姦民意、終必走向滅亡的不明智、不道德、愧對創造中華文化的始祖意願的制度，自然不得套上“至德”乃至“聖”的光環。孟子之所以認爲周公是聖人，也許與“夫子没而微言絶，七十子終而大義乖”不無關系吧？

4.10

【原文】

孟子致爲臣而歸。

王就見孟子曰：“前日願見而不可得，得侍同朝，甚喜，今又棄寡人而歸，不識可以繼此而得見乎？”

對曰：“不敢請耳，固所願也。”

他日，王謂時子曰：“我欲中國而授孟子室，養弟子，以萬鍾，使諸大夫國人皆有所矜式。子盍爲我言之？”

時子因陳子而以告孟子。

陳子以時子之言告孟子。

孟子曰：“然。夫時子惡知其不可也？如使予欲富，辭十萬而受萬，是爲欲富乎？季孫曰：‘異哉，子叔疑！使己爲政，不用則亦已矣，又使其子弟爲卿。’人亦孰不欲富貴？而獨於富貴之中有私龍斷焉。古之爲市也，以其所有易其所無者，有司者治之耳。有賤丈夫焉，必求龍斷而登之，以左右望而罔市利，人皆以爲賤，故從而征之。征商自此賤丈夫始矣。”

【譯文】

孟子辭掉擔任的臣職回到住所。

齊王到孟子住所相見説：“前日希望相見却得不到，自從得以同朝陪侍甚是歡喜，如今又拋棄寡人而歸，不知繼這次之後還可以使寡人得以相見嗎?”

孟子答道:“能再次相見本來就是我所希望的嘛,只是不敢接受邀請而已。”

改日,齊王對其臣下時子説:“我想在京都授予孟子一所宫室,用來教養弟子,支付俸粟萬鍾,使衆大夫和國民都有所敬重且效法。你何不替我去跟他談談?”

時子因陳子的關係請他把話轉告給孟子。

陳臻便把時子説的話告訴了老師。

孟子説:“是這樣。這位時子怎麼知道自己不可説呢?假使我想致富,剛辭掉十萬鍾俸粟却接受萬鍾俸粟,這是想致富嗎?季孫説:‘奇怪啊,這個子叔疑!以前使用自己處理政務,現在不用也就算了呀,却又指使自己的兒子兄弟去鑽營攀附高官。哪個人不想富裕和尊貴?然而唯獨他在謀求富貴的過程中有私自壟斷的行徑。’古時候設置的集市呢,用自己所持有的物品交换自己所没有的物品,由主管集市的官員管理交易而已。如今有些卑劣下賤的丈夫占據在此,必定尋求岡壟有斷面的高地登上去,以便左右瞻望從而網羅集市貿易之利,人人都認為這般丈夫下賤,所以從此向他們征收捐税。征收商販的捐税是從這些下賤丈夫開始的呀。”

【古注】

《注》 辭齊卿而歸其室也。謂未來仕齊也。遥聞孟子之賢而不能得見之。來就為卿,君臣同朝得相見,故喜也。今致為臣,棄寡人而歸也,不知可以續今日之後,遂使寡人得相見否乎?孟子對王,言不敢自請耳,固心之所願也。孟子意欲使王繼今當自來謀也。時子,齊臣也。王欲於國中央為孟子築室,使教養一國君臣之子弟,與之萬鍾之禄。中國者,使學者遠近均也。矜,敬也;式,法也。欲使諸大夫國人皆敬法其道。盍,何不也。謂時子何不為我言之於孟子,知肯就之否?陳子,孟子弟子陳臻也。孟子曰,如是,夫時子安能知其不可乎?時子以我為欲富,故以禄誘我,我往者饗十萬鍾之禄,以大道不行,故去耳。今更當受萬鍾,是為欲富乎?距時子之言也。二子,孟子弟子也。季孫知孟子意不欲,而心欲使孟子就之,故曰異哉弟子之所聞也。子叔心疑,亦以為可就也。孟子解二子之異意疑心曰,齊王使我為政,不用則亦自止矣,今又欲以其子弟故,使我為卿,而與我萬種之禄,人亦誰不欲富貴乎?是猶獨於富貴之中有此私登龍斷之類也,我則恥之。古者市置有司,但治其争訟,不征税也。賤丈夫,貪人可賤者也。入市則求龍斷而登之。龍斷,謂堁斷而高者也。左右占望,見市中有利,罔羅而取之,人皆賤其貪,故就征取其利,後世緣此,遂征商人。孟子言,我苟貪萬鍾,不恥屈道,亦與此賤丈夫何異也?古者,謂周公以前,《周禮》有關市之賦也。《章指》言:君子正身行道,道之不行,命也。不爲利回,創業可繼,是以君子以龍斷之人爲惡戒也。

《集注》 孟子久於齊而道不行,故去也。中國,當國之中也。萬鍾,穀禄之數也。鍾,量名,受六斛四斗。孟子既以道不行而去,則其義不可以復留;而時子不知,則又有難顯言者。故但言:“設使我欲富,則我前日爲卿,嘗辭十萬之禄;今乃受此萬鍾之饋?是我雖欲富,亦不爲此也。”龍,音壟。此孟子引季孫之語也。季孫、子叔疑,不知何時人。龍斷,岡壟之斷而高也。蓋子叔疑者嘗不用,而使其子弟爲卿。季孫譏其既不得於此,而又欲求得於彼,如下文賤丈夫登龍斷者之所爲也。孟子引此以明道既不行,復受其禄,則無以異此矣。孟子釋龍斷之説如此。左右望者,欲得此而又取彼也。罔,謂罔羅取之也。從而征之,謂人惡其專利,故就征其税,後世緣此,遂征商人也。程子曰:"齊王所以處孟子者,未爲不可。孟子亦非不肯爲國人矜式者。但齊王實非欲尊孟子,乃欲以利誘之,故孟子拒而不受。"

《正義》 宣公元年《公羊傳》云:"退而致仕",注云:"退,退身也。致仕,還禄位於君。"然而致之義爲還。……致爲臣,是還此爲臣於齊,不爲其臣也。還此爲臣於齊,即是辭齊卿也。下"王就見",則孟子尚在齊,故非歸鄒,是不立朝而退歸其室也。……趙氏以季孫、子叔爲孟子二弟子;"子叔疑"猶《論語》言"門人惑"也;此則孟子解之之辭。"又使其子弟爲卿",子弟即上弟子,使教養其子弟;使我爲卿,則讀"爲卿"二字不屬上。趙氏佑《温故録》云:"以季孫、子叔爲孟子弟子,不應但書氏而絶無名稱,不合一也;'異哉'一語既不了,'疑'字更未有言,遽接以孟子自解語,與上節全不相屬,不合二也;就注文'齊王使我爲政,不用則亦自止矣,今又欲以其子弟故,使我爲卿'云云,孟子正因王不使爲政而去,何忽云爾?本文'使其子弟爲卿',忽倒换'使我爲卿',上文'養弟子以萬鍾'自當指孟子之弟子,忽易爲齊王子弟,不合三也。"按今通解以此皆季孫譏子叔疑之言。周氏廣業《孟子出處時地考》云:"以子叔疑爲名,莫知其爲何人。惟《左傳》昭二十九年經'叔詣卒',《公羊》、《穀梁》俱作'叔倪',《釋文》倪有'五計''五兮'二音,'五兮'頗與'疑'音相近,意即其人。此子叔敬子之孫,嘗欲納昭公,故季孫意如曰:'叔倪無疾而死,此皆無公也,是天命也,非我罪也。'以是推之,龍斷之説或出愛憎之口歟?然趙岐孰於《左傳》,不應忘之。"……又云:"魯有季孫氏、子叔氏,並見《左傳》。二子當是其後,氏而不名,與公都子同例。孟門從遊者,趙氏注弟子十五人:樂正子、公孫丑、陳臻、公都子、充虞、季孫、子叔、高子、徐辟、咸丘蒙、陳代、彭更、萬章、屋廬子、桃應;學於孟子四人:孟仲子、告子、滕更、盆成括。見《漢書・古今人表》者五人:公孫丑、萬章、告子、樂正子、高子。宋政和五年,從祀孟廟,視趙注無盆成括,爲十八人,詳《宋史・禮志》。吴萊《孟子弟子考序》稱十九人,則與趙注同。張九韶《羣言拾唾》載孟門十七弟子,去季孫、子叔、滕更、盆成括,而益以孟季子、周霄。《經義考》亦去季孫、子叔,而謂告子與浩生不害是二人,因去告子而列浩生不害。竊謂從者數百,彭更既明言之,則弟子之姓名湮没者,何可勝數?季孫、子叔、盆成括等,幸附見七篇,尚何去取之紛紛乎?"

【淺悟】

龍斷,龍讀音 lǒng(ㄌㄨㄥˇ),同壟。

趙佑《温故録》針對趙岐注與原意不合所提出的三點異議,很有道理。有必要將與原意不合的注解略作分析,以求確詁。首先,齊王對時子説的"我欲中國而授孟子室,養弟子以萬鍾",趙氏注:"王欲於國中央爲孟子築室,使教養一國君臣之子弟,與之萬鍾之禄。"原文"養弟子以萬鍾",顯然是指教養孟子之弟子,而不是一國君臣之子弟,混淆了"弟子"與"子弟"的區别,有悖原意;其次,時子爲何不按齊王的旨意直接找孟子交談,而是通過陳子去轉告?説明他估計孟子不會接受這一安排,怕自討没趣,只好找陳子作替身,可見他還是頗有頭腦,孟子"然,夫時子惡知其不可也"的帶有贊賞語氣的話可證;接下來的"如使予欲富,辭十萬而受萬,是爲欲富乎"一語,明明是不指名地針對齊王而言,趙氏注却指向時子,與原意不符;其三,孟子所引"季孫曰",是其慣用的拿前人之事類比當下之事的談話技巧，内容肯定是前人之事，而趙注則認爲提到的二人是孟子弟子，又將本是其人姓名的“子叔疑”，説成是子叔心中疑惑，疑惑孟子爲何不就任齊王安排的“養弟子以萬鍾”的職位；恐怕除了趙氏外，没有人能從“子叔疑”三字中讀出那麽多内容；至於季孫和子叔疑二人，周氏廣業《孟子出處時地考》依據《春秋》三傳證明，魯國有季孫氏、子叔氏，二子當是其後；特别指出子叔疑是子叔敬子之孫，死於昭公二十九年。指責趙岐“熟讀《左傳》，不應忘之”。試想，魯昭公二十九年，孔子三十九歲，此二人怎麽會是孟子弟子呢？再者，“使己爲政”至“龍斷焉”這段話，本是季孫譏刺子叔疑的話，趙氏却解説成孟子之言，並將“又使其子弟爲卿”解説成“今又欲以其弟子故，使我爲卿，而與我萬鍾之禄”；明明是季孫於魯昭公二十九年前數落子叔疑的所作所爲，却移置在二百多年後的孟子口中。這種極幼稚的謬誤居然出自一代注釋名家趙岐的筆下，令人難以置信。所以譯文只能參照趙佑和周廣業的辯駁，對原文的解説重新作出調整。

4.11

【原文】

孟子去齊，宿於晝。有欲爲王留行者，坐而言；不應，隱几而卧。

客不悦曰：“弟子齊宿而後敢言，夫子卧而不聽，請勿復敢見矣！”

曰：“坐，我明語子：昔者魯繆公無人乎子思之側，則不能安子思；泄柳、申詳無人乎繆公之側，則不能安其身。子爲長者慮而不及子思，子絶長者乎，長者絶子乎？”

【譯文】

孟子離開齊國，宿在附近的晝邑。有位想替齊王挽留孟子的人，坐下便發表言論；孟子不應聲，倚着几案躺着。

説客不高興地説：“晚生前夜齋戒之後才敢冒昧前來談事，想不到夫子躺着不聽，以後即便邀請也不敢再來求見了呀！”説着便站起身。

孟子説：“坐下，我明確告訴你：昔日魯繆公考慮没有人才放在子思的身旁，就不能使子思安心留下；泄柳和申詳考慮没有人才引薦到繆公的身旁，就不能使自身心安。你爲我這年長者考慮的就不如子思受到的那種禮遇，你説，是你們拒絶我這年長者呢，還是我這年長者拒絶你們呀？”

【古注】

《注》 晝，齊西南近邑也。孟子去齊，欲歸鄒，至晝地而宿也。齊人之知孟子者，追送見之，欲爲王留孟子之行。客危坐而言，留孟子之言也。孟子不應答，因隱倚其几而卧也。齊，敬也；宿，素也。弟子素持敬心來言，夫子慢我，不受我言。言而遂起，退欲去，請絶也。孟子止客曰：且坐，我明告語子。往者魯繆公尊禮子思，子思以道不行則欲去；繆公常使賢人往留之，説以方且聽子爲政，然後子思復留。泄柳、申詳亦賢者也。繆公尊之不如子思，二子常有賢者在繆公之側，勸以復之，其身乃安矣。

長者，老者也。孟子年老，故自稱長者。言子爲我慮，不如子思時賢人也，不勸王使我得行道而但勸我留，留者何爲哉？此爲子絶我乎，又我絶子乎？何爲而愠恨也？《章指》言：惟賢能安賢，智能知微，以愚喻智，道之所以乖也。

《集注》 齊宿，齋戒越宿也。繆公尊禮子思，常使人候伺，道達誠意於其側，乃能安而留之也。泄柳，魯人。申詳，子張之子也。繆公尊之不如子思，然二子義不苟容，非有賢者在其君之左右維持調護之，則亦不能安其身矣。長者，孟子自稱也。言齊王不使子來，而子自欲爲王留我，是所以爲我謀者不及繆公留子思之事，而先絶我也。我之卧而不應，豈爲先絶子乎？

《正義》 閻氏若璩《孟子生卒年月考》云："繫致爲臣章於燕畔王慙之後，蓋君臣之隙既開，有不可以復合者矣。故孟子決然請去。"……周密《齊東野語》云："高郵黄彦利謂孟子去齊宿晝，讀如晝夜之晝，非也。《史記·田單傳》'畫邑'，注云：'齊西南近邑，音獲。'故孟子三宿而出，時人以爲濡滯也。"毛氏奇齡《經問》云："齊固有畫邑，然焉知無晝邑？趙岐云：'晝，齊西南近邑。'是明有晝邑矣。且趙岐注《孟子》，正在齊郡，其地有晝邑，城在臨淄縣西南，相傳孟子出宿處，故鑿然注此。此真身歷其地，見之真故言之確者。若畫邑，在臨淄西北三十里，即戟里城，戰國燕破齊時，將封王蠋以萬家，即此地。是燕從西北至齊，當是畫邑。孟子從西南至滕，當是晝邑。一南一北，字形雖相蒙，地勢無可混也。"

【淺悟】

齊宿，讀音 zhāis sù（ㄓㄞㄙㄨˋ），齊即齋字。繆公，繆讀 mù（ㄇㄨˋ）。泄柳，泄讀 yì（ㄧˋ）。

4.12

【原文】

孟子去齊，尹士語人曰："不識王之不可以爲湯武，則是不明也；識其不可，然且至，則是干澤也。千里而見王，不遇故去，三宿而後出晝，是何濡滯也！士則兹不悦。"

高子以告。

曰："夫尹士惡知予哉？千里而見王，是予所欲也；不遇故去，豈予所欲哉！予不得已也。予三宿而出晝，於予心猶以爲速，王庶幾改之；王如改諸，則必反予。夫出晝而王不予追也，予然後浩然有歸志。予雖然豈舍王哉？王由足用爲善；王如用予，則豈徒齊民安，天下之民舉安。王庶幾改之，予日望之。予豈若是小丈夫然哉！諫於其君而不受則怒，悻悻然見於其面，去則窮日之力而後宿哉！"

尹士聞之曰："士誠小人也！"

【譯文】

孟子離開齊國後，尹士跟人議論説："不能識别齊王不可成爲成湯和武王那種人，就是不聰明嘛；能識别其不可能成爲湯武，然而還要來到齊國，就是爲了尋求恩澤嘛。千里迢迢來見齊王，得不到知遇所以才離去，住了三宿之後才走出晝邑，爲何這樣遲緩呢？我尹士就不喜歡這樣的人。”

高子將這些話告訴給孟子。

孟子説：“這位尹士怎麽能了解我啊？不遠千里來見齊王，這是我所期望的嘛；得不到知遇所以離去，難道是我所期望的啊？我是不得不這樣做嘛。我住三宿才走出晝邑，在我心中仍認爲太快，希望齊王也許會改變態度；齊王若能改變態度，就必定會召我返回。走出這晝邑却不見齊王追我哩，這之後我才有了浩然不復還的歸鄉之志。我即使如此，又怎能舍棄齊王啊？因爲齊王仍然具備足以施行善政的可能，齊王如果用我，豈只是使齊國人民得以安寧？全天下的人民都能得以安寧。齊王也許會改變態度，我每天都這樣盼望着。我豈能像那種志略狹小的丈夫一樣啊？向其國君勸諫如果不接受就發怒，忿恨不平的模樣出現其臉上，説去就窮盡一天的力氣走得精疲力竭才肯投宿啊？”

尹士聽了這話説：“我尹士真是小人哩！”

【古注】

《注》 尹士，齊人也。干，求也；澤，禄也。尹士與論者言之，云孟子不知則爲求禄。濡滯，猶稽也。既去，近留於晝三日，怪其猶久，故云士於此事不悦也。高子亦齊人，孟子弟子，以尹士之言告孟子也。孟子曰，夫尹士安能知我哉？我不得已而去耳，何汲汲而驅馳乎。我自謂行速疾矣，冀王庶幾能反覆招還我矣。浩然，心浩浩然有遠志也。孟子以齊大國，知其可以行善政，故戀戀望王之改而反之，是以安行也，豈徒齊民安，言君子達則兼善天下也。我豈若悁急小丈夫，恚怒其君而去，極日力而宿，懼其不遠者哉？《論語》曰“悻悻然小人哉”，言己志大，在於濟一世之民，不爲小節也。尹士聞義則服。《章指》言：大德洋洋，介士察察，賢者志其大者，不賢者志其小者，此之謂也。

《集注》 干，求也。澤，恩澤也。濡滯，遲留也。今道不行，故不得已而去，非本欲如此也。浩然，如水之流，不可止也。楊氏曰：“齊王天資樸實，如好勇、好貨、好色、好世俗之樂，皆以直告而不隱於孟子，故足以爲善。若乃其心不然，而謬爲大言以欺人，是人終不可與人堯舜之道矣，何善之能爲？”悻悻，怒意也。窮，盡也。此章見聖賢行道濟時，汲汲之本心；愛君澤民，惓惓之餘意。

【淺悟】

趙氏注引《論語》曰“悻悻然小人哉”，在《論語·子路篇》第二十章，原文爲“硜硜然小人哉”。

胸懷大志的人，其所作所爲所思所慮，往往不被人們所理解，古今都一樣。

4.13

【原文】

孟子去齊，充虞路問曰：“夫子若有不豫色然。前日虞聞諸夫子曰，君子不怨天，不尤人。”

曰："彼一時，此一時也。五百年必有王者興，其間必有名世者。由周而來，七百有餘歲矣，以其數則過矣，以其時考之則可矣。夫天未欲平治天下也，如欲平治天下，當今之世，舍我其誰也？吾何爲不豫哉？"

【譯文】

孟子離開齊國，充虞在路上問道："夫子好像有不愉快的臉色一樣。以前我充虞從夫子那兒聽説，君子不埋怨天，不歸咎人。"

孟子説："那是一種時勢，此又是另一種時勢嘛。每五百年必有統一天下的王者興起，其間也必有聞名於當世的奇才。從周朝建立以來，已是七百多年了呀，以年數計算就超過了呀，用振興的時勢考核則恰逢其時呀。此時上天尚未打算使天下太平嘛，如果打算使天下太平，在當今的世上，除了我還有誰能擔當此任呢？我是什麽緣故才不愉快的啊？"

【古注】

《注》 路，道也，於路中問也。充虞謂孟子去齊，有恨心，顔色不悦也。彼前聖賢之出是其時也，今此時亦是其一時也。五百年有王者興，有興王道者也。名世，次聖之才，物來能名正一世者，生於聖人之閒也。七百有餘歲，謂周家王迹始興，大王、文王以來，考驗其時，則可有也。孟子自謂能當名世之士，時又值之而不得施，此乃天自未欲平治天下耳，非我之愆。我固不怨天，何爲不悦豫乎？《章指》言：聖賢興作，與時消息，天非人不因，人非天不成，是故知命者不憂不懼也。

《集注》 自堯、舜至湯，自湯至文武，皆五百餘年而聖人出。名世，謂其人德業聞望可名於一世者，爲之輔佐，若臯陶、稷、契、伊尹、萊朱、太公望、散宜生之屬。周，謂文、武之間。數，謂五百年之期。時，謂亂極思治，可以有爲之日。言當此之時，而使我不遇於齊，是天未欲平治天下也。然天意未可知，而其具又在我，我何爲不豫哉？然則孟子雖若有不豫然者，而實未嘗不豫也。蓋聖賢憂世之志，樂天之誠，有並行而不悖者，於此見矣。

《正義》 《易·豫卦》鄭氏注云："豫，喜豫悦樂之貌也。"是不豫即不悦也。……彼即前也，謂前此聖賢之出，是應此五百年之運而出，是聖賢之出有時也。此即今也。此一時爲孟子之時，謂今時已是聖賢當出之時也。……近通解以彼一時爲充虞所聞"君子不怨天不尤人"之時，……此一時爲今孟子去齊之時，爲行藏治亂關係之時也，則憂天憫人之意，不得形諸顔色也。……趙氏佑《温故録》云："此正申所以不豫之故。上言數已過，時已可，而未有王者興，是天未欲平治天下也。我所以有不豫，爲此也，否則天誠厭亂而興王者，使我得如古之名世，大展其堯舜君民之素，何不豫之有？蓋舊解如此。"按趙氏之意，云我故不怨天，何爲不悦豫哉？乃是辨其未嘗怨天，未嘗不豫。謂是天不欲平治天下，非我之愆，我自不必怨天而不悦也，故《章指》言"知命者不憂不懼"。

【淺悟】

"不怨天，不尤人"一語，始於《論語》孔子之言；他還説："君子求諸己，小人求諸人。"就是説，不論遭遇怎樣不愉快的事，君子都不會埋怨天，不委過於人，而是只責求自己，不責求别人。此話極富教益，想必孟子常以此教誨其弟子。孔子還曾説："君子道者三，我無能焉：仁者不憂，智者不惑，勇者不懼。"孔子自認此三者都没能做到。的確，孔子起碼未能不憂國憂民。從孟子的話中也可看出,他臉上露出的不愉快表情,是因憂天下未能平治所致。充虞竟然把孟子的"不豫色"理解成不爲齊王所知遇而産生的怨天尤人,純屬以小人之心度君子之腹。

"彼一時,此一時"一語,古注的解説似欠妥。因爲不怨天,不尤人的品德應是君子一生始終堅守的,不應有彼時、此時之分。所謂彼一時,指的是孟子向弟子講解"不怨天,不尤人"時臉上没有"不豫色"之時;此一時,指的是現在臉上出現"不豫色"之時,説的是不同的心情。下面的話,全是説明"吾何爲不豫哉"的原由。孟子所説的"天",無非是一種象徵而已,諸如天道、天時、天命、命運、時運、運氣之類,常以"天"概括,古今皆然。常言道:聽天由命。誰能繞過天、繞過命而不聽其擺布?

4.14

【原文】

孟子去齊居休,公孫丑問曰:"仕而不受禄,古之道乎?"

曰:"非也。於崇,吾得見王,退而有去志;不欲變,故不受也;繼而有師命,不可以請。久於齊,非我志也。"

【譯文】

孟子離開齊國居住在休城,公孫丑問道:"出仕却不接受俸禄,是古人的教導嗎?"

孟子説:"不是哩。在崇地,我得到齊王的召見,退出來就有了離去的意願;因不想改變去意,所以不接受俸禄嘛;隨後又有出師的命令,不可能請求離去。在齊國久留,不是我的本意嘛。"

【古注】

《注》 休,地名,丑問古人之道,仕不受禄邪?怪孟子於齊不受其禄也。崇,地名。孟子言不受禄,非古之道也。於崇,吾始見齊王,知其不能納善,退出,志欲去矣;不欲即去,若爲變詭,見非泰甚,故且宿留;心欲去,故不復受禄。言我本志欲速去,繼見之後,有師旅之命,不得請去,故使我久而不受禄耳。久,非我本志也。《章指》言:禄以食功,志以率事,無其事而食其禄,君子不由也。

《疏》 "繼而有師命,不可以請"者,齊王續以賓師之命而禮貌之,故由足爲善,遂不敢請去。

《集注》 孟子始見齊王,必有所不合,故有去志。變,謂變其去志。師命,師旅之命也。國既被兵,難請去也。孔氏曰:"仕而受禄,禮也。不受齊禄,義也。義之所在,禮有時而變。公孫丑欲以一端裁之,不亦誤乎!"

《正義》 閻氏若璩《釋地續》云:"孟子致……故休城在今兗州府滕縣北一十五里,距孟子家約百里。"趙氏云"不欲即去,若爲變詭",以詭字釋變字也。……始見於王,退而即去,形迹近似乖戾詭異,變動不常。非,猶責也。爲此詭異,人必以太甚見責矣。不欲即去,是不欲跡似詭異,致見譏讓爲太甚也,……故宿留不即去也。古語遲延有所俟曰宿留。……上音秀,下音溜。……知師命是師旅之命者,聖賢之道,不爲太甚,旁通以情,故孟子於始見王,志雖不合,必宿留而後去;既宿留,可以去矣,而仍不去者，既居其國，被其欵遇，惟此軍戎大事，即當休戚相關，豈容度外置之，飄然遠引？此所以不可以請也。說者不察，徒以孟子爲巖巖難近；舊疏以不欲變爲不欲遽變其欲去之心，又以師命爲賓師之命。顧命以賓師，有何不可請之有？中國授室，養弟子以萬鍾，使諸大夫國人有所矜式，此正命之爲師矣，何以辭而不就邪？孟子之學，惟趙氏知之深矣。

【淺悟】

對比孟子，不求貢獻而一味争名争利者，當作何感想？孟子又爲弟子上了一堂身教課。

孟子卷五淺悟

滕文公章句上　凡五章

《注》 滕文公者,滕,國名;文,謚也;公者,國人尊君之稱也。文公於當時尊敬孟子,問以古道,猶衛靈公問陳於孔子,《論語》因以題篇。

《正義》《春秋隱公七年》"滕矦卒",始見於經。《漢書・地理志》"沛郡公丘",注云:"故滕國,周懿王子錯叔繡所封,三十一世爲齊所滅。"師古云:"《左傳》云:'郜、雍、曹、滕,文之昭也。'《系本》亦云:'錯叔繡,文王子。'此《志》云懿王子,未詳其義。"《春秋釋例土地名》云:"沛國公丘縣東南有滕城。"……國君有公矦伯子男五等,公之爵最尊;自矦以下,國人統稱爲公,是尊之也。

5.1

【原文】

滕文公爲世子,將之楚,過宋而見孟子。孟子道性善,言必稱堯舜。

世子自楚反,復見孟子。

孟子曰:"世子疑吾言乎?夫道一而已矣。成覸謂齊景公曰:'彼丈夫也,我丈夫也,吾何畏彼哉?'顔淵曰:'舜何人也?予何人也?'有爲者亦若是。公明儀曰:'文王我師也,周公豈欺我哉?'今滕絶長補短,將五十里也,猶可以爲善國。《書》曰:'若藥不瞑眩,厥疾不瘳。'"

【譯文】

滕文公還是世子時,率領一班人出使到楚國,特意經過宋國去見孟子。孟子用人的本性善良這一話題進行開導,舉例必稱述堯舜二帝。

世子從楚國返回時,再次去見孟子。

孟子説:"世子疑心我的話没説完嗎?這開導只有效法堯舜勉力行善這一項而已呀。成覸論及齊景公時説:'他是丈夫,我也是丈夫嘛,我爲何畏懼他啊!'顔淵説:'舜是何等人呢?我就應是何等人嘛。'有作爲的人也應具備像他倆這樣的進取精神。公明儀説:'文王我所師法哩,周公説這話豈會欺騙我啊?'如今滕國的國土絶長補短,方圓將近五十里嘛,仍可以治理成美好的國家。《尚書·説命上》中有云:'倘若服藥後病人不會頭暈目眩,他的疾病就不會痊癒。'"

【古注】

《注》 文公爲世子,使於楚而過宋,孟子時在宋,與相見也。滕矦,周文王之後也。《古紀世本》録諸矦之世,滕國有考公麋,與文公之父定公相直,其子元公弘與文公相直,似後世避諱,改"考公"爲"定公",以元公行文德,故謂之文公也。孟子與世子言人生皆有善性,但當充而用之耳。又言堯舜之治天下,不失仁義之道,欲勸勉世子也。從楚還,復詣孟子,欲重受法則也。世子疑吾言有不盡乎?夫天下之道一言而已,惟有行善耳,復何疑也?成覸,勇果者也,與景公言曰:尊貴者與我同丈夫耳,我亦能爲之,何爲畏之哉?言欲有所爲,當若顔淵庶幾,成覸不畏,乃能有所成耳,又以是勉世子也。公明儀,賢者也,師文王,信周公,言其知所法則也。滕雖小,其境界長短相補,可得大五十里子男之國也,尚可以行善者也。《書》,逸篇也。瞑眩,藥攻人疾先使瞑眩憒亂,乃得瘳愈也。喻行仁當精熟,德惠乃洽。《章指》言:人當上則聖人,秉仁行義,高山景行,庶幾不倦。《論語》曰"力行近仁",蓋不虛云。

《疏》 孟子引《書》云,此蓋今之《尚書·説命》之篇文也。……所以引此者,蓋孟子恐有致世子之所嫌,乃引此而喻之,抑亦所謂良藥苦口,忠言逆耳之意而解世子,又有以勸勉焉。

《集注》 道,言也。性者,人所稟於天以生之理也。渾然至善,未嘗有惡。人與堯、舜初無少異,但衆人汩於私欲而失之,堯、舜則無私欲之蔽而能充其性爾。故孟子與世子言,每道性善而必稱堯、舜以實之,欲其知仁義不假外求,聖人可學而至,而不懈於用力也。程子曰:"性即理也。天下之理,原其所自,未有不善。喜怒哀樂未發,何嘗不善?發而中節,即無往而不善;發不中節,然後爲不善。故凡言善惡,皆先善而後惡;言吉凶,皆先吉而後凶;言是非,皆先是而後非。"時人不知性之本善,而以聖賢爲不可企及。故世子於孟子之言不能無疑,而復來求見,蓋恐别有卑近易行之説也。孟子知之,故但告之如此,以明古今聖愚本同一性,前言已盡,無復有他説也。成覸,人姓名。彼,謂聖賢也。"有爲者亦若是",言人能有爲,則皆如舜也。公明,姓;儀,名。"文王我師也",蓋周公之言,公明儀亦以文王爲必可師,故誦周公之言而歎其不我欺也。孟子既告世子以道無二致,而復引此三言以明之,欲世子篤信力行以師聖賢,不當復求他説也。《書》,《尚書·説命篇》。瞑眩,憒亂。言滕國雖小,猶足爲治,但恐安於卑近不能自克,則不足以去惡而爲善也。愚按:孟子之言性善,始見於此,而詳具於《告子》之篇。然默識而旁通之,則七篇之中無非此理。其所以擴前聖之未發,而有功於聖人之門,程子之言信矣。

《正義》 《公羊傳》云:"君存稱世子。"……是時滕定公在位,故文公稱爲世子,則其之楚,是君命之也。……孟子生平之學在道性善,稱堯舜,故於此標之。太史公以孟子、荀子合傳,乃孟子道性善,荀子則言性惡;孟子稱堯舜,荀子則法後王。其言云:"今人之性,生而離其朴。離其資,必失而喪之。所謂性善者,不離其朴而美之,不離其資而利之也。人之性惡明矣,其善者僞也。"此駁孟子道性善也。又云:"略法先王而不知其統,案往舊造説,謂之五行,甚僻違而無類,幽隱而無説,閉約而無解。"此譏孟子稱堯舜也。……又云:"今人之性,飢而欲飽,寒而欲煖,勞而欲休,此人之情性也。"是也,人如此,禽獸亦如此也。又云:"今人飢,見長而不敢先食者,將有所讓也;勞而不敢求息者,將有所代也。"夫子之讓乎父,弟之讓乎兄;子之代乎父,弟之代乎兄,此正人性之善之證也,而荀子乃以爲性惡之證焉。試言之,人之有男女,猶禽獸之有牝牡也。其先男女無别,有聖人出,示之以嫁娶之禮,而民知有人倫矣；示之以耕耨之法，而民知自食其力矣。以此教禽獸，禽獸不知也。禽獸不知，則禽獸之性不善；人知之，則人之性善矣。聖人何以知人性之善也？以己之性推之也。己與人同此性，則人之性亦善，故知人性之善也。爲荀氏之學者，調和而文飾之云："孟子言性善，欲人之盡性而樂於善；荀言性惡，欲人之化性而勉於善。孟、荀生於衰周之季，閔戰國之暴，欲以王道救之。孟子言先王，荀言後王，皆謂周王，與孔子從周之義不異也。""彼丈夫也"，趙氏以彼爲尊貴者，蓋指景公言，即所爲無嚴諸矦也。趙氏以"舜何人也，予何人也"二句爲顔淵之言；"有爲者亦若是"乃總上成覸、顔淵兩言，爲孟子勉世子之言。《鹽鐵論・執務章》引顔淵曰"舜獨何人也，回何人也"，亦不連下句。近通解以"有爲者亦若是"爲顔淵之言，謂有爲者亦如舜。……《禮記・檀弓》云："子張之喪，公明儀爲志焉。"《祭義》云："公明儀問於曾子曰：夫子可爲孝乎？"注云："公明儀，曾子弟子。"……孔穎達謂是子張弟子，則注無文也。……絶長補短，乃當時通言，故諸家俱言之。江氏聲《尚書集注音疏》云："《孟子・滕文公篇》引'若藥不瞑眩'，明稱'《書》曰'，自是《説命》之文矣。"……此云"逸篇"，未知所屬也。《章指》云"力行近仁"，《論語》無此語，是《禮記・中庸篇》。趙氏以爲《論語》，文之誤也。

【淺悟】

覸，讀音 jiàn（ㄐㄧㄢˋ）。瞑眩，讀音 miàn xuàn（ㄇㄧㄢˋㄒㄩㄢˋ）。瘳，讀音 chōu（ㄔㄡ）。

孟子首創性善論，稍後的荀子大概覺得此説有漏洞，便針鋒相對地羅列出人的種種不善的行爲，後人稱之爲性惡論。二人之學皆以孔學爲宗。而孔子"述而不作"，只傳述祖先創作的以天道法則爲指歸的不朽文化，自己不創作。孟荀二人爲何要創論呢？孔子涉及性的論述，只在《論語》中出現過"性相近也，習相遠也"這一例，而且並非針對"性"的内涵而發，其主旨爲"習相遠"，正如子貢所説："夫子之言性與天道，不可得而聞也。"凡是孔子不談論的事物，必有其不可談論的深層次的原因，就像性善還是性惡之聚訟，有結論嗎？不錯，進入宋代，以孔、曾、思、孟爲宗的性理學派成了君主專制政體的寵兒，其集大成之作《四書章句集注》被欽定爲科舉考試命題及答案的標準後，性善論占了上風，連家喻户曉的《三字經》也硬給孔子"性相近，習相遠"的論述冠以"性本善"的標簽。倚仗權勢支撑的立論靠得住嗎？性善還是性惡的聚訟仍在繼續。可以肯定的是：皆屬徒費工夫。

所謂"性"，即與生俱來、不學而能的天性，或稱自然本性。人的天性與禽獸大致相同，都有飲食、蕃衍以及喜怒哀懼愛惡欲七情等功能。所不同的是，除操縱這些天性的各器官的靈敏程度各有千秋外，還有一個質的差别，那就是思維，是天獨賜給人類的天性。禽獸不會思維，一切生命活動全靠天性操作；人則能動用思維處理一切事物。這樣一來，人與禽獸的天性就變得既相近，又相遠，自然不願與它們同歸一類，而自命爲萬物之靈，於是根據它們對人類生存帶來的不同影響給劃分成益蟲和害蟲，説它們性惡。可是萬物的性，都是天定的，指責禽獸性惡，則是指責天啊，其罪惡莫大焉！再看萬物之靈，他們之間的天性，僅在各器官的靈敏程度上互有强弱而已，故曰"性相近"。由於人能按照各自的喜好選擇生存方式，而喜好又是由積久的習慣形成的，比如好學的人並非生來就好學，懶惰的人也非生來就懶惰。習慣是多種多樣的，不同習慣的人自然要選擇各自習慣的生存方式，互相之間的差别於是越拉越大，故曰“習相遠”。孔子説此話的目的，無非是要我們慎重選擇自己的習慣（或者説喜好），多麽富有教益。

天性果真有善惡之分麽？

衆所周知，天生萬物，使各司其職，構成了一個既相互依存，又相互制約的龐大而嚴密的生物鏈，維持着生態平衡，萬物才得以生生不息。在這種狀態下，每一物種都必須遵照天道法則，依靠各自天性的本能來維持生命活動，生態才能保持平衡。作爲獨具思維能力的萬物之靈的人類，理應擔負起贊天地之化育，維護好生態平衡，使萬物和諧相處、生生不息的重任。不幸的是，思維的力量太强大，促使人類太貪婪、太專制、太霸道、爲所欲爲地侵占其他物種賴以生存的環境，更一相情願地將妨害人類活動的物種定性爲害蟲肆意屠戮。某一物種滅絶了，滅絶的哪怕是蒼蠅、蚊子或某病菌，生物鏈便不再完整，生態也就失去了平衡，這便意味着下一個賴此物種生存的物種面臨滅絶，緊接着又是下一個、下一個……可以肯定的是，最後滅絶的決不會是人類，因爲人類對災難的耐受和應變力都最弱。如果因此而將惡源歸咎於人類的天性，可是人類在不具思維能力，只靠天性生存的童蒙時期，其哪一種行爲是惡的呢？老子説：“天下皆知美之爲美，斯惡已；皆知善之爲善，斯不善已。”知美和知善，都是後天的思維起的作用，天性是没有善惡之分的。不要再把精力浪費在毫無意義的性善還是性惡之争上，把工夫用在培養自身的良好習慣上才是正道。

5.2

【原文】

滕定公薨，世子謂然友曰：“昔者孟子嘗與我言於宋，於心終不忘。今也不幸，至於大故，吾欲使子問於孟子，然後行事。”

然友之鄒問於孟子。

孟子曰：“不亦善乎！親喪固所自盡也。曾子曰：‘生，事之以禮；死，葬之以禮，祭之以禮，可謂孝矣。’諸侯之禮，吾未之學也。雖然，吾嘗聞之矣：三年之喪，齊疏之服，飦粥之食，自天子達於庶人，三代共之。”

然友反命，定爲三年之喪。父兄百官皆不欲，曰：“吾宗國魯先君莫之行，吾先君亦莫之行也，至於子之身而反之，不可！且志曰：喪祭從先祖。”曰：“吾有所受之也。”

謂然友曰：“吾他日未嘗學問，好馳馬試劍。今也，父兄百官不我足也，恐其不能盡於大事，子爲我問孟子。”

然友復之鄒問孟子。

孟子曰：“然，不可以他求者也。孔子曰：‘君薨，聽於冢宰。’歠粥，面深墨，即位而哭，百官有司莫敢不哀，先之也。上有好者，下必有甚焉者矣。君子之德，風也；小人之德，草也；草尚之風必偃。是在世子。”

然友反命。世子曰：“然，是誠在我。”

五月居廬，未有命戒，百官族人可謂曰知。及至葬，四方來觀之，顔色之戚，哭泣之哀，弔者大悦。

【譯文】

滕定公去世，世子對其傅相然友説：“往日在宋國孟子曾給我講過很多道理，在心中始終不忘。現在呢，不幸遭遇到大喪，我想使你去向孟子詢問，然後舉行喪事。”

然友來到鄒國向孟子詢問。

孟子説：“問得好哇！父母之喪本來就是自己所應盡心操辦的事嘛。曾子説：‘父母有生之年，依禮侍奉他們；去世，依禮安葬他們，依禮祭祀他們，可以稱得上孝了呀。’諸侯之禮，我未曾學過嘛，只不過曾經聽説而已；服滿三年的喪期，穿粗麻喪服，吃糜爛的粥，從天子通行到民衆，這是夏商周三代共同之處。”

然友回來復命後，世子確定實行三年的喪制。父兄百官都不願意這樣操辦，紛紛説：“我們同宗的魯國先代國君都没這樣操辦過，我們的先代國君也没這樣操辦過嘛，到了世子自身却要違反先君的做法，不行！況且小史有記載稱：喪禮和祭禮隨從先祖的做法。”

世子對他們説：“我是有所承受才這樣決定的嘛。”又對然友説：“我往日對這方面的知識未曾學過問過，只愛好騎馬奔馳比試劍術。現在呢，父兄百官不滿意我的決定哩，恐怕他們在喪禮這一大事上不會盡力地支持，你還得爲我去詢問孟子。”

然友再次來到鄒國詢問孟子。

孟子説：“對，此事不可以責求别人嘛。孔子説：‘國君去世，由冢宰聽政。’只要世子喝粥，面容憔悴得呈深黑色，到自己的喪位上哭，大小官員就没人敢不悲哀，因爲世子率先悲哀的緣故嘛。上頭有某種愛好的話，下邊必有對此愛好得更甚的人呀。君子的德行，好比風嘛；小人的德行，好比草哩，草上刮風必定仰倒。這喪禮興衰的關鍵在世子。”

然友回來復命。

世子説：“是啊，這喪禮興衰的責任確實在我。”於是住進倚廬五個月，未曾發布過任何命令或告戒，百官族人終於肯稱贊世子説他喪禮主持得好。

待到舉行葬禮時，四方諸侯派來參觀文物制度的貴賓，看到世子臉上憂戚的容顏，哭泣得那麽哀傷，令弔唁的來賓無不心悦誠服。

【古注】

《注》 定公，文公父也。然友，世子之傅也。大故，謂大喪也。孟子歸在鄒也。不亦者，亦也，問此亦其善也。曾子傳孔子之言，孟子欲令世子如曾子之從禮也。時諸侯皆不行禮，故使獨行之也。孟子言我雖不學諸侯之禮，嘗聞師言，三代以前君臣皆行三年之喪。齊疏，齊衰也。飦，糜粥也。父兄百官，滕之同姓異姓諸臣也，皆不欲使世子行三年。滕、魯同姓，俱出文王：魯，周公之後；滕，叔繡之後。敬聖人，故宗魯者也。父兄百官且復言也。志，記也。《周禮》"小史掌邦國之志"，曰喪祭之事各從其先祖之法。言我轉有所承受之，不可於己身獨改更也；一說"吾有所受之"，世子言我受之於孟子也。父兄百官見我他日所行，謂我志行不足，似恐我不能盡大事之禮，故止我也，爲我問孟子，當何以服其心，使信我也。孟子言，如是，不可用他事求也，喪尚哀，惟當以哀戚感之耳。國君薨，委政冢宰大臣，嗣君但盡哀情，歠粥不食，顏色深墨。深，甚也；墨，黑也。即喪位而哭，百官有司莫敢不哀者，以君先哀故也。上之所欲，下以爲俗。尚，加也；偃，伏也。以風加草，莫不偃伏也，是在世子以身帥之也。世子聞之，知其在身，欲行之也。諸侯五月而葬，未葬居倚廬於中門之内也。未有命戒，居喪不言也。異姓同姓之臣可謂曰，知世子之能行禮也。四方諸侯之賓來弔會者，見世子之憔悴哀戚，大悦其孝行之高美也。《章指》言：事莫大於奉禮，孝莫大於哀慟。從善如流，文公之謂也。

《集注》 當時諸侯莫能行古喪禮，而文公獨能以此爲問，故孟子善之。但所引曾子之言，本孔子告樊遲者，豈曾子嘗誦之以告其門人歟？三年之喪者，子生三年，然後免於父母之懷，故父母之喪必以三年也。父兄，同姓老臣也。滕與魯俱文王之後，而魯祖周公爲長，兄弟宗之，故滕謂魯爲宗國也。然謂二國不行三年之喪者，乃其後世之失，非周公之法本然也。然《志》所言，本謂先王之世，舊俗所謂禮文少異而可以通行者耳，不謂後世失禮之甚者也。不我足，謂不以我滿足其意也。然者，然其不我足之言。不可他求者，言當責之於己。冢宰，六卿之長也。孟子言但在世子自盡其哀而已。諸侯五月而葬，未葬，君倚廬於中門之外。居喪不言，故未有命令教戒也。"可謂曰知"，疑有闕誤。或曰：皆謂世子之知禮也。林氏曰："孟子之時，喪禮既壞，然三年之喪，惻隱之心、痛疾之意出於人心之所固有者，初未嘗亡也。唯其溺於流俗之弊，是以喪其良心而不自知耳。文公見孟子而聞'性善''堯、舜'之說，則固有以啓發其良心矣，是以至此而哀慟之誠心發焉。及其父兄百官皆不欲行，則亦反躬自責，悼其前行之不足以取信，而不敢有非其父兄百官之心。雖其資質有過人者，而學問之力亦不可誣也。及其斷然行之，而遠近見聞無不悦服，則以人心之所同然者自我發之，而彼之心悦誠服亦有所不期然而然者。人性之善，豈不信哉！"

《正義》 《說文》人部云："傅，相也。"《禮記·文王世子》云："太傅在前，少傅在後。"是世子有傅相也。《周禮·春官·大宗伯》"國有大故"，注云："故，謂凶烖。"《史記》正義云："今鄒縣，去徐州滕縣四十餘里。"蓋往反不過大半日，故可問而後行事。曾子之言，見《論語·爲政第二》，乃孔子對樊遲之言，故云傳孔子之言也。小史屬春官。……小史所掌之志，記世系昭穆之事，容有"喪祭從先祖"云云，故趙氏引以爲證，實不知爲何書也。……閻氏若璩《釋地又續》云："吾有所受之也，爲世子答父兄百官語。吾與下謂然友曰吾字，正一人。此解首發於趙氏。"按趙氏前說，以此言父兄百官之言，受是承受先祖，然則句上不應加"曰"字，加曰字則自明其爲世子答言。言定爲三年之喪，非我臆見，吾受之於孟子，孟子則聞之於師說也。故下"謂然友曰"上，更不加"世子"，否則謂然友竟似父兄百官謂然友矣。

趙氏不以前説爲安，故稱“一説”，蓋前説當時相傳之説，一説則趙氏所折衷也。“恐其不能盡於大事”，趙氏以其字乃指他人之辭。若世子自恐，不當用其字，直云恐不能盡於大事可矣。今云恐其不能，是連上句一貫，乃父兄百官恐世子且不我足也，連下意乃足也。“不可以他求者”，他爲他事，虚言之以起下文也。《論語·憲問篇》云：“子張曰：‘《書》云：高宗諒陰，三年不言，何謂也？’子曰：‘何必高宗？古人之皆然。君薨，百官總己以聽於冢宰三年。’”《禮記·緇衣篇》子曰：“下之事上也，不從其所令，從其所行。上好是物，下必有甚者矣。”《論語·顔淵篇》子曰：“子欲善，而民善矣。君子之德風，小人之德草，草上之風必偃。”“必偃”以上，皆孟子述孔子之言。“是在世子”，爲孟子勉世子之言。“百官族人可謂曰知”，《説文》云：“可，肯也。”始而云“至於子之身而反之，不可”，是不肯謂之曰知也，至是乃肯謂曰知，心服而首肯之也。知，猶覺也，亦解也。若曰吾始聞其定行三年之喪，不以爲可者，不解其義也，今則解矣。《孟子》之文，微奥通神，每同《左傳》、《檀弓》。

【淺悟】

飦，讀音 zhān(ㄓㄢ)，同饘。歠，讀音 chuò(ㄔㄨㄛˋ)，同啜。齊疏，齊讀音 zī(ㄗ)。

曰：“吾有所受之也。”這句話，閻若璩和焦循的辯解是對的，是世子回答父兄百官的話，與下面“謂然友曰”連成一氣，都是世子説的話。“恐其不能盡於大事”一語，焦循的辯解也不對，其中的“其”字，應當是指父兄百官，恐其不能在喪禮這一大事上盡本盡力地支持我，而不是“父兄百官恐世子”。

“百官族人可謂曰知”一語，趙岐云：“異姓同姓之臣可謂曰，知世子之能行禮。”朱熹云：“疑有闕誤，或曰：皆謂世子之知禮也。”焦循解“可”字爲肯，解“知”字爲覺、爲解，云：“是知謂百官族人自謂其知，始時皆不欲其行三年之喪，以爲不可。至是首肯而謂之曰：吾今乃知。若曰：吾始聞其定三年之喪不以爲可者，不解其義也，今則解矣。”其三位的解説恐怕都不是孟子的本意。理解此語的關鍵在“謂曰知”三字。試將“謂”字訓爲稱贊，將“曰”字訓爲説，將“知”字訓爲主持，此語的意思就成了：百官族人終於肯稱贊世子説他喪禮主持得好。不知能否符合原文之義。

三年之喪，是指父母死後最悲慟的那段歲月。古代孝服要穿三年，那是喪禮的形式，是隨時代的變遷而有所改動的。某種形式一旦成爲這個時代通行的禮制時，則必須遵循，否則便不和諧。那種發自子女内心的哀戚、懷念，體現的是子女的孝心，唯此才是喪禮永恒不變的内涵。孝爲仁之本，也是做人的根本。不孝，將如何面對人生？社會走到今天，繁縟的喪禮雖説不見了，但是必須承認，多數子女在父母去世後不僅是三年，而是終生，尤其在逢年過節和二老的生辰忌日，仍然是以哀戚的心情懷念着。這樣的人，心地必善良，情感必深厚。

5.3

【原文】

滕文公問爲國。

孟子曰：“民事不可緩也。《詩》云：‘晝爾于茅，宵爾索綯，亟其乘屋，其始播百穀。'民之爲道也,有恒産者有恒心,無恒産者無恒心;苟無恒心,放辟邪侈,無不爲已;及陷乎罪,然後從而刑之,是罔民也。焉有仁人在位,罔民而可爲也!是故賢君必恭儉禮下,取於民有制。陽虎曰:'爲富不仁矣,爲仁不富矣。'夏后氏五十而貢,殷人七十而助,周人百畝而徹,其實皆什一也。徹者,徹也;助者,藉也。龍子曰:'治地莫善於助,莫不善於貢。貢者,挍數歲之中以爲常:樂歲粒米狼戾,多取之而不爲虐,則寡取之;凶年糞其田而不足,則必取盈焉。'爲民父母,使民盻盻然,將終歲勤動不得以養其父母,又稱貸而益之,使老稚轉乎溝壑,惡在其爲民父母也?夫世禄,滕固行之矣。《詩》云:'雨我公田,遂及我私。'惟助爲有公田。由此觀之,雖周亦助也。設爲庠序學校以教之。庠者,養也;校者,教也;序者,射也。夏曰校,殷曰序,周曰庠,學則三代共之,皆所以明人倫也。人倫明於上,小民親於下,有王者起,必來取法,是爲王者師也。《詩》云:'周雖舊邦,其命惟新。'文王之謂也。子力行之,亦以新子之國。"

使畢戰問井地。

孟子曰:"子之君將行仁政,選擇而使子,子必勉之!夫仁政,必自經界始。經界不正,井地不鈞,穀禄不平。是故暴君汙吏必慢其經界。經界既正,分田制禄可坐而定也。夫滕,壤地褊小,將爲君子焉,將爲野人焉;無君子莫治野人,無野人莫養君子。請野九一而助,國中什一使自賦。卿以下必有圭田,圭田五十畝,餘夫二十五畝。死徙無出鄉,鄉田同井出入相友,守望相助,疾病相扶持,則百姓親睦。方里而井,井九百畝,其中爲公田,八家皆私百畝,同養公田;公事畢,然後敢治私事,所以别野人也。此其大略也,若夫潤澤之,則在君與子矣。"

【譯文】

滕文公詢問治國之道。

孟子説:"民衆的事務不可遲緩嘛。就像《詩經·豳風·七月》中所説:'白天你去割茅草,晚上即把繩索絞,趕快上屋把房苫,百穀播種將開始。'民事的治理規律呢,有恒産的人才會有持久不變的恒心,没有恒産的人就没有恒心;如果没有恒心,那種放蕩乖僻奸邪奢侈等等陋行,就會没有不做的;待其陷入罪案,然後處以刑罰制裁他們,這等於張網捕人嘛。哪有仁人在位而許可做張網捕人這種事呢?以此之故,賢明的國君必定以恭敬儉樸律己、對下屬以禮相待,向人民收取賦税要有合理的制度。陽虎説:'要致富就不能行仁道呀,要行仁道就不能致富呀。'夏王朝規定耕五十畝地用貢制,殷朝規定耕七十畝地用助制，周朝規定耕百畝地用徹制，其實納的都是十分之一的賦稅嘛。徹的意思是，徹取嘛；助的意思是，藉助嘛。龍子說：'田地稅没有比助制更好的，没有比貢制更不好的。貢這種稅制，要考校數年的收成取其折中數作爲常法：豐收年景米粒掉落滿地狼藉，多收取稅糧也不算虐待，不過還是按常法少收取；饑荒之年向田裏勤施肥打下的糧食仍不够吃，却必須按常法收取足够的稅糧。'作爲人民的父母，使人民眼中流露出怨恨的目光，他們終年辛勤勞作却不可以奉養父母，還得借債來補足稅額，致使餓死的老幼只能移屍於溝壑之中，身爲人民父母的責任何在呢？卿大夫子弟世代享有俸禄這種制度，滕國早已施行了呀。《詩經·小雅·大田》中有云：'喜雨降臨我公田，也能惠及我私田。'只有實行助制才有公田。從這詩文中可以看出，雖是周朝也採用助制嘛。還需設立庠序學校用來教化國人。庠這地方，可以養老嘛；校這地方，可以教育子弟嘛；序這地方，可以習射藝嘛。鄉學夏代稱校，殷代稱序，周代稱庠，國學則三代共同都稱學，都用來教育學子明瞭人的倫常關係嘛。在上面的君臣對人的倫常關係能够明瞭，在下邊的小民就會相親相愛，一旦有王者興起，必定會前來取法，這就成了王者的師傅嘛。《詩經·大雅·文王》中有云：'岐周雖説是舊邦，其受命建成新國。'這是贊頌文王哩。您應勉力實行這一切，也使您的國家焕然一新。"

滕文公又使畢戰前來詢問井田制。

孟子說："您的國君打算實行仁政，經過選擇能使您來詢問，您必須勉勵國君才是！這仁政，必須先從劃分農田的界域開始。田界劃分得不公正，井田就不會均匀，官員的穀禄也不會公平。正是這個緣故，暴君汙吏必定輕慢這項劃分農田界域的要務。劃分田界如果全都公正，那麼劃分農田裁制官禄，坐在堂上就可決定嘛。這滕國，雖説國土狹小，却有君子在執政，又有鄉野之人在勞作；没有君子執政將無法治理好鄉野之人，没有鄉野之人勞作將没法供養君子。鄉野的賦稅請用殷代九分之一稅率的助制，鄉野以内的國中請用十分之一的稅率使之從其本來的賦稅。卿以下的官員必定有專供祭祀用的圭田，養公田的農夫各負擔圭田五十畝，家中其餘半勞力的農夫各負擔圭田二十五畝。這樣下來，死喪或遷徙都無須出鄉，鄉田同井的八户人家出入往來便會互相友善，守衛瞭望互相援助，有了疾病互相扶持，百姓漸漸就會親睦起來。行政區劃一里見方稱爲井，每井農田九百畝，其中間百畝爲公田，周圍八家都各有私田百畝，共同養護公田；公家的事務處理完畢，然後才敢處理私事，以此區别鄉野和都鄙之人嘛。這是治國的大略情形嘛，至於如何對人民施以恩澤的具體謀略，就在國君與您是如何籌劃了呀。”

【古注】

《注》 問治國之道也。民事不可緩之使怠惰，當以政督趣，教以生産之務也。《詩》，《豳風·七月》之篇，言教民晝取茅草，夜索以爲綯。綯，絞也。及爾閒暇，亟而乘蓋爾野外之屋，春事起，爾將始播百穀矣。言農民之事無休已。“有恒産”之義與上篇同，孟子既爲齊宣王言之，滕文公問，復爲究陳其義，故各自載之也。古之賢君，身行恭儉，禮下大臣；賦取於民不過什一之制也。陽虎，魯季氏家臣也。富者好聚，仁者好施，施不得聚，道相反也。陽虎非賢者也，言有可采，不以人廢言也。夏禹之世，號夏后氏。后，君也，禹受禪於君，故夏稱后；殷周順人心而征伐，故言人也。民耕五十畝，貢上五畝；耕七十畝者，以七畝助公家；耕百畝者，徹取十畝以爲賦；雖異名而多少同，故曰皆什一也。徹，猶人徹取物也。藉者，借也，猶人相借力助之也。龍子，古賢人也，言治土地之賦無善於助者也；貢者，挍數歲以爲常類而上之，民供奉之有易有不易，故謂之莫不善也。樂歲，豐年；狼戾，猶狼藉也；粒米，粟米之粒也。饒多狼藉，棄捐於地，是時多取於民不爲暴虐也，而反以常數少取之。至於凶年飢歲，民人糞治其田尚無所得，不足以食，而公家取其税必滿其常數焉，不若從歲飢穰以爲多少，與民同之也。盻盻，勤苦不休息之貌；動，作；稱，舉也。言民勤身動作終歲不得以養食其父母，公賦當畢，有不足者，又當舉貸子倍而益滿之，至使老小轉尸溝壑，安可以爲民之父母也？古者諸侯卿大夫士有功德，則世禄賜族者也。官有世功者，其子雖未任居官，得世食其父禄，賢者子孫必有土之義也。滕固知行是矣，言亦當恤民之子弟，閔其勤勞者也。《詩》、《小雅·大田》之篇，言太平時民悦其上，願欲天之先雨公田，遂以次及我私田也，猶殷人助者，爲有公田耳。此周詩也，而云“雨公田”，知雖周家時亦助也。以學習禮教化於國。養者，養耆老；教者，教以禮樂；射者，三耦四矢以達物導氣也；學則三代同名，皆謂之學，學乎人倫。人倫者，人事也，猶《洪範》曰“彝倫攸叙”，謂常事所叙也。有行三王之道而興起者，當取法於有道之國也。《詩》，《大雅·文王》之篇，言周雖后稷以來舊爲諸侯，其受王命，惟文王新復修治禮義以致之耳。以是勸勉文公，欲使庶幾新其國也。畢戰，滕臣也，問古井田之法。時諸侯各去典籍，人自爲政，故井田之道不明也。子，畢戰也。經，亦界也。必先正其經界，勿侵鄰國乃可鈞井田，平穀禄。穀，所以爲禄也。《周禮·小司徒》曰“乃經土地而井牧其田野”，言正其土地之界，乃定受其井牧之處也。暴君，殘虐之君；汙吏，貪吏也。慢經界，不正本也，必相侵陵長爭訟也。分田，賦廬井也；制禄，以庶人在官者比上農夫，轉以爲差，故可坐而定也。褊小，謂五十里也；爲，有也。雖小國，亦有君子，亦有野人，言足以爲善政也。九一者，井田以九頃爲數而供什一，郊野之賦也。助者，殷家税名也，周亦用之，龍子所謂莫善於助也。時諸侯不行助法。國中什一者，《周禮》：“園廛二十而税一。”時行重賦，責之什一也。而，如也；自，從也。孟子欲請使野人如助法，什一而税之；國中從其本賦，二十而税一以寬之也。古者卿以下至於士，皆受圭田五十畝，所以共祭祀。圭，絜也。士田，故謂之圭田，所謂“惟士無田則亦不祭”，言絀士無絜田也。井田之民，養公田者受百畝，圭田半之，故五十畝。餘夫者，一家一人受田，其餘老小尚有餘力者，受二十五畝，半於圭田，謂之餘夫也。受田者，田萊多少有上中下，《周禮》曰“餘夫亦如之”，亦如上中下之制也。《王制》曰“夫圭田無征”，謂餘夫圭田皆不出征賦也。時無圭田餘夫，孟子欲令復古，所以重祭祀，利民之道也。死，謂葬死也；徙，謂爰土易居，平肥磽也。不出其鄉，易爲功也。同鄉之田，共井之家，各相營勞也。出入相友，相友耦也。《周禮·太宰》曰：“八曰友，以任得民。”守望相助，助察姦也。疾病相扶持，扶持其羸弱，救其困急，皆所以教民相親睦之道。睦，和也。方一里者，九百畝之地也，爲一井，八家各私得百畝，同共養其公田之苗稼。公田八十畝，其餘二十畝以爲廬井宅園圃，家二畝半也。先公後私，“遂及我私”之義也。則是野人之事，所以别於士伍者也。略，要也，其井田之大要如是，而加慈惠潤澤之，則在滕君與子共勠力撫循之也。《章指》言：尊賢師，知采人之善，善之至也。修學校，勸禮義，敕民事，正經界，鈞井田，賦什一，則爲國之大本也。

《集注》 文公以禮聘孟子，故孟子至滕，而文公問之。民事，謂農事。言農事至重，人君不可以爲緩而忽之，故引《詩》言。治屋之急如此者，蓋以來春將復始播百穀，而不暇爲此也。陽虎，陽貨，魯季氏家臣也。天理人欲不欲並立，虎之言此，恐爲仁之害於富也。孟子引之，恐爲富之害於仁也。君子小人，每相反而已矣。此以下，乃言制民常産與其取之之制也。夏時，一夫受田五十畝，而每夫計其五畝之入以爲貢。商人始爲井田之制，以六百三十畝之地畫爲九區，區七十畝，中爲公田，其外八家各授一區，但借其力以助耕公田而不復税其私田。周時一夫授田百畝，鄉遂用貢法，都鄙用助法，八家同井，耕則通力而作，收則計畝而分，故謂之徹。“其實皆什一”者，貢法固以十分之一爲常數，惟助法乃是九一，而商制不可考。周制則公田百畝，中以二十畝爲廬舍，一夫所耕公田實計十畝，通私田百畝，爲十一分而取其一，蓋以輕於什一矣。竊料商制亦當似此，而以十四畝爲廬舍，一夫實耕公田七畝，是亦不過什一也。龍子，古賢人。狼戾，猶狼藉，言多也。盻，恨視也。勤動，勞苦也。稱，舉也。貸，借也，取物於人而出息以償之也。孟子嘗言：文王治岐，耕者九一，仕者世禄，二者王政之本也。今世禄滕已行之，惟助法未行，故取於民者無制耳。詩，《小雅·大田》之篇。言願天雨於公田，而遂及私田，先公而後私也。當時助法盡廢，典籍不存，惟有此詩可見周亦用助，故引之也。庠以養老爲義，校以教民爲義，序以習射爲義，皆鄉學也。學，國學也。倫，序也。父子有親，君臣有義，夫婦有别，長幼有序，朋友有信，此人之大倫也。庠、序、學、校，皆以明此而已。滕國褊小，雖行仁政，未必能興王業。然爲王者師，則雖不有天下，而其澤亦足以及天下矣。聖賢至公無我之心，於此可見。詩《大雅·文王》之篇。言周雖后稷以來舊爲諸侯，其受天命而有天下，則自文王始也。畢戰，滕臣。文公因孟子之言而使畢戰主爲井地之事，故又使之來問其詳也。井地，即井田也。經界，謂制地分田。此法不脩，則田無定分而豪强得以兼并，故井地有不均；賦無定法而貪暴得以多取，故穀禄有不平。此欲行仁政者之所以必從此始，而暴君汙吏則必欲慢而廢之也。有以正之，則分田制禄，可不勞而定矣。野，效外都鄙之地也。九一而助，爲公田而行助法也。國中，郊門之内，鄉遂之地也。田不井授，但爲溝洫，使什而自賦其一，蓋用貢法也。周所謂徹法者蓋如此。此世禄常制之外，又有圭田，所以厚君子也，所以奉祭祀也。程子曰：“一夫上父母、下妻子，以五口、八口爲率，受田百畝。如有弟，是餘夫也，年十六，别受田二十五畝。俟其壯而有室，然後更受百畝之田。”愚按：此百畝常制之外，又有餘夫之田，以厚野人也。同井者，八家也。守望，防寇盗也。公田以爲君子之禄，而私田野人之所受。先公後私，所以别君子野人之分也。不言君子，據野人而言，省文耳。潤澤，謂因時制宜，使合於人情，宜於土俗，而不失乎先王之意也。吕氏曰：“子張子慨然有意三代之治，論治人先務，未始不以經界爲急；講求法制，粲然備具。要之可以行於今，如有用我者，舉而措之耳。嘗曰：‘仁政必自經界始。貧富不均，教養無法，雖欲言治，皆苟而已。世之病難行者，未始不以亟奪富人之田爲辭。然兹法之行，悦之者衆，苟處之有術，期以數年，不刑一人而可復，所病者特上之未行耳。’乃言曰：‘縱不能行之天下，猶可驗之一鄉。’方與學者議古之法：買田一方，畫爲數井。上不失公家之賦役，退以其私，正經界，分宅里，立斂法，廣儲蓄，興學校，成禮俗，救災恤患，厚本抑末。足以論先王之遺法，明當今之可行。有志未就而卒。”愚按：喪禮、經界兩章，見孟子之學，識其大者。是以雖當禮法廢壞之後，制度節文不可復考，而能因略以致詳，推舊而爲新，不屑屑於既往之迹，而能合乎先王之意。真可謂命世亞聖之才矣。

《正義》 高誘注《吕氏春秋》、《淮南子》，皆云：“爲，治也。”是爲國即治國也。……不可緩即不可使怠惰也。何以不使怠惰？故又申言之云：以政督趣，教以生產之務，如下所云。《詩》在《七月》第七章，毛傳云："宵，夜。綯，絞也。乘，升也。"箋云："爾，女也。女當晝日往取茅歸，夜作絞索，以待時用。亟，急；乘，治也。十月定星將中，急當治野廬之屋。其始播百穀，謂祈來年百穀於公社。"……《論語・陽貨篇》"陽貨欲見孔子"，集解孔氏曰："陽貨，陽虎也，季氏家臣而專魯國之政。"家臣即宰也。專政，《春秋》以盜書，是非賢者也。虎親富不親仁，則重在富；孟子引之，則重在仁。仁人不爲罔民之政，則不爲富而爲仁矣。顧氏炎武《日知録》云："古來田賦之制……蓋三代取民之異，在乎貢、助、徹，不在乎五十、七十、百畝；其五十、七十、百畝，特丈尺之不同，而田未嘗易也，故曰其實皆什一也。《王制》曰：'古者以周尺八尺爲步，今以周尺六尺四寸爲步。'而當日因時制宜之法亦有可言：夏時土曠人稀，故其畝特大；殷周土易人多，故其畝漸小。以夏之一畝爲二畝，其名殊而實一矣。"王氏念孫《廣雅疏證》云："《王制》'古者公田藉而不税'，鄭注云：'藉之言借也，借民力治公田，美惡取於此，不税民之所自治也。'……鄭氏注《匠人》云：'貢者，自治其所受田，貢其税穀；莇者，借民之力以治公田，又使收斂焉；徹者，通其率以什一爲正也。'"……姚文田《求是齋自訂稿》云："徹之名義，嘗屢求其説而不得，因考《公劉》、《崧高》兩詩，毛傳皆訓徹爲治；鄭氏《公劉》箋云'什一而税爲之徹'，又於《匠人》注云'通其率以什一爲正'，《論語》注云'徹，通也，爲天下之通法'；趙氏《孟子》注'耕百畝者，徹取十畝以爲賦，徹猶人徹取物也'；賈氏《匠人》疏引之；孔氏《公劉》疏亦云'徹取此隰原所收之粟以爲軍國之糧'，是又以徹爲取；以他處'徹俎'、'徹樂'之類證之，皆是收取之義；《孟子》亦言'徹者徹也'，不煩更增一解，似徹取之義，尤爲了當。然其制度何若，終不能明。惟《周官・司稼》云：'巡野觀稼，以年之上下出斂法。'是知徹無常額，惟視年之凶豐，此其與貢異處。助法正是八家合作，而上收其公田之入，無煩更出斂法，然其弊，必有如何休所云'不盡力於公田者'，故周直以公田分授八夫，至斂時則巡野觀稼，合百一十畝通計之，而取其什一，其法亦不異於助，故《左傳》云'穀出不過藉'。然民自無公私緩急之異，此其與助異處。……謂之徹者，直是通盤核算，猶徹上徹下之謂，並非通融之義，於此求之，則徹法亦可想見。故孟子既公釋徹、助之義，而又據《大田》之詩，以證其與助同法。先儒以貢、助兼用爲詞，殆未然矣。"按"粒米狼戾"，言米之粒不愛恤而縱横於地也，因豐年饒多，故不愛恤而棄捐之也。……取盈，是取其税而滿其常數，如器定受若干如其量以盈之也。阮元《校勘記》云："盻字見《説文》，云'恨視貌'。但趙注以'勤苦不休息'爲訓，趙作'肹'不作"盻"也。"……趙注《孟子》"稱貸"曰："稱，舉也。"……子，即息也。……因畢賦不足，又稱貸於子錢家，以益滿此不足之數，而所貸子錢乃倍於所不足之數，由此積累，至使父母妻子飢寒而死矣。周氏炳中《辨正》云："徹本無公田，故《孟子》云'惟助爲有公田'，言惟助有則徹無，以明其制之異。言'雖周亦助'，見助豐凶相通，徹亦豐凶相通，明其意之同。若徹原是助，則人人共知，孟子何用辭費？徹無公田，《詩》曰'雨我公田'者，商家同井，公田在私田外；周九夫爲井，公田在私田中。《夏小正》云：'三農服於公田。'公田之稱可施於貢，獨不可施於徹乎？"又云："孟子言夏曰校殷曰序周曰庠，此鄉學也。而《王制》所載虞曰庠，夏曰序，爲國學之稱。考之《周禮》，則州黨之學皆曰序，而庠校不見於經。《學記》云'黨有庠'者，庾氏謂夏殷制，非周法，其説皆與《孟子》不合。讀孟子書，當就孟子求其義，不得又以他説汨亂之。安溪李文貞公云：'立太學以教於國，設庠序以化於邑，董子雖言之而莫行也。故在漢代，辟雍太學之制，博士弟子員之設，僅於京師而已。自後天下州邑，亦徒廟事孔子而無學。宋之中世，始詔天下有州者皆得立學，而縣之學士滿二百人，始得爲之；少則不能中律，今荒州僻縣，無不設之學矣。意三代相承亦如此。夏之時，鄉爲置校而已；殷之時，州莫不有序焉；周人修而兼用之，而黨庠以徧：此自古及今，其制浸廣也。黨近於民，故主於上齒尊長，而以養爲義；鄉近於國，故總乎德行道藝，而以教爲義；州則自黨而升，而將賓於鄉，故修乎禮樂容節，而以射爲義：此則自上而下，其法浸備也。'文貞此説最善，蓋黨統於州，州統於鄉，故序以承校，庠以承序，制以漸而始大備。俗説謂三代之鄉學各一，而惟遞變其名，不可通矣。"王氏念孫《廣雅疏證》云："《孟子·滕文公篇》：'庠者，養也；校者，教也；序者，射也。'《廣雅》卷四云：'校，教也。'卷五云：'序，射也。'皆本《孟子》。引之云：《説文》：'庠，禮官養老也。'《王制》'有虞氏養國老於上庠'，鄭注云：'庠之言養也。'趙岐注《孟子》云：'養者，養耆老；射者，三耦四矢以達物導氣。'此皆緣辭生訓，非經文本意也。養國老於上庠，謂在庠中養老，非謂庠以養老名也。《州長職》云'春秋以禮會民而射於州序'，謂在序中習射，非謂序以習射名也。《王制》：'耆老皆朝於庠，元日習射上功。'而庠之義獨取義於養老，何也？《文王世子》：'適東序養老。'而序之義獨取於習射，何也？庠序學校，皆爲教學而設；養老習射偶一行之，不得專命名之義。庠訓爲養，序訓爲射，皆是教導之名，初無別異也。《文王世子》：'立太傅少傅以養之，欲其知父子君臣之道也。'鄭注云：'養，猶教也。'言養者，積浸養成之。《保氏職》云：'掌養國子以道。'此庠訓養之説也。射、繹古字通。《爾雅》云：'繹，陳也。'《周語》云：'無射，所以宣布哲人之令德，示民軌儀也。'則射者陳列而宣示之，所謂'謹庠序之教，申之以孝弟之義'也，此序訓爲射之説也。養，射，皆教也，教之爲父子，教之爲君臣，教之爲長幼，故曰皆所以明人倫也。徹者，徹也；助者，藉也；庠者，養也；校者，教也；序者，射也。皆因本事以立訓，豈嘗別指一事以名之哉！"按《禮記·坊記》云："未没喪不稱君，示民不爭也。故《魯春秋》記晉喪曰：'殺其君之子奚齊，及其君卓。'"注云："没，終也。《春秋傳》曰'諸侯以其封内三年稱子'，至其臣子，踰年則謂之君矣。"孟子未臣於齊，恐其稱君在終喪之後，未必既葬即聘賢人，蓋滕文行三年之喪，喪將終，乃聘孟子；孟子至，未幾即終喪，故此仍在三年之内則稱子，既三年喪畢則稱君也。畢戰來問，此云子之君，君指文公，則子指畢戰也。趙氏以此經界，即各國之疆界。封建與井田相表裏，故先不相侵奪，而井田乃可鈞也。……《小司徒》地官職也鄭注云："九夫爲井者，方一里九夫所治之田也。此制小司徒經之，匠人爲之，溝洫相包乃成耳。"鄭氏以小司徒所經即井田之界，經土地之經爲"經始靈臺"之經，謂小司徒經度之，與趙氏説異。錢大昕《潛研堂答問》云："鄭康成注《周禮》，嘗引《孟子》'野九夫而税一，國中什一'之文，孔穎達《詩正義》申其旨云：'周制有貢有助：助者，九夫而税一夫之田；貢者，什一而貢一夫之穀。通之二十夫而税二夫，是爲什中税一也。九一而助，爲九中一。知什一自賦，非什中一者，以言九一，即云而助，明九中一助也。國中言什一，乃云使自賦，是什一之中使自賦之，明非什中一爲賦也。'言別野人者，別野人之法，使與國中不同也。《爾雅》云：'郊外曰野。'則野人爲郊外也。野人爲郊外，則國中爲郊内也。"

【淺悟】

綯，讀音 táo(ㄊㄠˊ)。挍讀音 jiào(ㄐㄧㄠˋ)，同校。盻，讀音 xī(ㄒㄧ)，《説文》云"恨視貌"，趙注"勤苦不休息之貌"，譯文取《説文》之義。褊，讀音 biǎn(ㄅㄧㄢˇ)，狹小之義。

孟子對滕文公所説的"有恒産者有恒心，無恒産者無恒心；苟無恒心，放辟邪侈，無不爲已，及陷乎罪，然後從而刑之，是罔民也"這段話，在首卷第七章對齊宣王也説過，其在治國中的重要地位，由此可見。所謂恒産，是指能够維持一家人基本生存條件的固定産業，包括農田、住宅、作坊、商號等。假如没有恒産，生存便失去保障，其後果可想而知。

章末"所以別野人也"一語，很難理解其與本章的總體思想有何關聯，因爲自古以來早春時節，帝王也要親自扶犁耕田，用以勸農。譯文所言僅供參考。

5.4

【原文】

有爲神農之言者許行，自楚之滕，踵門而告文公曰："遠方之人，聞君行仁政，願受一廛而爲氓。"

文公與之處。其徒數十人，皆衣褐，捆屨織席以爲食。

陳良之徒陳相，與其弟辛，負耒耜而自宋之滕，曰："聞君行聖人之政，是亦聖人也，願爲聖人氓。"

陳相見許行而大悦，盡棄其學而學焉。

陳相見孟子，道許行之言曰："滕君則誠賢君也，雖然，未聞道也。賢者與民並耕而食，饔飧而治。今也滕有倉廩府庫，則是厲民而以自養也，惡得賢？"

孟子曰："許子必種粟而後食乎？"

曰："然。"

"許子必織布而後衣乎？"

曰："否，許子衣褐。"

"許子冠乎？"

曰："冠。"

曰："奚冠？"

曰："冠素。"

曰："自織之與？"

曰："否，以粟易之。"

曰："許子奚爲不自織？"

曰："害於耕。"

曰："許子以釜甑爨，以鐵耕乎？"

曰："然。"

"自爲之與？"

曰："否，以粟易之。"

"以粟易械器者，不爲厲陶冶，陶冶亦以其械器易粟者，豈爲厲農夫哉？且許子何不爲陶冶，舍皆取諸其宫中而用之？何爲紛紛然與百工交易，何許子之不憚煩？"

曰："百工之事，固不可耕且爲也。"

"然則治天下獨可耕且爲與？有大人之事，有小人之事。且一人之身而百工之所爲備，如必自爲而後用之，是率天下而路也。故曰或勞心，或勞力。勞心者治人，勞力者治於人；治於人者食人，治人者食於人：天下之通義也。當堯之時，天下猶未平，洪水横流，氾濫於天下，草木暢茂，禽獸繁殖，五穀不登，禽獸偪人，獸蹄鳥迹之道交於中國。堯獨憂之，舉舜而敷治焉。舜使益掌火，益烈山澤而焚之，禽獸逃匿。禹疏九河，瀹濟、漯而注諸海，決汝、漢，排淮、泗而注之江，然後中國可得而食也。當是時也，禹八年於外，三過其門而不入，雖欲耕得乎？后稷教民稼穡，樹藝五穀，五穀熟而民人育。人之有道也，飽食煖衣，逸居而無教，則近於禽獸。聖人有憂之，使契爲司徒，教以人倫：父子有親，君臣有義，夫婦有别，長幼有敘，朋友有信。放勳曰勞之來之，匡之直之，輔之翼之，使自得之，又從而振德之。聖人之憂民如此，而暇耕乎？堯以不得舜爲己憂，舜以不得禹、皋陶爲己憂。夫以百畝之不易爲己憂者，農夫也。分人以財謂之惠，教人以善謂之忠，爲天下得人者謂之仁。是故以天下與人易，爲天下得人難。孔子曰：'大哉，堯之爲君！惟天爲大，惟堯則之，蕩蕩乎，民無能名焉！君哉舜也！巍巍乎！有天下而不與焉。'堯舜之治天下，豈無所用其心哉？亦不用於耕耳。吾聞用夏變夷者，未聞變於夷者也。陳良，楚産也，悦周公仲尼之道，北學於中國，北方之學者未能或之先也，彼所謂豪傑之士也；子之兄弟事之數十年，師死而遂倍之。昔者孔子没，三年之外，門人治任將歸，入揖於子貢，相嚮而哭，皆失聲，然後歸。子貢反，築室於場，獨居三年，然後歸。他日，子夏、子張、子游以有若似聖人，欲以所事孔子事之，彊曾子，曾子曰：'不可，江漢以濯之，秋陽以暴之，皜皜乎不可尚已！'今也，南蠻鴃舌之人，非先王之道，子倍子之師而學之，亦異於曾子矣。吾聞出於幽谷，遷于喬木者，未聞下喬木而入于幽谷者。《魯頌》曰：'戎狄是膺，荆舒是懲。'周公方且膺之，子是之學，亦爲不善變矣！"

"從許子之道，則市賈不貳，國中無僞，雖使五尺之童適市，莫之或欺。布帛長短同則賈相若，麻縷絲絮輕重同則賈相若，五穀多寡同則賈相若，屨大小同則賈相若。"

曰："夫物之不齊，物之情也：或相倍蓰，或相什百，或相千萬。子比而同之，是亂天下也。巨屨小屨同賈，人豈爲之哉？從許子之道，相率而爲僞者也，惡能治國家？"

【譯文】

有位依託神農的言教實行的人名叫許行，從楚國來到滕國，進門便告訴文公説："我這遠方來的人聽説國君實行仁政，願意領受一夫所居之地能够成爲流亡之民。"

文公給他住處。其門徒數十人,全都穿着粗麻編織的短衣,靠打草鞋織草席維持生計。

陳良的門徒陳相和他弟弟陳辛,扛着農具從宋國來到滕國,對文公説:"聽説國君推行聖人的政策,這樣的國君也是聖人哩,我們願意成爲聖人治下的流亡之民。"

陳相見過許行後愉悦極了,完全放棄了自己的儒學而學許行那一套。

陳相見到孟子,轉達許行的言論説:"滕君果真是位賢君哩,雖説是賢君,却未曾聽過真正的道理嘛。若是賢君就應與民並肩耕作自食其力,利用早餐晚餐的時間就能治理政務。如今呢,滕國有倉廩府庫儲藏糧食和財物,這是拿虐待人民得來的成果供養自己哩,怎能算得上賢明?"

孟子説:"許子必是種了穀子之後才吃飯嗎?"

回答是這樣。

"許子必是織布之後才穿衣裳嗎?"

答道:"不,許子穿粗麻編織的短衣。"

"許子戴帽子嗎?"

回答戴帽子。

問:"戴什麽帽?"

回答戴白帽。

問:"自己織的麽?"

答:"不,用穀子换的。"

問:"許子爲什麽不自己織?"

答:"因對耕作有妨害。"

問:"許子用釜甑煮飯,用鐵器耕作嗎?"

回答是這樣。

"都是自己製造的麽?"

答:"不,用穀子换的。"

"用穀子换農械和炊具,如果不算虐待製陶工和冶煉工的話,那麽製陶工和冶煉工用他們製造的器物换穀子,難道算虐待農夫啊?況且許子爲何不自己製作陶器和冶煉農械,全都放在自己屋中以便隨時取用?爲何要忙忙碌碌地跟各種工匠交易,許子他怎麽不怕麻煩?"

陳相説:"各種工匠做的事本來就不可跟耕田兼顧哩。"

“那麽治理天下難道就可以跟耕田兼顧麽？要知道，在人類社會中，有大人各自所應做的事，有小民各自所應做的事。一個人的身上尚且備有各種工匠製作的物品來供應，如果這些物品必得自己製作之後才能使用，這樣大率天下人的力氣全得用在路上奔波哩。所以説，有人勞動心思，有人勞動體力。勞動心思的人治理别人，勞動體力的人受别人治理；受治理的人供養别人，治理的人靠别人供養：這是天下通行的義理嘛。當堯之時，天下仍未平復，洪水横流，漫天下氾濫，草木蕃茂，禽獸大量繁殖，五穀不能成熟，禽獸逼人，獸蹄鳥爪的印迹在中原各國的道路上交錯。堯獨自爲此擔憂，提拔起舜來敷施治理災患。舜使益執掌火政，益用烈火焚燒山澤茂密的草木，使禽獸逃匿。使禹疏通九河，治理濟水、漯水使之注入大海，決汝水、漢水之隄，排淮水、泗水之淤使之注入長江，這樣之後中原各國才得以耕種從而吃上飯了嘛。當此時呢，禹在外治水八年，多次經過自己家門都顧不上進去，即使想耕種行嗎？后稷教給人們稼穡，種植五穀，五穀成熟才能養育平民百姓。人們有個規律嘛，吃飽穿暖，閒居在家如果没受教育，就會近似禽獸。聖人爲此擔憂，使契擔任司徒，用人類的倫常道理進行教育，使父子之間有親情，君臣之間有恩義，夫婦之間有區别，長幼之間有次序，朋友之間有信用。堯帝放勳天天都去慰勞他們勸勉他們，匡正他們輔助他們，使他們自己得以端正，同時又能對那些窮苦百姓進行賑濟施以恩德。聖人他如此爲民憂慮，能有閒暇耕種嗎？堯因不能得到像舜這樣的人才作爲自己的憂愁，舜因不能得到像禹和皋陶這類人才作爲自己的憂愁。那些因百畝農田不容易治理作爲自己憂愁的人，乃是農夫嘛。拿財物分給人們稱之爲施惠，用慈善之舉教導人們稱之爲效忠，能使天下用人得當的話稱之爲仁道。由此可見，將天下禪讓給人容易，使天下用人得當難。孔子説：‘偉大啊，堯的君臨天下！只有天最爲偉大，只有堯能奉天爲法則！恩澤廣遠呀，人民没有能力名狀他的功績！君王啊，舜哩！崇高哇，擁有天下却不是參與争奪得到的！’堯和舜的治理天下，難道有什麽事他們没有用心做啊？只是不用在耕作上而已。我只聽到用華夏文明改變未開化的蠻夷這種説法，未曾聽到過華夏被蠻夷改變的説法嘛。陳良，生長在楚國哩，喜歡周公和仲尼的學問，來到北方中原國家就學，北方的學者没有哪位能超過他哩，他就是所説的那種才智出衆的豪傑之士嘛；你們兄弟以師禮侍奉他數十年，師父死後你們遂即背棄他。昔日孔子死，守喪三年之後，門人整理行裝將要回家，走進埊室向子貢揖别，相對而哭，都哭得氣咽不能發聲，然後各自回家；子貢反轉回來，在壇場旁築一小屋，又獨自居喪三年，然後才回家。後來，子夏、子張、子游認爲有若的相貌似聖人，打算用所師事孔子的禮數服事他，勉强曾子贊成，曾子説：‘不可！夫子之道有如用長江漢水洗濯過，在炎熱的太陽下面暴曬過一般，其潔白光亮是不可超越的呀！’如今呢，一個説話像鳥叫一樣難懂的南楚蠻子，竟敢非毁先王之道，你陳相却背棄你們師父去學鳥叫，這跟曾子大不相同呀。我聽説鳥都是從幽深的峽谷飛出往喬木林中遷徙，未曾聽説有飛下喬木林而往幽深的峽谷落入的鳥。《詩經·魯頌·閟宫》中有云：‘戎狄進犯需還擊，荆舒邪説需懲艾。’周公尚且抨擊的邪説，你却要學這樣的邪説，只會向不好的方面轉變而已！”

陳相説：“聽從許子的引導，市場的物價就不會要謊，國内就没有假貨，即使支使五尺小童到市上買東西，也没人欺騙他。布帛長短相同其價格就大致相同，麻縷絲絮的輕重相同其價格也大致相同，五穀多少相同其價格也大致相同，鞋的大小相同其價格也大致相同。”

孟子説：“這物價的不整齊，乃是貨物的實情嘛：有的相差一倍五倍，有的相差十倍百倍，有的相差千倍萬倍，你却用相似的物品對比而同等對待，這是擾亂天下哩。如果粗劣的鞋跟精緻的鞋同價，哪個人肯製做精緻的鞋啊？聽從許子的引導，君民都成了相互率領着造假的人了嘛，又怎能治理國家？”

【古注】

《注》 神農，三皇之君，炎帝神農氏也。許，姓。行，名也。治爲神農之道者。踵，至也。廛，居也。自稱遠方之人願爲氓。氓，野人之稱。文公與之居處，舍之宅也。其徒，學其業者也。衣褐，貧也。捆，猶叩椓也，織屨欲使堅，故叩之也。賣屨席以供食飲也。陳良，儒者也。陳相，良之門徒也。辛，相弟。聖人之政，謂仁政也。棄陳良之儒道，更學許行神農之道也。陳相言許行以爲滕君未達至道也。相言許子以爲古賢君當與民並耕而各自食其力。饔飧，熟食也，朝曰饔，夕曰飧，當身自具其食，兼治民事耳。今滕賦税有倉廩府庫之富，是爲厲病其民以自奉養，安得爲賢君乎。三皇之時質樸無事，故道若此也。問許子必自身種粟。乃食之邪？相曰然，許子自種之。孟子曰，許子自織布然後衣之乎？相曰不自織布，許子衣褐，以毳織之，若今馬衣者也；或曰：褐，枲衣也；一曰：粗布衣也。孟子問相，相曰冠也。孟子問許子何冠也？相曰許子冠素。孟子曰許子自織素與？相言許子以粟易素。孟子曰許子何爲不自織素乎？相曰織妨害於耕，故不自織也。爨，炊也。孟子曰許子寧以釜甑炊食，以鐵爲犁用之耕否邪？相曰用之。孟子曰許子自冶鐵陶瓦器邪？相曰不自作鐵瓦，以粟易之也。械，器之揔名也；厲，病也。以粟易器不病陶冶，陶冶亦何以爲病農夫乎？且許子何爲不自陶冶。舍者，止也，止不肯皆自取之其宫宅中而用之，何爲反與百工交易紛紛爲煩也？相曰百工之事固不可耕且爲，故交易也。孟子言百工各爲其事尚不可得耕且兼之，人君自天子以下當治天下政事，此反可得耕且爲邪？欲以窮許行之非滕君不親耕也。孟子謂五帝以來有禮義上下之事，不可復若三皇之道也，言許子不知禮也。孟子言人道自有大人之事，謂人君行教化也；小人之事，謂農工商也。一人而備百工之所作，作之乃得用之者，是率導天下之人以羸路也。勞心者，君也；勞力者，民也。君施教以治理之，民竭力治公田以奉養其上，天下通義，所常行也。遭洪水，故天下未平；水盛，故草木暢茂；草木盛，故禽獸繁息衆多也。登，升也。五穀不足升用也。猛獸之迹，當在山林，而反交於中國懼害人，故堯獨憂念之。敷，治也。《書》曰"禹敷土"，治土也。掌，主也，主火之官，猶古火正也。烈，熾也，益視山澤草木熾盛者而焚燒之，故禽獸逃匿而遠竄也。疏，通也；瀹，治也；排，壅也。於是水害除，故中國之地可得耕而食也。禹勤事於外，八年之中三過其家門而不得入。《書》曰："辛壬癸甲，啓呱呱而泣，予弗子。"如此寧得耕乎。棄爲后稷也。樹，種；藝，殖也。五穀謂稻、黍、稷、麥、菽也。五穀所以養人也，故言民人育也。司徒主人，教以人事；父父子子、君君臣臣、夫夫婦婦、兄兄弟弟、朋友貴信，是爲契之所教也。放勳，堯號也。遭水災，恐其小民放辟邪侈，故勞來之，匡正直其曲心，使自得其本善性，然後又復從而振其羸窮，加德惠也。重喻陳相，言聖人以不得賢聖之臣爲己憂，農夫以百畝不易治爲己憂。爲天下求能治天下者難得也，故言以天下傳與人尚爲易也。天道蕩蕩乎大無私，生萬物而不知其所由來，堯法天，故民無能名堯德者也。舜得人君之道哉，德盛乎，巍巍乎有天下之位，雖貴盛不能與益。舜巍巍之德，言德之大，大於天子位也。堯舜蕩蕩巍巍如此，但不用心於躬自耕也。當以諸夏之禮義化變夷蠻之人耳，未聞變化於夷蠻之人，則其道也。陳良生於楚，北遊中國，學者不能有先之者也，可謂豪傑過人之士也。子之兄弟，謂陳相、陳辛也。數十年師事陳良，良死而倍之，更學於許行，非之也。任，擔也；失聲，悲不能成聲；場，孔子冢上祭祀壇場也。子貢獨於場左右築室復三年，慎終追遠也。有若之貌似孔子，此三子者思孔子而不可復見，故欲尊有若以作聖人，朝夕奉事之如事孔子，以慰思也。曾子不肯，以爲聖人之潔白，如濯之江漢暴之秋陽。秋陽，周之秋，夏五六月，盛陽也。皜皜，甚白也。何可尚，而乃欲以有若之質，放聖人之坐席乎？尊師道，故不肯。今此許行乃南楚蠻夷，其舌之惡如鴃鳥耳。鴃，博勞也。《詩》云："七月鳴鴃。"應陰而殺物者也。許子託於大古，非先聖王堯舜之道，不務仁義而欲使君臣並耕，傷害道德，惡如鴃舌，與曾子之心亦異遠也。人當出深谷上喬木，今子反下喬木入深谷。《詩》，《魯頌・閟宫》之篇也。膺，擊也；懲，艾也。周家時擊戎狄之不善者，懲止荆舒之人，使不敢侵陵也。周公常欲擊之，言南夷之人難用，而子反悦是人而學其道，亦爲不善變更矣。孟子究陳此者，深以責陳相也。陳相復爲孟子言此，如使從許子淳樸之道，可使市無二賈，不相僞誕，不相欺愚小也。長短謂丈尺，輕重謂斤兩，多寡謂斗石，大小謂尺寸，皆言其同賈，故曰無二賈者也。孟子曰，夫萬物好醜異賈，精粗異功，其不齊同，乃物之情性也。蓰，五倍也；什，十倍也。至於千萬相倍，譬若和氏之璧，雖與凡玉之璧尺寸厚薄適等，其賈豈可同哉？子欲以大小相比而同之，則使天下有争亂之道也。巨，粗屨也；小，細屨也。如使同價而賣之，人豈肯作其細者哉？時許子教人僞者耳，安能治國家者也？《章指》言：神農務本，教於凡民；許行蔽道，同之君臣；陳相倍師，降於幽谷，不理萬物，謂之敦樸：是以孟子博陳堯舜上下之叙以匡之也。

《集注》 炎帝神農氏，始爲耒耜、教民稼穡者也。爲其言者，史遷所謂農家者流也。踵門，足至門也。程子曰："許行所謂神農之言，乃後世稱述上古之事，失其義理者耳，猶陰陽、醫方稱黄帝之説也。"許行此言，蓋欲陰壞孟子分别君子野人之法。路，謂奔走道路，無時休息也。治於人者，見治於人也。食人者，出賦税以給公上也。食於人者，見食於人也。君子無小人則饑，小人無君子則亂，以此相易，正猶農夫、陶冶以粟與械器相易，乃所以相濟，而非所以相病也。治天下者，豈必耕且爲哉？瀹，亦疏通之意。決、排，皆去其壅塞也。據《禹貢》及今水路，惟漢水入江耳，汝，泗則入淮，而淮自入海。此謂泗水皆入於江，記者之誤也。言水土平，然後得以教稼穡；衣食足，然後得以施教化。"人之有道"，言其皆有秉彝之性也，然無教，則亦放逸怠惰而失之，故聖人設官而教以人倫，亦因其固有者而道之耳。堯言："勞者勞之，來者來之，邪者正之，枉者直之，輔以立之，翼以行之。使自得其性矣，又從而提撕警覺以加惠焉，不使其放逸怠惰而或失之。"蓋命契之辭也。堯、舜之憂民，非事事而憂之也，急先務而已，所以憂民者其大如此，則不惟不暇耕，而亦不必耕矣。分人以財，小惠而已。教人以善，雖有愛民之實，然其所及，亦有限而難久。惟若堯之得舜，舜之得禹、皋陶，乃所謂爲天下得人者，而其恩惠廣大，教化無窮矣，此其所以爲仁也。巍巍，高大之貌。不與，猶言不相關，言其不以位爲樂也。陳良生於楚，在中國之南，故北游而學於中國也。先，過也。豪傑，才德出衆之稱，言其能自拔於流俗也。倍，與背同。言陳良用夏變夷，陳相變於夷也。有若似聖人，蓋其言行氣象有似之者，如《檀弓》所記子游謂"有若之言似夫子"之類是也。皜皜，潔白貌。尚，加也。言夫子道德明著，光輝潔白，非有若所能仿佛也。或曰此三語者，孟子贊美曾子之辭也。鴃，博勞也，惡聲之鳥。南蠻之聲似之，指許行也。《魯頌》，《閟宮》之篇也。荆，楚本號也。舒，國名，近楚者也。按：今此詩爲僖公之頌，而孟子以周公言之，亦斷章取義也。陳相又言許子之道如此，蓋神農始爲市井，故許行又託於神農而有是説也。孟子言物之不齊，乃其自然之理。其有精粗，猶其有大小也，若大屨小屨同價，則人豈肯爲其大者哉？今不論精粗，使之同價，是使天下之人皆不肯爲其精者，而競爲濫惡之物以相欺耳。

《正義》 《漢書·藝文志》云："農家者流，《神農》二十篇。六國時諸子疾時怠於農業，道耕農事，託之神農。"……《吕氏春秋·愛類篇》云："神農之教曰：士有當年而不耕者，則天下或受其饑矣；女有當年而不績者，則天下或受其寒矣。故身親耕，妻親績，所以見致民利也。"神農之教，即所謂神農之言也。……古之人民食鳥獸蠃蚘之肉，多疾病毒傷之害，故神農因天時，分地利，制耒耜，教民播種五穀，久而耒耨之利，民皆粒食。黄帝堯舜垂衣裳而天下治，通變神化，定尊卑，辨上下，爲萬世法，故孟子言必稱堯舜。尸、商之徒，仍託神農之言以惑天下，許行從而衍之，猶墨者之於翟耳。……《毛詩》"胡取禾三百廛兮"，傳云："一夫之居曰廛。"是廛即居也。《説文》木部云："械，桎梏也。一曰器之總名。"桎梏爲刑罰之器……而實非桎梏兵甲之專名，故《荀子·王制篇》言"喪祭械用"，《禮記·王制》云"器械異制"，注云："謂作務之用。"《孟子》此文又指釜甑耕犁而言，是凡器皆得稱械，故云器之總名也。……《釋文》云："古者貴賤同稱宫，秦漢以來惟王者所居稱宫焉。"按宫是貴賤通稱，此許行所居即廛宅，故以宅解宫也。毛氏奇齡《四書賸言》云："舍皆取諸其宫中而用之，舍，止也，言止取宫中，不須外求也。趙注舍止，又以不肯爲止，謂不肯皆自取宫室之中，則猶是止字而解又不同。""是率導天下至路也"。翟氏灝《攷異》云："趙注謂'導人羸困之路'，丁、張覺其未安，而欲改字爲露。不若奔走道路爲得，《管子·四時篇》云'不知五穀之故，國家乃路'，房氏注曰：'路謂失其常居。'可爲此路字之證。"放勳日，按孔本作"放勳日"，與《音義》同。他本俱作"曰"，作"日"是也。言既命益、禹、稷、契而不自己也，日日勞來，匡直輔翼，所以然者，使自得之也而未已也，又從而振德之。日字與又字相應，與《大學》"日日新，又日新"同。下云"聖人之憂民如此"，緊承此數語。不然徒使益、禹等勤勞，放勳轉有暇矣。"而暇耕乎"四字正從日字一貫。趙氏謂許子傷害道德，惡如鴃舌，正以鴃應陰氣而鳴，鳴則傷害天地之生氣，堯舜仁義之道亦天地之生氣也。許子以並耕之説害之，故惡如伯勞之舌，非謂其聲之嘵嘵啅譟也。《禮記·王制》云："南方曰蠻。"許行楚人，故稱南蠻。趙氏明以夷釋蠻，非謂其音之蠻，與鴃舌同也。南蠻不皆鴃舌，鴃舌不必南蠻。南蠻言其地，鴃舌言其賊害也。……孟子謂陳相之倍陳良而從許行，異於曾子之尊孔子而不事有若。趙氏注"惡如鴃舌"以上斥許行，"與曾子之心亦遠異也"貫下斥陳相。趙注"巨，粗屨也；小，細屨也"……《禮記·樂記》云"凝是精粗之體"，注云："精粗，謂萬物大小也。"是精粗通謂之大小。巨爲大，即爲麤也；小爲精，即爲細也。粗疏易成，細巧功密，此物情之迥異。許子屨大小以形論，此巨小以情論；治國家以情不以形，此堯舜所以用心而通變神化也，豈特一屨之微哉！

【淺悟】

廛，讀音 chán（ㄔㄢˊ）。氓，讀音 méng（ㄇㄥˊ）。褐，讀音 hè（ㄏㄜˋ）。屨，讀音 jù（ㄐㄩˋ）。耒耜，讀音 lěi sì（ㄌㄟˇ ㄙˋ）。饔飧，讀音 yōng sūn（ㄩㄥ ㄙㄨㄣ）。釜甑爨，讀音 fǔ zèng cuàn（ㄈㄨˇㄗㄥˋㄘㄨㄢˋ）。食人，食讀 sì（ㄙˋ）。偪，讀音 bì（ㄅㄧˋ），同逼。瀹，讀音 yuè（ㄩㄝˋ）。濟，讀音 jǐ（ㄐㄧˇ）。漯，讀音 tà（ㄊㄚˋ）。契，讀音 xiè（ㄒㄧㄝˋ）。勞來，讀音 lào lài（ㄌㄠˋㄌㄞˋ）。皋陶，讀音 gāo yáo（ㄍㄠㄧㄠˊ）。暴，讀音 pù（ㄆㄨˋ），同曝。皜，讀音 hào（ㄏㄠˋ）。鴃，讀音 jué（ㄐㄩㄝˊ）。蓰，讀音 xǐ（ㄒㄧˇ）。

炎帝神農氏，身處遠古蒙昧的洪荒時代。當時人類的生存狀況正如焦氏正義所說："食鳥獸蠃蛖之肉，多疾病毒傷之害。"神農發明耒耜，教民播種五穀；嘗百草，爲民醫病療傷，使華夏文明前進一大步。但到許子之時，距神農達數千年之久，人民早已掌握了農耕技藝，社會已發生了巨大變化，執政者要做的事很多，許行却依然主張賢君應像神農那樣"與民並耕而食，饔飧而治"，可謂抱殘守缺，不思進取者也。對此，孟子給予了有力駁斥。

孟子所說"舍皆取諸其宫中而用之"中的"舍"字，各古注皆訓爲止，謂"止不肯皆自取之其宫宅中而用之"。此語本與上面的"且許子何不爲陶冶"一語是連貫一氣的問話，這樣一來，二者反而不連貫了。近代學者大概也覺得這樣解釋不妥，遂將"舍"字訓爲啥，什麽。可是"啥"字爲近代所創造，先秦古籍從未有以啥訓舍的先例，這樣解經更欠嚴謹。竊以爲"舍"通捨，有放置之義；"而"通能、能够，此語謂"皆放置在自己屋中能够隨時取用之"。如此，便可與上言連貫一氣，表達出一句完整的問話了。

"是率天下而路也"一語中的"率"字，各古注皆讀爲 shuài（ㄕㄨㄞˋ），率領之義，似欠妥，不如讀爲 lǜ（ㄌㄩˋ），取大率，大概之義；"而"字取能力之義，謂"這樣大概天下人的能力全得用在路上奔波了"。

孔子在《論語》中說："夫仁者，己欲立而立人，己欲達而達人。"孟子本章中所說的"分人以財謂之惠，教人以善謂之忠，爲天下得人者謂之仁"，正是對孔子這一論述的闡釋。

堯首創天下爲公的社會制度，舜忠實貫徹這一制度。孔子極力稱頌他們，足見堯和舜是其心目中最理想，最名符其實的天之子，屢屢稱之爲聖人。孟子引用孔子這一不論哪家學派皆無異議的贊傾詞駁斥陳相，可謂智者之論。

孟子說的"以天下與人易，爲天下得人難"，更是智者之所見。僅以堯舜爲例，雖說他倆都是聖人，但就"得人"而言，舜則不及堯。堯將天子位禪讓給功德蓋世的舜，天下爲公的社會制度得以延續。舜將天子位禪讓給功德蓋世的禹，從此天下被竊據爲己有，步入到漫長的家天下的專制統治時代。足見"得人"之難。

另外，孟子說的"勞心者治人，勞力者治於人"這段話，乃是社會分工的必然，古今中外皆不能免；也是當時的古訓，故曰"天下之通義也"。然而偏有人說這是孟子提出的主張，説他“認爲勞心者對勞力者的統治是合理的現象，這大力支持了中國二千年封建統治的黑暗勢力”。真是信口雌黄，幼稚可笑。

5.5

【原文】

墨者夷之，因徐辟而求見孟子。孟子曰：“吾固願見，今吾尚病，病愈我且往見。”

夷子不來。他日又求見孟子。孟子曰：“吾今則可以見矣。不直則道不見，我且直之。吾聞夷子墨者，墨之治喪也，以薄爲其道也。夷子思以易天下，豈以爲非是而不貴也？然而夷子葬其親厚，則是以所賤事親也。”

徐子以告夷子。夷子曰：“儒者之道，‘古之人若保赤子’，此言何謂也？之則以爲：愛無差等，施由親始。”

徐子以告孟子。孟子曰：“夫夷子信以爲人之親其兄之子爲若親其鄰之赤子乎？彼有取爾也：赤子匍匐將入井，非赤子之罪也。且天之生物也，使之一本，而夷子二本故也。蓋上世嘗有不葬其親者，其親死，則舉而委之於壑。他日過之，狐狸食之，蠅蚋姑嘬之，其顙有泚，睨而不視。夫泚也，非爲人泚，中心達於面目，蓋歸反虆梩而掩之。掩之誠是也，則孝子仁人之掩其親，亦必有道矣。”

徐子以告夷子。夷子憮然，爲間，曰：“命之矣。”

【譯文】

墨家學者夷之因徐辟的關係請求見孟子。孟子説：“我本意願見，可我現在尚在病中，等病痊愈我將前往見他，夷子不必過來。”

改日徐辟又爲夷子請求見孟子。孟子説：“我今天就可以見他呀。但是不直説，儒家的主張便體現不出來，我將以直言相告。我聽説夷子是墨家學者，墨家的治理喪事呢，以淡薄爲其宗旨哩。夷子想用此道改變天下的喪俗，難道認爲不這樣便是不重視麼？然而夷子爲其父母却採用厚葬，這就等於用其所輕賤的態度在侍奉父母。”

徐子將這番話轉告給夷子。夷子説：“儒家的指導思想，即古先王强調的對待人民要像保養初生的嬰兒。此話如何理解呢？我夷之這樣認爲：愛没有等級差别，施愛先從父母做起。”

徐子將此話轉告給孟子。孟子説：“這位夷子果真以爲人們愛他哥的孩子會像愛他鄰居的嬰兒一樣嗎？他摘取‘古之人若保赤子’這句話，誤以爲赤子爬行即將落入井中，不是赤子的罪過，見者都會去搶救，這種愛當然無等差。但那句話不是這個意思。況且天生的萬物呢，使各物都只出自一個根本，然而夷子認爲愛無差等，是因其造出兩個根本的緣故嘛。大概上古時代曾有不安葬其父母的人，他父母死後，就抬着將遺體棄置在溝壑中。改日經過那裏，屍體被狐狸吃過，蚊蠅在撕咬處叮吮，他額角滲出羞慚的汗，斜眼瞅着而不忍正視。這汗呢，並非因爲被人看見感到羞慚出的汗，而是内心的羞慚達到面目，於是返回家拿來土筐鐵鍬將屍體掩埋。掩埋屍體確實正確哩，效法孝子仁人的掩埋其父母，也必然有道理呀。"

徐子將這番話轉告給夷子。夷子憮然失意了片刻説："承受教命了呀。"

【古注】

《注》 夷之，治墨家之道者。徐辟，孟子弟子也。求見孟子，欲以辯道也。我常願見之，今值我病，不能見也，病愈將自往見，以辭卻之。是日，夷子聞孟子病，故不來；他日，復往求見。告徐子曰，今我可以見夷子矣，不直言攻之則儒家聖道不見，我且欲直攻之也：我聞夷子爲墨道，墨者治喪貴薄而賤厚，夷子思欲以此道易天下之化使從己，豈肯以薄爲非是而不貴之也？如使夷子葬其父母厚也，是以所賤之道奉其親也。如其薄也，下言"上世不葬"者，又可鄙足爲戒也，吾欲以此攻之也。之，夷子名也。言儒家曰，古之治民若安赤子，此何謂乎？之以爲當同其恩愛，無有差次等級相殊也，但施愛之事先從己親屬始耳，若此何爲獨非墨道也？親，愛也。夫夷子以爲人愛兄子與愛鄰人之子等邪。彼取赤子將入井，雖他人子亦驚救之，謂之愛同也。但以赤子無知，非其罪惡，故救之耳。夷子必以此況之，未盡達人情者也。天生萬物各由一本而出，今夷子以他人之親，與己親等，是爲二本，故欲同其愛也。上世，未制禮之時。壑，路旁坑壑也。其父母終，舉而委棄之壑中也。嘬，攢共食之也。顙，額也。泚，汗出泚泚然也。見其親爲獸蟲所食，形體毀敗，中心慚，故汗泚泚然出於額，非爲他人而慚也，自出其心，聖人緣人心而制禮也。虆梩，籠臿之屬可以取土者也。而掩之實是其道，則孝子仁人掩其親有以也。孟子言是以爲墨家薄葬不合道也，徐子復以告夷子。夷子憮然者，猶悵然也。爲間者，有頃之間也。命之，猶言受命教矣。《章指》言：聖人緣情，制禮奉終；墨子元同，質而違中；以直正枉，憮然改容：蓋其理也。

《集注》 墨者，治墨翟之道者。《莊子》曰："墨子生不歌，死無服，桐棺三寸而無椁。"是墨之治喪，以薄爲道也。易天下，謂移易天下之風俗也。夷子學於墨氏而不從其教，其心必有所不安者，故孟子因以詰之。"若保赤子"，《周書·康誥篇》文，此儒者之言也。夷子引之，蓋欲援儒而入於墨，以拒孟子之非己；又曰"愛無差等，施由親始"，則推墨而附於儒，以釋己所以厚葬其親之意，皆所謂遁辭也。孟子言人之愛其兄子與鄰之子，本有差等。《書》之取譬，本爲小民無知而犯法，如赤子無知而入井耳。且人物之生，必各本於父母而無二，乃自然之理，若天使之然也，故其愛由此立，而推以及人自有差等。今如夷子之言，則是視其父母本無異於路人，但其施之之序，姑息此始耳，非二本而何哉？因夷子厚葬其親而言此，以深明一本之意。上世，謂太古也。睨，邪視也。視，正視也。不能不視，而又不忍正視，哀痛迫切，不能爲心之甚也。非爲人泚，言非爲他人見之而然也。所謂一本者於此見之，尤爲親切。蓋惟至親故如此，在他人，則雖有不忍之心，而其哀痛迫切不至若此之甚矣。於是歸而掩覆其親之屍，此葬埋之禮所由起也。此掩其親者，若所當然，則孝子仁人所以掩其親者，必有其道，而不以薄爲貴也。憮然，茫然自失之貌。命，猶教也。言孟子已教我矣。蓋因其本心之明，以攻其所學之蔽，是以吾之言易入而彼之惑易解也。

《正義》 趙氏以"夷子不來"是記其實事，近時通解謂亦孟子言，謂我病愈，往見夷子，夷子不必來。《墨子》有《節葬》三篇，上中亡，下篇尚存，其言云："古聖王治爲葬埋之法，曰棺三寸，足以朽體；衣衾三領，足以覆惡。以及其葬也，下毋及泉，上毋通臭，壟若參畊之畝則止矣。"此以薄爲道也。……"然而夷子葬其親厚"，趙氏"如使"云云，則是設辭。近時通解以"夷子葬其親厚"乃是夷子實事，孟子因其有此實事異乎墨子之道，故直指爲以所賤事親，攻其隙所以激發其性也，此説爲得。"若保赤子"，《周書·康誥》文。江氏聲《尚書集注音疏》云："《孟子·滕文公篇》墨者夷之求見孟子，稱儒者之道，'古之人若保赤子'，以爲'愛無差等，施由親始'。孟子解之曰：'彼有取爾也；赤子匍匐將入井，非赤子之罪也。'詳孟子之意，謂愚民無知與赤子同，其或入於刑辟，猶赤子之入井，非其罪也。保赤子者，必能扶持防護之，使不至於入井。保民者當明其政教以教導之，使不陷於罪戾，是之謂'若保赤子'。此孟子説《書》之意。"《康誥》此言主用刑，言民無知而將犯刑罰，不必爲吾之親近始保救之，猶赤子無知而將入井，不必爲吾兄之子始保救之，故云若，若之言同也。故趙氏云，雖他人子亦驚救之，謂之愛同也。蓋赤子唯保救其將入井，愚民惟保救其將犯刑罰。至於平時親愛之，則鄰之赤子終不若兄之子，愚民終不若己之父兄。是以鄰里有喪，非不助之殯葬，然斷不必厚如葬其親也，此人情也。夷子不知此，是爲不達人情。《易·繫辭傳》云："古之葬者，厚衣之以薪，葬之中野。"翟灝《攷異》云："此云上世，乃上古也，故與《易》所言古事不同。然二事相因，自有虆梩之掩，遂漸成衣薪葬野之世。"《禮記·坊記》云"命以防欲"，注云："命，謂教命。"

【淺悟】

差等，差讀音 cī(ㄘ)。蚋，讀音 ruì(ㄖㄨㄟˋ)。嘬，讀音 chuài(ㄔㄨㄞˋ)。泚，讀音 cǐ(ㄘˇ)。虆梩，讀音 léi lí(ㄌㄟˊㄌㄧˊ)。憮，讀音 wǔ(ㄨˇ)。

"若保赤子"一語，出自《尚書·周書·康誥》。説的是周公平定三監之亂後，封康叔爲衛侯，監管殷遺民，行前周公代成王囑託康叔的誥文，其主旨爲"明德慎罰"。正如焦循正義所云："《康誥》此言主用刑，言民無知而將犯刑罰，不必爲吾之親近始保救之，猶赤子無知而將入井，不必爲吾兄之子始保救之，故云若，若之言同也。蓋赤子惟保救其將入井，愚民惟保救其將犯刑罰。"如何保救其將犯刑罰？《論語·爲政篇》子曰："道之以政，齊之以刑，民免而無恥；道之以德，齊之以禮，有恥且格。"意思是：用行政命令引導，用刑罰整齊社會秩序，人們就會設法避免制裁却没有羞恥心；用道德引導人，用禮的規範整齊社會秩序，人們不但有羞恥心而且能自我端正。這話説得多麼中肯啊！一個人有没有教養，區别只在其有没有羞恥心。没有羞恥心的人，就會没有什麼壞事是他不敢幹的；要想使其有羞恥心，除了"導之以德，齊之以禮"外，别無良方。這一點在不同的家庭教養中早已得出結論。

孟子卷六淺悟

滕文公章句下　凡十章

6.1

【原文】

陳代曰:“不見諸侯,宜若小然。今一見之,大則以王,小則以霸。且志曰‘枉尺而直尋’,宜若可爲也。”

孟子曰:“昔齊景公田,招虞人以旌,不至,將殺之。志士不忘在溝壑,勇士不忘喪其元。孔子奚取焉?取非其招不往也。如不待其招而往,何哉?且夫枉尺而直尋者,以利言也。如以利,則枉尋直尺而利,亦可爲與?昔者趙簡子使王良與嬖奚乘,終日而不獲一禽。嬖奚反命曰:‘天下之賤工也。’或以告王良,良曰:‘請復之。’强而後可,一朝而獲十禽。嬖奚反命曰:‘天下之良工也。’簡子曰:‘我使掌與女乘。’謂王良,良不可,曰:‘吾爲之範我馳驅,終日不獲一;爲之詭遇,一朝而獲十。《詩》云:不失其馳,舍矢如破。我不貫與小人乘,請辭。’御者且羞與射者比,比而得禽獸雖若丘陵,弗爲也。如枉道而從彼,何也?且子過矣!枉己者,未有能直人者也。”

【譯文】

陳代説:“夫子不願見諸侯,彷彿有輕視之嫌。現今一旦會見他們,往大處着眼乃用來輔佐王天下,往小處着眼乃用來輔佐稱霸諸侯。而且志書記載稱‘枉屈一尺能伸直八尺’,彷彿可以這樣嘗試會見嘛。”

孟子説:“昔日齊景公田獵,誤拿出旗竿用旄牛尾和羽毛裝飾的旌旗招唤掌管山澤苑囿的虞人,自然不會來到,便打算殺他。有道是志士不忘隨時横屍在溝壑,勇士不忘隨時喪失其頭顱。孔子將怎樣選擇支持誰?當然選擇支持不符合規定的招致不前往的虞人嘛。如果不等諸侯招致便前往,那算怎麽回事啊?況且這枉屈一尺能伸直八尺的比喻,是從利益的角度説的嘛。如果站在利益的角度,那麽枉屈八尺只能伸直一尺要有利的話,莫非也可以嘗試前去會見諸矦麽？昔日趙簡子指使王良給他的名叫奚的嬖倖之臣駕車打獵，從早到晚打不到一隻禽獸。嬖奚向簡子復命説：‘找了個天下最糟糕的駕車工師哩。’有人把這話告訴了王良，王良説：‘請再打一次獵。’經過勉强之後嬖奚才肯去，一個早晨便獵獲到十隻禽獸。嬖奚復命説：‘王良是天下最好的駕車工師哩。’簡子説：‘我命他掌管給你駕車。’又跟王良商議，王良不肯，説道：‘我爲他用我規範的法式驅車奔馳，一整天不能獵獲一隻；爲他用詭詐的方法對付，一個早晨就能獵獲十隻。《詩經·小雅·車攻》中有云：不失其馳驅法度，發箭必能破靶的。我不習慣給小人駕車，請辭謝。’一個駕車的人尚且以跟那樣的射手比附感到羞恥，因比附而能分得禽獸哪怕堆得像丘陵，人家也不幹哩。要是我依照歪門邪道去隨從那些諸矦，又是何苦呢？而且你也有過錯呀！自身枉屈的人，不曾有能使人變得正直的情形出現嘛。”

【古注】

《注》 陳代，孟子弟子也。代見諸矦有來聘請孟子，孟子有所不見，以爲孟子欲以是爲介，故言此介得無爲狹小乎？如一見之，儻得行道，可以輔致霸王乎。志，記也。枉尺直尋，欲使孟子屈己信道，故曰宜若可爲也。虞人，守宛囿之吏也。招之當以皮冠而以旌，故不至也。志士，守義者也。君子固窮，故常念死無棺椁没溝壑而不恨也。勇士，義勇者也。元，首也。以義則喪首不顧也。孔子奚取，取守死善道，非禮招己則不往。言虞人不得其招尚不往，如何君子而不待其招，直事妄見諸矦者，何爲也？尺小尋大，不可枉大就小而以要利也。趙簡子，晉卿也；王良，善御者也；嬖奚，簡子幸臣。以不能得一禽，故反命於簡子，謂王良天下鄙賤之工師也。聞嬖奚賤之，故請復與乘。强嬖奚，乃肯行。以一朝得十禽，故謂之良工。掌，主也。使王良主與女乘。王良不肯。範，法也。王良曰：我爲之法度之御，應禮之射，正殺之禽，不能得一。横而射之曰詭遇，非禮之射則能獲十。言嬖奚小人也，不習於禮。《詩》，《小雅·車攻》之篇也，言御者不失其馳驅之法，則射者必中之。順毛而入，順毛而出，一發貫臧，應矢而死者如破矣，此君子之射也。貫，習也。我不習與小人乘，不願掌與嬖奚同乘，故請辭。孟子引此以喻陳代，云御者尚知恥羞此射者，不欲與比，子如何欲使我枉正道而從被驕慢諸矦而見之乎？謂陳代之言過謬也。人當以直矯枉耳，己自枉曲。何能正人？《章指》言：脩禮守正，非招不往；枉道富貴，君子不許：是以諸矦雖有善其辭命，伯夷亦不屑就也。

《集注》 枉，屈也。直，伸也。八尺曰尋。枉尺直尋，猶屈己一見諸矦而可以致王霸，所屈者小，所伸者大也。志士固窮，常念死無棺椁，棄溝壑而不恨。勇士輕生，常念戰鬬而死，喪其首而不顧也。此二句乃孔子歎美虞人之言。夫虞人，招之不以其物，尚守死而不往，况君子，豈可不待其招而自往見之邪？此以上，告之以不可往見之意。此以下正其所稱“枉尺直尋”之非。夫所謂枉小而所伸者大則爲之者，計其利耳。一有計利之心，則雖枉多伸少而有利，亦將爲之邪？甚言其不可也。趙簡子，晉大夫趙鞅也。王良，善御者也。嬖奚，簡子幸臣。與之乘，爲之御也。復之，再乘也。“强而後可”，嬖奚不肯，强之而後肯也。詭遇，不正而與禽遇也。言奚不善射，以法馳驅則不獲，廢法詭遇而後中也。比，阿黨也。若丘陵，言多也。或曰：“居今之世，出處去就，不必一一中節。欲其一一中節，則道不得行矣。”楊氏曰：“何其不自重也？枉己豈能直人乎？古之人寧道不行，而不輕其去就，是以孔、孟雖在春秋、戰國之時，而進必以正，以至終不得行而死也。使不恤去就而可以行道，孔、孟當先爲之矣。孔、孟豈不欲道之行哉？”

《正義》 昭公二十年《左傳》云：“十二月，齊侯田於沛，招虞人以弓，不進。公使執之，辭曰：‘昔我先君之田也，旃以招大夫，弓以招士，皮冠以招虞人。臣不見皮冠，故不敢進。’乃舍之。仲尼曰：‘守道不如守官，君子韙之。’”《韓詩外傳》云：“子路與巫馬期薪於韞丘之下，陳之富人有處師氏者，脂車百乘，觴於韞丘之上。子路與巫馬期曰：‘使子無忘子之所知，亦無進子之所能，得此富終身，無復見夫子，子爲之乎？’巫馬期喟然仰天而歎，闟然投鎌於地曰：‘吾嘗聞之夫子，勇士不忘喪其元，志士仁人不忘在溝壑，子不知予與？試予與？意者其志與？’”……巫馬期不願處師氏之富，固死無棺椁，棄尸溝壑而不恨者也。注“王良，善御者也”，哀公二年《左傳》云“郵無恤御簡子”，注云：“郵無恤，王良也。”……孟子說王良善御之事，古者車駕四馬，御之爲難，故爲六藝之一。王良之善御最有名，於書傳多稱之。《楚辭》云：“當世豈無騏驥兮？誠無王良之善御；見執轡者非其人兮，故駒跳而遠去。”《國語・晉語》云“趙簡子使尹鐸爲晉陽，郵無正進曰”云云；又云“初，伯樂與尹鐸有怨，以其賞如伯樂氏”，注云：“無正，晉大夫郵良伯樂。”又云：“伯樂，無正字。”《淮南子・覽冥訓》云：“昔者王良，造父之御也，上車攝轡，馬爲整齊而斂諧，投足調勻，勞逸若一，心怡氣和，體便輕畢，安勞樂進，馳騖若滅。”高誘注云：“王良，晉大夫郵無子良也，所謂御良也，一名孫無政，爲趙簡子御，死而托精於天駟星，天文有王良星是也。”引詩在《小雅・車攻篇》第六章，毛傳云：“言習於射御法也。”……鄭氏箋云：“御者之良，得舒疾之中；射者之工，矢發則中，如椎破物也。”……王引之《經傳釋詞》云：“如，猶而也。‘不失其馳，舍矢如破’，如破，而破也。家大人曰：舍矢而破，與舍拔則獲同意，皆言其中之速也。鄭箋及《孟子》趙注，皆誤解如字。”

【淺悟】

由本章可以看出，孔子和孟子的處世原則極爲鮮明，凡不合乎正義的事，決不屈己盲從。孔子說：“不義而富且貴，於我如浮雲。”一代代志士仁人，都以此爲座佑銘。

6.2

【原文】

景春曰：“公孫衍、張儀豈不誠大丈夫哉！一怒而諸侯懼，安居而天下熄。”

孟子曰：“是焉得爲大丈夫乎？子未學禮乎：丈夫之冠也，父命之；女子之嫁也，母命之，往送之門，戒之曰：‘往之女家，必敬必戒，無違夫子。’以順爲正者，妾婦之道也。居天下之廣居，立天下之正位，行天下之大道，得志與民由之，不得志獨行其道，富貴不能淫，貧賤不能移，威武不能屈，此之謂大丈夫。”

【譯文】

景春說：“公孫衍、張儀難道不算真正的大丈夫啊？一旦動怒能使諸侯恐懼，居家無事能使天下戰火熄滅。”

孟子說：“這怎能稱得上大丈夫呀！你未曾學過禮嗎？丈夫的加冠禮嘛，遵從父親的教命；女子的出嫁呢，遵從母親的教命，把女兒送到門口，告誡她說：‘去到婆家，必須尊敬長輩，必須警戒出差錯，不可違拗夫子。’若以順從當做正業的話，那是妻妾婦人們的立身之路嘛。身爲丈夫，就應居住在天下最廣闊的居處中，站立在天下最中正的位置上，行走在天下爲公的大同之道上，得志就同人民一道沿着這一方向走，不得志就獨自推行其大道，富貴不能使其淫亂，貧賤不能使其動摇，威武不能使其屈服，這樣的人才稱得上大丈夫。”

【古注】

《注》　景春，孟子時人，爲從横之術者。公孫衍，魏人也，號爲犀首，常佩五國相印爲從長，秦王之孫，故曰公孫。張儀，合從者也。一怒則構諸侯使强陵弱，故言懼也。安居不用辭説，則天下兵革熄也。孟子以禮言之，男子之道當以義匡君，女子則當婉順從人耳。男子之冠，則命曰就爾成德。今此二子，從君順指，行權合從，無輔弼之義，安得爲大丈夫也。廣居，謂天下也。正位，謂男子純乾正陽之位也。大道，仁義之道也。得志行正與民共之，不得志隱居獨善其身，守道不回也。淫，亂其心也。移，易其行也。屈，挫其志也。三者不惑，乃可以爲大丈夫矣。《章指》言：以道匡君，非禮不運，稱大丈夫。阿意用謀，善戰務勝，事雖有剛，心歸柔順，故云妾婦，以況儀、衍。

《集注》　女子從人，以順爲正道也。蓋言二子阿諛苟容，竊取權勢，乃妾婦順從之道耳，非丈夫之事也。淫，蕩其心也。移，變其節也。屈，挫其志也。何叔京曰：“戰國之時，聖賢道否，天下不復見其德業之盛。但見姦巧之徒得志横行，氣焰可畏，遂以爲大丈夫。不知由君子觀之，是乃妾婦之道耳，何足道哉？”

《正義》　景春，周氏廣業《孟子出處時地考》云：“景春稱儀、衍而不及蘇秦，秦時已爲齊所殺矣。”《孟子古注攷》云：“《漢・藝文志》兵形勢家有《景子》十三篇，疑即此人。”《史記・秦本紀》云：“惠文君五年，陰晉人犀首爲大良造。六年，魏納陰晉，陰晉更名寧秦。”裴駰集解云：“犀首，官名，姓公孫，名衍。”徐廣曰：“陰晉，今之華陰也。”衍爲大良造時，陰晉尚屬魏，衍爲陰晉人，是魏人也。又《張儀列傳》附《公孫衍傳》云：“犀首者，魏之陰晉人也，名衍，姓公孫氏，與張儀不善。張儀已卒之後，犀首入相秦，嘗佩五國之相印，爲約長。”集解引司馬彪云：“犀首，魏官名，若今虎牙將軍。”按此則衍在魏爲犀首之官，在秦爲大良造之官。趙氏云號爲犀首，未詳所本。……周氏炳中《辨正》云：“趙注云‘衍嘗佩五國相印爲從長’，《史記》‘犀首入秦爲約長’，此言衍相秦，約五國與秦衡親，正破從爲横之事。約長非從長也，未有相秦而合從者也。衍生長於魏，趙氏謂‘秦王之孫，故曰公孫’，亦未知所出。”山東地形從長，蘇秦相六國，合從親而賓秦也。關西地形衡長，張儀相六國，令破其從而連秦之衡。故蘇爲合從，張爲連衡也，乃趙氏以儀爲合從者，未詳所本。“丈夫之冠也，父命之”，江永《羣經補義》云：“父命之者，迎賓冠子，父主其事。至於《士冠禮》諸祝辭，皆賓祝之，非父命也，父醮則有辭矣。”周氏炳中《辨正》云：“陳亦韓曰：‘《士冠禮》無父命之文，賓則有三加祝辭，又有醴辭字辭，冠後以贄見於卿大夫鄉先生……皆有言以勸勉之。蓋父不自命，而以其命之意出於賓，亦不親教子之意也。’”閻氏若璩《釋地又續》云：“門，即父母家之門，非女子所適之壻家之門。今人衹緣俗有母送其女至壻家禮，遂以爲壻門。不知婦人迎送不出門，又内言不出於梱，古豈有是耶？然《孟子》此一禮，與《儀禮·士昏禮記》亦殊不同。……大抵《孟子》言禮多主大綱，不暇及詳。抑《儀禮》定於周初，而列國行之久，頗各隨其俗。如衛人之祔也離之，魯人之祔也合之，雖孔子善魯，而衛當日仍行自若。"

【淺悟】

"居天下之廣居"以下這段話，曾激勵過一代又一代中華兒女，面對外侮，不惜拋頭顱、灑熱血，勇赴國難。當然也有部份人經不起富貴、貧賤、威武的考驗，淪爲人所不齒的敗類。

6.3

【原文】

周霄問曰："古之君子仕乎？"

孟子曰："仕。傳曰：'孔子三月無君，則皇皇如也，出疆必載質。'公明儀曰：'古之人，三月無君則弔。'"

"三月無君則弔，不以急乎？"

曰："士之失位也，猶諸侯之失國家也。《禮》曰：'諸侯耕助以供粢盛，夫人蠶繅以爲衣服。犧牲不成，粢盛不絜，衣服不備，不敢以祭。惟士無田，則亦不祭。'牲殺器皿衣服不備，不敢以祭，則不敢以宴，亦不足弔乎？"

"出疆必載質，何也？"

曰："士之仕也，猶農夫之耕也。農夫豈爲出疆舍其耒耜哉？"

曰："晉國亦仕國也，未嘗聞仕如此其急。仕如此其急也，君子之難仕何也？"

曰："丈夫生而願爲之有室，女子生而願爲之有家，父母之心人皆有之。不待父母之命，媒妁之言，鑽穴隙相窺，踰牆相從，則父母國人皆賤之。古之人未嘗不欲仕也，又惡不由其道；不由其道而往者，與鑽穴隙之類也。"

【譯文】

周霄問道："古時候的君子出仕嗎？"

孟子説："出仕。傳記稱：'孔子三個月没有國君，就會表現出心神不安的樣子，走出國界必攜帶跟該國君相見的禮物。'公明儀説：'古時候的人，三個月没有國君就去弔唁。'"

"三月没有國君就弔唁，不太急迫嗎？"

孟子説："士子的失去職位呢，猶如諸侯的失去國家嘛。《禮記》中有云：'諸侯親耕藉田率民助耕用來供給祭祀的穀物，夫人親自養蠶繅絲用來製做祭祀的衣服。犧牲不肥碩，穀物不潔净，衣服不完備，不敢用於祭祀。凡是没有圭田的士，也就不用祭祀。'犧牲器皿衣服不完備，不敢用於祭祀，自然也就不敢用於宴請賓客，莫非也不能弔唁嗎?"

"走出國界必携帶贄見禮，爲什麽呢?"

答道："士子的出仕呢，猶如農夫的耕田嘛，農夫豈會因走出國界便捨棄他的耒耜啊?"

又問："我們晉國也是可以仕進的國度嘛，未曾聽説仕進的心情會如此急切。仕進的心情既然如此急切，君子您的難以出仕又是爲何呢?"

孟子説："男孩生下來就願意爲他找妻室，女孩生下來就願意爲她找婆家，父母的這種心願每個人都有。兒女如果不等父母的指令，媒妁的説合，便鑽孔穴私相窺探，翻牆相從，那麽父母和所有的人都會輕賤他們。古時候的人未嘗不想出仕哩，而是憎惡出仕不經由正當的途徑；不經由正當途經而前往出仕的人，跟鑽孔穴的男女類似。"

【古注】

《注》 周霄，魏人也。問君子之道當仕否。質，臣所執以見君者也。三月，一時也。物變而不佐君化，故皇皇如有求而不得。公明儀，賢者也，而言古人無君則弔，明當仕也。周霄怪乃弔於三月無君，何其急也。諸侯耕助者，躬耕勸率其民收其藉助以供粢盛。粢，稷；盛，稻也。夫人親執蠶繅之事以率女功；衣服，祭服。不成，不實肥腯也。惟，辭也，言惟絀禄之士無圭田者不祭。牲必特殺，故曰殺。皿，所以覆器者也。不祭則不宴，猶喪人也，不亦可弔乎? 周霄問，出疆何爲復載質? 孟子言仕之爲急，若農夫不可不耕。魏本晉也。周霄曰，我晉人也，亦仕，而不知其急若此。君子何爲難仕，君子謂孟子，何爲不急仕也。言人不可觸情從欲，須禮而行。言古之人雖欲仕，而不由其正道，是與鑽穴隙者何異。《章指》言：君子務仕，思播其道，達義行仁，待禮而動。苟容干禄，踰牆之女，人之所賤，故弗爲也。

《正義》 《楚辭·離世篇》云"征夫皇皇其孰依兮"，注 云："皇皇，惶遽貌。"《廣雅·釋訓》云："惶惶，勮也。"惶惶即皇皇也。《禮記·祭統》云："天子親耕於南郊，以共齊盛；王后蠶於北郊，以共純服。諸侯耕於東郊，亦以共齊盛；夫人蠶於北郊，以共冕服。"注 云："齊，或爲粢。"孟子所引之《禮》，蓋如是也。桓公十四年《穀梁傳》云："天子親耕以共粢盛，王后親蠶以共祭服。"又成十七年《穀梁傳》云："宫室不設，不可以祭；車馬器械不備，不可以祭；有司一人不備其職，不可以祭。"與《孟子》所言略同。然則"犧牲不成"以下，亦孟子述《禮》之文也。《禮記·曲禮》云："無田禄者，不設祭器。"又《王制》云："大夫士宗廟之祭，有田則祭，無田則薦。"……蓋田名藉田，以借助於民，故名。天子先親耕，而後民終之，是躬耕勸率於民也。天子雖躬耕，不過三推而已，其終收穫，得共粢盛，實由民之助力，故云收其藉助也。是耕爲躬耕，助爲民助。……助雖與藉義同，然藉指田名，助爲民助也。……桓公十四年《公羊傳》注 云："黍稷曰粢，在器曰盛。"……稷爲穀長，以統衆穀而名也。以諸穀在器言之，謂之盛。……趙氏以黍稷曰粢，則是稻粱曰盛，故云"盛，稻也"。其實黍稷在器亦名盛，稻粱爲簠簋實亦統名粢。

【淺悟】

質，讀音 zhì（ㄓˋ），通贄。粢盛，讀音 zichéng（ㄗ ㄔㄥˊ）。繅，讀音 sāo（ㄙㄠ）。

君子的出仕，決不會爲了名利而趨炎附勢、爲虎作倀。這是本章的主題。願借文中出現的男婚女嫁問題説點題外話。

孔子在《禮記·禮運篇》中有 云："飲食男女，人之大欲存焉。"所謂男女，即指婚姻。就是説，一個飲食，一個婚姻，是人生最大最重要的欲望。衆所周知，凡是欲望，都必須用相關的規矩加以約束，否則後患無窮，更何況是大欲。對待婚姻問題，年輕人没經驗，不知利害，好衝動，不計後果，與傳統要求的家庭和睦、白頭偕老，很少有真正的關注者。於是便涌現出一些潛規則，諸如同姓不通婚，近親不通婚，家庭出身要門當户對，以及孟子提到的"父母之命，媒妁之言"等等，並用複雜而張揚的婚禮形式以保障婚姻的圓滿。

所以，"文明"二字，當作何解？文明行爲，決非出自天性，而是靠"後天"的禮去規範，使之順應天道法則的行爲。

6.4

【原文】

彭更問曰："後車數十乘，從者數百人，以傳食於諸侯，不以泰乎？"

孟子曰："非其道，則一簞食不可受於人；如其道，則舜受堯之天下不以爲泰。子以爲泰乎？"

曰："否，士無事而食，不可也。"

曰："子不通功易事，以羨補不足，則農有餘粟，女有餘布；子如通之，則梓匠輪輿皆得食於子。於此有人焉，入則孝，出則悌，守先王之道，以待後之學者，而不得食於子。子何尊梓匠輪輿而輕爲仁義者哉？"

曰："梓匠輪輿，其志將以求食也。君子之爲道也，其志亦將以求食與？"

曰："子何以其志爲哉？其有功於子，可食而食之矣。且子食志乎，食功乎？"

曰："食志。"

曰："有人於此，毁瓦畫墁，其志將以求食也，則子食之乎？"

曰："否。"

曰："然則子非食志也，食功也。"

【譯文】

彭更問道："跟在後面的車數十輛，載有隨從的弟子數百人，輾轉到各諸侯國接受人家的供養，不太過分嗎？"

孟子説："不是正當的途徑，人家的哪怕一竹筒飯也不可接受；若是正當途徑，即使舜接受堯禪讓的天下也不能認爲過分。你認爲過分嗎？”

彭更説：“不是，我是指士子没做事如果接受人家供養就不可以嘛。”

孟子説：“你不開通功效交易之事，使人們拿剩餘之物補充不足之物，農夫就會有剩餘的糧食，婦女有剩餘的織布；你如果能使交易暢通，那麽木匠和造車工都能從你那裏得到供養。此處有這樣一個人，回到家便孝順父母，出來便善事長者，恪守先王的教導，以扶持後來的學者，然而在你那裏却得不到供養。你爲何重視木匠和造車工反而輕視實踐仁義的人啊？”

彭更説：“木匠和造車工，他們立志就打算用手藝謀求食物嘛。君子的實踐先王之道呢，其立志也打算以此謀求食物麽？”

孟子説：“你爲何牽扯他們的立志啊？只要他們對你有功，能供養就得供養他們呀。且問，你是靠立志謀食嗎，還是靠功業謀食呀？”

回答靠立志謀食。

孟子説：“在這兒有個匠人，毁壞屋瓦並塗墁粉刷一新的墻壁，他正是立志打算以此謀求食物哩，那麽你會供養他嗎？”

回答不會。

孟子説：“如此看來，你並非靠立志謀食嘛，而是靠功業謀食哩。”

【古注】

《注》 泰，甚也。彭更，孟子弟子。怪孟子徒衆多而傳食於諸矦之國，得無爲甚奢乎？簞，笥也。非以其道，一笥之食不可受也。子以舜受堯天下爲泰乎？彭更曰不以舜爲泰也，謂士無功事而虚食人者不可也。孟子言，凡人當通功易事，乃可各以奉其用。梓匠，木工也；輪人輿人，作車者。交易則得食於子之所有矣。《周禮》攻木之工七，梓匠輪輿是其四者。羨，餘也。入則事親孝，出則敬長順也。悌，順也。守先王之道，上德之士可以化俗者。若此不得食子之禄，子何尊彼而賤此也？彭更以爲彼志於食，此亦但志食也。孟子言禄以食功，子何食乎？彭更以爲當食志也。孟子言人但破碎瓦，畫地則復墁滅之，此無用之爲也。然而其意反欲求食，則子食乎？彭更曰不食也。孟子曰，如是則子果食功也。《章指》言：百工食力，以禄養賢；修仁尚義，國之所尊。移風易俗，其功可珍，雖食諸矦，不爲素餐。

《正義》 傳食於諸矦，《音義》出“傳食”云：“丁直戀切，言轉食也。”……成公五年《左傳》云“晉矦以傳召伯宗”，注云：“傳，驛也。”劉熙《釋名·釋宫室》云：“傳，傳也。人所止息而去，後人復來，轉轉相傳，無常主也。”然則傳食謂舍止諸矦之客館而受其飲食也。趙氏以餘釋羨，明《孟子》“農有餘粟，女有餘布”，兩餘即上“以羨”之羨。女以所羨之布易農所羨之粟，兩相補，則皆無不足。惟不相補則各有所餘，斯各有所不足矣。尚德之士解守先王之道，可以化俗解以待後之學者。待無化義，《儀禮·公食大夫禮》“左人待載”，注云：“古文待爲倖。”《周禮·服不氏》“以旌居乏而待獲”，杜子春云：“待，當爲持，書亦或爲持。”蓋趙氏讀待爲持，謂扶持後之學者，使不廢古先之教。惟守先道以扶持後學，所以有功。

【淺悟】

孟子率領弟子一行"後車數十乘,從者數百人,以傳食於諸侯"之舉,與孔子率領弟子周游列國的目的是一致的,一來是宣揚先王之道,以匡世濟民;二來可以使弟子實踐其所學,做到學以致用,加深對所學的理解,使中華文化得以有效傳承。然而弟子彭更却認爲此舉是在混飯吃。針對此,孟子作了耐心地解釋,以打消其糊塗觀念。如此教學,弟子能不長進麽?類似的情形,孔子周游途中遭遇險境時,各種糊塗觀念在其弟子中也曾出現過,孔子也都一一化解了,使弟子們於經受種種磨難鍛鍊和考驗的同時,也增長了知識。這才是真正的教育。

6.5

【原文】

萬章問曰:"宋,小國也,今將行王政,齊楚惡而伐之,則如之何?"

孟子曰:"湯居亳,與葛爲鄰。葛伯放而不祀;湯使人問之曰:'何爲不祀?'曰:'無以供犧牲也。'湯使遺之牛羊;葛伯食之,又不以祀。湯又使人問之曰:'何爲不祀?'曰:'無以供粢盛也。'湯使亳衆往爲之耕,老弱饋食;葛伯率其民,要其有酒食黍稻者奪之,不授者殺之。有童子以黍肉餉,殺而奪之。《書》曰'葛伯仇餉',此之謂也。爲其殺是童子而征之,四海之内皆曰:非富天下也,爲匹夫匹婦復讎也。湯始征,自葛載,十一征而無敵於天下,東面而征西夷怨,南面而征北狄怨,曰'奚爲後我'?民之望之,若大旱之望雨也。歸市者弗止,芸者不變,誅其君,弔其民,如時雨降,民大悦。《書》曰:'徯我后,后來其無罰!''有攸不惟臣,東征綏厥士女,匪厥玄黄,紹我周王見休,惟臣附于大邑周。'其君子實玄黄於匪以迎其君子,其小人簞食壺漿以迎其小人。救民於水火之中,取其殘而已矣。《太誓》曰:'我武惟揚,侵于之疆,則取于殘,殺伐用張,于湯有光。'不行王政云爾,苟行王政,四海之内,皆舉首而望之,欲以爲君。齊楚雖大,何畏焉?"

【譯文】

萬章問道:"宋國,小國哩,現打算實行帝王的政體,如果觸怒齊楚兩大國發兵討伐它,將怎麽辦?"

孟子説:"成湯居住在亳地時,與葛國爲鄰。葛伯放縱無道而且不祭祀先祖;成湯派人去問他爲什麽不祭祀,回答説没有用作供品的犧牲;成湯使人給他送去牛羊;葛伯把牛羊給吃了,並不用來祭祀;成湯又派人問他爲什麽不祭祀,回答説没有用作供品的粢盛;成湯指使亳地民衆前往爲他們耕作,年老體弱的運送飯食;葛伯率領他的民衆,攔截那些運送酒食糧米的老弱進行搶奪，不肯交出的就殺了他；有個童子拿糧食肉類饋贈，却遭殺害，黍肉也被奪走。《尚書·仲虺之誥》中記載的'葛伯仇餉'，正是指此事説的嘛。成湯因爲他們殺死這個童子而征討葛伯，四海之内都議論：成湯並非貪圖天下的財富哩，是爲匹夫匹婦報仇哩。成湯最初出征，從葛伯開始，向十一個無道國出征顯示出無敵於天下的力量，如果向東征討西方的夷人埋怨，如果向南征討北方的狄人埋怨，都説'爲什麽最後拯救我們'？人民的盼望成湯，如同大旱時的盼望下雨哩。湯師所到之處不使集市停止交易，不使芸田的農夫改變日常作息，只誅殺那裏的暴君，撫慰那裏的人民，有如及時雨降臨，人民歡天喜地。《仲虺之誥》又云：'等待我的君王，君王來到再也没有責罰！'《尚書·周書·武成》中周武王有云：'助紂爲虐者有所不甘歸附，所以東征安撫那裏的男女，他們的竹筐中盛有玄色黄色的絲帛，用此介紹給我周王以表達受到美好安撫的感激之情，但願臣附於大周國。'那裏的官員在竹筐中裝滿玄色黄色的絲帛來迎接大周的官員，百姓用竹筒盛着食物用壺盛着水漿來迎接大周的士兵。把人民從水深火熱之中拯救出來，只是爲了敦促查辦那些殘害百姓的暴徒而已呀。《尚書·泰誓》中有云：'我們的威武要鷹揚，侵入殷紂的邊疆，敦促剷除殘害百姓的暴徒，以張揚殺伐之功，比湯伐桀更榮光。'由此看來，不實行帝王的政體也就罷了，果真能實行王政，四海之内的百姓都會翹首盼望着，盼望他能成爲君王。齊楚兩國縱然强大，又何必畏懼他們？"

【古注】

《注》 問宋當如齊楚何也。葛，夏諸侯，嬴姓之國，放縱無道，不祀先祖。童子未成人，殺之尤無狀。書，《尚書》逸篇也。仇，怨也。言湯所以伐殺葛伯，怨其害此餉也。四海之民皆曰湯不貪天下富也，爲一夫報仇也。載，始也。言湯初征自葛始也。十一征而服天下。一説言當作"再"字，再十一者，湯再征十一國。再十一，凡征二十二國也。書，逸篇也。民曰待我君，君來我則無罰矣。歸市不止，不以有軍來征故，市者止不行也，不使芸者變休也。從"有攸"以下，道周武王伐紂時也，皆《尚書》逸篇之文。攸，所也。言武王東征安天下士女，小人各有所執往，無不惟念執臣子之節。匪厥玄黄，謂諸侯執玄三纁二之帛，願見周王，望見休善，使我得附就大邑周家也。其君子小人各有所執，以迎其類也。言武王之師救殷民於水火之中，討其殘賊也。《太誓》，古《尚書》百二十篇之時《太誓》也。我武王用武之"時惟鷹揚"也。侵于之疆，侵紂之疆界。則取于殘賊者，以張殺伐之功也。民有簞食壺漿之歡，比於湯伐桀爲有光寵，美武王德優前代也。今之《尚書·太誓篇》後得以充學，故不與古《太誓》同，諸傳記引《太誓》皆古《太誓》。萬章憂宋迫於齊楚，不得行政，故孟子爲陳殷湯周武之事以喻之，誠能行之，天下思以爲君，何畏齊楚焉？《章指》言：脩德無小，暴慢無强，是故夏商之末，民思湯武，雖欲不王，末由也已。

《集注》 宋王偃嘗滅滕伐薛，敗齊、楚、魏之兵，欲霸天下，疑即此時也。葛，國名；伯，爵也。

《書》,《尚書·仲虺之誥》也。仇餉,言與餉者爲仇也。十一征,所征十一國也。按《周書·武成篇》載武王之言,孟子約其文如此,然其辭時與今《書》文不類,今姑依此文解之:有所不惟臣,謂助紂爲惡而不爲周臣者;匪與篚同;玄黄,幣也;紹,繼也,猶言事也,言其士女以匪盛玄黄之幣迎武王而事之也。休,美也,言武王能順天休命,而事之者皆見休也。臣附,歸服也。孟子又釋其意,言商人聞周師之來,各以其類相迎者,以武王能救民於水火之中,取其殘民者誅之而不爲暴虐耳。君子謂在位之人,小人謂細民也。《太誓》,《周書》也,今《書》文亦小異,言武王威武奮揚,侵彼紂之疆界,取其殘賊,而殺伐之功因以張大,比于湯之伐桀又有光焉,引此以證上文"取其殘"之義。宋實不能行王政,後果爲齊所滅,王偃走死。尹氏曰:"爲國者能自治而得民心,則天下皆將歸往之,恨其征伐之不早也,尚何强國之足畏哉?苟不自治而以强弱之勢言之,是可畏而已矣。"

《正義》 《史記·宋世家》云:"偃自立爲宋君。君偃十一年自立爲王,東敗齊,取五城;南敗楚,取地三百里;西敗魏君。乃與齊魏爲敵國。盛血於韋囊,縣而射之,命曰射天。淫於酒婦人。羣臣諫者輒射之。於是諸侯皆曰:'桀宋,宋其復爲紂所爲,不可不誅。'告齊伐宋。王偃立四十七年,齊湣王與魏楚伐宋,殺王偃,遂滅宋,三分其地。"按《史記》稱宋王爲桀紂,與萬章"行王政"之言迥別,或出於齊楚惡之之口,史非其實歟?周氏廣業《孟子出處時地考》云:"孟子去齊居休,旋歸於鄒,年六十餘矣。聞宋王偃將行仁政往游焉,會齊楚惡而伐之,萬章以國小爲慮,孟子以湯武之事告之,蓋以弔伐望宋王也。觀孟子與萬章問答,意其初政尚有可觀者。《戰國策》所謂'射天笞地',《世家》所書'淫於酒婦人','諸侯皆謂桀宋'者,乃其晚節不終,時孟子去宋已久矣。"《書》曰"葛伯仇餉",葛伯不當怨餉者,云仇餉,是謂其殺童子,使餉者仇怨之。不云餉者仇葛伯,而云葛伯仇餉,古人屬文每如是也。下云爲匹夫匹婦復仇,則仇在匹夫怨葛伯也。葛仇殺餉,是葛伯以仇怨授餉者,故云仇餉也。江聲《尚書集注音疏》云:"仇餉,謂葛伯殺餉者。"是仇此餉者矣。《音義》出"匪厥",云:"丁云義當作篚,篚以盛贄幣,此作匪,古字借用。"阮元《校勘記》云:"非借用,乃正字也。竹部篚訓車笭也。"是時諸侯匪厥玄黄來請見,謂相者曰:其介紹我周王,傳我願見之意,使我得見休,而臣附於大邑周也。曰我周王,親之也;曰大邑周,尊之也。二句乃述諸侯請見之辭也。

【淺悟】

亳,讀音 bó(ㄅㄛˊ)。遺之牛羊,遺讀 wèi(ㄨㄟˋ),贈予、給予之義。徯,讀音 xī(ㄒㄧ),等待之義。取其殘,取讀 cù(ㄘㄨˋ),義同促。

諸侯交相兼并的戰國時期,人民生活在水深火熱的災難之中。此時不論大國還是小國,只要實行王政,必將無敵於天下。所謂王政,即先聖王的政教,一切政策法規的制訂都是以關心人民的疾苦、保護人民的利益爲出發點的。商湯和周武就是通過實行王政而統一天下的。但是真正的王政,就得像堯舜那樣以天下爲公,才能永遠立於不敗之地。倘若將天下據爲自家所有,且看夏禹、殷湯和周武,最終都不免落到覆滅的下場。

6.6

【原文】

孟子謂戴不勝曰:"子欲子之王之善與?我明告子:有楚大夫於此,欲其子之齊語也,則使齊人傳諸,使楚人傳諸?"

曰:"使齊人傅之。"

曰:"一齊人傅之,衆楚人咻之,雖日撻而求其齊也,不可得矣。引而置之莊、嶽之閒數年,雖日撻而求其楚,亦不可得矣。子謂薛居州善士也,使之居於王所。在於王所者,長幼卑尊皆薛居州也,王誰與爲不善?在王所者,長幼卑尊皆非薛居州也,王誰與爲善?一薛居州,獨如宋王何!"

【譯文】

孟子問戴不勝道:"你希望你們宋王往好的方面轉化麽?我明確告訴你:比如在此有位楚國大夫,希望自己的兒子會講齊語,那麽使齊國人當他的師傅呢,還是使楚國人當他的師傅呢?"

回答是使齊國人當他的師傅。

孟子説:"一位齊國人輔導他,衆多楚國人吵鬧他,哪怕天天鞭撻着强求他學齊語呢,也不可能學會呀。如果引領並安置他在齊都繁華的莊街、嶽里之閒居住數年,哪怕天天鞭撻着强求他保持説楚語,也不可能做到呀。你曾説薛居州是宋國品行端正的善良人士吧,想使他在宋王左右任職。如果在宋王左右的人,不論年長年幼位卑位尊的官員都能像薛居州一樣呢,宋王將跟誰去做不好的事?如果在宋王左右任職的官員,不論長幼卑尊都不是薛居州那樣的人呢,宋王又將跟誰去做善事?一位薛居州,豈能奈宋王何!"

【古注】

《注》 不勝,宋臣。孟子假喻有楚大夫在此,欲變其子使學齊言,當使齊人傅之邪,使楚人自傅相之邪?不勝曰使齊人。言使一齊人傅相,衆楚人咻之,咻之者,嚾也。如此雖日撻之欲使齊言,不可得矣。言寡不勝衆也。莊、嶽,齊街里名也。多人處之數年而自齊也。孟子曰,不勝常言居州宋之善士也,欲使居於王所。如使在王所者小大皆如居州,則王誰與爲不善也?如使在王左右者皆非居州之儔,王當誰與爲善乎?一薛居州獨如宋王何而能化之也?《章指》言:自非聖人,在所變化,故諺曰:"白沙在涅,不染自黑;蓬生麻中,不扶自直。"言輔之者衆也。

【淺悟】

亂世之下,上層執政者昏庸無知,下層官員必定多爲奸詐、諂佞、貪婪、腐敗、欺壓良民的無恥之徒。荀子曰:"有亂君,無亂國。"此之謂也。

6.7

【原文】

公孫丑問曰:"不見諸侯何義?"

孟子曰:"古者不爲臣,不見。段干木踰垣而辟之,泄柳閉門而不内,是皆已甚,迫,斯可以見矣。陽貨欲見孔子而惡無禮,大夫有賜於士,不得受於其家，則往拜其門。陽貨矙孔子之亡也，而饋孔子蒸豚；孔子亦矙其亡也，而往拜之。當是時，陽貨先，豈得不見？曾子曰：'脅肩諂笑，病于夏畦。'子路曰：'未同而言，觀其色赧赧然，非由之所知也。'由是觀之，則君子之所養，可知已矣。"

【譯文】

公孫丑問道："總不肯見諸侯是何含義？"

孟子説："古時候的人不願擔任該國的臣僚，便不見其國君。段干木翻過墻躲避魏文侯的造訪，泄柳緊閉家門不接納魯繆公的造訪，此二人都做得太過分，求賢如此迫切，就可以見呀。魯大夫陽貨想見孔子却又憎惡主動去見則是無禮，想到大夫對士有所賞賜，士不得在自己家中接受，按禮數就得前往大夫家登門拜謝。於是陽貨暗中窺探孔子離家之後呢，便饋贈給孔子一頭蒸熟的小豬；孔子也窺探陽貨出門之後呢，才前往拜謝他。當此之時，陽貨若能先見孔子，孔子怎能不見？曾子説：'聳起肩膀强笑求媚，比盛夏在菜園澆菜畦更辛苦。'子路説：'志趣尚未相同便跟人家交談，觀看其臉色羞慚得面紅耳赤的樣子，其内心狀態不是我仲由所能知道的哩。'由此看來，君子們所涵養的氣節，便可完全知道了呀。"

【古注】

《注》　丑怪孟子不肯。每輒應諸侯之聘，不見之，於義謂何也？古者不爲臣，不肯見不義而富且貴者也。孟子言魏文侯魯繆公有好義之心，而此二人距之太甚，迫窄則可以見之。陽貨，魯大夫也；孔子，士也。矙，視也。陽貨視孔子亡而饋之者，欲使孔子來答，恐其便答拜使人也。孔子矙其亡者，心不欲見陽貨也。《論語》曰"饋孔子豚"，《孟子》曰"蒸豚"，豚非大牲，故用熟饋也。是時陽貨先加禮，豈得不往拜見之哉？脅肩，竦體也；諂笑，强笑也；病，極也。言其意苦勞極，甚於仲夏之月治畦灌園之勤也。未同，志未合也，不可與言而與之言謂之失言也。觀其色赧赧然，面赤，心不正貌也。由，子路名。子路剛直，故曰非由所知也。孟子言，由是觀曾子子路之言，以觀君子之所養志可知矣。謂君子養正氣，不以入邪也。《章指》言：道異不謀，迫斯强之，段、泄已甚，矙亡得宜。正己直行，不納於邪，赧然不接，傷若夏畦也。

《疏》　孟子不見諸侯，必以段干泄柳爲言者，蓋謂魏文魯繆二君欲見此二子如此之迫切，而二子尚不見之，而况己往見諸侯哉？必以陽貨爲言者，蓋謂孔子不見陽貨者，乃陽貨自取之爾。今己之不見諸侯者，亦以諸侯不禮於我矣。必以曾子所謂而言者，蓋謂己如往見諸侯，亦是脅肩諂笑者也。必以子路所謂而言者，蓋謂己如就見諸侯，亦是未同而觀其色赧赧然之人也。此孟子所以執此而喻其意於公孫丑也。《説文》云"畦，菜畦也"，是知即園也。

《正義》　全氏祖望《經史問答》云："嘗考《小戴紀·玉藻篇》有云：'大夫親賜於士，士拜受，又拜於其室。敵者不在，拜於其室。'則是大夫有賜，無問在與不在，皆當往拜。若不得受而往拜者，是乃敵體之降禮。陽虎若以大夫之禮來，尚何事矙亡？正惟以敵者之故，不得不出此苦心曲意，而乃謂其所行者爲大夫之故事,則不惟誣孔子,亦並冤陽貨也。或曰,然則孟子非與? 曰:《孟子》七篇所引《尚書》《論語》及諸禮,文互異者十之八九。古人援引文字不必屑屑章句,而孟子爲甚。孔子所行者是《玉藻》,非如《孟子》所云也。"周氏炳中《辨正》云:"既拜受,而又拜於其室者,禮謂之'再拜'。此《記》上言'酒肉之賜弗再拜',孔疏云:'酒肉輕,但初賜至時則拜,至明日不重往拜也。'下言'大夫親賜士,士拜受,又拜於其室',孔疏云:'此非酒肉之賜,故再拜。'陽貨饋蒸豚,正所謂酒肉之賜弗再拜者,故必瞰亡而來,非以敵體之禮而然也。全氏讀禮不審,而反以孟子爲冤誣,妄矣。"王氏念孫《廣雅疏證》云:"闞與瞰字同,字亦作矙。"阮元《校勘記》云:"《音義》矙或作闞,依《説文》則闞是正字。"

【淺悟】

辟,讀音 bì(ㄅㄧˋ),同避。内,讀音 nà(ㄋㄚˋ),同納。矙,讀音 kàn(ㄎㄢˋ),窺視也。畦,讀音 xī(ㄒㄧ)。赧,讀音 nǎn(ㄋㄢˇ),羞慚而面赤。

6.8

【原文】

戴盈之曰:"什一,去關市之征,今兹未能,請輕之,以待來年,然後已,何如?"

孟子曰:"今有人日攘其鄰之雞者,或告之曰:'是非君子之道。'曰:'請損之,月攘一雞,以待來年,然後已。'如知其非義,斯速已矣,何待來年?"

【譯文】

宋大夫戴盈之問:"建議國君恢復古代十分抽一的田賦,廢除關市的征税,今年未能奏效,只好請求減輕一些,以待來年,然後爭取停止使用現行的賦税,怎麼樣?"

孟子説:"今有人每天都偷他鄰居的鷄,有人告誡他説:'這不是君子所走的道。'回答説:'請讓我少偷些,每月偷一隻鷄,以待來年,然後停止偷竊。'如果知道自己的行爲不合道義,那就趕快停止呀,何必等到來年?"

【古注】

《注》 戴盈之,宋大夫,問孟子欲使君去關市征税,復古行什一之賦,今年未能盡去,且使輕之,待來年然後復古,何如? 攘,取也,取自來之物也。孟子以此爲喻,知攘之惡當即止,何可損少月取一雞,待來年乃止乎? 謂盈之之言,若此類者也。《章指》言:從善改非,坐而待旦;知而爲之,罪重於故。譬猶攘雞,多少同盗;變惡自新,速然後可也。

《集注》 什一,井田之法也。關市之征,商賈之税也。攘,物自來而取之也。知義理之不可,而不能速改,與日攘一鷄何以異哉?

《正義》 《周書·吕刑》云"奪攘撟虔",鄭氏注云:"有因而盗曰攘。"《淮南子·氾論訓》云"直躬其父攘羊",高誘注云:"凡六畜自來而取之曰攘之。"

【淺悟】

攘,即偷盗,而古注却解説成“有因而盗”和“取自來之物”。這似乎是爲偷盗者開脱。莫非有原因或六畜自己跑來就可據爲己有嗎？如果可以,請問怎樣才算偷盗呢？

6.9

【原文】

公都子曰:“外人皆稱夫子好辯,敢問何也？”

孟子曰:“予豈好辯哉？予不得已也。天下之生,久矣一治一亂。當堯之時,水逆行,氾濫於中國,蛇龍居之,民無所定,下者爲巢,上者爲營窟。《書》曰‘洚水警余’,洚水者,洪水也,使禹治之。禹掘地而注之海,驅蛇龍而放之菹,水由地中行,江淮河漢是也。險阻既遠,鳥獸之害人者消,然後人得平土而居之。

“堯舜既没,聖人之道衰,暴君代作,壞宫室以爲汙池,民無所安息;棄田以爲園囿,使民不得衣食;邪説暴行又作,園囿汙池沛澤多而禽獸至。及紂之身,天下又大亂。周公相武王,誅紂伐奄,三年討其君,驅飛廉於海隅而戮之,滅國者五十,驅虎豹犀象而遠之,天下大悦。《書》曰:‘丕顯哉！文王謨。丕承哉！武王烈。佑啓我後人,咸以正無缺。’

“世衰道微,邪説暴行有作,臣弑其君者有之,子弑其父者有之。孔子懼,作《春秋》。《春秋》,天子之事也。是故孔子曰:‘知我者其惟《春秋》乎？罪我者其惟《春秋》乎？’

“聖王不作,諸侯放恣,處士横議,楊朱墨翟之言盈天下,天下之言不歸楊則歸墨。楊氏爲我,是無君也;墨氏兼愛,是無父也。無父無君,是禽獸也。公明儀曰:‘庖有肥肉,廄有肥馬,民有飢色,野有餓莩,此率獸而食人也。’楊墨之道不息,孔子之道不著,是邪説誣民,充塞仁義也。仁義充塞,則率獸食人,人將相食。吾爲此懼,閑先聖之道,距楊墨,放淫辭,邪説者不得作。作於其心,害於其事;作於其事,害於其政。聖人復起,不易吾言矣。

“昔者禹抑洪水而天下平,周公兼夷狄、驅猛獸而百姓寧,孔子成《春秋》而亂臣賊子懼。《詩》云:‘戎狄是膺,荆舒是懲,則莫我敢承。’無父無君,是周公所膺也。我亦欲正人心,息邪説,距詖行,放淫辭,以承三聖者,豈好辯哉？予不得已也。能言距楊墨者,聖人之徒也。”

【譯文】

公都子問:“外人都聲稱夫子您好爭辯,敢問爲什麽呢？”

孟子説:“我哪是好争辯啊？我是不得已才争辯的嘛。天下自有生民以來,很久都是一段治世一段亂世呀。當堯之時,河水逆行,在中原各國氾濫成災,蛇龍居住在其中,人們没有固定的住所,低下之處的人就在樹上築巢居住,高原之上的人就營造洞穴居住。《尚書·虞書·大禹謨》中所云‘洚水警告我們’,所謂洚水,即洪水嘛,指使禹去治理。禹掘地使洪水注入大海,驅趕蛇龍放逐到水草叢生的沼澤地,水流順着挖掘的窪地中前行,如同長江淮河黄河漢水那樣嘛。險阻已經遠離,害人的鳥獸自然也隨之消失,然後人們得以回到平地上居住下來。

“堯舜去世之後,聖人創建的天下爲公的大道衰落,暴君輪番興風作浪,毁壞房屋用來挖掘蓄水池,使平民百姓無處安息;廢棄農田用來圍建園囿,使農民斷了衣食來源;邪説暴行也乘機興風作浪,園囿、蓄水池、水草叢生的沼澤不斷增多因而禽獸紛紛來至。時局轉到殷紂的身上,天下再度大亂。周公輔佐武王,誅戮殷紂征伐奄國,前後三年討伐殷奄兩國之君,將紂的諛臣飛廉驅趕到海角並殺了他,消滅亂政之國約五十個,驅逐虎豹犀牛大象使之遠離人羣,天下一片歡悦。《尚書·周書·君牙》中記載稱:‘偉大顯赫啊,文王的謀略！大力承擔啊,武王的功業！幫助啓發我們後世子孫,使我們都沿襲正道而無缺欠。’

“世道再度衰微,邪説暴行又乘機興風作浪,就連臣弑其君,子弑其父這種事都有。孔子恐懼,著作《春秋》。《春秋》的著作,本屬天子主持的事務哩。因此孔子説:‘賞識我的人大概是因這部《春秋》的緣故吧？怪罪我的人大概也是由於這部《春秋》的緣故吧？’

“聖明的帝王不興起,諸侯便肆無忌憚,處士横加議論,楊朱和墨翟的言論充滿天下,天下的言論不歸附楊家即歸附墨家。楊氏主張爲我,這是不要君王哩;墨氏主張兼愛,這是不要父親哩。没有父親没有君王,這是禽獸哩。公明儀説:‘庖廚内有肥肉,廄舍中有肥馬,平民臉上却有饑餓之色,野外更有餓死的屍體,這等於率領禽獸吃人哩。’楊氏墨氏的論調不平息,孔子的學説不顯著,這樣邪説就會誣惑民衆,堵塞仁義的貫徹嘛。仁義的貫徹被堵塞,就會出現率領禽獸吃人,人將相互殘害的現象。我爲這種現象感到恐懼,立志捍衛先代聖人開闢的道路,抗拒楊氏墨氏的言論,放逐荒誕失實的淫辭,使持邪説的人不能興風作浪。若使淫辭邪説在人們内心起作用,就會對其事業造成危害;在其事業上起作用,就會對其政治造成危害。聖人再度崛起,不會改變我這番話呀。

"昔日禹抑制洪水因而天下太平,周公兼并夷狄、驅逐猛獸因而百姓安寧,孔子撰成《春秋》因而作亂之臣弒父之賊子畏懼。《詩經·魯頌·閟宮》中有云:'戎狄進犯需還擊,荆舒邪説需懲艾,就没有誰敢同我抵禦。'不認父不認君,這種人正是周公所要打擊的嘛。我也想矯正受楊墨染汙的人心,平息邪説,抗拒偏陂的行爲,放逐荒誕失實的淫辭,以便繼承三位聖人的遺志,怎麽成了好争辯啊?我是不得已才争辯嘛。能用言論抗距楊墨的人,乃是聖人的徒屬嘛。"

【古注】

《注》 公都子,孟子弟子也。外人,他人論議者也。好辯,言子好與楊墨之徒辯争。曰我不得已耳,欲救正道。懼爲邪説所亂,故辯之也。天下之生,生民以來也。迭有亂治,非一世。水生蛇龍,水盛則蛇龍居民之地也。民患水避之,故無定居。埤下者於樹上爲巢,猶鳥之巢也。上者,高原之上也,鑿岸而營度之,以爲窟穴而處之。《尚書》逸篇也。水逆行,洚洞無涯,故曰洚水。洪,大也。堯使禹治洪水,通九州,故曰掘地而注之海也。菹,澤生草者也,今青州謂澤有草者爲菹。水流行於地而去也,民人下高就平土,故遠險阻也。水去,故鳥獸害人者消盡也。暴,亂也。亂君更興,殘壞民室屋,以其處爲汙池;棄五穀之田,以爲園囿;長逸遊而棄本業,使民不得衣食,有饑寒並至之厄。其小人則放辟邪侈,故作邪僞之説,爲姦寇之行。沛,草木之所生也。澤,水也。至,衆也。田疇不墾,故禽獸衆多,謂羿、桀之時也。奄,東方無道國。武王伐紂,至於孟津還歸,二年復伐,前後三年也。飛廉,紂諛臣,驅之海隅而戮之,猶舜放四罪也。滅與紂共爲亂政者五十國也。奄大國,故特伐之。《尚書·多方》曰:"王來自奄。"《書》,《尚書》逸篇也。丕,大;顯,明;承,纘;烈,光也。言文王大顯明王道,武王大纘承天光烈,佑開後人,謂成康皆行正道,無虧缺也,此周公輔相以撥亂之功也。世衰道微,周衰之時也。孔子懼王道遂滅,故作《春秋》,因魯史記,設素王之法,謂天子之事也。知我者,謂我正綱紀也;罪我者,謂時人見彈貶者。言孔子以《春秋》撥亂也。言孔子之後,聖王之道不興,戰國縱横,布衣處士游説以干諸侯,若楊墨之徒無尊異君父之義,而以横議於世也。公明儀,魯賢人,言人君但崇庖廚,養犬馬,不恤民,是爲率禽獸而食人也。言仁義塞則邪説行,獸食人則人相食,此亂之甚也。閑,習也;淫,放也。孟子言我懼聖人之道不著,爲邪説所乘,故習聖人之道以距之。作於其心至害於其政,説與上篇同。抑,治也。周公兼懷夷狄之人,驅害人之猛獸也。言亂臣賊子懼《春秋》之貶責也。此《詩》已見上篇説。無父無君,是周公所欲伐擊也。孟子言我亦欲正人心,距詖行,以奉禹周公孔子也,不得已而與人辯耳,豈好之哉?孟子自謂能距楊墨也。徒,黨也。可以繼聖人之道,謂名世者也。《章指》言:憂世撥亂,勤以濟之,義以匡之,是故禹稷駢躓,周公仰思,仲尼皇皇,墨突不及汙,聖賢若是,豈得不辯也。

《集注》 水逆行,下流壅塞,故水倒流而旁溢也。《書》,《虞書·大禹謨》也。洚水,洚洞無涯之水也。此一亂也。掘地,掘去壅塞也。菹,澤生草者也。地中,兩涯之間也。險阻,謂水之泛濫也。此一治也。暴君,謂夏太康、孔甲、履癸、商武乙之類也。宫室,民居也。沛,草木之所生也;澤,水所鍾也。自堯舜沒至此,治亂非一,及紂而又一大亂也。奄,東方之國,助紂爲虐者也。飛廉,紂幸臣也。五十國,皆紂黨虐民者也。《書》、《周書·君牙》之篇。謨,謀也。佑,助也。啓,開也。缺,壞也。此一治也。有作之有讀爲又,古字通用,此周室東遷之後又一亂也。胡氏曰:"仲尼作《春秋》以寓王法,厚典庸禮，命德討罪，其大要皆天子之事也。知孔子者，謂此書之作遏人欲於横流，存天理於既滅，爲後世慮至深遠也；罪孔子者，以謂無其位而託二百四十二年南面之權，使亂臣賊子禁其欲而不得肆，則戚矣。”愚謂孔子作《春秋》以討亂賊，則致治之法垂於萬世，是亦一治也。楊朱但知愛身而不復知有致身之義，故無君；墨子愛無差等而視其至親無異衆人，故無父。無父無君，則人道滅絶，是亦禽獸而已。公明儀之言義見首篇。充塞仁義，謂邪説徧滿妨於仁義也。孟子引儀之言，以明楊墨道行則人皆無父無君，以陷於禽獸，而大亂將起，是亦率獸食人，而人又相食也。此又一亂也。閑，衛也。放，驅而遠之也。作，起也。孟子雖不得志於時，然楊墨之害自是滅息，而君臣父子之道賴以不墜，是亦一治也。程子曰：“楊墨之害甚於申韓，佛氏之害甚於楊墨。蓋楊氏爲我疑於義，墨氏兼愛疑於仁，申韓則淺陋易見，故孟子止闢楊墨，爲其惑世之甚也。佛氏之言近理，又非楊墨之比，所以爲害尤甚。”抑，止也。兼，并之也。總結上文也。蓋邪説横流，壞人心術，甚於洪水猛獸之災，慘於夷狄篡弑之禍，故孟子深懼而力救之。再言“豈好辯哉，予不得已也”，所以深致意焉。然非知道之君子，孰能真知其所以不得已之故哉？言苟有能爲此距楊墨之説者，則其所趨正矣，雖未必知道，是亦聖人之徒也。孟子既答公都子之問，而意有未盡，故復言此。蓋邪説害正，人人得而攻之，不必聖賢；如《春秋》之法，亂臣賊子人人得而誅之，不必士師也。聖人救世立法之意，其切如此。若以此意推之，則不能攻討，而又倡爲“不必攻討”之説者，其爲邪詖之徒，亂賊之黨可知矣。尹氏曰：“學者於是非之原，毫釐有差，則害流於生民，禍及於後世。故孟子辯邪説如是之嚴，而自以爲承三世之功也。當是時，方且以好辯目之，是以常人之心而度聖賢之心也。”

《正義》 《禮記·禮運》云：“昔者先王未有宫室，冬則居營窟，夏則居橧巢。”注云：“寒則累土，暑則聚薪柴居其上。”此上古之世，五帝時已有臺榭宫室牖户，不爲巢窟。堯時洪水氾濫，民居蕩没，故仍爲巢爲窟也。”水由地中行，即水由地中流去也。暴君代作，謂更代而作，非一君也。王引之《經傳釋詞》云：“顯哉承哉，贊美之詞，丕則發聲也。”趙注訓丕爲大，失之。設素王之法，趙佑《温故録》云：“知《春秋》者，無知孟子。天子，周天子也。孔氏憲章文武，學禮從周，爲下不倍；以周時之人紀周時之事，豈有出於周外，先自爲倍，而猶以責人者？趙岐‘設素王之法’一語，似孔子意中别設一天子，蓋從《公羊》家黜周王魯之説出，及宋以後，又多謂孔子改制行權，直以天子自處，當時之天子聽其忽貶忽褒，甚至以天自處，天子又不足言。素王本出《史記·殷本紀》伊尹從湯言素王及九主之事。素隱：‘素王者，太素上皇，其道質素，故稱素王。九主者，三皇五帝及夏禹也。’杜預《左傳序》辯素王素臣，孔疏述董仲舒《對策》云：‘孔子作《春秋》，先正王，而繫以萬事，是素王之文焉。’賈逵《春秋序》云：‘就是非之説，立素王之法。’蓋皆以素王爲古皇之稱，趙岐所言由此。至鄭氏《六藝論》：‘孔子既西狩獲麟，自號素王異矣。’即杜所誚‘非通論’。而孔亦引《家語》：‘齊太史子餘歎美孔子云：天其素王之乎？’素，空也。言無位而空王之，非孔子自號。先儒蓋因此而謬，遂謂《春秋》立素王之法。其以丘明爲素臣，又未知誰所説。嗚呼，孔子被誣久矣！賴杜預始雪之者也。若彼造《祖庭廣記》者，復有‘水精之子，生衰周而爲素王’之語，益妖妄不足道。”《漢書·異姓諸侯王表》云：“秦既稱帝，患周之敗以爲起於處士横議。”注云：“處士，謂不官朝而居家者也。”《荀子·非十二子》云：“古之所謂處士者，德盛者也，能静者也，修正者也，知命者也，著是者也。今之所謂處士者，無能而云能者也，無知而云知者也，利心無足而佯無欲者也，行僞險穢而彊高言謹慤者也，以不俗爲俗離縱而跂訾者也。士君子之所不能爲。”注云：“離縱，謂離於俗而放縱。跂訾，亦謂跂足自高而訾毁於人。”按離縱、跂訾，即横議也。無父是不仁，無君是不義，無父無君之説滿於天下，則仁義之道不明，是仁義爲邪説所擠，故爲充塞仁義也。但知爲我，不顧民之饑寒，故率獸食人，因而民亦但知爲我，互相殘害，故將相食。此似專指諸侯放恣，爲楊氏“爲我”

之害。乃楊氏厚身而薄人，固人受其害，而墨氏厚人而薄親，夫以布衣處士舍其親以施惠於人，此尤亂賊所爲，故其禍與楊等。自有孟子而後，世乃知楊墨之非道也。《小心齋劄記》云："聖人之仁義何以爲楊墨所塞？曰：聖人隨時順應，無可驚可喜。墨氏之仁，至於摩頂放踵利天下亦爲之，是何如慈惠？聖人親親而仁民，仁民而愛物，反若多所分別。楊氏之義，至於拔一毛而利天下不爲，是何如清浄？聖人立必欲立人，達必欲達人，反若多所牽攬。故曰惡紫奪朱，惡鄭奪雅，豈惟亂之，又能奪之，何者？朱不如紫之艷，雅不如鄭之濃也。爲我、兼愛之能充塞仁義，亦若是。"閑，此字或訓防，或訓法，然非講習於《六經》，無以知其道。既習之，乃能知之，知之乃能法之，法之乃能防之。未習《六經》，空憑心臆，而依附以爲先聖，此曰吾防衛乎道也，彼曰吾守法乎聖也，因而門户各立，傾軋相加，不自知其身爲楊墨，而此楊墨者又互相楊墨焉，天下國家遂陰受其害，而不知是皆不習故也。孟子與楊墨辯，必原本於習先聖之道；習先聖之道，既講習《六經》，不空憑心悟也。趙氏訓閑爲習，其義精矣。不習而傳諸人，是"生於其心""作於其心"之言也。楊墨無所習而言爲邪説，孟子博學而習，故知其邪説而距之。舍六德、六行、六藝、《詩》、《書》、《禮》、《樂》而以心悟爲宗者，皆亂天下之楊墨也。孟子本習述先聖之言，故聖人復起，不易吾言。吾言，指此辯楊墨之言。

【淺悟】

洚，讀音 jiàng（ㄐㄧㄤˋ）。菹，讀音 zū（ㄗㄨ）。奄，讀音 yān（ㄧㄢ）。詖，讀音 bì（ㄅㄧˋ）。

孟子之言，多有自相牴牾處。他所認定的諸多聖人中，最崇拜孔子，曾於前面《公孫丑章句上篇》中説："乃所願，則學孔子也。"然其好辯之習慣，却有悖孔子的一貫倡導。子貢方人，方人即誹謗人，好言人之過。孔子批評道："賜也，賢乎哉？夫我則不暇。"端木賜哩，你就那麽好啊？要是我就没那閒工夫。以此抑止其方人。方人與好辯的性質大致相同，相信孟子不會没讀過此文。之所以好辯，恐怕與孟母三遷之類好挑剔的習性帶來的影響而促使其"不得已"的吧？

素以儒家直接道統自居的宋代理學家們，有着更强烈的好辯欲望，尤其推崇《孟子》，極力貶斥儒家以外的一切學派，顯然是受孟子"能言距楊墨者，聖人之徒也"一語的鼓舞。《集注》中，程頤指責"楊墨之害甚於申韓，佛氏之害甚於楊墨"；朱熹的話鋒更犀利，説什麽"邪説害正，人人得而攻之，不必聖賢"、"若以此意推之，不能攻討而又倡爲不必攻討之説者，其爲邪詖之徒、亂臣賊子之黨可知矣"。就是説，凡是不能攻討楊墨佛諸家之説而又提倡不必攻討的人，都歸於邪詖和亂臣賊子那類人之中。殊不知他們這些怪誕的論調，恰恰指向了孔子和孟子。孔子説："君子求諸己，小人求諸人。"君子只責求自己，小人才責求别人。孟子在前面《梁惠王章句下篇》中，曾引用曾子的話説："戒之戒之！出乎爾者，反乎爾者也。"意思是，你怎樣對待别人，别人就會怎樣返還給你，你要警戒呀！宋代理學家非但不以此引以爲戒，反而變本加厲，這算什麽直接道統？《論語》中，孔子教導："攻乎異端，斯害也已。"異端即異己，你去攻擊，只會是製造禍害而已。告誡樊遲："攻其惡，無攻人之惡。"只譴責自己的醜惡，不攻訐别人的醜惡。子貢問："君子亦有惡乎？"孔子説："有惡，惡稱人之惡。"還説："躬自厚而薄責於人，則遠怨矣。"對不同的主張，也僅限止在"道不同不相爲謀"，並强調"三人行必有吾師焉"，即同行者不論什麼人皆可爲"吾師",學習的方法是:"擇其善者而從之,其不善者而改之。"既然認爲楊墨是"不善者",遵照孔子的教誨,也應將其作爲參照物來對照自己,若有類似的不善則改之,而不是攻討,這才是儒者應有的品質。《論語》中類似這種只注重自身修養、不責求别人的教誨,比比皆是。孔子這樣教誨别人,自己也是這樣身體力行的,比如周游列國,目的在匡世濟民,可以説,列國之所行皆背離先王之道,而他每到一國"必聞其政",假如不是以"温良恭儉讓"的作風,而是一味指責、攻擊人家,不要説"必聞其政",恐怕屍骨都難還鄉。只有針對本門户内出現的不可容忍的嚴重問題,方可動用攻擊。比如"季氏富於周公,而求也(弟子冉求)爲之聚斂而附益之",爲此,孔子忿然對衆弟子説:"非吾徒也!小子鳴鼓而攻之可也!"總之,儒家之學,是實踐"求諸己"之學,偏離了這一宗旨,都不得稱之爲儒家。

宋代理學家攻討楊墨佛老至今,已近千年之久,楊墨佛老並未銷聲匿迹,倒是"孔家店"在一段時間裏幾乎被砸爛。好在所砸的並非純正的孔家店,而是被宋代理學家竊據了儒家之名製造的求媚於專制王朝的僞孔店。所以時過境遷後,聖人孔子的真實面貌又逐漸被全世界越來越多的人所認識和認同。由此看來,不論政治的、經濟的、學術的、科技的、宗教的、文藝的,還是其他什麽派别的對立雙方,歷史和現實的無數事例都在證明這樣的真理:

"攻乎異端,斯害也已。"

"實踐和時間是檢驗真理最可靠的標準。"

6.10

【原文】

匡章曰:"陳仲子豈不誠廉士哉?居於陵,三日不食,耳無聞,目無見也。井上有李,螬食實者過半矣,匍匐往將食之,三咽然後耳有聞,目有見。"

孟子曰:"於齊國之士,吾必以仲子爲巨擘焉。雖然,仲子惡能廉?充仲子之操,則蚓而後可者也。夫蚓上食槁壤,下飲黄泉。仲子所居之室,伯夷之所築與,抑亦盜跖之所築與?所食之粟,伯夷之所樹與,抑亦盜跖之所樹與?是未可知也。"

曰:"是何傷哉?彼身織屨,妻辟纑,以易之也。"

曰:"仲子,齊之世家也,兄戴,蓋禄萬鍾。以兄之禄爲不義之禄而不食也,以兄之室爲不義之室而不居也,避兄離母,處於於陵。他日歸,則有饋其兄生鵝者,己頻顣曰:'惡用是鶂鶂者爲哉?'他日,其母殺是鵝也,與之食之。其兄自外至,曰:'是鶂鶂之肉也。'出而哇之。以母則不食,以妻則食之;以兄之室則弗居,以於陵則居之:是尚爲能充其類也乎?若仲子者,蚓而後充其操者也。"

【譯文】

匡章説："陳仲子難道不是真正的清廉之士啊？居住在於陵，斷糧三日，餓得耳朵没有聽覺，眼睛没有視力。井上有顆李子，果肉被蟲子吃了大半呀，他匍匐着爬去拿來吃，三口嚥下之後耳朵才有聽覺，眼睛才有視力。"

孟子説："在齊國的士子中，我必定拿仲子當作大拇指看待。即便如此，仲子又怎能算清廉？充分做到仲子那樣的操守，只有變成蚯蚓之後才可以嘛。這蚯蚓上吃枯槁的土壤，下飲黄泉之水。再説仲子所居住的房屋，是伯夷那類清廉之士築造的麽，還是盗跖那類人所築造的呢？所吃的糧食，是伯夷那類人種植的麽，還是盗跖那類人種植的呢？這些都不可知嘛。"

匡章説："這有什麽妨害啊？他自身編織麻鞋，妻子練麻搓麻綫，以此交换糧食房屋嘛。"

孟子説："仲子，出自齊國的累世仕宦之家哩。兄長陳戴，僅蓋邑的俸禄就有萬鍾之多。仲子認爲兄長拿的是不義的俸禄因而不吃哩，認爲兄長住的是不義的房屋因而不住哩，於是躲避兄長遠離母親，跑到於陵去居住。過些日子歸來，便有人饋贈給其兄長活着的鵝，他緊皺眉頭説：'怎麽用這種鶃鶃叫的東西送人啊？"第二天，他母親殺了這隻鵝呢，把炖熟的鵝肉拿給他吃。其兄長剛好從外面回到家，説道：'這正是那鶃鶃叫的肉哩。'仲子聽後出來哇地一聲把鵝肉全吐了出來。因是母親做的食物就不吃，因是妻子做的才吃；因是兄長的房屋就不住，因是於陵的房屋才住下，這樣還能成爲充滿其操守的那類人嗎？像仲子這樣的人，除非變成蚯蚓之後才能成爲充滿其操守的人嘛。"

【古注】

《注》 匡章，齊人也。陳仲子，齊一介之士，窮不苟求者，是以絶糧而餒也。螬，蟲也。李實有蟲，食之過半，言仲子目不能擇也。巨擘，大指也。比於齊國之士，吾必以仲子爲指中大者耳，非大器也。蚓，蚯蚓之蟲也。充滿其操行，似蚓而可行者也。蚓食土飲泉，極廉矣，然無心無識；仲子不知仁義，苟守一介，亦猶蚓也。孟子問匡章，仲子豈能必使伯夷之徒築室樹粟乃居食之邪，抑亦得盗跖之徒使作也？是殆未可知也。匡章曰，惡人作之何傷哉？彼仲子身自織屨，妻緝纑，以易食宅耳。緝績其麻曰辟，練麻縷曰纑，故曰辟纑。孟子言仲子齊之世卿大夫之家，兄名戴，爲齊卿，食采於蓋，禄萬鍾。仲子以爲事非其君，行非其道以居富貴，故不義之，竄於於陵。他日，異日也。歸省其母，見兄受人之鵝而非之。己，仲子也。頻顣不悦曰：安用是鶃鶃者爲乎？鶃鶃，鵝鳴聲。異日母食以鵝，不知是前所頻顣者也。兄疾之，告曰是鶃鶃之肉也。仲子出門而哇吐之。孟子非其不食於母，而食妻所作屨纑易食也。不居兄室，而居於於陵人所築室也，是尚能充人類乎？如蚓之性，然後可以充其操也。《章指》言：聖人之道，親親尚和；志士之操，耿介特立；可以激濁，不可常法，是以孟子喻以丘蚓，比諸巨擘也。

《正義》 匡章見於《戰國策》，一在《齊策》："秦假道韓魏以攻齊，齊威王使章子將而應也，秦兵大敗。"一在《燕策》："齊宣王令章子將五都之兵，以因北地之衆以伐燕，齊大勝燕。"然則章子在齊歷仕兩朝，屢掌軍伐，當孟子在齊時，章年固已長矣。趙氏但云齊人，不以爲弟子也。《吕氏春秋・不屈篇》云"匡章謂惠子於魏王之前"，高誘注云："匡章，孟子弟子也。"周廣業《孟子出處時地考》云："章在孟門，所禮異於滕更，稱子有同樂正，謂爲著録也宜。《吕覽》有匡章與惠王及惠施問答，殆從遊於梁者歟？"陳仲子見於《戰國策・齊策》趙威后問齊使云："於陵子仲尚存乎？是其爲人也，上不臣於王，下不治其家，中不索交諸侯，此率民而出於無用者，何爲至今不殺乎？"周炳中《辨正》云："鮑彪注：'此自一人。若孟子所稱，已是七八十年矣。'愚按：陳仲子齊宣王時，趙威后齊王建時，考《六國表》，自宣王元年至王建元年，凡七十有九年，仲子若壽考，何妨是時尚在？況云'其率民而出於無用'，明是孟子所稱。"《淮南子・氾論訓》云："季襄、陳仲子立節抗行，不入洿君之朝，不食亂世之食，遂餓而死。"高誘注云："陳仲子齊人，孟子弟子，居於陵。"以仲子爲孟子弟子，未詳所出，趙氏所不用也。嚥即咽，食物下於咽嗌，故即謂之嚥。三咽者，不及細嚼也。井上之李實非一，特取此螬食者，是目盲不知擇也。夫螬食之餘，匍匐就食，極形仲子之不堪，匡章非以仲子爲可尚也。黄泉至清而無濁，槁壤至潔而無汙，充其操，必食此至清至潔，如蚓乃可也。使仲子如蚓，則所居所食必伯夷所築所樹乃可，若爲盗跖所築所樹則不清不潔，便不可居食。然築者樹者不可知，則不能決其爲至清至潔矣。不可知而漫居之食之，是不能如蚓也。下"是何傷哉"，專指盗跖之所築所樹。全祖望《經史問答》云："問：陳仲子之生平，孟子極口詆之，《國策》中趙后亦詆之，厚齋王氏則又稱之，何也？曰：厚齋先生之言是也。仲子若生春秋之世，便是長沮、桀溺、荷蕢、荷蓧、楚狂、晨門一流。然諸人遇孔子，則孔子欲化之；仲子遇孟子，則孟子詆之：便是聖賢分際不同。須知仲子辭三公而灌園，豈是易事？孟子是用世者，故七篇之中不甚及隱士逸民，較之孔子之惓惓沮溺一輩稍遜之矣。平情論之，若如孟子之譏仲子，則母不食以兄不食，直是不孝不弟。然仲子豈真不食於母？不過不食於兄。其兄之蓋禄萬鍾，雖未知其爲何如人，然諒亦未必盡得於義，故仲子孑然長往；但觀其他日之歸，則於寢門之敬亦未嘗竟絶，孟子責之過深矣。故厚齋謂其清風遠韻，視末世徇利苟得之徒如腐鼠，乃公允之論。若趙后何足以知此？彼第生於七國之時，所謂'天子不臣，諸侯不友'之士，不特目未之見，抑亦耳未之聞，而以爲'帥民出於無用'，亦豈知隱士逸民之有補於末俗，正在無用中得之也？"周炳中《辨正》云："孟子以仲子爲齊之巨擘，自非徇利苟得之徒可比，何待厚齋發此公論？但其避兄離母不可爲訓，故孟子極詆之。而全氏謂兄戴之禄未必盡得於義，他日之歸未嘗竟絶寢門之敬，以此爲仲子解説則大不然。陳爲齊之同姓，固公族也，蓋禄萬鍾受之先君，傳之祖父，有何不義而汲汲去之？於陵在今濟南府長山縣西南，離其母所幾二百里，他日之歸亦僅事耳。篤寢門之敬者，固如是乎？孔子之語丈人曰：'欲潔其身而亂大倫。'彼丈人猶知有長幼之節也，特以不仕無義即爲亂倫，而仲子避兄離母并長幼之節而廢之，故曰無親戚君臣上下。孔孟之言若出一口，而全氏左袒仲子，拾王充刺孟之唾餘，沾沾焉動其喙，不亦妄乎！"

【淺悟】

螬，讀音 cáo(ㄘㄠˊ)。擘，讀音 bò(ㄅㄛˋ)。跖，讀音 zhí(ㄓˊ)。辟纑，讀音 pìlú(ㄆㄧˋ ㄌㄨˊ)。頞，讀音 cù(ㄘㄨˋ)。鶃，讀音 yì(ㄧˋ)。

焦循正義引用全祖望《經史問答》和周炳中《辨正》對孟子指摘陳仲子所持的不同意見，值得玩味。周氏所引《論語・微子篇》第七章的事，可以肯定地説，他對此章内容的理解是錯誤的。所引孔子對丈人説的"欲潔其身而亂大倫"這句話，實際出自子路之口，而不是孔子。子路趁丈人外出之機,對丈人的兩個兒子説的,話語中頗有賣弄和教訓的口氣。粗率的子路説這番訓辭時,大概把孔子"天下有道則仕,無道則隱"的教誨給忘了,也忘了孔子不辭而别地離開魯國十四載,正是屬於"不仕無義"之舉,否則決不會説出那番暴露自己無知的話。詳情請參閱拙作《論語淺悟》,兹不贅言。相比之下,似覺全氏《經史問答》的觀點更有道理。周氏《辨正》所言,全是爲了維護專制王朝之倫理制度的陳詞濫調,不足爲訓。清儒萬斯大有云:"非通諸經不能通一經,非以經釋經則無由悟傳注之失。"周氏未通《論語》而辨全氏之失,不亦妄乎!

孟子卷七淺悟

離婁章句上　凡二十八章

《注》　離婁，古之明目者，蓋以爲黄帝時人也。黄帝亡其玄珠，使離朱索之。離朱即離婁也，能視於百步之外，見秋毫之末，然必須規矩，乃成方員。猶《論語》"述而不作，信而好古。"故以題篇。

《疏》　前章首論滕文公問以古道，故以滕文公爲篇題。次於公孫丑問政，謂其爲政莫大於反古也。然則此篇孟子首言離婁之明，故以目爲篇題。次於滕文公問以古道，是亦反古道者莫大乎明也，遂次滕文公之篇，所以揭離婁爲此篇之題。此篇凡六十一章，趙氏分之以爲上下卷，此卷只有二十八章而已。

《正義》　《莊子·天地》篇云："黄帝遊乎赤水之北，登乎崑崙之丘而南望，還歸，遺其玄珠，使知索之而不得，使離朱索之而不得。"又《駢拇篇》云："是故駢於明者亂五色，淫文章，青黄黼黻之煌煌非乎，而離朱是已。"《釋文》引司馬云："黄帝時人，百步見秋毫之末，一云'見千里針鋒'，《孟子》作'離婁'是矣。"朱、婁音近。朱之爲婁，猶邾人呼邾聲曰婁也。

7.1

【原文】

孟子曰："離婁之明，公輸子之巧，不以規矩，不能成方員；師曠之聰，不以六律，不能正五音；堯舜之道，不以仁政，不能平治天下。今有仁心仁聞，而民不被其澤，不可法於後世者，不行先王之道也。故曰徒善不足以爲政，徒法不能以自行。《詩》云：'不愆不忘，率由舊章。'遵先王之法而過者，未之有也。聖人既竭目力焉，繼之以規矩準繩，以爲方員平直，不可勝用也；既竭耳力焉，繼之以六律正五音，不可勝用也是；既竭心思焉，繼之以不忍人之政，而仁覆天下矣。故曰爲高必因丘陵，爲下必因川澤；爲政不因先王之道，可謂智乎？是以惟仁者宜在高位；不仁而在高位，是播其惡於衆也。上無道揆也，下無法守也，朝不信道，工不信度，君子犯義，小人犯刑，國之所存者，幸也。故曰城郭不完，兵甲不多，非國之災也；田野不辟，貨財不聚，非國之害也。上無禮，下無學，賊民興，喪無日矣！《詩》曰：'天之方蹶，無然泄泄。'泄泄猶沓沓也。事君無義，進退無禮，言則非先王之道者，猶沓沓也。故曰責難於君謂之恭，陳善閉邪謂之敬，吾君不能謂之賊。"

【譯文】

孟子説："有離婁那樣的視力，加上公輸子那樣的技巧，如果不使用圓規和矩尺，便不能畫成方形和圓形；有師曠那樣靈敏的聽力，如果不使用六律，便不能校正五音；堯舜貫徹的以天下爲公的大道，如果不是施行仁政，便不能公平治理天下。今有仁慈之心使得仁聲遠聞，如果民衆得不到他的恩澤庇蔭，不能使後世效法的話，那是不施行先聖王之道的緣故嘛。所以説空有善心不足以處理政務，空有法度它却不能自動施行。《詩經·大雅·假樂》中有云：'不出差錯不遺忘，遵循舊日之典章。'遵循先王的法度却出現過失的，未曾有過嘛。聖人已經盡其視力之所能，接着再使用圓規矩尺水準器和繩墨，用來製作方的圓的平的直的器物，器物便用之不竭了嘛；已經盡其聽力之所能，接着再使用六律校正五音，各類雅樂便用之不竭了嘛；已經竭盡其心思之所能，接着再施行憐憫百姓的仁政，從而仁道便覆蓋天下了呀。所以説壘高臺必定憑藉丘陵，掘深池必定憑藉川澤，處理政務如果不憑藉先王之道，能稱得上明智嗎？所以惟有仁者適宜居高位；不仁者如果居高位，這是向衆人傳播他的邪惡哩。如果上頭没有道術揆度天意呢，下面没有法度守職呢，甚至朝廷不信奉道統，工匠不相信度量，君子觸犯道義，小人觸犯刑法，如此國家尚能存在的話，那是僥幸哩。所以説城郭不堅固，兵器甲胄不充足，並非國家的災患嘛；田野不開闢，貨財不積聚，也非國家的禍害嘛。倘若君上没有禮制加以約束，臣下没有學識，賊民就會興風作浪，國家的滅亡便没有時日了呀！《詩經·大雅·板》中有云：'上天正在變動，不要這樣泄泄。'泄泄猶如沓沓多言嘛。服事國君不合道義，進退不合禮的規範，言論如果非毁先王之道的話，仍然是沓沓多詖辭嘛。所以説對國君用難能之事相督責稱之爲恭，陳述善政閉塞國君的邪念稱之爲敬，認爲自己的國君不能行善政因而不諫正稱之爲賊。"

【古注】

《注》 公輸子魯班，魯之巧人也。或以爲魯昭公之子。雖天下至巧，亦猶須規矩也。師曠，晉平公之樂太師也。其聽至聰，不用六律，不能正五音。六律，陽律太蔟、姑洗、蕤賓、夷則、無射、黄鍾也。五音，宫、商、角、徵、羽也。當行仁恩之政，天下乃可平也。仁心，性仁也；仁聞，仁聲遠聞也。雖然，猶須行先王之道，使百姓被澤，乃可爲後法也。但有善心而不行之，不足以爲政；但有善法度而不施之，法度亦不能獨自行也。《詩》，《大雅·嘉樂》之篇。愆，過也，所行不過差矣；不可忘者，以其循用舊故文章。遵用先王之法度，未聞有過也。盡己目力，續以四者，方員平直可得而審知，故用之不可勝極也。音須律而正也。盡心欲行恩，繼以不忍加惡於人之政，則天下被覆衣之仁也。言因自然，則用力少而成功多矣。仁者能由先王之道；不仁逆道，則自播揚其惡於衆人也。言君無道術可以揆度天意，臣無法度可以守職奉命，朝廷之士不信道德，百工之作不信度量，君子觸義之所禁，謂學士當行君子之道也，小人觸刑，愚人罹於密罔也，此亡國之政，然而國存者，僥倖耳，非其道也。言君不知禮，臣不學法度，無以相檢制，則賊民興，亡在朝夕，無復有期日，言國無禮義必亡。《詩》，《大雅·板》之篇。天，謂王者；蹶，動也。言天方動，女無敢沓沓，但爲非義非禮，背棄先王之道而不相匡正也。人臣之道，當進君於善，責難爲之事，使君勉之，謂行堯舜之仁，是爲恭臣；陳善法以禁閉君之邪心，是爲敬君；言吾君不肖，不能行善因不諫正，此爲賊其君也，故有恭敬賊三者之義。《章指》言：雖有巧智，猶須法度，國由先王，禮義爲要，不仁在位，播越其惡，誣君不諫，故謂之賊，明上下相須而道化行也。

《集注》 范氏曰："此言治天下不可無法度。仁政者，治天下之法度也。"仁心，愛人之心也。仁聞者，有愛人之聲聞於人也。先王之道，仁政是也。范氏曰："齊宣王不忍一牛之死，以羊易之，可謂有仁心。梁武帝終日一食蔬食，宗廟以麪爲犧牲，斷死刑必爲之涕泣，天下知其慈仁，可謂有仁聞。然而宣王之時齊國不治，武帝之末江南大亂，其故何哉？有仁心仁聞而不行先王之道故也。"徒，猶空也。有仁心，無其政，是謂徒善；有其政，無其心，是謂徒法。程子嘗言"爲政須要有綱紀文章，謹權審量，讀法平價，皆不可闕"，而又曰"必有《關雎》、《麟趾》之意，然後可以行《周官》之法度"，正謂此也。蹶，顛覆之意。泄泄，怠緩悦從之貌。言天欲顛覆周室，羣臣無得泄泄然不急救正之。非，詆毁也。范氏曰："人臣以難事責於君，使其君爲堯舜之君者，尊君之大也；開陳善道以禁閉君之邪心，唯恐其君或陷於有過之地者，敬君之至也。"鄒氏曰："自《詩》云'天之方蹶'至此，所以責其臣。"又曰："此章言爲治者當有仁心仁聞，以行先王之政，而君臣又當各任其責也。"

《正義》 公輸子，《禮記·檀弓》云："季康子之母死，公輸若方小，斂，般請以機封。"注云："公輸若，匠師。方小，言年尚幼。般，若之族多技巧者，見若掌斂事而年尚幼，請代之，而欲嘗其技巧。"般爲公輸若之族，則亦氏公輸，故稱公輸子。班與般同。《戰國策·宋策》云："公輸般爲楚設機，將以攻宋。"高誘注云："公輸般，魯般之號也。"蓋般爲魯人，故又稱魯般，當時有此號也。仁聞，謂仁之聲名播於遠方也。徒善是但有善心，徒法是但有善法度。行仁政必有法，徒有仁心而無法，不可用爲政也。有法而不以仁心施之，仍與無法等；有善心而不以法，與無善心以施行法，同一不行先王之道也。詩在《大雅·假樂》第二章，箋云："愆，過也；率，循也。成王之令德不過誤，不遺失，循用舊典之文章。"趙氏注略同，按鄭義是也。不可勝用猶云用之不窮。聖人原非全恃規矩準繩而不竭目力，然其通變神化在耳目心思，而必繼述規矩準繩，而耳目心思所竭乃能通變神化，運用不窮也。音必待律而正，方圓平直必待規矩準繩而成，仁心必待先王不忍人之政而覆天下，可勿繼述之乎？《禮記·禮器》云："故作大事必順天時，爲朝夕必放於日月，爲高必因丘陵，爲下必因川澤。"注云："謂冬至祭天於圜丘之上，夏至祭地在方澤之中。"孟子引此二句，以起爲政必因先王之道。趙氏謂"因自然則用力少而成功多"，是以爲高爲累土，爲下爲掘深，與鄭異義。謂之仁者，則不獨有仁心仁聞，乃實能因先王之道，遵先王之法，而繼之以不忍人之政也，非徒善者也。不因先王之道，不遵先王之法，不能竭心思而繼之以不忍人之政，則爲不仁如下所云。趙氏以"下無學"爲臣不學法度，近時通解以"下"指民。詩在《大雅·板》第二章。毛傳云："蹶，動也。泄泄，猶沓沓也。"箋云："天，斥王也。"孟子以"言則非先王之道"爲沓沓，言則非先王之道即生於其心，而爲詖爲淫爲邪爲遁之言。言不本諸《詩》《書》，道不揆諸先聖，徒以心覺心悟，自以爲是，一倡百和，真沓沓矣。趙氏以"無然"爲無敢，鄭氏以"然泄泄"爲泄泄然，"無然泄泄"即無泄泄然也。《後漢書·郅惲傳》云："孟軻以彊其君之所不能爲忠，量其君之所不能爲賊。"彊其君之所不能，謂責難於君也。彊即勉也。彊其君之所不能，即勉其君之所能也。君所憚爲，臣請求之，使君勉强爲之。何以責難於君？即陳善閉邪是也。君有邪心，故憚於爲善。《吕氏春秋·君守篇》云："外欲不入謂之閉。"乃不知所以閉之之道，而婞直以觸之，矯拂以争之，言不可得而入，邪究不可閉塞，且激而成害矣。故欲閉其邪，惟婉陳其善道，善道明，則邪心自絶，此所以爲恭爲敬。《白虎通·諫諍篇》云："人懷五常，故知諫有五：其一曰諷諫，二曰順諫，三曰闚諫，四曰指諫，五曰陷諫。諷諫者，智也，知禍患之萌深，睹其事未彰而諷告焉，此智之性也；順諫者，仁也，出辭遜順，不逆君心，此仁之性也；闚諫者，禮也，視君顔色不悦，且卻，悦則復前，以禮進退，此禮之性也；指者，質也，質相其事而諫，此信之性也；陷諫者，義也，惻隱發於中，直言國之害，勵志忘生，爲君不避喪身，此義之性也。故孔子曰：'諫有五，吾從諷之諫。'事君進思盡忠，退思補過，去而不訕，諫而不露，故《曲禮》曰：'爲人臣者不顯諫。'纖微未見於外，如《詩》所刺也。"孔子取諷諫，則指與陷所不取矣。

【淺悟】

愆，讀音 qiān(ㄑㄧㄢ)。蹶，讀音 guì(ㄍㄨㄟˋ)。泄，讀音 yì(ㄧˋ)沓，讀音 tà(ㄊㄚˋ)。揆，讀音 kuí(ㄎㄨㄟˊ)。

所謂"先王之道"，即堯舜之道。即使是堯舜之道，如果不以仁政，也不能平治天下。堯舜時施行怎樣的仁政呢？《禮記·禮運》云："大道之行也，天下爲公，選賢與能，講信脩睦。故人不獨親其親，不獨子其子，使老有所終，壯有所用，幼有所長，矜寡孤獨廢疾者皆有所養。"這樣人民都能"被其澤"。但是這樣的仁政，不是家天下的社會制度所能做到的。

7.2

【原文】

孟子曰："規矩，方員之至也；聖人，人倫之至也。欲爲君盡君道，欲爲臣盡臣道，二者皆法堯舜而已矣。不以舜之所以事堯事君，不敬其君者也；不以堯之所以治民治民，賊其民者也。孔子曰：'道二，仁與不仁而已矣。暴其民，甚則身弑國亡，不甚則身危國削。名之曰幽厲，雖孝子慈孫，百世不能改也。'《詩》云：'殷鑒不遠，在夏后之世。'此之謂也。"

【譯文】

孟子説："圓規和矩尺，是方形和圓形的極致嘛；聖人，是人倫的極致嘛。作爲君上希望盡君道，作爲臣下希望盡臣道，二者只要都效法堯和舜就行了呀。不按照舜的用來服事堯那樣陳善閉邪地服事君上，就是不尊敬其君上的表現嘛；不按照堯的用來治理人民那樣施以仁政地治理人民，就是殘賊其人民的表現嘛。孔子説：'治國之道有二，行仁政和不行仁政而已呀。殘暴對待其人民，重者就會遭到殺身亡國的下場，輕者也會落得自身危險國力削弱的結局。周朝兩位昏君死後爲之起的謚號名稱叫幽王和厲王，他們的後裔即便都是孝子慈孫，傳至百世也不能更改其惡名哩。'《詩經・大雅・蕩》中有云：'殷的鑒戒並不遠，近在夏朝的末世。'此詩就是指幽厲二王説的嘛。"

【古注】

《注》 至，極也。人事之善者莫大取法於聖人、猶方員須規矩也。堯舜之爲君臣道備。言舜之事堯敬之至也，堯之治民愛之盡也。仁則國安，不仁則國危亡。甚謂桀紂，不甚謂幽厲。厲王流於彘，幽王滅於戲，可謂身危國削矣。名之，謂謚之也。謚以幽厲，以章其惡，百世傳之，孝子慈孫何能改也？詩，《大雅・蕩》之篇也。殷之所鑒視，近在夏后之世耳，以前代善惡爲明鏡也，欲使周亦鑒於殷之所以亡也。《章指》言：法則堯舜，以爲規矩；鑒戒桀紂，避遠危殆。名謚一定，千載而不可改也。

《正義》 人倫，即人事也。堯舜之爲君臣道備，君臣是人倫，堯舜是聖人。按趙氏以甚指桀紂，以下引《詩》言，厲王不能鑒紂，猶紂之不能鑒桀也。堯舜之道，仁其民者也。鑒於桀紂則法堯舜，故疊引孔子之言及《詩》之言以明之。《逸周書・謚法解》云："是以大行受大名，細行受細名，行出於己，名生於人。"是名即謚也。又云："壅遏不通曰幽，動静亂常曰幽。""殺戮無辜曰厲。"是幽厲爲章其惡也。詩在《大雅・蕩》第八章。箋云："此言殷之明鏡不遠也，近在夏后之世，謂湯誅桀也。後武王誅紂，今之王者何以不用爲戒？"《春秋繁露・楚莊王篇》云："《春秋》之道，奉天而法古，是故雖有巧手，弗脩規矩，不能正方員；雖有察耳，不吹六律，不能定五音；雖有知心，不覽先王，不能平天下。然則先王之遺道，亦天下之規矩六律也。故聖者法天，賢者法聖。"蓋孟子之學，在習先聖之道而行先王之法，故言稱堯舜，願學孔子，承前章而又申明之如此。

【淺悟】

讀過言兩章，有感於趙佑《温故録》之所言，其言曰："古之教者，五家爲比，五比爲閭，閭有塾；四閭爲族，五族爲黨，黨有庠；五黨爲州，州有序。大而六鄉六遂皆有序曰學，匪獨國有學也。學非特以教國子，國之貴遊子弟，國之俊秀也，舉彼耕甿雜作，至愚且賤，自六尺以上皆比而使入其中。故大司徒頒職事十有二於邦國都鄙，以登萬民，一曰稼嗇，十曰學藝，終曰服事。小司徒頒比法於六鄉之大夫，以施政教，行徵令。鄉師、鄉大夫各掌其鄉之教，以正月之吉受教法於司徒，退而頒之於其鄉吏，使各以教其所治，考其德行，察其道藝，有鄉射之禮，大比之禮。州長各屬其州之民而讀法，歲時祭祀州社亦如之，有會民而射於州序之禮。黨正各掌其黨，有屬民而飲酒於序，以正齒位之禮。族師掌書其孝弟睦婣有學者，以逮閭胥比長所掌，莫不設之學，董之官。其平日相保相受，既有以察知其衆寡之數，明其禁令，又擇夫仕焉而已者，爲之大師小師。民自新穀既成，餘子皆入學，距冬至四十五日出學。學有進，則由比閭而升之族黨，以次升於州學鄉學。民不皆選司徒入太學，而已知禮樂詩書之文，孝弟忠信禮義廉恥之事。一國之中，貴賤賢否，等列有常，自其上世以來，習知賤之不可以干貴、愚之不可以敵賢，各循其分，而不敢肆浸淫漸摩，雖有桀黠不帥，一里老得而黼撻之，無有黨同相濟者。官長賢，易於治;官長不賢,亦難於亂也。蓋教學之功如此。降而春秋,此意亦既微矣。然而鄭存鄉校,魯聞弦歌,原伯不説學則以取譏於時,理之者蓋非無人,故其民猶知先王之澤。一時相攻相取,皆强力之諸侯卿大夫爲之,至於征役煩興,暴骨如莽,而罕聞有窮巷小民起而相抗撓爲冦亂如後世史書之事者,豈其民性之淳哉?由教化之積也。迨戰國,遂以蕩然。其君方日尋干戈,遑問學校;民皆救死不瞻,疾視其上,去從椎埋。孟子蓋逆知六國之必亡,暴秦之不終,而閭左之禍將作也,故爲歸本於'上無禮'。其於下也,不曰無義而曰無學,謂夫學也者,乃所以明義也。漢荀悦有云:'人不畏死,不可懼以罪;人不樂生,不可勸以義。故在上者先豐民財以定其志,是謂養生。禮教榮辱,以加君子,化其情也。桎梏鞭扑,以加小人,化其形也。若教化之廢,推中人而墜於小人之域;教化之行,引中人而納於君子之塗:是謂章化。'斯言也,爲能洞於道揆法守,不可以老生之常談忽之。"這番話很耐人尋味。不過有一點趙佑没説到,即堯舜爲什麽應當世代爲天下法?不只是因其施仁政,使天下人被其澤。更重要的是,他們實行的是"選賢舉能,講信脩睦"的天下爲公的社會制度。只有在這種制度下,天下才能長治久安,永遠立於不敗之地。趙佑身處專制王朝的統治下,自然不敢説這種話。

趙佑之言,録自焦循正義。

7.3

【原文】

孟子曰:"三代之得天下也,以仁;其失天下也,以不仁。國之所以廢興存亡者亦然。天子不仁,不保四海;諸侯不仁,不保社稷;卿大夫不仁,不保宗廟;士庶人不仁,不保四體。今惡死亡而樂不仁,是由惡醉而强酒。"

【譯文】

孟子説:"夏商周三代的獲得天下呢,因爲施行仁政;其失去天下呢,因爲不施行仁政。諸侯國他們爲什麽會廢興存亡的緣由也是如此。天子不仁,不能保守四海;諸侯不仁,不能保守邦國;卿大夫不仁,不能保守宗廟;士和平民不仁,不能保護自身。今有人憎惡死亡却以不仁爲樂,這就像憎惡喝醉却要勉强喝酒一樣。"

【古注】

《注》 三代,夏商周。國,謂公侯之國。興亡在仁與不仁也。保,安也。四體,身之四肢。强酒則必醉也。《章指》言:人所以安,莫若爲仁,惡而勿去,患必在身,自上達下,其道一焉。

《正義》 失天下,謂禮樂征伐不自天子出,天下不奉天子之令也,故周自東遷以後,祚雖未改,亦爲失天下也。

7.4

【原文】

孟子曰："愛人不親反其仁，治人不治反其智，禮人不答反其敬，行有不得者皆反求諸己，其身正而天下歸之。《詩》云：'永言配命，自求多福。'"

【譯文】

孟子說："施以愛心却得不到人家親近便反省自己是不是仁德有問題，治理百姓没治理好便反省自己是不是智力不足，以禮相待而人家不答理便反省自己是不是不夠恭敬，凡是行爲得不到好效果都反省責求自己，其自身行爲端正就能使全天下歸附他。《詩經·大雅·文王》中有云：'我周家永遠配合天命，内自責求必然多福。'"

【古注】

《注》 反其仁，己仁猶未至邪？反其智，己智猶未足邪？反其敬，己敬猶未恭邪？反求諸身，身已正則天下歸就之，服其德也。此詩已見上篇。《章指》言：行有不得於人，一求諸身，責己之道也。改行飭躬，福則至矣。

《正義》 僖公二十二年《穀梁傳》云："故曰：禮人而不答則反其敬，愛人而不親則反其仁，治人而不治則反其知。"《荀子·法行篇》引曾子云："同遊而不見愛者，吾必不仁也；交而不見敬者，吾必不恭也；臨財而不見信者，吾必不信也。三者在身，曷怨人？怨人者窮，怨天者無識，失之己而反諸人，豈不亦迂哉？"

【淺悟】

孔子在《論語》中說："君子求諸己，小人求諸人。"本章對此教誨作了最好的詮釋。當然，小人則與此完全相反。求諸己，是我們中華文化的特色，也是我們理解中華文化的指南，更是我們華夏子孫爲人處世的準則。

不幸的是，四千多年來的專制王朝的最高統治者，絶大多數都是只責求別人而不責求自己的小人，他們才是造成中華民族近代貧窮、落後、愚昧、遭人欺凌的罪魁禍首。

不知反省、檢討的民族和朝代，喪無日矣。

7.5

【原文】

孟子曰："人有恒言，皆曰天下國家。天下之本在國，國之本在家，家之本在身。"

【譯文】

孟子說："人們有句常說的話，都會說起天下國家。殊不知天下的根本在各國，國的根本在各家，家的根本在自身的修養。"

【古注】

《注》 恒，常也。人之常語也。天下謂天子之所主，國謂諸侯之國，家謂卿大夫也。治天下者不得良諸侯無以爲本，治其國者不得良卿大夫無以爲本，治其家者不得良身無以爲本也。《章指》言：天下國家，各依其本；本正則立，本傾則踣。雖曰常言，必須敬慎也。

《疏》 《大學》有云："欲明明德於天下，必先治其國；欲治其國，必先齊其家；欲齊其家，必先修其身。"此其意也。然有國者不可以稱天下，有天下者或可以稱國，故諸侯謂之邦國，天子謂之王國。至於家，則自天子達於庶人，未嘗不通稱之矣。

《集注》 雖常言之，而未必知其言之有序也。故推言之，而又以家本乎身也。此亦承上章而推言之，《大學》所謂"自天子至於庶人，壹是皆以修身爲本"，爲是故也。

【淺悟】

孟子此言，大概有感於《禮記・大學》之篇。此言不僅適用於春秋戰國之亂世，更適用於兩千多年後的當今。當今天下各國倘若都能遵循天道法則，一改暴殄天物爲贊天地之化育，人類和萬物賴以生存的環境就有救了。

7.6

【原文】

孟子曰："爲政不難，不得罪於巨室。巨室之所慕，一國慕之；一國之所慕，天下慕之；故沛然德教溢乎四海。"

【譯文】

孟子説："處理政務並不難，只要不使那些有賢德的世族大家怪罪即可。因爲有賢德的世族大家們所思慕的事物，一國人也都會隨之思慕；一國人所思慕的事物，天下人必然也思慕；原來德行教化能像滂沱大雨般向四海洋溢。"

【古注】

《注》 巨室，大家也，謂賢卿大夫之家，人所則效者。言不難者，但不使巨室罪之則善也。慕，思也。賢卿大夫，一國思隨其所善惡，一國思其善政，則天下思以爲君矣。沛然大洽德教，可以滿溢於四海之内。《章指》言：天下傾心，思慕鄉善，巨室不罪，咸以爲表，德之流行，可以充四海也。

《集注》 巨室，世臣大家也。得罪，謂身不正而取怨怒也。慕，向也，心悦誠服之謂也。沛然，盛大流行之貌。溢，充滿也。蓋巨室之心難以力服，而國人素所取信；今既悦服，則國人皆服，而吾德教之所施可以無遠而不至矣。此亦承上章而言。蓋君子不患人心之不服，而患吾身之不脩。吾身既脩，則人心之難服者先服而無一人之不服矣。

《正義》 《禮記・少儀》云"不願於大家"，注云："大謂富之廣也。"孔氏正義云："大家，謂富貴廣大之家，謂大夫之家也。"趙佑《温故録》云："不得罪巨室，非徇巨室也。巨室之資力有餘，氣習深固，易爲善,亦易爲惡。彼其謹厚世傳,爲德鄉里,與或妄自尊大、武斷把持者,所在多有。古人爲政,有行法不避貴戚大姓,爲史書稱者。果其人積負不仁,如律所謂勢惡士豪爲世指疾,何足言一國之所慕?爲政者自宜亟創懲之,爲齊民先,而何得罪之與有?注故深體經文,以巨室爲賢卿大夫之家,人所則效者。惟賢,故不愧爲巨室,不可以得罪,能使一國慕之,天下慕之,而有裨吾德教也。不得罪奈何?曰:禮而已矣。禮以類族辨物,無過也,無不及也。後世政不古若,庸才下吏專阿勢利而虐愚柔,固齷促不足道;其有故持成見,務爲刻深,偏樂得搢紳素封之事而文致之,不察其平居之望實,事理之是非,下以飽欲壑,上以弋能名,其亦爲巨室者有以階之厲邪。"政善則巨室善之,而一國隨其所善也;政不善則巨室惡之,而一國隨其所惡也。大洽即是滿溢,滿溢即是沛然也。德教溢乎四海,然則巨室之所慕,慕其德教也。有此德教,即不得罪於巨室,而爲政不難矣。

7.7

【原文】

孟子曰:"天下有道,小德役大德,小賢役大賢;天下無道,小役大,弱役强:斯二者,天也。順天者存,逆天者亡。齊景公曰:'既不能令,又不受命,是絶物也。'涕出而女於吴。今也,小國師大國而恥受命焉,是猶弟子而恥受命於先師也。如恥之,莫若師文王。師文王,大國五年,小國七年,必爲政於天下矣。《詩》云:'商之孫子,其麗不億;上帝既命,侯于周服。侯服于周,天命靡常;殷士膚敏,祼將于京。'孔子曰:'仁不可爲衆也。夫國君好仁,天下無敵。'今也,欲無敵於天下而不以仁,是猶執熱而不以濯也。《詩》云:'誰能執熱,逝不以濯?'"

【譯文】

孟子説:"天下政治清明,小德行役屬大德行,小賢者役屬大賢者;天下政治昏暗,小國役屬大國,弱國役屬强國:這兩種現象,屬於天命嘛。順從天命者生,違逆天命者亡。齊景公當年無奈地説:'我既不能號令諸侯,又不願接受强國的命令,這都因斷絶人事交往造成的嘛。'不得已只好流着涕淚將女兒嫁到吴國。如今呢,小國師法大國却以接受他國的命令爲可恥,這猶如弟子以接受先師的教命爲可恥一樣嘛。如果以此爲恥,不如效法周文王。效法周文王,大國最多五年,小國最多七年,必能對全天下施以政教呀。《詩經·大雅·文王》中有云:'殷商的子孫,其數不下億萬;上天已降旨意,惟有向周臣服。惟有向周臣服,顯示天命無常;殷士的言行壯美又敏捷,趕到京都灌酒助祭。'孔子説:'仁德不可能被衆人所阻擋嘛。國君如果愛好仁德,將天下無敵。'如今呢,各國都想無敵於天下却不施以仁政,這如同想拿熱物却不先用涼水洗手一樣嘛。《詩經·大雅·桑柔》中有云:'誰能拿熱物,不用涼水洗手?'"

【古注】

《注》 有道之世，小德小賢樂爲大德大賢役，服於賢德也；無道之時，小國弱國畏懼而役於大國强國也。此二者，天時所遭也，當順從之，不當逆也。齊景公，齊矦，景，謚也。言諸矦既不能令告鄰國使之進退，又不能事大國往受教命，是所以自絶於物。物，事也，大國不與之通朝聘之事也。吴，蠻夷也，時爲强國，故齊矦畏而恥之，泣涕而與爲婚。今小國以大國爲師學法度焉，而恥受教命，不從其進退，譬猶弟子不從師也。文王行仁政，以移殷民之心，使皆就之。今師效文王，大國不過五年，小國七年，必得政於天下矣。文王時難，故百年乃洽；今之時易，文王由百里起，今大國乃踰千里，過之十倍有餘，故五年足以爲政；小國差之，故七年。詩，《大雅・文王》之篇。麗、億，數也。言殷帝之子孫，其數雖不但億萬人，天既命之，惟服於周，殷之美士執祼暢之禮，將事於京師若微子者。膚，大；敏，達也。此天命之無常也。孔子云，行仁者，天下之衆不能當也。諸矦有好仁者，天下無敢與之爲敵。詩，《大雅・桑柔》之篇。誰能持熱而不以水濯其手？喻爲國誰能違仁而無敵也？《章指》言：遭衰逢亂，屈服强大，據國行仁，天下莫敵，雖有億衆，無德不親，執熱須濯，明不可違仁也。

《集注》 有道之世人皆脩德，而位必稱其德之大小；天下無道人不脩德，則但以力相役而已。令，出令以使人也；受命，敢命於人也。物，猶人也。吴，蠻夷之國也，景公羞與爲婚而畏其强，故涕泣而以女與之。言小國不脩德以自强，其般樂怠敖皆若效大國之所爲者，而獨恥受其教命，不可得也。文王之政，布在方策，舉而行之，所謂師文王也。蓋天下雖無道，然脩德之至，則道自我行，而大國反爲吾役矣。程子曰："五年七年，聖人度其時則可矣。然凡此類，學者皆當思其作爲如何乃有益耳。"孟子引此詩及孔子之言，以言文王之事。麗，數也。十萬曰億。矦，維也。殷士，殷孫子之臣也。膚，大也。敏，達也。祼，宗廟之祭，以鬱鬯之酒灌地而降神也。將，助也。言殷之孫子衆多，其數不但十萬而已，上帝既命周以天下，則凡此殷之孫子皆臣服於周矣。所以然者，以天命不常，歸於有德故也，是以殷士之膚大而敏達者，皆執祼獻之禮，助王祭事於周之京師也。孔子因讀此詩而言，有仁者，則雖有十萬之衆不能當之。故國君好仁，則必無敵於天下也。《詩》，《大雅・桑柔》之篇。逝，語辭也。言誰能執持熱物，而不以水自濯其手乎。此章言不能自强，則聽天所命；脩德行仁，則天命在我。

《正義》 涕出而女於吴，《説苑・權謀篇》云："齊景公以其子妻闔廬，送諸郊，泣曰：'余死不汝見矣。'高夢子曰：'齊負海而縣山，縱不能全收天下，誰干我君，愛則勿行。'公曰：'余有齊國之固，不能以令諸矦，又不能聽，是生亂也。寡人聞之，不能令，則莫若從。'遂遣之。"翟灝《考異》云："《左傳》僖公七年，孔叔言於鄭伯曰：'既不能彊，又不能弱，所以斃也。'景公言，蓋本此意。"兩國相交之事，莫如朝聘，故以"絶物"爲不與通朝聘之事也。《禮記・學記》云："夫然，故安其學而親其師。"又云："師也者，所以學爲君也。"故趙氏以學釋師，謂"師大國"即學大國也。以大國爲師即是以大國爲法度。詩在《大雅・文王》第四章及第五章。四章毛傳云："麗，數也。盛德不可爲衆也。"箋云："于，於也。商之孫子，其數不徒億，多言之也。至天已命文王之後，乃爲君於周之九服之中，言衆之不如德也。"五章毛傳云："則見天命之無常也。殷士，殷矦也。膚，美；敏，疾也；祼，灌鬯也，周人尚臭。將，行；京，大也。"箋云："無常者，善則就之，惡則去之。殷之臣，壯美而敏，來助周祭。"凡物自兩以上皆數也，其麗不億，謂其偶不止於億也。十萬爲億，億而偶，則二十萬也，謂不止二十萬也。鄭以"矦于周服"爲"爲君于周之九服之中"，是以君釋矦，以九服釋周服。趙氏此句無釋，而注"矦服于周"云"惟服于周"，則是以惟釋矦，以服爲服從。乃鄭氏云"善則就之"，是以服于周爲就于周，與趙義不殊。微子對於微，趙氏舉此爲殷士，則亦以殷士爲殷矦。詩在《大雅・桑柔》第五章，毛傳云："濯，所以救熱也。"箋云："當如手持熱物之用濯。"與趙氏義同。《禮記·内則》云:"炮,取豚若將,塗之以謹塗。炮之,塗皆乾,擘之,濯手以摩之。"孔氏正義云:"手既擘泥不浄,其肉又熱,故濯手摩之,去其皽莫。"此執熱以濯之事也。

【淺悟】

祼,讀音 guàn(ㄍㄨㄢˋ),通灌。濯,讀音 zhuó(ㄓㄨㄛˊ)。

《詩》云:"誰能執熱,逝不以濯。"段玉裁《經韻樓集·詩執熱解》云:"尋詩意,執熱猶觸熱、苦熱,濯謂浴也。濯訓滌,沐以濯髮,浴以濯身,洗以濯足,皆得云濯。此詩謂誰能苦熱而不澡浴以潔其體,以求涼快者乎?鄭箋、《孟子》趙注、朱注、《左傳》杜注皆云'濯其手',轉使義晦,由泥於'執'字耳。"苦熱未必澡浴,拿熱物必用手,故譯文取趙氏之説。

7.8

【原文】

孟子曰:"不仁者可與言哉?安其危而利其菑,樂其所以亡者。不仁而可與言,則何亡國敗家之有?有孺子歌曰:'滄浪之水清兮,可以濯我纓;滄浪之水濁兮,可以濯我足。'孔子曰:'小子聽之,清斯濯纓,濁斯濯足矣,自取之也。'夫人必自侮,然後人侮之;家必自毁,而後人毁之;國必自伐,而後人伐之。太甲曰:'天作孽,猶可違;自作孽,不可活。'此之謂也。"

【譯文】

孟子説:"不仁的人可以向他獻言嗎?他對那些能爲其造成危害和災難的事物反而認爲安全和有利,對那些能使其亡國敗家的行爲樂此不疲。不仁的人如果可以向他獻言,怎麽會有亡國敗家的事情發生?有童謡唱道:'滄浪河的水清澈喲,可用來洗我的帽纓;滄浪河的水渾濁喲,可用來洗我的脚。'孔子説:'弟子們聽着,水清澈就洗帽纓,水渾濁只有洗脚而已,對清濁的處置完全取決於自己嘛。'這人必是自己先有可侮慢的行爲,然後别人才會侮辱他;家必是先有自行毁壞的破綻,然後别人才會毁壞其家;國必是先有自相誅伐的内訌,然後别人才敢討伐其國。殷王太甲説:"上天造成的災害,尚可違避;自己製造的災害,不可活命。'就是指這些取決於自己的事説的嘛。"

【古注】

《注》 言不仁之人以其所以爲危者反以爲安,必以惡見亡而樂行其惡。如使其能從諫從善,可與言議,則天下何有亡國敗家也?孺子,童子也。小子,孔子弟子也。清濁所用,尊卑若此。自取之,喻人善惡見尊賤乃如此。人先自爲可侮慢之行,故見侮慢也。家先自爲可毁壞之道,故見毁也。國先自爲可誅伐之政,故見伐也。太甲曰已見上篇。《章指》言:人之安危,皆由於己,先自毁伐,人乃攻討,甚於天孽，敬慎而已，如臨深淵，戰戰恐栗也。

《集注》 安其危，利其菑者，不知其爲危菑而反以爲安利也。所以亡者，謂荒淫暴虐所以致亡之道也。不仁之人私欲固蔽，失其本心，故其顛倒錯亂至於如此，所以不可告以忠言，而卒至於敗亡也。言水之清濁，有以自取之也。聖人聲入心通，無非至理，此類可見。此章言心存則有以審夫得失之幾，不存則無以辯於存亡之著。禍福之來，皆其自取。

《正義》 以上四章，示人反身改過之義。前言改其師大國者師文王，則轉弱爲强，化小爲大。此言不仁者改其不可與言而爲可與言，則國可不亡，家可不敗。此孟子發明《周易》之指也。危即菑也，安之即利之也，故趙氏於"利其菑"不復注。《楚辭》漁父云："漁父莞爾而笑，鼓枻而去，歌曰：'滄浪之水清兮，可以濯吾纓；滄浪之水濁兮，可以濯吾足。'"按歌出孺子，孔子所聞，遠在屈原之前。屈原取此，假爲漁父之辭耳，非其本也。按滄浪是夏水，本以清得名，則其清是本然，濁乃習染。下云自侮、自毁、自伐，俱從"濁斯濯足"相貫，是水本可濯纓，由自濁而濯足；人本可活，由自作孽而不可活。"自作孽不可活"，是本清而自變爲濁，由善而惡也。"不仁而可與言"，是既濁而自改爲清，由惡而善也。清斯濯纓承上，濁斯濯足起下，尊而賤、賤而尊，皆自取矣。

7.9

【原文】

孟子曰："桀紂之失天下也，失其民也。失其民者，失其心也。得天下有道，得其民，斯得天下矣；得其民有道，得其心，斯得民矣；得其心有道，所欲與之聚之，所惡勿施，爾也。民之歸仁也，猶水之就下，獸之走壙也。故爲淵敺魚者，獺也；爲叢敺爵者，鸇也；爲湯武敺民者，桀與紂也。今天下之君有好仁者則，諸侯皆爲之敺矣，雖欲無王，不可得已。今之欲王者，猶七年之病求三年之艾也，苟爲不畜，終身不得；苟不志於仁，終身憂辱，以陷於死亡。《詩》云：'其何能淑？載胥及溺。'此之謂也。"

【譯文】

孟子説："夏桀和殷紂之所以失去天下呢，皆因失去他們統治的人民嘛。凡是失去其人民的統治者，所丢失的是民心嘛。想得到天下有門道，能得到擁護自己的人民，就能得到天下呀；想得到擁護自己的人民有門道，能得到民心，就能得到人民擁護呀；想得到民心有門道，把他們所想要的東西爲他們積聚儲存起來，他們所憎惡的事情不要施行，人民自然會親近嘛。人民的歸附仁政，猶如水的向低處流，野獸的向壙野奔走一樣嘛。把魚驅趕到深水的，必是水獺嘛；把小鳥驅趕到叢林中的，必是鸇鷹嘛；把人民驅趕到商湯和周武那裏的，乃是夏桀和商紂嘛。當今天下若有好行仁政的國君能以商湯和周武爲法則，其他諸侯都會爲他把人民驅趕過來呀，此時他即便没有成就王業的欲望，也不可能使人民停止前來投奔。然而如今想成就王業的國君，猶如患了七年的病需尋求三年的陳艾蒿灸病一樣，如果三年前不積蓄，恐怕到生命終了也得不到；同樣的道理，想成就王業，如果不立志在仁政上做積累，也將終生都在憂愁羞辱中掙扎，以致陷於身死國亡。《詩經·大雅·桑柔》中有云：'其君臣如何能行善政？只會是相與陷溺而已。'就是指今之欲王者説的嘛。“

【古注】

《注》 失其民之心，則天下畔之，簞食壺漿以迎武王之師是也。欲得民心，聚其所欲而與之。爾，近也。勿施行其所惡，使民近，則民心可得矣。民之思明君，猶水樂埤下，獸樂壙野，敺之則歸其所樂。獺，猵也。鸇，土鸇也。故云諸侯好爲仁者，敺民若此也。湯武行之矣，如有則之者，雖欲不王，不可得也。今之諸侯欲行王道而不積其德，如至七年病而却求三年時艾，當畜之乃可得；以三年時不畜藏之，至七年而欲卒求之，何可得乎？艾可以爲灸人病，乾久益善，故以爲喻。志仁者亦久行之，不行之，則憂辱以陷死亡，桀紂是也。詩，《大雅·桑柔》之篇。淑，善也。載，辭也。胥，相也。刺時君臣何能爲善乎？但相與爲沈溺之道也。《章指》言：水性趨下，民樂歸仁。桀紂之敺，使就其君。三年之艾，畜而可得。一時欲仁，猶將沈溺。所以明鑒戒也。

《集注》 民之所欲皆爲致之，如聚斂然；民之所惡則勿使於民。晁錯所謂“人情莫不欲壽，三王生之而不傷；人情莫不欲富，三王厚之而不困；人情莫不欲安，三王扶之而不危；人情莫不欲逸，三王節其力而不盡”，此類之謂也，言民之所以歸乎此，以其所欲之在乎此也。艾，草名，所以灸者，乾久益善。夫病已深，而欲求乾久之艾，固難卒辦；然自今畜之，則猶或可及，不然則病日益深，死日益迫，而艾終不可得矣。《詩》，《大雅·桑柔》之篇。淑，善也。載，則也。胥，相也。言今之所爲其何能善？則相引以陷於亂亡而已。

《正義》 聚之義有二：《禮記·曲禮》注云：“聚，猶共也。”所欲與之聚之，即所欲與之共之也。《易·萃卦·彖傳》云“聚以正也”，《釋文》云：“荀本作取。”劉熙《釋名·釋言語》云：“取，趣也。”趣亦即趨，是聚與趨、趣、取通。趙氏言聚其所欲而與之，即是趣其所欲而與之也。王引之《經傳釋詞》云：“家大人曰：與，猶爲也，爲字讀去聲。所欲與之聚之，言所欲則爲民聚之也。《楚策》曰'吾與子出兵矣'，言吾爲子出兵也。《漢書·高帝紀》'漢王爲義帝發喪'，《漢紀》爲作與。”邵晉涵《爾雅正義》云：“鸇爲鷹類，有生於土窟者，故亦謂之土鸇。《詩》疏引陸璣疏云：'鸇似鷂，青黄色，燕喙，嚮風摇翅，乃因風飛急，疾擊鳩鴿燕雀食之。'”趙氏讀“有好仁者則”爲句，言湯武好仁，桀紂爲之敺民使歸之，今天下之君有好仁者以湯武爲法則，今之諸侯皆爲之敺民，亦如桀紂爲湯武敺民矣。《名醫别録》云：“艾葉，味苦微温，主灸百病，一名冰臺，一名醫草。”苟爲不畜，趙氏解“爲”爲何爲奚爲之爲。爲，猶以也，故云以三年。王引之《經傳釋詞》云：“爲，猶使也，亦假設之詞也。《孟子·離婁篇》'苟爲不畜'，又'苟爲無本'，《告子篇》曰'苟爲不熟'，皆言苟使也。”詩在《大雅·桑柔》第五章。箋云：“淑，善。胥，相。及，與也。女若云其於政事何能善乎？則女君臣皆相與陷溺於禍難。”孔氏正義云：“王肅以爲如今之政其何能善？但君臣相與陷溺而已。”趙氏與王肅同。

【淺悟】

敺，古驅字。獺，讀音 tǎ（ㄊㄚˇ）。爵、雀古今字，讀音 què（ㄑㄩㄝˋ）。鸇，讀音 zhān

(ㄓㄢ)。

針對朱熹集注之説，焦循正義引戴震《孟子字義疏證》云："宋以來儒者，舉凡饑寒愁怨、飲食男女、常情隱曲之感，則名之曰'人欲'，故終其身見欲之難制。其所謂'存理'，空有理之名，究不過絶情欲之感耳。何以能絶？天下必無舍生養之道而得存者。凡事爲皆有於欲，無欲則無爲矣。有欲而後有爲，有爲而歸於至當不可易之謂理。無欲無爲，又焉有理？老莊釋氏生於無欲無爲，故不言理；聖人務在有欲有爲之咸得理。是故君子亦無私而已矣，不貴無欲。君子使欲出於正，不出於邪，不必無饑寒愁怨、飲食男女、常情隱曲之感。於是讒説誣辭，反得刻議君子而罪之，此理欲之辨使君子無完行者，爲禍如是也。以無欲然後君子，而小人之爲小人也，依然行其貪邪。獨執此以爲君子者，謂不出於理則出於欲，不出於欲則出於理。其言理也，如有物焉，得於天而具於心，於是未有不以意見爲理之君子，且自信不出於欲，則曰心無愧怍。夫古人所以不愧不怍者，豈此之謂乎？不悟意見多偏之不可以理名，而持之必堅；意見所非，則謂其人自絶於理。此理欲之辨適成忍而殘殺之具，爲禍又如是也。夫堯舜之憂'四海困窮'，文王之'視民如傷'，何一非爲民謀其人欲之事？惟順而導之，使歸於善。今既截然分理欲爲二，治己以不出於欲爲理，治人亦必以不出於欲爲理，舉凡民之饑寒愁怨、飲食男女、常情隱曲之感，咸視爲人欲之甚輕者矣。輕其所輕，乃吾重天理也，公義也。言雖美，而用之治人則禍其人。至於下以欺僞應乎上，則曰人之不善，胡弗思聖人體民之情，遂民之欲，不待告以天理公義而人易免於罪戾者之有道也？孟子於民之'放辟邪侈無不爲'，以'陷於罪'，猶曰'是罔民也'，又曰'救死而恐不贍，奚暇治禮義哉'。古之言理也，就人之情欲求之，使之無疵之爲理。今之言理也，離人之情欲求之，使之忍而不顧之爲理。此理欲之辨，適以窮天下之人，盡轉移爲欺僞之人，爲禍何可勝言也！其所謂欲，乃帝王之所盡心於民；其所謂理，非古聖賢之所謂理，蓋雜乎老釋之言以爲言，是以弊至此也。然宋以來儒者皆力破老釋，不自知雜襲其言而一一傅合於經，遂曰《六經》孔孟之言。其惑人也易而破之也難，數百年於兹矣。人心所知，皆彼之言，不復知其異於《六經》孔孟之言矣。世又以躬行實踐之儒信焉不疑，夫楊墨老釋皆躬行實踐，勸善懲惡，救人心，贊治化，天下尊而信之，帝王因尊而信之者也。孟子韓子闢之於前，聞孟子韓子之言，人始知其與聖人異而究不知其所以異。至宋以來儒者之言，人咸曰是與聖人同也。辯之，是欲立異也。此如嬰兒中路失其父母，他人子之而爲其父母，既長不復能知他人之非其父母，雖告以親父母，而決爲非也而怒其告者。故曰破之也難。"

南宋朱熹以北宋二程理學爲宗所著的《四書章句集注》，客觀上起到了維護君主專制政體的作用，被元、明、清三代皆欽定爲科舉考試選題的範圍和答案的標準，盡管其中的注釋存在着不少謬誤甚至與原意完全顛倒。然而學子們爲了求取功名，只能死記朱熹的注釋而不敢懷疑其中是否有誤。從此教育成了"應試"的奴隸：教師"呻其佔畢"，弟子鸚鵡學舌，數百年來舉國的師生都在重復着朱熹説過的話，致使這種高度統一的學舌風氣影響到整個社會的思維方式和行爲模式。正如清儒戴震所云："宋以來儒者皆力破老釋,不自知雜襲其言而一一傅合於經,遂曰《六經》孔孟之言。其惑人也易而破之也難,數百年於兹矣！人心所知皆彼之言,不復知其異於《六經》孔孟之言矣。世又以躬行實踐之儒,信焉不疑。至宋以來儒者之言,人咸曰是與聖人同也。辯之,是欲立異也。故曰破之也難。”信哉,是言！有道是,流言傳三遍,“曾參殺人”母也信。被欽定的宋代理學,統治着中華之學術、教育界如此之久,其學説幾乎成了不可動摇的定論。正如戴氏所喻,就像嬰兒走失,被人收養長大後,雖把真情告訴他,他也決不相信而且惱怒告訴的人。你辯駁理學之謬誤,别人反而指責你想另立異説。所以要想破除宋代理學那根深蒂固的謬誤,還中華文化以本真面貌,任重而道遠。

7.10

【原文】

孟子曰:“自暴者,不可與有言也;自棄者,不可與有爲也。言非禮義,謂之自暴也;吾身不能居仁由義,謂之自棄也。仁,人之安宅也;義,人之正路也。曠安宅而不居,舍正路而不由,哀哉!”

【譯文】

孟子説:“自暴的人,不可跟他有言語上的交流哩;自棄的人,不可跟他一起做有作爲的事哩。言語上非毁禮義,叫做自暴嘛;自身不能安心仁德遵循道義,叫做自棄嘛。仁德,是人最安謐的住宅嘛;道義,是人最正當的道路嘛。空着安謐的住宅却不居住,舍棄正當的道路却不沿着走,悲哀啊!”

【古注】

《注》 言人尚自暴自棄,何可與有言有爲？曠,空。舍,縱。哀,傷也。弗由居是者,是可哀傷哉。《章指》言:曠仁舍義,自暴棄之道也。

《集注》 暴,猶害也。非,猶毁也。自害其身者,不知禮義之爲美而非毁之,雖與之言,必不見信也。自棄其身者,猶知仁義之爲美,但溺於怠惰,自謂必不能行,與之有爲必不能勉也。程子曰:“人苟以善自治,則無不可移者,雖昏愚之至,皆可漸磨而進也。惟自暴者拒之以不信,自棄者絶之而不爲,雖聖人與居不能化而入也。此所謂下愚之不移也。”仁宅,已見前篇。義者,宜也,乃天理之當行,無人欲之邪曲,故曰正路。由,行也。此章言道本固有而人自絶之,是可哀也。此聖賢之深戒,學者所當猛省也。

【淺悟】

集注所引程子短短一段話,便有兩處謬誤。其一,所云自暴自棄者,“雖聖人與居不能化而入也”。假如聖人與他們同居竟然不能以其教化使他們入耳,那還稱得上聖人嗎？孟子説的“不可與言、不可與有爲”,是告誡我們這些不甘自暴自棄的普通人,決不包括聖人。其二,所云“此所謂下愚之不移也”一語,出自《論語·陽貨篇》第三章:子曰:

"惟上知與下愚不移。"程子解説《論語》此言已是謬誤不堪,在本章又拿這一謬誤來解説自暴自棄。如此連環誤導的後果,反而使其後歷代的狀元、榜眼、探花、進士們成了最大的受益者。可以斷言,科舉之風不平息盡,中華文化便無澄清之日。

7.11

【原文】

孟子曰:"道在邇而求諸遠,事在易而求諸難。人人親其親,長其長,而天下平。"

【譯文】

孟子説:"平天下之道就在近前却向遠處尋求,此事做起來極容易却向難處求索。只要使人人都親愛自己父母,尊敬自己的長輩,就能使天下太平。"

【古注】

《注》 邇,近也。道在近而患人求之遠也,事在易而患人求之難也,謂不親其親,不事其長,故其事遠而難也。《章指》言:"親親敬長,近取諸己,則邇而易也。

《集注》 親、長在人爲甚邇,親之長之在人爲甚易,而道初不外是也。舍此而他求,則遠且難而反失之。但人人各親其親,各長其長,則天下自平矣。

《正義》 自首章言平治天下必因先王之道,行先王之法,反復申明歸之於居仁由義。何爲仁?親親是也。何爲義?敬長是也。道,即平天下之道也;事,即平天下之事也。堯舜之道,孝弟而已。其爲人也孝弟,犯上作亂未之有也。舍此而高談心性,辨别理欲,所謂求諸遠,求諸難也。或説:"道可致而不可求,求便非易簡之道。"蓋讀遠字難字爲句,謂道在邇不必他求也,若求諸,則遠矣;事在易不必他求也,若求之,則難矣。

7.12

【原文】

孟子曰:"居下位而不獲於上,民不可得而治也。獲於上有道,不信於友,弗獲於上矣。信於友有道,事親弗悦,弗信於友矣。悦親有道,反身不誠,不悦於親矣。誠身有道,不明乎善,不誠其身矣。是故誠者,天之道也;思誠者,人之道也。至誠而不動者,未之有也;不誠,未有能動者也。"

【譯文】

孟子説:"身處下位如果不能獲得上司的賞識,便不可能得到治理民衆的機會嘛。獲得上司的賞識有門道,不能得到僚友的信任,便不能獲得上司賞識呀。使僚友信任有門道,侍奉父母不能使他們愉悦,便不能使僚友信任呀。使父母愉悦有門道，反省自身不真誠，當然不能使父母愉悦呀。使自身真誠有門道，不明確什麽是美好的事物，便不能使自身真誠呀。由此可見，真誠這種品質，乃天所遵循的法則哩；思慕真誠這種品質，乃人所應遵循的法則嘛。最真誠却不能感動人心的先例，未曾有過嘛；不真誠，未曾有能感動人心的先例嘛。”

【古注】

《注》 言人求上之意，先從己始，本之於心，心不正而得人意者，未之有也。授人誠善之性者，天也，故曰天道。思行其誠以奉天者，人道也。至誠則動金石，不誠則鳥獸不可親狎，故曰未有能動者也。《章指》言：事上得君，乃可臨民；信友悦親，本在於身。是以曾子三省，大雅矜矜，以誠爲貴也。

《集注》 獲於上，得其上之信任也。反身不誠，反求諸身而其所以爲善之心有不實也。不明乎善，不能即事以窮理，無以真知善之所在也。游氏曰：“欲誠其意，先致其知。不明乎善，不誠乎身矣。學至於誠身，則安往而不致其極哉？以内則順乎親，以外則信乎友，以上則可以得君，以下則可以得民矣。”誠者，理之在我者皆實而無僞，天道之本然也。思誠者，欲此理之在我者皆實而無僞，人道之當然也。楊氏曰：“動便是驗處，若獲乎上、信乎友、悦於親之類是也。”此章述《中庸》孔子之言，見思誠爲脩身之本，而明善又爲思誠之本，乃子思所聞於曾子而孟子所受乎子思者，亦與《大學》相表裏，學者宜潛心焉。

《正義》 《禮記·中庸篇》與此同。鄭氏注云：“獲，得也。言臣不得於君，則不得居位治民。言知善之爲善，乃能行誠。”《禮記·中庸》云：“誠者，天之道也；誠之者，人之道也。”注云：“言誠者，天性也。誠之者，學而誠之者也。”謹按：由悦親而信友，由信友而獲上，由獲上而治民，皆人倫日用之常也。必反身而歸之於誠，其反身而誠也，必歸之以明善。蓋伏羲之前未有人倫，不知有善，何以有誠？乃天既授人以善性，此誠者，天之道也。人性既誠有此善，則自能明，故先覺者自誠而明，因以覺人，而人亦無不自誠而明。然未明，患其不明；既明矣，又患其不誠。故莫不知親之當悦也，友之當信也，上之當獲而民之當治也。亦莫不曰吾能悦親也，吾能信友也，吾能獲乎上而治乎民也。乃民不治、上不獲、友不信、親不悦，此非不明之故，而不誠之故。不誠者，非天不以誠授我也，是我未嘗思也。是以孟子既由誠身而歸重於明善，又由明善而申言思。誠既明矣，又思其誠。誠身乃能悦親、信友、獲上、治民，所謂動也。悦親而親悦，信友而友信，事上而上獲，治民而民治，至誠而動物也。不誠則悦親而親不悦，信友而友不信，事上而上不獲，治民而民不治，所謂未有能動者也。

7.13

【原文】

孟子曰：“伯夷辟紂，居北海之濱，聞文王作，興曰：‘盍歸乎來？吾聞西伯善養老者。’太公辟紂，居東海之濱，聞文王作，興曰：‘盍歸乎來？吾聞西伯善養老者。’二老者，天下之大老也，而歸之，是天下之父歸之也。天下之父歸之，其子焉往？諸侯有行文王之政者，七年之内，必爲政於天下矣。”

【譯文】

孟子説：“伯夷爲了躲避殷紂亂世，隱居在北海之濱，傳聞文王有作爲，便興奮地説:'爲何不去歸附來着? 我聽説西伯善於奉養老人。'太公望爲了躲避殷紂亂世,隱居在東海之濱,傳聞文王有作爲,興奮地説:"爲何不去歸附來着? 我聽説西伯善於奉養老人。"這二位老者,乃天下名望最大的老者哩,能歸附西伯,這代表天下所有的父親都願歸附西伯嘛。天下的父親歸附了西伯,他們的子女會往何處去? 現今的諸侯中如果有誰能推行文王那種政教的,七年之内,必定能執掌天下的政權呀。"

【古注】

《注》 伯夷讓國,遭紂之世,辟之,隱遁北海之濱,聞文王起興王道,盍歸乎來,歸周也。太公,吕望也,亦辟紂世,隱居東海,曰聞西伯養老。二人皆老矣,往歸文王也。此二老,猶天下之父也,其餘皆天下之子耳,子當隨父。二父往矣,子將安如? 言皆將往也。今之諸侯如有能行文王之政者,七年之間必足以爲政矣。天以七紀,故七年。文王時難故久,衰周時易故速也。上章言大國五年者,大國地廣人衆,易以行善,故五年足以治也。《章指》言:養老尊賢,國之上務,文王勤之,二老遠至。父來子從,天之順道。七年爲政,以勉諸侯,欲使庶幾於行善也。

《集注》 作、興,皆起也。盍,何不也。西伯,即文王也。紂命爲西方諸侯之長,得專征伐,故稱西伯。太公,姜姓,吕氏,名尚。文王發政必先鰥寡孤獨,庶人之老皆無凍餒,故伯夷太公皆來就養,非求仕也。大老,言非常人之老者。天下之父,言齒德皆尊,如衆父然。既得其心,則天下之心不能外矣,蕭何所謂"養民致賢,以圖天下"者,暗與此合,但其意則有公私之辯,學者又不可以不察也。七年,以小國而言也,大國五年在其中矣。

《正義》 毛奇齡《四書賸言》云:"趙注'聞文王作興'"以興字句。《離騷》'吕望之鼓刀兮,遭周文而得舉',王逸注:'太公避紂,居東海之濱,聞文王作興。'則正引《孟子》文而以興字句者。"翟灝《考異》云:"《毛詩·酌篇》正義:'孟子説伯夷居北海之濱,太公居東海之濱,聞文王作興而歸之。'《中論·亡國篇》:'昔伊尹在田畝之中,聞成湯作興,而自夏如商。太公辟紂之惡,居於東海之濱,聞文王作興,亦自商如周。'毛西河之説良是。"陶潛《聖賢羣輔録》引《尚書大傳》云:"太公辟紂,居東海之濱,皆率其屬曰:'盍歸乎? 吾聞西伯昌善養老。'此二人者,蓋天下之大老也。往而歸之,是天下之父歸之也。天下之父歸之,其子曷往?"王楙《野客叢書》云:"淵明引此,謂出《尚書大傳》,知《孟子》引逸《書》之辭。"

【淺悟】

各注解説文王,皆站在家天下的立場上,與實際的文王不符,也與孔子對文王的評價不符。詳情請看《論語》,兹不贅言。

7.14

【原文】

孟子曰:"求也爲季氏宰,無能改於其德,而賦粟倍他日。孔子曰:'求非我徒也! 小子鳴鼓而攻之可也!'由此觀之,君不行仁政而富之,皆棄於孔子者也,況於爲之强戰! 爭地以戰,殺人盈野;爭城以戰,殺人盈城:此所謂率土地而食人肉，罪不容於死。故善戰者服上刑，連諸侯者次之，辟草萊、任土地者次之。”

【譯文】

孟子説：“冉求呢，擔任季氏的家臣，没能把季氏的德行改變，反而將田賦的粟米比往日多征了一倍。孔子説：‘冉求不是我的門徒哩！你們後生可以敲着鼓地攻訐他嘛！’由此看來，君上不行仁政反而爲他致富的人，都是被孔子所鄙棄的嘛，況且爲其强行征戰！爲了争奪土地而戰，殺人遍野；爲争奪城邑而戰，殺人满城：這就是所説的爲了聚斂土地而吃人肉，這種人處以死刑都不能抵償其罪惡。所以好戰者當服重刑，遊説諸侯搞合縱連衡的謀士之罪在其次，專以闢草萊、依據開墾的土地制定田賦爲事而不務修德的官吏之罪又在其次。”

【古注】

《注》 求，孔子弟子冉求。季氏，魯卿季康子。宰，家臣。小子，弟子也。孔子以冉求不能改季氏使從善，爲之多斂賦粟，故欲使弟子鳴鼓以聲其罪而攻伐責讓之。曰“求非我徒”，疾之也。孔子棄富不仁之君者，況於争城争地而殺人滿之乎，此若率土地使食人肉也，言其罪大，死刑不足以容之。孟子言天道重生，戰者殺人，故使善戰者服上刑。上刑，重刑也。連諸侯，合從者也，罪次善戰者。辟草任土，不務脩德而富國者，罪次合從連横之人也。《章指》言：聚斂富君，棄於孔子。冉求行之，固聞鳴鼓。以戰殺民，土食人肉，罪不容死，以爲大戮，重人命之至也。

《集注》 林氏曰：“富其君者，奪民之財耳，而夫子猶惡之，況爲土地之故而殺人，使其肝腦塗地？則是率土地而食人肉，其罪之大，雖至於死，猶不足以容之也。”善戰，如孫臏、吴起之徒。連結諸侯，如蘇秦、張儀之類。辟與闢同，開墾也。任土地，謂分土授民使任耕稼之責，如李悝盡地力，商鞅開阡陌之類也。

《正義》 哀公十一年《左傳》云：“季孫欲以田賦，使冉有訪諸仲尼。曰：‘丘不識也。’三發，卒曰：‘子爲國老，待子而行，若之何子之不言也？’仲尼不對，而私與冉有曰：‘君子之行也，度於禮，施取其厚，事舉其中，斂從其薄，如是則以丘亦足矣。若不度於禮，而貪冒無厭，則雖以田賦將又不足。且子季孫若欲行而法，則周公之典在；若欲苟而行，又何訪焉？’弗聽。”十二年春王正月：“用田賦。”用田賦自是季氏，孔子直責冉有，謂冉有爲之聚斂而附益之，斥之非我徒。孟子言“無能改於其德，而賦粟倍他日”。賦粟倍他日，即指季氏“用田賦”；緣冉有爲其宰，不能改之使從善，則季氏賦粟倍他日，即爲冉有爲之聚斂而附益之。皇侃《論語義疏》引繆協云：“季氏不能納諫，故求也莫能匡救，致譏於求，所以深疾季也。”是也。

【淺悟】

戰國時期，没有一個國家肯行仁政，標志着周王朝已步入末路。孟子認爲，在這種狀況下的一切富國强兵措施，都是“率土地而食人肉”的罪行：發動戰争者“罪不容死”，其次是搞合縱連衡的謀士，再其次是爲了富國而號召農民開墾荒地以坐收田賦的官吏。因爲後二者雖未直接參加戰爭、却在間接地支持戰爭。孟子的反戰思想，依託於廣大人民的利益，這就是仁心。

7.15

【原文】

孟子曰："存乎人者，莫良於眸子，眸子不能掩其惡：胷中正，則眸子瞭焉；胷不中正，則眸子眊焉。聽其言也，觀其眸子，人焉廋哉？"

【譯文】

孟子説："觀察人的話，没有比觀察眼神更好的，因爲眼神不能掩飾内心的邪惡：胸懷端正，看人的眼神就明亮；胸懷不端正，看人的眼神就暗昧。聽他説話的時候呢，觀察他的眼神，此人的心思如何藏匿啊？"

【古注】

《注》 眸子，目瞳子也。存人，存在人之善惡也。瞭，明也。眊者，蒙蒙目不明之貌。廋，匿也。聽言察目，言正視端，人情可見，安可匿哉？《章指》言：目爲神候，精之所在，存而察之，善惡不隱，知人之道，斯爲審矣。

《集注》 蓋人與物接之時，其神在目，故胸中正則神精而明，不正則神散而昏。故並此以觀，則人之邪正不可匿矣。然言猶可以僞爲，眸子則有不容僞者。

《正義》 《荀子·大略篇》云"眸而見之也"，注云："眸，謂以眸子審視之也。"《爾雅·釋訓》云："存，存在也。"《説文》土部云："在，存也。"《禮記·文王世子》云"必在視寒煖之節"，注云："在，察也。"趙氏以在釋存而云存在人之善惡，《章指》云"存而察之"，蓋以存爲在，即以在爲察，謂察人之善惡也。

【淺悟】

眸，讀音 móu（ㄇㄡˊ）。瞭，讀音 liǎo（ㄌㄧㄠˇ）。眊，讀音 mào（ㄇㄠˋ）。廋，讀音 sōu（ㄙㄡ）。

存有在義，在有察義，轉注存可訓爲察。存乎人者，即對人的觀察之意。

世上最難的事，莫過於知人。故《論語》中孔子再三告誡"不患人之不己知，患不知人也"。孟子所説的通過觀察人的眼神來判斷其善惡的方法，果真奏效嗎？恐怕未必！人的出身、遭遇、修養、性格等等，各不相同，怎能用統一的公式化的觀察方法判斷其内心的善惡呢？比如我的長相很凶悍，目光犀利，讓人望而生畏；對方恰好是個生性羞怯，不論見了誰都不敢抬眼正視，在我犀利的目光逼視下，硬要他抬頭觀察其眼神，能準確判斷其内心的善惡？還有富貴家庭的成員和貧寒家庭的成員，其眼神會相同嗎？更可怕的是，刑訊中"逼供"下的眸子，若套用這一公式，必出冤假錯案。《論語》中孔子也有個觀察人的方法，即"視其所以，觀其所由，察其所安，人焉廋哉？"就是説，觀察一個人，先看他對什麽事感興趣，然後再觀察他做此事所經由的途徑，考察他這樣做的興味之所在，經過如此細緻的考察，此人的心思如何藏匿啊？孔子所注重的是行爲，以此觀察人最可靠。無憑無據的眸子，焉能知人？可笑各注的盲目崇拜。

7.16

【原文】

孟子曰："恭者不侮人，儉者不奪人。侮奪人之君，惟恐不順焉，惡得爲恭儉？恭儉豈可以聲音笑貌爲哉？"

【譯文】

孟子說："恭敬的人不會侮慢別人，節儉的的人不會掠奪別人。專好侮慢掠奪別人的國君，惟恐人家不順從他，怎麽可能做到恭敬和節儉？恭敬和節儉怎麽可以只用聲音笑貌表示啊？"

【古注】

《注》 爲恭敬者不侮慢人，爲廉儉者不奪取人。有好侮奪人之君，有貪陵之性，恐人不順從其所欲，安得爲恭儉之行也？恭儉之人儼然無欲，自取其名，豈可以和聲諂笑之貌强爲之哉？《章指》言：人君恭儉，率下移風；人臣恭儉，明其廉忠：侮奪之惡，何由干之而錯其心？

《正義》 趙氏以和聲釋聲音，謂聲而音言其和也。君子樂然後笑，笑貌則笑見於面，故趙氏以諂笑之貌釋之。趙氏前注諂笑云"强笑也"。孟子言"侮奪人之君"，趙氏推及人臣，蓋孟子指當世諸侯，在兩漢宰輔皆是也。趙氏習見當時張禹、胡廣之流，故及此耳。

7.17

【原文】

淳于髡曰："男女授受不親，禮與？"

孟子曰："禮也。"

曰："嫂溺，則援之以手乎？"

曰："嫂溺不援，是豺狼也。男女授受不親，禮也；嫂溺援之以手者，權也。"

曰："今天下溺矣，夫子之不援，何也？"

曰："天下溺，援之以道；嫂溺，援之以手。子欲手援天下乎？"

【譯文】

淳于髡問："男女之間不親手交接物品，是禮制規定的麽？"

孟子說："當然是禮制規定的嘛。"

又問："嫂子溺水，然則救援她用手嗎？"

答道:"嫂子溺水不救援,那是豺狼哩。男女之間不親手交接物品,合乎禮制嘛;嫂子溺水救援她用手的做法,乃是權宜之計嘛。"

又問:"如今天下正在沉溺呀,夫子您不救援,爲什麼呢?"

答道:"天下沉溺,救援需用先王之道;嫂子溺水,救援她用手。你想用手救援天下嗎?"

【古注】

《注》 淳于髡,齊人也,問禮男女不相親授。禮不親授。髡曰見嫂溺水,則當以手牽援之不邪?孟子曰,人見嫂溺不援出,是爲豺狼之心也。孟子告髡曰,此權也。權者,反經而善也。髡曰,今天下之道溺矣,夫子何不援之?孟子曰,當以道援天下而道不得行,子欲使我以手援天下乎?《章指》言:權時之義,嫂溺援手。君子大行,拯世以道,道之指也。

《集注》 古禮,男女不親授受,以遠別也。援,救之也。權,稱錘也,稱物輕重而往來以取中者也,權而得中,是乃禮也。言今天下大亂,民遭陷溺,亦當從權以援之,不可守先王之正道也。言天下溺,惟道可以救之,非若嫂溺可手援也。今子欲援天下,乃欲使我枉道求合,則先失其所以援之之具矣,是欲使我以手援天下乎?此章言直己守道,所以濟時;枉道徇人,徒爲失己。

《正義》 閻若璩《釋地又續》云:"孟子與淳于髡問答僅兩章,後章是去齊之後不待言,前章似相值於梁惠王朝,何則?《魏世家》明云'卑禮厚幣以招賢者,鄒衍、淳于髡、孟軻皆至梁'。孟子素不見諸侯,祗因惠王延禮始至其國,又未嘗仕,真有孔子循道彌久,温温無所試之象,髡故發問夫子何不援天下。不然,於齊則仕矣,髡將譏其援之無效,與或力不能援,詎肯作是語?千載而下,殆可以情測哉。"《禮記·曲禮》云:"男女不雜坐,不同椸枷,不同巾櫛,不親授。"《坊記》云:"好德如好色,諸侯不下漁色,故君子遠色以爲民紀,故男女授受不親。"注云:"不親者,不以手相與也。"《内則》曰:"非祭非喪,不相授器。其相授,則女受以篚;其無篚,則皆坐奠之而後取之。""天下溺"以下,此孟子論權與道合之義也。權者,變而通之之謂也。變而通之,所謂反復其道也。孟子時,儀、衍之流以順爲正,突梯滑稽,如脂如韋,相習成風,此髡之所謂權也。孟子不枉道以見諸侯,正所以挽回世道,矯正人心,此即孟子援天下之權也。髡以枉道隨俗爲權,孟子以道濟天下爲權。髡譏孟子不枉道是不以權援天下,不知孟子之不枉道正是以權援天下。權外無道,道外無權,聖賢之道即聖賢之權也。髡不知道亦不知權矣。

【淺悟】

"男女授受不親"這一古訓,曾被當作反動的封建禮教大肆批判過,反過來無限放縱男女之間的授受。但在實際生活中,多數人依然堅持以此古訓作爲衡量一個人的作風是否檢點、爲人是否輕浮的主要標準,就連大洋彼岸年輕的美國對此的重視程度似乎比我們高得多。這一古訓究竟該貶還是該褒,只要從社會秩序及危害程度的角度去權衡,便不難得出結論。

7.18

【原文】

公孫丑曰:"君子之不教子,何也?"

孟子曰："勢不行也。教者必以正。以正不行，繼之以怒；繼之以怒，則反夷矣：夫子教我以正，夫子未出於正也。則是父子相夷也。父子相夷，則惡矣。古者易子而教之。父子之閒不責善，責善則離，離則不祥莫大焉。"

【譯文】

公孫丑問："君子不教訓兒子，爲什麽呢？"

孟子説："情勢行不通嘛。教訓的話必定用正道訓斥。用正道訓斥不行，接下來便動怒；這一動怒，兒子心裏就會反過來傷害你呀：你夫子教訓我使用正道，自己的言行却未曾出於正道哩。父子就這樣互相傷害嘛。父子互相傷害，感情就會惡化呀。古時候採用交换兒子進行教育的辦法。父子之間不可督責從善，督責從善就會導致父子感情分離，父子感情分離乃是不祥中最大的不祥呀。"

【古注】

《注》 問父子不親教何也？父親教子，其勢不行。教以正道而不能行，則責怒之。夷，傷也。父子相責怒，則傷義矣。一説曰，父子反自相非若夷狄也。子之心責其父云，夫子教我以正道，而夫子之身未必自行正道也。執此意則爲反夷矣，故曰惡也。易子而教，不欲自責以善。父子主恩，離則不祥莫大焉。《章指》言：父子至親，相責離恩；易子而教，相成以仁，教之義也。

《集注》 教子者，本爲愛其子也。繼之以怒，則反傷其子矣。父既傷其子，子之心又責其父曰：夫子教我以正道，而夫子之身未必自行正道。則是子又傷其父也。易子而教，所以全父子之恩，而亦不失其爲教。責善，朋友之道也。

《正義》 閻若璩《釋地又續》云："古人文字簡，須讀者會其意所指，如'君子之不教子'，子謂不肖子也。觀孟直承曰'勢不行也'，則知丑所問，原非爲周公之於伯禽，孔子之於伯魚一輩子言矣。"教之以正道，子違而不行，即繼以怒，求之太驟也。反夷有二解：一屬上讀，謂父之教子本望其善，非傷之也，今繼以怒，反是傷之矣。一屬下讀，父既繼之以怒，其子不受而心誹以報之，因父之傷己而反以傷其父。下"夫子教我以正，夫子未出於正也"，即申上反夷之事也。趙氏言"子之心責其父"云云，而承之云"執此意則爲反夷"，是以反夷屬其子，即指心責其父云云也。舉一説云父子反自相非，謂父子本宜有恩而反相非責，此解反字有不同，故以一説別之。父子相責怒解父子相夷，則傷義矣解則惡矣，惡謂傷義。經先言反夷後言相夷，趙氏先解相夷後解反夷，因反夷有"反自相非"之一説，故倒相夷在前。一説以夷爲夷狄，則反不得爲報，故爲反自相非也，不必形之於口即此心責，而執此意即爲反以相傷也。

【淺悟】

"君子之不教子"中的子，正如閻氏所説："子謂不肖子也。"因爲正常的兒子決不會因父親的"責善"而引發出"反夷"的心態。因此，"君子之不教子"中的教字，似乎訓爲以管教、調教爲主的教訓比較貼切；如果訓爲教育，則多半與學業、知識有關，以培養、輔導、啓發爲主，即便講解有誤，頂多争論一番，何至於使兒子産生"反夷"情緒？

中華民族注重教育的傳統由來已久。古先民從親自教子所造成的慘痛教訓中覺醒，變通爲“易子而教”。後來孔子整理六經時，又在《禮記·學記篇》中記載下許多彌足珍貴的教育方法。然而時至教育空前普及、“易子而教”的功能完全被學校取代的當今，家長親自關懷子女學業的熱情反而隨之空前高漲起來：有的家長甚至辭掉工作，擔當起子女校外專職服務、監督、輔導三位一體的管教員；一些有條件的家庭，甘冒被欺騙的風險把未成年的子女送到國外就讀；條件差的家庭，子女不堪重壓，從厭學到逃學，如果管教稍嚴，除了會出現所謂的“父子相夷”外，有的更發展到了離家出走乃至自裁；獨苗自裁，父親、母親、爺爺、奶奶、外公、外婆們可怎麼活啊！問題究竟出在哪兒？毋庸諱言，主要出在中學，根源是名和利。升學率與學校的待遇、教師的獎勵直接掛鈎：升學率高的稱爲重點中學，一旦擁有這一金字招牌，財源滾滾而來，上頭撥款多，社會贊助多，教育資源充足，設備完善；招收的新生自然要符合重點的貨價；教師的獎金隨着升學率水漲船高還不算，若能連續兩屆培育出考入名牌大學或單科得中省級以上高考狀元的學生，從此便成了名師，日後加薪、評職稱都會優先，更有應接不暇的家長登門請求給孩子補習的費用進賬；受名利的驅遣，學校不斷加大學生的課業負擔，以催生升學率。於是社會上一些神通廣大的人瞄準了這塊市場，每當高考臨近便會浮出水面賣考題、賣答案、代考試、摇控作弊等等五花八門、曾出不窮的醜惡現象。聖潔而光榮的教育使命遭玷污，令人痛心啊！要想杜絕這些醜惡現象，若不加速教育改革的步伐，不徹底肅清科舉模式，不整頓校風，不樹立起師德，而是一味依賴加大打擊力度，恐怕很難奏效。凡是有成就的學者專家，必是在自己感興趣的領域内，以鍥而不舍的精神，經受過實踐中各種各樣意想不到的挫折和困苦的磨礪，才抵達成功的彼岸。但是這一切都是出於他們自己的心甘情願，而不是被人强逼着做出的。

7.19

【原文】

孟子曰：“事孰爲大？事親爲大。守孰爲大？守身爲大。不失其身而能事其親者，吾聞之矣；失其身而能事其親者，吾未之聞也。孰不爲事？事親，事之本也；孰不爲守？守身，守之本也。曾子養曾皙，必有酒肉；將徹，必請所與；問有餘，必曰有。曾皙死，曾元養曾子，必有酒肉；將徹，不請所與；問有餘，曰亡矣。將以復進也，此所謂養口體者也。若曾子，則可謂養志也。事親若曾子者可也。”

【譯文】

孟子説：“侍奉誰放在首位？侍奉父母放在首位。守護什麼放在首位？守護自身的志節放在首位。不喪失自身的志節且能侍奉其父母的事例，我聽到過呀；喪失自身的志節而能侍奉其父母的事例，我未曾聽到過哩。誰不做侍奉人的事？只有侍奉父母，才是侍奉的根本嘛；誰不做守護的事？只有守護自身的志節，才是守護的根本嘛。當年曾子奉養父親曾晳，每天必有酒肉；吃罷將要撤下時，必請示剩下的賜與誰；父親問還有没有多餘的，必説有。曾晳死後，曾元奉養其父曾子，每天也必有酒肉；但吃罷將要撤下時，却不請示所剩下的賜與誰；曾子問還有没有多餘的，回答没有了呀。其實多餘的打算再次進餐使用哩，這就是通常所説的贍養家口身體的做法哩。只有像曾子那樣，才可以稱得上修養承順父母之意的志節嘛。侍奉父母要像曾子那樣才可以嘛。"

【古注】

《注》 事親，養親也。守身，使不陷於不義也。失不義，則何能事父母乎？先本後末，事守乃立也。將徹請所與，問曾晳所欲與子孫所愛者也。必曰有，恐違親意也，故曰養志。曾元曰無，欲以復進曾子也。不求親意，故曰養口體也。事親之道當如曾子之法乃爲至孝也。《章指》言：上孝養志，下孝養體，曾參事親，可謂至矣。孟子言之，欲令後人則曾子也。

《集注》 事親孝，則忠可移於君，順可移於長；身正，則家齊，國治而天下平。曾晳，名點，曾子父也。曾元，曾子子也。曾子養其父，每食必有酒肉，食畢將徹去，必請於父曰：此餘者與誰？或父問此物尚有餘否？必曰有，恐親意更欲與人也。曾元不請所與，雖有言無，其意將以復進於親，不欲其與人也，此但能養父母之口體而已。曾子則能承順父母之志，而不忍傷之也。言當如曾子之養志，不可如曾元但養口體。

《正義》 《禮記·哀公問》孔子云："君子無不敬也，敬身爲大。身也者，親之枝也，敢不敬與？不能敬其身，是傷其親；傷其親，是傷其本；傷其本，枝從而亡。"又云："君子言不過辭，動不過則，百姓不命而敬恭，如是則能敬其身；能敬其身，則能成其親矣。"孟子此義，蓋本於此。言不過辭，行不過則，則能守身，不陷於不義矣。"將以復進也"，孔廣森《經學卮言》云："注云'欲以復進曾子也'，此似不然。曾元但不能養志耳，何至嗇飲食之費以欺其親，遂同下愚所爲？且以情揆之，既對無餘，而復以餘進，其父能無疑乎？能無怒乎？夫曰'亡矣'者，乃實無也。曾子之'必曰有'，雖無亦曰有，所謂孝子唯巧變，故父母安之者。曾元不能，但道其質而已。此與'必曰有'對文，而不云'必曰亡'，非實有言無明矣。蓋'將以復進也'亦曾元之辭，言餘則無矣，若嗜之，將復作新者以進之爾。"按孔氏之説是也。

【淺悟】

孔廣森《經學卮言》所云"遂同下愚所爲"一語中的"下愚"，出自《論語》子曰："唯上知與下愚不移。"孔子此語，自西漢以來幾乎所有的學者都給解説爲：唯有上等的智者和下等的愚者不可改變。如此解説，不知他們是否想過，作爲教師，向弟子傳授這樣的知識，有何教益？再者，怎樣的人才算上等的智者和下等的愚者？這兩種人爲何不可改變？相信没有人能給出令人信服的答案，包括聖人孔子在内。假如這種説法果真是孔子的本意，很難想像孔門那麽多優秀弟子，居然没有一位出面質疑。這説明衆學者對此語的理解是錯誤的。整部《論語》可以證明，凡是孔子的教言，必定富有教益；只要没有弟子反問，必定是讓人一聽便懂的道理，否則衆弟子決不會將自己最崇敬的恩師毫無教益和連自都没聽懂的教言，輯録進《論語》中，留給後世學者當謎語猜。其實“唯上知與下愚不移”的道理很簡單，其中的“上”和“下”，指的是職位，“上知”和“下愚”是相比較而言的。就是説，在上位者必須比在下位者明智，這是領導與被領導不可改變的位置結構，用當今的時髦話説就是：必須遵循能者上、庸者下、末位者淘汰的用人機制。如果在上位者比在下位者庸愚，這個權力機構非出問題不可。拙作《論語淺悟》用實例對此作了佐證，不妨一閲，兹不贅述。從孔氏《經學卮言》所引此語可以看出，他對孔子此語的理解也是錯誤的，而且對孟子此章的理解也不夠準確，未能把握住“養志”和“養口體”的涵義。

7.20

【原文】

孟子曰：“人不足與適也，政不足閒也，惟大人爲能格君心之非。君仁莫不仁，君義莫不義，君正莫不正，一正君而國定矣。”

【譯文】

孟子説：“小人在位不值得給與責難嘛，對其政教也不值得非議嘛，只有德高望重的大人物有能力矯正國君心思的過錯。國君仁道没有人不向往仁道，國君仗義没有人不向往仗義，國君正直没有人不向往正直，一旦矯正了國君的心思便能使國家安定呀。”

【古注】

《注》 適，過也。《詩》云“室人交徧適我”。閒，非也。格，正也。時皆小人居位，不足過責也，政教不足復非訧，獨得大人爲輔臣乃能正君之非法度也。正君之身，一國定矣。欲使大人正之。《章指》言：小人爲政，不足閒非；賢臣正君，使握道機。君正國定，下不邪侈，將何閒也？

《集注》 適，音謫。閒，去聲。徐氏曰：“格者，物之所取正也。《書》曰‘格其非心’。”愚謂“閒”字上亦當有“與”字。言人君用人之非不足過謫，行政之失不足非閒，惟有大人之德則能格其君心之不正以歸於正，而國無不治矣。大人者，大德之人，正己而物正者也。程子曰：“天下之治亂，系乎人君之仁與不仁耳。心之非，即害於政，不待乎發之於外也。昔者孟子三見齊王而不言事，門人疑之，孟子曰：‘我先攻其邪心，心既正，而後天下之事可從而理也。’夫政事之失，用人之非，智者能更之，直者能諫之。然非心存焉，則事事而更之，後復有其事，將不勝其更矣；人人而去之，後復用其人，將不勝其去也。是以輔相之職，必在乎格君心之非，然後無所不正。而欲格君心之非者，非有大人之德則亦莫之能也。”

《正義》 上二章言父子，此章言君臣。父之教子，必先自出於正；子之事父，必先不失其身。君之定國，必先正其心之非；而臣之輔君，必先自居於正。大人者，與天地合其德，與日月合其明，與四時合其序，與鬼神合其吉凶。臣之身無不正，以是輔君，而君心之非自格；君無不正，而國自安定。然則臣之德未至於大人，而徒見居位者皆小人而過責之，徒見政事之未善而非訧之，不自覺其未正而剌剌焉言君之不正，其乖忤抵觸，不相激而成禍不止，卒之人相傾軋，政益乖違，猶自以爲直爲忠，而予君以非，是未讀《孟子》者也。顧非在君心而能格之，既未嘗過責其所用之人，又未嘗非訧其所行之政，而曰能格，則是格也，非以言格之，非以貌格之，即以自修其身成大人，故能格之也。然則未能格君心之非者，亦自反己未爲大人可耳。何爲正？仁義而已。何以爲大人？居仁由義而已。

【淺悟】

適，讀音 zhé（ㄓㄜˊ），通讁，譴責、責難之義。

治國跟治家的道理是一樣的。父母教育子女，只要自身行爲端正、心地善良，子女必然孝順。國君治國，只要心思端正，居仁由義，就會涌現出德行高尚的大人輔政。孔子説："其身正，不令而行；其身不正，雖令不從。"還説："君子之德風，小人之德草，草上之風必偃。"

7.21

【原文】

孟子曰："有不虞之譽，有求全之毁。"

【譯文】

孟子説："有預料不到的贊譽，有爲了求得十全十美反而招致詆毁。"

【古注】

《注》 虞，度也。言人之行有不度其將有名譽而得者，若尾生本與婦人期於梁下，不度水之卒至，遂至没溺，而獲守信之譽。求全之毁，若陳不瞻將赴君難，聞金鼓之聲失氣而死，可謂欲求全其節，而反有怯弱之毁者也。《章指》言：不虞獲譽，不可爲戒；求全受毁，未足懲咎。君子正行，不由斯二者也。

《疏》 言其君子之人於毁譽不容心於其間，但務爲善之實而不期人之譽；務去其不善之實而不恤人之毁。是皆行義以俟命而已矣。

《集注》 吕氏曰："行不足以致譽而偶得譽，是謂不虞之譽。求免於毁而反致毁，是謂求全之毁。言毁譽之言未必皆實，修己者不可以是遽爲憂喜，觀人者不可以是輕爲進退。"

《正義》 《莊子·盗跖篇》云："尾生與女子期於梁下，女子不來，水至不去，抱梁柱而死。"《太平御覽》引《韓詩外傳》云："崔杼殺莊公，陳不占東觀漁者，聞君難，將往死之，飡則失哺，上車失軾。僕曰：'敵在數百里外，今食則失哺，上車失軾，雖往，其有益乎？'陳不占曰：'死君，義也。無勇，私也。'遂驅車至門，聞鐘鼓之音，戰鬭之聲，遂駭而死。君子聞之曰：陳不占可謂志士矣，無勇而能行義，天下鮮矣。"占與瞻古通。

7.22

【原文】

孟子曰："人之易其言也，無責耳矣。"

【譯文】

孟子説："人的輕易發表其言論的習慣呢，只因没有遭受過責罰而已呀。"

【古注】

《注》 人之輕易其言，不得失言之咎責也。一説人之輕易不肯諫正君者，以其不在言責之位者也。《章指》言：言出於身，駟不及舌，不惟其責，則易之矣。

《集注》 人之所以輕易其言者，以其未遭失言之責故耳。蓋常人之情，無所懲於前，則無所警於後，非以爲君子之學，必俟有責而後不敢易其言也。然此豈亦有爲而言之與？

《正義》 輕易其言，至於相違成災咎，則已晚矣。無責之時，先當自慎矣。

【淺悟】

趙岐、朱熹和焦循對本章的理解都很得體。不過也有不同的聲音。俞越《孟子平議》云："無責耳矣，乃言其不足責也。孔子稱'君子欲訥於言'，又曰'仁者其言也訒'。若輕易其言，則無以入德矣，故以不足責絶之也。"將無責解説爲不足責，似不妥。對待輕易其言的人，不去幫他改正這種輕狂的毛病，而採取不值得責備的態度，那麽怎樣的人才值得責備呢？這與孟子的一貫作風不符。按趙氏、朱氏、焦氏的解説，無責耳矣，即只因没有遭受過責罰而已。至於責罰，向來没有統一的標準，在我國歷史上因輕易其言而遭殺身之禍的實例，可謂不勝枚舉。如果還不知收斂，只能咎由自取了。這種善意的告誡，才應當是孟子的本意。

7.23

【原文】

孟子曰："人之患在好爲人師。"

【譯文】

孟子説："人的禍患在於好當别人的教師。"

【古注】

《注》 人之所患，患於不知己未有可師而好爲人師者，惑也。《章指》言：君子好謀而成，臨事而懼，時然後言，畏失言也。故曰師哉師哉，桐子之命，不慎則有患矣。

《集注》 王勉曰："學問有餘，人資於己，不得已而應之可也。若好爲人師，則自足而不復有進矣，此人之大患也。"

《正義》 《禮記·樂記》"論倫無患"，注云："患，害也。"《章指》言"不慎則有患"，則此患字正與上章責字同。易其言則有災咎，好爲師則有患害，皆深切言之也。《章指》"君子"至"言也"，周廣業《孟子章指考證》云："四句似與本章不甚合，恐有誤，似宜在前'駟不及舌'句下。"按"故曰"二字承上，則非有誤，蓋趙氏以兩章相貫而言。此好爲人師之人，即易其言之人，皆由於不知臨事而懼、好謀而成也。蓋未能博學詳説、習先聖之道，而執其一端，自以爲是，不顧其成，不知其害；用之於君父僚友，則輕易其言，以爲蹇直，不學者依附之，又輕易其言，而高談心性，傳播宗旨，入主出奴，各成門户；始則害乎風俗人心，繼則禍於朝廷軍國，而或且曰此正人，此君子，則不虞之譽也。以上三章相貫，趙氏牽連言之，爲知言矣。"故曰師哉師哉，桐子之命"，周廣業《考證》云："古本旁注'桐讀爲僮'，《音義》云：'與童字同。'按二語出《楊子法言・學行篇》，司馬光集注：'桐，侗也。桐子，侗然未有所知之時，制命於師也。'孔、韓本哉並作乎。"按《左傳》哀五年齊景公卒，五公子争立，萊人歌曰："師乎師乎，何黨之乎!"此師字作衆字解，與此絶異。乎、哉雖同一語助，不可改易。

【淺悟】

好爲人師的人，自以爲是，好像没有人比他的知識更淵博、懂得的道理更多，只要搶到説話的機會，必不吝賜教；忍不住頂撞他幾句，怎奈强辯乃至耍横是其專長。與這種人相處，實在掃興。專制時代的官吏，多爲這種人。

7.24

【原文】

樂正子從於子敖之齊。樂正子見孟子。

孟子曰："子亦來見我乎?"

曰："先生何爲出此言也?"

曰："子來幾日矣?"

曰昔者。

曰："昔者，則我出此言也，不亦宜乎?"

曰舍館未定。

曰："子聞之也，舍館定然後求見長者乎?"

曰："克有罪。"

【譯文】

樂正子隨從來魯國出使的子敖到達齊國。樂正子拜見客居在齊國的老師孟子。

孟子問："你也會來見我嗎?"

答道："先生爲什麽説出這樣的話呢?"

反問："你來幾天了呀?"

回答前兩天。

又問："前兩天就來了，那麽我説出這樣的話呢，不也合適嗎?"

回答因旅館没定妥。

問："你聽到過，要等旅館定妥之後再來求見長者嗎?"

説道："我樂正克有罪過。"

【古注】

《注》 魯人樂正克，孟子弟子也。從於齊之右師子敖。子敖使而之魯，樂正子隨之來之齊也。

孟子在齊,樂正子見之也。孟子見其來見遲,故云亦來也。樂正子曰,先生何爲非克而出此言?孟子問,子來幾日乎?克曰昔者來至。昔者,往也,謂數日之間也。孟子曰,昔者來至而今乃來,我出此言亦其宜也。孟子重愛樂正子,欲亟見之,思深望重也。克曰,所止舍館未定,故不即來。館,客舍。孟子曰,子聞見長者之禮,當須舍館定乃見之乎?樂正子謝過服罪也。《章指》言:尊師重道,敬賢事長,人之大綱。樂正子好善,故孟子譏之,責賢者備也。

《集注》 子敖,王驩字。昔者,前日也。館,客舍也。王驩,孟子所不與言者,則其人可知矣。樂正子乃從之行,其失身之罪大矣;又不早見長者,則其罪又有甚者焉,故孟子姑以此責之。陳氏曰:"樂正子固不能無罪矣。然其勇於受責如此,非好善而篤信之,其能若是乎?世有强辯飾非、聞諫愈甚者,又樂正子之罪人也。"

《正義》 昔者,《公孫丑篇》"昔者辭以疾",承上"明日出弔"言,故趙氏解爲昨日。此上承幾日,則不止昨日,故以數日之閒解之。若昨日來,今日見,尚不得爲遲之又久也。樂正子雖從子敖之便而來,既至齊,遂不相依,而自投客舍,此語亦有意也。《章指》言"責賢者備也",《論語·微子篇》云"無求備於一人",求,猶責也。《淮南子·氾論訓》云:"君子不責備於一人。"《漢書·王嘉傳》上疏哀帝云:"惟陛下留神於擇賢,記善忘過,容忍臣子,勿責以備。"《新唐書·太宗紀贊》云:"《春秋》之法,常責備於賢者。"毛奇齡《聖門釋非録》云:"王草堂曰:'樂正子不絶驩,或驩故以禮遇之,未可遽絶,原非失身。'趙氏云'孟子譏之,責賢者備',此爲得之。"

【淺悟】

《論語·微子篇》所載"無求備於一人"那番話,是周公告誡將去魯國赴任的兒子伯禽,要他對下面任何一個人都不可求全責備,這屬於爲官之道。孟子跟樂正子則屬於師生關系,教師責備學生,理所當然,孔子的多位弟子都被責備過。況且孟子爲了施展抱負,背井離鄉來到齊國,一呆就是數年,始終未償其志,此時會是怎樣的心情,可想而知。忽然聽説愛徒樂正子來到齊國,有多少話題需要傾聽和傾談,可是一連幾日不見踪影,正如趙氏説的"孟子重愛樂正子,欲亟見之,思深望重也"。見了面,不責備那才怪呢。師生之情理當如此,而朱熹却以其理學之視野,指責樂正子乃從"孟子所不與言"之王驩子敖行,"其失身之罪大矣"。如此評説,又將置孔子"三人行必有我師焉:擇其善者而從之,其不善者而改之"的教誨於何地?宋代理學家慣以己之心度人之腹。

7.25

【原文】

孟子謂樂正子曰:"子之從於子敖來,徒餔啜也。我不意子學古之道而以餔啜也!"

【譯文】

孟子指摘樂正子道:"你這次隨從子敖前來,分明只是爲了混吃喝嘛。我意想不到你學古聖人之道居然用來混吃喝哩!"

【古注】

《注》 子敖，齊之貴人右師王驩也。學而不行其道，徒食飲而已，謂之餔啜也。樂正子本學古聖人之道，而今隨從貴人無所匡正，故言不意子但餔啜也。《章指》言：學優則仕，仕以行道；否則隱逸，兔罝窮處。餔啜沈浮，君子不與，是以孟子咨嗟樂正子也。

《疏》 注云"子敖，齊之貴人右師王驩"者，此蓋以經文推而爲解也。《公孫丑篇》云："孟子爲卿於齊，出弔於滕，王使蓋大夫王驩爲輔行。王驩朝暮見，反齊滕之路未嘗與言行事也。"下卷言："公行有子之喪，右師往弔。入門，有進而與右師言者，有就右師之位而與右師言者，孟子不與右師言。右師不悦曰：'諸君子皆與驩言，孟子獨不與驩言，是簡驩也。'孟子聞之曰：'禮也。子敖以我爲簡，不亦異乎？'"是知爲齊之貴人右師王驩者也。

《正義》 趙氏以食飲解餔啜，於《章指》又以沈浮釋之，則餔啜二字乃假借之辭，非實指飲食也。《楚辭·漁父》云："舉世皆濁，何不淈其泥而揚其波？衆人皆醉，何不餔其糟而啜其釃？"王逸注"淈泥"云"同其風也"，注"揚波"云"與沈浮也"，注"餔糟"云"從其俗也"，注"啜釃"云"食其禄也"，然則餔啜即與世推移、同流從俗之意。向來説此章者，率謂驩本倖佞，樂正子必不從之以求爵位，欲見其師而資斧未充，因乘子敖之便未免依附。又謂觀餔啜二字，當時必有優渥可憑藉者，顧樂正子孟門之賢者也，自魯之齊亦非甚遠，何至以車馬資糧之乏而從子敖？且子敖雖便，豈能無端而從之？既可相從，必爲相識，即偶從一相識貴人之便，爲之師者遂以揭其醜，以爲飲食之人，何至於此？蓋樂正子從於子敖之齊，非偶然從其便也。是時孟子仕齊，出弔於滕，驩且嘗爲輔行，驩之在魯必謬托爲孟子之交，此樂正子所以識之也。以孟子道行於齊，驩又招之以禮，故從子敖之齊，此實録也。不知是時孟子雖仕齊而道實不行，仕不受禄，久非其志。在孟子方將致臣而去，則樂正何爲貿貿而來，故以餔啜言之。謂此來但爲沈浮隨俗，不能行道匡正，非謂偶從子敖，遂爲飲食之人之可賤惡也。趙氏得之。趙佑《温故録》云："或疑不過附便偕行，因以得見長者，則亦可諉用之因，不可謂之從。然既爲長者來，即當直造師門，何勞别定舍館？知其説有不然也。凡言從者，皆彼爲政而我從之。子敖有納交孟子之心，或欲假諸徒以致其師，必將有術以動樂正，樂正子與子敖或故或新，其來見必有欲白之辭。孟子則一見斥之，又明揭其從子敖。"

【淺悟】

餔，讀音 bū（ㄅㄨ）。啜，讀音 chuò（ㄔㄨㄛˋ）。

焦循正義之解説，比較合乎情理。

7.26

【原文】

孟子曰："不孝有三，無後爲大。舜不告而娶，爲無後也，君子以爲猶告也。"

【譯文】

孟子説："不孝有多種，没有後嗣列在首位。舜不向父母禀告就娶妻，正是因爲怕没有後嗣嘛，君子認爲這跟向父母禀告過類似嘛。"

【古注】

《注》 於禮有不孝者三事：謂阿意曲從，陷親不義，一不孝也；家貧親老，不爲禄仕，二不孝也；不娶無子，絶先祖祀，三不孝也。三者之中，無後爲大。舜懼無後，故不告而娶，君子知舜告焉不得而娶。娶而告父母，禮也。舜不以告，權也，故曰猶告，與告同也。《章指》言：量其輕重，無後不可，是以大舜受堯二女。夫三不孝，蔽者所闇；至於大聖，卓然匪疑，所以垂法也。

《疏》 古史云，舜有二妃，一曰娥皇，二曰女英，並堯之女。

《集注》 舜告焉，則不得娶，而終於無後矣。告者禮也，不告者權也。猶告，言與告同也。蓋權而得中，則不離於正矣。范氏曰："天下之道有正有權，正者萬世之常，權者一時之用。常道人皆可守，權非體道者不能用也。蓋權出於不得已者也，若父非瞽瞍，子非大舜，而欲不告而娶，則天下之罪人也。"

《正義》 孟子之書，全是發明《周易》變通之義。道不行而徒沈浮餔啜，不可變通者也。爲無後不告而娶，可變通者也。趙氏以權明之是也。告則不得娶，至於無後，故不告與告同。謂告，禮也，道也；不告與告同，則亦禮也，道也。告而得娶而不告，與告而不得娶而必告，皆非禮非道；於此量度之，則權之即禮即道明矣。

【淺悟】

"三"字不應視爲固定數，不孝何止三類？趙氏注失之。本章之説，系孟子繼"性善"論之後的又一獨創，實在不敢恭維。"不孝有三，無後爲大"這一觀念，違背天道法則（即大自然的運行法則）。有的人天生没有生育能力，有的人産下多胎直至過了育齡期也未能産下男嬰，這類實例並不罕見，加罪於他們，天理何在！一切違背天道法則的觀念和行爲，注定荒誕不經。支撑這一觀念的依據是："舜不告而娶，爲無後也。"舜果真如此嗎？據《尚書・堯典》載，堯帝在位七十載，向四岳徵詢繼位之人選，衆大臣一致舉薦生活在社會最底層、處境十分困苦的舜，説他是"瞽子。父頑，母嚚，象傲。克諧以孝，烝烝乂，不格姦"。就是説，舜是盲人的兒子。父親頑鈍，繼母貫以謊言挑唆其父仇視舜，弟象倚仗其母的偏心對舜很傲慢。舜不計較，與家人保持和諧，終於以其孝行感化了家人，使之不至於陷入姦惡的深淵。聽了這番介紹，帝曰："我其試哉！"接下來便是寥寥數語記載的整個婚姻過程："女于時，觀厥刑于二女。釐降二女于嬀汭，嬪于虞。"女于時，女讀去聲，嫁女於人之意；時，是的假借字，即此，指舜。刑，治理、處理的意思。釐降，下嫁之意。嬀，水名；汭，河流彎曲處。嬪，婦、即媳婦。虞，即有虞氏，舜的姓氏。這段記載的意思是：堯帝將女兒嫁給舜，以觀察其處理二女與家庭關係的能力；決定在嬀水拐彎處舉行二女下嫁的婚禮，給有虞氏家當媳婦。這就是堯帝"我其試哉"在婚姻方面對舜的試驗。處理好家庭關係，尤其是處理好天子之二女與"嚚"婆婆之間的關係，決非易事，聖明的堯帝難道會爲舜制造障礙而不告其父母嗎？當然不會，"嬪於虞"三字，足以説明已命人將婚禮的日期地點轉告到了有虞氏之家。從舜的角度説，假如"不告而娶"，以往又是如何做到"克諧以孝，烝烝乂，不格姦"的呢？如此光宗耀祖的大喜事，居然背着父母娶，豈不是有意激起父母的憤怒，加深家庭的矛盾嗎？這種事，即便最不孝的渾小子也不會這樣幹，何況聖明的舜。

孟子大概將“嬪于虞”的虞，誤解爲虞舜了，從而結論爲“舜不告而娶”。但這又與前面《滕文公下篇》曾説過的“不待父母之命、媒妁之言，鑽穴隙相窺視，踰墻相從，則父母國人皆賤之”這一行爲相抵觸，有玷辱舜這位舉世公認的聖王之嫌，於是便製造出“爲無後也”的理由進行彌補。殊不知這一理由同樣適用於任何人，誰都可以拿此作借口不告而娶。這一觀念一旦形成頑固的勢力，“無後爲大”、“不告而娶”就會變成全民行爲，造成人口無節制地膨脹，由此又會帶來一系列災難性的惡果。自從宋代理學家們將孟子捧到了亞聖地位後，聖人孔子的諸多極可貴的孝道理念被忽略，“不孝有三，無後爲大”觀念則成了人們衡量孝道最重的砝碼，最惡毒的咒罵便是“斷子絶孫”。不過凡是違背天道法則的觀念，不論其勢力多麽强大和頑固，都經不起時間的檢驗，本章的觀念不是已被計劃生育的國策取代了嗎？

盲從者之可悲，在於放棄了自身獨立思考、辨别是非善惡的主觀能動性，甘當權威的寄生蟲，如何獲得真知灼見？各家爲本章所作的解説，豈不全成了廢話？尤其是趙氏添枝加葉所認定的“家貧親老，不爲禄仕，二不孝也”，有悖孔子“天下有道則仕，無道則隱”的教誨。若依趙氏之説，孔門諸如顔淵、閔子騫等終身不仕的賢弟子，豈不都要背上不孝的罪名？然而孔子從未因此而指責他們。

7.27

【原文】

孟子曰：“仁之實，事親是也；義之實，從兄是也；智之實，知斯二者弗去是也；禮之實，節文斯二者是也；樂之實，樂斯二者，樂則生矣，生則惡可已也？惡可已，則不知足之蹈之手之舞之。”

【譯文】

孟子説：“仁的實體，就是侍奉父母嘛；義的實體，就是服從兄長嘛；智慧的實體，就是知道力行事親從兄這兩件仁義之事不放棄嘛；禮的實體，乃是節制文飾這兩件仁義之事嘛；音樂的實體，乃是以力行這兩件仁義之事爲快樂，快樂就會從心中油然而生呀，從心中油然而生又怎能停止下來呢？不可停止，於是便情不自禁地隨着音樂節奏手舞足蹈起來。”

【古注】

《注》 事皆有實。事親從兄，仁義之實也。知仁義所用而不去之，則智之實也。禮樂之實，節文事親從兄，使不失其節，而文其禮敬之容，故中心樂之也。樂此事親從兄出於中心，則樂生其中矣。樂生之至，安可已也？豈能自覺足蹈節、手舞曲哉？《章指》言：仁義之本，在於孝弟；孝弟之至，通於神明；況於歌舞，不能自知，蓋有諸中形諸外也。

《集注》 仁主於愛，而愛莫切於事親。義主於敬，而敬莫先於從兄。故仁義之道其用至廣，而其實不越於事親從兄之間，蓋良心之發最爲切近而精實者。有子以孝弟爲仁之本，其意亦猶此也。斯二者，指事親從兄而言。知而弗去，則見之明而守之固矣。節文，謂品節文章。樂則生矣，謂和順從容，無所勉强，事親從兄之意油然自生，如草木之有生意也。既有生意，則其暢茂條達自有不可遏者，所謂"惡可已"也。其又盛，則至於手舞足蹈而不自知矣。此章言事親從兄，良心真切，天下之道皆原於此。然必知之明而守之固，然後節之密而樂之深也。

《正義》 仁義之名至美，慕其名者高談深論，非其實也。孟子指其爲事親從兄，然則於此二者有未盡，雖日馳騖於仁義之名，皆虚妄矣。不知仁義之實在此二者，非智之實也。知仁義之用在斯二者而不能力行，則所知仍虚而不實矣。禮太過則失其節，故節之；太質則無禮敬之容，故文之。禮之爲節之，樂之爲樂不待言者也。然節文在斯二者，樂在斯二者，乃爲禮樂之實。凡實字，皆指事親從兄；仁義智禮樂之名，皆爲斯二者而設。《禮記・樂記》云："故歌之爲言也，長言之也。説之故言之，言之不足故長言之，長言之不足故嗟歎之，嗟歎之不足故不知手之舞之足之蹈之。"注云："不知手之舞之足之蹈之，歡之至也。"《詩序》亦云："情動心中而形於言，言之不足故嗟歎之，嗟歎之不足故永歌之，永歌之不足，不知手之舞之足之蹈之也。"然則不知手之舞之足之蹈之，樂之事也，而必由事親從兄二者而生乃爲實。不從事親從兄二者而生，雖不知手之舞之足之蹈之，仍非其實也。全祖望《經史問答》云："古來聖人言語中極言孝弟之量者，始於孔子。其論大舜，推原其大德受命之由本於大孝；其論武周，推極於郊社禘嘗之禮樂以爲達孝。曾子申之以上老老民興孝，上長長民興弟，爲平天下之大道。有子申之以孝弟，則犯亂不作，爲仁之本。其言之廣狹各有所當，其義則一。而最發明之者爲孟子，曰'人人親其親長其長而天下平'，曰'達之天下'，曰'堯舜之道，孝弟而已'，而尤暢其説於是章，綜羅五德至於制禮作樂之實，不外乎此。河間獻王采《樂記》，亦引孔子之言，以爲'宗祀明堂，所以教孝；享三老五更於太學，冕而總干，執醬執爵，所以教弟'，皆是章之疏證也。如此解節文、解手舞足蹈，方有實地。蔡文成以爲舞蹈只是手足輕捷之意，則是不過布衣野人之孝弟耳。孟子意中卻不然，雖有其德，苟無其位，則一身一家之中，手舞足蹈之樂亦自在，而究未可以言禮樂之全量也。"

【淺悟】

學習本章，首先必須知道怎樣做才能稱得上孝悌。如果不學習《論語》，便不知怎樣做才算真正的孝悌。

7.28

【原文】

孟子曰："天下大悦而將歸己，視天下悦而歸己猶草芥也，惟舜爲然。不得乎親，不可以爲人；不順乎親，不可以爲子。舜盡事親之道而瞽瞍厎豫，瞽瞍厎豫而天下化，瞽瞍厎豫而天下之爲父子者定，此之謂大孝。"

【譯文】

孟子説："大多數人都喜悦能將天下歸屬自己，能够看待此事猶如草芥一般平淡的人呢，惟獨舜是這樣。他認爲對待父母不得體，不可以做人；對父母不順從，不可以做兒子。舜竭盡侍奉父母的孝道所以使父親瞽瞍歡樂起來，瞽瞍變得歡樂從而影響到天下的風俗發生變化，從而帶動起天下的父子親情變得穩定，這樣的孝才能稱得上大孝。”

【古注】

《注》 舜不以天下將歸己爲樂，號泣于天。舜以不順親意爲非人子。厎，致也；豫，樂也。瞽瞍，頑父也。盡其孝道而頑父致樂，使天下化之，爲父子之道者定也。《章指》言：以天下之富貴，爲不若得意於親，故能懷協頑嚚，厎豫而欣，天下化之，父子加親，故稱盛德者必百世祀，無與比崇也。

《集注》 言舜視天下之歸己如草芥，而惟欲得其親而順之也。得者曲爲承順，以得其心之悦而已。順則有以諭之於道，心與之一而未始有違，尤人所難也。“爲人”蓋泛言之，“爲子”則愈密矣。厎，致也；豫，悦樂也。瞽瞍至頑，嘗欲殺舜，至是而厎豫焉，《書》所謂“不格姦，亦允若”是也。蓋舜至此而有以順乎親矣，是以天下之爲子者知天下無不可事之親，顧吾所以事之者未若舜耳，於是莫不勉而爲孝，至於其親亦厎豫焉，則天下之爲父者亦莫不慈，所謂化也。子孝父慈，各止其所而無不安其位之意，所謂定也。爲法於天下，可傳於後世，非止一身一家之孝而已，此所以爲大孝也。李氏曰：“舜之所以能使瞽瞍厎豫者，盡事親之道共爲子職，不見父母之非而已。昔羅仲素語此云：‘只爲天下無不是底父母。’了翁聞而善之曰：‘惟如此而後，天下之爲父子者定。彼臣弑其君、子弑其父者，常始於見其有不是處耳。’”

《正義》 “厎，致也”，《爾雅・釋言》文；“豫，樂也”，《爾雅・釋詁》文。致樂者，由不樂而至於樂也。以父之頑如瞽瞍而舜盡事親之道，卒能至於豫樂，則是天下無難事之親。凡其親不能致樂者，皆人子於事親之道未盡也。夫以瞽瞍之頑而致樂，則天下之事親者皆由是而化，亦由是而定。定者，人子不得疑於父母之難事而不盡其道也。按《尚書・堯典》云：“克諧以孝，烝烝乂，不格姦。”江聲《集注音疏》述其師惠松厓先生云：“楊孟文《石門頌》曰‘烝烝艾’，是本諸《尚書》，則古《尚書》作艾也。艾，養；格，至也。言舜能和於弟，孝於親，厚以奉養，使不至於姦惡。僞孔本艾作乂，訓爲治，正義云：‘上歷言三惡，此美舜能養之。’蓋孔穎達必見漢注有訓艾爲養者，故爲此言，由此知艾當訓養。”此説是也。克諧以孝，則舜之和其兄弟，以怡父母於此句見之。然徒以和孝之虚情焉能變化其頑嚚之本質？故必厚以養之。姦，私也。瞽瞍蓋亦市井之人，營營於耳目口體之欲，故違於德義耳。既厚以養之，則已得滿所欲，豈尚與人争利而無賴乎？所以不至於私。聖人變通神化之用必從實處行之可知。舜之耕稼陶漁而號泣如窮人者，均坐此耳。迨至踐帝位以天下養而又能夔夔齊慄，既養其身，又悦其心，所以致樂也。今之孝者，能養而不能敬，固不可以爲大孝；舍厚養而但空言克諧，亦未必其即諧也。菽水承歡，可以事賢父，未可以例瞽瞍，況以曾子養志於曾皙且須酒肉，則所以事親之道可於是參之矣。

【淺悟】

厎，讀音 zhǐ(ㄓˇ)。

舜把搞好家庭和睦看得比得到天下的權位更重要。《禮記・大學》有云：“欲治其國者，先齊其家。”又云：“堯舜率天下以仁，而民從之；桀紂率天下以暴，而民從之；其所令反其所好，而民不從。是故君子有諸己而後求諸人，無諸己而後非諸人，所藏乎身不恕而能喻諸人者，未之有也。故治國在齊其家。”由此看來，《大學》之篇，或許正是從舜帝之身總結出來的。

孟子卷八淺悟

離婁章句下　凡三十三章

8.1

【原文】

孟子曰："舜生於諸馮，遷於負夏，卒於鳴條，東夷之人也。文王生於岐周，卒於畢郢，西夷之人也。地之相去也，千有餘里；世之相後也，千有餘歲。得志行乎中國，若合符節。先聖後聖，其揆一也。"

【譯文】

孟子説："舜出生在諸馮，後來遷移到負夏，死在鳴條，屬於東方夷族地區的人嘛。文王出生在岐周，死在畢郢，屬於西部畎夷族地區的人嘛。兩地相距呢，千里有餘；兩世相隔呢，文王在舜之後千年有餘。兩人在中國得志後所實行的政教，好似符節相合。可見先代聖人與後代聖人，他們揆度事物的準則一致嘛。"

【古注】

《注》 生，始；卒，終。記終始也。諸馮、負夏、鳴條皆地名，負海也，在東方夷服之地，故曰東夷之人也。岐周、畢郢，地名也，岐山下周之舊邑，近畎夷，畎夷在西，故曰西夷之人也。《書》曰："太子發上祭于畢，下至于盟津。"畢，文王墓，近於酆、鎬也。土地相去千有餘里，千里以外也。舜至文王千二百歲。得志行政於中國，蓋謂王也。如合符節，節，玉節也，《周禮》有六節。揆，度也，言聖人之度量同也。《章指》言：聖人殊世而合其道，地雖不比，由通一軌，故可以爲百王法也。

《集注》 得志行乎中國，謂舜爲天子，文王爲六伯，得行其道於天下也。符節，以玉爲之，篆刻文字而中分之，彼此各藏其半，有故則左右相合以爲信也。若合符節，言其同也。"其揆一"者，言度之而其道無不同也。范氏曰："言聖人之生，雖有先後遠近之不同，然其道則一也。"

《正義》 《周禮·地官·掌節》："掌守邦節而辨其用，以輔王命。守邦國者用玉節，守都鄙者用角節。凡邦國之使節，山國用虎節，土國用人節，澤國用龍節，皆金也，以英蕩輔之。門關用符節，貨賄用璽節，道路用旌節。"然則符節乃六節中之一，而玉節亦《掌節》八節中之一。乃孟子言符節，而趙氏以玉節釋節字，又引《周禮》之六節何也？周炳中《辨正》云："《史記》言黄帝合符釜山，蓋符與節皆信也，故或言節，或言符，或並言符節，實一而已。孟子所言豈專指八節中之符節哉？《荀子·儒效篇》云：'張法而度之，則晻然若合符，是大儒者也。'注云：'如合符節，言不差錯也。晻與暗同，符節相合之物也。《周禮》門關用符節，蓋以全竹爲之，剖之爲兩，各執其一，合之以爲驗也。'楊氏以符節爲門關所用，與趙氏義異。乃《荀子》謂'張法而度之'，即《孟子》所謂揆矣。揆者，通變神化之用也。"陳組綬《燃犀解》云："符節，言其驗也。揆，言其度也。蓋指聖人之所以度量天下者言。事有古代今，量度主焉。按圖索駿，膠柱鼓瑟，安有是處？夫孰知不一者爲之一，而至合者在至不合乎？不曰得位而曰得志，位者所以抒其志也。"

8.2

【原文】

子産聽鄭國之政，以其乘輿濟人於溱、洧。

孟子曰："惠而不知爲政。歲十一月徒杠成，十二月輿梁成，民未病涉也。君子平其政，行辟人可也，焉得人人而濟之？故爲政者，每人而悦之，日亦不足矣。"

【譯文】

子産執掌鄭國的政務，用自己乘坐的車輛在溱水和洧水岸旁幫助人們濟渡。

孟子説："子産有惠民之心却不懂得處理政務。倘若十一月架成可供徒步行走的木橋，十二月建成可供車輛通過的橋梁，民衆未來就再也不必爲涉水擔憂了嘛。君子若能公平治理國家的政務，出行時哪怕使路上的行人迴避讓道都可以嘛，怎能使人人都得到濟渡？所以執掌國政的官員，要想取悦每一個人，恐怕一天忙到晚時間也不够用呀。"

【古注】

《注》 子産，鄭卿。爲政，聽訟也。溱、洧，水名。見人有冬涉者，仁心不忍，以其乘車度之也。以爲子産有惠民之心，而不知爲政。當以時修橋梁，民何由病苦涉水乎？周十一月，夏九月，可以成步度之功。周十二月，夏十月，可以成輿梁也。君子爲國家平治政事刑法，使無違失，其道辟除人，使卑辟尊可爲也，安得人人濟渡於水乎？每人而輒欲自加恩以悦其意，則日力不足以足之也。《章指》言：重民之道，平政爲首；人君由天，天不家撫：是故子産渡人，孟子不取也。

《集注》 子産，鄭大夫公孫僑也。子産見人有徒涉此水者，以其所乘之車載而渡之。惠，謂私恩小利；政，則有公平正大之體、綱紀法度之施焉。杠，方橋也。徒杠，可通徒行者；輿梁，可通車輿者。蓋農功已畢，可用民力，又時將寒冱，水有橋梁則民不患於徒涉，亦王政之一事也。辟，與闢同，辟除也。言能平其政，則出行之際辟除行人使之辟己亦不爲過。況國中之水當涉者衆，豈能悉以乘輿濟之哉？言每人皆欲致私恩以悦其意，則人多日少，亦不足於用矣。諸葛武侯嘗言"治世以大德，不以小惠"，得孟子之意也。

《正義》 《家語·正論解》："子游問於孔子曰：'夫子之極言子産之惠也，可得聞乎？'孔子曰：

'謂在愛民而已矣。'子游曰:'愛民謂之德教,何翅惠哉?'孔子曰:'夫子産者,猶衆人之母也,能食之,而不能教也。'子游曰:'其事可言乎?'孔子曰:'子産以所乘之車濟冬涉,是愛而無教也。'"車即輿,鄭氏言乘車,此同之。乘車是所乘之車,《音義》音剩,則讀爲千乘萬乘之乘,非也。《爾雅·釋言》云:"濟,渡也。"度與渡同。《説苑·政理篇》云:"景差相鄭,鄭人有冬涉水者,出而脛寒,後景差過之,下陪乘而載之,覆以上衽。"此所記與《孟子》異。惠而不知爲政,此申明有仁心而民不被澤之義。《國語·周語》單子云:"夫辰角見而雨畢,天根見而水涸,故先王之教曰:'雨畢而除道,水涸而成梁。'故《夏令》曰:'九月除道,十月成梁。'"注云:"謂寒露雨畢之後五日天根朝見,水潦盡竭也。《月令》:'仲秋、水始涸。'天根見,乃盡竭。九月雨畢,十月水涸。《夏令》,夏后氏之令,周所因也。除道所以便行旅,成梁所以便民使不涉也。"《禮記·月令》注引《王居明堂禮》云:"季秋除道致梁,以利農也。"孔氏正義曰:"農既收則當運輦,故法地治道,水上爲梁,便利民之轉運。"準比,則季秋致梁即十一月徒杠成,十月成梁即十二月輿梁成。阮元《校勘記》云:"《周禮》之例,凡夏正皆曰歲,凡曰歲終,曰正歲,曰歲十有二月,皆謂夏時也。凡言正月之吉,不曰歲,謂周正也。説詳《戴震文集》。《孟子》言'歲十月、十一月',謂夏正;兩言'七八月之間',則謂周正,正與《周禮》同例。趙注未解其例,今本則經注又皆舛誤矣。"《小爾雅·廣言》云:"辟,除也。"是辟人即辟除人,謂屏人使避之。俗以辟除之辟作闢,辟尊之辟作避,非古義矣。以每人而悦之爲欲自加恩以悦其意者,趙氏以每爲貪,以貪爲欲,每人而悦,是貪於悦人,故云欲自加恩以悦其意也。趙佑《温故録》云:"此節正辨子産以乘輿濟人之無其事也。君子,即謂子産。子産有君子之道者也,其爲政使都鄙有章,上下有服,田有封洫,廬井有伍,大夫之忠儉者從而與之,泰侈者因而斃之,蓋能平其政,非務悦人明矣。濟涉細事,本不足爲執政輕重,而當執政經臨,輿衙森嚴,津吏祗候,即有往來喧競,自當静俟軒車,必無辱觀聽而煩左右者。大夫之乘,非小人所得假,其人既衆,豈一輿所能用?此必無之理,曾子産而有之?而世徒妄傳失實,是則子産不知爲政也,是子産將不得爲君子也。"

【淺悟】

溱,讀音 zhēn(ㄓㄣ)。洧,讀音 wěi(ㄨㄟˇ)。

執政者如果把精力全用在發善心、施恩惠上,恐怕很難收到預期的效果。因爲人們對恩惠的期待是無止境的,猶如水漲船高,安知何處是盡頭?只有公平和公正,才是爲政之本。

8.3

【原文】

孟子告齊宣王曰:"君之視臣如手足,則臣視君如腹心;君之視臣如犬馬,則臣視君如國人;君之視臣如土芥,則臣視君如寇讎。"

王曰:"禮爲舊君有服,何如斯可爲服矣?"

曰:"諫行言聽,膏澤下於民;有故而去,則君使人導之出疆,又先於其所往;去三年不反,然後收其田里。此之謂三有禮焉,如此則爲之服矣。今也,爲臣諫則不行,言則不聽,膏澤不下於民;有故而去,則君搏執之,又極之於其所往;去之日遂收其田里。此之謂寇讎。寇讎何服之有?"

【譯文】

孟子告誡齊宣王説："君王如果對待臣下親如手足，臣下對待君王就會如同腹心；君王如果看待臣下像犬馬，臣下看待君王就會像國人；君王如果看待臣下如同泥土草芥，臣下看待君王就會如同賊寇仇敵。"

宣王問："禮制有爲舊日君王服喪的規定，這舊君王具備哪些條件才可以爲他服喪呀？"

孟子説："規諫他能付諸行動，獻言他能認真聽，恩澤他能下施到民間；臣下有變故如果必須離去，君王便使人作嚮導送他出境，並於此前已派人到其要去的國家作了妥善安排；離去三年不返回，然後才收回他的田地和住宅。這就是對臣下所謂的三種禮遇。像這樣的君王當然要爲他服喪呀。如今呢，臣下規諫却不付諸行動，獻言他又不聽，恩澤更不下施到民間；臣下有變故如果必須離去，君王就派人到其家中搜索拘捕其親屬，並且提前到他前往的國家設法使其境遇窘迫；離去的當天即没收他的田地和住宅。這就是所謂的臣視君如寇仇。爲寇仇哪有服喪的道理？"

【古注】

《注》 芥，草芥也。臣緣君恩以爲差等，其心所執若是也。宣王問禮舊臣爲舊君服喪服，問君恩何如則可以爲服？爲臣之時諫行言從，德澤加民，若有他故不得不行，譬如華元奔晉，隨會奔秦是也。古之賢君遭此則使人導之出竟，又先至其所到之國言其賢良，三年不反乃收其田菜及里居也。此三者有禮，則爲之服矣。搏執其族親也。極者，惡而困之也。遇臣若寇讎，何服之有乎？《章指》言：君臣之道，以義爲表，以恩爲裏；表裏相應，猶若影響。舊君之服，蓋有所興，諷諭宣王，勸以仁也。

《集注》 導之出疆，防剽掠也。先於其所往，稱道其賢，欲其收用之也。三年而後收其田禄里居，前此猶望其歸也。極，窮也，窮之於其所往之國，如晉錮欒盈也。潘興嗣曰："孟子告齊王之言，猶孔子對定公之意也，而其言有跡，不若孔子之渾然也。蓋聖賢之别如此。"楊氏曰："君臣以義合者也，故孟子爲齊王深言報施之道，使知爲君者不可不以禮遇其臣耳。若君子之自處，則豈處其薄乎？孟子曰：'王庶幾改之，予日望之。'君子之言蓋如此。"

《正義》 哀公元年《左傳》逢滑曰："臣聞國之興也，視民如傷，是其福也；其亡也，以民爲土芥，是其禍也。楚雖無德，亦不艾殺其民；吴日蔽於兵，暴骨如莽。"然則土芥謂視之如土如芥，不甚愛惜也。孟子本諸逢滑。趙氏以視爲心相視，非形相視，故曰心之所執若是。成公十五年《左傳》云："秋八月，葬宋共公，於是華元爲右師，蕩澤爲司馬。蕩澤弱公室，殺公子肥，華元曰：'我爲右師，君臣之訓師所司也。今公室卑而不能正，吾罪大矣！不能治官，敢賴寵乎？'乃出奔晉。"文公六年《左傳》云："八月乙亥，晉襄公卒，靈公少，晉人以難故，欲立長君，趙君曰立公子雍，使先蔑、士會如秦逆公子雍。"七年《左傳》云："穆嬴日抱太子以啼於朝，出朝則抱以適趙氏，宣子與諸大夫皆患穆嬴，且畏偪，乃背先蔑而立靈公以禦秦師。戊子，敗秦師於令狐，至於刳首。己丑，先蔑奔秦，士會從之。"十三年《左傳》云："趙宣子曰：'隨會在秦，賈季在狄，難日至矣，若之何？'郤成子曰：'賈季亂，且罪大，不如隨會能賤而有恥，柔而不犯，其知足使也，且無罪。'"此華元奔晉、隨會奔秦之事也。昭公元年《穀梁傳》云："疆之爲言猶竟也。"竟與境通，是出疆即出境也。三者有禮，使人導之出疆，一也；又先於其所往，二也；去三年不反然後收其田里，三也。《説文》手部云："搏，索持也。"宀部云："索，入家搜也。"《顔氏家訓》引《通俗文》云："入室求曰搜。"入其家室搜索而持執之，故知爲搏執其族親。族親，指其父母妻子兄弟而言，故入其家而索其族親，正釋搏字，其義精矣。《説文》穴部云："窮，極也。"《論語・堯曰篇》云"四海困窮"，集注引包曰："困，極也。"極是困窮，極之於其所往，即困之於其所往也。《禮記・檀弓》云："穆公問於子思曰：'爲舊君反服，古與？'子思曰：'古之君子，進人以禮，退人以禮，故有舊君反服之禮也。今之君子，進人若將加諸膝，退人若將隊諸淵，毋爲戎首不亦善乎？又何反服之禮之有？'"注云："言放逐之臣，不服舊君也。"《孟子》此章正申明子思之義。

【淺悟】

孟子開端那段話，適用於一切有領導和被領導存在的部門。

8.4

【原文】

孟子曰："無罪而殺士，則大夫可以去；無罪而戮民，則士可以徙。"

【譯文】

孟子説："士子無罪如果遭殺害，大夫就可以離去；平民無罪若遭殺戮，士子就可遷徙。"

【古注】

《注》 惡傷其類，視其下等懼次及也。語曰："鳶鵲蒙害，仁鳥曾逝。"此之謂也。《章指》言：君子見幾而作，故趙殺鳴犢，孔子臨河而不濟也。

《集注》 言君子當見幾而作，禍已迫則不能去矣。

《正義》 士大夫爲類而六等，上士一位下於大夫。士農工商爲四民，是士與民爲類，士居四民之首，則民下於士，故爲下等也。引語者，《漢書・梅福傳》云："成帝委任大將軍王鳳，鳳專執擅朝，而京兆尹王章素忠直，譏刺鳳，爲鳳所誅。福上書曰：'夫戴鵲遭害，則仁鳥增逝；愚者蒙辱，則知士深退。'"顔師古注云："戴，鴟也，音緣。"《禮記・中庸》引《詩》"鳶飛戾天"，《釋文》云："本又作戴。"阮元《校勘記》云："仁鳥增逝，閩、監、毛三本同。廖本、孔本、韓本增作曾。作曾是。曾，高也。"《易・繫辭傳》云："幾者，動之微，吉之先見者也。君子見幾而作，不俟終日。"《史記・孔子世家》云："孔子將西見趙簡子，至於河，聞竇鳴犢、舜華死，臨河而歎曰：'美哉水，洋洋乎！丘之不濟此，命也夫！'子貢趨而進曰：'敢問何謂也？'孔子曰：'竇鳴犢、舜華，晉之賢大夫也。丘聞之也，刳胎殺夭，則騏驎不至郊；竭澤涸漁，則蛟龍不合陰陽；覆巢毀卵，則鳳凰不翔。何則？君子諱傷其類也。'"

【淺悟】

"無罪而殺士，無罪而戮民"的現象，在我國家天下的專制統治時代裏，從來不罕見，倒是士大夫爲此而去職、遷徙者不多見。恰恰相反，他們中往往有爲了媚上而借此機會陷人於罪者，從而達到其邀功升遷之目的。世間之卑劣無恥未有踰此者。

8.5

【原文】

孟子曰："君仁莫不仁，君義莫不義。"

【譯文】

孟子説："君上行仁政没有人不歸順仁政，君上仗義没有人不向往仗義。"

【古注】

《注》 君者，一國所瞻仰以爲法，故必從之。《章指》言：君以仁義率衆，孰不順焉？上爲下效也。

《疏》 如所謂"君子之德風，小人之德草，草上之風必偃"也。又荀卿所謂"表正則影正，盤圓則水圓，盂方則水方"是其旨也。

《集注》 張氏曰："此章重出。然上篇主言人臣當以正君爲急，此章直戒人君，義亦小異耳。"

《正義》 前言人臣格君心之非，明人臣當自脩其身。此言人君自格其心，明人君當自脩其身。《白虎通·三教篇》云："教者，效也。上爲之，下效之。"

8.6

【原文】

孟子曰："非禮之禮，非義之義，大人弗爲。"

【譯文】

孟子説："不符合禮制規範的禮數，不符合道義的義氣，德行高尚的大人不做這種事。"

【古注】

《注》 若禮而非禮，陳質娶婦而長，拜之也。若義而非義，藉交報仇是也。此皆大人所不爲也。《章指》言：禮義人之所以折中，履其正者乃可爲中，是以大人不行疑禮。

《集注》 察理不精，故有二者之蔽。大人則隨時而順理，因時而處宜，豈爲是哉？

《正義》 若，猶似也。似禮非禮，似義非義，皆似是而非者也。董子《繁露·五行相勝篇》云："營蕩爲齊司寇，太公問治國之要，曰：'在仁義而已。仁者愛人，義者尊老。愛人者有子不食其力，尊老者妻長而夫拜之。'太公曰：'寡人欲以仁義治齊，今子以仁義亂齊，寡人立而誅之，以定齊國。'"此拜妻之證也。周廣業《孟子古注攷》云："《史記·貨殖傳》云：'閭巷少年借交報仇，篡逐幽隱，實皆爲財用耳。'《游俠傳》云：'郭解少時陰賊，以軀借交報仇。'《漢書》：'朱雲少時通輕俠，借交報仇。'則藉交即借交也。"

【淺悟】

宋理學家好以理字解經，使人不知其所云。

《論語·公冶長篇》中,孔子引以爲恥的"巧言令色足恭"和"匿怨而友其人"這兩種行爲,似乎屬於不符合禮制規範的禮數。《史記·刺客列傳》中的刺客,即孔子所説的"言必信,行必果,硜硜然小人哉",這樣的小人,似乎屬於不符合道義的義氣。

趙氏解"非禮之禮"爲若禮而非禮,並以"陳質娶婦而長,拜之也"爲非禮之禮的例證。就是説,陳質娶的媳婦年長,按照尊老敬長的禮制規範見面時必拜妻,却又違背了男尊女卑的法度,屬於非禮之禮。這樣的例證太牽强,不足爲訓。

8.7

【原文】

孟子曰:"中也養不中,才也養不才,故人樂有賢父兄也。如中也弃不中,才也弃不才,則賢不肖之相去,其閒不能以寸。"

【譯文】

孟子説:"以中和之道自持的人若肯教養不中用的人,有才能的人若肯教養没有才能的人,這種不中不才的人必定樂意擁有德才兼備的賢父兄哩。如果以中和之道自持的人放棄教養不中用的人,有才能的人放棄教養没有才能的人,那麼賢與不肖二者的相比較,他們之間的差别便不能容下一寸的距離。"

【古注】

《注》 中者,履中和之氣所生,謂之賢。才者,謂人之有俊才者。有此賢者,當以養育教誨不能進之以善,故樂父兄之賢以養己也。如使賢者弃愚,不養其所當養,則賢亦近愚矣。如此,賢不肖相覺,何能分寸?明不可不相訓導也。《章指》言:父兄已賢,子弟既頑,教而不改,乃歸自然。

《疏》 中和之氣者,蓋人受天地之中而生,禀陰陽之秀氣莫非所謂中和也。《中庸》云:"喜怒哀樂未發謂之中,發而皆中節謂之和。"賢以德言。云俊才者,俊,智過千人曰俊,則知才能有過於千人之才能是爲俊才也。一云俊,敏也、疾也。

《集注》 無過不及之謂中,足以有爲之謂才。養,謂涵育薰陶,俟其自化也。賢,謂中而才者也。樂有賢父兄者,樂其終能成己也。爲父兄者,若以子弟之不賢,遂遽絶之而不能教,則吾亦過中而不才矣,其相去之間能幾何哉?

《正義》 《白虎通·五行篇》云:"中,和也。中和居六德之首。"《周禮·鄉大夫》"興賢者能者",注云:"賢者,有德行者。"《説文》貝部云:"賢,多才也。"《老子》云"不尚賢",王弼注云:"賢,猶能也。"然則中、才皆得謂之賢,故下承言賢父兄,兼中與才而言也。賢既得兼才、能而言,則以賢教不賢,亦是以能教不能,則不能者亦進之以能。子弟之不中不才,父兄所當教也。棄而不教,是未知當教也。以子弟爲父兄所當教而且不知,是亦近於愚矣。

8.8

【原文】

孟子曰："人有不爲也，而後可以有爲。"

【譯文】

孟子説："人要有所捨棄嘛，然後才可以有所作爲。"

【古注】

《注》 人不爲苟得，乃能有讓千乘之志。《章指》言：貴廉賤恥，乃有不爲；不爲非義，義乃可申。

《集注》 程子曰："有不爲，知所擇也。惟能有不爲，是以可以有爲。無所不爲者，安能有所爲邪？"

《正義》 有不爲，是介然自守，行己有恥。趙氏以不爲苟得解之是也。義可爲乃爲之，義所不可爲則不爲。人能知擇，故有不爲者，有爲者。讓千乘，仍是不爲苟得，趙氏以讓千乘爲有爲，故云義乃可申。

【淺悟】

孔子三十歲立下匡世濟民的遠大志向，此後不論遭遇到怎樣的艱難險阻，皆不爲所惑。爲此目的，五十六歲時放棄了高官厚禄的魯國大司寇之職，率領弟子踏上了長達十四年之久的周游列國的漫漫征塵。歸來時已近古稀之年，又振奮其衰暮之餘年，從所蒐集到的浩繁而散亂的中華文化中，整理出《詩》《書》《禮》《樂》《易》《春秋》六部不朽之作。其所作爲雖不爲當世所理解，却爲後世奉爲"至聖先師"，可謂"有不爲而後可以有爲"之典範。

孟子此言，同様適用於一切領域的所有人。愛好太廣泛，畢竟精力有限，很難做到面面俱精。若能加以篩選，集中於最重要、最感興趣的某一二項，立定志向，鍥而不舍，"人不知而不愠"，必能見成效。

8.9

【原文】

孟子曰："言人之不善，當如後患何？"

【譯文】

孟子説："談論别人的不善，日後由此帶來的禍患該怎麽辦？"

【古注】

《注》 人之有惡，惡人言之，言之當如後有患難及己乎。《章指》言：好言人惡，殆非君子，故曰"不忮不求，何用不臧"。

《疏》 《莊子》云："菑人者，人必反菑之。"亦與此同意。

《集注》 此亦有爲而言。

《正義》 孟子距楊墨，比之爲禽獸，正所以息其無父無君之患也。若言人之不善，而轉貽將來之患，則患不在人之不善，而轉在吾之言矣。是當審而慎之。

【淺悟】

《論語》中，孔子説："攻乎異端，斯害也已。"告誡弟子樊遲説："攻其惡，無攻人之惡。"子貢問："君子迹有惡乎？"孔子説："有惡，惡稱人之惡。"還説："躬自厚而薄責於人，則遠怨矣。"孟子本章之言，以及前面《梁惠王章句下篇》所説的"出乎爾者，反乎爾者也"，都在弘揚孔子的教誨。令人不解的是，孟子爲何自食其"出爾反爾"之言，去攻擊楊墨、甚至連孔子都稱許"如其仁，如其仁"的管仲也不放過呢？本章所説，大概是有了親身感受之後而抒發的無奈之言吧？

素來好攻乎异端、動輒便將楊墨佛老貶損一通的宋代理學家們，面對本章，朱氏集注僅以"此亦有爲而言"六字敷衍，令人咋舌。惟焦氏正義敢作持平之論，令人欽佩。

8.10

【原文】

孟子曰："仲尼不爲已甚者。"

【譯文】

孟子説："仲尼不做過分的事。"

【古注】

《注》 仲尼彈邪以正，正斯可矣，故不欲爲已甚泰過也。《章指》言：《論》曰："疾之已甚，亂也。"故孟子譏踰墻距門者也。

《疏》 孟子所譏踰牆距門者，蓋謂如段干木踰垣而避文矦，泄柳閉門而拒繆公，是爲已甚者。

《集注》 已，猶太也。楊氏曰："言聖人所爲，本分之外，不加毫末。非孟子真知孔子，不能以是稱之。"

《正義》 郝敬《孟子説解》云："孟子不見諸矦，而齊、梁好士，未嘗不往；仕不受禄，而宋、薛之餽未嘗不受；道不苟合，而不爲小丈夫之悻怒，故去齊三宿；廉不苟取，而不爲陳仲子之矯情，故交際不辭；匡章得罪於父，不以人言而不加禮貌；夷之受學於墨，不以異端而吝其教誨；其告君也，園囿亦可，臺池鳥獸亦可，好貨好色亦可，故曰人不足責，政不足間，惟格君心之非而已；是故以臧倉之謗，不遇於魯，而未怨其沮己；以王驩之佞倖，出弔於滕，而未嘗不與之朝暮；雖不悦於公行子之家，而從容片辭，嫌疑立解。宛然若孔子待陽貨、公伯寮氣象，豈非願學之深，有得於温良恭儉讓之遺範者歟？是故以伯夷爲隘，柳下惠爲不恭，以仲尼爲不爲已甚，其所向慕可知。而世儒猶謂其鋒鋩太露，何歟？"

【淺悟】

孟子自從被推尊爲亞聖後，爲之回護、溢美、夸誕之言有如江河行地，無孔不入。本章的集注及正義所引郝敬《孟子説解》，僅是滄海一粟。這是對中華文化的汙染。

8.11

【原文】

孟子曰:“大人者,言不必信,行不必果,惟義所在。”

【譯文】

孟子説:“能稱得上大人的人,出言不必守信,行動不必果決,主要思考道義所在。”

【古注】

《注》 果,能也。大人杖義,義有不得必信其言,子爲父隱也。有不能得果行其所欲行者,若親在不得以其身許友也。義或重於信,故曰惟義所在。《章指》言:大人之行,行其重者,不信不果,所求合義也。

《疏》 如言必信行必果,則所謂“硜硜然小人哉”矣,豈大人肯如是邪?蓋孔子與蒲人盟不適衛,而終適衛,是言不必信也。佛肸召,子欲往,而終不往,是行不必果也。

《集注》 必,猶期也。大人言行,不先期於信果。但義之所在,則必從之,卒亦未嘗不信果也。尹氏曰:“主於義,則信果在其中矣。主於信果,則未必合義。”王勉曰:“若不合於義而不信果,則妄人爾。”

《正義》 注大人杖義,諸本作仗,孔本作杖,當爲杖。《説文》木部云:“杖,持也。”《漢書・高帝紀》云“杖義而西”,注云:“杖亦倚任之義。”

【淺悟】

孟子此言,想必是從《論語》中孔子説的“言必信,行必果,硜硜然小人哉”和有子説的“信近於義,言可復也”這兩段話引申而來,以待各國王公大人請教時給予指導。以此指導可行嗎?孔子説:“人而無信,不知其可也。大車無輗,小車無軏,其何以行之哉?”的確,實際生活中,不論大人還是小民,只要背上不講信用的罵名,便寸步難行。所以必須言而有信,縱然“惟義所在”,也絶對不可“言不必信”;不可行的事一口回絶不就完了嗎,何必强調“行不必果”?再看國家大事:子貢詢問政事之要務,孔子説:“足食、足兵、民信之矣。”又問:“必不得已而去,於斯三者何先?”孔子説去兵;又問:“必不得已而去,於斯二者何先?”孔子説:“去食。自古皆有死,民無信不立。”足見“信”在中華文化中的分量有多重。所謂“言必信,行必果”,一聽便知那是不分是非曲直的行爲,世上除了頑固堅守江湖義氣的亡命之徒外,没有人會那樣做,即便有也做不到,所以孔子將這種人定義爲“硜硜然小人哉”,不過仍承認他們也還勉强算得上“士”。至於王公大人,他們面對的是一國之人,“言”是向人民許下的諾言,“行”是對其諾言的履行,怎麽可以“言不必信,行不必果”呢?這跟欺騙有何區别?日後還會有人相信這位大人嗎?對此,還得請出聖人孔子作決斷。孔子説:“古者言之不出,恥躬之不逮也。”並一再强調“君子欲訥於言而敏於行”、“敏於事而慎於言”、“先行其言而後從之”等等約束出言的教誨。凡是德行高尚、注重名節的王公大人,定會遵照孔子和有子的教誨,訥於言、慎於言;一旦出言,必定是已先期完成的或者是“信近於義”的“可復”之言。

8.12

【原文】

孟子曰：“大人者，不失其赤子之心者也。”

【譯文】

孟子説：“能稱得上大人的人，正是那種能不丢失其天真無邪的赤子之心的人嘛。”

【古注】

《注》 大人謂君。國君視民當如赤子，不失其民心之謂也。一説曰，赤子，嬰兒也，少小之心專一未變化，人能不失其赤子時心，則爲貞正大人也。《章指》言：人之所愛，莫過赤子，視民則然，民懷之矣。大人之行，不過是也。

《疏》 孟子言，世之所謂爲之大人者，是其能不失去其嬰兒之時心也，故謂之大人。如老子所謂“常德不離，復歸於嬰兒”之意同。

《集注》 大人之心，通達萬變。赤子之心，則純一無僞而已。然大人之所以爲大人，正以其不爲物誘，而有以全其純一無僞之本然，是以擴而充之，則無所不知，無所不能，而極其大也。

《正義》 前一説是也。嬰兒無知，大人通變，其相異遠矣。趙氏雖存兩説，《章指》則以前一説爲定。

【淺悟】

仔細玩味本章之原文，似乎看不出其中含有趙氏前一説的内容，故從後一説。嬰兒無知，其心則純真無邪；大人通變，若丢失純真無邪的赤子之心，將變向何方？焦氏正義非也。人最可貴的是永葆其純真無邪的赤子之心，一切高尚品質皆由此而生，堪稱大人者正是如此。

8.13

【原文】

孟子曰：“養生者不足以當大事，惟送死可以當大事。”

【譯文】

孟子説：“贍養父母不足以當成大事，只有依禮爲他們送終才可以當成大事。”

【古注】

《注》 孝子事親致養未足以爲大事，送終如禮則爲能奉大事也。《章指》言：養生竭力，人情所勉；哀死送終，行之高者；事不違禮，可謂難矣，故謂之大事。

《疏》 人奉養父母於其生日，雖昏定晨省、冬温夏凊，然以此之孝亦不足以當其大事也。惟父母終，能擗踊哭泣、哀以送之、卜其宅兆而安厝之，斯可以當之也。

《集注》 事生故當愛敬，然亦人道之常耳。至於送死，則人道之大變，孝子之事親，舍是無以用其力矣，故尤以爲大事而必誠必信，不使少有後日之悔也。

《正義》 由養志而申言之也。《周禮·倉人》"凡國之大事"，注云："大事，謂喪戎。"

8.14

【原文】

孟子曰："君子深造之以道，欲其自得之也。自得之則居之安，居之安則資之深，資之深則取之左右逢其原，故君子欲其自得之也。"

【譯文】

孟子説："君子用正當的途徑使學業達到精深的造詣，要使自己自覺獲得知識嘛。自覺獲得的知識才會儲備安固，儲備安固可憑藉的知識才會深厚，可憑藉的知識深厚就會像隨處都能遇到泉源一樣取之不盡用之不竭，所以君子要使自己自覺獲得知識嘛。"

【古注】

《注》 造，致也。言君子問學之法，欲深致極竟之以知道意，欲使己得其原本，如性自有之也。居之安，若己所自有也。資，取也。取之深，則得其根也。左右取之在所逢遇皆知其原本也，故使君子欲其得之也。《章指》言：學必根原，如性自得，物來能名，事來不惑，君子好之，朝益暮習，道所以臻也。

《疏》 此孟子教人學道之法也。言君子所以深造至其道奥之妙者，是欲其如己之所自有之也，己之所自有則居之安。居之安者，是使權利不能移，羣衆不能傾，天下不能蕩是也。居之安則資質以深，則自本自根取之不殫、酌之不竭是也。資之既深則取之左右逢其原。左右逢其原者，則理與萬物得性與萬物明，取之左則左，取之右則右，無非自本自根也，故云取之左右逢其原。如此，故君子所以學道欲其自得之也。如莊生所謂黄帝遺其元珠，使智索之不得，使離朱索之不得，使契詬索之不得，乃使象罔得之。蓋元珠譬則道也，智有待於思，言思之亦不能得其道也；離朱有待於明，言以明求之亦不能得道也；契詬有待於言，以言求之亦不能得其道也；象罔則無所待矣，唯無所待，故能得其道，是其所謂自得也。

《集注》 造，詣也。深造之者，進而不已之意。道，則其進爲之方也。資，猶藉也。左右，身之兩旁，言至近而非一處也。逢，猶值也。原，本也，水之來處也。言君子務於深造而必以其道者，欲其有所持循，以俟夫默識心通，自然而得之於己也。自得於己，則所以處之者安固而不摇。處之安固，則所藉者深遠而無盡。所藉者深，則日用之間取之至近，無所往而不值其所資之本也。程子曰："學不言而自得者，乃自得也；有安排布置者，皆非自得也。然必潛心積慮、優游厭飫於其間，然後可以有得。若急迫求之，則是私己而已，終不足以得之也。"

《正義》 趙氏以致釋造，又以極釋致，以竟釋極。下資之深解爲得其根，則深爲深淺之深，異於略觀大意，不求深解以終其學。趙氏以問學之法表明之，即下章博學、詳説之事也。按《易・繫辭傳》云："夫易，所以極深而研幾也。唯深也，故能通天下之志；唯幾也，故能成天下之務。"深造即極深也；以道即研幾也；自得則通天下之志，成天下之務也。"一陰一陽之謂道"，道者，反復變通者也。博學而不深造則不能精，深造而不以道則不能變，精且變乃能自得，自得乃得不疾而速，不行而至，爲至神也。非博學無以爲深造之本，非深造無以爲以道之路，非以道無以爲自得之要，非自得無以爲致用之權。讀書好古而能自得之乃不空疏不拘滯，而示之以深造以道，又申之以博學詳説，兩章牽連互發，趙氏以問學之法標之，可謂知言矣。雖生知之聖，必讀書好古，既由博學而深造之以道，則能通古聖之道而洞達其本原。而古聖之道與性相融，此自得之，所謂如性自有之也。如性自有之，故居之安。凡之字，皆指所學而言。既自得而居之安，則取於古聖之道，即取乎吾之性，非淺襲於口耳之間，非强擬於形似之迹，故資之深也。至於資之深，左取而左宜之，右取而右宜之，無不逢其原也。

8.15

【原文】

孟子曰："博學而詳説之，將以反説約也。"

【譯文】

孟子説："學識淵博且能詳盡解説，其解説的語言必將向簡明扼要反還嘛。"

【古注】

《注》 博，廣；詳，悉也。廣學悉其微言而説之者，將以約説其要。意不盡知，則不能要言之也。《章指》言：廣尋道意，詳説其事，要約至義，還反於樸，説之美者也。

《集注》 言所以博學於文而詳説其理者，非欲以誇多而鬭靡也，欲其融會貫通，有以反而説到至約之地耳。蓋承上章之意而言，學非欲其徒博，而亦不可以徑約也。

《正義》 不博學而徒憑空悟者，非聖賢之學，無論也。博學而不能解説，文士之浮華也。博、詳與約相反，惟博且詳，反能解得其約；舍博且詳而言約，何以能解？阮元《曾子注釋》云："孔門論學，首在於博。孔子曰：'君子博學於文，約之以禮。'達巷黨人以博學深美孔子，孔子又曰：'博學之，審問之。'顔子曰：'夫子循循然善誘人，博我以文，約我以禮。'子夏曰：'博學而篤志。'孟子曰：'博學而詳説之。'故先王遺文，有一未學，非博也。"按孔孟所以重博學者，即堯舜變通神化之本也。人情變動不可以意測，必博學於古，乃能不拘一端。彼徒執一理以爲可以勝天下，吾見其亂矣。

【淺悟】

孟子此言，乃指導解説古籍之指南。

8.16

【原文】

孟子曰："以善服人者，未有能服人者也；以善養人，然後能服天下。天下不心服而王者，未之有也。"

【譯文】

孟子説:“善於用威力服人的話,未曾有能服人的先例嘛;善於用仁恩教養人,然後才能服天下。不能使天下心服却能成就王業的人,未曾出現過嘛。”

【古注】

《注》 以善服人之道治世,謂以威力服人者也,故人不心服。以善養人,養人以仁恩,然後心服矣,文王治岐是也。天下不心服,何由而王也?《章指》言:五伯服人,三王服心,其服一也,功則不同。上論堯舜,其是違乎?

《集注》 服人者欲以取勝於人,養人者欲其同歸於善,蓋心之公私少異,而人之向背頓殊。學者於此不可以不審也。

《正義》 趙氏解善服人爲善於服人,善養人爲善於養人,故以服爲威力,養爲仁恩也,兩善字皆虚活。近時通解善即指仁義,以仁義求勝於人,即有相形相忌之義,何能服人?

8.17

【原文】

孟子曰:“言無實不祥,不祥之實蔽賢者當之。”

【譯文】

孟子説:“獻言没有結果不吉祥,不吉祥的後果要由蔽塞賢路的人擔當罪責。”:

【古注】

《注》 凡言皆有實。孝子之實,養親是也;善之實,仁義是也。祥,善;當,直也。不善之實何等也?蔽賢之人直於不善之實也。《章指》言:進賢受上賞,蔽賢蒙顯戮,故謂之不祥也。

《疏》 所謂蔽賢,則掩人之善是矣。如臧文仲知柳下惠而不舉,虞丘知叔敖之賢而不進,凡此之類是謂蔽賢者也。

《集注》 或曰:天下之言,無有實不祥者,惟蔽賢爲不祥之實。或曰:言而無實者不祥,故蔽賢爲不祥之實。二説不同,未知孰是,疑或有闕文焉。

《正義》 趙氏以“實不祥”三字連屬,謂人每言不祥,不過空泛言之,無有指實其所以不祥之處。試爲按之:不祥之實,惟蔽賢者與相直也,蔽賢爲不善之實,猶養親爲孝之實,仁義爲善之實也。《漢書・武帝紀》元朔元年詔云:“且進賢受上賞,蔽賢蒙顯戮,古之道也。”《鶡冠子・道端篇》云:“進賢受上賞則下不相蔽。”《晏子春秋・諫下篇》云:“國有三不祥:有賢而不知,一不詳;知而不用,二不祥;用而不任,三不祥也。”亦見《説苑・君道篇》。

【淺悟】

各古注對“實”字的解釋很模糊,集注甚至疑有闕文,致使對本章的解説不知其所云。

"言"有各種各樣的言，本章的言與蔽賢相關，此言可以斷定爲獻言或進言。"實"，即草木的種子和果實，引申爲結果。連起來：獻言没有結果不吉祥，就容易理解了。所謂獻言，所獻的自然是對治理有價值之言，比如好的建議或薦舉賢才等，最終没結果，必是蔽賢者阻塞賢路所致，對國家當然不利，即所謂不祥。

8.18

【原文】

徐子曰："仲尼亟稱於水曰：'水哉，水哉！'何取於水也？"

孟子曰："原泉混混，不舍晝夜，盈科而後進，放乎四海。有本者如是，是之取爾。苟爲無本，七八月之閒雨集，溝澮皆盈，其涸也，可立而待也。故聲聞過情，君子恥之。"

【譯文】

徐子問："仲尼對水一再稱道説：'水啊，水啊！'這水可取之處是什麽呢？"

孟子説："有本原的泉水滚滚奔流，晝夜不止息，灌滿坑窪地之後又繼續前進，一直流到四海。有本原的事物都像這樣，這就是孔子所取之處嘛。如果是没有本原，如同七八月之間聚集的雨水，把田間排水的溝澮都灌滿了，然其乾涸呢，快得簡直可以站在那兒就能等到嘛。所以名聲超過實情，君子引以爲恥。"

【古注】

《注》 徐子，徐辟也。問仲尼何取於水而稱之也。言水不舍晝夜而進。盈，滿；科，坎；放，至也。至於四海者，有原本也。以況於事，有本者皆如是，是之取也。苟，誠也。誠令無本，若周七八月，夏五六月，天之大雨，潦水卒集，大溝小澮皆滿。然其涸乾可立待者，以其無本故也。人無本行，暴得善聲，令聞過其情，若潦水不能久也，故君子恥之。《章指》言：有本不竭，無本則涸，虚聲過實，君子恥諸，是以仲尼在川上曰："逝者如斯。"

《疏》 孟子答徐辟以此者，蓋有爲而言之也。以其原泉混混，則譬君子之德性；不舍晝夜，則譬君子之學問；盈科而後進，則譬君子之成章；放乎四海，則譬君子於是造乎道也。注云徐子徐辟者，經於《滕文公篇》云："墨者夷之，因徐辟而見孟子。"又曰："徐子以告夷子。"是知徐子即徐辟也。

《集注》 原泉，有原之水也。混混，涌出之貌。言水有泉本，不已而漸進以至於海，如人有實行，則亦不已而漸進以至於極也。集，聚也；澮，田間水道也；涸，乾也。如人無實行而暴得虚譽，不能長久也。聲聞，名譽也；情，實也。恥者，恥其無實而將不繼也。林氏曰："徐子之爲人，必有躐等干譽之病，故孟子以是答之。"鄒氏曰："孔子之稱水，其旨微矣。孟子獨取此者，自徐子之所急者言之也。孔子嘗以聞、達告子張矣：達者，有本之謂也；聞則無本之謂也。然則學者其可以不務本乎？"

《正義》 阮元《校勘記》云："源泉混混，閩、監、毛三本同。宋《九經》本、岳本、咸淳衢州本、廖本、孔本、韓本源作原。原正字,源俗字,上文'取之左右逢其原',不從水,可以證從水之誤矣。"段玉裁《説文解字注》云:"混,豐流也,盛滿之流也。《孟子》曰'源泉混混',古音讀如衮,俗字作滾。"《説文》皿部云:"盈,滿器也。"《周禮·遂人職》云:"凡治野,夫間有遂,遂上有徑;十夫有溝,溝上有畛;百夫有洫,洫上有涂;千夫有澮,澮上有道;萬夫有川,川上有路,以達於畿。"澮大於溝,此言"大溝小澮"當有誤。《論語·子罕篇》云:子在川上曰:"逝者如斯夫,不舍晝夜。"

【淺悟】

亟,讀音 qì(ㄑㄧˋ)屢屢之意。混,讀音 gǔn(ㄍㄨㄣˇ),通滾。放,讀音 fǎng(ㄈㄤˇ),至也。澮,讀音 kuài(ㄎㄨㄞˋ)。聞,讀音 wèn(ㄨㄣˋ)。

8.19

【原文】

孟子曰:"人之所以異於禽獸者幾希,庶民去之,君子存之。舜明於庶物,察於人倫,由仁義行,非行仁義也。"

【譯文】

孟子説:"人的用來與禽獸對比的差異之處很少,多數人去掉了這點差異,君子保存着這點差異。舜對萬物有明晰的了解,對人倫進行考察,這一切都是遵從仁義的標準進行的,並非通過施行仁義得出的結論嘛。"

【古注】

《注》 幾希,無幾也。知義與不知義之間耳,衆民去義,君子存義也。倫,序;察,識也。舜明庶物之情,識人事之序,仁義生於内,由其中而行,非彊力行仁義也。故道性善,言必稱堯舜。《章指》言:人與禽獸,俱含天氣,就利避害,其間不希。衆人皆然,君子則否,聖人超絶,識仁義之生於己也。

《疏》 孟子言,世之人所以有别異於禽獸畜者無幾也,以其皆含天地之氣而生耳,皆能辟去其害而就其利矣。但小人去其異於禽獸之心,所以爲小人也;君子知存其異於禽獸之心,所以爲君子也。所謂異於禽獸之心者,即仁義是也,禽獸俱不知仁義,所以爲禽獸。今夫舜之爲帝,在深山之中與木石居,與鹿豕遊,雖與禽獸雜居其間,然能聞一善言、見一善行莫不從之,若決江河而無滯,如此是舜能明於庶物之無知而存乎異於禽獸之心,詳察人倫之類而由仁義之道而行之矣。然舜既由其仁義而行以得之天性也。孟子以此言之,其有以異於禽獸者,皆舜之徒也。曰舜亦人也,我亦人也,有爲者亦如是,但當存其異於禽獸之心耳。如揚雄由於禮義入自仁門,由於情慾入自禽門,斯其旨歟?

《集注》 幾希,少也;庶,衆也。人、物之生,同得天地之理以爲性,同得天地之氣以爲形。其不同者,獨人於其間得形氣之正而能有以全其性,爲少異耳。雖曰少異,然人、物之所以分,實在於此:衆人不知此而去之,則名雖爲人,而實無以異於禽獸;君子知此而存之,是以戰兢惕厲而卒能有以全其所受之正也。物,事物也。明則有以識其理也,察則有以盡其理之詳也。物理固非度外,而人倫尤切於身,故其知之有詳略之異,在舜則皆生而知之也。由仁義行,非行仁義,則仁義已根於心而所行皆從此出,非以仁義爲美而後勉强行之,所謂安而行之也。此則聖人之事,不待存之而無不存矣。尹氏曰:

“存之者，君子也；存者，聖人也。君子所存，存天理也。由仁義行，存者能之。”

《正義》《告子篇》“其好惡與人相近也者幾希”，注云：“幾，豈也。豈希，言不遠也。”《盡心篇》“其所以異於深山之野人者幾希”，注云：“希，遠也。當此之時，舜與野人相去豈遠？”此兩注互相訓詁。以希爲遠，則幾爲豈；以幾爲近，則以希爲少，二義可互明。幾希二字疊韻，幾訓近，希訓少，無幾即甚近甚少之謂。飲食男女，人有此性，禽獸亦有此性，未嘗異也。乃人之性善，禽獸之性不善者，人能知義，禽獸不能知義也。因此心之所知而存之，則異於禽獸。心雖能知之，而舍而去之，則同於禽獸矣。庶民不能自存，必賴君子教而存之。此孟子道性善之本旨，而趙氏能明之，趙氏不愧通儒也。明於庶物，庶物即禽獸也，知禽獸之性情，不可教之使知仁義也。同此飲食男女，人有知則有倫理次序；察於人倫，知人可教之使知仁義也。舜，君子也。庶民不能明於庶物，察於人倫，故去之；舜能明於庶物，察於人倫，故存之。性本知有仁義因而存之，是由本知之仁義行也。若禽獸性本不知有仁義，而彊之行仁行義，則教固必不能行，威亦必不能制，故庶民不知仁義者，君子教之使知，則庶民亦能知仁義，庶民知仁義而行之，亦是由仁義行，非彊之以所本不能知而使之行仁義也。此庶民所以異於庶物也。明庶物，察人倫，始於伏羲氏，其時民全不知有人倫之序，同於禽獸，直可謂之昧，不可謂之去。人道既定，庶民雖愚，皆知有人倫矣，故其不仁義也，非昧也，是去之也。舜明之察之，通變神化，使之由仁義行，由即“民可使由之”之由。是時民皆知有仁義，而莫不曰行仁，莫不曰行義，以仁濟其不仁，以義濟其不義，蓋行仁義，正所以去仁義也。由仁義行，則百姓日用而不知，乃正所以存仁義也。此孟子所以不稱伏羲氏而稱堯舜也。

【淺悟】

人與禽獸的差異，決不是各古注所説的什麽知義與不知義，得形氣之正與不正，性善與不善。《論語》中，孔子唯一的一次提到性時只説了“性相近也，習相遠也”八個字，孔安國注云：“君子慎所習。”這才是理解孔子八字教誨的指南。世上萬物，凡是天性，都是大自然賦予的本能，怎能認定孰善孰不善、孰正孰不正、孰知義孰不知義呢？其實，只有上天獨賜予人類的思維能力，才是人與禽獸最根本的差異。禽獸因不具備思維能力，故其一生四處奔波、廝殺争鬬、弱肉强食等等，都只是爲了生存和繁殖，除此别無所求；人則不然，人有思維能力，能製造工具，可以爲所欲爲，世上萬物的命運全在其掌控之中仍不知足。由於思維是後天逐漸完善的，易受外因的感染，所以惟此才有善與不善、正與不正、知義與不知義之别。創造文明的中華祖先依照仁義的準則，明察到這一切，不厭其煩地强調，凡事務必遵循天道法則，“敬鬼神”，以“贊天地之化育”，使萬物生生不息，繁衍無窮，即所謂“由仁義行”。不幸的是，孟子生活在背離先王之道的戰國時代，各諸侯國之間就像禽獸那樣廝殺争鬬、弱肉强食，然其動機並非只爲生存，而是爲了永遠填不滿的貪欲。這大概就是孟子發此感言以警示後世的用意吧？其所謂的“庶民”、“君子”，必無貧富貴賤之分，而是以能否依照天道法則行事加以區别的。凡是遵從天道法則行事者，便可謂之善、正、知義；違逆天道法則行事者，才可稱其爲不善、不正、不知義。

8.20

【原文】

孟子曰："禹惡旨酒，而好善言；湯執中，立賢無方；文王視民如傷，望道而未之見；武王不泄邇，不忘遠；周公思兼三王以施四事，其有不合者，仰而思之，夜以繼日，幸而得之，坐以待旦。"

【譯文】

孟子説："夏禹厭惡美酒，而喜好有益的直言；商湯執守中正之道，提拔賢才没有固定的方式；周文王視察民情好像怕傷害到他們似的，盼望天下有道然而尚未見到這種局面出現；周武王既不輕慢朝中的近臣，也不遺忘遠方的諸侯；周公想兼備三代君王的魄力用來實施以上四事，施行中有不符合的情形，便仰面思考因何不符，夜以繼日地思考，如果有幸獲得了彌補辦法，便急不可耐地坐着等待天明去補救。"

【古注】

《注》 旨酒，美酒也。儀狄作酒，禹飲而甘之，遂疏儀狄而絶旨酒。《書》曰"禹拜讜言"。執中正之道，惟賢速立之，不問其從何方來，舉伊尹以爲相也。視民如傷者，雍容不動擾也。望道而未至，殷録未盡，尚有賢臣，道未得至，故望而不致誅於紂也。泄，狎；邇，近也。不泄狎近賢，不遺忘遠善，近謂朝臣，遠謂諸侯也。三王，三代之王也；四事，禹湯文武所行事也。不合，己行有不合也。仰而思之，參諸天也。坐以待旦，言欲急施之也。《章指》言：周公能思三王之道，以輔成王太平之隆，禮樂之備，蓋由此也。

《集注》 《戰國策》曰："儀狄作酒，禹飲而甘之曰：'後世必有以酒亡其國者。'遂疏儀狄而絶旨酒。"《書》曰："禹拜昌言。"執，謂守而不失；中者，無過不及之名；方，猶類也。立賢無方，惟賢則立之於位，不問其類也。而，讀爲如，古字通用。民已安矣，而視之猶若有傷；道已至矣，而望之猶若未見。聖人之愛民深而求道切如此，不自滿足，終日乾乾之心也。邇者，人所易狎而不泄；遠者，人所易忘而不忘，德之盛，仁之至也。四事，上四條之事也。時異事殊，故其事或有所不合，思而得之，則其理初不異矣。坐以待旦，急於行也。程子曰："孟子所稱，各因其一事而言，非謂武王不能執中立賢，湯却泄邇忘遠也。人謂各舉其盛亦非也，聖人亦無不盛。"

《正義》 《禮記・檀弓》云："左右就養無方"，《内則》云"博學無方"，注皆云："方，常也。趙氏以無方爲不問其從何方來，是以方爲方所之方。蓋執中無權，猶執一之害道。惟賢則立而無常法，乃申上執中之有權，無方當如鄭氏注之爲無常也。《史記・殷本紀》云："伊尹欲干湯而無由，乃爲有莘氏媵臣，負鼎俎以滋味悦湯，致於王道。"趙氏引伊尹，似謂自媵臣保伍中升之，仍無常之謂也。視民如傷，周廣業《孟子章指攷證》云："《左傳》逄滑曰：'臣聞國之興也，視民如傷，是其福也。'杜注：'如傷，恐驚動。'與趙注'雍容不動擾也'正合。"望道而未之見，趙氏之意，謂紂無道，誅之所以致道。文王三分天下有其二以服事殷，故望道而未至，道即命也。天命已在文王，而不代殷有天下也。近時通解有二：一謂文王以紂在上，望天下有治道而未之見，此仍趙氏義而稍變者也；一讀而爲如，謂文王愛民無已，未傷如傷，望道心切，見如未見也。《方言》云："媟，狎也。"《説文》女部云："媟，嬻也。"《荀子・榮辰篇》

云："橋泄者，人之殃也。"注云：'泄與媟同。"泄本發洩之洩，通於媟，故以狎釋之也。武王以太公望爲師，周公旦爲輔，召公畢公之徒左右王師，脩文王緒業，問太公，問王子旦，問粥子，問癸度，觀兵孟津，自稱太子發，言奉文王以伐，不敢自專，乃告司馬司徒司空諸節齊栗，此皆不泄邇之事也，是邇謂朝臣也。《史記》言"封諸矦，班賜宗彝，作分殷之器物，封先聖王之後，封功臣謀士"，此皆不忘遠之事也，是遠謂諸矦也。細審此章之指，云"兼三王"，明三王不相沿襲可知也；云"其有不合，仰而思之"，則所以通變神化可知也。禹承堯舜之後，天下乂安，則易生驕泆，故惡旨酒，好善言，以通其變。夏之末，必各執偏意，而用人拘以資格，故湯執中，立賢無方，以通其變。商紂之初，民傷已極，而天眷未更，故文王但愛民以輔救之，守臣節以帥天下諸矦，則所以通其變於湯之放桀也。武王時，紂益無道，故不泄邇，不忘遠，修己以安天下，則所以通其變於文王之服事也。凡三王之事，皆各有合，至周公相成王，成文武之德，其時又異於禹湯文王之時，則所以合不合者非思莫得也。三王四事，先王之法也，有不合，則思所爲以道揆也。堯舜以通變神化治天下，爲萬世法，孟子歷述禹湯文王周公以明之，皆法堯舜之變通神化者也。注云"仰而思之參諸天"，《易・繫辭傳》云："仰則觀象於天。"《詩・大雅・雲漢》云"瞻仰昊天"，《列子・黄帝篇》云："中道仰天而歎"，故以仰爲參諸天。按自下望上爲仰，自後觀前亦爲仰，此仰思蓋即謂仰舉三王之事而思其合也。

【淺悟】

"望道而未之見"一語，焦氏正義云："近時通解有二"，其中之一"謂文王以紂在上，望天下有治道而未之見"的見解應當是對的。孔子在《論語・里仁篇》中所說的"朝聞道，夕死可矣"，就是說，早晨聞知天下有道，晚上死都可以，與文王盼望天下有道却尚未見到這種局面出現的意境完全一致，所表達的都是憂國憂民的急切情懷。

8.21

【原文】

孟子曰："王者之迹熄而詩亡，詩亡然後《春秋》作。晉之《乘》，楚之《檮杌》，魯之《春秋》，一也，其事則齊桓晉文，其文則史。孔子曰：'其義則丘竊取之矣。'"

【譯文】

孟子說："王者功業的痕迹止熄因而採詩也隨之消亡，採詩消亡然後孔子着手《春秋》史籍的著作。晉國的《乘》，楚國的《檮杌》，魯國的《春秋》，一律都是史籍嘛，其所記載的多是與齊桓晉文等五霸有關的事蹟，其文辭則是史料。孔子說：'《春秋》的要義只不過是我孔丘私下取自那些史料而已。'"

【古注】

《注》 王者，謂聖王也。太平道衰，王迹止熄，頌聲不作，故詩亡。《春秋》撥亂，作於衰世也。此三大國史記之名異。《乘》者，興於田賦乘馬之事，因以爲名；《檮杌》者，嚚凶之類，興於記惡之戒，因以爲名；《春秋》，以二始舉四時，記萬事之名。其事，則五伯所理也。桓公，五伯之盛者，故舉之。其文，史記之文也。孔子自謂竊取之，以爲素王也。孔子人臣，不受君命私作之，故言竊，亦聖人之謙辭。《章指》言：詩可以言，頌詠太平，時無所詠，《春秋》乃興，假史記之文，孔子正之以匡邪也。

《疏》 孟子言，自周之王者風化之迹熄滅而詩亡，歌詠於是乎衰亡，然後《春秋》褒貶之書於是乎作。《春秋》其名有三，凡此雖曰異其名，然究其實則一也。蓋王者迹熄則所存者但霸者之迹而已，而孔子自言之曰："其《春秋》之義則丘私竊取之矣。"竊取之者，不敢顯述也，故以賞罰之意寓之褒貶，而褒貶之意寓於一言耳。

《集注》 王者之迹熄，謂平王東遷而政教號令不及於天下也。詩亡，謂《黍離》降爲國風而雅亡也。《春秋》，魯史記之名。孔子因而筆削之，始於魯隱公之元年，實平王之四十九年也。檮杌，惡獸名，古者因以爲凶人之號，取記惡垂戒之義也。《春秋》者，記事者必表年以首事，年有四時，故錯舉以爲所記之名也。古者列國皆有史官掌記時事，此三者皆其所記册書之名也。春秋之時，五霸迭興，而桓公爲盛。史，史官也。竊取者，謙辭也。《公羊傳》作"其辭則丘有罪焉爾"，意亦如此，蓋言斷之在己，所謂"筆則筆，削則削，游、夏不能贊一詞"者也。尹氏曰："言孔子作《春秋》，亦以史之文載當時之事也，而其義則定天下之邪正，爲百王之大法。"

《正義》 顧鎮《虞東學詩·迹熄詩亡説》云："孟子歷叙羣聖之事，而以孔子作《春秋》繼之。迹熄詩亡，著明所以作《春秋》之義。蓋自鄭康成曰'不能復雅'之云，而范甯序《穀梁》遂謂'列《黍離》於《國風》，齊王德於邦君'。然考趙岐注《孟子》則曰'太平道衰，王迹止熄，頌聲不作，故詩亡'。是漢儒原立兩義，後世鄭學盛行，遂遺趙説，李迂仲兼而存之，古義略具。愚竊以爲所欲究者，王迹耳。王者之迹，何預於詩？《春秋》之作，何預於迹？此義不明，則不獨《黍離》降風支離莫據，即迂仲之説亦可存而不論。蓋王者之政莫大於巡狩述職，巡狩則天子採風，述職則諸侯貢俗，太史陳之以考其得失而慶讓行焉，所謂迹也。夷、厲以來，雖經《板蕩》，而《甫田》東狩，舄芾來同，撻伐震於徐方，疆理及乎南海，中興之迹爛然著明，二《雅》之篇可考焉。洎乎東遷，而天子不省方，諸侯不入覲，慶讓不行而陳詩之典廢，所謂'迹熄而詩亡'也。孔子傷之，不得已而托《春秋》以彰衮鉞，所以存王迹於筆削之文，而非進《春秋》於《風》《雅》之後。《詩》者，《風》《雅》《頌》之總名，無容舉彼遺此。若疑《國風》多録東周，《魯頌》亦當僖世，則愚謂詩之存亡繫於王迹之熄與不熄，不繫於本書之有與無也。"萬斯大《學春秋隨筆》云："《春秋》書弒君，誅亂賊也。然而趙盾、崔杼之事，時史亦直載其名，安見亂賊之懼獨在《春秋》而不在諸史？曰：孟子言之矣，《春秋》之文則史也，其義則孔子取之；諸史無義，而《春秋》有義也。義有變有因，不脩《春秋》曰'雨星不及地尺而復'，君子脩之曰'星霣如雨'；諸侯之策曰'孫林父、甯殖出其君'，《春秋》書之曰'衛侯衎出奔'，此以變爲義者也。晉史書曰'趙盾弒其君'，《春秋》亦曰'趙盾弒其君'；齊史書曰'崔杼弒其君'，《春秋》亦曰'崔杼弒其君'，此以因爲義者也。因與變相參，斯有美必著，無惡不顯，三綱以明，人道斯立，《春秋》之義遂與天地同功。彼董狐、南史、左氏傳《春秋》而獲存晉《乘》、楚《檮杌》，孟子論《春秋》而幸及當時，則書久則亡焉。懼在《春秋》而不在諸史，有由然也。雖然，以盾、杼之姦惡，齊晉得以名赴，《春秋》得以名書，賴史官之直筆也。使晉、宋、吳、莒之弒逆，得董狐、南史其人，則書必以名，赴必以實，鮑與庚輿必不書人書偃，僕、光必不稱國，良史又曷可少哉！"按昭公十二年《公羊傳》引孔子之言云："《春秋》之信史也，其序則齊桓晉文，其會則主會者爲之也，其詞則丘有罪焉爾。"此與孟子所述略同。其云有罪者，則括"知我罪我"之言，何休注云："其貶絕譏刺之辭有所失者，是丘之罪與？"趙氏注"罪我，爲時人見彈貶者"，義同公羊氏。以此當其義，則義指貶刺撥亂可知。孟子述孔子之言，特指出義字，義者，宜也。舜之所察，周公之所思，皆此義。利者，義之和，變而通之以盡利，察於民之故，乃能變通，即舜之"察於人倫"也。天下何思何慮，天下同歸而殊途，百致而一慮，精義入神以致用，即周公之"思兼三王"也。舜察之，故由仁義行而不行仁義；周公思之，故知其有不合而兼三王；孔子當迹熄詩亡之後，作《春秋》以撥亂反正，亦由察之思之而知其義也。舜以王，周公以相，所變通在行在施；孔子不得位，所變通在言，亦變通趨時之妙也。

【淺悟】

文中所説的詩，無疑指《詩經》。《詩經》是周朝興盛時期的産物，有專司採詩的官員，所採集的是反映社會方方面面真實面貌的詩，以供決策者參考。至孔子之時，採詩風氣已消亡。孟子所説的"王者"，應是周朝盛時的天子，趙氏解説爲"聖王"，不符合孔子評價人物的標準。孔子稱爲聖王者，只有創立和忠心維護天下爲公的社會制度的堯舜二帝；其次是"至德"，也有二位：一是"三以天下讓，民無得而稱焉"的泰伯，二是"三分天下有其二，以服事殷"的西伯姬昌，即被其子武王平定天下後追謚的周文王。其餘凡是將天下據爲自家所有的不論禹、湯還是武王、周公等，在孔子口中均無聖名。因此文中的王者決非聖王。

8.22

【原文】

孟子曰："君子之澤五世而斬，小人之澤五世而斬。予未得爲孔子徒也，予私淑諸人也。"

【譯文】

孟子説："君子的光澤五世之内乃斷絶，小人的光澤同樣五世之内便斷絶。我未能趕上成爲孔子的門徒哩，我只得私自親善孔門傳人哩。"

【古注】

《注》 澤者，滋潤之澤。大德大凶流及後世，自高祖至玄孫，善惡之氣乃斷，故曰五世而斬。予，我也。我未得爲孔子門徒也。淑，善也，我私善之於賢人耳。蓋恨其不得學於大聖也。《章指》言：五世一體，上下通流，君子小人，斬各有時。企以高山，跌以陷汙，是以孟子恨不及乎仲尼也。

《疏》 孟子言，君子小人雖有賢不肖之異，然自禮服而推之，則餘澤之所及，但皆五世而斬耳，以其親屬替之者焉。惟孔子有道德之澤流於無窮，雖萬世亦莫不尊親者矣。孟子所言我未得爲孔子徒黨者矣，我但私有所善於己未有以善諸人也。自高祖至玄孫者凡有九等：高祖、曾祖、祖、父、己、子、孫、曾孫、玄孫是也。今注乃以此證五世而斬者，據己身而推之，則上自高祖下至玄孫，是爲無服者矣。

《集注》 澤，猶言流風餘韵也。父子相繼爲一世，三十年亦爲一世。斬，絶也。大約君子小人之澤五世而絶也。楊氏曰："四世而緦，服之窮也；五世袒免，殺同姓也；六世親屬竭矣。服窮則遺澤寖微，故五世而斬。"私，猶竊也；淑，善也；人，謂子思之徒也。自孔子卒至孟子游梁時，方百四十餘年，而孟已老，然則孟子之生去孔子未百年也。故孟子言：予雖未得親受業於孔子之門，然聖人之澤尚存，猶有能傳其學者，故我得聞孔子之道於人而私竊以善其身。蓋推尊孔子而自謙之辭也。其辭雖謙，然其所以自任之重亦有不得而辭者矣。

《正義》 趙氏以君子爲大德，小人爲大凶，其善惡之氣流於後世，猶水之潤澤。近時通解以君子爲聖賢在位者，小人爲聖賢不在位者。江永《羣經補義》云："孟子言予私淑諸人，人謂子思之徒。是孟子與子思年不相接，《孔叢子》有孟子、子思問答語，不足信。"

【淺悟】

孟子生活的時代，孔子的後裔大概已超出五世，只好師從於孔門傳人，故有此感慨。

8.23

【原文】

孟子曰："可以取，可以無取，取傷廉；可以與，可以無與，與傷惠；可以死，可以無死，死傷勇。"

【譯文】

孟子說："可以收取，也可以不收取，收取將會傷害廉潔之名；可以給與，也可以不給與，給與將會傷害恩惠之名；可以赴死，也可以不赴死，赴死將會傷害勇敢之名。"

【古注】

《注》 三者皆謂事可出入，不至違義，但傷此名，亦不陷於惡也。《章指》言：廉勇惠，人之高行也；喪此三名，列士病諸，故設斯科以進能者也。

《集注》 蓋過猶不及之意也。林氏曰："公西華受五秉之粟，是傷廉也；冉子與之，是傷惠也。子路之死於衛，是傷勇也。"

《正義》 趙氏以出解無取、無與、無死，以入解取、與、死。一事可出可入，謂取可，無取亦可，是事之兩可者也。既可取、可與、可死，故取、與、死亦非惡；但既可以無取、可以無與、可以無死，故取、與、死則傷廉、惠、勇之名。可以取，可以無取，取則傷廉之名，此廉士所知也，亦人所共知也。若可以與，可以無與，則忠厚長者豈不以必與爲惠乎？若可以死，可以無死，則忠臣烈士豈不以必死爲勇乎？而不知其傷惠、傷勇，正與傷廉者同。傷廉不得名爲廉也，傷惠、傷勇不得名爲惠、名爲勇也。毛奇齡《聖門釋非録》云："金仁山謂：此必戰國之世，豪俠之習勝，多輕施結客若四豪之類，刺客輕生若荆、聶之類，故孟子爲當時戒耳。"

【淺悟】

林氏所舉公西華、冉子之事，載於《論語・雍也篇》；子路之死，《左傳・哀公十五年》、《史記・仲尼弟子列傳》皆有記載。毛氏所舉荆、聶之類，載於《史記・刺客列傳》。

公西華派往齊國出使，冉子爲其母請求俸粟；孔子說給她一釜；冉子請求增加；孔子說給她一庾；冉子却送去粟米五秉；孔子說：公西赤去齊國，乘坐肥壯的馬，穿着羔皮襖，我聽說，君子周急不繼富。正如林氏所說，公西華傷廉，冉子傷惠。

子路之死的大致情形是這樣：哀公十五年衛國内亂，起因於靈公的寵姬南子淫亂，太子蒯聵欲殺之而事敗，畏罪出奔。靈公死，蒯聵之子輒立，是爲出公。蒯聵趁機潛入大夫孔悝家，其姐乃孔悝之母，以其姐脅迫孔悝與之合謀復位。其時子路在孔悝轄内的蒲邑任邑宰，聞知出公被逐，蒯聵自立爲莊公的消息後説："食其食者不避其難。"乃只身入城，臨門向蒯聵高喊："太子焉用孔悝？請得而殺之！"蒯聵不聽；子路欲火攻；蒯聵懼，使之敵子路；子路寡不敵衆，身遭重創，冠纓被擊斷，説道："君子死而冠不免。"遂結纓正冠，從容而死。試想，父親爲了争奪君位，不惜與已經承襲了君位的親生兒子展開廝殺，爲誰賣命也是不得其死，非傷勇歟？

還有荆柯、聶政等刺客，正是孔子所説的"言必信，行必果，硜硜然小人哉"那類人，死得毫無價值，實在有傷勇敢之名。

8.24

【原文】

逢蒙學射於羿，盡羿之道，思天下惟羿爲愈己，於是殺羿。

孟子曰："是亦羿有罪焉。"

公明儀曰："宜若無罪焉。"

曰："薄乎云爾，惡得無罪？鄭人使子濯孺子侵衛，衛使庾公之斯追之。子濯孺子曰：'今日我疾作，不可以執弓，吾死矣夫！'問其僕曰：'追我者誰也？'其僕曰：'庾公之斯也。'曰：'吾生矣。'其僕曰：'庾公之斯，衛之善射者也，夫子曰吾生，何謂也？'曰：'庾公之斯學射於尹公之他，尹公之他學射於我。夫尹公之他端人也，其取友必端矣。'庾公之斯至曰：'夫子何爲不執弓？'曰：'今日我疾作，不可以執弓。'曰：'小人學射於尹公之他，尹公之他學射於夫子，我不忍以夫子之道反害夫子。雖然，今日之事，君事也，我不敢廢。'抽矢叩輪去其金，發乘矢而後反。"

【譯文】

逢蒙師從羿學射箭，完全掌握了羿的技法，心想天下只有羿能勝過自己，於是殺了羿。

孟子説："此事羿也有罪責嘛。"

公明儀説："似乎没有應當承擔的罪責。"

孟子説："只能説輕些而已，怎能没有罪責？當年鄭國使子濯孺子侵犯衛國，衛國使庾公之斯追擊鄭軍。子濯孺子説：'今日我瘧疾發作，不能控制弓，我死定了呀！'問其車夫道：'追我的人是誰呢？'車夫説：'庾公之斯哩。'子濯孺子説：'我能生還啦。'其車夫問：'庾公之斯是衛國最善於射箭的人哩，夫子却説我能生還，爲何這樣説呢？'答道：'庾公之斯師從尹公之他學射箭，尹公之他又是師從我學的射箭。這尹公之他是位品行端正的人哩，他選取的友人必定品行端正呀。'說話間庾公之斯追到跟前問：'夫子您爲何不操弓？'答道：'今日我瘧疾發作，不能控制弓。'庾公之斯説：'小人我師從尹公之他學射箭，尹公之他又是師從夫子您學的射箭，我不忍心使用夫子您的技法反過來傷害夫子您。即使這樣，今日之事，乃國君指使的事哩，我不敢偏廢。'説着便抽出箭在車輪上將金屬箭頭叩擊掉，按禮制規定連發四箭之後返回原路。"

【古注】

《注》 羿，有窮后羿。逢蒙，羿之家衆也。《春秋傳》曰："羿將歸自田，家衆殺之。"罪羿不擇人也，故以下事喻之。孺子，鄭大夫。庾公，衛大夫。疾作，瘧疾。僕，御也。孺子曰吾必生矣。端人，用心不邪辟。知我是其道本所出，必不害我也。庾公之斯至，竟如孺子之所言，而曰我不敢廢君事，故叩輪去鏃使不害人乃以射孺子，禮射四發而去。乘，四也。《詩》云："四矢反兮。"孟子言是以明羿之罪，假使如子濯孺子之得尹公之他而教之，何由有逢蒙之禍？《章指》言：求交取友，必得其人，得善以全，善凶獲患，是故子濯濟難，夷羿以殘，可以鑒也。

《集注》 羿善射，篡夏自立，後爲家衆所殺。愈，猶勝也。薄，言其罪差薄耳。尹公他，亦衛人也。端，正也。孺子以尹公正人，知其取友必正，故度庾公必不害己。金，鏃也。叩輪出鏃，令不害人乃以射也。乘矢，四矢也。孟子言，使羿如子濯孺子得尹公他而教之，則必無逢蒙之禍。然夷羿篡弑之賊，蒙乃逆儔，庾斯雖全私恩，亦廢公義，其事皆無足論者，孟子蓋特以取友而言耳。

《正義》 襄公十四年《左傳》云："衛公出奔齊，孫氏追之。初，尹公佗學射於庾公差，庾公差學射於公孫丁。二子追公，公孫丁御公。子魚曰：'射爲背師，不射爲戮，射爲禮乎？'射兩軥而還。尹公佗曰：'子爲師，我則遠矣。'公孫丁授公轡而射之，貫臂。"注云："子魚，庾公差。"孔氏正義云："《孟子》云云，其姓名與此略同，行義與此正反，不應一人之身有此二行。孟子辨士之説，或當假爲之辭，此傳應是實也。"毛奇齡《四書賸言》云："鄭人使子濯孺子侵衛事，《左傳》是孫林父追衛獻公事，非鄭侵衛而衛使追也。且是尹公佗學射於庾公差，非庾公差學射於尹公佗，其中或射或不射，即此事而不甚合。大抵春秋戰國間，其記事不同多類此。"按此，知孟子未見《左傳》，則《左傳》固晚出之書也。趙佑《温故録》云："古説有難盡解者，孺子'今日我疾作'，注何必知是瘧疾？殆以言今則有昨，言作則有止，疾之以日作止者，瘧是也。然疾儘有偶然一作與年月一作、多日不作而作者，安必其獨瘧乎？"按《書・金縢》："王有疾弗豫，史乃册祝曰：惟爾元孫某，遘厲虐疾。"某氏傳云："虐，暴也。"周用錫《尚書證義》云："厲，作也。虐，古瘧省。《月令》'民多瘧疾'，《月令》在孟秋，注云：'瘧疾，寒熱所爲者。'今《月令》瘧疾爲'厲疫'，蓋瘧疾寒熱暴至，故名瘧。諸凡暴至之疾均可謂之虐，昭公十九年《左傳》'許悼公瘧'，此瘧亦是暴至之疾，與武王之'遘虐疾'正同。"孺子若素有恒疾，則知其期，不當使來侵衛；突然疾作，知是暴疾，故以虐疾明之耳，瘧即虐也。

【淺悟】

逄，讀音 páng(ㄆㄤˊ)。阮元《校勘記》云："按逄字，從夅，薄江反。宋人《廣韻》改字作逢，薄江切，殊謬。《孟子》音義同謬，不可不正。逄蒙，古書作逢蒙，則其字不當從夅可知也。"

8.25

【原文】

孟子曰："西子蒙不潔，則人皆掩鼻而過之。雖有惡人，齋戒沐浴，則可以祀上帝。"

【譯文】

孟子説："美女西子身上若蒙着髒臭不潔之物，走過她身旁的人就會都用手捂着鼻子。有的人面貌長得雖醜惡，只要齋戒沐浴整潔身心後，就可以參與祭祀上帝。"

【古注】

《注》 西子，古之好女西施也。蒙不絜，以不絜汗巾帽而蒙其頭也。面雖好，以蒙不絜，人過之者，皆掩鼻懼聞其臭。惡人，醜類者也。面雖醜，而齋戒沐浴，自治絜淨，可以侍上帝之祀。言人當自治以仁義乃爲善也。《章指》言：貌好行惡，西子冒臭；醜人絜服，供事上帝：明當脩飾，惟義爲常也。

《疏》 案史記云：西施，越之美女，越王勾踐以獻之吳王夫差，大幸之，每入市，人願見者先輸金錢一文，是西施也。

《集注》 西子，美婦人。不潔，污穢之物也。掩鼻，惡其臭也。惡人，醜貌者也。尹氏曰："此章戒人之喪善，而勉人以自新也。"

《正義》 《管子·小稱篇》云："毛嬙、西施，天下之美人也。盛怨氣於面，不能以爲可好。"西施見於《管子》，故趙氏以爲古之好女也。周炳中《辨正》云："西子即西施。張邦基《墨莊漫録》云：'管仲在滅吳前二百餘年而其書已云西施，豈越之西施冒古之美人以爲名邪？'按傅玄謂管子書過半是後人好事者所加，其稱如西施，或是後人附益。然《莊子》'厲與西施'，司馬彪注云：'夏姬。'夫越女名西施，夏姬亦稱西施，則又似古有此美人，而後世相因，借以相美，如善射者皆稱羿之類。"

8.26

【原文】

孟子曰："天下之言性也，則故而已矣。故者以利爲本。所惡於智者，爲其鑿也。如智者若禹之行水也，則無惡於智矣。禹之行水也，行其所無事也。如智者亦行其所無事，則智亦大矣。天之高也，星辰之遠也，苟求其故，千歲之日至，可坐而致也。"

【譯文】

孟子説："説起天下萬物的自然屬性呢，只要順從其恒久不變的故舊就行了呀。其故舊以順利爲本。對智者所憎惡的，是其妄意穿鑿嘛。如果智者能像大禹的治水那樣呢，對其智慧就没有可憎惡之處了呀。大禹的治水呢，是依照水的自然屬性引流到不會出現意外事故的空曠之處嘛。如果智者做事也能做到没有意外事故出現，這種智慧也就成了大智慧呀。天很高吧，星辰很遠吧，果真能推求其恒久不變的舊規律，即便千年之後的冬至日，也可坐着推算到嘛。”

【古注】

《注》 言天下萬物之情性，當順其故則利之也，改戾其性則失其利矣。若以杞柳爲桮棬，非杞柳之性也。惡人欲用智而妄穿鑿，不順物之性而改道以養之。禹之用智，決江疏河，因水之性，因地之宜，引之就下，行其空虛無事之處。如用智者不妄改作，作事循理，若禹行水於無事之處，則爲大智也。天雖高，星辰雖遠，誠能推求其故常之行，千歲日至之日可坐知也。星辰日月之會，致，至也，知其日至在何日也。《章指》言：能脩性守故，天道可知；妄智改常，必與道乖，性命之指也。

《疏》 孟子言，今夫天下之人有言其性也者，非性之謂也，則事而已矣。蓋故者，事也，如所謂“故舊無大故”之故同意。以其人生之初，萬理已具於性矣，但由性而行，本乎自然，固不待於有爲則可也，是則爲性矣。今天下之人皆以待於有爲爲性，是行其性也，非本乎自然而爲性者耳，是則爲事矣。事者必以利爲本，是人所行事必擇其利然後行之矣，是謂“故者以利爲本”矣。我之所以有惡於智者，非謂其智也，爲其不本性之自然之爲智，但穿鑿逆其自然之性而爲智者矣，故曰“所惡於智者，爲其鑿也。”孟子言此，又恐後人因是遂以爲故與智爲不美，所以復爲明言之，故言如爲智者若禹之治水，則我無惡於爲智矣。以其大禹之治行其水也，但因水自然之性引而通之，是行其所無事者也，非逆其水性而行之也。若今之人爲智，但因性之自然而爲智，是亦行其無事耳，而其爲智亦大智者矣。此孟子於此以爲智之美，又非所謂惡之者也。且天之最高者也，星辰最遠者也，然而誠能但推求其故常，雖千歲之後，其日至之日亦可坐而計之也。此所以明其前所謂故，爲事故之故；終於此云故，乃故常之故，蓋故義亦訓常，所謂“必循其故”之故同。

《集注》 性者，人物所得以生之理也。故者，其已然之迹，若所謂天下之故者也。利，猶順也，語其自然之勢也。言事物之理雖若無形而難知，然其發見之已然，則必有迹而易見。故天下之言性者，但言其故而理自明，猶所謂善言天者必有驗於人也。然其所謂故者，又必本其自然之勢，如人之善，水之下，非有所矯揉造作而然者也；若人之爲惡，水之在山，則非自然之故矣。天下之理，本皆利順，小智之人務爲穿鑿，所以失之。禹之行水則因其自然之勢而導之，未嘗以私智穿鑿而有所事，是以水得其潤下之性而不爲害也。天雖高，星辰雖遠，然求其已然之迹則其運有常，雖千歲之久，其日至之度可坐而得，況於事物之近，若因其故而求之，豈有不得其理者？而何以穿鑿爲哉？必言日至者，造曆者以上古十一月甲子朔夜半冬至爲曆元也。程子曰：“此章專爲智而發。”愚謂事物之理莫非自然，順而循之則爲大智；若用小智而鑿以自私，則害於性而反爲不智。程子之言，可謂深得此章之旨矣。

《正義》 曲阜孔氏所刻趙氏注如此，其義明白可見。故，即“苟求其故”之故。推步者求其故，則日至可知；言性者順其故，則智不鑿。白珽《湛淵静語》云：“莊周有云：‘吾生於陵，而安於陵故也。長於水，而安於水性也。’此適有故與性二字，疑戰國時有此語。”毛奇齡《四書賸言補》云：“‘天下之言性也，則故而已矣’，觀語氣，自指汎言性者，與‘人之爲言’、‘彼所爲道’語同。至‘以利爲本’，然後斷以己意。因是時俗尚智計，多用穿鑿，故原有訓智者。《淮南・原道訓》‘不設智故’，謂不用機智穿鑿之意，正與全文言智相合。是以孟子言天下言性不過智計耳，顧智亦何害？但當以通利不穿鑿爲主。夫所惡於智，爲穿鑿也。如不穿鑿，則行水治曆，智亦大矣。”按《孟子》此章，自明其“道性善”之指，與前“異於禽獸”相發明也。故，謂已往之事，當時言性者多據往事爲説，如云“文武興則民好善，幽厲興則民好暴”、“以堯爲君而有象，以瞽瞍爲父而有舜”，及《荀子・性惡篇》所云“曾、騫、孝已，獨厚於孝之實，而全於孝之名，秦人不如齊魯之孝具敬父"，皆所謂故也。孟子獨於故中指出利字，利即《周易》"元亨利貞"之利。而以六字盡之云："故者以利爲本。"明人之所以異於禽獸者，在此利不利之間，利不利即義不義，義不義即宜不宜。能知宜不宜則智也，不能知宜不宜則不智也。智，人也；不智，禽獸也。幾希之間，一利而已矣，即一義而已矣，即一智而已矣。

8.27

【原文】

公行子有子之喪，右師往弔，入門，有進而與右師言者，有就右師之位而與右師言者。孟子不與右師言。右師不悦曰："諸君子皆與驩言，孟子獨不與驩言，是簡驩也。"

孟子聞之曰："禮，朝廷不歷位而相與言，不踰階而相揖也。我欲行禮，子敖以我爲簡，不亦異乎？"

【譯文】

公行子遭喪子之痛，右師前往弔唁，進了門，有迎上前去跟右師打招呼的，有湊到右師的位子前跟右師打招呼的。孟子不跟右師打招呼。右師不高興地説："衆君子都跟我王驩寒暄，唯獨孟子不跟我王驩寒暄，如此簡慢我王驩哩。"

孟子聽到此話後説："禮制規定，朝廷内官員不得越過位子相互交談，不得跨着臺階相互作揖嘛。我要依禮行事，子敖反而認爲我簡慢，不也奇怪嗎？"

【古注】

《注》 公行子，齊大夫也。右師，齊貴臣王驩，字子敖。公行之喪，齊卿大夫以君命會，各有位次，故下云朝廷也。與言者，皆諂於貴人也。右師謂孟子簡其無德，故不與言，是以不悦也。孟子聞子敖之言，曰我欲行禮，故不歷位而言，反以我爲簡易也。云以禮者，心惡子敖，而外順其辭也。《章指》言：循禮而動，不合時人；阿意事貴，脅肩所尊，俗之情也。是以萬物皆流，而金石獨止。

《集注》 簡，略也。是時齊卿大夫以君命弔，各有位次，若《周禮》"凡有爵者之喪禮，則職喪涖其禁令，序其事"，故云朝廷也。歷，更涉也；位，他人之位也。右師未就位而進與之言，則右師歷己之位矣。右師已就位而就與之言，則己歷右師之位。孟子右師之位又不同階，孟子不敢失此禮，故不與右師言也。

《正義》 《禮記·曲禮》云："臨喪不笑，揖人必違其位。"孔氏正義云："位，謂己之位也。於位而見前人己所宜敬者，當離己位而向彼遥揖。禮以變爲敬，是以《燕禮》'君降階爾卿大夫'，鄭注云：'爾，近也。'揖而後移近之，明君臣皆須違位而揖也。"陳祥道《禮記講義》云："此所言，乃燕居之禮。孟子所言，朝廷之禮。朝廷尚嚴，燕居尚和。言之不同，所主之禮異也。"

8.28

【原文】

孟子曰："君子所以異於人者，以其存心也。君子以仁存心，以禮存心。仁者愛人，有禮者敬人。愛人者，人恒愛之；敬人者，人恒敬之。有人於此，其待我以横逆，則君子必自反也：我必不仁也，必無禮也，此物奚宜至哉？其自反而仁矣，自反而有禮矣，其横逆由是也，君子必自反也：我必不忠；自反而忠矣，其横逆由是也，君子曰：此亦妄人也已矣，如此則與禽獸奚擇哉？於禽獸又何難焉？是故君子有終身之憂，無一朝之患也。乃若所憂則有之：舜人也，我亦人也，舜爲法於天下可傳於後世，我由未免爲鄉人也。是則可憂也。憂之如何？如舜而已矣。若夫君子所患則亡矣，非仁無爲也，非禮無行也。如有一朝之患，則君子不患矣。"

【譯文】

孟子説："君子所以跟常人不同者，只因其能存省内心嘛。君子用仁德存省内心，用禮存省内心。有仁德的人關愛他人，有禮節的人尊敬他人。關愛别人的人，人家也會一直關愛他；尊敬别人的人，人家也會一直尊敬他。有人在此，他用專横悖逆的態度對待我，若是君子必定反躬自問：我必是不仁吧，必是無禮吧，不然這種態度爲何加到我身上啊？經過反躬自問覺得尚能做到仁呀，尚能算得上有禮呀，可是那人的横逆依然如此哩，君子必定再次反躬自問：我必是不夠忠誠；自問之後覺得尚能做到忠誠呀，可那人的横逆還是那樣哩，於是君子心裏説：這只不過是無知妄爲之人而已呀，像這樣又跟禽獸有何分别啊？對於禽獸又將怎樣責難他？由此看來，君子有終身的擔憂，没有一朝的禍患嘛。那君子所擔憂的事乃是有的：舜是人嘛，我也是人嘛，舜爲天下制定法度可以流傳到後世，我依然不免是個鄉野俗人哩。這才是可擔憂的事嘛。擔憂的事該如何？就像舜那樣做人而已呀。若能這樣君子所憂患的事就没有了呀，從此只專注不符合仁的事不做，不符合禮的行爲不使用嘛。如果忽有一日降下不測之禍患，君子就不會憂患了呀。"

【古注】

《注》 存，在也。君子之在心者，仁與禮也。敬愛施行於人，人必反之己也。横逆者，以暴虐之道來加我也。君子反自思省，謂己仁禮不至也。物，事也。推此人何爲以此事來加我？君子自謂我必不忠。妄人，妄作之人。無知者與禽獸何擇異也？無異於禽獸，又何足難也？君子之憂，憂不如堯舜也。憂之當如之何乎？如舜而後可，故終身憂也。君子之行本自不致患，常行仁行禮，如有一朝横來之患，非己愆也，故君子歸天，不以爲患也。《章指》言：君子責己，小人不改，比之禽獸，不足難矣。蹈仁行禮，不患其患，惟不若舜，可以憂也。

《正義》 趙氏以在釋存，蓋以在爲察，在心即省察其心，下文自反皆察也。《爾雅·釋詁》云："宜，事也。"《韓非子·喻老篇》云："事，爲也。"是奚宜即何爲也。至之義爲來，故云來加我。妄人，《禮記·儒行篇》云："今衆人之命儒也妄"，注云："妄之言無也。"不知而作，是爲妄作，故妄作即猶禽獸之無知也。《禮記·檀弓》子思曰："喪三日而殯，凡附於身者必誠必信，勿之有悔焉耳矣。三月而葬，凡附於棺者必誠必信，勿之有悔焉耳矣。喪三年以爲極，亡則弗忘之矣。故君子有終身之憂，而無一朝之患。"蓋君子有終身之憂，無一朝之患，此二語當古有之，子思引以説人子之念親，孟子引之説君子之待横逆。

【淺悟】

本章講的是，君子的内省工夫。《論語》中，孔子便多次强調這種内省工夫。比如"君子求諸己，小人求諸人"，遇到麻煩事，君子總是責求自己，從自身找原因；小人則責求别人，把責任推卸給人家。還有"躬自厚而薄責於人，則遠怨"、"内省不疚，何憂何懼?"等等。仁是道德規範，主愛；禮是行爲規範，主敬。一個具有愛心、忠心、處處用禮和内省工夫規範自身行爲的人，必定終身無患。

8.29

【原文】

禹稷當平世，三過其門而不入，孔子賢之；顏子當亂世，居於陋巷，一簞食，一瓢飲，人不堪其憂，顏子不改其樂，孔子賢之。

孟子曰："禹稷顏回同道。禹思天下有溺者，由己溺之也；稷思天下有飢者，由己飢之也。是以如是其急也。禹稷顏子易地則皆然。今有同室之人鬭者，救之，雖被髮纓冠而救之可也；鄉鄰有鬭者，被髮纓冠而往救之，則惑也，雖閉户可也。"

【譯文】

大禹和后稷適逢太平之世，爲事業多次經過自己家門却無暇進去，孔子贊揚他們；顏子遭逢動亂時代，住在窄陋的小巷内，每餐只吃一竹筒飯，喝一瓢菜湯，别人不堪忍受那種憂苦，顏子則能不改他那樂觀，孔子贊揚他。

孟子説："禹、稷和顏回走的是同樣艱苦的道路。禹思念天下有遭受水災之苦的人們，都是由於自己治水不力才使他們被水淹哩；稷思念天下有飢民，都是由於自己治農不力才使他們忍飢挨餓哩。所以他們對事業才會如此急切嘛。禹、稷和顏子如果交换地位也都會表現一樣。現有同住一室的一家人發生打鬭的話，解救他們，哪怕披散着頭髮來不及繫上帽纓去解救他們都可以嘛；鄉鄰有打鬭的話，要是披髮纓冠前往解救他們，那就等於鼓動煽惑他們打鬭哩，此時即便緊閉門户不聞不問也可以嘛。"

【古注】

《注》 當平世三過其門者，身爲公卿，憂民急也。當亂世安陋巷者，不用於世，窮而樂道也。孟子以爲憂民之道同，用與不用之宜若是也，故孔子俱賢之。禹稷急民之難若是，顔子與之易地，其心亦然，不在其位，勞佚異矣。纓冠者，以冠纓貫頭也。鄉鄰，同鄉也。同室相救是其理也，喻禹稷走赴；鄉鄰非其事，顔子所以闔户而高枕也。《章指》言：上賢之士，得聖一概，顔子之心，有同禹稷，時行則行，時止則止，失其節則惑矣。

《疏》 禹稷顔回三人其道則同耳。以其大禹於是時思念天下有因洪水而沈溺也，亦如已被其沈溺也；后稷於是時思念天下有因水土未平而被飢餓之者，亦如己被飢餓也，是以三過家門而不入其室，而爲民如是之急也。禹稷顔子更易其地則皆能如是，謂顔子在禹稷之世，亦能如禹稷如是爲民之急，禹稷在顔之世亦能不改其樂，是則爲同道者也。若今有同室之人有鬬争之者，救勸之者雖被髪而纓冠於頭而救勸之可也，無它，以其人情於同居是爲親者也，如不救勸，是疎其親也，禹稷當平世，既達而在上，亦急於爲民也，如不急於民，是在位而不恤民者也，孟子故以同室之人救鬬爲喻。顔子在陋巷而不改其樂，若今有同鄉之人有争鬬者，如被散其髪而纓冠於頭而救勸之，則爲惑者矣，雖閉户而勿救之可也，無它，以其鄉鄰於己爲疎，非親也，如往救之，是親其疎矣，顔子當危亂之世，既窮而不得用，亦宜處陋巷而不改其樂耳，如改其樂，是媚於世而非賢者也，孟子故以鄉鄰之人不救爲喻。由此推之，則孟子謂禹稷顔回同道，是其不誣於後世也。

《集注》 聖賢之心，進而救民，退則修己，其心一而已矣。由，與猶同。禹稷身任其職，故以爲己責而救之急也。聖賢之心無所偏倚，隨感而應，各盡其道，故使禹稷居顔子之地，則亦能樂顔子之樂；使顔子居禹稷之任，亦能憂禹稷之憂也。不假束髪而結纓往救，言急也，以喻禹稷，閉户以喻顔子也。此章言聖賢心無不同，事則所遭或異，然處之各當其理，是乃所以爲同也。尹氏曰："當其可之謂時，前聖後聖其心一也，故所遇皆盡善。"

《正義》 由，《音義》於上章"我由未免爲鄉人也"云："丁云：'由與猶義同，後皆倣此。'"然則此由亦猶也。謝少宰墉謂"由當讀如字。蓋己既爲司空，則天下之溺由於己；己既爲后稷，則天下之飢由於己。讀爲猶，尚是譬況未合。"此深得孟子之恉矣。

【淺悟】

本章有關禹稷和顔子之事，《論語》中也有記載。《憲問篇》南宫适問於孔子曰："羿善射、奡盪舟，俱不得其死。然禹稷躬稼而有天下。"夫子不答。南宫适出，子曰："君子哉若人！尚德哉若人！"《雍也篇》子曰："賢哉，回也！一簞食，一瓢飲，在陋巷，人不堪其憂，回也不改其樂。賢哉，回也！"

令人不解的是，孟子最後提到的同室之人和鄉鄰之間有鬬者，前者可救、後者不可救那段話，究竟與本章的主旨有何關聯？各古注的解説也嫌牽强。不過單從這段話本身來看，説的確有道理。衆所周知，不論家庭内部還是與鄉鄰之間，發生糾紛的事並不罕見。凡是矛盾糾紛，必是因爲對立雙方都認爲自己有理所引起。作爲調解人，如果面對的是家庭内部的糾紛，切勿分辨他們誰更有道理，只能用情理開導，情理講透了，糾紛自會被情理淹没，故云"雖被髪纓冠救之可也"。如果是鄉鄰之間的糾紛，則無情理可言，面對各自都認爲有一大堆道理的對立雙方，該相信誰？支持誰？如果既不相信也不支持任何一方，那你調解人去那兒幹什麽？如果相信和支持任何一方，你調解人都在充當着“煽惑”的角色，也必將捲入他們的戰争中，故云“雖閉户可也”。

8.30

【原文】

公都子曰：“匡章，通國皆稱不孝焉，夫子與之遊，又從而禮貌之，敢問何也？”

孟子曰：“世俗所謂不孝者五：惰其四支，不顧父母之養，一不孝也；博奕好飲酒，不顧父母之養，二不孝也；好貨財，私妻子，不顧父母之養，三不孝也；從耳目之欲，以爲父母戮，四不孝也；好勇鬭很，以危父母，五不孝也。章子有一於是乎？夫章子，子父責善而不相遇也。責善，朋友之道也；父子責善，賊恩之大者，夫章子豈不欲有夫妻子母之屬哉？爲得罪於父，不得近，出妻屏子，終身不養焉。其設心以爲不若是，是則罪之大者，是則章子已矣。”

【譯文】

公都子問：“匡章這個人，全國都説他不孝呀，夫子您竟然跟他交遊，而且還會禮貌待他，敢問爲什麽呢？”

孟子説：“世俗所謂不孝的表現有五種：怠惰其四肢不做事，不顧父母的奉養，一不孝嘛；成天下棋，又好飲酒，不顧父母的奉養，二不孝嘛；愛財如命，偏私妻室兒女，不顧父母的奉養，三不孝嘛；放縱耳目的欲望，父母爲此遭受恥辱，四不孝嘛；好勇鬭狠，以致危及父母，五不孝嘛。章子在這其中有一種嗎？這章子，以兒子的身份督責父親從善從而導致感情不相投嘛。督責從善，那是朋友相處之道嘛；父子相互督責從善，最傷害恩愛的感情。這章子難道不希望夫有妻、子有母這些親屬歡聚一堂啊？因爲得罪了父親，不得與之親近，只好離棄妻室屏逐兒女，終生不能供養他們。如果認爲他的心思設計可以不作如此安排，這樣罪過就越發大，這樣章子就完了呀。”

【古注】

《注》 匡章，齊人也。一國皆稱不孝，問孟子何爲與之遊，又禮之以顔色喜悦之貌也。惰懈不作，極耳目之欲以陷罪，戮及父母，凡此五者人所謂不孝之行，章子豈有一事於是五不孝中也？遇，得也。章子子父親教，相責以善，不能相得，父逐之也。朋友切磋，乃當責善耳；父子相責以善，賊恩之大也。夫章子豈不欲身有夫妻之配、子有子母之屬哉？但以身得罪於父，不得近父，故出去其妻，屏遠其子，終身不爲妻子所養也。章子張設其心，執持此屏出妻子之意，以爲人得罪於父，而不若是以自責罰，是則罪益大矣。是章子之行已矣，何爲不可與言？《章指》言：匡章得罪，出妻屏子，上不得養，下以責己，衆曰不孝，其實則否，是以孟子禮貌之也。

《疏》 孟子又言，夫章子，與父子不相遇而離之，豈以章子不欲有夫妻子母之爲親屬哉？爲其得罪於父，不得近焉，故用出去其妻屏逐其子，終身不得爲妻子所養也。其章子如或開設於心爲不若是離父之故出妻屏子，是陷父於不義之罪者矣，是則罪之莫大者矣，是則章子之行以此而已，我何可絶而不與之邪？以此論之，章子之過，過於厚者矣，宜孟子與之遊，又從而禮貌之也。蓋謂不顧父母之養者，是有逆於父母而不順父母之意耳。《孝經》云"父有争子，則身不陷於不義"，《禮》云"與其得罪於州閭鄉黨，寧熟諫"，然則父有不義，雖熟諫以争之可也，又安可以朋友責善施於父子之間哉？故章子所以離之，遂用出妻屏子，爲其父有不義而不可言耳。

《集注》 戮，羞辱也。很，忿戾也。遇，合也。相責以善而不相合，故爲父所逐也。賊，害也。朋友當相責以善，父子行之，則害天性之恩也。言章子非不欲身有夫妻之配、子有子母之屬，但爲身不得近於父，故不敢受妻子之養以自責罰，其心以爲不如此，則其罪益大也。此章之旨，於衆所惡而必察焉，可以見聖賢至公至仁之心矣。楊氏曰："章子之行，孟子非取之也，特哀其志而不與之絶耳。"

《正義》 全祖望《經史問答》云："章子之事，見於《國策》，姚氏引《春秋後語》證之，所紀略同。吴禮部曰：孟子以爲子父責善而不相遇，恐即此事。然必《國策》所云，何以言責善？況在威王時，頗疑與孟子不相接。答曰：章子見《國策》最早當威王時，據《國策》威王使章子將而拒秦，威王念其母爲父所殺，埋於馬棧之下，謂曰：'全軍而還，必更葬將軍之母。'章子對曰：'臣非不能更葬母，臣之母得罪臣之父，未教而死。臣葬母，是欲死父也，故不敢。'軍行，有言章子以兵降秦者三，威王不信，有司請之，王曰：'不欺死父，豈欺生君？'章子大勝秦而返。《國策》所述如此。然則所云責善，蓋必勸其父以弗爲已甚而父不聽，遂不得近，此自是人倫大變，章子之黜妻屏子非過也。然而孟子以爲賊恩則何也？蓋章子自勝秦以前所以處此事者，本不可以言遇，然其勝秦而還，則王必葬其母矣，而章子之黜妻屏子，終身如故，是在章子亦以恫母之至，不僅以一奉君命得葬了事，未嘗非孝，而不知是則似於揚父生前之過，自君子言之，以爲非中庸矣，故孟子亦未嘗竟許之。而究之矜其遇，諒其心，蓋章子自是至性孤行之士，晚近所不可得，雖所行未必盡合，而直不失爲孝子。但章子之事，未必在威王之世，威王未嘗與秦交兵，齊秦之鬬在宣王時，而伐燕之役，將兵者正是章子，則恐其誤編於威王《策》中者。即不然，亦是威王末年。"

【淺悟】

父母有過錯，作爲子女理應"幾諫"，即委婉勸諫，以免父母陷於不義。"責善"則屬於挑毛病，别説子挑父的毛病，即便父親喜歡挑毛病，子女也心煩。孟子説得對："責善，朋友之道也。"但對朋友也不可没完没了地責善。《論語·顔淵篇》子貢問友，子曰："忠告而善道之，不可則止，無自辱也。"朋友之間尚且如此，所以父子之間應儘量避免責善。實在要責善，父親當從孟子前篇所説的"易子而教"，子女則有章子之鑒。

《論語·衛靈公篇》子曰："衆惡之，必察焉；衆好之，必察焉。"孟子對待匡章的態度，爲孔子這一教誨作了最好的詮釋。

8.31

【原文】

曾子居武城，有越寇。或曰："寇至，盍去諸？"曰："無寓人於我室，毁傷其薪木。”寇退則曰：“脩我牆屋，我將反。”寇退，曾子反。左右曰：“待先生如此其忠且敬也，寇至則先去以爲民望，寇退則反，殆於不可。”沈猶行曰：“是非汝所知也。昔沈猶有負芻之禍，從先生者七十人，未有與焉。”

子思居於衛，有齊寇。或曰：“寇至，盍去諸？”子思曰：“如伋去，君誰與守？”

孟子曰：“曾子子思同道。曾子，師也，父兄也；子思，臣也，微也。曾子子思易地則皆然。”

【譯文】

曾子居住在武城，有越國敵寇來犯。有人喊：“敵寇快到啦，爲何還不離開呀？”曾子吩咐道：“不要讓人在我家寄寓，以免毁傷那些草木。”敵寇敗退時又吩咐道：“脩飾我的墻壁房屋，我將返回。”敵寇敗退後，曾子返回武城。周圍人議論説：“舉國上下待先生如此忠誠且尊敬哩，一舉一動都爲民衆所屬望，不想敵寇將至先離去，敵寇退敗即返回，似乎不可做這樣的榜樣。”弟子沈猶行對他們説：“這不是你們所能明白的事哩。昔日我們沈猶氏家族曾遭負芻作亂之禍，隨從先生住在這兒的弟子七十人，也未曾有參與救援者。”

子思在衛國居官任職時，曾遭齊國敵寇來犯。有人喊：“敵寇快到啦，爲何還不撤離呀？”子思説：“如果我孔伋離去，國君的疆土誰還會參與守衛？”

孟子説：“曾子和子思走的是同一條道路。曾子所處的地位，教師嘛，屬於父兄嘛；子思呢，臣子嘛，年少嘛。曾子和子思如果更易地位也都會這樣。”

【古注】

《注》 盍，何不也。曾子居武城，有越寇將來，人曰寇方至，何不去之？寓，寄也。曾子欲去，戒其守人曰，無寄人於我室，恐其傷我薪草樹木也。寇退，則曰治墻室之壞者，我將來反。左右相與非議曾子者，言武城邑大夫敬曾子，武城人爲曾子忠謀勸使避寇，君臣忠敬如此，而先生寇至則先去，使百姓瞻望而效之，寇退安寧則復來還。殆不可如是，怪曾子何以行之也。沈猶行，曾子弟子也。行謂左右之人曰，先生之行非汝所能知也。先生，曾子也。往者先生嘗從門徒七十人，舍吾沈猶氏，時有作亂者曰負芻來攻沈猶氏，先生率弟子去之，不與其難。言師賓不與臣同。伋，子思名也。子思欲助衛君赴難。孟子以爲二人同道。曾子爲武城人作師，則其父兄，故去留無毁；子思，微少也，又爲臣，委質爲臣當死難，故不去也。子思與曾子易處同然。《章指》言：臣當營君，師有餘裕，二人處義，非殊者也。是故孟子紀之，謂得其同。

《集注》 武城，魯邑名。左右，曾子之門人也。忠敬，言武城之大夫事曾子忠誠恭敬也。。爲民望，言使民望而效之。沈猶行，弟子姓名也。言曾子嘗舍於沈猶氏，時有負芻者作亂來攻沈猶氏，曾子率其弟子去之，不與其難。微，猶賤也。尹氏曰：“或遠害，或死難，其事不同者，所處之地不同也。君子之心不繫於利害，惟其是而已，故易地則皆能爲之。”孔氏曰：“古之聖賢，言行不同，事業亦異，而其道未始不同也。學者如此，則因所遇而應之，若權衡之稱物，低昂屢變，而不害其爲同也。”

【淺悟】

孔門學子，行事皆有根柢。孔子說：“篤信好學，守死善道。危邦不入，亂邦不居。天下有道則見，無道則隱。”此爲門生曾子所遵奉。曾子說：“可以託六尺之孤，可以寄百里之命，臨大節而不可奪也。君子人與？君子人也。”此爲門生子思所遵奉。

8.32

【原文】

儲子曰：“王使人瞯夫子，果有以異於人乎？”

孟子曰：“何以異於人哉？堯舜與人同耳。”

【譯文】

儲子問：“齊王使相人暗中觀察夫子您的貌相，您果真有什麽地方跟凡人不一樣嗎？”

孟子説：“跟凡人怎麽不一樣啊？即使是堯舜的貌相也跟凡人相同嘛。”

【古注】

《注》 儲子，齊人也。瞯，視也。果，能也。謂孟子曰，王言賢者身貌必當有異，故使人視夫子能有異於衆人之容乎？人生同受法於天地之形，我當何以異於人哉？且堯舜之貌與凡人同耳。其所以異，乃以仁義之道在於内也。《章指》言：人以道殊，賢愚體别，頭員足方，善惡如一。儲子之言，齊王之不達也。

《正義》 阮元《校勘記》云：“王使人‘瞷’夫子，宋《九經》本、《岳》本、《咸淳衢州》本、孔本、韓本、《攷文》古本同。監、毛二本瞷作‘瞯’，閩本注作‘瞯’。按《音義》出‘瞷’，夫作‘瞷’，蓋此正與《滕文公篇》‘陽貨瞯孔子’同字，音勘，譌爲‘瞷’，而以古莧切之，非也。下章同。”儲子見《戰國策·燕策》，謂齊宣王破燕者。此亦言儲子爲相，是爲齊人也。

8.33

【原文】

齊人有一妻一妾而處室者，其良人出，則必饜酒肉而後反。其妻問所與飲食者，則盡富貴也。其妻告其妾曰：“良人出，則必饜酒肉而後反，問其與飲食者，盡富貴也，而未嘗有顯者來。我將瞯良人之所之也。”

蚤起，施從良人之所之，徧國中無與立談者，卒之東郭墦間，之祭者乞其餘，不足，又顧而之他。此其爲饜足之道也。

其妻歸告其妾曰：“良人者，所仰望而終身也，今若此。”與其妾訕其良人而相泣於中庭。而良人未之知也，施施從外來，驕其妻妾。

由君子觀之，則人之所以求富貴利達者，其妻妾不羞也而不相泣者，幾希矣！

【譯文】

齊國人有個跟一妻一妾相處一室的家庭，丈夫每次出去，必定吃得酒醉肉飽之後才返回。其妻問所參與飲食的人，説的盡是富貴者的姓名哩。其妻告訴其妾説："丈夫每次出去，必定吃得酒醉肉飽之後才返回，問他參與飲食的人，全是富貴之人哩，然而未曾有顯達的人物來我們家。我打算暗中窺探丈夫的所到之處哩。"

早晨起來，逶迤跟隨着丈夫的所到之處，走遍城中大街小巷没有一個站下跟他談話的人，最後來到東郊外的墓地間，走向祭祀者跟前乞討其剩餘的酒肉，不夠吃，又顧盼着走向其他的祭祀者。這就是他酒醉肉足的途徑哩。

其妻歸來告訴其妾説："丈夫這人，是咱們所敬仰期望能夠託付終身的人哩，如今竟然是這樣。"説着兩人便在中庭謗訕起他們的丈夫從而相對哭泣起來。然而這一切丈夫尚未知曉哩，得意揚揚地從外面回來，對其妻妾仍擺出一副驕傲的姿態。

從君子的角度來看，人要是使用這類謀求富貴以使名利通達的方式，其妻妾能不爲此感到羞恥且不相對哭泣的話，恐怕很少呀。

【古注】

《注》 良人，夫也。盡富貴者，夫詐言其姓名也。妻疑其詐，故欲視其所之。施者，邪施而行，不欲使良人覺也。墦間，郭外冢間也。乞其祭者所餘酒肉也。妻妾於中庭悲傷其良人，相對泣涕而謗毀之。施施，猶扁扁，喜悦之貌。以爲妻妾不知，如故驕之也。由，用也，用君子之道觀之，今求富貴者皆以枉曲之道，昏夜乞哀而求之，以驕人於白日，由此良人爲妻妾所羞爲所泣傷也。幾希者，言今苟求富貴，妻妾雖不羞泣者，與此良人妻妾何異也？《章指》言：小人苟得，謂不見知；君子觀之，與正道乖。妻妾猶羞，況於國人，著以爲戒，恥之甚焉。

《正義》 錢大昕《潛研堂答問》云："施，古斜字。《史記·賈生列傳》'庚子日施兮'，《漢書》作'斜'。邪、斜音義同也。"閻若璩《釋地》云："余每讀'東郭墦間之祭者'，趙注：'墦間，郭外冢間也。'以爲此古墓祭之切證。不知何緣至東漢建寧五年，蔡邕從車駕上陵，謂同坐者曰'聞古不墓祭'，魏文帝黄初三年詔曰'古不墓祭'，自作《終制》曰'禮不墓祭'，此言既興，下到今紛紛撰述皆以墓祭爲非古。余謂《孟子》且勿論，請博徵之。《成湯·靈臺碑》：'慶都僊殁，蓋葬於兹，名曰靈臺，上立黄屋，堯所奉祠。'非墓祭之見於集乎？《韓詩外傳》曾子曰'椎牛而祭墓，不如雞豚逮親存'，非墓祭之見於子乎？《周本紀》'成王上祭於畢'，畢，文王墓地也，非墓祭之見於史乎？《周禮·冢人》'凡祭墓爲尸'，非墓祭之見於經乎？更有可言者，孟子之前，孔子卒，葬魯城北泗水上，魯世世相傳，以歲時奉祠孔子冢，豈有非禮之祭而敢輒上聖人之冢者哉？"

【淺悟】

饜，讀音 yàn（ㄧㄢˋ）。施，讀音 yī（ㄧ），通迤。墦，讀音 fán（ㄈㄢˊ）。施施，讀音 shī（ㄕ）。

孟子所引這一民間傳説，旨在最後那段話，趙氏也解説得很精辟。類似良人這種謀求富貴利達的投機者，在我國歷來的政界、學術界、工商界等等，均不乏這類無恥的勢利小人。他們得勢時，趾高氣昂，頤指氣使，似乎確有真才實學；失勢後，形同落水狗。不論其得勢抑失勢，人們背地皆戲稱其爲闇賊。這也是專制統治下的一大獨特景觀。

孟子卷九淺悟

萬章章句上　凡九章

《注》　萬章者，萬姓章名，孟子弟子也。萬章問舜孝，猶《論語》顔淵問仁，因以題篇。

《疏》　前篇論離婁之明，此篇論萬章問孝。蓋以明者當明其行，而行莫大於爲孝。今萬章問孝，故以萬章爲篇之題，以次於前篇矣。此篇凡十八章，趙氏分上下卷，據此上卷凡有九章而已。

《正義》《齊乘》云："萬章，滕州南萬村有墓，齊人，孟子弟子。"趙佑《温故録》云："《萬章》上卷皆以類相從，論次古帝王聖賢遺事。蓋自仲尼没而微言絶，七十子喪而大義乖，《詩》《書》傳記之稱述或失其指歸，帝王聖賢之行事徒便於依託，放恣横議而譌傳悠謬之談以滋。孟子獨得聖人之傳，深窺古人之心，與其徒相發明而是正之。萬章尤孟門高弟，故其辨難獨多。然則孟子誠不在禹下，而萬章之功亦偉矣。"

9.1

【原文】

萬章問曰："舜往于田，號泣于旻天，何爲其號泣也？"

孟子曰："怨慕也。"

萬章曰："父母愛之，喜而不忘；父母惡之，勞而不怨。然則舜怨乎？"

曰："長息問於公明高曰：'舜往于田，則吾既得聞命矣。號泣于旻天，于父母，則吾不知也。'公明高曰：'是非爾所知也。'夫公明高以孝子之心爲不若是恝。我竭力耕田，共爲子職而已矣；父母之不我愛，於我何哉！帝使其子九男二女，百官牛羊倉廩備，以事舜於畎畝之中；天下之士多就之者，帝將胥天下而遷之焉；爲不順於父母，如窮人無所歸。天下之士悦之，人之所欲也，而不足以解憂；好色，人之所欲，妻帝之二女，而不足以解憂；富，人之所欲，富有天下，而不足以解憂；貴，人之所欲，貴爲天子，而不足以解憂。人悦之、好色、富、貴，無足以解憂者，惟順於父母可以解憂。人少則慕父母，知好色則慕少艾，有妻子則慕妻子，仕則慕君，不得於君則熱中。大孝終身慕父母，五十而慕者，予於大舜見之矣。"

【譯文】

萬章問道:“舜往田地走去,仰望秋日的天空號咷哭泣,他爲什麽號咷哭泣呢?”

孟子説:“怨恨自己同時思慕父母嘛。”

萬章又問:“我只知道,父母疼愛自己,欣喜却不忘形;父母厭惡自己,憂傷却不怨恨。那麽舜怨恨父母嗎?”

孟子説:“以前長息曾向老師公明高問道:‘舜去耕田這件事,我只是已聽過您的教命而已。至於仰望秋日的天空號咷哭泣,會對父母造成怎樣的影響,我就不知道了。’公明高説:‘這不是你所能知道的哩。’這位公明高認爲孝子之心不會像長息一樣不介意。舜必是向天哭訴:我竭力耕田,只是奉行做兒子的職責而已呀;父母的對我不疼愛,在我來説這是何等的罪孽啊!堯帝指使自己的孩子九男二女,加上百官、牛羊、糧穀等一應齊備,用來服事在田間的舜;天下衆多傑出人士也投奔到舜這兒來,堯帝打算待到舜將天下治理安泰就升遷他爲天子,他却因爲不能使父母順心,如同境遇困窮的人無所歸附一樣。天下傑出的人士都悦服自己,是人人所期望的嘛,却不足以排解舜的憂愁;姣好的女色,人人所期望,娶了堯帝的兩位女兒,却不足以排解内心的憂愁;財富,人人所期望,舜的財富達到擁有天下,也不足以排解内心的憂愁;尊貴,人人所期望,舜尊貴到成爲天子,仍不足以排解内心的憂愁。人人悦服他、姣好的女色、財富、尊貴,都不足以排解舜的憂愁,惟獨能使父母順心才可以排解他的憂愁。一般人年少時就會思慕父母,知道喜好女色時就會思慕貌美的少女,有了妻室兒女便思慕妻室兒女,出仕便思慕君上賞識,得不到君上賞識便心熱氣躁。大孝之人終身思慕父母,年五十還能思慕父母的話,我在偉大的舜身上見到了呀。”

【古注】

《注》 問舜往至于田,何爲號泣也?謂耕於歷山之時。孟子言舜自怨遭父母見惡之厄而思慕也。萬章言孝法當不怨,如是舜何故怨?長息,公明高弟子。公明高,曾子弟子。旻天,秋也。憂,陰氣也,故訴于旻天。高非息之問不得其義,故曰非爾所知。恝,無愁之貌。孟子以萬章之問難自距之,故爲言高息之相對如此。夫公明高以爲孝子不得意於父母,自當怨悲,豈可恝恝然無憂哉?因爲萬章具陳其意。我共人子之事,而父母不我愛,於我之身獨有何罪哉。自求責於己而悲感焉。帝,堯也。堯使九子事舜以爲師,以二女妻舜,百官致牛羊倉廩,致粟米之饒,備具饋禮以奉事舜於畎畝之中。由是遂賜舜以倉廩牛羊使得自有之。《堯典》曰:“釐降二女”,不見九男。孟子時《尚書》凡百二十篇,逸《書》有《舜典》之《叙》,亡失其文。孟子諸所言事皆《堯典》及逸《書》所載,獨丹朱以胤嗣之子臣下以距堯求禪,其餘八庶無事,故不見於《堯典》,猶晉獻公之子九人,五人以事見於《春秋》,其餘四子亦不復見。天下之善士多就舜而悦之。胥，須也。堯須天下悉治，將遷位而禪之。順，愛也。爲不愛於父母，其爲憂愁，若困窮之人無所歸往也。欲，貪也。言爲人所悦，將見禪爲天子，皆不足以解憂，獨見愛於父母爲可以解己之憂。慕，思慕也。人少，年少也。艾，美好也。不得於君，失意於君也。熱中，心熱恐懼也，是乃人之情。大孝之人終身慕父母，若老萊子七十而慕，衣五采之衣爲嬰兒匍匐於父母前也。我於大舜見五十而尚慕父母。《書》曰："舜生三十徵庸，三十在位。"在位時尚慕，故言五十也。《章指》言：夫孝百行之本，無物以先之。雖富有天下，而不能取悦於其父母，莫有可也。孝道明著，則六合歸仁矣。

《疏》 旻天，秋天之號之，以其情主乎憫也，《爾雅》曰"秋曰旻天"是也。《堯典》曰"釐降二女"，二女即娥皇、女英是也。案《尚書·堯典》放齊曰："胤子朱啓明。"帝曰："吁！嚚訟可乎？"孔安國云："胤，國名，子爵。朱，胤子之名也。"《益稷》云："無若丹朱傲。"孔注云："丹朱，堯之子。"是堯九子但見丹朱一人矣，其餘八子亦未詳，以其經傳無見焉。

《集注》 仁覆閔下，謂之旻天。號泣于旻天，呼天而泣也，事見《虞書·大禹謨篇》。怨慕，怨己之不得其親而思慕也。長息"于父母"亦《書》辭，言呼父母而泣也。恝，無愁之貌。"於我何哉"，自責不知己有何罪耳，非怨父母也。楊氏曰："非孟子深知舜之心，不能爲此言。蓋舜惟恐不順於父母，非嘗自以爲孝也。若自以爲孝，則非孝矣。"《史記》云："二女妻之以觀其内，九男事之以觀其外。"又言："一年所居成聚，二年成邑，三年成都。"是天下之士就之也。胥，相視也；遷之，移以與之也。如窮人之無所歸，言其怨慕迫切之甚也。孟子推舜之心如此，以解上文之意：極天下之欲不足以解憂，而惟順於父母可以解憂，孟子真知舜之心哉！言常人之情因物有遷，惟聖人爲能不失其本心也。艾，美好也，《楚辭》、《戰國策》所謂幼艾，義與此同。不得，失意也。熱中，躁急心熱也。言五十者，舜攝政時年五十也，五十而慕，則其終身慕可知矣。此章言舜不以得衆人之所欲爲己樂，而以不順乎親之心爲己憂。非聖人之盡性，其孰能之？

《正義》 王鳴盛《尚書後案》云："往于田三句見《孟子》，不言是《書》辭。"江聲《尚書集注音疏》云："文似《尚書》而不稱《書》曰，《説文》日部引《虞書》云：'仁覆閔下，則稱旻天。'據許君《五經異義》引古《尚書》説'仁覆閔下，則稱旻天'，則日部所引《虞書》乃古《尚書》説也。"《禮記·祭義》云："曾子曰：父母愛之，喜而弗忘；父母惡之，懼而無怨。"亦見《大戴記·曾子大孝篇》。臧琳《經義雜記》云："《説文》心部無'恝'字，有'忦'字，云'忽也，從心介聲。孟子曰：孝子之心不若是忦'。據此，知古本《孟子》作忦，今作恝爲俗字。忽，忘於心，即是無愁，與趙氏義合，知本作忦也。""我竭"至"何哉"，此即代述訴天之言也：我雖竭力耕田，不過共子職而已，此外宜盡者甚多，則得罪於父母處亦甚多，不知父母之不我愛是於何罪也。何哉，正言罪之多也。《漢書·叙傳上》集注引應劭云："胥，須也。"《史記·廉頗藺相如傳》索隱云："胥、須古人通用。"《管子·大匡》云："姑少胥，其自及也。"注云："胥，待也。"待即須也。堯待天下悉平，謂既歷試諸艱，齊七政，類上帝，輯五瑞，作教刑四罪而天下咸服，然後令舜攝行天子之政也。按《爾雅·釋詁》云："胥，相也。"《方言》云："胥，輔也，吴越曰胥。"胥天下，即輔相天下，《易》所謂"裁成輔相，以左右民"也。《史記》本紀云："堯知子丹朱之不肖，不足授天下，於是乃權授舜，授舜則天下得其利而丹朱病，授丹朱則天下病而丹朱得其利，堯曰'終不以天下之病而利一人'，而卒授舜以天下。"以利天下而授舜，即是輔相天下也。《説文》辵部云："遷，登也。"登即升也、進也，謂進而升諸君位也。熱中，《禮記·文王世子》云"禮樂交錯於中"，注云："中，心也。"故熱中爲心熱。《素問·陰陽應象大論》云："人有五藏，化五氣以生喜怒悲憂恐。北方生寒，在變動爲慄，在志爲恐。"《宣明五氣篇》云："五精所并，精氣并於腎則恐。"王冰注云："心虚則腎并之爲恐。"然則恐懼生於寒，不生於熱；

生於心虚，不生於心熱。趙氏以“不得於君”是不爲君所寵用，將被謫斥，故恐懼耳。近時通解以熱中爲躁急是也。

【淺悟】

旻，讀者 mín(ㄇㄧㄣˊ)。恝，讀音 jiá(ㄐㄧㄚˊ)。

堯是創立“天下爲公，選賢與能”這一“大同”社會制度的天子；舜是忠實繼承和守衛這一社會制度的天子。孔子屢屢稱此二人爲聖人，並因未能趕上這一時代“喟然而歎”(詳見《禮記·禮運篇》)。不料焦循所引趙佑《温故録》云：“天下定於與子，本萬古之常經。自堯始變之，亦以得人如舜而然耳，然且至歷年多，施澤於民久而後定。若當洪水未作，天下方平，堯止應率其常，苟欲息肩，亦惟禪子，朱即不肖，擇在朝賢相以輔之可矣。萬不獲已，擇九男中之賢與之可矣，必無預設成心急圖改計，求不知誰何之人造次而爲之，是亂天下也，豈堯之所以爲堯哉？彼以疇咨爲求禪，不可不辨也。”類似這種閹奴式的諂媚之辨，歷代皆有。其辨雖不值一駁，却注定會受到專制統治者的賞識。這類打着儒家旗號而與孔子唱反調的學者，令人不齒。

9.2

【原文】

萬章問曰：“《詩》云：‘娶妻如之何？必告父母。’信斯言也，宜莫如舜。舜之不告而娶，何也？”

孟子曰：“告則不得娶。男女居室，人之大倫也，如告則廢人之大倫，以懟父母，是以不告也。”

萬章曰：“舜之不告而娶，則吾既得聞命矣。帝之妻舜而不告，何也？”

曰：“帝亦知告焉則不得妻也。”

萬章曰：“父母使舜完廩，捐階，瞽瞍焚廩；使浚井，出，從而揜之。象曰：‘謨蓋都君咸我績，牛羊父母，倉廩父母；干戈朕，琴朕，弤朕，二嫂使治朕棲。’象往入舜宫，舜在牀琴。象曰：‘鬱陶思君爾。’忸怩。舜曰：‘惟兹臣庶，汝其于予治。’不識舜不知象之將殺己與？”

曰：“奚而不知也？象憂亦憂，象喜亦喜。”

曰：“然則舜僞喜者與？”

曰：“否。昔者有饋生魚於鄭子産，子産使校人畜之池，校人烹之，反命曰：‘始舍之圉圉焉，少則洋洋焉，攸然而逝。’子産曰：‘得其所哉，得其所哉！’校人出曰：‘孰謂子産智？予既烹而食之，曰得其所哉，得其所哉。’故君子可欺以其方，難罔以非其道。彼以愛兄之道來，故誠信而喜之，奚僞焉？”

【譯文】

萬章問道：“《詩經·齊風·南山篇》中有云：‘娶妻該怎麽做？必先禀告

父母。'果真此詩所言正確呢,應當沒有人能比舜做得更好。可是傳説舜他不告而娶,爲什麽呢?"

孟子説:"告訴就不可能娶成。要知道,夫妻同居一室,乃人類的倫常大道嘛。如果告訴就將廢棄人類的倫常大道,最終還是要怨懟父母,因此才不告訴嘛。"

又問:"舜之所以不告而娶,我只是剛從您的教命中聽到而已。可是堯帝把女兒嫁給舜也不告知其父母,又是爲什麽呢?"

孟子説:"堯帝也知道告訴他們就嫁不成女兒了嘛。"

又問:"父母支使舜修葺倉廩,趁機撤去梯子,其父瞽瞍即焚燒倉廩;此招不成,又支使舜下井疏浚淤泥,瞽瞍不知其儌倖由井旁洞穴逃出,從而下土掩埋其井,以爲必死無疑。其異母弟象説:'謀害舜君全是我的功績,牛羊歸父母,倉廩歸父母;干戈歸我,琴歸我,天子用的彫弓歸我,兩位嫂子使其整理我的床鋪。'象前往進入舜的宫室,見舜坐在床上鼓琴。象一愣説:'我鬱悶憂愁時就會思念君啊。'神情不自然地忸怩着。舜愉快地説:'我也在思念這些百官羣臣,你姑且協助我管理。'我不明白舜不知道象一直打算殺害自己麽?"

孟子説:"怎麽能不知道呢?而是見到象憂愁他也跟着憂愁,象喜悦他也跟着喜悦。"

問:"這麽説舜是僞裝喜悦麽?"

孟子説:"不是這樣。昔日有人饋贈活魚給鄭國的子産,子産吩咐管理池沼的校人放進池塘裏畜養,校人把魚煮吃了,復命説:'開始放進去,一副困頓的樣子,少時尾巴便舒緩地摇擺起來,攸然自得地消逝在深水之中了。'子産説:'得到了它應去的處所啊,得到了它應去的處所啊!'校人出來説:'誰説子産明智?我已把魚煮吃了,他竟然説得其所哉,得其所哉。'所以對待君子可用那種合乎情理的方法去欺騙,難以使用不正當的途徑去誣罔。那象以親愛兄長的理由前來,所以舜便真誠地相信從而喜歡象,怎麽會是僞裝的呢?"

【古注】

《注》 詩,《齊國風·南山》之篇,言娶妻之禮,必告父母。舜合信此詩之言,何爲違禮不告而娶也?舜父頑母嚚,常欲害舜,告則不聽其娶,是廢人之大倫,以怨懟於父母也。禮,娶須五禮,父母亢答以辭,是相告也。帝謂堯也,何不告舜父母也?帝堯知舜大孝,父母止之,舜不敢違,則不得妻之,故亦不告。完,治也;廩,倉;階,梯也。使舜登廩屋而捐去其階,焚燒其廩也。一説捐階,舜即旋從階下,瞽瞍不知其已下，故焚廩也。使舜浚井，舜入而即出，瞽瞍不知其已出，從而蓋其井以爲死矣。象，舜異母弟；謨，謀；蓋，覆也；都，於也；君，舜也。舜有牛羊倉廩之奉，故謂之君。咸，皆；績，功也。象言謀覆於君而殺之者皆我之功，欲與父母分舜之有，取其善者，故引其功也。欲以牛羊倉廩與其父母。干，楯；戈，戟也；琴，舜所彈五弦琴也；弤，彫弓也。天子曰彫弓，堯禪舜天下，故賜之彫弓也。棲，牀也；二嫂，娥皇、女英，使治牀，欲以爲妻也。象見舜生在牀鼓琴，愕然反辭曰：我鬱陶思君，故來。爾，辭也。忸怩而慙，是其情也。玆，此也。象素憎舜，不至其宫也，故舜見來而喜曰：惟念此臣衆，汝故助我治事。萬章言，我不知舜不知象之將殺之與？何爲好言順辭以答象也？奚，何也。孟子曰：舜何爲不知象惡己也？仁人愛其弟，憂喜隨之，象方言思君，故以順辭答之。僞，詐也。萬章言：如是則爲舜行至誠，而詐喜以悦人矣。孟子言否，云舜不詐喜也，因爲説子産以喻之。子産，鄭子國之子公孫僑，大賢人也。校人，主池沼小吏也；圉圉，魚在水羸劣之貌；洋洋，舒緩摇尾之貌；攸然，迅走趨水深處也。故曰得其所哉。重言之，嘉得魚之志也。方，類也。君子可以事類欺，故子産不知校人之食其魚；象以其愛兄之言來向舜，是亦其類也，故誠信之而喜，何爲僞喜也？《章指》言：仁聖所存者大，舍小從大，達權之義也。不告而娶，守正道也。

《疏》　“謨蓋都君咸我績”，象乃曰：謀掩蓋而殺都君者皆我之功也。都君，即象稱舜也。然謂之都君者，蓋以舜在側微之中漁雷澤，一年所居成聚，二年成邑，三年成都，故以此遂因之爲都君矣。注曰“都，於也”，其説亦通。注云“捐去其階”焚舜之説，不若旋階之説通也。按《史記》云：“瞽瞍欲殺舜，使舜上塗廩，瞽瞍從下縱火焚廩，舜乃以兩笠自扞而下，去，得不死。後瞽瞍又使舜穿井，爲匿空旁出。舜既入深，瞽瞍與象共下土實井，舜從匿空出，去。瞽瞍與象喜，以爲舜死矣。象曰：‘本謀者，象之謀也。’象於是與其父母分，於是曰：‘舜妻堯二女與琴，象取之，牛羊倉廩予父母。’象乃止舜宫居，鼓其琴。舜往見之，象愕不懌曰：‘我思舜正鬱陶。’舜曰：‘然，爾其庶矣。’舜復事瞽瞍愛弟彌謹。”凡此亦其事也。以《史記》觀之，則捐梯之説是此之文也。大抵學者不可執此以爲深然也，當以意喻，默然有自判之論可矣。

《集注》　舜父頑母嚚，嘗欲害舜。告則不聽其娶，是廢人之大倫，以讎怨父母也。程子曰：“堯妻舜而不告者，以君治之而已，如今之官府治民之私者亦多。”象，舜異母弟也；謨，謀也；蓋，蓋井也；舜所居三年成都，故謂之都君；咸，皆也；績，功也。舜既入井，象不知舜已出，欲以殺舜爲己功也，欲以舜之牛羊倉廩與父母，而自取此物也。二嫂，堯二女也；棲，牀也；象欲使爲己妻也。象往舜宫，欲分取所有，見舜生在牀彈琴，蓋既出即潛歸其宫也。鬱陶，思之深而氣不得伸也。象言己思君之甚故來見爾；忸怩，慚色也。臣庶，謂其百官也。象素憎舜，不至其宫，故舜見其來而喜，使之治其臣庶也。孟子言舜非不知其將殺己，但見其憂而憂，見其喜則喜，兄弟之情自有所不能已耳。萬章所言，其有無不可知，然舜之心，則孟子有以知之矣。程子曰：“象憂而憂，象喜亦喜，人情天理，於是爲至。”攸然而逝者，自得而遠去也。方，亦道也；罔，蒙蔽也。欺以其方，謂誑之以理之所有；罔以非其道，謂昧之以理之所無。象以愛兄之道來，所謂欺之以其方也；舜本不知其僞，故實喜之，何僞之有？此章又言舜遭人倫之變，而不失天理之常也。

《正義》　近時通解“信斯言也，宜莫如舜”，謂“誠如詩之所言，則告而娶，宜莫如舜”。詩在舜後，趙氏謂“舜合信此詩之言”，非其義也。“父頑母嚚”，《尚書・堯典》文。《史記・五帝本紀》云：“瞽瞍愛後妻子，常欲殺舜。”後焚廩揜井，亦其事也。完廩，蓋原有此廩屋，有破毁處，使舜登而補葺完全之，亦是治也。或云使完廩者，父母也；焚廩者，瞽瞍也。只一瞽瞍，此舜所以得免。“出，從而揜之”，此句尤明，蓋雖惑於後妻，而父子之恩原不泯斷，到死生之際，自有以斡旋之，即謂之慈父可也。

《史記·五帝本紀》云:"舜父瞽瞍盲,而舜母死,瞽瞍更娶妻而生象。"是象爲舜異母弟也。"謨蓋都君咸我績",近時通解謂舜所居三年成都,故謂都君,趙氏謂"有倉廩牛羊之奉故謂之君"。《廣雅·釋詁》云:"奉,禄也。"既食奉禄,則是尊官。《儀禮·喪服傳》"君至尊也",注云:"天子諸矦及卿大夫有地者皆曰君。"雖成都未嘗君之,故解都爲於。是時未知所處何等,故但以奉知爲君也。阮元釋蓋云:"《書·吕刑》曰'鰥寡無蓋',蓋即害字之借,言堯時鰥寡無害也。《孟子》'謨蓋都君',此兼井廩言之,蓋亦當訓爲害也。若專以謨蓋爲蓋井而不兼焚廩,則'咸我績',咸字無所著矣。"《史記》以瞽瞍與象實土後,舜乃從匿空旁出,故以爲象先居舜宫,鼓其琴,舜後入宫見之。若此,則象先不知舜未死,既居舜宫,必已彰其跋扈之迹,則鬱陶思舜之言何能自揜?《史記》非也。惟舜先從井出,潛自入宫,知象將來,故鼓琴以示之,既示其未死,且感以和,此象所以愕然而悔也。閻若璩《釋地又續》云:"《孟子或問》著於淳熙丁酉後,其辭曰:'林氏謂司馬公以爲是時堯將以天下禪舜,瞽象雖愚,亦豈不利其子與兄之爲天子而欲殺之乎?借使殺之,堯必誅己,宜亦有所不敢矣。蘇氏以爲舜之側微,既能使瞽象之不格姦矣,豈至此而猶欲害之哉?以此皆疑《孟子》之誤。程子以爲此非孟子之言,乃萬章傳聞之談,而孟子有不暇辨耳。是數説者,恐其皆未安也。蓋天下之事有不可以常情測度者,使瞽象而猶知利害之所在,則亦未爲甚頑且傲,而舜之所處亦未足爲天下之至難矣。不格姦者,但能使之不陷於刑戮。且聖賢於世俗傳聞之事有非實者,必辯而明之以曉天下後世,豈有知其不然而不暇辯者哉?'余謂世誣舜以瞽瞍朝己,孟子則辯其必無;誣舜以放象,則辯其未嘗有。凡於傳譌之迹,未有不辯而明之以曉天下後世者,豈有知其不然而故設言其理?若金氏謂'秖在發明聖人處變之心,苟得其心,則事迹有無都不必辯'。殆幾於戲矣,人固習而不察耳。"

【淺悟】

懟,讀音 duì(ㄉㄨㄟˋ)。揜,讀音 yǎn(ㄧㄢˇ),通掩。弤,讀音 dǐ(ㄉㄧˇ)。"奚而不知"的而字,讀音 néng(ㄋㄥˊ),通能。畜,讀音 xù(ㄒㄩˋ)。圉,讀音 yǔ(ㄩˇ)。

"鬱陶思君爾",鬱,鬱悶、憂鬱;陶有憂愁、喜悦二義,在此自然取憂愁之義;思,思念也;君,即舜;爾,助詞。此句是象極尷尬時所云,即我鬱悶憂愁就會想念君啊。

"君子可欺以其方,難罔以非其道",其中的方與道同義,欺與罔同義。句中不重復使用主要的字,乃古人慣用的遣詞用字的技巧。此言的意思是:對待君子可使用那種正當的方法去欺騙,難以使用那種非正當的途徑去誣罔。方法即途徑,誣罔即欺騙。就是説,對待君子,用正當途徑可以欺騙,用非正當的途徑便會被其識破,所以很難欺騙他。

至於"舜之不告而娶"和"帝之妻舜而不告"二者,純屬子虛烏有,皆因孟子對《尚書·堯典》的理解不準確,以致影響着後世學者以訛傳訛至今。針對此,前面《離婁上篇》第二十六章淺悟中已辨解得很詳細了,茲不贅言。

9.3

【原文】

萬章問曰:"象日以殺舜爲事,立爲天子則放之,何也?"

孟子曰:"封之也,或曰放焉。"

萬章曰:"舜流共工于幽州,放驩兜于崇山,殺三苗于三危,殛鯀于羽山,四罪而天下咸服，誅不仁也。象至不仁，封之有庳，有庳之人奚罪焉？仁人固如是乎——在他人則誅之，在弟則封之？”

曰：“仁人之於弟也，不藏怒焉，不宿怨焉，親愛之而已矣。親之欲其貴也，愛之欲其富也，封之有庳，富貴之也。身爲天子，弟爲匹夫，可謂親愛之乎？”

“敢問或曰放者，何謂也？”

曰：“象不得有爲於其國，天子使吏治其國而納其貢稅焉，故謂之放。豈得暴彼民哉？雖然，欲常常而見之，故源源而來，不及貢，以政接于有庳，此之謂也。”

【譯文】

萬章問道：“象成天把謀殺舜當作心事，舜立爲天子後就放逐了他，爲什麼呢？”

孟子説：“是分封他嘛，有人認爲是放逐。”

又問：“舜把共工流放到幽州，把驩兜放逐到崇山，在三危殺三苗之君，在羽山殛鯀，這四人得到了應有的懲罰故而全天下都折服，因爲誅除了不仁道的人嘛。可是象最不仁道，却分封到有庳，有庳那邊的人難道有什麼罪惡嗎？仁人原來就像這樣做事啊——罪在他人就誅罰，罪在弟弟就封賞？”

孟子説：“仁人對於弟弟呢，不隱藏對他的憤怒，不存留對他的怨恨，只是親近愛護他而已呀。親近是希望他尊貴嘛，愛護是希望他富裕嘛，把有庳分封給他，目的就是使他富貴嘛。自身是天子，弟弟是匹夫，能説親愛他嗎？”

“敢問有人説放逐的問題，如何解釋呢？”

孟子説：“象在有庳國不可能有所作爲，全靠天子派遣官吏治理其國以及向天子徼納貢物賦稅等事宜，必然有人説他被放逐。這樣象豈能殘暴對待那裏的人民啊？即便如此，舜依然希望常常能見到象，所以象能够源源不斷地前來，《尚書》中所説的不必等到朝貢諸侯，以政事的名義也能使有庳的國君前來交接，説的就是此事嘛。”

【古注】

《注》 萬章怪舜放之何故。舜封象於有庳，或有人以爲放之。舜誅四佞，以其惡也。象惡亦甚而封之，仁人用心當如是乎：罪在他人當誅之，在弟則封之？孟子言，仁人於弟不問善惡，親愛之而已，封之欲使富貴耳，身爲天子，弟雖不仁，豈可使爲匹夫也？萬章問放之意。象不得施教於其國，天子使吏代其治而納貢賦與之，比諸見放也。有庳雖不得賢君，象亦不侵其民也。雖不使象得豫政事，舜以兄弟之恩欲常常見之無已，故源源而來如流水之與源通。不及貢者，不待朝貢諸侯常禮乃來也。其間歲歲自至京師，謂若天子以政事接見有庳之君者，實親親之恩也。此“常常”以下，皆《尚書》逸篇之辭。孟子以告萬章，言此乃象之謂也。《章指》言：懇誠於内者，則外發於事，仁人之心也。象爲無道極矣，友于之性，忘其悖逆，況其仁賢乎！

《疏》 孔安國注《尚書》云：“三苗，國名，縉雲氏之後，为诸侯，号饕餮。三危，西裔。鲧，方命圮族，绩用不成；羽山，东裔，在海中。”庳音鼻，《史记》作鼻。按《史记》云，共工，少皞氏不才子，天下謂之窮奇者也；驩兜，帝鴻氏不才子，天下謂之渾敦者也；鲧，顓頊氏不才子，天下謂之檮杌者也。

《集注》 放，猶置也，置之於此使不得去也。萬章疑舜何不誅之。孟子言實封之，而或者誤以爲放也。庳，音鼻。流，徙也；共工，官名；驩兜，人名，二人比周，相與爲黨。三苗，國名，負固不服。殺，殺其君也；殛，誅也。鲧，禹父名，方命圮族，治水無功，皆不仁之人也。或曰今道州鼻亭即有庳之地也，未知是否。萬章疑舜不當封象，使彼有庳之民無罪而遭象之虐，非仁人之心也。藏怒，謂藏匿其怒；宿怨，謂留蓄其怨。孟子言象雖封爲有庳之君，然不得治其國，天子使吏代之治，而納其所收之貢税於象，有似於放，故或者以爲放也。蓋象至不仁，處之如此，則既不失吾親愛之心，而彼亦不得虐有庳之民也。源源，若水之相繼也；來，謂來朝覲也。“不及貢，以政接于有庳”，謂不待及諸侯朝貢之期，而以政事接見有庳之君。蓋古書之辭而孟子引以證“源源而來”之意，見其親愛之無已如此也。吳氏曰：“言聖人不以公意廢私恩，亦不以私恩害公義，舜之於象，仁之至，義之盡也。”

《正義》 翟灝《考異》云：“韓非有云：‘瞽瞍爲舜父而舜放之，象爲舜弟而舜殺之。放父殺弟，不可爲仁。’則云象欲殺舜，猶其繆之小焉者矣。萬章知無放瞍殺象之事，而不能無疑於放象之説，孟子力辯其並無之，則其餘邪説悉不待辯而息已。”閻若璩《釋地續》云：“有庳之在今永州府零陵縣，已成千古定所。經文‘欲常常而見之，故源源而來’，不及待一年之貢期，五年之朝期，以伸吾親愛情者，有兄居蒲阪，弟居零陵，陸阻太行，水絶洞庭，較之驩兜放處尤遠千里之程。且果零陵之國比歲一至，則往返幾將萬里，其勞已甚，數歲而數至，勢必日奔走於道路風霜之中而不少寧息，親愛弟者固如是乎？蓋有庳之封，必近在帝都，而今不可考。或曰：然則今陵零曷爲傳有是名也？《括地志》云：‘鼻亭神在營道縣北六十里，故老傳言舜葬九嶷，象來至此，後人立祠名爲鼻神亭。’此爲得之。”趙佑《温故録》云：“象不得有爲，非舜禁之使不得也，乃或之見爲如是耳。蓋天子使吏治其國，即大國三卿，皆命於天子，使其大夫爲三監，監於方伯之國，國三人事，古封建之本如是，後世始擅命自爲。然漢制諸侯王猶爲置傅相，蓋循古意。舜固以之休逸象，優其賦入以奉養象。或者不察，遂妄意舜之禁象使不得有爲，故謂之放。就令如此，象亦豈有暴民之事哉？是皆孟子推或言之意，又正答‘有庳之人何罪’一語意也。故下復有‘雖然’一轉，此時象久被舜烝乂之教，亦自不至於暴民。然舜之爲是，正不慮象之暴民，第欲其常常來見；唯使治國有人，賦入無缺，故象得輕身時來歡聚，與他人必及朝貢之期者不同。又時以政事相接，使象得觀己所行，以益進於善，此之謂也。與上‘故謂之’相比照，論舜之待象當如此不當如彼也。蓋孟子所以發明仁人親愛之心，委婉詳盡如此。”

【淺悟】

舜是忠實堅守堯所創立的“天下爲公”社會制度的天子，政治上採用“選賢與能，講信修睦”的政策，“故人不獨親其親，不獨子其子”。堯的兒子丹朱，舜的兒子商均，大概是環境給了他們養尊處優的空間，所以都是匹夫終生。至於舜的異母弟象，前章已有介紹，是個無情無義，劣迹昭彰之人。好在舜有耐心，以其淳樸不懈的孝行感化了家人，使他們不至於墜入邪惡的深淵，即《尚書·堯典》所說的“克諧以孝，烝烝乂，不格姦”。舜成爲天子後，對象仍不放棄教化，將其分封到邊遠的有庳國，爲防止其“暴彼民”，又“使吏治其國”。別人誤解爲流放，也是正常的事。若不如此安排，豈不有違“選賢與能”的原則，將何以服天下？舜之聖人智慧，由此可略見。然而孟子却以家天下之衛道者的口吻强爲之辯，説什麽“仁人之於弟也，親愛之而已矣。親之欲其貴也，愛之欲其富也，封之有庳，富貴之也。身爲天子，弟爲匹夫，可謂親愛之乎？”孟子所頌揚的，恰是爲歷代百姓所深惡痛絶的專制統治下的裙帶風—— 一人得道，鷄犬升天。假如舜會這樣想，爲何不親愛自己兒子，賜其封國，使其富貴？

9.4

【原文】

咸丘蒙問曰：“語云：‘盛德之士，君不得而臣，父不得而子。舜南面而立，堯帥諸侯北面而朝之，瞽瞍亦北面而朝之。舜見瞽瞍，其容有蹙。孔子曰：於斯時也，天下殆哉岌岌乎！’不識此語誠然乎哉？”

孟子曰：“否，此非君子之言，齊東野人之語也。堯老而舜攝也。《堯典》曰：‘二十有八載，放勛乃徂落，百姓如喪考妣，三年，四海遏密八音。’孔子曰：‘天無二日，民無二王。’舜既爲天子矣，又帥天下諸侯以爲堯三年喪，是二天子矣。”

咸丘蒙曰：“舜之不臣堯，則吾既得聞命矣。《詩》云：‘普天之下，莫非王土；率土之濱，莫非王臣。’而舜既爲天子矣，敢問瞽瞍之非臣如何？”

曰：“是詩也，非是之謂也，勞於王事而不得養父母也。曰此莫非王事，我獨賢勞也？故説詩者，不以文害辭，不以辭害志；以意逆志，是爲得之。如以辭而已矣，《雲漢》之詩曰：‘周餘黎民，靡有孑遺。’信斯言也，是周無遺民也。孝子之至，莫大乎尊親；尊親之至，莫大乎以天下養。爲天子父，尊之至也；以天下養，養之至也。《詩》曰：‘永言孝思，孝思惟則。’此之謂也。《書》曰：‘祗載見瞽瞍，夔夔齋栗，瞽瞍亦允若。’是爲父不得而子也。”

【譯文】

咸丘蒙問道：“諺語云：‘有盛德的人士，君王不得拿他當臣下使唤，父親不得拿他當兒子使唤。舜面朝南立爲天子時，堯帥領諸侯面朝北向他朝覲，其父瞽瞍也面朝北向他朝覲。舜發現瞽瞍，其容止局促不安。孔子説：‘到了這樣的時候呢，天下已是岌岌可危了呀！’不知此諺語所説的果真是這樣嗎？”

孟子説：“不對，這不像君子説的話，必是齊國東野人杜撰的諺語。堯年老時才使舜代行天子之職嘛。《堯典》有云:‘其後二十八年,堯帝放勛逝世,百姓悲慟得如同逝去父母,服喪三年,四海之内各種樂器停止演奏一片静謐。’孔子説:‘天上没有兩個太陽,民間没有兩位帝王。’舜假如已經是天子了,又帥領天下諸侯爲堯服三年喪,這就有了兩位天子呀。”

咸丘蒙説:“舜他不以堯爲臣下,我只是剛從您的教命中聽到而已。可是《詩經·小雅·北山篇》中有云:‘廣闊的天底下,没有不是君王的土地;水邊以内的領域,没有不是君王的臣民。’而舜已經是天子了呀,敢問瞽瞍他不屬於臣民又是怎麽回事?”

孟子説:“這首詩呢,不能這樣解説嘛,而是怨自己爲公事勞碌而不能奉養父母嘛。詩中説此處没有一件不是公事,爲何獨使我勞碌呢?所以解説詩的話,不可用詩的文字損害其言辭,不可用詩的言辭損害其志趣;用自己的心意逆料詩人的志趣,這樣才能獲得詩的真情。如果只通過言辭去逆料詩人的志趣就完事了,比如《大雅·雲漢》篇中所説的‘周朝剩餘的黎民,没有一個殘存’,相信這樣的言辭呢,這周朝就没有存在的人哩。孝子的極致,没有比使父母尊貴更孝順的;使父母尊貴的極致,没有比以天下來奉養更尊貴的。成爲天子的父親,乃尊貴的極致嘛;用天下來奉養,乃奉養的極致嘛。《詩經·大雅·下武篇》中有云:‘永遠强調孝親之思,使孝親之思成爲天下法則。’就是指舜説的嘛。《尚書·大禹謨》中有云:‘舜來看望瞽瞍時恭敬地侍奉着,一副謹慎恐懼的模樣,瞽瞍受到感化也變得誠實而和順。’這才是做父親的不可拿天子當兒子使唤的事例嘛。”

【古注】

《注》 咸丘蒙,孟子弟子。語者,諺語也。言盛德之士,君不敢臣,父不敢子,堯與瞽瞍皆臣事舜,其容有蹙踖不自安也。孔子以爲君父爲臣,岌岌乎,不安貌也,故曰殆哉。不知此語實然乎?言不然也。東野,東作田野之人所言耳。咸丘蒙,齊人也,故聞齊野人之言。《書》曰“平秩東作”,謂治農事也。孟子言舜攝行事耳,未爲天子也。放勛,堯名。徂落,死也。如喪考妣,思之如父母也。遏,止也;密、無聲也。八音不作,哀思甚也。日一,王一,言不得並也。咸丘蒙知不以堯爲臣也。詩,《小雅·北山》之篇。普,徧;率,循也。徧天下,循土之濱,無有非王者之臣,而曰瞽瞍非臣如何也?孟子言此詩非舜臣父之謂也,詩言皆王臣也,何爲獨使我以賢才而勞苦,不得養父母乎?是以怨也。文,詩之文章,所引以興事也;辭,詩人所歌詠之辭;志,詩人志所欲之事;意,學者之心意也。孟子言,説詩者當本之志,不可以文害其辭,文不顯乃反顯也。不可以辭害其志。辭曰“周餘黎民,靡有孑遺”,志在憂旱,災民無孑然遺脱不遭旱災者,非無民也。人情不遠,以己之意逆詩人之志,是爲得其實矣。王者有所不臣,不可謂皆爲王臣,謂舜臣其父也。尊之至、瞽瞍爲天子父;養之至,舜以天下之富奉養其親。至,極也。詩,《大雅·下武》之篇。周武王所以長言孝道,欲以爲天下法則,此舜之謂也。書,《尚書》逸篇。祇,敬;載,事也;夔夔齋栗,敬慎戰懼貌。舜既爲天子,敬事嚴父,戰栗以見瞽瞍,瞍亦信知舜之大孝。若是爲父不得而子也，以是解咸丘蒙之疑。《章指》言：孝莫大於嚴父而尊之矣，行莫過於蒸蒸執子之政也。此聖人之軌道，無有加焉。

《集注》 語者，古語也。蹙，顰蹙不自安也。岌岌，不安貌也。言人倫乖亂，天下將危也。齊東，齊國之東鄙也。孟子言堯但老不治事，而舜攝天子之事耳。堯在時，舜未嘗即天子位，堯何由北面而朝乎？又引《書》及孔子之言以明之。《堯典》，《虞書》篇名，今此文乃見於《舜典》，蓋古書二篇或合爲一耳。言舜攝位二十八年而堯死也。徂，升也；落，降也。人死則魂升而魄降，故古者謂死爲徂落。遏，止也；密，静也；八音，金石絲竹匏土革木，樂器之音也。不臣堯，不以堯爲臣使北面而朝也。詩，《小雅・北山》之篇也。普，遍也；率，循也。此詩今毛氏序云："使役不均，己勞於王事而不得養其父母焉。"其詩下文亦云："大夫不均，我從事獨賢。"乃作詩者自言："天下皆王臣，何爲獨使我以賢才而勞苦乎？"非謂天子可臣其父也。文，字也；辭，語也；逆，迎也。《雲漢》，《大雅》篇名。孑，獨立之貌；遺，脱也。言説詩之法，不可以一字而害一句之義，不可以一句而害設辭之志，當以己意迎取作者之志乃可得之。若但以其辭而已，則如《雲漢》所言，是周之民真無遺種矣。惟以意逆之，則知作詩者之志在於憂旱，而非真無遺民也。言瞽瞍既爲天子之父，則當享天下之養，此舜之所以爲尊親養親之至也，豈有使之北面而朝之理乎？詩，《大雅・下武》之篇，言人能長言孝思而不忘，則可以爲天下法則也。《書》，《大禹謨》篇也。祗，敬也；載，事也；夔夔齋栗，敬謹恐懼之貌；允，信也；若，順也。言舜敬事瞽瞍往而見之，敬謹如此，瞽瞍亦信而順之也。孟子引此而言瞽瞍不能以不善及其子，而反見化於其子，則是所謂"父不得而子"者，而非如咸丘蒙之説也。

《正義》 毛奇齡《四書賸言》云："《孟子》'《堯典》曰二十有八載'至'四海遏密八音'，今所行《尚書》在《舜典》中。"閻若璩《釋地又續》云："百姓義二：有指百官言者，《書》百姓與黎民對，《禮・大傳》百姓與庶民對是也；有指小民言者，不必夏代，亦始自唐虞之時，百姓不親，五品不遜是也。《四書》中百姓凡二十五見，惟'百姓如喪考妣三年'指百官，蓋有爵土者爲天子服斬衰三年，禮也，《孟子》已明注曰'舜帥諸侯以爲堯三年喪'。"《禮記・曾子問篇》云："孔子曰：天無二日，土無二王，嘗禘郊社尊無二上。"《坊記》云："子云：天無二日，土無二王，家無二主，尊無二上。"《喪服四制》云："天無二日，土無二王，國無二君，家無二尊。"《大戴禮記・本命篇》云："天無二日，國無二君，家無二尊。"《詩》作溥，正字也；《孟子》作普，是假借字。詩意言民之所居，民居不盡近水，而以濱爲言者，古先聖人謂中國爲九州，以水中可居曰洲，言民居之外皆在水也。濱是四畔近水之處，言"率土之濱"，舉其四方所至之内，見其廣也。王念孫《廣雅疏證》云："賢，勞也。《小雅・北山篇》'我從事獨賢'，《孟子》引此詩而釋之曰：'此莫非王事，我獨賢勞也。'賢亦勞也。賢勞猶言劬勞，故毛傳云：'賢，勞也。'《鹽鐵論・地廣篇》亦云：'《詩》云莫非王事，而我獨勞，刺不均也。'鄭箋趙注並以賢爲賢才，失其義也。"按《吕氏春秋・慎人篇》云："舜自爲詩曰：'普天之下，莫非王土；率土之濱，莫非王臣。'所以見盡有之也。"蓋當時相傳此詩爲舜作，故咸丘蒙引見爲問。孟子直據《北山》之詩解之，則詩非舜作明矣。《六經》之學至戰國疏陋已極，孟子不獨論舜，兼以明詩。段玉裁《説文解字注》云："詞，意内而言外也，從司言。有是意於内，因有是言於外，謂之詞。意者，文字之義也。言者，文字之聲也。詞者，文字形聲之合也。詞與辛部之辭，其意迥别。辭者，説也，謂文辭足以排難解紛也。然則辭謂篇章也；詞者，意内而言外，從司言。此謂摹繪物狀，及發聲助語之文字也。積文字而爲篇章，積詞而爲辭。孟子曰'不以文害辭，不以辭害志'也。孔子曰'言以足志'，詞之謂也；'文以足言'，辭之謂也。《大行人》'故書計詞命'，鄭司農云：'詞當爲辭。'此二篆之不可混一也。"顧鎮《虞東學詩以意逆志説》云："《書》曰：'詩言志，歌永言。'而孟子之詔咸丘蒙曰：'以意逆志，是爲得之。'後儒因謂吟哦上下，便使人有得；又謂少間推來推去，自然推出道理。此論讀書窮理之義則可耳，詩則當知其事實而後志可見，志見而後得失可判也。説者又引子貢之‘知來’，子夏之‘起予’，以爲聖門之可與言詩者如是，而後世必求其人，鑿其事，此孟子所謂‘固哉高叟’者，而非聖賢相與言詩之法也。不知學者引申觸類，六通四闢，無所不可，而考其本旨，義各有歸。如切磋本言學問之事，則凡言學問者無不可推，而謂詩論貧富可乎？素絢本有先後之序，則凡有先後者無不可推，而謂詩論禮後可乎？斷章取義當用之論理論事，不可用以釋詩也。然則所謂逆志者何？他日謂萬章曰：‘頌其詩，讀其書，不知其人可乎？’是以論其世也。正惟有世可論，有人可求，故吾之意有所措，而彼之志有可通。今不問其世爲何世，人爲何人，而徒吟哦上下，去來推之，則其所逆，乃在文辭而非志也，此正孟子所謂‘害志’者，而烏乎逆之，而又烏乎得之？孟子之論《北山》也，惟知爲行役者之刺王，故逆之而得其嘆賢勞之志；其論《凱風》也，惟知七子之母未嘗去其室，故逆之而得其過小不怨之志。不然，則‘普天’‘率土’，特悉主悉臣之恒談耳；‘凱風自南，吹彼棘心’，亦‘蓼蓼者莪，匪莪伊蒿’之同類耳。何由於去古茫茫之後，核事考情，而得其所指哉？夫不論其世，欲知其人，不得也；不知其人，欲逆其志，亦不得也。孟子若預憂後世將秕稗一切，而自以其察言也，特著其説以防之。故必論世知人，而後逆志之説可用之。”趙氏以文章釋文，《淮南子・本經訓》云“發動而成於文”，高誘注云：“文，文章也。”《禮記・仲尼燕居》云“文爲在禮”，注云：“文章所爲。”皆與趙氏同。辭則孟子已明指“周餘黎民，靡有孑遺”爲辭，即“普天之下”四句爲辭，此是詩人所歌詠之辭已成篇章者也。趙氏以文爲文章，是所引以興事即篇章上之文采，如“我獨賢勞”，辭之志也；“莫非王臣”，則辭之文也。説詩當以辭之志爲本而顯之，若不以意逆志，則志宜顯而反不顯，文不顯而反顯矣。文字於説詩非所取，故解爲詩之文章，詩之文章即辭之文采也。“瞽瞍亦允若”，趙氏以瞽瞍亦信知舜之大孝釋瞽瞍亦允，是讀允字句，若字屬下，爲孟子説《書》之辭。近讀允若爲句，從晚出古文《大禹謨》也。江聲《尚書集注音疏》云：“孟子既引此經，遂言曰‘是爲父不得而子也’。趙氏讀允字絶句，若字屬下人孟子語中，似不合孟子語音，故聲裁節之而别爲之解：允，誠也；若，善也。舜敬事瞽瞍，見之必敬慎戰栗，瞽瞍化之，亦誠實而善，所謂‘烝烝乂，不格姦’也”。

【淺悟】

蹙，讀音 cù（ㄘㄨˋ）。徂，讀音 cú（ㄘㄨˊ），通殂。祗，讀音 zhī（ㄓ）。夔，讀音 kuí（ㄎㄨㄟˊ）。

《詩經・小雅・北山篇》共有六章，主旨是怨恨譏刺無道昏君周幽王。其中的第二章共六句：“溥天之下，莫非王土；率土之濱，莫非王臣。大夫不均，我從事獨賢。”咸丘蒙所引的是前四句，往往被後世帝王藉以炫耀自身“亙古不易”的權勢；後兩句才是詩人的志趣，即孟子用以糾正弟子錯誤觀念的依據。

9.5

【原文】

萬章曰：“堯以天下與舜，有諸？”

孟子曰：“否，天子不能以天下與人。”

“然則舜有天下也，孰與之？”

曰天與之。

“天與之者，諄諄然命之乎？”

曰：“否，天不言，以行與事示之而已矣。”

曰：“以行與事示之者，如之何？”

曰：“天子能薦人於天，不能使天與之天下；諸侯能薦人於天子，不能使天子與之諸侯；大夫能薦人於諸侯，不能使諸侯與之大夫。昔者堯薦舜於天而天受之，暴之於民而民受之，故曰天不言，以行與事示之而已矣。”

曰：“敢問薦之於天而天受之，暴之於民而民受之，如何？”

曰：“使之主祭而百神享之，是天受之；使之主事而事治，百姓安之，是民受之也。天與之，人與之，故曰天子不能以天下與人。舜相堯二十有八載，非人之所能爲也，天也。堯崩，三年之喪畢，舜避堯之子於南河之南，天下諸侯朝覲者不之堯之子而之舜，訟獄者不之堯之子而之舜，謳歌者不謳歌堯之子而謳歌舜，故曰天也。夫然後之中國，踐天子位焉。而居堯之宮，逼堯之子，是篡也，非天與也。《泰誓》曰：‘天視自我民視，天聽自我民聽。’此之謂也。”

【譯文】

萬章問：“堯把天下賜與舜，有這事嗎？”

孟子説：“不，天子不能拿天下送人。”

“那麼舜所擁有的天下呢，誰賜與他的？”

回答天賜與他的。

“天賜與他的時候，是以誠懇的態度任命他的嗎？”

孟子説：“不，天不言語，只要人用行爲和事迹向天下展示就行了呀。”

“用行爲和事迹向天下展示的過程，是怎樣進行的？”

孟子説：“天子能向天舉薦人才，却不能使天把天下賜給他；諸侯能向天子舉薦人才，却不能使天子把諸侯的爵位賜給他；大夫能向諸侯舉薦人才，却不能使諸侯把大夫的職位賜給他。昔日堯向天舉薦舜而天接受了他，把他暴露在民間而民衆接受了他，所以説天不言語，用被薦者的行爲和事迹向天下展示就行了呀。”

“敢問向天舉薦舜而天接受了他，暴露在民間而民衆接受了他，怎麼接受的？”

孟子説：“使他主持各種祭祀能使一切神明都享用到祭品，此乃天接受了他；使他主持天下大事能使各種事務部得以治理，百姓都能安居樂業，此乃人民接受了他嘛。天下是天賜與的，人民授與的，所以説天子不能拿天下送人。舜佐助堯這二十八年所做的一切，不是人力所能做到的嘛，乃天意嘛。堯帝駕崩，三年的喪期完畢，舜爲了避讓堯的兒子躲到南河以南，然而天下朝覲天子的諸侯不到堯的兒子那裏却找到舜，訴訟獄案的人不到堯的兒子那裏却找到舜，謳歌的人不歌頌堯的兒子却歌頌舜，所以説此乃天意哩。這之後舜才回到中國，登上天子之位。假如强行居住到堯的宫室，逼迫堯的兒子離開，這叫篡位嘛，而不是天賜與嘛。《尚書·泰誓篇》中有云：'天所看到的來自我人民之所見，天所聽到的也來自我人民之所聞。'就是指這件事説的嘛。"

【古注】

《注》 萬章欲知堯實以天下與舜否。孟子曰堯不與之，當與天意合之，非天命者，天子不能違天命也。"堯曰咨爾舜，天之曆數在爾躬"是也。萬章言，誰與之也？孟子言天與之。萬章言天有聲音命與之乎？孟子曰，天不言語，但以其人之所行善惡，又以其事從而示天下也。萬章欲知示之之意。孟子言下能薦人於上，不能令上必用之。舜，天人所受，故得天下也。萬章言天人受之，其事云何？孟子言，百神享之，祭祀得福也；百姓安之，民皆謳歌其德也。二十八年之久，非人爲也，天與之也。南河之南，遠地南夷也，故言然後之中國。堯子，胤子丹朱。訟獄，獄不決其罪，故訟之。謳歌，謳歌舜德也。《泰誓》，《尚書》篇名。自，從也。言天之視聽從人所欲也。《章指》言：德合於天，則天爵歸之；行歸於仁，則天下與之。天命不常，此之謂也。

《集注》 天下者，天下之天下，非一人之私有故也。諄諄，詳語之貌。行之於身謂之行，措諸天下謂之事，言但因舜之行、事而示以與之之意耳。暴，顯也。言下能薦人於上，不能令上必用之。舜爲天下所受，是因舜之行與事而示之以與之之意也。南河，在冀州之南，其南即豫州也。天無形，其視聽皆從於民之視聽，民之歸舜如此，則天與之可知也。

《正義》 《説文》言部云："諄，告曉之孰也。"段玉裁《説文解字注》云："《大雅》：'誨爾諄諄。'《左傳》：'年未盈五十，而諄諄如八九十者。'《孟子》：'諄諄然命之乎。'鄭注《中庸》引作'忳忳'云：'忳忳，懇誠貌也。'其中懇誠，其外乃曉告之孰，義相足也。"按告曉之孰則有聲音，故云天有聲音也。《爾雅·釋詁》云："命，告也。"命之即是告曉之，諄諄然命之，則懇誠而孰告之也。

【淺悟】

諄，讀音 zhūn（ㄓㄨㄣ）。暴，讀音 pù（ㄆㄨˋ）。

"使之主祭而百神享之，是天受之"中的而字，應讀 néng，即能字。這句話的意思是：使舜主持各種祭祀能使一切神明都能享用到祭品，此乃天接受了他。怎見得天接受了他？即"天視自我民視，天聽自我民聽"。所謂百神，即對萬物有生養之恩的皇天后土高山大川等等一切神明，舜主持祭祀，能一一祭到，只爲感恩，自然深得民心。

本章所宣揚的是堯舜時代"天下爲公，選賢與能"。孟子回答萬章"天子不能以天下與人"一語，顯然是孟子的向往，也是本書最大的閃光點，不過所引《尚書·泰誓》"天視自我民視，天聽自我民聽"一語，出自武王之口，是其伐紂時鼓舞士氣的誓師辭，切勿無限濫引用。因爲“天”無欲，而人的貪欲則是無止境的，所以二者的矛盾無處不在。當天道與人意相矛盾時，人意必須服從天道，否則必遭天罰。

9.6

【原文】

萬章問曰：“人有言，至於禹而德衰，不傳於賢而傳於子，有諸？”

孟子曰：“否，不然也。天與賢則與賢，天與子則與子。昔者舜薦禹於天，十有七年舜崩，三年之喪畢，禹避舜之子於陽城，天下之民從之，若堯崩之後不從堯之子而從舜也。禹薦益於天，七年禹崩，三年之喪畢，益避禹之子於箕山之陰，朝覲訟獄者不之益而之啓，曰‘吾君之子也’；謳歌者不謳歌益而謳歌啓，曰‘吾君之子也’。丹朱之不肖，舜之子亦不肖。舜之相堯，禹之相舜也，歷年多，施澤於民久。啓賢，能敬承繼禹之道；益之相禹也，歷年少，施澤於民未久。舜禹益相去久遠，其子之賢不肖，皆天也，非人之所能爲也。莫之爲而爲者，天也；莫之致而至者，命也。匹夫而有天下者，德必若舜禹，而又有天子薦之者，故仲尼不有天下；繼世而有天下，天之所廢，必若桀紂者也，故益伊尹周公不有天下。伊尹相湯以王於天下，湯崩，太丁未立，外丙二年，仲壬四年，太甲顛覆湯之典刑，伊尹放之於桐，三年，太甲悔過，自怨自艾，於桐處仁遷義，三年以聽伊尹之訓己也，復歸于亳。周公之不有天下，猶益之於夏、伊尹之於殷也。孔子曰：‘唐虞禪，夏后殷周繼，其義一也。’”

【譯文】

萬章問道：“人家都説，到了禹的時代道德開始衰退，從此王位不再傳給賢者而是傳給兒子，有這種事嗎？”

孟子説：“不，不是這樣哩。這王位，天要賜給賢者就得傳給賢者，天要賜給兒子就得傳給兒子。昔日舜向天舉薦禹，十七年後舜帝駕崩，三年的喪期完畢，禹爲了避舜的兒子之嫌躲到陽城，天下之民隨從着他，就像堯帝駕崩之後人們不服從堯的兒子而服從舜一樣嘛。禹向天舉薦益，七年後禹王駕崩，三年的喪期完畢，益爲了避讓禹的兒子啓躲到箕山的北坡，朝覲的諸侯和訴訟獄案的人不找益却找到啓，都説‘這是我君王的兒子哩’；謳歌的人不歌頌益而歌頌啓，都説‘這是我君王的兒子哩’。堯的兒子丹朱不似其父，舜的兒也不似其父。舜的佐助堯、禹的佐助舜嘛，經歷的年頭多，施給人民恩澤的時間久。啓賢達，能敬慎地承繼禹的道路。而益的佐助禹呢，經歷的年頭少，施給人民恩澤的時間没多久。舜禹益三人輔相時間的長短、他們的兒子賢還是不肖，都是天意嘛，不是人力所能左右的嘛。無法做到的事如果做到的話，那是天意哩；無法招致的事物如果自行來到的話，那是命運哩。匹夫如果能擁有天下的話，其德行必定像舜或禹，而且還得有天子舉薦他才行，所以仲尼不會擁有天下；世襲而擁有天下，却被天所廢棄，必是像夏桀和殷紂那類人哩，所以益、伊尹和周公不會擁有天下。伊尹輔相湯稱王於天下，湯王駕崩，太丁未立而死，其弟外丙繼位二年，其弟仲壬繼位四年，太丁之子太甲剛繼位便顛覆湯所創立的舊法常刑，伊尹將其流放到桐邑，經過三年反省，太甲終於悔過，抱怨自己決心改過，在桐邑心存仁德遵義而行，這都是三年來聽從伊尹訓導自己的結果嘛，於是重新回到亳都踐天子位。周公的不曾擁有天下，猶如益的在夏朝、伊尹的在殷朝的命運嘛。孔子説：'唐堯虞舜的禪讓，夏殷周三代的繼世，其志在穩固政權的涵義是一致的嘛。'"

【古注】

《注》 問禹之德衰，不傳於賢而自傳於子，有之否乎？否，不也，不如人所言，言隨天也。舜薦禹，禹薦益，同也。以啓之賢，故天下歸之，益又未久故也。陽城，箕山之陰，皆嵩山下深谷之中以藏處也。莫，無也。人無所欲爲而横爲之者，天使爲也；人無欲致此事而此事自至者，是其命禄也。仲尼無天子之薦，故不得有天下；繼世之君雖無仲尼之德，襲父之位，非匹夫，故得有天下也。益值啓之賢，伊尹值太甲能改過，周公值成王有德，不遭桀紂，故以匹夫而不有天下。太丁，湯之太子，未立而薨；外丙立二年，仲壬立四年，皆太丁之弟也；太甲，太丁子也，伊尹以其顛覆典刑，放之於桐邑。處，居也；遷，徙也。居仁徙義，自怨其惡行。艾，治也。治而改過，以聽伊尹之教訓己，故復得歸之於亳反天子位也。周公與益、伊尹雖有聖賢之德，不遭者時，然孔子言禪、繼其義一也。《章指》言：篤志於仁，則四海宅心；守正不足，則聖位莫繼；丹朱、商均是也。是以聖人孜孜於仁德也。

《疏》 孔子曰，唐虞二帝禪讓其位，夏禹殷湯周武繼父之位，其義則一，更無二也。蓋唐與賢，夏後殷周與子，天與賢則與賢，天與子則與子，其爲順天則一而已。言天與命者，究其義則一也。以其無爲而無不爲，故曰天也；天之使我有是之謂命，故曰命也。天下善否，天實使之然也，禄位器服乃其所命故也。今丹朱、商均與啓三者之或賢或否是其天也，天下之民或歸之或不歸之是其命也，與《書》所謂"天難諶，命靡常"，孔子曰"死生有命，富貴在天"，凡此亦天與命之意也。《史記》云"外丙即位三年"，今孟子云"外丙二年"，蓋《史記》不稽《孟子》之過也。

《集注》 啓，禹之子也。楊氏曰："此語孟子必有所受，然不可考矣。但云'天與賢則與賢，天與子則與子'，可以見堯舜禹之心皆無一毫私意也。"堯舜之子皆不肖，而舜禹之爲相久，此堯舜之子所以不有天下而舜禹有天下也；禹之子賢，而益相不久，此啓所以有天下而益不有天下也。然此皆非人力所爲而自爲，非人力所致而自至者。蓋以理言之謂之天，自人言之謂之命，其實則一而已。孟子因禹益之事歷舉此下兩條以推明之，言仲尼之德雖不愧於舜禹而無天子薦之者，故不有天下。繼世而有天下者，其先世皆有大功德於民，故必有大惡如桀紂，則無乃廢之？如啓及太甲、成王，雖不及益伊尹周公之賢聖，但能嗣守先業，則天亦不廢之，故益伊尹周公雖有舜禹之德而亦不有天下。顛覆，壞亂也；典刑，常法也；桐，湯墓所存；艾，治也，蓋斬絶自新之意；亳，商所都也。或禪或繼，皆天命也，聖人豈有私意於其間哉？尹氏曰："孔子曰：'唐虞禪，夏后殷周繼，其義一也。'孟子曰：'天與賢則與賢，天與子則與子。'知前聖之心者，無如孔子；繼孔子者，孟子而已矣。"

《正義》 翟灝《考異》云："《新序·節士篇》：'禹問伯成子高曰：昔者堯治天下，吾子立爲諸侯；堯授舜，吾子猶存焉；及吾在位，子辭諸侯而耕，何故？子高曰：昔堯之治天下，舉天下而傳之他人，至無欲也；擇賢而與之，至公也。舜亦猶然。今君之所懷者私也，百姓知之，貪爭之端自此始矣，德自此衰，刑自此繁矣。吾不忍見，以是野處也。'《韓非子·外儲説》：'潘壽對燕王曰：禹愛益，而任天下於益；已而以啓人爲吏，及老而以啓爲不足任天下，故傳天下於益，而勢重盡在啓也。已而啓以友黨攻益，而奪之天下。是禹名傳天下於益而實令啓自取之也。此禹之不及堯舜明矣。'萬章所謂人言，蓋此等言也。故孟子姑援别典之説，明益方避啓而未嘗貪其位，啓順人心即位而未嘗奪於益，以絶其尤甚之謬妄，而禹德盛衰不暇更置辨也。"

【淺悟】

《論語·泰伯篇》子曰："禹，吾無間然矣。菲飲食而致孝乎鬼神，惡衣服而致美乎黻冕，卑宫室而盡力乎溝洫。禹，吾無間然矣。"孔子此言首尾兩次强調自己對禹無間然，説明那時不少人都對禹持排斥態度。所謂"間然"，即如翟灝《考異》所引《新序》、《韓非子》之類攻擊禹的非議。平心而論，那些排斥、攻擊的實質，無非是對家天下統治的憎惡，尤其是春秋戰國持續了數百年之久的亂世。相比之下，孟子爲禹的辯護似乎過於牽强。首先，"天與賢則與賢，天與子則與子"一語，依據上章所引《泰誓》"天視自我民視，天聽自我民聽"的説法，顯然天就是民意。但不知在家天下的專制統治下，民意能決定王位的歸屬嗎？其次，"匹夫而有天下者，德必若舜禹，而又有天子薦之者"，益不正是這樣的人選嗎？然而最終還是以"啓賢，能敬承繼禹之道"爲借口，廢除了堯所開創的禪讓制度；再者，如果説"益之相禹歷年少，施澤於民未久"而不得踐天子位的話，那麽伊尹"相湯以王天下"，又輔佐外丙二年，仲壬四年，歷年不可謂少，當其輔佐湯的嫡長孫太甲時，太甲不賢，上手便"顛覆湯之典刑"，日後能否"聽伊尹之訓"以改過遷善尚未可知，當此之時，德高望重的伊尹爲何不以天下之安危、百姓之疾苦爲憂，也效法湯取代夏桀那樣取代太甲呢？如果因爲伊尹未經天子舉薦而不得有天下的話，湯不是也未經天子舉薦，爲什麽能有天下呢？這些問題都是説不通的。

《史記》是公認的信史，對此事也有忠實的記載。《夏本紀》稱，舜薦禹於天爲嗣，禹立後，先舉皋陶薦之，且授政而皋陶卒，又授益。"及禹崩，雖授益，益之佐禹日淺，天下未洽。故諸侯皆去益而朝啓，曰'吾君帝禹之子也'。於是啓遂即天子之位，是爲夏后帝啓。"從這簡短的記載中，難免使人生疑：選擇繼位人，爲何選擇年紀比自己更老的皋陶，而不及早讓年富力强的益出來證明自己？以禹的智慧，難道生前竟没察覺到諸侯及身邊大臣皆傾向自己的兒子，而與益未洽？這是説不過去的。那麽，爲何既將天子位禪讓給輔佐自己"日淺、天下未洽"的益，却又不採取果斷而有效的措施，以保障禪讓不至流於形式呢？正是由於此，導致禪讓制的廢止，把中國帶進了漫長而黑暗的家天下社會，禹能辭其咎嗎？那麽菲飲食、惡衣服、卑宫室、聞善言則拜、三過其門而不入等等，又是爲了什麽，能不發人深思嗎？事實勝於雄辯，不論找出多少借口，都無法改變禹廢禪傳子這一事實。聯想到：禹父鯀，治水無狀，舜"乃殛鯀於羽山以死"。

9.7

【原文】

萬章問曰："人有言，伊尹以割烹要湯，有諸？"

孟子曰："否，不然。伊尹耕於有莘之野，而樂堯舜之道焉。非其義也，非其道也，禄之以天下弗顧也，繫馬千駟弗視也；非其義也，非其道也，一介不以與人，一介不以取諸人。湯使人以幣聘之，囂囂然曰：'我何以湯之聘幣爲哉？我豈若處畎畝之中，由是以樂堯舜之道哉！'湯三使往聘之，既而幡然改曰：'與我處畎畝之中，由是以樂堯舜之道，吾豈若使是君爲堯舜之君哉？吾豈若使是民爲堯舜之民哉？吾豈若於吾身親見之哉？天之生此民也，使先知覺後知，使先覺覺後覺也。予，天民之先覺者也，予將以斯道覺斯民也，非予覺之而誰也？'思天下之民匹夫匹婦有不被堯舜之澤者，若己推而内之溝中。其自任以天下之重如此，故就湯而説之以伐夏救民。吾未聞枉己而正人者也，況辱己以正天下者乎？聖人之行不同也，或遠或近，或去或不去，歸絜其身而已矣。吾聞其以堯舜之道要湯，未聞以割烹也。《伊訓》曰：'天誅造攻自牧宫，朕載自亳。'"

【譯文】

萬章問道："人家都説，伊尹用切割烹飪手藝要結湯，有這種事嗎？"

孟子説："不，不是這樣。伊尹雖在有莘國的野外耕作，却樂守堯舜之道呀。凡是不符合堯舜的義理，不符合堯舜之道呢，哪怕把天下的俸禄全給他也不屑一顧，把拴着的四千匹馬送給他也不看一眼哩；不符合堯舜的義理，不符合堯舜之道呢，即使一根草也不肯送給人，一根草也不肯向人索取。湯派人拿着幣帛前來聘請他，他面露自得的樣子説：'我爲何接受湯王的聘禮啊？我哪比得上身處田野之中，在此樂守堯舜之道啊！'湯又多次派人前往聘請他，不久他便幡然改口説：'我與其獨處田野之中，在此樂守堯舜之道，怎比得上讓我使這位君王成爲堯舜式的君王啊？怎比得上讓我使此時的人民成爲堯舜時代那樣的人民啊？怎比得上讓我在我自身就能親眼見到堯舜時代的景象啊？上天在生下這人民的時候呢，就已確定讓先知之人去啓發後知之人，使先覺悟的人去啓發後覺悟的人嘛。我伊尹，乃天下人民中的先覺悟者嘛，我將用這堯舜之道去啓發現今的人民嘛，不是我去啓發他們還能是誰呢?'伊尹尋思天下的人民哪怕有一男一女不曾給予覆蓋堯舜之道的恩澤的話,就像是他自己給推進溝壑之中。他是把挑起天下的重擔如此認真地當成自己的責任,所以才前往湯那裏勸説他採用討伐夏桀的辦法拯救人民。我没聽説自身不正派却能糾正别人的事例嘛,何况用割烹這種辱没自己的辦法反而能匡正天下嗎?聖人的行爲由於時運或經歷不同而不同嘛,或疏遠政治或親近政治,或離開仕途或不離開仕途,總歸都能保持自身的潔净而已呀。我只聽説伊尹要結湯王用的是堯舜之道,未曾聽説使用什麽切割烹飪手藝嘛。《尚書·伊訓》中伊尹教訓太甲説:'上天的誅罰是夏桀居住在牧宫時自己造成的,我是在亳都開始謀畫討伐的。'"

【古注】

《注》 人言伊尹負鼎俎而干湯,有之否?否,不是也。有莘,國名。伊尹初隱之時,耕於有莘之國,樂仁義之道。非仁義之道者,雖以天下之禄加之,不一顧而覷也。千駟,四千匹也,雖多不一眄視也。一介草不以與人,亦不以取於人也。湯聞其賢,以玄纁之幣帛往聘之。囂囂然,自得之志,無欲之貌也,曰豈若居畎畝之中而無憂哉?樂我堯舜仁義之道。幡,反也。三聘既至而後幡然改本之計,欲就湯聘以行其道,使君爲堯舜之君,使民爲堯舜之民。覺,悟也。天欲使先知之人悟後知之人。我先悟覺者也,我欲以此仁義之道覺悟未知之民,非我悟之將誰教乎?伊尹思念不以仁義之道化民者,如己推排内之溝壑中也。自任其重如此,故就湯説之伐夏桀救民之厄也。枉己者尚不能以正人,況於辱己之身而有正天下者乎?不同,謂所由不同,大要當同歸,但殊塗耳。或遠者,處身遠也;或近者,仕者近君也;或去者,不屑就也;或不去者,云焉能浼我也。歸於絜身,不污己而已。我聞伊尹以仁義干湯,致湯爲王,不聞以割烹牛羊爲道。《伊訓》、《尚書》逸篇名。牧宫,桀宫;朕,我也,謂湯也;載,始也;亳,殷都也。言意欲誅伐桀,造作可攻討之罪者,從牧宫桀起,自取之也。湯曰,我始與伊尹謀之於亳,遂順天而誅也。《章指》言:賢達之理世務也,推正以濟時物,守己直行,不枉道而取容,期於益治而已矣。

《集注》 要,求也。按《史記》:"伊尹欲行道,以致君而無由,仍爲有莘氏之媵臣,負鼎俎以滋味説湯,致於王道。"蓋戰國時有爲此説者。"樂堯舜之道"者,誦其詩,讀其書,而欣慕愛樂之也。介,與草芥之芥同。囂囂,無欲自得之貌。"於吾身親見之",言於我之身親見其道之行,不徒誦説向慕之而已也。知,謂識其事之當然;覺,謂悟其理之所以然。覺後知後覺,如呼寐者而使之寤也。"予,天民之先覺",程子曰:"謂我乃天生此民中盡得民道而先覺者也。既爲先覺之民,豈可不覺其未覺者?及彼之覺,亦非分我所有以予之也,皆彼自有其理,我但能覺之而已。"《書》曰:"昔先王保衡作我先王曰:'予弗克彼厥後爲堯舜。'其心愧恥若撻於市,一夫不獲則曰'時予之辜'。"孟子之言蓋取諸此。是時夏桀無道,暴虐其民,故欲使湯伐夏以救之。徐氏曰:"伊尹樂堯舜之道,堯舜揖遜,而伊尹説湯以伐夏者,時之不同,義則一也。"辱己甚於枉己,正天下難於正人,若伊尹以割烹要湯,辱己甚矣,何以正天下乎?遠,謂隱遁也;近,謂仕近君也。言聖人之行雖不必同,然其要歸在潔其身而已,伊尹豈肯以割烹要湯哉?林氏曰:"以堯舜之道要湯者,非實以是要之也,道在此而湯之聘自來耳,猶子貢言'夫子之求之,異乎人之求之'也。"愚謂此語亦猶前章所論"父不得而子"之意。《伊訓》,《尚書》篇名,孟子引以證伐夏救民之事也。今《書》"牧宫"作"鳴條"。造、載,皆始也。伊尹言,始攻桀無道,由我始其事於亳也。

《正義》 江聲《尚書集注音疏》云:"牧宫桀宫者,言天誅之所自,則自是桀宫,下又别言自亳,亳是殷都,則牧宫是桀宫矣。'朕我',《釋詁》文。云'謂湯也',則未然也。《詩·周頌序》云:'載見諸侯,始見乎武王廟也。'故云載,始也。《書序》云:'湯始居亳,從先王居。'故云亳,殷都也。此篇是伊尹訓太甲之文,'朕載自亳'之語,無以見是述湯之言。古人朕字上下通稱,安見伊尹不稱朕乎?聲謂伊尹自謂也。"按趙氏以作釋造,謂桀自造作可攻討之罪,故天誅之。自之訓由,由通猶,猶即猷,《爾雅·釋詁》云:"猷,謀也。"故趙氏以謀之於亳釋自亳,兩自字義别也。晚出古文《伊訓》作"造攻自鳴條",某氏傳訓造爲始。趙氏不訓造爲始者,湯始征自葛載,其後又伐韋伐顧伐昆吾而後乃伐桀,牧宫既爲桀宫,不得爲始攻自桀也。若鳴條,尤不可言始矣。所與謀者順天救民之事,非割烹也。湯謀之於亳,非伊尹以割烹要之,此孟子引《書》之意;謂伊尹攻桀自亳,與孟子引《書》不合矣。

【淺悟】

莘,讀音 shēn(ㄕㄣ)。囂,此處讀音 áo(ㄠˊ)。内,此處讀音 nà(ㄋㄚˋ),同納。

伊尹樂堯舜之道,想以自己的能力使湯成爲堯舜那樣的天子。莫非他不知道堯舜之道最根本的標幟是"大道之行也,天下爲公"嗎?爲什麽未能擺脱家天下的窠臼?足見將天下據爲己有的誘惑力有多麽强大。俗話説得好,人心不足蛇吞象。

讀罷此章,不知該信《孟子》還是信《史記》?

9.8

【原文】

萬章問曰:"或謂孔子於衛主癰疽,於齊主侍人瘠環,有諸乎?"

孟子曰:"否,不然也,好事者爲之也。於衛主顔讎由。彌子之妻與子路之妻兄弟也,彌子謂子路曰:'孔子主我,衛卿可得也。'子路以告,孔子曰有命。孔子進以禮,退以義,得之不得曰有命,而主癰疽與侍人瘠環,是無義無命也。孔子不悦於魯衛,遭宋桓司馬將要而殺之,微服而過宋。是時孔子當阨,主司城貞子,爲陳侯周臣。吾聞觀近臣,以其所爲主;觀遠臣,以其所主。若孔子主癰疽與侍人瘠環,何以爲孔子?"

【譯文】

萬章問道:"有人説孔子在衛國的房主是幸臣癰疽,在齊國的房主是内侍瘠環,有這回事嗎?"

孟子説:"不對,不是這樣哩,那是好事的人編造的嘛。孔子在衛國始終住在賢大夫顔讎由家裏。彌子之妻跟子路之妻是姊妹,彌子對子路説:'孔子要是住我家,衛國卿的職位可以得到哩。'子路把這話禀告給孔子,孔子説此事有天命主宰。孔子進取依照禮制,引退依照道義,得到和得不到禄位都説有天命主宰,如果住到幸臣癰疽家和内侍瘠環家,這便意味着無視道義無視天命了嘛。孔子在魯國和衛國不得志離開後，遭遇宋國桓司馬將其截住還要殺害他，不得已微服潛過宋國。此時孔子身處困阨之中，借住在司城貞子的家中，擔任陳侯周的家臣。我聽説觀察當朝的近臣，看他所擔當的是何等人的房主；觀察遠方來的臣子，看他所投靠的房主。倘若孔子所投靠的房主是幸臣癰疽和内侍瘠環，怎麽會是'進以禮，退以義，得之不得曰有命'的孔子？"

【古注】

《注》 有人以孔子爲然。癰疽，癰疽之醫也。瘠，姓；環，名，侍人也。衛君齊君之所近狎人。否，不也，不如是也。好事毁人德行者爲之辭也。顔讎由，衛賢大夫，孔子以爲主。彌子，彌子瑕也，因子路欲爲孔子主。孔子知彌子幸於靈公不以正道，故不納之而歸於命。孔子進以禮，退以義，必曰有天命也。若主此二人，是謂無義無命也。孔子以道不合不見悦魯衛之君而去。適諸侯，遭宋桓魋之故，乃變更微服而過宋。司城貞子，宋卿也，雖非大賢，亦無諂惡之罪，故謚爲貞子。陳侯周，陳懷公子也，爲楚所滅，故無謚，但曰陳侯周。是時孔子遭阨難，不暇擇大賢臣，而主貞子爲陳侯周臣。於衛齊無阨難，何爲主癰疽、瘠環也？近臣，當爲遠方來賢者爲主；遠臣，自遠而至，當主於在朝之臣賢者。若孔子主於卑幸之臣，是爲凡人耳，何謂孔子得見稱爲聖人？《章指》言：君子大居正，以禮進退，屈伸達節，不違貞信，故孟子辯之，正其大義也。

《集注》 主，謂舍於其家以之爲主人也。癰疽，瘍醫也。侍人，奄人也。皆時君所近狎之人也。好事，謂喜造言生事之人也。顔讎由，衛之賢大夫也，《史記》作顔濁鄒。彌子，衛靈公幸臣彌子瑕也。徐氏曰："禮主於辭遜，故進以禮；義主於斷制，故退以義。難進而易退者也。在我者，有禮義而已；得之不得，則有命存焉。"不悦，不樂居其國也。桓司馬，宋大夫向魋也。司城貞子，亦宋大夫之賢者也。陳侯，名周。按《史記》，孔子爲魯司寇，齊人饋女樂以間之，孔子遂行；適衛月餘，去衛適宋；司馬魋欲殺孔子，孔子去，至陳，主於司城貞子。孟子言孔子雖當阨難，然猶擇所主，況在齊衛無事之時，豈有主癰疽、侍人之事乎？近臣，在朝之臣；遠臣，遠方來仕者。君子小人各從其類，故觀其所爲主與其所主者，而其人可知。

《正義》 《戰國策·衛策》云"衛靈公近癰疽"，高誘注云："《孟子》有其人，蓋醫之幸者。"翟灝《考異》云："《説苑·至公篇》述此章文，孔子上無'或謂'二字，癰疽作雍睢，侍作寺，瘠作脊。《史記·孔子世家》'雍渠爲驂乘'，《韓非子》作'雍鉏'。輾轉相推，雍鉏雍睢爲一人，而癰疽亦即雍渠，均以聲同通借字耳。"錢大昕《潛研堂答問》云："《孔子世家》：'衛靈公與夫人同車，宦者雍渠驂乘，出，使孔子爲次乘。'又《報任安書》云：'衛靈公與雍渠同載，孔子適陳。'雍渠即《孟子》所稱癰疽，趙氏以爲癰疽之醫者，似是臆説。"張爾岐《蒿菴閒話》云："人道之當然而不可違者，義也；天道之本然而不可争者，命也。貧富貴賤得失死生之有所制而不可强也，君子與小人一也。命不可知，君子當以義知命矣，凡義所不可，即以爲命所不有也，故進而不得於命者，退而猶不失吾義也；小人嘗以智力知命矣，力不能争，則智邀之，知力無可施，然後謂之命也。君子以義安命，故其心常泰；小人以智力争命，故其心多怨。衆人之於命，亦有安之矣，大約皆知其無可奈何而後安之者也。聖人之於命安之矣，實不以命爲準也，而以義爲準，故雖力有可争，勢有可圖，而退然處之，曰義之所不可也。義所不可，斯曰命矣。故孔子之於公伯寮，未嘗無景伯之可恃也；於衛卿，未嘗無彌子瑕之可緣也；孟子之於臧倉，未嘗無樂正子之可力爲辯而重爲請也，亦曰義所不在耳。義所不在，斯命所不有矣。故聖賢之於命，一於義者也，安義斯安命矣。衆人之於命，不必一於義也，而命皆有以制之，制之至無可奈何而後安之。故聖賢之與衆人安命同也，而安之者不同也。"司城貞子，趙氏此注甚詳明。上言"宋桓司馬"已標國名，司城貞子蒙上宋字爲宋臣，爲孔子在宋時所主也。過宋，則不在宋而適陳，故下明標"陳侯周"，言孔子適陳，爲陳侯周之臣也。惟《史記》以司城貞子爲孔子適陳所主，是貞子爲陳卿，非宋卿。云陳侯周陳懷公子者，《史記·陳世家》云："惠公卒，子懷公柳立，卒吴，陳乃立懷公之子越，是爲湣公。湣公六年，孔子適陳；二十四年，楚惠王復國，以兵北伐，殺陳湣公，遂滅陳而有之。是歲，孔子卒。"然則陳侯周有謚矣，又名越，與《孟子》異。

9.9

【原文】

萬章問曰："或曰百里奚自鬻於秦養牲者五羊之皮，食牛以要秦繆公，信乎？"

孟子曰："否，不然，好事者爲之也。百里奚，虞人也。晉人以垂棘之璧與屈産之乘，假道於虞以伐虢，宫之奇諫；百里奚不諫，知虞公之不可諫而去之秦，年已七十矣，曾不知以食牛干秦繆公之爲汙也，可謂智乎？不可諫而不諫，可謂不智乎？知虞公之將亡而先去之，不可謂不智也。時舉於秦，知繆公之可與有行也而相之，可謂不智乎？相秦而顯其君於天下，可傳於後世，不賢而能之乎？自鬻以成其君，鄉黨自好者不爲，而謂賢者爲之乎？"

【譯文】

萬章問道："有人説百里奚用五張羊皮的代價把自己賣給秦國養牲口的人，以飼養牛的身份要結秦繆公，果真有此事嗎？"

孟子説："不對，不是這樣，是那些好事的人編造出來的嘛。百里奚，乃虞國人哩。晉國用垂棘出的白璧和屈地所産的四匹名馬，向虞國借道以討伐虢國，宫之奇極力勸諫虞公不要借道；百里奚不勸諫，他知道虞公不可能被諫止所以離開虞國來到秦國，其時已七十歲了呀，怎麽會不知道使用飼養牛干求秦繆公這種手段是汙穢的行爲呢，能稱得上明智嗎？情知虞公不可諫止因而不勸諫，能説不明智嗎？知道虞公必將走向滅亡因而提前離開他，不可説不明智嘛。當時在秦國被舉薦前，早已了解繆公是可以與之有所作爲因而輔佐他，能説不明智嗎？輔佐秦國並能使其國君的威名顯揚於天下，且可流傳於後世，不是賢者能做到嗎？用出賣自己的方法來成就其君上，鄉黨中那些潔身自好的人尚且不會這樣做，你説這位德才兼備的賢者肯這樣做嗎？"

【古注】

《注》 人言百里奚自賣五羖羊皮爲人養牛，以是而要秦繆公之相，實然否？好事毁敗人之德行者爲之設此言。垂棘，美玉所出地名；屈，産地，良馬所生；乘，四馬也，皆晉國之所寶。宫之奇，虞之賢臣，諫之不欲令虞公受璧馬，假晉道。百里奚知虞公之不可諫而去之秦，年七十而不知食牛干人君之爲汙，是謂不智也。欲言其不智，下有三智，知食牛干秦爲不然也。卒相秦顯其君，不賢之人豈能如是？言其實賢也。人自鬻於汙辱，而以傅相成立其君，鄉黨邑里自喜好名者尚不肯爲也，況賢人肯辱身而爲之乎？《章指》言：君子時行則行，時舍則舍，故能顯君明道，不爲苟合而違正也。

《疏》 《左傳・魯僖公二年》云："晉荀息請以屈産之乘與垂棘之璧，假道於虞以伐虢。"杜預曰："荀息，荀叔也。屈産生良馬，垂棘出美玉，故以爲名。四馬曰乘。"《史記》云百里奚者："晉獻公既虜百里奚，以爲秦繆公媵於秦。百里奚亡秦走宛，楚鄙人執之。繆公聞百里奚賢，欲重贖之，恐楚人不與，乃使人請以五羖羊之皮贖之，楚人許之。繆公乃釋囚，授之以國政，號曰五羖大夫。"是其事也矣。又《僖公五年》云："晉侯復假道於虞以伐虢，宫之奇諫曰：'虢，虞之表也，虢亡虞必從之。晉不可啓，寇不可翫，一之爲甚，其可再乎？（謂二年假晉道滅夏陽是也）諺所謂輔車相依、脣亡齒寒者，其虞虢之謂也？'宫之奇以其族行曰：'虞不臘矣，在此行也。'冬十二月，晉滅虢，虢公醜奔京師。師還，館於虞，遂襲虞，滅之，執虞公及其大夫井伯，以媵秦繆姬。而脩虞祀，且歸其職貢於王。故書曰'晉人執虞公'罪虞，且言易也。"此孟子所以據而云焉。

《集注》 百里奚，虞之賢臣，人言其自賣於秦養牲者之家得五羊之皮，而爲之食牛，因以干秦穆公也。虞虢皆國名，晉欲伐虢，道經於虞。宫之奇，亦虞之賢臣，諫虞公令勿許，虞公不用，遂爲晉所滅。百里奚知其不可諫，故不諫而去之秦。自好，自愛其身之人也。孟子言，百里奚之智如此，必知食牛以干主之爲汙；其賢又如此，必不肯自鬻以成其君也。然此事當孟子時已無所據，孟子直以事理反覆推之而知其必不然耳。范氏曰："古之聖賢未遇之時，卑賤之事不恥爲之，如百里奚爲人養牛，無足怪也。惟是人君不致敬盡禮，則不可得而見，豈有先自汙辱以要其君哉？莊周曰：'百里奚爵禄不入於心，故飯牛而牛肥，使穆公忘其賤而與之政。'亦可謂知百里奚矣。伊尹、百里奚之事，皆聖賢出處之大節，故孟子不得不辯。"尹氏曰："當時好事者之論，大率類此，蓋以其不正之心度聖賢也。"

《正義》 僖公二年《公羊傳》"白璧"，注云："屈産，出名馬之地。乘，備駟也。垂棘，出美玉之地，玉以尚白爲美。"趙氏以"百里奚不諫"冠此兩節之首，蓋謂奚所以不諫者，知虞公之不可諫也。下"不可諫而不諫，可謂不智乎"，即申此二句之義。又因其一智，推而爲三智。知虞公之不可諫而不諫，一智也；知虞公之將亡而先去之，二智也；知繆公之可與有行而相之，三智也。三智從三知字而出，智屬知，賢屬能。但知而不能，不可爲賢，故又實能相其君以顯於天下，是非獨智，而且賢矣。前以知斷其不知之非，後以能斷其不爲之是也。一説晉時强大，可與晉敵者莫如秦，奚故去虞入秦，三置晉君，正是爲虞執仇，所以不諫而去之秦者以此。

【淺悟】

鬻，讀音 yù（ㄩˋ）。食，讀音 sì（ㄙˋ），同飼。繆，讀音 mù（ㄇㄨˋ），或作穆。乘，讀音 shèng（ㄕㄥˋ）。篇末"而謂賢者爲之乎"的而字，即你之義。

孟子的好辯，翟灝《四書考異》云："戰國時處士横議，蔑人倫，廢禮義，以爲親可怨，弟可放，夫婦可苟合也。竊威福之柄，萌簒逆之心，以爲君臣無定分，禪繼無定命也。枉己辱身營營富貴利達之途，以爲苟賤可甘，近倖可援也。爰是造爲事端，託諸舜禹伊孔，謂聖人且有然者，欲假以濟其私而掩其醜。孟子懼焉，故特設爲門弟子疑難問答著諸簡編，以徹抉之樊籬。好辯章所謂'正人心，息邪説，距詖行，放淫辭'者，正於此篇詳盡見之。《風俗通》言孟子退與萬章之徒作書，而舉好辯章文爲旨，萬章之徒非就此篇實據之歟？故此篇雖若泛論往事，而實爲《孟子》一書之領要。觀孟子論百里奚已無所據，惟以事理反覆推之，則列國之信史若輩惡其害己，並早滅於秦火前矣。觀馬遷爲《史》，凡孟子所既辯斥仍多取爲實録，則時之邪説惑人深幾於杯水車薪之不可熄矣。使非此篇之傳，雖舜禹伊孔且無以見白於今日，其他是非之顛倒者可勝言乎？"

本篇前五章全是天下爲公時代的人和事，後四章則是天下爲家時代的人和事。評價此二者如果站錯位，理解必出現謬誤。

孟子卷十淺悟

萬章章句下　凡九章

10.1

【原文】

孟子曰："伯夷目不視惡色，耳不聽惡聲，非其君不事，非其民不使，治則進，亂則退。横政之所出，横民之所止，不忍居也，思與鄉人處，如以朝衣朝冠坐於塗炭也。當紂之時，居北海之濱，以待天下之清也。故聞伯夷之風者，頑夫廉，懦夫有立志。伊尹曰：'何事非君？可使非民？'治亦進，亂亦進。曰：'天之生斯民也，使先知覺後知，使先覺覺後覺。予，天民之先覺者也，予將以此道覺此民也。'思天下之民匹夫匹婦有不與被堯舜之澤者，如己推而内之溝中。其自任以天下之重也。柳下惠不羞汙君，不辭小官，進不隱賢，必以其道；遺佚而不怨，阨窮而不憫；與鄉人處，由由然不忍去也，爾爲爾，我爲我，雖袒裼裸裎於我側，爾焉能浼我哉？故聞柳下惠之風者，鄙夫寬，薄夫敦。孔子之去齊，接淅而行；去魯曰：'遲遲吾行也，去父母國之道也。'可以速而速，可以久而久，可以處而處，可以仕而仕，孔子也。"

孟子曰："伯夷，聖之清者也；伊尹，聖之任者也；柳下惠，聖之和者也；孔子，聖之時者也。孔子之謂集大成。集大成也者，金聲而玉振之也。金聲也者，始條理也；玉振之也者，終條理也。始條理者，智之事也；終條理者，聖之事也。智，譬則巧也；聖，譬則力也。由射於百步之外也，其至，爾力也；其中，非爾力也。"

【譯文】

孟子説："伯夷眼不看邪惡的女色，耳不聽邪惡的音樂，不合他心意的君王不服事，不合他心意的人不支使，治世就仕進，亂世就引退。專横的政權所出現的國家，强横的流民所棲止的地方，都不忍心居住哩，每想起跟那兒的鄉民相處，有如穿戴着朝服朝冠坐在爛泥和炭火上那樣難受哩。當殷紂統治之時，隱居在北海岸邊，以等待天下的清明嘛。所以聞知伯夷之風骨者，貪婪的人都能變得廉潔，懦弱的人都能立定志向。伊尹則不然，他說：'到哪兒服事的不是君王？到哪兒支使的不是人？'他治世也仕進，亂世也仕進。還說：'上天在生下這人民的時候呢，就已確定讓先知之人去啓發後知之人，使先覺悟的人去啓發後覺悟的人。我伊尹，乃天下人民中的先覺悟者嘛，我將用這堯舜之道去啓發現今的民衆嘛。'伊尹尋思天下的人民哪怕有一男一女不曾給與覆蓋堯舜之道的恩澤的話，就像是他自己給推進溝壑之中。他是把挑起天下的重擔當成自己的責任哩。柳下惠又是另一情景，不以服事昏君爲羞恥，不推辭小官，進取不隱瞞才幹，必定依照自己的途徑發揮；遭貶黜能够不怨恨，窘阨困窮中能够不憂悶；跟鄉人相處，一臉自得的樣子不忍離去，心想你是你，我是我，哪怕赤身露體在我身旁，你怎能污染到我啊？所以聞知柳下惠之風骨者，鄙陋之人也會變得寬容，刻薄之人也會變得敦厚。再看孔子，當他離開齊國時，用手承接着淘米水不等下鍋便上路；離開魯國時則説：'遲遲我的出行呢，這是離開父母國的道理嘛。'可以速去就速去，可以久留就久留，可以退隱就退隱，可以仕進就仕進，這就是孔子嘛。"

孟子評價説："伯夷，聖人中的清高者嘛；伊尹，聖人中的勇擔重任者嘛；柳下惠，聖人中的隨和者嘛；孔子，聖人中的時中者嘛。孔子這叫集先聖之大道而成就於一身。所謂集大成呢，好比奏樂一成的撞金鐘以發衆聲而擊玉磬以收衆韻嘛。撞金鐘以發聲的作用呢，能使衆樂器開始有條不紊地演奏嘛；擊玉磬以收韻的作用呢，能使此一成的奏樂有條不紊地終止嘛。開始條理這種事，屬於智者的事嘛；終止條理這種事，屬於聖者的事嘛。智，比作技巧哩；聖，比作力氣嘛。猶如在百步之外射箭，將箭射到靶子，那是你的力量嘛；射中靶的，那可不是單憑你的力量就能做到的嘛。"

【古注】

《注》 孟子反覆差伯夷、伊尹、柳下惠之德，以爲足以配於聖人，故數章陳之，猶詩人有所誦述至於數四，蓋其留意者也，義見上篇矣。此復言不視惡色，謂行不正而有美色者若夏姬之比也；耳不聽惡聲，謂鄭聲也。後世聞其風者，頑貪之夫更思廉潔，懦弱之人更思有立義之志也。伊尹説與上同。聞柳下惠之風者，鄙狹者更寬優，薄淺者更深厚。淅，漬米也。不及炊，避惡亟也。魯，父母之國，遲遲不忍去也，是其道也。孔子聖人，故能量時宜，動中權也。伯夷清，伊尹任，柳下惠和，皆得聖人之道也。孔子時行則行，時止則止。孔子集先聖之大道以成己之聖德者也，故能金聲而玉振之。振，揚也。故如金音之有殺，振揚玉音終始如一也。始條理者，金從革，可治之使條理；終條理者，玉終其聲而不細也，合三德而不撓也。智者知理物，聖人終始同。以智，譬由人之有技巧也，可學而益之；以聖，譬由力之有多少，自有極限，不可强增。聖人受天性，可庶幾而不可及也。夫射遠而至，爾努力也；其中的者，爾之巧也，思改其手用巧意乃能中也。《章指》言：聖人由力，力有常也。賢者由巧，巧可增也。仲尼天高，故不可階；他人丘陵，丘陵由可踰：所謂小同而大異者也。

《集注》 何事非君，言所事即君。何使非民，言所使即民。無不可事之君，無不可使之民也。張子曰："無所雜者清之極，無所異者和之極。勉而清，非聖人之清；勉而和，非聖人之和。所謂聖者，不勉不思而至焉者也。"孔氏曰："任者，以天下爲己責也。"愚謂孔子仕止久速各當其可，蓋兼三子之所以聖者而時出之，非如三子之可以一德名也。此言孔子集三聖之事而爲一大聖之事，猶作樂者集衆音之小成而爲一大成也。成者，樂之一終，《書》所謂"簫韶九成"是也。金，鐘屬；玉，磬也。條理，猶言脈絡，指衆音而言也。智者，知之所及；聖者，德之所就也。蓋樂有八音：金石絲竹匏土革木，若獨奏一音，則其一音自爲始終而爲一小成，猶三子之所知偏於一，而其所就亦偏於一也。八音之中金石爲重，故特爲衆音之綱紀；又金始震而玉終詘然也，故並奏八音則於其未作而先擊鎛鐘以宣其聲，俟其既闋而後擊特磬以收其韵。宣以始之，收以終之，二者之間脈絡貫通，無所不備，則合衆小成而爲一大成，猶孔子之知無不盡而德無不全也。金聲玉振，始終條理，疑古《樂經》之言，故兒寬云："惟天子建中和之極，兼總條貫，金聲而玉振之。"亦此意也。此復以射之巧力發明智聖二字之義，見孔子巧力俱全而聖智兼備。三子則力有餘而巧不足，是以一節雖至於聖，而智不足以及乎"時"、"中"也。此章言三子之行各極其一偏，孔子之道兼全於衆理；三子猶春夏秋冬之各一其時，孔子則太和元氣之流行於四時也。

《正義》 趙佑《温故録》云："伯夷叔齊，《論語》每言之必兼二人，而孟子則獨舉伯夷。《史記》之言伯夷以讓國，以恥周也，而孟子則言其辟紂，且屢言之。此章與前伯夷隘章極言其惡惡，非君不事，不立惡人之朝，猶是辟紂意，於恥周有可通，於讓國則絶無與也。若以史傳爲不實，則非讓國，何爲子貢援以問衛事？《論語》言餓於首陽，言逸民，明是恥粟採薇事，史即可爲經注也，孟子何獨有異？竊以伯夷當紂之時，親稔其暴，至於脯醢無罪諸侯，爲從古所未有；廉來之助惡，皆非可以力争，而自以遠國疎臣欲諫正之不得，徒苟奉職貢而以爲恥，固久有欲辟之心矣，而不忍言，因生事之既終，有遺命之可托，遂以不顧而逃。叔齊與兄同志者也，亦以有托而逃。叔齊特從兄也，孟子故不及之，爲其舉兄可以見弟也。其事從讓國起，而其心實從辟惡起，史傳據事言之，孟子原心論之也。然而曰待天下之清，則夷惟辟紂之惡，未嘗不待紂之改。辟之已耳，其於君臣之大義未嘗有他志也，故以諫武王；武誅紂，遂以恥周粟，而孔子特表之曰'不念舊惡'。是則伯夷之所以爲伯夷者，其行事甚委曲，其用心甚平直，第求無污於己，而非必有苛於人，故得爲聖之清。"毛奇齡《四書賸言》云："《孟子》'頑夫廉'，頑字古皆是貪字。《漢書·王吉傳》：'孟子云，聞伯夷之風者，貪夫廉，懦夫有立志。'《晉書·羊祜傳》亦曰：'貪夫反廉，懦夫立志，雖夷、惠之操，無以尚也。'《南史》補'任昉能使貪夫不取，懦夫有立志'。"王念孫《廣雅疏證》云："頑，鈍也。如淳注《漢書·陳平傳》云：'頑鈍，謂無廉隅也。'頓與鈍同。《孟子·萬章篇》云：'頑夫廉'"按王氏説是也。頑之義爲頓，廉之義爲棱，棱則有隅角，鈍則無鋒鍔，二者正相對。《吕氏春秋·慎大篇》云"暴戾頑貪"，是頑亦貪也。諸書引作"貪"，亦頑訓貪之證。

【淺悟】

袒裼裸裎，讀音 tǎn xī luǒ chéng(ㄊㄢˇ ㄒㄧ ㄌㄨㄛˇ ㄔㄥˊ)。浼，讀音 měi(ㄇㄟˇ)。

《論語》中，孔子對伊尹、伯夷、柳下惠都作過評價，同時對自己也略有表白。

《顔淵篇》第二十二章子夏曰："湯有天下選於衆，舉伊尹，不仁者遠矣。"

《公冶長篇》第二十三章子曰："伯夷、叔齊不念舊惡，怨是用希。"《述而篇》第十五章子貢入曰:“伯夷叔齊何人也?”子曰:“古之賢人也。”曰:“怨乎?”曰:“求仁而得仁,又何怨?”《季氏篇》第十二章“伯夷、叔齊餓於首陽之下,民到于今稱之”。《微子篇》第八章子曰:“不降其志,不辱其身,伯夷叔齊與?”

《衛靈公篇》第十四章子曰:“臧文仲其竊位者與?知柳下惠之賢而不與立也。”《微子篇》第二章“柳下惠爲士師,三黜。人曰:‘子未可以去乎?’曰:‘直道而事人,焉往而不三黜?枉道而事人,何必去父母之邦?’”第八章子謂柳下惠、少連:“降志辱身矣,言中倫,行中慮,其斯而已矣。”謂虞仲、夷逸:“隱居放言,身中清,廢中權。我則異於是,無可無不可。”

拙著《論語淺悟》對以上各章皆有解説,不妨作爲參考,或許能有助於對《孟子》此章的理解。兹不贅述。

10.2

【原文】

北宫錡問曰:“周室班爵禄也,如之何?”

孟子曰:“其詳不可得聞也,諸侯惡其害己也,而皆去其籍。然而軻也,嘗聞其略也。天子一位,公一位,侯一位,伯一位,子男同一位,凡五等也。君一位,卿一位,大夫一位,上士一位,中士一位,下士一位,凡六等。天子之制地方千里,公侯皆方百里,伯七十里,子男五十里,凡四等。不能五十里,不達於天子,附於諸侯曰附庸。天子之卿受地視侯,大夫受地視伯,元士受地視子男。大國地方百里,君十卿禄,卿禄四大夫,大夫倍上士,上士倍中士,中士倍下士,下士與庶人在官者同禄,禄足以代其耕也;次國地方七十里,君十卿禄,卿禄三大夫,大夫倍上士,上士倍中士,中士倍下士,下士與庶人在官者同禄,禄足以代其耕也;小國地方五十里,君十卿禄,卿禄二大夫,大夫倍上士,上士倍中士,中士倍下士,下士與庶人在官者同禄,禄足以代其耕也。耕者之所獲,一夫百畝,百畝之糞,上農夫食九人,上次食八人;中食七人,中次食六人;下食五人。庶人在官者,其禄以是爲差。”

【譯文】

北宫錡問道:“周朝頒布的爵禄等級呢,怎麽規定的?”

孟子説:“其詳情已不可能聽到了,因爲諸侯都憎惡那些規定妨害自己的行爲哩,所以都把那些規定從典籍中删去了。不過我孟軻呢,曾聽到過一些粗略的情形哩。是這樣:天下設有天子一級爵位,公一級爵位,侯一級爵位,伯一級爵位,子和男同爲一級爵位,共設五個等級嘛。諸侯國設國君一級爵位,卿一級爵位,大夫一級爵位,上士一級爵位,中士一級爵位,下士一級爵位，共設六個等級。天子所轄制的土地方圓千里，公爵侯爵都是方圓百里，伯爵七十里，子爵男爵都是五十里，共四個等級。不足五十里，不能到天子那兒朝會通其名的小國，附屬於諸侯稱附庸。天子的卿所受采地比照侯爵，大夫所受采地比照伯爵，元士所受采地比照子爵男爵。大國的土地方圓百里，國君的俸禄是卿的十倍，卿的俸禄是大夫的四倍，大夫是上士的一倍，上士是中士的一倍，中士是下士的一倍，下士跟在官府供職的庶人拿同樣的俸禄，其俸禄足以代替他們耕作之所得嘛；次國的土地方圓七十里，國君的俸禄是卿的十倍，卿的俸禄是大夫的三倍，大夫是上士的一倍，上士是中士的一倍，中士是下士的一倍，下士跟在官府供職的庶人拿同等的俸禄，其俸禄足以代替其耕作之所獲嘛；小國的土地方圓五十里，國君的俸禄是卿的十倍，卿的俸禄是大夫的兩倍，大夫是上士的一倍，上士是中士的一倍，中士是下士的一倍，下士跟在官府供職的庶人拿同等的俸禄，其俸禄足以代替其耕作之所獲嘛。耕者之所獲，一個農夫分田百畝，百畝農田都施上肥，上等農夫可供養九人，稍差些的可供養八人；中等農夫可供養七人，稍差些的可供養六人；下等農夫也可供養五人。在官府供職的庶人，其棒禄也用這種方式分出等差。”

【古注】

《注》 北宫錡，衛人。班，列也。問周家班列爵禄等差謂何？詳，悉也。不可得備知也。諸侯欲恣行，憎惡其法度妨害己之所爲，故滅去典籍。今《周禮》司禄之官無其職，是則諸侯皆去之，故使不復存也。軻，孟子名。略，麄也。言嘗聞其大綱如此，今考之《禮記·王制》則合也。公謂上公九命及二王後也。自天子以下列尊卑之位，凡五等。諸侯法天子，臣名亦有此六等，從君下至於士也。凡此四等，制地之等差也。天子封畿千里，諸侯方百里，象雷震也。小者不能特達於天子，因大國以名通曰附庸也。視，比也。天子之卿大夫士所受采地之制也。公侯之國爲大國，卿禄居於君禄十分之一也，大夫禄居於卿禄四分之一也，上士之禄居大夫禄二分之一也，中士下士轉相倍，庶人在官者未命爲士者也，其禄比上農夫。士不得耕，以禄代耕也。伯爲次國，大夫禄居卿禄三分之一也。子男爲小國，大夫禄居卿禄二分之一也。獲，得也。一夫一婦佃田百畝，百畝之田加之以糞是爲上農夫，其所得穀足以食九口。庶人在官者食禄之等差由農夫，有上中下之次，亦有此五等，若今之斗食佐史除吏也。《章指》言：聖人制禄，上下差叙，貴有常尊，賤有等威。諸侯僭越，滅籍從私，孟子略記，言其大綱，以答北宫子之問。

《集注》 當時諸侯兼并僭竊，故惡周制妨害己之所爲也。此班爵之制也，五等通於天下，六等施於國中。不能，猶不足也。小國之地不足五十里者，不能自達於天子，因大國以姓名通，謂之附庸。一夫一婦佃田百畝，加之以糞，糞多而力勤者爲上農，其所收可共九人；其次用力不齊，故有此五等。庶人在官者其受禄不同，亦有此五等也。愚按此章之説與《周禮》、《王制》不同，蓋不可考，闕之可也。程子曰："孟子之時，去先王未遠，載籍未經秦火，然而班爵禄之制已不聞其詳。今之禮書皆掇拾於煨燼之餘，而多出於漢儒一時之傅會，奈何欲盡信而句爲之解乎？然則其事固不可一二追復矣。”

《正義》《禮記正義》云：“鄭《目録》云：‘名曰《王制》者，以其記先王班爵授禄祭祀養老之法度，此於《别録》屬制度。《王制》之作，蓋在秦漢之際。’鄭答臨碩云：‘孟子當赧王之際，《王制》之作復在其後。’盧植云：‘漢孝文皇帝令博士諸生作此《王制》之書。’《周禮・春官・内史》：‘王制禄則贊爲之，以方出之。’鄭司農、鄭康成皆引《王制》以注之。”趙佑《温故録》云：“自當以《孟子》爲正，不必與《周禮》規規求合也。與《孟子》合者惟《王制》，猶不免有不合者，由其又在孟子後雜採遺文所致，即孟子亦第言聞其略也。鄭康成於《王制》與《周禮》不合處輒謂之夏殷制，皆求其説而不得，從而爲之辭而已。即如百里、七十里、五十里，孟子明言周室，得謂之夏殷制歟？於是又以開方法兩圓之。然子二百里、男百里，又何法？又豈所謂同一位者歟？唯其不必求合而必求合也。然則奚其不合？蓋注以‘《周禮》司禄官無其職’爲諸侯去籍證，《周禮》本不完之書，司禄之亡猶他官之闕，未必去籍獨去此，即去，亦其中一端。就《孟子》、《王制》所言之與《周禮》不合，初非獨此班爵禄事矣，是不足以定也。若謂盡去其合而獨存其不合，則是《周禮》一書已自有不能盡合之失，更不足以定也。彼其放恣横議之習已久，秦至敢於燔燒三代之書，諸侯皆秦也，何嫌於竄易一朝之制？去者既全去之，其姑存者争以意增損之，上下相蒙若爲故然，蓋所必至，不待劉歆之徒也。恐劉歆亦定負此枉於千古也。然則宜其不合之多矣。文景時去古尤近，諸儒纂輯《王制》何不就其所據書名人代明白標舉，而一概渾同，使後學至莫别其由然？斯則前儒之過歟！”翟灝《考異》云：“《周禮》司禄之官，今無其職，趙氏據此爲戰國諸侯去籍之證。孟子於典籍既亡之後側聞其略，自不能顜若畫一，且有嫌於時君之争并無厭也，故於所聞異詞中，寧信其數之少，而不肯失之多。若《王制》，乃漢文帝敕令博士諸生採集傳記，斟酌損益，以成其篇，制禄爵節明屬採自《孟子》。時《周禮》未顯於世，諸博士猶不及見之，故惟以《孟子》一書爲本，其所以微有異同，正博士之所斟酌損益，何可轉據之議《孟子》乎？”《禮記・王制》云：“王者之制禄爵：公侯伯子男，凡五等。”彼言王者之制，故不數天子，與此異。《白虎通・爵篇》云：“天子者，爵稱也。爵所以稱天子者何？王者父天母地，爲天之子也。所以名之爲公侯者何？公者，通也，公正無私之意也；侯者，候也，候逆順也；伯者，白也；子者，孳也，孳孳無已也；男者，任也。”顧炎武《日知録》云：“爲民而立之君，故班爵之意，天子與公侯伯子男一也，而非絶世之貴。代耕而賦之禄，故班禄之意，君卿大夫士與庶人在官一也，而非無事之食。是故知天子一位之意，則不敢肆於民上以自尊；知禄以代耕之義，則不敢厚取於民以自奉。不明乎此而侮奪人之君，常多於三代以下矣。”《王制》云：“天子之田方千里，公侯田方百里，伯七十里，子男五十里。不能五十里者，不合於天子，附於諸侯曰附庸。”注云：“不合，謂不朝會也，小城曰附庸。附庸者，以國事附於大國，未能以其名通也。”孔廣森《經學卮言》云：“不達於天子者，《春秋》所謂未能以其名通也。《繁露》曰：‘附庸，字者方三十里，名者方二十里，人氏者方十五里。’《書大傳》曰：‘古者諸侯始受封則有采地，百里諸侯以三十里，七十里諸侯以二十里，五十里諸侯以十五里。其後子孫雖有罪黜，其采地不黜，使其子孫賢者守之，世世以祠其始受封之人，此之謂興滅國，繼絶世。然則附庸多亡國之後，先世有功德者，故追禄之，使世食其采，以臣屬於大國。三十里者，其先公侯也；二十里者，其先伯也；十五里者，其先子男也。’董仲舒説正與《書傳》相合。”

【淺悟】

本章只能視爲封建時代珍貴的歷史資料。焦氏正義所引各家之説，值得細心玩味。

10.3

【原文】

萬章問曰:"敢問友?"

孟子曰:"不挾長,不挾貴,不挾兄弟而友。友也者,友其德也,不可以有挾也。孟獻子,百乘之家也,有友五人焉:樂正裘、牧仲,其三人則予忘之矣。獻子之與此五人者友也,無獻子之家者也;此五人者,亦有獻子之家,則不與之友矣。非惟百乘之家爲然也,雖小國之君亦有之。費惠公曰:'吾於子思則師之矣,吾於顔般則友之矣,王順、長息則事我者也。'非惟小國之君爲然也,雖大國之君亦有之。晉平公之於亥唐也,入云則入,坐云則坐,食云則食,雖蔬食菜羹未嘗不飽,蓋不敢不飽也。然終於此而已矣:弗與共天位也,弗與治天職也,弗與食天禄也,士之尊賢者也,非王公之尊賢也。舜尚見帝,帝館甥于貳室,亦饗舜,迭爲賓主,是天子而友匹夫也。用下敬上,謂之貴貴;用上敬下,謂之尊賢。貴貴尊賢,其義一也。"

【譯文】

萬章問道:"敢問怎樣結交?"

孟子説:"不自恃年長,不自恃尊貴,不倚恃族親的權勢而結交。結交的本質呢,結交其德行嘛,不可以有所倚恃嘛。比如孟獻子,是位擁有百輛兵車的卿大夫哩,結交的五人有:樂正裘、牧仲,其他三人是誰被我給忘了呀。獻子他跟這五人的結交呢,心中早已没有了他獻子的卿大夫地位嘛;這五人呢,如果内心存有獻子的卿大夫地位,就不會跟他結交了呀。不光擁有百輛兵車的卿大夫是這樣哩,即使小國的國君也有這類情形。費惠公説:'我結交子思乃是以師禮待他呀,我結交顔般乃用友人之禮待他而已,結交的王順、長息乃是服事我的人嘛。'非但小國之君是這樣哩,就連大國的國君也有這類實例。晉平公對待隱居陋巷的亥唐呢,亥唐説進屋才進屋,説坐才坐,説吃飯才吃,雖是粗飯配菜湯,却未曾不吃飽,因爲不敢不吃飽嘛。不過平公只能做到這一步爲止而已呀:不能跟亥唐共掌王位嘛,不能跟他共同治理天職嘛,不能跟他共享天禄嘛,這是以普通人士的身份尊敬賢者的做法嘛,而不是以王公大人的身份尊賢哩。舜還在耕田時上來拜見堯帝,堯帝安排這位女婿住在副宫,而且宴饗舜,輪番擔任賓主,天子就該這樣結交匹夫嘛。以下敬上,是指尊重顯貴説的;以上敬下,是指尊敬賢者説的。尊重顯貴和尊敬賢者,其涵義是一致的嘛。"

【古注】

《注》 問朋友之道也。長,年長;貴,貴勢;兄弟,兄弟有富貴者。不挾是乃爲友,謂相友以德也。獻子,魯卿,孟氏也,有百乘之賦。樂正裘、牧仲其五人者,皆賢人無位者也。此五人者,自有獻子之家,富貴而復有德,不肯與獻子友也。獻子以其富貴下此五人,五人屈禮而就之也。小國之君,若費惠公者也。王順長息德不能見師友,故曰事我者也。大國之君,如晉平公者也。亥唐,晉賢人也,隱居陋巷者。平公嘗往造之,亥唐言入平公乃入,言坐乃坐,言食乃食也。蔬食,糲食也。不敢不飽,敬賢也。終於此,平公但以禮下之而已。位、職、禄,皆天之所以授賢者,而平公不與亥唐共之,而但卑身下之,是乃匹夫尊賢之禮耳。王公尊賢,當與共天職也。尚,上也。舜在甽畝之時,堯友禮之。舜上見堯,堯舍之於貳室。貳室,副宫也。堯亦就饗舜之所設,更迭爲賓主。禮謂妻父曰外舅,謂我舅者吾謂之甥。堯以女妻舜,故謂舜甥,卒與之天位,是天子之友匹夫也。下敬上,臣恭於君也;上敬下,君禮於臣也。皆禮所尚,故云其義一也。《章指》言:匹夫友賢,下之以德;王公友賢,授之以爵。大聖之行,千載爲法者也。

《集注》 挾者,兼有而恃之之稱。孟獻子,魯之賢大夫仲孫蔑也。張子曰:"獻子忘其勢,五人者忘人之勢。不資其勢而利其有,然後能忘人之勢。若五人者有獻子之家,則反爲獻子之所賤矣。"惠公,費邑之君也。師,所尊也;友,所敬也;事我者,所使也。亥唐,晉賢人也,平公造之,唐亥入公乃入,言坐乃坐,言食乃食也。范氏曰:"位曰天位,職曰天職,禄曰天禄,言天所以待賢人使治天民,非人君所得專者也。"貴貴尊賢,皆事之宜者,然當時但知貴貴而不知尊賢,故孟子曰其義一也。此言朋友人倫之一,所以輔仁,故以天子友匹夫而不爲詘,以匹夫友天子而不爲僭。此堯舜所以爲人倫之至,而孟子言必稱之也。

《正義》 趙氏以挾貴爲挾在己身之富貴,挾兄弟爲挾兄弟之富貴,兄弟即包上貴字而言。江永《羣經補義》云:"古人以昏姻爲兄弟,如張子之於二程,程允夫之於朱子,皆有中表之親,既爲友則有師道,不可謂我與彼爲姻親,有疑不肯下問也。挾兄弟而問與挾故而問相似。俗解謂不挾兄弟多人而友,兄弟多人有何可挾乎?須辨别之。"趙佑《温故録》云:"兄弟,等夷之稱。必其人之與己等夷而後友之,則不肯與勝己處,不能不恥下問矣。兄弟有富貴者,則仍挾貴意耳。"趙氏以無獻子之家爲賢人無位,有獻子之家爲富貴而復有德。舊疏云:"此五人如亦有獻子之家富貴,則不與獻子爲友,無他,以其兩貴不能以相下故也。獻子與之爲友,則以貴下賤故也。"近時通解"無獻子之家",謂視之若無,不歆羡之也;"有獻子之家",謂有之爲重也。五人知有獻子之家,則知有貴;知有貴,則獻子不與之友。知有獻子之貴則獻子不與友,獻子之不挾貴可知。《太平御覽》引皇甫士安《高士傳》云:"亥唐者,晉人也。晉平公時朝多賢臣,祁奚、趙武、師曠、叔向皆爲卿大夫,名顯諸侯;唐獨不官,隱於窮巷。平公聞其賢,致禮與相見而請事焉。平公待於門,唐曰入公乃入,唐曰坐公乃坐,唐曰食公乃食.唐之食公也,雖蔬食菜羹公不敢不飽。"《史記・晉世家》:"悼公卒,子平公彪立。"趙佑《温故録》云:"晉平承悼公復伯之烈而不能繼興,悼之末年已不免弛,平益替焉。湨梁盟而大夫張,平邱盟而諸侯散,自是天下變亟,六卿禍成,方且違叔向築虒祁,其不知求賢輔國亦甚矣。區區禮一亥唐,不過取快佚遊,苟圖虚譽,非有'示我周行'之誠,唐復無可表見,即使不終於此,而與共職位,豈遂能破相疑之勢,樹疏逖之勳哉?孟子持以爲友道證,未暇深論晉本末也。"

【淺悟】

友,有友人、結交等義。孟子本章所説的幾種交友所持的態度,無疑都是很可貴的。

只可惜論及晉平公與亥唐的交往,正如趙佑《温故禄》所云:"未暇深論晉本末也。"若深論晉本末,晉平公之下友亥唐,則不能没有沽名釣譽之嫌。

10.4

【原文】

萬章曰:"敢問交際何心也?"

孟子曰:"恭也。"

曰:"卻之卻之爲不恭,何哉?"

曰:"尊者賜之,曰其所取之者,義乎不義乎,而後受之,以是爲不恭,故弗卻也。"

曰:"請無以辭卻之,以心卻之,曰其取諸民之不義也,而以他辭無受,不可乎?"

曰:"其交也,以道;其接也,以禮。斯孔子受之矣。"

萬章曰:"今有禦人於國門之外者,其交也,以道;其餽也,以禮。斯可受禦與?"

曰:"不可。《康誥》曰:'殺越人于貨,閔不畏死,凡民罔不譈。'是不待教而誅者也。殷受夏,周受殷,所不辭也。於今爲烈,如之何其受之?"

曰:"今之諸矦取之於民也,猶禦也。苟善其禮際矣,斯君子受之,敢問何説也?"

曰:"子以爲有王者作,將比今之諸矦而誅之乎?其教之不改而後誅之乎?夫謂非其有而取之者,盜也,充類至義之盡也。孔子之仕於魯也,魯人獵較。孔子亦獵較。獵較猶可,而況受其賜乎!"

曰:"然則孔子之仕也,非事道與?"

曰:"事道也。"

"事道,奚獵較也?"

曰:"孔子先簿正祭器,不以四方之食供簿正。"

曰:"奚不去也?"

曰:"爲之兆也。兆足以行矣,而不行,而後去,是以未嘗有所終三年淹也。孔子有見行可之仕,有際可之仕,有公養之仕。於季桓子,見行可之仕也;於衛靈公,際可之仕也;於衛孝公,公養之仕也。"

【譯文】

萬章問:"敢問交際應持怎樣的心態呢?"

孟子説:“心存恭敬嘛。”

又問:“一再推卻人家的禮物便是不恭敬,爲什麽啊?”

孟子説:“比如尊長賞賜禮品,暗自問其所賜禮品的取得合不合乎道義,然後接受下來,這樣做便是不恭敬,所以不可推卻嘛。”

又問:“請教時不使用言辭推卻禮品,只在心裏推卻,暗自説此禮品是從民間索取的不義之物哩,再用其他託辭不予收受,不可以嗎?”

孟子説:“他來交往呢,合乎正道;他來接近呢,遵照禮數。這種禮品孔子都會收受呀。”

又問:“假如現在有個强盗拿着在國門之外搶劫的財物,他來交往呢,也遵照正道;他的餽贈呢,也合乎禮數。這種劫得的財物可收受麽?”

孟子説:“不可。《尚書·康誥》中周公告誡康叔説:‘殺人越貨,凶悍不怕死,凡是人没有不憎恨的。’這種人不需等待國君的教命就可誅討嘛。殷朝接受了夏朝此法,周朝接受了殷朝此法,遭遇此事不需言辭向上詢問嘛。如今殺人越貨更爲猛烈,怎麽能接受其餽贈?”

又問:“如今的諸侯向民間横征暴斂榨取財物,猶如强盗哩。如果他們以妥善的禮數來交際,君子就會接受其禮物,敢問您有何説法呢?”

孟子説:“你以爲有賢王興起,將會對如今所有的諸侯挨個盡行誅討嗎?還是經過教育仍不悔改之後再誅討他們呢?一般稱不是自己的東西而强行奪取的人,才是强盗哩,諸侯收取的賦税只是太過分了嘛。孔子在魯國當官時呢,官員們田獵時互相争奪獵物,孔子也參與争奪。争奪獵物尚且許可,何況受其賞賜呀!”

又問:“那麽孔子的出仕呢,不是爲了推行其道麽?”

孟子説:“當然爲了推行其道嘛。”

“爲了推行其道,爲何參與争奪獵物呢?”

孟子説:“孔子先糾正簿書記録錯誤的祭器,這樣就不能使用四方各地的珍禽異獸供奉在簿書正確的祭器上。此乃參與獵較的目的。”

又問:“孔子不得行道,爲何不離去呢?”

孟子説:“他要爲魯國正本造始嘛。開始順利便足以推行其道呀,如果不見用,然後離去,因此未曾在一國淹留三年的經歷嘛。孔子有因行道被認可的出仕,有因接待尚可的出仕,有因公室以禮養賢的出仕。在季桓子掌國政時,即因行道被認可的出仕嘛;在衛靈公時期,即因接待尚可的出仕嘛;在衛孝公時期,即因公室以禮養賢的出仕嘛。”

【古注】

《注》 際，接也。問交接道當執何心爲可者。當執恭敬爲心。萬章問卻不受尊者禮謂之不恭，何然也？孟子曰，今尊者賜己、己問其所取此物寧以義乎得無不義，乃後受之，以是爲不恭，故不當問尊者不義而卻之也。萬章曰，請無正以不義之辭卻也，心知其不義以他辭讓無受之，不可邪？孟子言其來求交己以道理，其接待己有禮者，若斯孔子受之矣，言可受也。禦人，以兵禦人而奪之貨。如是而以禮道來交接己，斯可受乎？孟子曰不可受也。《康誥》，《尚書》篇名。周公戒成王封康叔。越、于皆於也。殺於人、取於貨，閔然不知畏死者。譈，殺也。凡民無不得殺之者也。若此之惡不待君之教命遭人則討之。三代相傳以此法，不須辭問也。於今爲烈烈明法，如之何受其餽也？萬章曰，今諸侯賦稅於民不由其道，履畝强求猶禦人也。苟善其禮以接君子，君子且受，受之何說也？君子，謂孟子。孟子謂萬章曰，子以爲後如有聖人興作，將比地盡誅今之諸侯乎？將教之其不改者乃誅之乎？言必教之，誅其不改者也。殷之衰亦猶周之末，武王不盡誅殷之諸侯，滅國五十而已，知後王者亦不盡誅也。謂非其有而竊取之者爲盜。充，滿；至，甚也。滿其類大過至者，但義盡耳，未爲盜也。諸侯本當稅民之類者，今大盡耳，亦不可比於禦。孔子隨魯人之獵較，獵較者，田獵相較奪禽獸，得之以祭，時俗所尚，以爲吉祥。孔子不違而從之，所以小同於世也。獵較尚猶可爲，況受其賜而不可也？萬章問孔子之仕，非欲事行其道與？孟子曰，孔子所仕者，欲事行其道。萬章曰，孔子欲事道，如何可獵較也？孟子曰，孔子仕於衰世，不可卒暴改戾，故以漸正之，先爲簿書，以正其宗廟祭祀之器，即其舊禮，取備於國中，不以四方珍食供其所簿正之器，度珍食難常有，乏絶則爲不敬，故較獵以祭也。萬章曰，孔子不得行道，何爲不去？兆，始也。孔子每仕，常爲之正本造始，欲以次治之而不見用，占其事始而退。足以行之矣而君不行也，然後則孔子去矣。終者，竟也。孔子未嘗得竟事一國也，三年淹留而不去者也。行可，冀可行道也。魯卿季桓子秉國之政，孔子仕之，冀可得因之行道也。際，接也。衛靈公接遇孔子以禮，故見之也。衛孝公以國君養賢者之禮養孔子，故宿留以答之矣。《章指》言：聖人憂民，樂行其道，苟善辭命，不忍逆距，不合則去，亦不淹久，蓋仲尼行止之節也。

《集注》 交際，謂人以禮儀幣帛相交接也。萬章疑交際之間有所卻者，人便以爲不恭，何哉？孟子言，尊者之賜，而心竊計其所以得此物者未知合義與否，必其合義然後可受，不然則卻之矣，所以卻之爲不恭也。禦，止也，止人而殺之，且奪其貨也。國門之外，無人之處也。萬章以爲苟不問其物之所以來，而但觀其交接之禮，則設有禦人者用其禦得之貨以禮餽我，則可受之乎？《康誥》，《周書》篇名。越，顛越也；今《書》閔作愍；譈作憝，怨也；無"凡民"二字。言殺人而顛越之，因取其貨，閔然不知畏死，凡民無不怨之。孟子言此乃不待教戒而當即誅者也，如何而可受之乎？"殷受"至"爲烈"十四字語意不倫，李氏以爲此必有斷簡或闕文者，近之。而愚意其直爲衍字耳，然不可考，姑闕之可也。言今諸侯之取於民固多不義，然有王者起，必不連合而盡誅之，必教之不改而後誅之，則其與禦人之盜不待教而誅者不同矣。夫禦人於國門之外與非其有而取之，二者固皆不義之類，然必禦人乃爲真盜。其謂非有而取爲盜者，乃推其類，至於義之至精至密之處而極言之耳，非便以爲真盜也。然則今之諸侯雖曰取非其有，而豈可遽以同於禦人之盜也哉？又引孔子之事以明世俗所尚猶或可從，況受其賜，何爲不可乎？獵較，未詳，趙氏以爲田獵相較奪禽獸以祭，孔子不違，所以小同於俗也；張氏以爲獵而較所獲之多少也，二說未知孰是。事道者，以行道爲事也。"先簿正祭器"，未詳。徐氏曰："先以簿書正其祭器使有定數，而不以四方難繼之物實之。夫器有常數，實有常品，則其本正矣。彼獵較者，將久而自廢矣。"未知是否也。兆，猶卜之兆，蓋事之端也。孔子所以不去者，亦欲小試行道之端以示於人，使知吾道之果可行也。若其端既可行而人不能遂行之，然後不得已而必去之。蓋其去雖不輕而亦未嘗不決，是以未嘗終三年留於一國也。"見可行"，見其道之可行也。"際可"，接遇以禮也。"公養"，國君養賢之禮也。季桓子，魯卿季孫斯也。衛靈公，衛侯元也；孝公，《春秋》《史記》皆無之，疑出公輒也。於魯，則兆足以行矣而不行，然後去；而於衛之事，則又受其交際問饋而不卻之一驗也。尹氏曰："不聞孟子之義，則自好者爲於陵仲子而已。聖賢辭受進退惟義所在。"愚按：此章文義多不可曉，不必彊爲之説。

《正義》 禦人，《尚書・牧誓》"弗禦克奔"，鄭注云："禦，彊禦，謂彊暴也；克，殺也。不得暴殺紂師之奔走者。"然則禦人於國門之外，即暴人於國門之外也。王鳴盛《尚書後案》云："《詩・大雅・蕩》云'曾是彊禦'，毛傳：'彊禦，彊梁禦善也。'《崧高》'不畏彊禦'，疏亦云：'彊梁禦善之人。'趙岐注'禦人以兵'，古者扞人以兵曰禦，以兵傷人亦曰禦也。"受禦，謂受此所禦得之貨。"充類至義之盡"，充類，謂已盈滿其法式，乃於法式之外又多取之，則是充類而又太甚，是爲充類至。充類至，則是爲義之盡。義者，宜也；盡亦至也。諸侯本當税民之類者，當字解義字。取税於民本爲義類，但於所當取之法式爲太甚，故爲義之盡。趙氏以太釋盡，明盡與至其義一也。與盜爲非類，故不可比於禦。周炳中《辨正》云："王罕皆謂較奪禽獸以祭，正與下正祭器相應，趙義爲長。愚謂不特此也，《周禮》獲禽者取左耳，及弊田，植虞旗，致禽而珥焉。言致禽於旗下，取耳以較所獲之多少。則獵而較獲，正禮之所有，不得爲弊俗，故趙説爲長。然孟子引此正以較奪禽獸與取非其有一例，故舉以相形。若作比較解，則與取民猶禦豪無干涉，下文不當云'獵較猶可，況受其賜矣'。嘗推求獵較之故，大抵出於魯之三家，非田獵之百姓相較奪也。襄三十年《傳》：'鄭豐卷將祭，請田，子産弗許曰：惟君用鮮，衆給而已。'是因祭而獵，惟諸侯得行之，而大夫不與焉。魯自三家僭竊，禮則擬於君，祀則豐於昵，務以多品異物爲觀美，於是有田獵較奪之事。若謂魯人之習俗如是，則孔子爲政能使市不飾賈，塗不拾遺，而獨不能變此陋習乎？"且庶民有何祭器？庶民之祭豈得用四方之食而煩孔子之簿正邪？知此則無疑於趙氏較奪之説矣。"趙氏以孔子仕衰世，不可遽然矯戾改變其俗，先此宗廟祭祀之器且有不正者，不獨獵較也。若一時既正其祭器，又禁其獵較，則卒暴難行，故正之以漸，先簿正其祭器，不即禁其獵較也。張爾岐《蒿菴閒話》云："夫子欲革其俗，故先簿正祭器，使上下尊卑祭有常器，器有常品，用三鼎五鼎者乃有獸腊，庶人只用特牲，則所獲兔麋之屬皆不得用，而人將漸知顧禮，覺其較奪之非。"《史記・孔子世家》云："定公十四年，孔子年五十六，由大司寇行攝相事，誅魯大夫亂政者少正卯，與聞國政三月，粥羔豚者弗飾賈，男女行者别於塗，塗不拾遺，四方之客至乎邑者不求有司，皆予之以歸。"是所爲行可之仕也。又云："齊人聞而懼曰：'孔子爲政必霸，霸則吾地近焉，我之爲先并矣。'於是送齊國中女子好者八十人，皆衣文衣而舞《康樂》，文馬三十駟，遺魯君。陳女樂文馬於魯城南高門外，季桓子微服往觀再三，將受，乃語魯君爲周道遊，往觀終日，怠於政事。桓子卒受齊女樂，三日不聽政，郊又不致膰俎於大夫。孔子遂行，宿乎屯，而師己送曰：'夫子則非罪？'孔子曰：'吾歌可夫？'歌曰：'彼婦之口，可以出走；彼婦之謁，可以死敗。蓋優哉游哉，維以卒歲！'師己反，桓子曰：'孔子亦何言？'師己以實告。桓子喟然歎曰：'夫子罪我以羣婢故也夫！'"然則孔子之仕魯，以季桓子不違；去魯，以季桓子之受女樂，故云於季桓子見行可之仕也。周炳中《辨正》云："《史記》：'孔子在衛，衛靈公致粟六萬。'此固公養之實據。然以其接遇有禮，不徒能養，故曰際可之仕，則非公養之仕矣。"毛奇齡《四書賸言》云："《春秋》、《史記》並無孝公，惟夫子於衛靈死後，在哀七年當出公輒時亦曾至衛。但出公並不謚孝。然舍此又别無他公往來，疏謂仍是靈公。《史記・春秋年表》：'衛靈公三十八年，孔子來，禄之如魯。'又《孔子世家》：'衛靈公問孔子居魯得禄幾何，對曰奉粟六萬。衛人亦致粟六萬。'此正公養之實據。然明明有孝公字，豈可不信《孟子》而反信《史記》？惟趙岐注：'衛孝公以國君養賢之禮養孔子，故孔子爲宿留以答之。'其曰'養賢之禮'，曰'宿留'，似古原有成文而邠卿引之者，漢去古未遠，必有師承，未可以今世所見疑古人也。"翟灝《考異》云："衛輒使石曼姑率師距蒯聵於戚，《公羊傳》云：'固可以距之也。'輒以王父命辭父命，是父之行乎子也；以家事辭王事，是上之行乎下也。故《檀弓》正義謂'衛輒拒父'，而《公羊》以爲'孝子'，後儒之論且然，則當時臣下之謚以掩非，想自有之矣。若其一人兩謚，更無足怪。蒯聵謚莊公，《漢書·人表》謂之簡公，則亦嘗有兩謚。"趙佑《温故録》云："《謚法解》無出，衛孝公即出公輒無疑。出公者，特當其出奔在外之稱，及後返國稱後元年，二十一年卒，而謚爲孝，史不備耳。經每有可以正史者。"周炳中《辨正》云："蓋出公繼立時，孔子又嘗過衛，大約其致粟仍襲靈公之舊，而禮遇不深，故第爲公養之仕耳。"宿留，詳見《公孫丑篇》。

【淺悟】

閔通暋，强悍之義。譈，讀音 duì(ㄉㄨㄟˋ)，通憝，怨恨、憎惡之義。較通角，讀音 jué(ㄐㄩㄝˊ)。

"殷受夏，周受殷，所不辭也，於今爲烈"和"充類至義之盡也"兩語，應當是各自上下文的橋梁。然從字面看，似乎起不到橋梁作用。所以譯文只能從各家注解中選擇那種既能起到橋梁作用，又不失原文字面之義的説法作填補，能否符合孟子的本意，只得有待來者辯正了。

《禮記·檀弓下》中有這樣的記載：孔子過泰山側，有婦人哭於墓者而哀。夫子式而聽之，使子路問之。而曰："昔者吾舅死於虎，吾夫又死於虎，今吾子又死焉!"夫子曰："何爲不去?"曰："無苛政。"夫子曰："小子識之，苛政猛於虎也。"

老虎凶猛，尚可躲避，且能使苛政不敢進山。由此可見，百姓對横征暴斂的貪官污吏有多麽恐懼和憎惡！他們跟殺人越貨的强盜有何區别？對待這種猛於虎的苛政制造者，難道不適用於"不待教而誅者"嗎？却説什麽"其交也以道，其接也以禮，斯孔子受之矣"。這種不分青紅皂白的交接，不符合孔子"無友不如己者"的教誨。如果因孔子也參與了獵較，便認定可以接受贜官的賞賜，那麽孔子所教誨的"富與貴，是人之所欲也，不以其道得之，不處也"這句名言，又當怎樣理解？

10.5

【原文】

孟子曰："仕非爲貧也，而有時乎爲貧；娶妻非爲養也，而有時乎爲養。爲貧者，辭尊居卑，辭富居貧。辭尊居卑，辭富居貧，惡乎宜乎？抱關擊柝。孔子嘗爲委吏矣，曰會計當而已矣；嘗爲乘田矣，曰牛羊茁壯長而已矣。位卑而言高，罪也；立乎人之本朝而道不行，恥也。"

【譯文】

孟子説："出仕並非因爲家貧嘛，然而有時確乎因爲家貧；娶妻並非專爲奉養父母嘛，然而有時確乎專爲奉養父母。爲了家貧而出仕的話，應當辭謝尊位甘居卑位，辭謝厚禄甘處薄禄。辭謝尊位厚禄，甘居卑位薄禄，怎樣的職位才適宜呀？諸如守門打更之類小吏皆可。孔子曾擔任過保管倉庫的委吏，他説把財務出納的帳目管理得當就行了呀；還曾擔任過管理牧場飼養六畜的乘田，他説能使牛羊茁壯生長就行了呀。職位卑賤却議論高官的政事，乃罪過哩；站在人家朝廷的高位上却使正道不得通行，可恥哩。"

【古注】

《注》 仕本爲行道濟民也，而有以居貧親老而仕者；娶妻本爲繼嗣也，而有以親執釜竈、不擇妻而娶者。爲貧之仕當讓高顯之位，無求重禄。辭尊富者安所宜乎？宜居抱關擊柝監門之職也。柝，門關之木也；擊，椎之也。或曰柝，行夜所擊木也，《傳》曰"魯擊柝聞於邾"。孔子嘗以貧而禄仕。委吏，主委積倉庾之吏也，不失會計當直其多少而已。乘田，苑囿之吏也，主六畜之芻牧者也，牛羊茁壯肥好長大而已。茁，生長貌也，《詩》云"彼茁者葭"。位卑不得高言豫朝事，故但稱職而已。立本朝，大道當行，不行爲己之恥。是以君子禄仕者不處大位。《章指》言：國有道則能者取卿相，國無道則聖人居乘田。量時安卑，不受言責，獨善其身之道也。

《集注》 仕本爲行道，而亦有家貧親老或道與時違而但爲禄仕者，如娶妻本爲繼嗣，而亦有爲不能親操井臼而欲資其饋養者。貧富，謂禄之厚薄，蓋仕不爲道已非出處之正，故其所居但當如此。蓋爲貧者雖不主於行道，而亦不可以苟禄，故惟抱關擊柝之吏位卑禄薄，其職易稱，爲所宜居也。李氏曰："道不行矣，爲貧而仕者，此其律令也。若不能然，則是貪位慕禄而已矣。"委吏，主委積之吏也；乘田，主苑囿芻牧之吏也。言以孔子大聖而嘗爲賤官不以爲辱者，所謂爲貧而仕，官卑禄薄而職易稱也。以出位爲罪，則無行道之責；以廢道爲恥，則非竊禄之官：此爲貧者之所以必辭尊富而寧處貧賤也。尹氏曰："言爲貧者不可以居尊，居尊者必欲以行道。"

《正義》 《韓詩外傳》云："曾子仕於莒，得粟三秉，方是之時，曾子重其禄而輕其身。親没之後，齊迎以相，楚迎以令尹，晉迎以上卿，方是之時，曾子重其身而輕其禄。懷其寶而迷其國者，不可與語仁；窘其身而約其親者，不可與語孝。任重道遠者，不擇地而息；家貧親老者，不擇官而仕。"《烈女傳·賢明篇》："周南之妻云：家貧親老，不擇官而仕；親操井臼，不擇妻而娶。"

【淺悟】

惡，讀音 wū(ㄨ)。柝，讀音 tuò(ㄊㄨㄛˋ)。乘，讀音 shèng(ㄕㄥˋ)。

《論語·述而篇》子曰："富而可求也，雖執鞭之士吾亦爲之；如不可求，從我所好。"《泰伯篇》子曰："邦無道，富且貴焉，恥也。"又曰："不在其位，不謀其政。"《憲問篇》曾子曰："君子思不出其位。"

以上各主張，恰似孟子本章所論之依據。

10.6

【原文】

萬章曰："士之不託諸侯，何也？"

孟子曰："不敢也。諸侯失國而後託於諸侯，禮也；士之託於諸侯，非禮也。"

萬章曰："君餽之粟，則受之乎？"

曰受之。

"受之何義也？"

曰："君之於氓也，固周之。"

曰："周之則受，賜之則不受，何也？"

曰："不敢也。"

曰："敢問其不敢何也？"

曰："抱關擊柝者皆有常職以食於上，無常職而賜於上者，以爲不恭也。"

曰："君餽之則受之，不識可常繼乎？"

曰："繆公之於子思也，亟問，亟餽鼎肉，子思不悦，於卒也，摽使者出諸大門之外，北面稽首再拜而不受，曰：'今而後知君之犬馬畜伋。'蓋自是臺無餽也。悦賢不能舉，又不能養也，可謂悦賢乎？"

曰："敢問國君欲養君子，如何斯可謂養矣？"

曰："以君命將之，再拜稽首而受。其後廩人繼粟，庖人繼肉，不以君命將之。子思以爲鼎肉使己僕僕爾亟拜也，非養君子之道也。堯之於舜也，使其子九男事之，二女女焉，百官牛羊倉廩備，以養舜於畎畝之中，後舉而加諸上位，故曰王公之尊賢者也。"

【譯文】

萬章問："處士不寄託在諸侯門下，爲什麽呢？"

孟子説："不敢嘛。諸侯失去國家之後寄託在其他諸侯門下，這才符合禮制嘛；處士寄託在諸侯門下，不符合禮制規定嘛。"

又問："國君餽贈給他糧食，敢接受嗎？"

回答接受下來。

"以什麽名義接受呢？"

答道："國君對待流亡的難民呢，本來就應周濟他們。"

又問："周濟的名義就接受，賞賜的名義就不接受，爲什麽呢？"

答道："不敢接受賞賜嘛。"

"敢問他爲什麽不敢接受呢？"

答道："守門打更的人，都有固定職務以領取上面的俸禄，没有固定職務如果接受上面賞賜的話，就會認爲不恭敬哩。"

問：'國君餽贈的就接受下來，不知這種餽贈能經常繼續嗎？'

答："魯繆公對待子思呢，頻繁問候，頻繁餽贈鼎肉，子思不高興，末後這次呢，揮手把繆公派來的人趕出大門之外，面朝北拱手再拜叩頭至地而且不接受鼎肉，説道：'從今以後知道國君像畜養犬馬一樣對待我孔伋。'大概自此臺人没有再來餽贈嘛。喜愛賢士既不能舉用，又不能依禮奉養，能稱得上喜愛賢士嗎？"

"敢問國君想要奉養君子，怎麼做才可以稱得上奉養啊？"

答："初次餽贈以國君的名義送給君子，君子便會兩次拱手揖拜叩頭至地接受餽贈。其後只派掌管倉廩的官員繼續送糧，掌管庖廚的官員繼續送肉，不再以國君的名義餽贈。子思認爲每送一次鼎肉都得使自己極煩瑣地頻頻下拜，這不是奉養君子的正道嘛。堯對待舜呢，指使自己的九個兒子服事他，兩個女兒嫁給他，各類官吏、牛羊、倉廩一應齊備，以供養身在畎畝之中的舜，後來又把他舉薦到最高的位置上，所以説這才是王公的尊賢之道嘛。"

【古注】

《注》 託，寄也。謂若寄公食禄於所託之國也。謂士位輕，本非諸矦敵體，故不敢比失國諸矦得爲寄公也。士窮而無禄，君餽之粟，則可受之乎？孟子曰受之也。萬章曰受粟何意也？氓，民也。孟子曰，君之於民，固當周其窮乏，況於士乎？萬章言士窮，君周之則受，賜之則不受，何也？周者，謂周急稟貧民之常科也；賜者，謂禮貺横加也。孟子曰士不敢受賜。萬章問何爲不敢？孟子曰，有職事者可食於上禄；士不仕，自以不任職事而空受賜爲不恭，故不受也。萬章曰，君禮餽賢臣，賢臣受之，不知可繼續而常來致之乎？將當輒更以君命將之也。孟子曰，魯繆公時尊禮子思，數問，數餽鼎肉，子思以君命煩，故不悦也。於卒者，末後復來時也。摽，麾也。麾使者出大門之外，再拜叩頭不受，曰今而後知君犬馬畜伋。伋，子思名也。責君之不優以不煩，而但數與之食物，若養犬馬。臺，賤官主使令者。《傳》曰"僕臣臺"。從是之後，臺不持餽來，繆公愠也。愠，恨也。孟子譏繆公之雖欲有悦賢之意，而不能舉用使行其道，又不能優養終竟之，豈可謂能悦賢也？萬章問國君養賢之法也。將者，行也。孟子曰，始以君命行，禮拜受之，其後倉廩之吏繼其粟，將盡復送，廚宰之人日送其肉，不復以君命者，欲使賢者不答以敬，所以優之也。子思所以非繆公者，以爲鼎肉使己數拜故也。僕僕，煩猥貌。謂其不得養君子之道也。堯之於舜如是，是王公尊賢之道也。九男以下已説於上篇。上位，尊帝位也。《章指》言：知賢之道，舉之爲上，養之爲次，不舉不養，賢惡肯歸？是以孟子上陳堯舜之大法，下刺繆公之不宏。

《集注》 託，寄也，謂不仕而食其禄也。古者諸矦出奔他國，食其廩餼，謂之寄公。士無爵土，不得比諸矦，不仕而食禄則非禮也。周，救也。視其空乏則周恤之無常數，君待民之禮也。鼎肉，熟肉也。數以君命來餽，當拜受之，非養賢之禮，故不悦，而於其末後復來餽時，麾使者出，拜而辭之。犬馬畜伋，言不以人禮待己也。臺，賤官，主使令者。蓋繆公愧悟，自此不復令臺來致餽也。舉，用也。能養者未必能用，況又不能養乎？初以君命來餽則當拜受，其後有司各以其職繼續所無，不以君命來餽，不使賢者有亟拜之勞也。能養能舉，悦賢之至也，惟堯舜爲能盡之，而後世之所當法也。

《正義》 《方言》云："託，寄也。"凡寄爲託，《儀禮・喪服傳》齊衰三月章"寄公爲所寓"，傳曰：

"寄公者何也？失地之君也。"《毛詩·邶風·式微序》云："《式微》，黎侯寓于衛，其臣勸以歸也。"箋云："寓，寄也。黎侯爲狄人所逐，棄其國而寄於衛。"孔氏正義云："此被狄所逐而云寄者，若《春秋》出奔之君所在亦曰寄，故《左傳》曰'齊以郲寄衛侯'是也。"周廣業《孟子出處時地考》云："古之上士中士下士者，皆有職之人也。其未仕而讀書譚道者，通謂之儒。《周禮》'儒以道得民'，《魯論》'女爲君子儒'是也。間亦稱士，如《管子》士農工商爲四民，《曾子》'士不可以不弘毅'之類。春秋而後有游士、處士，則皆無位而客游人國者矣。《孟子》所言士亦有二，萬章之'不託諸侯'，彭更之'無事而食'及王子墊所問，此無位者也。"不言君之於民而言氓者，氓是自他國至此國之民，與寄之義合。周與賙通。臺爲賤稱，故官之賤者名臺。昭公七年《左傳》："芋尹無宇曰：人有十等，下所以事上，上所以共神也。故王臣公，公臣大夫，大夫臣士，士臣皁，皁臣輿，輿臣隸，隸臣僚，僚臣僕，僕臣臺。"臺次輿、隸、僚、僕之下，是賤官主使令者，故引此以證也。《毛詩傳》以行釋將，不一而足，趙氏所本也。《爾雅·釋言》云："將，送也。"是將有行、送二義。以君命將之亦即是以君命送之，故繼粟繼肉，皆以送字明之。廩人繼粟，廩人送之，不以君命送之也。庖人繼肉，庖人送之，不以君命送之也。

【淺悟】

氓，讀音 méng(ㄇㄥˊ)。亟，讀音 qì(ㄑㄧˋ)。摽，讀音 biāo(ㄅㄧㄠ)。養讀去聲，yàng(ㄧㄤˋ)。

10.7

【原文】

萬章曰："敢問不見諸侯，何義也？"

孟子曰："在國曰市井之臣，在野曰草莽之臣，皆謂庶人。庶人不傳質爲臣，不敢見於諸侯，禮也。"

萬章曰："庶人召之役則往役，君欲見之，召之則不往見之，何也？"

曰："往役，義也；往見，不義也。且君之欲見之也，何爲也哉？"

曰："爲其多聞也，爲其賢也。"

曰："爲其多聞也，則天子不召師，而況諸侯乎！爲其賢也，則吾未聞欲見賢而召之也。繆公亟見於子思曰：'古千乘之國以友士，何如？'子思不悦曰：'古之人有言曰，事之云乎，豈曰友之云乎！'子思之不悦也，豈不曰以位，則子君也，我臣也，何敢與君友也？以德，則子事我者也，奚可以與我友？千乘之君，求與之友而不可得也，而況可召與？齊景公田，招虞人以旌，不至，將殺之。志士不忘在溝壑，勇士不忘喪其元。孔子奚取焉？取非其招不往也。"

曰："敢問招虞人何以？"

曰："以皮冠。庶人以旃，士以旂，大夫以旌。以大夫之招招虞人，虞人死不敢往；以士之招招庶人，庶人豈敢往哉？況乎以不賢人之招招賢人乎！

欲見賢人而不以其道，猶欲其入而閉之門也。夫義，路也；禮，門也。惟君子能由是路，出入是門也。《詩》云：'周道如底，其直知矢，君子所履，小人所視。'"

萬章曰："孔子君命召，不俟駕而行。然則孔子非與？"

曰："孔子當仕，有官職，而以其官召之也。"

【譯文】

萬章問："敢問處士不去見諸侯，什麼意思呢？"

孟子說："他們住在都邑便稱市井之臣，住在山野便稱草莽之臣，都是庶人。庶人不能通過將命傳遞見面禮而稱臣，不敢請諸侯接見，這是禮制規定嘛。"

萬章說："庶人召呼他去從事徭役就得前往服役，可是國君想見他，召喚他却不前往相見，爲什麼呢？"

孟子說："前往服役，乃義務嘛；前往相見，不是義務哩。況且國君他想見這位庶人呢，又是什麼緣故啊？"

萬章說："因爲他博學多聞嘛，因爲他是賢才嘛。"

孟子說："因爲他博學多聞呢，連天子都不會召見老師，何況諸侯呀！因爲他是賢才呢，我就没聽說想見賢才却召喚他來的嘛。魯繆公頻頻到子思那兒相見時曾說：'古代有位千乘大國的國君跟士結交，這位國君怎麼樣？'子思不高興地說：'古代的人對此事有議論說：那是服事人家呀，怎能說結交人家呀！'子思的不高興呢，難道不是指地位說的，論地位，你是國君哩，我是臣民嘛，怎敢跟國君結交呢？論德行，你就應當是服事我的人嘛，怎麼可以跟我結交？擁有千輛兵車的國君，企求與賢士結交尚且不可做到哩，何況可以召見麼？當年齊景公田獵，誤用旌旗招喚掌管山澤苑囿的虞人，虞人不來，景公打算殺他。有道是志士不忘隨時横尸在溝壑，勇士不忘隨時喪失其頭顱。孔子會怎樣選擇支持誰？當然會選擇支持不符合規定的招喚不前往嘛。"

"敢問招喚虞人該用什麼物件？"

孟子說："用皮帽。招喚庶人用紅色曲柄的旃旗，招喚士用竿頂繫鈴畫有龍形的旂旗，招喚大夫才用旗竿有旄牛尾和羽毛裝飾的旌旗。用招喚大夫的旌旗招喚虞人，虞人死也不敢前往；用招喚士的旂旗招喚庶人，庶人怎麼敢前往啊？何況用招喚不賢者的禮來招喚賢者呀！想見賢人却不採用正當的途徑，猶如想讓他進屋却又緊閉着門一樣哩。這義，猶如路嘛；禮，猶如門嘛。只有君子能沿着這條路走，進出這扇門嘛。《詩經·小雅·大東篇》中有云：‘大道平如石板，其直如同箭竿，君子所踐履，小人所比照。’”

萬章問：“孔子接到國君召見的命令，不等馬車駕好就步行上路了，那麽孔子錯了麽？”

孟子説：“孔子正當仕宦時，有官職在身，所以用那些官場的禮數召見他嘛。”

【古注】

《注》 問諸矦聘請而夫子不見之，於義何取？在國謂都邑，民會於市，故曰市井之臣。在野，野居之人，莽亦草也。庶，衆也。衆庶之人未得爲臣。傳，執也。見君之質，執雉之屬也。未爲臣則不敢見之，禮也。庶人召使給役事則往供事，君召之見不肯往見，何也？孟子曰，庶人法當給役故往役，義也；庶人非臣也，不當見君，故往見不義也。且君何爲欲見之而召之也？萬章曰，君以是欲見之也。孟子曰，安有召師召賢之禮而可往見也？魯繆公欲友子思，子思不悦而稱曰，古人曰見賢人當事之，豈云友之邪？孟子云，子思所以不悦者，豈不謂臣不可友君，弟子不可友師也？若子思之意亦不可友，況乎可召之？齊景公田已説於上篇。萬章問招虞人當何用也？孟子曰，招禮若是。皮冠，弁也。旃，通帛也，因章曰旃。旂，旌有鈴者。旌，注旄竿首者。以貴者之招招賤人，賤人尚不敢往，況以不賢人之招招賢人乎！不賢之招，不以禮也。欲人之入而閉其門，可得而入乎？閉門猶閉禮也。詩，《小雅·大東》之篇.底，平：矢，直；視，比也。周道平直，君子履直道，小人比而則之。比喻虞人能效君子守死善道也。俟，待也。孔子不待駕而應君命也，孔子爲之非與？孟子曰，孔子所以不待駕者，孔子當仕，位有官職之事，君以其官名召之，豈得不顛倒？《詩》云：“顛之倒之，自公召之。”不謂賢人無位而君欲召見也。《章指》言：君子之志，志於行道，不得其禮，亦不苟往。於禮之可，伊尹三聘而後就湯；道之未洽，沮溺耦耕，接輿佯狂，豈可見乎？

《疏》 萬章問孟子所以不見諸矦，其義謂何？孟子答之以謂，凡在都邑謂之市井之臣，在郊野謂之草莽之臣，然揔而言之皆謂之衆庶之人。如衆庶之人未得傳雉爲臣者，故不敢就見於君也，以其無禮也。傳質者，所執其物以見君也，是所以爲贄也。萬章又問曰，庶人於君召之給役，則庶人往就其役事，今君欲見，召之乃不往者，是如之何也？孟子答之曰，庶人往應其役，是其義當往也，以其庶人於君其法當爲之役故也。往而見君者，是不義也，以其庶人非臣也，義不當往見君故也。且君之欲見之也者，何爲也哉？萬章答之曰，君之所以欲見之者，是爲多聞，又爲其賢有德也。孟子又曰，如是爲其多聞也者，則雖天子亦且不召其師，而況諸矦可召而見之乎？如是賢爲有其德也，則我未曾聞知有欲見賢者而以召之也。孟子又引繆公而證之，言魯繆公數數見於子思乃曰，古者千乘之國君以友其士，何如？子思遂愠而不喜曰，古之人有言曰，見賢人則當事矣，豈嘗云友之乎？然而子思所以不悦者，其意豈不謂以位推之，則子是爲君尊矣，而我則臣下也，何敢與君爲之交友也？以有德論之，則子事我爲子之師也，奚可以與我爲友？是則千乘之國君求賢者與之爲友而尚且不可得也，而況諸矦於今可召賢者而見之乎！齊景公説於上篇矣，此更不云。萬章見孟子言齊景公招虞人之事，遂因問之曰，招虞人當用何物而招之？孟子以答之曰，招虞人當以皮弁而招之也。庶人則以通帛招之，士以旂，大夫以旌。如以大夫之旌招虞人，虞人雖死亦且不敢往應其招也。以士之旂而招庶人，庶人豈敢往而應之哉？而況以不賢之招而招賢人乎！不賢之招，即不以禮之謂也。孟子又言，今之諸矦欲見賢人而不以其道，是若欲人入其門而反閉其門也，如此尚何可得而見之乎？夫義，是若路也；禮，若門也。惟君子之人能由行此義之路，出入此禮之門，上今乃反塞其義路而閉其禮門，使君子何由而出入哉？而《小雅·大東》之詩有云："周道平直，如砥之平，箭之直也，君子亦所常履行此平直之道，而爲小人所常視而則法之矣。"然以此證之者，蓋謂賢人所以不往見於諸矦者，是所守以義而爲衆人所矜式耳。萬章又問，孔子常於君命召，則不敢坐待駕而後行，如此則孔子誠爲非與？孟子又答之曰，孔子所以不俟駕而行者，以其當於爲仕，有官職，而國君以其官而召之也，豈得爲非邪？

《集注》 質，與贄同。傳，通也。質者，士執雉，庶人執鶩，相見以自通者也。國内莫非君臣，但未仕者與執贄在位之臣不同，故不敢見也。往役者，庶人之職；不往見者，士之禮。孟子引子思之言而釋之，以明不可召之意。皮冠，田獵之冠也，事見《春秋傳》。庶人，未仕之臣。欲見而招之，是不賢人之招也。以士之招招庶人，則不敢往；以不賢人之招招賢人，則不可往矣。厎，《詩》作砥，礪石也，言其平也；矢，言其直也；視，視以爲法也。引此以證上文"能由是路"之義。孔子方仕而任職，君以其官名召之，故不俟駕而行。徐氏曰："孔子，孟子，易地則皆然。"此章言不見諸矦之義最爲詳悉，更合陳氏、公孫丑所問者而觀之，其説乃盡。

《正義》 執雉請見，必由將命者傳之，故謂之傳贄。君以庶人待之，即召之役，義所當往；君而欲見之，則是待之以士，乃不師之友之而召之，此士所以不往也。閻若璩《釋地三續》云："事之云乎，豈曰友之云乎，此外惟《公羊莊公二十四年傳》'然則曷用，棗栗云乎，腶脩云乎'，何休注曰：'云乎，辭也。'按云乎是辭，則但云古之人有言曰，事之豈曰友之，語意自了。"孟子引《詩》以"周道如厎，其直如矢"，證義之爲路，禮之爲門，禮義即道也。不獨君子履此道，小人亦視此道。小人視此道，故以大夫之招招虞人，虞人死不敢往也。君子履此道，故君子由是路，出入是門也。抑君子履之，故召之則不往見之也。小人視之，故庶人不傳質爲臣，不敢見諸矦也。

【淺悟】

旌，讀音 jīng（ㄐㄧㄥ）。旃，讀音 zhān（ㄓㄢ）。旂，讀音 qí（ㄑㄧˊ）。厎，讀音 zhǐ（ㄓˇ），翟灝《考異》云："厎實砥之本字，故《禹貢》'厎柱析城'，《漢書》'厎礪其節'、'厎礪名號'，皆以厎爲砥。今坊刻經文多上加點，與底下字無别，讀者遂誤音如邸，並《詩》之砥字亦誤爲邸音。"

10.8

【原文】

孟子謂萬章曰："一鄉之善士斯友一鄉之善士，一國之善士斯友一國之善士，天下之善士斯友天下之善士。以友天下之善士爲未足，又尚論古之人，頌其詩，讀其書，不知其人可乎？是以論其世也。是尚友也。"

【譯文】

孟子對萬章説："一鄉的善士盡量結交全鄉的善士，一國的善士盡量結交全國的善士，天下的善士盡量結交全天下的善士。認爲結交了全天下的善士仍未能滿足，於是又向上論列古時候的人，朗誦古時候的詩，閲讀古時候的書，不識别那時候的人行嗎？因此還要結合評論古人所處的世道哩。這樣向上結交嘛。"

【古注】

《注》 鄉，鄉人之善者。國，國中之善者。天下，四海之内也。各以大小來相友，自爲疇匹也。好善者以天下之善士爲未足極其善道，尚，上也，乃復上論古之人。頌其詩，詩歌頌之故曰頌。讀其書，猶恐未知古人高下，故論其世以别之也。在三皇之世爲上，在五帝之世爲次，在三王之世爲下，是爲好上友之人也。《章指》言：好高慕遠，君子之道，雖各有倫，樂其崇茂，是以仲尼曰"毋友不如己者。"高山仰止，景行行止。

《疏》 孟子所以謂之以此者，蓋欲教當時之人尚友也。孔子云"無友不如己者"，與其《詩》云"高山仰止，景行行止"，亦其意與。

《集注》 言己之善蓋於一鄉，然後能盡友一鄉之善士。推而至於一國、天下皆然，隨其高下以爲廣狹也。尚同上，言進而上也。頌、誦通。論其世，論其當世行事之迹也。言既觀其言，則不可以不知其爲人之實，是以又考其行也。夫能友天下之善士，其所友衆矣。猶以爲未足，又進而取於古人，是能進其取友之道而非止爲一世之士矣。

《正義》 趙氏以一國之善士爲國中之善者，而以國中解國字。推之鄉，鄉人之善者亦是鄉中之善者，以鄉中解鄉字，猶以國中解國字也。鄉爲鄉中，國爲國中，故天下爲四海之内。蓋取善無窮，在一鄉則友一鄉，在一國則友一國，在天下則友天下。以友天下之善士爲未足，因而上友古人。此互明友一鄉未足則進而友一國，友一國未足則進而友天下，友天下猶未足則進而友古人也。惟一鄉斯友一鄉，惟一國斯友一國，惟天下斯友天下，何也？同在一鄉乃知此一鄉之善士也，同在一國乃知此一國之善士也，同在今世之天下乃知今世天下之善士也。若生今世而上友古人，則不同世何以知其人之善？故必頌其詩、讀其書而論其世。惟頌其詩、讀其書而論其世，乃可以今世而知古人之善也。按古人各生一時，則其言各有所當，惟論其世乃不執泥其言，亦不鄙棄其言，斯爲能上友古人。趙佑《温故録》云："趙氏'三皇之世爲上，五帝之世爲次，三王之世爲下'三語，當有成文，其即上古中古下古之謂邪？然經言詩書，固不必遠追書契以前。"

10.9

【原文】

齊宣王問卿。孟子曰："王何卿之問也？"

王曰："卿不同乎？"

曰："不同。有貴戚之卿，有異姓之卿。"

王曰："請問貴戚之卿。"

曰："君有大過則諫，反覆之而不聽則易位。"

王勃然變乎色。

曰："王勿異也。王問臣，臣不敢不以正對。"

王色定，然後請問異姓之卿。

曰:“君有過則諫,反覆之而不聽則去。”

【譯文】

齊宣王詢問卿的主要職責。孟子反問道:“王問的是哪類卿呢?”

王又問:“卿的種類還有不同嗎?”

孟子説:“有不同。有王親國戚擔任的卿,有王族以外的有功之臣擔任的卿。”

齊王説:“請問貴戚之卿。”

孟子説:“國君出現重大過失就諫諍,反覆諫諍如果仍不聽就改换君位。”

齊王臉色突然變得憤怒而驚懼。

孟子説:“王不要詫異嘛。王問臣,臣不敢不照直回答。”

齊王臉色平定下來,然後請問異姓之卿。

孟子説:“國君有過錯就規諫,反覆規諫如果不聽就去往他國。”

【古注】

《注》 孟子曰卿不同。貴戚之卿,謂内外親族也;異姓之卿,謂有德命爲三卿也。王問貴戚之卿如何。孟子曰,貴戚之卿反覆諫君,君不聽,則易君之位,更立親戚之賢者。王聞此言愠怒而驚懼,故勃然變色。孟子曰,王勿怪也。王問臣,臣不敢不以其正義對。王意解,顔色定,復問異姓之卿如之何也。孟子言異姓之卿諫君不從,三而待放,遂不聽之,則去而之他國也。《章指》言:國須賢臣,必擇忠良,親近貴戚,或遭殃禍。伊發有莘,爲殷興道,故云成湯立賢無方也。

《集注》 此章言大臣之義,親疏不同。守經行權各有其分。貴戚之卿小過非不諫也,但必大過而不聽乃可易位;異姓之卿大過非不諫也,雖小過而不聽已可去矣。然三仁貴戚,不能行之於紂;霍光異姓,乃能行之於昌邑。此又委任權力之不同,不可以執一論也。

《正義》 貴戚必待大過方諫,餘則有異姓卿在也。周廣業《孟子古注考》云:“《公羊宣元年‘晉放其大夫胥甲父于衛’,傳》云:‘放之者何?猶云無去是云爾。古者大夫已去,三年待放。君放之?非也;大夫待放?正也。’《白虎通·諫諍篇》:‘《援神契》曰:三諫待放,復三年,盡惓惓也。言放者,臣爲君諱,若言有罪放之也。所諫事已行者,遂去不留。凡待放,冀君用其言耳。事已行,菑咎將至,無爲留之也。臣待放於郊,君不絶其禄者,示不欲其去也。’鄭康成《詩·檜風·羔裘》箋:‘三諫不從,待放而去。’與此趙注俱用此事。”按《儀禮·喪服》“舊君”注云:“以道去君,謂三諫不從,待放於郊未絶者。”賈氏疏云:“此以道去君,據三諫不從,在境待放,得環則還,得玦則去。”《禮記·曲禮》云“爲人臣之禮不顯諫,三諫而不聽則逃之。”注云:“逃,去也。君臣有義則合,無義則離。”又云:“大夫士去國,踰竟爲壇位。”孔氏正義云:“此大夫士三諫而不從,出在境上,大夫則待放三年,聽於君命,若與環則還,與玦便去。《隱義》云:‘去國當待放也,若士不待放。’”又云:“所以待放必三年者,三年一閏,天道一變,因天道變,望君自改也。”

【淺悟】

孟子在回答齊宣王之所問時,必是一身浩然之氣。其實這也是規諫。後世的卿大夫能像孟子這樣直言不諱,切中要害的諫君者,雖不能説没有,却是鳳毛麟角。因爲這樣的諫君者多數都没有好下場,所以諫諍之聲越來越難得聽到,這也是專制王朝必然走向滅亡的主要病原之一。孟子所云"君有大過則諫,反覆之而不聽則易位"的良好願望,在家天下時代只不過是一紙空文而已。

子曰:"唯女子與小人爲難養也,近之則不孫,遠之則怨。"

面對孔子此言,縱然帝王亦不離小人。在帝王心目中,何爲近?何爲遠?絶大多數都是:諂媚爲近,諫諍爲遠。帝王的怨恨是可怕的。

孟子卷十一淺悟

告子章句上 凡二十章

《注》 告子者,告,姓也;子,男子之通稱也;名不害。兼治儒墨之道者。嘗學於孟子,而不能純徹性命之理。《論語》曰“子罕言命”,謂性命之難言也。以告子能執弟子之問,故以題篇。

《疏》 云告子名不害者,《盡心篇》有浩生不害,疑爲告子,姓告名不害,以浩生爲字。趙注又云浩生姓,名不害,又爲二人。其他經傳未詳甚人。

《正義》 趙氏以告子名不害,蓋以爲即浩生不害也。閻若璩《釋地又續》云:“浩生,複氏;不害,其名。與見《公孫丑》之告子,及以《告子》題篇者,自各一人。趙氏偶於《告子篇》誤注曰不害,且臆度其嘗學於孟子執弟子問者。”毛奇齡亦以趙氏爲錯。

11.1

【原文】

告子曰:“性猶杞柳也,義猶桮棬也。以人性爲仁義,猶以杞柳爲桮棬。”

孟子曰:“子能順杞柳之性而以爲桮棬乎?將戕賊杞柳而後以爲桮棬也?如將戕賊杞柳而以爲桮棬,則亦將戕賊人以爲仁義與?率天下之人而禍仁義者,必子之言夫!”

【譯文】

告子説:“天性猶如杞柳嘛,仁義猶如杯盤嘛。如果認爲人性具備仁義,這就好比把杞柳當成了杯盤。”

孟子説:“你能順着杞柳的本性直接製成杯盤嗎?還是將杞柳經過砍削之後製成杯盤呢?如果是用砍削後的杞柳條製成杯盤,那麼也要用砍削後的人成就仁義麼?率領天下之人來禍害仁義的,必是你這樣的言論呀!”

【古注】

《注》 告子以爲人性爲才幹,義爲成器,猶以杞柳之木爲桮棬也。杞柳,柜柳也;一曰杞,木名也。《詩》云:“北山有杞。”桮棬,桮素也。戕,猶殘也。《春秋傳》曰:“戕舟發梁。”子能順完杞柳不傷其性而成桮棬乎？將斧斤殘賊之乃可以爲桮棬乎？言必殘賊也。孟子言以人身爲仁義，豈可復殘傷其形體乃成仁義邪？明不可比桮棬也。以告子轉性以爲仁義，若轉木以成器，必殘賊之。故言率人以禍仁義者，必子之言。夫，歎辭也。《章指》言：養性長義，順夫自然；殘木爲器，變而後成。告子道偏，見有不純，内仁外義，違人之端，孟子拂之，不假以言也。

《集注》 性者，人生所禀之天理也。告子言人性本無仁義，必待矯揉而後成，如荀子性惡之説也。言如此，則天下之人皆以仁義爲害性而不肯爲，是因子之言而爲仁義之禍也。

《正義》 杞柳本非桮棬，其爲桮棬也，有人力以之也，以喻人性本非仁義，其爲仁義也，有人力以之也。非人力，則杞柳不可以爲桮棬；非人力，則人性不可以爲仁義。翟灝《考異》云："《荀子·性惡篇》：'工人斲木而成器，器生於工人之僞，非故生於木之性也。聖人積思慮，習僞故，以生禮義而起法度。然則禮義法度者，是生於聖人之僞，非故生於人之性也。'又曰：'檃栝之生於枸木也，繩墨之起於不直也，立君上，明禮義，爲性惡也。'皆與告子此説正同。"

【淺悟】

桮，讀音 bēi（ㄅㄟ），同杯。棬，讀音 quān（ㄑㄩㄢ）。

本章又在爭辯性善還是性惡。

孟子首創性善論，稍後的荀子又創出個性惡論。二位都是推尊孔子的儒學大師，而孔子有關"性"的論述，整部《論語》中只出現過一次："性相近也，習相遠也。"此外子貢還説："夫子之文章可得而聞也，夫子之言性與天道不可得而聞也。"孔子不言的事，必有其深層的原由，爲什麼不把精力用在探討這深層的原由上，却偏要爭辯那毫無意義的性善還是性惡呢？這豈不是偏離了學習《論語》的正軌麼？對此，拙著《論語淺悟》中曾闡述過本人粗淺的觀點，在此不妨再談一談。

所謂"性"，即與生俱來的天性，或稱自然本性。人的本性與哺乳動物大致相同，都有飲食，蕃衍及喜怒哀懼愛惡欲七情等功能。所不同的是，除操縱這些天性的各器官的靈敏程度各有所長外，還有一個質的差異，那就是思維，是天獨賜給人類的天性。動物不會思維，其生命活動全靠天性操作；人類則能動用思維去選擇生存方式。這樣一來，人與動物的天性就變得既相近，又相遠，自然不願與動物同歸一類，而自命爲萬物之靈。萬物之靈之間的天性，僅在各器官的靈敏程度上互有强弱，故曰"性相近也"。由於人類能選擇生存方式，這種選擇則是根據各自的愛好，而愛好又是由積久的習慣形成的，比如好學的人並非生來就好學，懶隋的人並非生來就懶隋。習慣（或者説愛好）是多種多樣的，不同習慣的人自然要選擇各自習慣的生存方式，互相之間的差别於是乎越拉越大，故曰"習相遠也"。

孔子説此話的用心，正如何晏集解所引孔安國曰："君子慎所習。"要我們慎重對待自己的習慣，這才是最重要的人生最大的課題。

孔子爲什麼不言性呢？試想，飲食，蕃衍及喜怒哀懼愛惡欲這些天性，儘管是隨着身體的發育而逐漸完善的，有的來得早，有的來得遲，不論來早還是來遲，只要來到，必定不學而能。這些連動物都不學而能的本能，莫非對萬物之靈還需加以引導麼？這大概就是孔子不言性的原因所在吧？孔子不言性，不等於漠視七情教育。試想，七情將伴隨人的一生，支配人的整個生命過程，然其穩定性却很差，極易受客觀因素的影響。所以孔子將此概括爲“習相遠”，並一以貫之地用《詩》《書》中的經驗教訓啓發人的理智，用《禮》《樂》來規範和感染人的行爲，《論語》中給予每位弟子的教誨，對每位前來求教者的答復，無一不符合禮的規範，即子貢説的“夫子之文章可得而聞也”。所謂“文章”，指在正是《詩》《書》《禮》《樂》方面的論述。孔子在《禮記·禮運篇》中特別强調説：“飲食男女，人之大欲存焉；死亡貧苦，人之大惡存焉。”就是説，七情中的欲望，飲食和男女之事排在首位；七情中的憎惡，莫過於死亡和貧苦。這話説得多麽確切呀！就拿人人都憎惡的貧苦來説，爲了擺脱這一窘境，都會不遺餘力甚至不擇手段。對此，凡是對人民有責任心的執政者，只要制訂出既合乎道德規範又不得阻礙人們致富的有力政策，並能使之順利實施就够了，且不可不厭其煩地號召發家致富，這會促使人們互相攀比急於求富而不擇手段。孔子在《論語》中有許多這方面的教導。還有男女之事，對於那些情竇初開，似懂非懂的少年最具誘惑力。對此，孔子告誡説：“少之時，血氣未定，戒之在色。”説的顯然是性，却不見性字，這就是禮，或稱規矩。如果不這樣告誡，而是迎合他們的好奇心，拿舶來的“性教育”提前向其傳授一系列性知識，且有問必答，這無異於放縱、鼓勵他們去嘗試！這樣做是違反天道法則的！凡是違反天道法則的任何行徑，都必將帶來諸多意想不到的連鎖惡果。近世以來因違反天道法則而造成的難以乃至不可彌補的種種災難，難道還不足以使我們人類作深刻的反省嗎？“夫子之言性不可得而聞”，必是基於天道的考慮。

天性究竟善還是惡，孔子從未論及。不過社會發展到今天，益發印證了中華祖先創造的以天道法則爲指導的文化的英明和卓識遠見，使我們更清醒地認識到，天創造萬物，使各司其職，構成了一個既相互依存，又互相制約的龐大而嚴密的生物鏈，維持着生態平衡，萬物才得以生生不息。如果其中某一物種滅絶了，滅絶的哪怕是蒼蠅、蚊子或某種病菌，生物鏈便不再完整，生態也就失去平衡，這便意味着下一個賴此物種生存的物種面臨滅絶，緊接着又是下一個，下一個……萬物終將統統滅絶而無一能幸免。在這一過程中，誰能説出哪個物種的天性是善還是惡的呢？如果説惡源是萬物之靈的人，可是人在只用天性生存的童蒙時期，其哪一種行爲是惡的呢？老子説：“天下皆知美之爲美，斯惡已；皆知善之爲善，斯不善已。”這話很有道理。因爲美和善是相對於惡和不善的，知美、知善是後天的事，如同習慣是後天的事。當你知道美時，因爲你已知道了醜惡；當你知道善時，因爲你已知道了不善。反過來，不知道美時，自然也不知道醜惡；不知道善時，自然也不知道不善，因爲此時尚在無知的童蒙時期。可見天性没有善惡之分。

至於孔子的不言天道，因爲本章未涉及此事，故不贅述。

11.2

【原文】

告子曰："性猶湍水也，決諸東方則東流，決諸西方則西流。人性之無分於善不善也，猶水之無分於東西也。"

孟子曰："水信無分於東西，無分於上下乎？人性之善也，猶水之就下也。人無有不善，水無有不下。今夫水，搏而躍之可使過顙，激而行之可使在山，是豈水之性哉？其勢則然也。人之可使爲不善，其性亦猶是也。"

【譯文】

告子説："天性猶如湍急的流水嘛，從東邊決口就向東流，從西邊決口就向西流。人性的没有善與不善的分别呢，猶如水的没有向東和向西流的分别嘛。"

孟子説："水的確没有向東和向西流的分别，也没有向上和向下流的分别嗎？人性的善良呢，猶如水的向下流嘛。人没有不向善的，水没有不向下流的。今將這水，搏擊它躍起來可使之超過額頭，擋住水流的走向可令它上山，這難道是水的本性啊？其水勢使它這樣的嘛。人的可以使他做不好的事，其天性也跟這種水勢一樣嘛。"

【古注】

《注》 湍者，圜也，謂湍湍瀠水也。告子以喻人性若是水也，善惡隨物而化，無本善不善之性也。孟子曰，水誠無分於東西，故決之而往也，水豈無分於上下乎？水性但欲下耳。人性生而有善，猶水欲下也。所以知人皆有善性，似水無有不下者也。躍，跳；顙，額也。人以手跳水可使過顙，激之可令上山，皆迫於勢耳，非水之性也。人之可使爲不善，非順其性也，亦妄爲利欲之勢所誘迫耳，猶是水也。言其本性非不善也。《章指》言：人之欲善，猶水好下，迫勢激躍，失其素真，是以守正性者爲君子，隨曲拂者爲小人也。

《集注》 湍，波流瀠回之貌也。告子因前説而小變之，近於楊子善惡混之説。言水誠不分東西矣，然豈不分上下乎？性即天理，未有不善者也。水之過顙在山，皆不就下也。然其本性未嘗不就下，但爲搏激所使而逆其性耳。此章言性本善，故順之而無不善；本無惡，故反之而後爲惡。非本無定體而可以無所不爲也。

《正義》 《説文》水部云："湍，急瀨也。"急則有所分，告子以喻人性之無分善不善，則不取其急，故趙氏以圜訓之。惟水流回漩，故無分東西，此以無上下者而言，趙氏體告子之意以爲訓，精矣。隨物而化，謂習於善則善，習於惡則惡也。乃人性有上智下愚之不移，則不得謂隨物而化也。

【淺悟】

孟子之辯毫無説服力。若將其辯中的善字全换成惡字，同樣可以得出荀子性惡的結論。

焦循正義所云"人性有上智下愚之不移"一語，引自《論語》子曰："唯上智與下愚不移。"意思是：唯獨在上位者明智和在下位者庸愚這種位置結構不可易移，與天性毫無瓜葛。然而歷代解經家全都誤解了孔子此言，一部分認爲此言承上章"性相近，習相遠"而言，朱熹甚至説"人之氣質，相近之中又有美惡一定，而非習之所能移也"，顯然是以自己的意志强加給孔子，非解經之正途；另一部分則解説成：只有上等的智者和下等的愚人不可改變。這會是孔子的意思嗎？作爲一位有責任心的教師，向弟子灌輸這樣的理念，有何教益？再説，怎樣的人才算上等的智者，怎樣的人才算下等的愚人，他們又爲什麼不可改變？相信没有人能回答這個問題。假如這是孔子的意思，很難讓人相信，孔門那麼多優秀弟子，居然没有一位站出來質疑。既然無人質疑，説明那決不是孔子的意思，孔子決不會向弟子灌輸如此經不起推敲和反問的毫無教益的理念。

焦循以其錯誤的理解來解釋本章，只是徒費筆墨而已。由此可見，只要争辯性的善與惡，必然要强詞奪理，以勢壓人。結果都是廢話。

11.3

【原文】

告子曰："生之謂性。"

孟子曰："生之謂性也，猶白之謂白與？"

曰然。

"白羽之白也，猶白雪之白，白雪之白猶白玉之白歟？"

曰然。

"然則犬之性猶牛之性，牛之性猶人之性歟？"

【譯文】

告子説："生下來就有的能力叫做性。"

孟子問："生下來就有的能力叫做性呢，就像白色的東西都叫做白色麽？"

回答是這樣。

"白羽毛的白呢，就像白雪的白，白雪的白也像白玉的白麽？"

回答是這樣。

"那麽狗的天性就像牛的天性，牛的天性也像人的天性麽？"

【古注】

《注》 凡物生同類者皆同性，猶見白物皆謂之同白，無異性也。告子曰然。孟子以爲羽性輕，雪性消，玉性堅，雖俱白，其性不同。問告子，子以三白之性同邪？告子曰然，誠以爲同也。孟子言，犬之性豈與牛同所欲，牛之性豈與人同所欲乎？《章指》言：物雖有性，性各殊異。惟人之性，與善俱生。

赤子入井，以發其誠。告子一之，知其麤矣；孟子精之，是在其中。

《集注》 生，指人，物之所以知覺運動者而言。白羽以下，孟子再問，而告子曰然，則是謂凡有生者同是一性矣。孟子又言，若果如此，則犬牛與人皆有知覺，皆能運動，其性皆無以異矣。於是告子自知其説之非而不能對也。

《正義》 《荀子・正名篇》云："生之所以然者謂之性。"《春秋繁露・深察名號篇》云："如其生之自然之資謂之性。"《白虎通・性情篇》云："性者，生也。"性從生，故生之謂性也。物生同類者，謂人與人同類，物與物同類。物之中則犬與犬同類，牛與牛同類；人與物不同類，則人與物之性不同。趙氏蓋探孟子之指而言之，非告子意也。孟子此章明辨人、物之性不同，人之性善，物之性不善。蓋渾人、物而言，則性有善有不善；專以人言，則無不善。

【淺悟】

如果告子反問一句："犬牛與人的天性有何不同？"不知孟子將如何回答。怎能説人之性善，犬牛之性不善？天地良心啊！孔子説："君子求諸己，小人求諸人。"犬爲人看家，牛給人耕田，人却任意鞭笞、宰殺，啖其肉、咂其髓、霸占萬物賴以生存的家園，究竟誰不善？這世上還有説理的地方没有？各注疏以及焦循正義所引葉紹翁、李光地、戴震、程瑶田等學者之解説，無視孔子"性相近，習相遠"之意指，異口同聲地附會性善論，全是强詞奪理，仗勢欺物的一派胡言，不足爲訓。

11.4

【原文】

告子曰："食色，性也。仁，内也，非外也；義，外也，非内也。"

孟子曰："何以謂仁内義外也？"

曰："彼長而我長之，非有長於我也，猶彼白而我白之，從其白於外也。故謂之外也。"

曰："異。於白馬之白也，無以異於白人之白也。不識長馬之長也，無以異於長人之長歟？且謂長者義乎，長之者義乎？"

曰："吾弟則愛之，秦人之弟則不愛也，是以我爲悦者也，故謂之内；長楚人之長，亦長吾之長，是以長爲悦者也，故謂之外也。"

曰："耆秦人之炙，無以異於耆吾炙，夫物則亦有然者也。然則耆炙亦有外歟？"

【譯文】

告子説："飲食和色欲，乃天性嘛。仁愛，出自内心嘛，並非外來的嘛；道義，則是外來的嘛，並非出自内心嘛。"

孟子問："爲什麽説仁内義外呢？"

告子説:“他年長所以我尊敬他,並非我本來就具有尊敬之心嘛,就像那東西是白色所以我才看出是白色,從其在外面的白色看出的嘛。因此説道義是外來的嘛。”

孟子追問:“奇怪。對於白馬的白色,的確跟白人的白色没什麽不同。不知對老馬的尊敬呢,跟對老人的尊敬也没什麽不同麽?再説道義在長者這邊嗎,還是在尊敬長者的人這邊?”

告子説:“我的兄弟就愛他,秦國人的兄弟就不愛嘛,這是以我爲轉移的愉悦事嘛,所以説仁愛出自内心;尊敬楚國的年長者,也尊敬我家的年長者,這是以長者爲轉移的愉悦事嘛,所以説道義是外來的嘛。”

孟子繼續追問:“愛吃秦國人燒烤的肉,跟愛吃自己燒烤的肉没什麽不同,其他事物也有這樣的情形嘛。那麽愛吃燒烤的肉也有外來的干預麽?”

【古注】

《注》 人之甘食悦色者,人之性也。仁由内出,義在外也,不從己身出也。孟子怪告子是言也。告子言見彼人年長大,故我長敬之。長大者,非在於我也,猶白色見於外也。孟子曰,長異於白,白馬白人同謂之白可也,不知敬老馬無異於敬老人邪?且謂老者爲有義乎,將謂敬老者爲有義乎?敬老者,己也,何以爲外也?告子曰愛從己則己心悦,故謂之内;所悦喜老者在外,故曰外。孟子曰,耆炙同等,情出於中。敬楚人之老與敬己之老亦同己情往敬之。雖非己炙,同美,故曰物則有然者也。如耆炙之意豈在外邪?言楚秦,喻遠也。《章指》言:事雖在外,行其事者皆發於中,明仁義由内,所以曉告子之惑也。

《集注》 告子以人之知覺運動者爲性,故言人之甘食悦色者即其性,故仁愛之心生於内,而事物之宜由乎外,學者但當用力於仁而不必求合於義也。我長之,我以彼爲長也;我白之,我以彼爲白也。張氏曰:“上‘異於’二字疑衍。”李氏曰:“或有闕文焉。”愚按,白馬白人,所謂“彼白而我白之”也;長馬長人,所謂“彼長而我長之”也。白馬白人不異,而長馬長人不同,是乃所謂義也。義不在彼之長,而在我長之之心,則義之非外明矣。言愛主於我,故仁在内;敬主於長,故義在外。耆與嗜同。言長之耆之皆出於心也。林氏曰:“告子以食色爲性,故因其所明者而通之。”告子論性,前後四章語雖不同,然其大指不外乎此,與近世佛氏所謂“作用是性”者略相似。愚按,性者,人之所得於天之理也;生者,人之所得於天之氣也。性,形而上者也;氣,形而下者也。人、物之生莫不有是性,亦莫不有是氣。然以氣言之則知覺運動,人與物若不異也;以理言之則仁義禮智之禀,豈物之所得而全哉?此人之性所以無不善而爲萬物之靈也。告子不知性之爲理,而以所謂氣者當之,是以杞柳、湍水之喻,食色無善無不善之説,縱横謬戾,紛紜舛錯。自篇首至此四章,告子之辯屢屈而屢變其説以求勝,卒不聞其能自反而有所疑也,此正其所謂“不得於言,勿求於心”者,所以卒於鹵莽而不得其正也。

《正義》 《管子·戒篇》云:“仁從中出,義從外作。”朱長春云:“仁内義外昉於此。”告子亦有本之言。《易·文言傳》云:“義以方外。”告子所云義外,或同此意,故詰之。彼長之長,指彼人之年長,故以大釋之;我長之長,指我因其長而敬之,故以敬明之。長大之年在彼不在我,故云非有長於我。彼在我之外,是長大之年在彼,即是外也。從其白於外,即是非有白於我,互文相例也。近解非有長於我,謂非我先預有長之心。孔廣森《經學卮言》云:"趙氏讀'異於白'爲句。此答告子'猶彼白而我白之'語。意言長之説異於白之説,不相猶也。古人文字不必拘拘定以白馬與白人相偶,若必謂白字當屬馬上,或絶異字爲一句,下乃言人之於白馬之白無以異於白人之白,文義亦通。先斷之曰異,而後申其所以異之處,正同他章每先曰否,而次詳其所以否之實也。"按孔氏説是也,異字斷句,即趙氏長異於白之謂也。於白馬之白也,無以異於白人之白也,所謂白馬白人同以爲白可也,白無異於白,長則有異於長,此長之所以異於白也。告子以長爲義,而不知以長之爲義,故先以白馬白人不異,别出長馬長人不同,言長人之長必用我心長之,分明權在長之者而不在長者;長之既在我心,則權度悉由中出,安得以義爲外乎?長之權全在我,安得云非有長於我也?告子再申義外之説也:義雖屬長之者,乃長之者因長者而生,故仍以爲外耳。弟同而愛與不愛異,是愛之權在我;長同則長之無不同,是長之權在彼,理本不足,難以豁然。孟子則以嗜之同明長同愛不同。權固由我,耆炙間,情亦出中。嗜同則情出於中,豈長同而情在於外乎?愛之長之皆是以我爲悦。秦人之弟非吾弟,以其親不同,故不同愛;楚人之長非吾長,以其長同,故同長;秦人之炙非吾炙,以其美同,故同嗜。物亦有然,謂炙之同美猶長之同長也。知吾所以嗜之者由心辨其美,則知吾所以長之者由心識其長。若謂義之同長爲外,則食之同美亦可謂之外乎?告子既知甘食爲性,故孟子以嗜炙明之。

【淺悟】

耆,讀音 shì(ㄕ),通嗜。炙,讀音 zhì(ㄓ)。

集注"愚按"以下之言,是以朱熹爲代表的宋代理學家的支柱理論之一,其荒謬有目共睹。然而這種謬論竟被元明清三代欽定爲科舉考試的標準答案。從此學子只好死記硬背其條文,而不敢懷疑其是否荒謬。朱熹所説的"告子之辯屢屈而屢變其説以求勝,卒不聞其能自反而有所疑也"這句話,何不拿來對照自己呢?其連續四章牽强附會性善之辯,所辯皆非先天之"性",而是後天之"習"。

11.5

【原文】

孟季子問公都子曰:"何以謂義内也?"

曰:"行吾敬,故謂之内也。"

"鄉人長於伯兄一歲,則誰敬?"

曰敬兄。

"酌則誰先?"

曰先酌鄉人。

"所敬在此,所長在彼,果在外非由内也。"

公都子不能答,以告孟子。

孟子曰:"敬叔父乎,敬弟乎?彼將曰敬叔父;曰弟爲尸則誰敬?彼將曰敬弟;子曰惡在其敬叔父也?彼將曰在位故也;子亦曰:在位故也,庸敬在兄,斯須之敬在鄉人。"

季子聞之曰："敬叔父則敬，敬弟則敬，果在外，非由内也。"

公都子曰："冬日則飲湯，夏日則飲水，然則飲食亦在外也？"

【譯文】

孟季子向公都子問道："爲什麼説道義是出自内心呢？"

公都子回答道："行使尊敬在我，所以説這是出自内心嘛。"

"同鄉人比伯兄年長一歲，該尊敬誰？"

回答尊敬伯兄。

"飲酒該先給誰酌？"

回答先酌酒給同鄉人。

"所尊敬的在自己，所崇尚的在他人，結果道義還是在外面並非由内心發出嘛。"

公都子不能對答，把這話告訴了孟子。

孟子説："你問他是尊敬叔父呢，還是尊敬兄弟呢？他如果説尊敬叔父；你再問兄弟擔當代先人受祭的尸該尊敬誰？他必將説尊敬兄弟；你再問怎麼對待在那兒受尊敬的叔父呢？他必將説因兄弟在尸位的緣故嘛；你也説：要論在其位的緣故呢，日常的尊敬在兄長，片刻的尊敬在同鄉人。"

季子聽了這話後説："尊敬叔父那種敬，尊敬兄弟這種敬，結果都在於外因，並非出自内心嘛。"

公都子説："冬天要喝熱湯，夏天要喝冷水，那麼飲食也存在外來的指使嗎？"

【古注】

《注》 季子亦以爲義外也。公都子曰，以敬在心而行之，故言内。季子曰敬誰也？公都子曰當敬兄也。季子曰酌酒則先酌誰？公都子曰當先鄉人。季子曰，所敬者兄也，所酌者鄉人也，如此義果在外不由内也。果，猶竟也。公都子無以答季子之問。孟子使公都子答季子如此。言弟以在尸位故敬之，鄉人在賓位故先酌之耳。庸，常也。常敬在兄，斯須之敬在鄉人也。季子聞之曰，隨敬所在而敬之，果在外。公都子曰，湯水雖異名，其得寒温者中心也，雖隨敬之所在，亦中心敬之，猶飲食從人所欲，豈可復謂之外也？《章指》言：凡人隨行，不本其原，賢者達情，知所以然。季子信之，猶若告子，公都受命，然後乃理。

《集注》 孟季子，疑孟仲子之弟也，蓋聞孟子之言而未達，故私論之。所敬之人雖在外，然知其當敬而行吾心之敬以敬之，則不在外也。此皆季子問，公都子答。而季子又言，如此則敬長之心果不由中出也。尸，祭祀所主以象神，雖子弟爲之，然敬之當如祖考也。在位，弟在尸位，鄉人在賓客之位也。庸，常也；斯須，暫時也。言因時制宜，皆由中出也。范氏曰："二章問答，大旨略同，皆反復譬喻以曉當世，使明仁義之在内，則知人之性善，而皆可以爲堯舜矣。"

《正義》 翟灝《考異》云："趙注未有孟字，而疏直以季任當之，知當時所據經文實亦未有孟字。蓋此與任人食色之問同在一時，觀兩章文勢畫一可見也。竊嘗疑季子爲孟子弟，有所疑問，何不親詣孟子？孟子亦何不詔之面命而必輾轉於公都子？又疑宋政和五年詔以樂正子享孟子廟，孟仲子封新泰伯，與公孫丑、萬章等十七人皆從祀，雖季孫子叔之在疑似間者未嘗缺失，而何獨無孟季子？今乃知孟子書中本不云孟季子也。"果在外非由内，謂終竟是義外非内也。孟子教公都子折破季子先酌鄉人之説，倣其説以難之也：弟不在尸位則叔父之敬無時可易，鄉人不在賓位則伯兄之敬無時可易。庸敬、斯須之敬因事轉多，隨時通變，吾心確有權衡，此真義内也。顧炎武《日知録》云："先王治天下之具，五典五禮五服五刑，其出乎身加乎民者莫不本之於心，以爲之裁制。親親之殺，尊賢之等，禮所生也。酌鄉人敬尸二事，皆禮之用也，而莫非義之所宜。自此道不明，而二氏空虚之教至於搥提仁義，絶滅禮樂從此起矣。自宋以下，一二賢智之徒病漢人訓詁之學，得其粗迹，務矯之以歸於内，而達道達德九經三重之事置之不論，此真所謂告子未嘗知義者也。董子曰：'宜在我而後可以稱義，故言義者，合我與宜以爲一言，以此操之，義之言我也。'此與孟子之言相發。"

11.6

【原文】

公都子曰："告子曰，性無善無不善也。或曰，性可以爲善，可以爲不善，是故文武興則民好善，幽厲興則民好暴。或曰，有性善，有性不善，是故以堯爲君而有象，以瞽瞍爲父而有舜，以紂爲兄之子且以爲君而有微子啓、王子比干。今曰性善，然則彼皆非歟？"

孟子曰："乃若其情，則可以爲善矣，乃所謂善也。若夫爲不善，非才之罪也。惻隱之心人皆有之，羞惡之心人皆有之，恭敬之心人皆有之，是非之心人皆有之。惻隱之心，仁也；羞惡之心，義也；恭敬之心，禮也；是非之心，智也。仁義禮智，非由外鑠我也，我固有之也，弗思耳矣。故曰求則得之，舍則失之，或相倍蓰而無筭者，不能盡其才者也。《詩》曰：'天生蒸民，有物有則。民之秉彝，好是懿德。'孔子曰：'爲此詩者，其知道乎？故有物必有則；民之秉彝也，故好是懿德。'"

【譯文】

公都子問："告子説，天性没有善良和不善良之分哩。也有人説，天性可以做善事，也可以做壞事，所以文王和武王的教化興起後人民就好做善事，幽王和厲王的虐政興起後人民就喜好制造暴亂。還有人説，有人天性善良，有人天性不善良，所以有堯這位偉大的聖人擔任君王却有象這樣惡劣的臣民，而瞽瞍這位頑梗的父親却有舜這樣聖賢的兒子，殘暴的紂是比干兄長的兒子且擔任君王却有庶兄微子啓、叔父比干這樣的忠臣。夫子您如今説人的天性善良，那麼他們説的都不對麼？"

孟子説："如果順從其感情，就可以做善事呀，這就是我所説的性善嘛。倘若這人做不好的事，並非才分的罪過嘛。惻隱之心人人都有，羞惡之心人人都有，恭敬之心人人都有，是非之心人人都有。惻隱之心，屬於仁嘛；羞惡之心，屬於義嘛；恭敬之心，屬於禮嘛；是非之心，屬於智嘛。仁義禮智這些美德，並非從外部銷鑠到我身上的嘛，是我原本就有的嘛，只是不曾思考而已呀。所以説尋求就能得到它，舍棄就會喪失它，人們善惡或相差一倍、五倍乃至無可勝算的情形，就因不能竭盡其才分的緣故嘛。《詩經·大雅·烝民》中有云：'天生養黎民，有事物有法則。黎民秉持天之常道，愛好這仁義禮智之美德。'孔子説：'作此詩的人，大概了解天道吧？原因是有事物就必定有法則，是人民所秉持的常道，因此愛好這種美德。'"

【古注】

《注》 公都子道告子以爲人性在化，無本善不善也；公都子曰，或人以爲可教以善不善，亦由告子之意也，故文武聖化之起民皆喜爲善，幽厲虐政之起民皆好暴亂；公都子曰，或人以爲人各有性，善惡不可化移：堯爲君，象爲臣，不能使之爲善；瞽瞍爲父，不能化舜爲惡；紂爲君，又與微子、比干有兄弟之親，亦不能使此二子爲不仁，是亦各有性也。公都子曰，告子之徒其論如此，今孟子曰人性盡善，然則被之所言皆非邪？若，順也。性與情相爲表裏，性善勝情，情則從之。《孝經》曰："此哀戚之情。"情從性也，能順此情使之善者，真所謂善也；若隨人而强作善者，非善者之善也。若爲不善者，非所受天才之罪，物動之故也。仁義禮智，人皆有其端，懷之於内，非從外消鑠我也，求存之則可得而用之，舍縱之則亡失之矣。故人之善惡或相倍蓰，或至於無筭者，不得相與計多少，言其絶遠也。所以惡乃至是者，不能自盡其才性也，故使有惡人，非天獨與此人惡性。其有下愚不移者，譬如被疾不成之人，所謂童昏也。詩，《大雅·蒸民》之篇，言天生衆民，有物則有所法則，人法天也。民之秉彝，彝，常也，常好美德。孔子謂之知道，故曰人皆有善也。《章指》言：天之生人，皆有善性，引而趨之，善惡異衢，高下相懸，賢愚舛殊，尋其本身，乃能一諸。

《集注》 按此文，則微子、比干皆紂之叔父，而《書》稱微子爲商王元子，疑此或有誤字。乃若，發語辭。情者，性之動也。人之情本但可以爲善而不可以爲惡，則性之本善可知矣。才，猶材質，人之能也。人有是性則有是才，性既善則才亦善；人之爲不善乃物欲陷溺而然，非其才之罪也。鑠，以火銷金之名，自外以至内也。筭，數也。言四者之心人所固有，但人自不思而求之耳，所以善惡相去之遠，由不思不求而不能擴充以盡其才也。前篇言是四者爲仁義禮智之端，而此不言端者，彼欲其擴而充之，此直因用以著其本體，故言有不同耳。詩，《大雅·蒸民》之篇。蒸，詩作烝，衆也；物，事也；則，法也；懿，美也。有物必有法，如有耳目則有聰明之德，有父子則有慈孝之心，是民所秉執之常性也，故人之情無不好此懿德者。以此觀之，則人性之善可見，而公都子所問之三説皆不辯而自明矣。程子曰："性即理也，理則堯舜至於塗人一也。才禀於氣，氣有清濁，禀其清者爲賢，禀其濁者爲愚；學而知之則氣無清濁皆可至於善而復性之本，湯武身之是也。孔子所言'下愚不移'者，則自暴自棄之人也。"又曰："論性不論氣不備，論氣不論性不明，二之則不是。"張子曰："形而後有氣質之性，善反之則天地之性存焉，故氣質之性君子有弗性者焉。"愚按：程子此説才字與孟子本文小異，蓋孟子專指其發於性者言之，故以爲才無不善；程子兼指其禀於氣者言之，則人之才固有昏明强弱之不同矣，張子所謂氣質之性是也。二説雖殊，各有所當。然以事理考之，程子爲密。蓋氣質所秉雖有不善，而不害性之本善；性雖本善，而不可以無省察矯揉之功，學者所當深玩也。

《正義》 人性在化，化，變化也。孔廣森《經學卮言》云："王充《論衡·本性篇》云：'周人世碩以爲人性有善有惡，舉人之善性養而致之則善長，惡性養而致之則惡長，故世子作《養書》一篇。宓子賤、漆雕開、公孫尼子之徒亦論性情，與世子相出入。'按公都子此問即其説也。《漢藝文志·世子》二十一篇，名碩，陳人，七十子之弟子。《韓非子》八儒有漆雕氏之儒，世子或其徒與？蓋或人二説皆原於聖門，而各得其一偏。可以爲善可以爲不善，所謂'性相近，習相遠'也；有性善有性不善，所謂'上智與下愚不移'者也。"顧炎武《日知録》云："以紂爲弟，且以爲君，而有微子啟；以紂爲兄之子，且以爲君，而有王子比干。並言之，則於文有所不便，故舉此以該彼，此古人文章之善。"翟灝《考異》云："《陸象山集·與周元忠書》曰：'以紂爲兄之子，此是公都子引當時人言。《史記》微子是紂庶兄，皆帝乙之子也；比干則但云紂之親戚，太史公亦莫知爲誰子也。今據公都所引文義，則是以微子、比干爲帝乙之弟，而紂於二人爲兄之子也。此是《孟子》所載與《史記》不同處。'按《史記》以微子爲紂庶兄，溯其所原，乃屬《吕氏春秋》，吕氏言宜難深信。殷王兄終弟及者十四，其後之轉及兄子惟沃甲一人，則凡前王子未嗣立者，其孫曾中之嫡系，詎不得當元子稱邪？箕子稱微子曰王子，孟子書兩稱王子比干，二人稱謂同，或其行輩亦同，故趙氏謂紂與微、比皆有兄弟之親。若言於紂父，皆兄弟也。此《孟子》所載與《史記》不同處。象山言最爲超卓，孟門所聞必當實於《史記》，讀《孟子》者似不必因《史記》生疑也。"戴震《孟子字義疏證》云："朱子云：'氣質之性固有美惡不同矣，然以其初而言皆不甚相遠，但習於善則善，習於惡則惡，於是始相遠耳。''人之氣質相近之中又有美惡一定，而非習之所能移也。'直會通公都子兩引或曰之説解《論語》矣。程子云：'有自幼而善，有自幼而惡，是氣禀有然也。善固性也，然惡亦不可不謂之性也。'此與'有性善有性不善'合，而與'性可以爲善，可以爲不善'亦未嘗不兼，特彼仍其性之名，此别之曰氣禀耳。程子又云：'人生而静以上不容説，纔説性時便已不是性也。'朱子釋之云：'人生而静以上是人物未生時，止可謂之理，未可名爲性，所謂在天曰命也。纔説性時便是人生以後，此理已墮形氣中，不全是性之本體矣，所謂在人曰性也。'據《樂記》'人生而静'與'感於物而動'對言之，謂方其未感，非謂人物未生也。《中庸》'天命之爲性'，謂氣禀之不齊，各限於生初，非以理爲在天在人異其名也。況如其説，是孟子乃追遡人物未生，未可名性之時而曰性善。若就名性之時已是人生以後，已墮在形氣中，安得斷之曰善？由是言之，將天下古今惟上聖之性不失其性之本體，自上聖而下，語人之性皆失其性之本體。人之爲人，舍氣禀氣質將以何者謂之人哉？是孟子言人無有不善者，程子朱子言人無有不惡，其視理儼如有物，以善歸理，雖顯遵孟子性善之云，究之孟子就人言之者，程朱乃離人而空論夫理，故謂孟子'論性不論氣不備'。若不視理如有物，而其見於氣質不善，卒難通於孟子之直斷曰善。立説似同於孟子而實異，似異於荀子而實同也。"程瑶田《通藝録·論學小記》云："孟子以情驗性，總就下愚不移者指出其情以曉人，如言惻隱、羞惡、辭讓、是非之情，爲仁義禮智之端，謂人皆有之者，下愚不移者亦有也。故乍見孺子入井，皆有怵惕惻隱之心，正謂下愚不移者皆如是也，故曰乃若其情，則可以爲善。乃若者，轉語也，即從下文若夫字生根；其情者，下愚不移者之情，即下文爲不善者之情也。曰可以爲善者，可不可未可知之辭，然而未嘗不可以爲善也。若夫爲不善，乃其後之變態，非其情動之初，本然之才便如此也。性善之義至孟子言之，乃真透根之論。"謹按：孟子性善之説，全本於孔子之贊《易》。伏羲畫卦，觀象以通神明之德，以類萬物之情，俾天下萬世無論上智下愚，人人知有君臣父子夫婦，此性善之指也。孔子贊之則云："利貞者，性情也。六爻發揮，旁通情也。"禽獸之情不能旁通，即不能利貞，故不可以爲善；情不可以爲善，此性所以不善。人之情則能旁通，即能利貞，故可以爲善；

情可以爲善,此性所以善。人之性可因教而明,人之情可因教而通。禽獸之情雖教之不明,禽獸之情雖教之不通。孔子曰:"五十學《易》,可以無大過矣。"可以無大過,即是可以爲善。性之善,全在情可以爲善;情可以爲善,謂其能由不善改而爲善。孟子以人能改過爲善,決其爲性善。伏羲之前人同禽獸,其貪淫争奪思之可見,而伏羲能使之均歸於倫常之中。"乃若",宜如程氏瑶田之説。趙氏以順釋若,非其義矣。

【淺悟】

孟子論性善,爲了增强其説服力,遍尋論據,却從未引用過孔子所説的"唯上智與下愚不移"這句話,説明他完全理解這句話的真正涵義。然而自漢代以來的所有解經家注解本章時,全都引用了孔子此言。他們對此言的理解是:只有上等的智者和下等的愚人不可改變。那麽請問:怎樣的人才算上等的智者,怎樣的人屬於下等的愚人?這兩種人爲什麽不可改變?相信任何人都無法回答這個問題。假如孔子此言果真是這個意思,很難相信孔門那麽多優秀弟子,竟然没有一位提出質疑。由此足以證明孔子此言讓人一聽就能明白。其實此言並不難懂,上智和下愚是相比較而言的,就是説,只有在上位者明智和在下位者庸愚這種位置結構不可改變。這是用人上不可動摇的規律,拿現在時髦的話説就是:必須遵循能者上,庸者下,末位者淘汰的用人機制,與"性"毫無干系,所以孟子不可能引用這句話。而那些解經家偏要用自己對這句話的錯誤理解作注脚,來爲孟子的性善論造聲勢,縱然費盡口舌,却全是廢話。他們哪里是論性,説的分明是"習"。

解經家們不論注解任何經典,也不論其擁有多麽高的名望,只要引用孔"上智與下愚不移"之言作注脚,毋庸置疑,其注解肯定荒誕不經。

11.7

【原文】

孟子曰:"富歲子弟多賴,凶歲子弟多暴,非天之降才爾殊也,其所以陷溺其心者然也。今夫麰麥,播種而耰之,其地同,樹之時又同,浡然而生,至於日至之時皆熟矣;雖有不同,則地有肥磽、雨露之養、人事之不齊也。故凡同類者舉相似也,何獨至於人而疑之?聖人與我同類者。故龍子曰:'不知足而爲屨,我知其不爲蕢也。'屨之相似,天下之足同也。口之於味有同耆也,易牙先得我口之所耆者也。如使口之於味也,其性與人殊,若犬馬之與我不同類也,則天下何耆皆從易牙之於味也?至於味,天下期於易牙,是天下之口相似也。惟耳亦然。至於聲,天下期於師曠,是天下之耳相似也。惟目亦然。至於子都,天下莫不知其姣也。不知子都之姣者,無目者也。故曰口之於味也有同耆焉,耳之於聲也有同聽焉,目之於色也有同美焉。至於心獨無所同然乎?心之所同然者何也?謂理也,義也。聖人先得我心之所同然耳，故理義之悦我心，猶芻豢之悦我口。”

【譯文】

孟子説：“富足年景子弟多依賴，凶荒年景子弟多暴戾，並非天降給他們的才分如此懸殊嘛，那是用這饑寒來陷溺他們的心才變成這樣的嘛。比如這大麥，把播下的種子覆蓋好，那土地相同，下種的時間也相同，於是蓬勃地生長，到達夏至的時節就都成熟了呀；雖有不同，那是因爲土地有肥沃貧瘠、雨露的滋養、人事的不齊造成的嘛。凡是同類的事物都與此相似嘛，爲什麼只要提到人就對這種相似産生懷疑呢？那怕聖人跟我們也是同類的人。古代賢者龍子説：‘不知脚的形狀如果能編成草鞋，我便知道他不會改行編草筐哩。’草鞋的形狀相似，那是因爲天下人的脚形相同嘛。口對於滋味有相同的嗜好哩，易牙是先獲得我們口味所嗜好的人嘛。如使口對於滋味呢，其天生跟别人不同，就像犬馬跟我們不是同類那樣呢，那麽天下人爲何對滋味的嗜好都隨從易牙呢？至於滋味，天下人都期望能吃到易牙烹調的菜肴，這説明天下人的口味相似嘛。耳朵也這樣。至於聲響，天下人都期望能聽到師曠演奏的音樂，這説明天下人的聽覺相似嘛。眼睛也這樣。提到子都，天下人没有不知道他是美男子嘛。不知道子都姣美的人，那是没有眼睛的人哩。所以説口對於滋味有相同的嗜好嘛，耳朵對於音樂有相同的聽覺嘛，眼睛對於姿色有相同的美感嘛。至於心難道没有相同之處嗎？心的相同之處是什麽呢？是理嘛，義嘛。聖人只是先獲得我們内心這些相同之處而已，所以理和義的能愉悦我們的心，猶如牛羊豬狗的肉能愉悦我們的口。”

【古注】

《注》 富歲，豐年也；凶歲，饑饉也。子弟，凡人之子弟也。賴，善；暴，惡也。非天降下才性與之異，以饑寒之阨陷溺其心使爲惡者也。麰麥，大麥也。《詩》云“貽我來麰”，言人性之同，如此麰麥。其不同者，人事雨澤有不足，地之有肥磽耳。磽，薄也。聖人亦人也，其相覺者，以心知耳。蓋體類與人同，故舉相似也。龍子，古賢者也。雖不知足大小，作屨者猶不更作蕢。蕢，草器也。以屨相似，天下之足略同故也。人口之所耆者相似，故皆以易牙爲知味，言口之同也。耳亦猶口也。天下皆以師曠爲知聲之微妙也。目亦猶耳也。子都，古之姣好者也。《詩》云：“不見子都，乃見狂且。”儻無目者，乃不知子都好耳。言目之同也。言人之心性皆同也。心所同耆者，義理也。理者，得道之理，聖人先得理義之要耳。理義之悦心，猶芻豢之悦口，誰不同也？草食曰芻，穀食曰豢。《章指》言：人稟性俱有好憎，耳目口心所悦者同，或爲君子，或爲小人，猶麰麥不齊，雨露使然也。孟子言是，所以勗而進之。

《集注》 富歲，豐年也；賴，藉也。豐年衣食饒足，故有所賴藉而爲善。凶年衣食不足，故有以陷溺其心而爲暴。麰，大麥也；耰，覆種也；日至之時，謂當成熟之期也。聖人亦人耳，其性之善無不同也。易牙，古之知味者。言易牙所調之味，則天下皆以爲美也。師曠，能審音者也。言師曠所和之音，則天下皆以爲美也。子都，古之美人也。姣，好也。草食曰芻，牛羊是也；穀食曰豢，犬豕是也。程子曰："在物爲理，處物爲義，體用之謂也。孟子言人心無不悦理義者，但聖人則先知先覺乎此耳，非有以異於人也。"程子又曰："理義之悦我心，猶芻豢之悦我口，此語親切有味，須實體察得理義之悦心，真猶芻豢之悦口始得。"

《正義》 阮元云："富歲子弟多賴，賴即嬾。按《説文》女部云：'嬾，懈也，從女，賴聲。一曰臥也。'貝部云：'賴，贏也，從貝，剌聲。'《禮記·月令》云'不可以贏'，注云：'贏，猶解也。'解即懈。贏、賴、解同義。然則富歲子弟多賴，謂其粒米狼戾，民多懈怠。《月令》'不可以賴'，即是不可以嬾。而子弟多賴，即是子弟多懈也。賴與暴俱是陷溺其心。若謂豐年多善，凶年多惡，未聞温飽之家皆由禮者矣。"阮氏説是也。趙氏以與之異釋爾殊，蓋以爾字爲助詞，與之異但釋殊字也。王引之《經傳釋詞》云："爾，猶如此也。非天之降才爾殊也，言非天之降才如此其異也。凡後人言不爾、乃爾、果爾、聊復爾耳者，並與此同義。"戴震《孟子字義疏證》云："《六經》、孔、孟之言以及傳記羣籍，理字不多見。今雖至愚之人，悖戾恣睢，其處斷一事，責詰一人，莫不輒曰理者，自宋以來始相習成俗，則以理爲如有物焉，得於天而具於心，因以心之意見當之也。於是負其氣，挾其勢位，加以口給者理伸；力弱氣慴，口不能道辭者理屈。嗚呼，其孰謂以此制事、以此制人之非理哉！""孟子明人心之通於理義，與耳目鼻口之通於聲色臭味，咸根於性，非由後起。後儒見孟子言性則曰理義，則曰仁義禮智，不得其説，遂於氣禀之外增一理義之性歸之孟子矣。""天下古今之人，其大患，私與蔽二端而已。私生於欲之失，蔽生於知之失；欲生於血氣，知生於心。因私而咎欲，因欲而咎血氣，因蔽而咎知，因知而咎心，老氏所以言'常使民無知無欲'，彼自外其形骸，貴其真宰，後之釋氏，其論説似異而實同。宋儒出入於老釋，故雜乎老釋之言以爲言。《記》曰：'飲食男女，人之大欲存焉。'聖人治天下，體民之情，遂民之欲，而王道備。人知老莊釋氏異於聖人，聞其無欲之説猶未之信也，於宋儒則信以爲同於聖人。理欲之分人人能言之，故今之治人者視古聖賢體民之情，遂民之欲，多出於鄙細隱曲，不措諸意，不足爲怪。而及其責以理也，不難舉曠世之高節著於義而罪之：尊者以理責卑，長者以理責幼，貴者以理責賤，雖失，謂之順；卑者幼者賤者以理事之，雖得，謂之逆。於是下之人不能以天下之同情、天下所同欲達之於上；上以理責其下，而在下之罪人人不勝指數。人死於法，猶有憐之者；死於理，其誰憐之？嗚呼，雜乎老釋之言以爲言，其禍甚於申韓如是也。《六經》、孔、孟之書豈嘗以理爲如有物焉，外乎人性之發爲情欲者而强制之也哉！孟子告齊梁之君曰'與民同樂'，曰'省刑罰，薄税斂'，曰'必使仰足以事父母，俯足以畜妻子'，曰'居者有積倉，行者有裹囊'，曰'内無怨女，外無曠夫'，仁政如是，王道如是而已矣。"程子、朱子尊理而以爲天與我，猶《荀子》尊禮義以爲聖人與我也。謂理爲形氣所汙壞，是聖人而下形氣皆大不美，即荀子性惡之説也。而其所謂理，别爲湊泊附著之一物，猶老莊釋氏所謂真宰真空之湊泊附著於形體也。理既完全自足，難於言學以明理，故不得不分理氣爲二本而咎形氣。蓋其説雜糅傅合而成，令學者眩惑其中，雖《六經》、孔、孟之言具在，咸習非勝是，不復求通。嗚呼，吾何敢默而息乎！"趙注"理者，得道之理"，《易·説卦傳》云："和順於道德而理於義，窮理盡性以至於命。"孔子言道德性命指出理字，此孟子所本也。道者，行也。凡路之可通行者爲道，則凡事之可通行者爲道。得乎道爲德，對失道而言也。道有理也，理有義也。理者，分也；義者，宜也。其不可通行者，非道矣。可行矣，乃道之達於四方者各有分焉，即各有宜焉。趨燕者行乎南，趨齊者行乎西，行焉而弗宜矣，弗宜即爲失道。趨燕者雖行乎北而或達乎趙，趨齊者雖行乎東而或止乎魯，行焉而仍弗宜矣，弗宜則非義，即非理。故道之分有理，理之得有義，理於義者分而得於義也。惟分，故有宜不宜。理分於道即命分於道，故窮理盡性以致於命。孟子以理義明性，即孔子以理於義明道也。趙氏以得道之理明之，得道之理即和順以道德而理於義也。後儒言理或不得乎孔孟之恉，故戴氏詳爲闡説是也。説者或並理而斥言之，則亦芒乎未聞道矣。

【淺悟】

麰，讀音 móu（ㄇㄡˊ）。磽，讀音 qiāo（ㄑㄧㄠ）。

所謂"心"，應當是如今所説的思維，是天獨賜給人類的能力。由於思維的形成也跟麰麥的生長一樣，會受到客觀因素的影響而良莠不齊。聖人首先發現了這種現象，用理義統一人類的認識，使之同沿着理義之路前進，以達到善的境地，這樣的引導乃是後天的事，即所謂"習"。

11.8

【原文】

孟子曰："牛山之木嘗美矣！以其郊於大國也，斧斤伐之，可以爲美乎？是其日夜之所息，雨露之所潤，非無萌櫱之生焉，牛羊又從而牧之，是以若彼濯濯也。人見其濯濯也，以爲未嘗有材焉，此豈山之性也哉？雖存乎人者，豈無仁義之心哉？其所以放其良心者，亦猶斧斤之於木也，旦旦而伐之，可以爲美乎？其日夜之所息，平旦之氣，其好惡與人相近也者幾希，則其旦晝之所爲，有梏亡之矣。梏之反覆，則其夜氣不足以存；夜氣不足以存，則其違禽獸不遠矣。人見其禽獸也，而以爲未嘗有才焉者，是豈人之情也哉？故苟得其養，無物不長；苟失其養，無物不消。孔子曰：'操則存，舍則亡，出入無時，莫知其鄉。'惟心之謂與？"

【譯文】

孟子説："牛山的樹木曾經多麼壯美呀！因其位於大國的郊外哩，不斷用斧頭砍伐樹木，還能稱得上壯美嗎？這壯美的樹木是其日夜不停地蕃息，雨露不斷滋潤所長成，並非没有新枝幼芽生出來，伐光了樹木隨即又在山上放牧牛羊，所以那座牛山才變得光秃秃的嘛。人們見其光秃秃的樣子呢，還以爲那山上未曾出産過木材，難道此山天生就是這般模樣啊？再説當初存在的那些人，難道都没有仁義之心啊？他們用放棄自己良心的行爲，也像斧頭對待樹木一樣哩，每天都去砍伐，能認爲這種行爲是美的嗎？他們今天夜裏所增長的仁義，清晨所儲備的志氣，其愛好和憎惡跟賢人相近之處差别不多，然而其次日白晝的所作所爲，又被利欲所束縛而消亡了呀。反覆被這樣束縛，其夜間積蓄的志氣就不能以存在；夜間積蓄的志氣不能以存在，其離禽獸就不遠了呀。人家見其行事有如禽獸呢，還以爲他是個未曾有過好才幹的人，這難道是此人的真實情形啊？所以若能得到相應的滋養，没有哪個物種不生長；如果失去滋養，没有哪個物種不消逝。孔子説：'操持就能存在，舍棄就會消亡，出入無時，不知其去向。'這話是專指人心説的麽?"

【古注】

《注》 牛山，齊之東南山也。邑外謂之郊。息，長也。濯濯，無草木之貌。牛山木嘗盛美，以在國郊，斧斤牛羊使之不得有草木耳，非山之性無草木也。存，在也。言雖在人之性，亦猶山之有草木，人豈無仁義之心邪？其日夜之思欲息長仁義，平旦之志氣，其好惡凡人皆有與賢人相近之心。幾，豈也。豈希，言不遠也。旦晝，晝日也。其所爲萬事，有梏亂之使亡失其日夜之所息也。梏之反覆，利害干其心，其夜氣不能復存也。人見惡人禽獸之行，以爲未嘗有善才性，此非人之情也。誠得其養，若雨露於草木，法度於仁義，何有不長也？誠失其養，若斧斤牛羊之消草木、利欲之消仁義，何有不盡也？孔子曰，持之則在，縱之則亡，莫知其鄉。鄉猶里，以喻居也。獨心爲若是也。《章指》言：秉心持正，使邪不干，猶止斧斤不伐牛山，山則木茂，人則稱仁也。

《集注》 言牛山之木，前此固嘗美矣。今爲大國之郊，伐之者衆，故失其美耳。息，生長也。日夜之所息，謂氣化流行未嘗間斷，故日夜之間凡物皆有所生長也。萌，芽也；蘖，芽之旁出者也；濯濯，光潔之貌；材，材木也。言山木雖伐，猶有萌蘖，而牛羊又從而害之，是以至於光潔而無草木也。良心者，本然之善心，即所謂仁義之心也。平旦之氣，謂未與物接之時清明之氣也。好惡與人相近，言得人心之所同然也；幾希，不多也；梏，械 也；反覆，展轉也。言人之良心雖已放失，然其日夜之間猶必有所生長，故平旦未與物接，其氣清明之際，良心猶必有發見者。但其發見至微，而旦晝所爲之不善又已隨而梏亡之，如山木既伐猶有萌蘖而牛羊又牧之也。晝之所爲既有以害其夜之所息，夜之所息又不能勝其晝之所爲，是以展轉相害至於夜氣之生日以寖薄，而不足以存其仁義之良心，則平旦之氣亦不能清，而所好惡遂與人遠矣。山木人心，其理一也。孔子言心，操之則在此，舍之則失去，其出入無定時亦無定處如此。孟子引之以明心之神明不測，得失之易而保守之難，不可頃刻失其養。學者當無時而不用其力，使神清氣定常如平旦之時，則此心常存，無適而非仁義矣。程子曰："心豈有出入？亦以操舍而言耳。操之之道，敬以直内而已。"愚聞之師曰："人理義之心未嘗無，惟持守之即在爾。若於旦晝之間不至梏亡，則夜氣愈清；夜氣清，則平旦未與物接之時，湛然虚明氣象自可見矣。"孟子發此夜氣之説，於學者極有力，宜熟玩而深省之也。

《正義》 閻若璩《釋地續》云："牛山齊之東南山，是趙氏在複壁中所注，方向少錯，無論。今目驗在臨淄縣南一十里，亦在唐臨淄縣南二十一里，《括地志》所謂'管仲冢與桓公冢連在牛山上'是。酈道元注：'牛山，一名南郊山，天齊淵出焉。齊以此得名。'"旦旦猶云朝朝，亦即日日也。日日放其良心，猶日日伐其山木，山木由此不美，人心亦由此不良。旦晝猶云明日，謂今日夜所息平旦之氣才能不遠於人，及明日出見紛華，所悦而所息者乃梏亡矣。言利害之亂其性，猶桎梏之刑其身。反覆即反復。息而梏，梏而又息，息而又梏，其始息多於梏，久則梏多於息。息則仁義之心存，梏則利害之見勝，梏之不已，則心但知有利害，不復能思欲息長仁義，是利害之邪干犯仁義之良，故夜氣不足以存也。至梏之反覆，夜氣不足以存，乃違禽獸不遠。然則人之不遠於禽獸，亦非一日所遽至也。《坤·文言傳》云："非一朝一夕之故，其所由來者漸矣，由辨之不早辨也。"《繫辭傳》云："小人不恥不仁，不畏不義，不見利不勸，不威不懲，小懲而大誡，此小人之福也。"又云："善不積，不足以成名；惡不積，不足以滅身。小人以小善爲無益而弗爲也，以小惡爲無傷而弗去也，故惡積而不可掩，罪大而不可解。"旦旦伐之，梏之反覆，即漸積之謂也。當其日夜所息，好惡尚與人近，是時早辨尚不至於梏亡，此聖人設教所以恥之以仁，畏之以義，勸以利而懲以威也。人之自治必以問學，聖人治人則以禮樂，皆以法度於仁義也。息仁義必以思欲，義仁義必以法度。趙氏深能發《孟子》之指。舍即放，放即縱。《論語·雍也篇》"以與爾鄰里鄉黨乎"，集解引鄭曰："五家爲鄰，五鄰爲里，萬二千五百家爲鄉，五百家爲黨也。"《論語·里仁篇》"里仁爲美，擇不處仁"，集解引鄭曰："里者，民之所居也。居於仁者之里，是爲善也。"鄉大於里，而皆爲民之所居，故云鄉猶里，以喻居也。近讀鄉爲向，《釋名·釋州國》云："萬二千五百家爲鄉。鄉，向也，衆所向也。"鄉里之鄉，本取義於向，則其義通矣。

【淺悟】

孟子動輒以人的惡劣行爲喻爲禽獸，不妥。

焦循正義解釋孔子所説"莫知其鄉"的鄉字，認爲與"里"同義，都是"民之所居"，並引用鄭玄注解《論語·里仁篇》孔子所説的"里仁爲美，擇不處仁，焉得智"作爲依據來解釋"鄉"字。孟子在《公孫丑上篇》中論述"矢人豈不仁於函人哉"時，也曾引用過孔子"里仁爲美"這段話。其對這段話的解釋則與鄭玄不同。兩相對比，顯然孟子的解釋準確無誤。焦氏引用謬誤的注解來解釋本章，欠妥。

11.9

【原文】

孟子曰："無或乎王之不智也。雖有天下易生之物也，一日暴之，十日寒之，未有能生者也。吾見亦罕矣，吾退而寒之者至矣，吾如有萌焉何哉？今夫弈之爲數，小數也，不專心致志，則不得也。弈秋，通國之善弈者也。使弈秋誨二人弈，其一人專心致志，惟弈秋之爲聽；一人雖聽之，一心以爲有鴻鵠將至，思援弓繳而射之，雖與之俱學，弗若之矣。爲是其智弗若與？曰非然也。"

【譯文】

孟子説："不要對齊王的不明智有所疑惑哩。哪怕有天下最容易生長的植物呢，曬它一天，凍它十天，没有能生存下來的嘛。我只是很少去見齊王而已，可我剛退下那班令人寒心的阿諛奉承之徒就到了呀，我有什麽辦法能使齊王萌生的雄心增長啊？就像如今下棋這門技藝，雖是小技藝，若不專心致志，就不可能學到手嘛。弈秋，乃全國最善於下棋的高手哩。假使讓弈秋教授二人下棋，其中一人專心致志，只聽弈秋的講授；另一人看似也在聽講，却一心認爲有隻天鵝即將飛來，思考着怎樣拉弓放箭才能射中天鵝，雖説跟那人都在學下棋，其棋藝肯定不如那人呀。能説此人的智慧不如那人麽？應當説並非如此嘛。"

【古注】

《注》 王，齊王也。或，怪也。時人有怪王不智而孟子不輔之，故言此也。種易生之草木五穀，一日暴温之，十日陰寒以殺之，物何能生？我亦希見於王，既見而退寒之者至，謂左右佞諂順意者多，譬諸萬物，何由得有萌芽生也？弈，博也，或曰圍棊。《論語》曰："不有博弈者乎？"數，技也。雖小技，不專心則不得也。有人名秋，通一國皆謂之善弈曰弈秋，使教二人弈，其一人惟秋所善而聽之，其一人念欲射鴻鵠故不如也。爲是謂其智不如也，曰非也，以不致志也。故齊王之不智亦若是。《章指》言：弈爲小數，不精不能，一人善之，十人惡之，雖竭其道，何由智哉？《詩》云："濟濟多士，文王以寧。"此之謂也。

《集注》 或與惑同，疑怪也。我見王之時少，猶一日暴之也；我退則諂諛雜進之日多，是十日寒之也。雖有萌蘖之生，我亦安能如之何哉？繳，以繩繫矢而射也。程子爲講官，言於上曰："人主一日之間接賢士大夫之時多，親宦官宫妾之時少，則可以涵養氣質而薰陶德性。"時不能用，識者恨之。范氏曰："人君之心，惟在所養。君子養之以善則智，小人養之以惡則愚。然賢人易疏，小人易親，是以寡不能勝衆，正不能勝邪。自古國家治日常少，而亂日常多，蓋以此也。"

《正義》 趙氏注：數，技也。《吕氏春秋·察賢篇》"任其數而已矣"，《淮南子·原道訓》"貴其周於數"，高誘注並云："數，術也。"《禮記·鄉飲酒義》"古之學術道者"，注云："術，猶藝也。"《坊記》"尚技而賤事"，注云："技，猶藝也。"技、術皆訓藝，數之爲技，猶數之爲術，即數之爲藝。致之言細密也，用志不細不密則負矣。故專一其心，以細密其志也。致是細密，細密即是精。趙氏《章句》不解致志，而《章指》云不精不能，不精即解不致志，不能即解不得也。趙氏注中所略，每於《章指》補之。思援弓繳而射之，《詩·鄭風·女曰鷄鳴》箋，《齊風·盧令》箋皆云："弋，繳射也。"孔氏正義曰："以繩繫矢而射鳥謂之繳射。"《説文》糸部云："緡，釣魚繁也。"然則繁爲生絲縷之名，可用以繫弓弋鳥，亦可用以繫竿釣魚。曰非然也，王引之《經傳釋詞》云："有一人之言而自爲問答者，則加曰字以别之，《孟子》'爲其智弗若與？曰非然也'是也。"爲與謂同義，言謂是其智弗若也。趙注云"爲是謂其智弗如也"，分爲與謂爲二，失之。俱學者，俱習也。智，即性之神明也。弗若者，習相遠也。非然者，非性本相遠也。此章以智明性，與前章以仁義明性互見之。

【淺悟】

暴，讀音 pù（ㄆㄨˋ），同曝。鵠，讀音 hù（ㄏㄨˋ）。繳，讀音 zhuó（ㄓㄨㄛˊ）。射，讀音 shí（ㄕˊ），以矢射物。

焦氏正義"以智明性"的説法是正確的，"以仁義明性"的説法是錯誤的。"智"即所謂思維，萬物只有人有；仁義則不是性中所有的，那是後天的"習"。

11.10

【原文】

孟子曰："魚我所欲也，熊掌亦我所欲也，二者不可得兼，舍魚而取熊掌者也。生亦我所欲也，義亦我所欲也，二者不可得兼，舍生而取義者也。生亦我所欲，所欲有甚於生者，故不爲苟得也；死亦我所惡，所惡有甚於死者，故患有所不辟也。如使人之所欲莫甚於生，則凡可以得生者何不用也？使人之所惡莫甚於死者，則凡可以辟患者何不爲也？由是則生而有不用也，由是則可以辟患而有不爲也，是故所欲有甚於生者、所惡有甚於死者，非獨賢者有是心也，人皆有之，賢者能勿喪耳。一簞食，一豆羹，得之則生，弗得則死，嘑爾而與之，行道之人弗受；蹴爾而與之，乞人不屑也。萬鍾則不辯禮義而受之，萬鍾於我何加焉？爲宫室之美、妻妾之奉，所識窮乏者得我與？鄉爲身死而不受，今爲宫室之美爲之；鄉爲身死而不受，今爲妻妾之奉爲之；鄉爲身死而不受，今爲所識窮乏者得我而爲之；是亦不可以已乎？此之謂失其本心。”

【譯文】

孟子説：“魚是我想吃的，熊掌也是我想吃的，二者不可同時得到，只好舍棄魚而選擇熊掌嘛。生命是我所珍惜的，道義也是我所珍惜的，二者不可能同時擁有，就應舍棄生命而選擇道義嘛。生命是我所珍惜的，遇到所珍惜的有比生命更值得珍惜的事，必定不肯爲了苟且偷生而獲得生存嘛；死是我所憎惡的，遇到所憎惡的有比死亡更令人憎惡的事，必須面對的禍患決不規避嘛。假使人的所期望没有比生命更重要的話，那麽凡是可以獲得生存的辦法，爲什麽不用呢？假使人的所憎惡没有比死更令人憎惡的話，那麽凡是可以規避禍患的辦法爲什麽不付諸行動呢？採用這種辦法就能生存却有人不使用，沿着這種途徑就可規避禍患却有人不規避，由此可見所期望的有比生命更重要的事、所憎惡的有比死亡更可憎的事，這種心情非但賢者有，每個人都有嘛，只不過賢者能不喪失此心而已。一竹筒飯，一碗菜湯，得到就能生存，得不到就會死。呵叱着給人家，即使路過的饑民也不會接受；用脚踢着給人家，連乞丐都不屑於接受哩。然而萬鍾厚禄就不分辯是否符合禮義却接受下來，這萬鍾俸禄給我增加了什麽呀？難道只是爲了建造美觀的宫室、供奉妻妾們享樂，使所知交的窮乏友人感激得到我的資助麽？往日爲了嘑爾之食寧可身死而不接受，如今爲了建造美觀的宫室而做不辯禮義的事；往日爲了嘑爾之食寧可身死而不接受，如今爲了供奉妻妾們享受而做不辯禮義的事；往日爲了嘑爾之食寧可身死而不接受，如今爲了使所知交的窮乏友人感激得到我的資助而做不辯禮義的事；連這等事也不可以停止嗎？這就叫迷失其本心。”

【古注】

《注》 熊掌，熊蹯也，以喻義。魚，以喻生也。有甚於生者，謂義也。義者不可苟得。有甚於死者，謂無義也。不苟辟患也。莫甚於生，則苟利而求生矣。莫甚於死，則可辟患不擇善，何不爲耳？有不用，不用苟生也。有不爲，不爲苟惡而辟患也。有甚於生，義甚於生也。有甚於死，惡甚於死也。凡人皆有是心，賢者能勿喪亡之也。人之餓者，得此一器食可以生，不得則死。嘑爾猶呼爾，咄啐之貌也。行道之人，道中凡人，以其賤己，故不肯受也。蹴，蹋也。以足踐蹋與之，乞人不絜之，亦由其小，故輕而不受也。言一簞食則貴禮，至於萬鍾則不復辯别有禮義與不。鍾，量器也。萬鍾於己身何加益哉？己身不能獨食萬鍾也。豈不爲廣美宫室，供奉妻妾，施與所知之人窮乏者。鄉者不得簞食而食則身死尚不受也，今爲此三者爲之，是亦不可以止乎？所謂失其本心也。《章指》言：舍生取義，義之大者也。簞食萬鍾，用有輕重，縱彼納此，蓋違其本。凡人皆然，君子則否，所以殊也。

《集注》 魚與熊掌皆美味，而熊掌尤美也。釋所以舍生取義之意。欲生惡死者，雖衆人利害之常情，而欲惡有甚於生死者，乃秉彝義理之良心，是以欲生而不爲苟得，惡死而有所不避也。設使人無秉彝之良心，而但有利害之私情，則凡可以偷生免死者皆將不顧禮義而爲之矣。由其必有秉彝之良心，是以其能舍生取義如此。羞惡之心人皆有之，但衆人汩於利欲而忘之，惟賢者能存之而不喪耳。行道之人，路中凡人也；乞人，丐乞之人也；不屑，不以爲潔也。言雖欲食之急而猶惡無禮，有寧死而不食者，是其羞惡之本心，欲惡有甚於生死者，人皆有之也。萬鍾於我何加，言於我身無所增益也。所識窮乏者得我，謂所知識之窮乏者感我之惠也。上言人皆有羞惡之心，此言衆人所以喪之。由此三者，蓋禮義之心雖曰固有，而物欲之蔽亦人所易昏也。言三者身外之物，其得失比生死爲甚輕。鄉爲身死猶不肯受嘑蹴之食，今乃爲此三者而受無禮義之萬鍾，是豈不可以止乎？本心，謂羞惡之心。此章言羞惡之心人所固有，或能決死生於危迫之際，而不免計豐約於晏安之時，是以君子不可頃刻而不省察於斯焉。

《正義》 趙氏謂人之所欲莫甚於生，是不知好義之人也，不知好義乃苟求得生。人之所惡莫甚於死者，是不知惡不義之人也，不知惡不義乃苟於辟患，是指喪失其良心者而言，於下"由是"云云不貫。近時通解則以此爲反言，以決人性之必善，必有良心，以爲下"人皆有之"張本。欲生惡死，人物所同之性。乃人性則所欲有甚於生，所惡有甚於死，此其性善也，此其良心也。使本無良心，則惟欲生而已，惟惡死而已。所欲無有甚於生，則何以不爲苟得？所惡無有甚於死，則何以患有所不辟？反復以明人必有此良心。或謂此言生死之權度，所欲有甚於生則不苟得此生，所惡有甚於死則不苟於辟患，此舍生而取義之事也。使無義可取，則此時所欲莫甚於生，則又以得生爲是；此時所惡莫甚於死，則又以辟患爲是。生而不義，則不苟生；生而義，則亦不苟死。不爲苟得，患有所不辟，爲貪生亡義者言也。可以得生，何不用？可以辟患，何不爲？爲輕生不知義者言也。義不在生，亦不在死。當死而死，當生而生，聖人之權也。

【淺悟】

本章是全書影響力最大的篇章之一，在其感召下，兩千多年來的無數仁人志士，爲了民族大義，不惜舍生取義，殺身以成仁，鑄就了不朽的中華之魂。

11.11

【原文】

孟子曰："仁，人心也；義，人路也。舍其路而弗由，放其心而不知求，哀哉！人有雞犬放則知求之，有放心而不知求。學問之道無他，求其放心而已矣。"

【譯文】

孟子説:“仁,出自人心哩;義,人生之路哩。舍棄自己這條路如果不遵行,放任自己的心如果不知道責求,悲哀啊!人有雞犬在外放養尚且知道尋求,有放任的心却不知道責求。學問之路没别的,責求自己放任的心就成呀。”

【古注】

《注》 不行仁義者,不由路不求心者也。可哀憫哉。人知求雞狗,莫知求其心者,惑也。學問所以求之。《章指》言:由路求心,爲得其本;追逐雞狗,務其末也。學以求之,詳矣。

《集注》 仁者,心之德,程子所謂“心如穀種,仁則其生之性”是也。然但謂之仁則人不知其切於己,故反而名之曰人心,則可以見其爲身酬酢萬變之主而不可須臾失矣。義者,行事之宜。謂之人路,則可以見其爲出入往來必由之道而不可須臾舍矣。程子曰:“心至重,雞犬至輕。雞犬放則知求之,心放則不知求,豈愛其至輕而忘其至重哉?弗思而已矣。”愚謂上兼言仁義,而此下專論求放心者,能求放心,則不違於仁義在其中矣。學問之事固非一端,然其道則在於求其放心而已。蓋能如是,則志氣清明,義理昭著而可以上達,不然則昏昧放逸,雖曰從事於學,而終不能有所發明矣。故程子曰:“聖賢千言萬語,只是欲人將已放之心約之,使反復入身來,自能尋向上去,下學而上達也。”此乃孟子開示切要之言,程子又發明之,曲盡其指,學者宜服膺而勿失也。

《正義》 前言“放其良心”、“失其本心”、“操則存,舍則亡”、“賢者能勿喪”,蓋所以放之失之舍之喪之者,由於不能操之,所以不能求之也。何以操之?惟在學問而已。學問,即《中庸》所云“博學之,審問之”,《論語》所謂“博學而篤志,切問而近思”、孔子所云“好古敏求”,孟子所云“誦詩讀書”,聖人教人學以聚之、問以辨之者,無有他意,不過以此求其放心而已。

【淺悟】

“放其心而不知求”的求,與《論語》中孔子所云“君子求諸己,小人求諸人”中的求同義,即責求的意思。君子不論遭遇到怎樣的挫折,必是責求自己哪兒出了問題,找出存在的問題,便是進步的開始。通過自我責求,把放任的心收回來,才能專心致志地學習、工作。

11.12

【原文】

孟子曰:“今有無名之指屈而不信,非疾痛害事也,如有能信之者,則不遠秦楚之路,爲指之不若人也。指不若人則知惡之,心不若人則不知惡,此之謂不知類也。”

【譯文】

孟子説:“今有個無名指彎曲不能伸直的人,既不疼痛又不妨害做事哩,若有能給手指伸直的人，哪怕他在秦國或楚國也不嫌路遠，只爲無名指不如人嘛。無名指不如人就知道厭惡，心地不如人就不知道厭惡，這叫不知類次。”

【古注】

《注》 無名之指，手之第四指也，蓋以其餘指皆有名。無名指者，非手之用指也，雖不疾痛妨害於事猶欲信之，不遠秦楚，爲指不若人故也。心不若人可惡之大者也，而反惡指，故曰不知其類也。類，事也。《章指》言：舍大惡小，不知其要，憂指忘心，不嚮於道，是以君子惡之也。

《集注》 信，與伸同。不知類，言不知輕重之等也。

《正義》 類，《吕氏春秋·達鬱篇》云“得其細，失其大，不知類耳”，高誘注云：“類，事也。”《禮記·學記》云“九年知類通達”，注云：“知類，知事義之比也。”

11.13

【原文】

孟子曰：“拱把之桐梓，人苟欲生之，皆知所以養之者。至於身而不知所以養之者，豈愛身不若桐梓哉？弗思甚也。”

【譯文】

孟子説：“拱把粗的桐樹梓樹苗，人要是想使之生長成材，都知道該怎樣養護它。至於連自身都不知該怎樣養護的人，難道愛自身反而不如愛桐樹梓樹啊？太欠思考哩。”

【古注】

《注》 拱，合兩手也；把，以一手把之也。桐梓皆木名也。人皆知灌溉而養之，至於養身之道當以仁義而不知用，豈於身不若桐梓哉？不思之甚也。《章指》言：莫知養身而養樹木，失事違務，不得所急，所以戒未達者也。

11.14

【原文】

孟子曰：“人之於身也，兼所愛，兼所愛則兼所養也，無尺寸之膚不愛焉，則無尺寸之膚不養也。所以考其善不善者，豈有他哉？於己取之而已矣。體有貴賤，有小大，無以小害大，無以賤害貴，養其小者爲小人，養其大者爲大人。今有場師舍其梧檟，養其樲棘，則爲賤場師焉。養其一指而失其肩背而不知也，則爲狼疾人也。飲食之人則人賤之矣，爲其養小以失大也。飲食之人無有失也，則口腹豈適爲尺寸之膚哉？”

【譯文】

孟子説：“人對於身體呢，不論哪個部位都愛護，都愛護自然也就都養護，没有一尺一寸的皮膚不愛護，自然也就没有一尺一寸的皮膚不養護嘛。要想考核其養護得好不好的話，莫非有别的辦法啊？從自己選取的養護部位去看就成呀。身體的部位有貴賤，有小大，不可因養護小部位損害大部位，不可因養護輕賤部位損害貴重部位，養護那小部位的是小人，養護那大部位的是大人。今有管理場園的場師舍棄梧桐和楸樹，繁殖叢生的酸棗樹，他就是賤場師。療養人家一根手指而喪失了人家的肩背功能却不知道哩，他就是狼疾醫人嘛。只求飲食的人，别人就會輕賤他呀，因爲他養護着藐小的私欲而喪失的是遠大目標嘛。飲食的人們如果什麽都没喪失呢，那麽飲食難道只爲了舒適口腹那尺寸的部位啊？”

【古注】

《注》 人之所愛則養之於身也，一尺一寸之膚養相及也。考知其善否皆在己之所養也，養小則害大，養賤則害貴。小，口腹也；大，心志也；頭頸，貴者也；指拇，賤者也。不可舍貴養賤者也。務口腹者爲小人，治心志者爲大人。場師，治場圃者；場以治穀；圃，園也。梧桐樲梓皆木名。樲棘，小棘，所謂酸棗也。言此以喻人舍大養小，故曰賤場師也。謂醫養人疾，治其一指而不知其肩背之有疾，以至於害之，此爲狼藉亂不知治疾之人也。飲食之人，人所以賤之者，爲其養口腹而失道德耳。如使不失道德存仁義以往，不嫌於養口腹也，故曰口腹豈但爲肥長尺寸之膚邪？亦爲懷道德者也。《章指》言：養其行，治其正，俱用智力，善惡相厲，是以君子居處思義，飲食思禮也。

《集注》 人於一身固當兼養，然欲考其所養之善否者，惟在反之於身以審其輕重而已矣。賤而小者，口腹也；貴而大者，心志也。飲食之人，專養口腹者也。若使專養口腹而能不失其大體，則口腹之養軀命所關，不但爲尺寸之膚而已。但養小之人無不失其大者，故口腹雖所當養，而終不可以小害大，賤害貴也。

《正義》 養身爲養心之所兼，則大小顯然可見，善則爲大人，不善則爲小人。欲知其爲大人小人，則不必攷校稽察於他事，即其所養在何體則知之矣。趙佑《温故録》云："大貴小賤，無可易也。注以大謂心志，小謂口腹是已，忽增出貴謂頭頸，賤謂指拇，則支矣。按'頭頸貴者'以下十八字，於上下文義不貫，恐非趙氏原文。"《齊民要術・種棗》第三十三云："孟子嘗曰樲棗。"《藝文類聚》引《孟子》作"養其樲棗"，則樲棘宜作"樲棗"是也。錢大昕《養新録》云："《爾雅》'樲，酸棗'。不聞樲棘爲小棗。梧檟二物，則樲棘必非一物。樲爲酸棗，棘則荆棘之棘也。"尋常養身，即但養一指，不致失其肩背。惟疾病隱於肩背而見於一指，醫但見其指有疾而不能知疾之在肩背，徒治其指而轉有傷害於肩背。趙氏讀狼疾爲狼藉，而以亂釋之。狼藉猶紛錯，害而不知，此醫之昏憒瞀亂者矣。《爾雅・釋詁》云："適，往也。"《國策・秦策》云"疑臣者不適三人"，高誘注云："適者翅，翅與啻同。不啻，猶云不但也。"趙氏既云存仁義以往，是以往釋適字；又云口腹豈但爲肥長尺寸之膚邪，直以但字代適字。然則趙氏兼存兩義也。王引之《經傳釋詞》云："家大人曰：《説文》'適，從辵啻聲'。適啻聲相近，故古字或以適爲啻。"

11.15

【原文】

公都子問曰："鈞是人也，或爲大人，或爲小人，何也？"

孟子曰："從其大體爲大人，從其小體爲小人。"

曰："鈞是人也，或從其大體，或從其小體，何也？"

曰："耳目之官不思而蔽於物，物交物則引之而已矣。心之官則思，思則得之，不思則不得也，此天之所與我者。先立乎其大者，則其小者不能奪也，此爲大人而已矣。"

【譯文】

公都子問道："同爲此人嘛，或許成爲大人，或許淪爲小人，爲什麼呢？"

孟子説："隨從自己身體重大器官的職分就能成爲大人，隨從自己身體小器官的欲望就會淪爲小人。"

又問："同爲此人嘛，或許隨從其身體重大器官的職分，或許隨從其身體小器官的欲望，爲什麼呢？"

孟子説："耳目的官能不會思考因而常被外物所蒙蔽，外物接觸耳目只會起到引誘它的作用而已呀。心的官能乃是思考，思考就能得出正確結論，不思考就得不出正確結論哩，此乃上天所獨賜與我們人類的本能。先把心這一重大器官的官能樹立起來，耳目那些小器官的欲望就不能來爭奪嘛，這就會成爲大人而已呀。"

【古注】

《注》 鈞，同也。言有大有小何也？大體，心思禮義；小體，縱恣情慾。公都子言人何獨有從小體也？孟子曰，人有耳目之官，不思，故爲物所蔽。官，精神所在也。謂人有五官六府。物，事也。利欲之事來交引其精神，心官不思善，故失其道而陷爲小人也。比方天所與人情性先立乎其大者，謂生而有善性也。小者，情慾也。善勝惡，則惡不能奪。《章指》言：天與人性，先立其大，心官思之，邪不乖越，故謂之大人也。

《集注》 從，隨也。大體，心也；小體，耳目之類也。官之爲言司也，耳司聽，目司視，各有所職而不能思，是以蔽於外物。既不能思而蔽於外物，則亦一物而已。又以外物交於此物，其引之而去不難矣。心則能思而以思爲職，凡事物之來，心得其職，則得其理，而物不能蔽；失其職則不得其理，而物來蔽之。此三者皆天之所以與我者，而心爲大。若能有以立之，則事無不思，而耳目之欲不能奪之矣，此所以爲大人也。范浚《心箴》曰："茫茫堪輿，俯仰無垠。人於其間，眇然有身。是身之微，太倉稊米。參爲三才，曰惟心耳。往古來今，孰無此心？心爲形役，乃獸乃禽。惟口耳目，手足動靜。投閑抵隙，爲厥心病。一心之微，衆欲攻之。其所存者，嗚呼幾希！君子存誠，克念克敬。天君泰然，百體從令。"

《正義》 鈞爲均之通借字，故訓同也。孟子稱耳目爲官，亦稱心爲官，蓋心雖能統耳目，而各有所司，心不能代耳司聽，代目司視，猶耳目能聽能視而不能思。耳目不能思，須受治於心之思；心不能司聽司視，而非心之思則視聽不能不蔽於物。物之義爲事，耳目之視聽事也，外來之利慾亦事也。物交物，謂以外來之利慾交於耳目之視聽。斯時若不以心之思治之，則視聽之事蔽於利慾之事。視聽之事所以蔽於利慾之事者，緣利慾之事交接於視聽之事，因而引誘此視聽也。戴震《孟子字義疏證》云："人之才得天地之全能，通天地之全德，其見於思乎！思誠，則立乎其大矣。耳目之官不思，物之未交，沖虛自然,斯已矣。心之官異是。人皆有天德之知、根於心,自誠明也;思中正而達天德則不蔽,不蔽則莫能引之以入於邪,自明誠也。耳之能聽也,目之能視也,鼻之能臭也,口之知味也,物至而迎而受之者也。心之精爽,馴而至於神明也,所以主乎耳目百體者也。聲之得於耳也,色之得於目也,臭之得於鼻也,味之得於口也,耳目百體之欲不得則失其養,所謂養其小者也。理義之得於心也,耳目百體之欲之所受裁也,不得則失其養,所謂養其大者也。人之所以異於禽獸也者幾希,雖犬之性牛之性,當其氣無乖亂,莫不沖虛自然也,動則蔽而罔罔以行。人不求其心不蔽,於是惡外物之惑己而强禦之,可謂之所以異乎?是以老聃莊周之言尚無欲,君子尚無蔽。尚無欲者主静以爲至,君子達天德,秉中正,欲勿失之盈以奪之,苟焉以求静而欲之剪抑竄絶,君子不敢也。”程瑶田《通藝録・論學小記》云:“孟子謂‘心之官則思,先立乎其大者’,謂心能主乎耳目,非離乎耳目之官而專致力於思。然則所謂‘先立乎其大者’,舍視聽言動無下手處也。不知循物,寂守其心,此異學之所以歧也。吾學則不然,吾與物之不當爲者而斷乎其不爲,此吾志之定於其先而立乎其大者。而至於耳目交物之時,而果能造不爲之意,此之謂‘無惡於志’,此之謂‘慎獨’。”

【淺悟】

《孟子》書中的“是”字,多半都解爲此。“鈞是人也”的是字也不例外,即均此人也。

人有耳目鼻口心五官,除心之外,其他四官只會憑各自的天性行事。心會思考,是上天獨賜給人類的本領,是其他四官的主導。在心的指使下,其他器官才能發揮作用。因此心稱爲大體,餘者皆爲小體。然而心的思考果真全是善的嗎?不然也。尚須後天的學,學善則思善,學惡則思惡。如果人不會思考,則與禽獸無異。正因人有思維,所以中華祖先們才一再告誡我們,要贊天地之化育,使萬物生生不息。但是我們並未遵照執行,哀哉!

11.16

【原文】

孟子曰:“有天爵者,有人爵者。仁義忠信,樂善不倦,此天爵也;公卿大夫,此人爵也。古之人脩其天爵,而人爵從之。今之人脩其天爵,以要人爵;既得人爵,而棄其天爵,則惑之甚者也,終亦必亡而已矣。”

【譯文】

孟子説:“有天然爵賞的尊貴,有人爲爵賞的尊貴。仁義忠信,喜好行善不倦怠,這是天爵嘛;公卿大夫,這是人爵嘛。古時候的人脩養其天爵,而後人爵跟從而來。如今的人脩養其天爵,以便要求人爵;已經得到人爵,却又抛棄其天爵,這是最能迷惑人的人哩,只是最終必定什麼爵賞都没有而已呀。”

【古注】

《注》 天爵以德,人爵以禄。人爵從之,人爵自至也。以要人爵,要,求也。得人爵棄天爵,惑之甚也。棄善忘德，終必亡之。《章指》言：古脩天爵，自樂之也。今求人爵，以誘時也。得人棄天，道之忌也。惑以招亡，小人事也。

《集注》 天爵者，德義可尊，自然之貴也。脩其天爵，以爲吾分之所當然者耳。人爵從之，蓋不待求之而自至也。脩天爵以要人爵，其心固已惑矣；得人爵而棄天爵，則其惑又甚焉，終必並其所得之人爵而亡之也。

11.17

【原文】

孟子曰："欲貴者，人之同心也。人人有貴於己者，弗思耳矣。人之所貴者，非良貴也，趙孟之所貴，趙孟能賤之。《詩》云：'既醉以酒，既飽以德。'言飽乎仁義也，所以不願人之膏粱之味也。令聞廣譽施於身，所以不願人之文繡也。"

【譯文】

孟子說："希望重視的現象，是人的共同心願嘛。人人都有自己的可貴之處，只是不尋思而已呀。别人所看重的，並非最值得重視嘛，請看晉國上卿趙孟所重視的人，趙孟同樣能輕視他。《詩經·大雅·既醉》篇中有云：'酒已喝醉，德已滿足。'是說在仁義上得到了滿足嘛，所以不羡慕人家的肥肉精米的味道嘛；廣泛稱譽的美名施加在身上，所以不羡慕富貴人家的繡有彩色花紋的衣裳嘛。"

【古注】

《注》 人皆同欲貴之心。人人自有貴者在己身，不思之耳。在己者，謂仁義廣譽也。凡人之所貴富貴，故曰非良貴也。趙孟，晉卿之貴者，能貴人，能賤人，人之所自有者他人不能賤之也。詩，《大雅·既醉》之篇。言飽德者，飽仁義於身，身之貴者也，不願人之膏粱也。膏粱，細粱如膏者也。文繡，繡衣服也。《章指》言：所貴在身，人不知求，膏粱文繡，己之所優，趙孟所貴，何能比之？是以君子貧而樂也。

《集注》 貴於己者，謂天爵也。人之所貴，謂人以爵位加己而後貴也。良者，本然之善也。趙孟，晉卿也，能以爵禄與人而使之貴，則亦能奪之而使之賤矣。若良貴，則人安得而賤之哉？飽，充足也；願，欲也；膏，肥肉；粱，美穀；令，善也；聞，去聲，亦譽也；文繡，衣之美者也。仁義充足而聞譽彰著，皆所謂良貴也。尹氏曰："言在我者重，則外物輕。"

《正義》 良貴猶云最貴，非良貴猶云非最貴也。周炳中《辨正》云："孫奕《示兒編》：'晉有三趙孟，趙朔之子曰武，謚文子，稱趙孟；趙武之子曰成，趙成之子曰鞅，又名封父，謚簡子，亦稱趙孟；趙鞅之子曰無恤，謚襄子，亦稱趙孟。'按吴斗南云：'趙盾字孟，故其子孫皆稱趙孟。'"又云："趙注'膏粱，細粱如膏者'，此猶《山海經》之'膏菽、膏稻、膏黍、膏稷'，郭注謂'味滑如膏者'也。按膏粱對下文繡，文是衣，繡是裳，則膏粱亦當是二物。謹按：《禮記·月令》仲秋"文繡有恒"，注云："文謂畫也。祭服之制，畫衣而繡裳。"

【淺悟】

“欲貴者,人之同心也”中的貴字,多訓爲尊貴、顯貴之類。希望尊貴,恐怕未必是人的共同心願。自古至今,一心傾注於鍾愛的事業上,不願爲尊貴打拼的人不勝枚舉。將貴訓爲重視,應當是孟子的本意。因爲没有人不希望受人重視,哪怕是乞丐。孟子曰:“一簞食,一豆羹,得之則生,弗得則死,嘑爾而與之,行道之人弗受;蹴爾而與之,乞人不屑也。”

11.18

【原文】

孟子曰:“仁之勝不仁也,猶水之勝火。今之爲仁者,猶以一杯水救一車薪之火也,不熄,則謂之水不勝火,此又與於不仁之甚者也,亦終必亡而已矣。”

【譯文】

孟子説:“仁道的制勝不仁道呢,猶如水能制勝火。如今的推行仁道者,就像拿一杯水救一車柴草的火哩,火不熄滅,就説這水不能制勝火,這又跟極不仁道的人是同類嘛,只是最終必定一點兒仁道也没推行而已呀。”

【古注】

《注》 水勝火,取水足以制火。一杯水何能勝一車薪之火也?以此謂水不勝火。爲仁者亦若是,則與作不仁之甚者也。亡,猶無也。亦終必無仁矣。《章指》言:爲仁不至,不反諸己,謂水勝火,熄而後已。不仁之甚,終必亡矣。爲道不卒,無益於賢也。

《集注》 仁之能勝不仁,必然之理也。但爲之不力,則無以勝不仁,而人遂以爲真不能勝。與,猶助也。是我之所爲有以深助於不仁者也。言此人之心亦且自怠於爲仁,終必並與其所爲而亡之。

《正義》 “此又與於不仁之甚者也”,即此又同於不仁之甚者也。趙氏讀亡爲無,以爲終必無仁,蓋既自以爲仁不勝不仁,則爲仁之心沮而爲不仁之意萌,久而並此杯水之仁而亦喪之,則終於無仁而已矣。然則當不能勝之時,須自知仁之本微,發憤而充之擴之,則不勝進而爲勝,何至於亡乎?

11.19

【原文】

孟子曰:“五穀者,種之美者也,苟爲不熟,不如荑稗。夫仁亦在乎熟之而已矣。”

【譯文】

孟子説:“五穀的種子,是植物中的優良品種嘛,如果培育不成熟,連荑稗的籽粒都不如。這仁德的培育也在於使之成熟才行呀。”

【古注】

《注》 熟，成也。五穀雖美，種之不成，不如荑稗之草其實可食。爲仁不成，猶是也。《章指》言：功毁幾成，人在慎終，五穀不熟，荑稗是勝，是以爲仁必其成也。

《集注》 荑音蹄。稗，蒲賣反（bài）。荑稗，草之似穀者，其實亦可食，然不能如五穀之美也。但五穀不熟，則反不如荑稗之熟，猶爲仁而不熟，則反不如爲他道之有成。是以爲仁必貴乎熟，而不可徒恃其種之美，又不可以仁之難熟而甘爲他道之有成也。尹氏曰："日新而不已，則熟。"

《正義》 謹按：不如荑稗，猶孔子言"博弈猶賢"。孔子非教人學博弈，孟子非教人種荑稗也。解者謂是理消物長之喻，不如荑稗，是天理之槁枯不勝人欲之長旺，非孟子義也。

11.20

【原文】

孟子曰："羿之教人射必志於彀，學者亦必志於彀。大匠誨人必以規矩，學者亦必以規矩。"

【譯文】

孟子説："羿教人射箭時必定張滿弓弩瞄準箭靶，學的人也必須張滿弓弩瞄準箭靶。技藝高超的木匠教人必定使用圓規和矩尺，學徒也必須使用圓規和矩尺。"

【古注】

《注》 羿，古之工射者。彀，張也。張弩向的者，用思專時也。學者志道猶射者之張也。大匠，攻木之工。規，所以爲圓也；矩，所以爲方也。誨，教也，教人必以規矩。學者以仁義爲法式亦猶大匠以規矩者也。《章指》言：事各有本，道有所隆，彀張規矩，以喻爲仁；學不爲仁，猶是二教，失其法而行之也。

《集注》 此章言事必有法，然後可成。師舍是則無以教，弟子舍是則無以學。曲藝且然，況聖人之道乎？

《正義》 《毛詩·小雅·賓之初筵篇》"發彼有的"，傳云："的，質也。"《禮記·射義》引此詩注云："的，謂所射之識也。"弓弩既張則心用於中的，故志專向於的。

【淺悟】

彀，讀音 gòu（ㄍㄡˋ）。

孟子卷十二淺悟

告子章句下　凡十六章

12.1

【原文】

任人有問屋廬子曰："禮與食孰重?"

曰禮重。

"色與禮孰重?"

曰禮重。

曰："以禮食則飢而死,不以禮食則得食,必以禮乎? 親迎則不得妻,不親迎則得妻,必親迎乎?"

屋廬子不能對,明日之鄒以告孟子。

孟子曰："於,答是也,何有! 不揣其本而齊其末,方寸之木可使高於岑樓。金重於羽者,豈謂一鉤金與一輿羽之謂哉? 取食之重者與禮之輕者而比之,奚翅食重! 取色之重者與禮之輕者而比之,奚翅色重! 往應之曰：'紾兄之臂而奪之食則得食,不紾則不得食,則將紾之乎? 踰東家牆而摟其處子則得妻,不摟則不得妻,則將摟之乎?'"

【譯文】

有個任國人問屋廬子説："禮跟食物哪樣重要?"

回答禮重要。

"女色跟禮哪樣重要?"

回答禮重要。

又問："依照禮制謀食就會飢餓而死,不依照禮制謀食就會得到食物,必得依照禮制嗎? 依照親迎禮便得不到婚配,不依照親迎禮就能得到婚配,必得奉行親迎禮嗎?"

屋廬子不能應對,第二天來到鄒國將此事告知孟子。

孟子説："喔，答覆這樣的問題嘛，何難之有！不揣量事物的本原却與其末節劃等號，那樣就能使一寸見方的小木塊疊得比尖頂樓還高。金比羽毛重的説法，難道是指一鈎金和一車羽毛説的啊？取食物的重要時刻跟禮的可以輕忽時刻來比較，何只是食物重要！選擇女色的重要環節跟禮的輕微環節來比較，何止是女色重要！你前往回應他説：'扭斷兄長的肐臂搶奪他的食物才能得到食物，不扭斷就得不到食物，那就打算扭斷他的肐臂嗎？越過東家的牆去勾引人家的處女才能得到婚配，不勾引就得不到婚配，那就打算勾引人家的處女嗎？'"

【古注】

《注》 任國之人問孟子弟子屋廬連，問二者何爲重。答曰禮重。任人難屋廬子，云若是則必待禮乎？於，音烏，歎辭也。何有，爲不可答也。孟子言夫物當揣量其本以齊等其末，知其大小輕重乃可言也，不節其數，累積方寸之木可使高以岑樓。岑樓，山之鋭嶺者。寧可謂寸木高於山邪？金重於羽，謂多少同而金重耳，一帶鉤之金豈重一車羽邪？如取食色之重者比禮之輕者，何翅食色重哉！翅，辭也，若言何其不重也。教屋廬子往應任人如是。紾，戾也；摟，牽也；處子，處女也。則是禮重食色輕者也。《章指》言：臨事量宜，權其輕重，以禮爲先，食色爲後，若有偏殊，從其大者。屋廬子未達，故譬摟紾也。

《疏》 孟子見屋廬子不能答此言，而乃歎之曰，答此言何有難乎，何爲不可答也？言凡物有常，如不揣量其本，但齊等其末，則雖方寸之木可令高於岑樓，此乃齊等其末而不量其本之謂也。如不揣其本，則取食之重者與禮之輕者比喻之，何啻食爲重也！取色之重者與禮之輕者比並之，則何啻色爲重也！是則任人不揣其本而齊其末 也。

《集注》 屋廬子，名連，孟子弟子也。於，如字。何有，不難也。本謂下，末謂上；方寸之木至卑，喻食色；岑樓，樓之高鋭似山者，至高，喻禮。若不取其下之平而升寸木於岑樓之上，則寸木反高，岑樓反卑矣。鉤，帶鉤也，金本重而帶鉤小，故輕，喻禮有輕於食色者；羽本輕而一輿多，故重，喻食色有重於禮者。翅與啻同，古字通用。禮食、親迎，禮之輕者也；飢而死以滅其性，不得妻而廢人倫，食色之重者也。奚翅，猶言何但，言其相去懸絶，不但有輕重之差而已。紾，戾也；摟，牽也；處子，處女也。此二者，禮與食色皆其重者，而以之相較，則禮爲尤重也。此章言義理事物，其輕重固有大分，然於其中又各自有輕重之别。聖賢於此錯綜斟酌，毫髮不差，固不肯枉尺而直尋，亦未嘗膠柱而調瑟，所以斷之，一視於理之當然而已矣。

《正義》 "於答是也何有"，於，趙氏音烏，以爲歎辭，即烏呼之辭。《論語·里仁篇》"能以禮讓爲國乎何有"，何氏注云："何有，言不難也。"《雍也篇》"於從政乎何有"，皇氏疏引衛瓘云："何有者，有餘力也。"若以《雍也篇》"於從政乎何有"，則於如字，不讀烏。若曰於答此任人之説，何難之有？趙氏言何有爲不可答也，則謂任人設難爲不可答，正與何氏解何有爲不難者相反。阮元《校勘記》云："翅辭也者，翅是語辭，即不啻也。《説文》口部云：'啻，語時不啻也。'奚翅、不啻，猶《史》《漢》之言'夥頤'。或析翅字訓但，誤矣。注云'若言何其重也'，正謂食色之重者。後人添不字，遂不可解矣。"

【淺悟】

岑，讀音 cén(ㄘㄣˊ)。紾，讀音 zhěn(ㄓㄣˇ)。

何有，趙氏解爲不可答。孟子下面解答得很詳細，並教給屋廬子回去如何應對，怎能説不可答呢？《論語》中多次出現“何有”之語，各注家均以“何難之有”釋之。趙氏注欠思考。

12.2

【原文】

曹交問曰：“人皆可以爲堯舜，有諸？”

孟子曰然。

“交聞文王十尺，湯九尺，今交九尺四寸以長，食粟而已，如何則可？”

曰：“奚有於是？亦爲之而已矣。有人於此，力不能勝一匹雛，則爲無力人矣；今曰舉百鈞，則爲有力人矣。然則舉烏獲之任，是亦爲烏獲而已矣。夫人豈以不勝爲患哉？弗爲耳。徐行後長者謂之弟，疾行先長者謂不弟。夫徐行者，豈人所不能哉？所不爲也。堯舜之道，孝弟而已矣。子服堯之服，誦堯之言，行堯之行，是堯而已矣。子服桀之服，誦桀之言，行桀之行，是桀而已矣。”

曰：“交得見於鄒君，可以假館，願留而受業於門。”

曰：“夫道，若大路然，豈難知哉？人病不求耳。子歸而求之，有餘師。”

【譯文】

曹交問道：“每個人都可以成爲堯舜，有這種説法嗎？”

孟子説當然。

“我曹交聽説文王身高十尺，湯九尺，現今我曹交也有九尺四寸多高，只會吃糧食而已，怎麽做才可以成爲他們那樣的人？”

孟子説：“對此何難之有？只要去做就成呀。這兒有個人，力氣連一只小雞都不能提起，只能説他是没有力氣的人而已；現在又説能舉起三千斤，也只能説他是有力氣的人而已。那麽能舉起古代力士烏獲所能勝任的重量，這也只能稱他是烏獲而已呀。人難道會因不能勝任而憂患啊？只是不作爲而已。緩步行走跟在長者身後稱之爲悌，快步行走搶在長者之前稱之不悌。這種尊讓長者緩步徐行的做法，難道是人所不能啊？分明是不願這樣做嘛。堯舜之道，無非孝悌而已呀。你穿着堯那樣的衣服，傳誦堯的言論，推行堯的品行，此乃以堯爲是而已呀。你穿着桀那樣的衣服，傳誦桀的言論，推行桀的品行，此乃以桀爲是而已呀。”

“我曹交能得到鄒君的接見，可以借住館舍，願意留在您的門下受業。”

孟子説："這堯舜之道，如同大路一樣，莫非難以識别啊？人所擔憂的是不追求而已。你回去若能追求此道，有的是老師。"

【古注】

《注》 曹交，曹君之弟。交，名也。答曰然者，言人皆有仁義之心，堯舜行仁義而已。交聞文王與湯皆長而聖，今交亦長，獨但食粟而已，當如何？孟子曰何有於是言乎？仁義之道亦當爲之乃爲賢耳。人言我力不能勝一小雛，則謂之無力之人；言我能舉百鈞，百鈞，三千斤也，則謂之有力之人矣。烏獲，古之有力人也，能移舉千鈞，人能舉其所任，是爲烏獲才也。夫一匹雛不舉，豈患不能勝哉？但不爲之耳。長者，老者也；弟，順也。人誰不能徐行者？患不肯爲也。孝弟而已，人所能也。堯服，衣服不踰禮也；堯言，仁義之言；堯行，孝弟之行。桀服，譎詭非常之服；桀言，不行仁義之言；桀行，淫虐之行也。爲堯似堯，爲桀似桀。交欲學於孟子，願因鄒君假館舍備門徒也。孟子言堯舜之道，較然若大路，豈有難知？人苦不肯求耳。子歸曹而求行其道，有餘師，師不少也，不必留此學也。《章指》言：天下大道，人並由之，病於不爲，不患不能，是以曹交請學，孟子辭焉。蓋《詩》三百，一言以蔽之。

《疏》 "子歸而求之，有餘師"，孟子所以答之此者，蓋爲曹交欲挾鄒君而問，是挾貴而問者也，是以辭之而已，抑亦不屑教誨之謂也。

《集注》 食粟而已，言無他材能也。陳氏曰："孝弟者，人之良知良能自然之性也。堯舜，人倫之至，亦率是性而已，豈能加毫末於是哉？"楊氏曰："堯舜之道大矣，而所以爲之，乃在夫行止疾徐之間，非有甚高難行之事也，百姓蓋日用而不知耳。"言爲善爲惡皆在我而已。詳曹交之問淺陋粗率，必其進見之時禮貌衣冠言動之間多不循禮，故孟子告之如此兩節云。假館而後受業，不可見其求道之不篤。言道不難知，若歸而求之事親敬長之間，則性分之内萬理皆備，隨處發見，無不可師，不必留此而受業也。曹交事長之禮既不至，求道之心不篤，故孟子教之以孝弟而不容其受業，蓋孔子"餘力學文"之意，亦不屑之教誨也。

《正義》 毛奇齡《經問》云："《史記·曹世家》載'曹伯陽十五年宋滅曹，執曹伯陽及公孫彊以歸而殺之，曹遂絶其祀'，則曹此時信亡矣。趙岐之注不知何所本，當是誤耳。然則《孟子》之曹交何如？曰：此張南士曾辨之，當是曹姓而交名者。何以言之？其曰：交得見於鄒君，可以假館。鄒者魯縣，鄒即邾，《春秋》注'邾本曹姓，爲顓頊之後'，則曹交者，與鄒君同姓，故得見鄒君而假館焉。或即鄒君之弟。戰國禮衰，不分宗，不别氏，弟得以其戚戚君，故兄弟同姓，未可知也。"按以曹君之弟假館於鄒君，不必定爲同宗。至以交爲鄒君之弟，則交明云"得見鄒君"，此豈親弟口吻？則趙氏之説未可非也。趙佑《温故録》云："曹之復，事在春秋後，趙氏蓋當有所案據。惟是曹交已知問堯舜，憂食粟，請受業，不可謂非有志，而孟子告之甚直且詳。即其言鄒君，言假館，亦情事所有，未足遂爲深怪，而孟子復詔以'歸而求之有餘師'，蓋學在身體力行，不在口説，古人從師非必朝夕一堂始爲受業也。非棄之也，故注無譏辭。自僞疏好逞臆於注外，遂以曹交挾貴而問，孟子辭之。然謂不屑教誨，則既明明教誨之矣，而何與滕更之不答同哉！""奚有於是"，《小爾雅·廣言》云："奚，何也。"是奚有即何有，趙氏解答是也。何有爲不可答，則是以何有爲無有。此何有於是，亦是無有於是，蓋謂其不必如是説也。按何有亦宜解作不難，"是"字指文王湯之能爲堯舜，謂不難於湯文之爲堯舜也。

【淺悟】

正如趙佑《温故録》所云，朱子《集注》多有節外生枝之臆度，此非解經之正途。

12.3

【原文】

公孫丑問曰:“高子曰,《小弁》,小人之詩也。”

孟子曰:“何以言之?”

曰怨。

曰:“固哉,高叟之爲詩也!有人於此,越人關弓而射之,則己談笑而道之,無他,疏之也;其兄關弓而射之,則己垂涕泣而道之,無他,戚之也。《小弁》之怨,親親也。親親,仁也。固矣,夫高叟之爲詩也!”

曰:“《凱風》何以不怨?”

曰:“《凱風》,親之過小者也;《小弁》,親之過大者也。親之過大而不怨,是愈疏也;親之過小而怨,是不可磯也。愈疏,不孝也;不可磯,亦不孝也。孔子曰:‘舜其至孝矣!五十而慕。’”

【譯文】

公孫丑問道:“高子説,《詩經·小雅·小弁》這篇詩,是小人作的詩哩,對嗎?”

孟子反問:“因何這樣評説?”

説是兒子怨恨父親。

孟子説:“見識固陋啊,高老翁他解説的詩哩!有人在此,越國人彎弓如果射此人,事後他自己會談笑着述説此事,别無他故,只因關係疏遠嘛;要是他哥哥彎弓射此人,他自己就會涕泪交流着述説此事,别無他故,因爲是親戚關係嘛。《小弁》的怨恨,是由親愛父親而生嘛。親愛父親,乃仁德的體現嘛。見識固陋呀,這位高老翁所解説的詩哩!”

又問:“《凱風》這篇詩因何不怨恨?”

孟子説:“《凱風》之詩,記述母親的過失小嘛;《小弁》之詩,記述父親過錯大嘛。父母的過錯大如果不埋怨,這樣是愈加疏遠的體現嘛;父母的過錯小要是埋怨的話,這樣便不可激勵他們了嘛。愈加疏遠,是不孝嘛;不可激勵,也是不孝嘛。孔子説:‘舜當屬至孝呀!五十歲上還能思慕父母不懈怠。’”

【古注】

《注》 高子,齊人也。《小弁》,《小雅》之篇,伯奇之詩也。怨者,怨親之過,故謂之小人。固,陋也。高子年長。孟子曰,陋哉高父之爲詩也。疏越人,故談笑。戚,親也。親其兄,故號泣而道之,怪怨之意也。伯奇仁人而父虐之,故作《小弁》之詩曰“何辜于天”,親親而悲怨之辭也。重言固陋,傷高叟不達詩人之意甚也。《詩·邶風·凱風》之篇也。公孫丑曰,《凱風》亦孝子之詩,何以獨不怨?孟子曰,《凱風》言"莫慰母心",母心不悦也,知親之過小也。《小弁》曰"行有死人,尚或墐之",而曾不閔己,知親之過大也。愈,益也。過己大矣,而孝子不怨,思其親之意何爲如是?是益疏之道也,故曰不孝。磯,激也。過小耳,而孝子感激,輒怨其親,是亦不孝也。孔子以舜年五十而思慕其親不怠,稱曰孝之至矣。孝之不可以已也,知高叟譏《小弁》爲不得矣。《章指》言:生之膝下,一體而分,喘息呼吸,氣通於親。當親而疏,怨慕號天,是以《小弁》之怨,未足爲愆也。

《疏》 弁音盤。爲詩之爲,猶解説也。關音彎。蓋叟,長老之稱也。孟子曰,陋哉,高叟之謂此詩爲小人之詩也。今且託以有人於此,是爲越南蠻人被人彎弓而射之,則己見之但談笑而道之也,此無他,是與越人疏也。其兄若被人彎弓而射之,則己見之必垂涕泪號泣而道之,此無他,是與兄爲親也。《小弁》之詩其辭有怨,是親親之故也。親親,仁道也。陋矣,夫高子之謂此詩爲小人之詩也。

《集注》 《小弁》,周幽王娶申后,生太子宜臼。又得褒姒,生伯服,而黜申后,廢宜臼。於是宜臼之傅爲作此詩,以叙其哀痛迫切之情也。固,謂執滯不通也;爲,猶治也;越,蠻夷國名;道,語也。親親之心,仁之發也。《凱風》,衛有七子之母不能安其室,七子作此以自責也。磯,水激石也。不可磯,言微激之而遽怒也。言舜猶怨慕,《小弁》之怨不爲不孝也。

《正義》 《公孫丑篇》"高子以告",注云:"高子,亦齊人,孟子弟子。"《盡心篇》"孟子謂高子",注云"高子,齊人,嘗學於孟子,鄉道而未明,去而學於他術。"此注則但稱齊人。翟灝《考異》云:"《韓詩外傳》又稱高子與孟子論衛女之詩,此人似長於孟子,以叟稱之,與尹士、追蠡二章之高子蓋有别。"《毛詩序》云:"《小弁》,刺幽王也,太子之傅作焉。"孔氏正義云:"以此述太子之言,太子不可作詩以刺父,自傅意述而刺之。"其首章"民莫不穀,我獨于罹",傳云:"幽王取申女,生太子宜臼;又説褒姒,生子伯服,立以爲后,而放宜臼,將殺之。"末章"我躬不閲,遑恤我后",傳云:"念父孝也。"引《孟子》此文。《音義》出"關弓"云:"丁、張並音彎。"《文選·三都賦》劉逵注引《孟子》此文作彎。《説文》:"彎,持弓關矢也。"《史記·陳涉世家》"士不敢貫弓而報怨",《漢書》作彎。彎,關、貫並通。《毛詩序》云:"《凱風》,美孝子也。衛之淫風流行,雖有七子之母,猶不能安其室,其美孝子能盡其孝道,以慰其母心,而成其志爾。"箋云:"不安其室,欲去嫁也。成其志者,成其孝子自責之意。"是《凱風》亦孝子之詩也。周柄中《辨正》云:"從一而終者,婦人之大節,而孟子以《凱風》爲親之過小,豈小其失節哉?嘗即'不可磯'之義求之,蓋曰一念雖差,過而未遂,斯爲小矣。人子當此,惟有負罪引慝,積誠婉諭,可以挽回;若遂呼天怨懟,則己心未盡,奚以悟親之心?或反至激怒而成之,故曰不可磯亦不孝也。"謹按:周氏解大小二字是也。蓋小大猶云微著,母不安室與父亂德政,其過同。但母志未著,則微而可以感消;父亂已成,則著而不容膜視。趙氏以激釋磯,蓋即讀磯爲激,不可磯即不可激也。蓋温柔敦厚,《詩》教也。凡臣之於君,子之於親,朋友相規,兄弟相戒,均宜纏綿愷惻,相感以情而不可相持以理,宜相化以誠而不可相矜以氣。是以詩可以興觀羣怨,邇之事父,遠之事君,如《凱風》之孝子以至誠之情自責,以感動其母,此《詩》教之常也。高子既受子夏之《詩》,習知其義,而《小弁》之詩情辭憤激,迥非《凱風》可比,實與《詩》教相背,故以爲小人之詩。不知艷妻已煽,讒口已成,周室將亡,殊非小故,爲臣子者竟惟以低聲緩步,談笑處之,則視君父不啻路人,不亦疏已甚乎?高子但守其常,不通其變,故孟子以固執勖之。然臣子事君父之道,究以《凱風》爲正。事猶未著,失亦無多,不難平心婉議;誠有未便,惟宜載睍睆之音,樂棘心之養,消之於未形。乃直指其非,自沽其直以激其君父之怒,害及其身,禍於家國,是則不可磯之爲不孝也。故孟子雖譏高子爲固,而仍以不可磯切言之。則高子者,蓋不失爲經師者也。舜之五十而慕,正與《凱風》七子同。母不安室,七子自責以慰安之,而母即不嫁。父頑母嚚,舜自責以乂養之,而瞽瞍即底豫。然則天下無不可事之君父，故諫有五，而知患未萌，深睹其事未彰而諷告焉，是爲諷諫，孔子獨從之。孟子引舜之"五十而慕"，以證《凱風》之"不怨"，非引以證《小弁》之"怨"也。

【淺悟】

焦氏正義所引周柄中《辨正》"從一而終者，婦人之大節"這段話中之"從一而終"，出自《易經》。但是《易經》所云與婦人之節操了不相干。《恒卦・象辭》云："婦人貞吉，從一而終也。"孔穎達疏："從一而終者，謂用心貞一，從其貞一而自終也。"是説婦人用心端正專一，可獲貞吉。其實不光婦人，任何人如此都可獲貞吉。不料後世之士大夫爲了滿足自身之慾念，硬將此文穿鑿爲"夫死不得再嫁"之教條，成了"婦人之大節"。《禮記》載，孔子、伯魚、子思祖孫三人之妻，都另嫁他人。孔子從未評説這種行爲本身之優劣。凡是孔子未予評説之事物而以儒家名義出現者，皆非儒學之正道。

"有人於此，越人關弓、其兄關弓"這段話，孫氏疏説成越人和其兄被此人所射，顛倒了孟子之意。應是越人和其兄彎弓射此人。如果其兄被此人彎弓所射，其弟決不會僅僅是垂涕泣而道之，必定會採取激烈的行動去面對。只有其兄無緣無故地彎弓射此人，其弟才會垂涕泣地勸止其兄。這段話實際是爲下面的話張本，而孫氏的解説與《小弁》之意毫無關系。

本章主要告訴我們，孝順父母所體現的敬愛，還應包括當父母出現過錯時敢於勸諫，否則聽之任之甚至一味順從，都是不孝。至於勸諫，每個人都有各自的方式，誰的方式最見效，只能從各自的智慧和素養上見分曉。對待所敬愛的上司和朋友的過錯，同樣要規諫，否則便不是真敬愛；不規諫，則近乎阿諛、結黨之類。

12.4

【原文】

宋牼將之楚，孟子遇於石丘，曰："先生將何之？"

曰："吾聞秦楚構兵，我將見楚王説而罷之；楚王不悦，我將見秦王説而罷之。二王我將有所遇焉。"

曰："軻也，請無問其詳，願聞其指，説之將何如？"

曰："我將言其不利也。"

曰："先生之志則大矣，先生之號則不可。先生以利説秦楚之王，秦楚之王悦於利以罷三軍之師，是三軍之士樂罷而悦於利也。爲人臣者懷利以事其君，爲人子者懷利以事其父，爲人弟者懷利以事其兄，是君臣父子兄弟終去仁義懷利以相接，然而不亡者未之有也。先生以仁義説秦楚之王，秦楚之王悦於仁義而罷三軍之師，是三軍之士樂罷而悦於仁義也。爲人臣者懷仁義以事其君，爲人子者懷仁義以事其父，爲人弟者懷仁義以事其兄，是君臣父子兄弟去利、懷仁義以相接也，然而不王者未之有也，何必曰利？"

【譯文】

宋牼打算去楚國，孟子在石丘跟他相遇，問道："先生打算去哪兒？"

説："我聽説秦楚兩國交戰，我打算去見楚王遊説他能够罷戰；楚王如果不願意，我將去見秦王遊説他能够罷戰。二位國王我或許有所遇合其中的一位。"

問："我孟軻嘛，不請教其中的詳情，只願聽其要指，你打算怎麽遊説他們？"

"我打算告訴他們興兵的不利嘛。"

孟子説："先生的志向倒是重大呀，先生的號召則不可。先生用利益遊説秦王和楚王，秦王和楚王聽到利益自然愉悦因而停止三軍的出師，這樣三軍的將士因對利益感興趣也樂得停戰哩。作爲臣下心懷利益來服事其君上，作爲兒子心懷利益來侍奉其父親，作爲弟弟心懷利益來善待其哥哥，這樣一來君臣父子兄弟最終都會抛棄仁義心懷利益來互相交接，這樣能不滅亡的國家未曾有過哩。先生如果用仁義之道去遊説秦王和楚王，使秦王和楚王對仁義之道感到愉悦從而停止三軍的出師，這樣三軍的將士因樂得停戰而對仁義之道産生愉悦感嘛。作爲臣下心懷仁義服事其君上，作爲兒子心懷仁義侍奉其父親，作爲弟弟心懷仁義善待其哥哥，這樣一來君臣父子兄弟都會抛棄利益、心懷仁義來相互交接，這樣如果不能統一天下的話，未曾有過嘛，何必遊説利益？"

【古注】

《注》 宋牼，宋人名牼。學士年長者，故謂之先生。石丘，地名也。道遇，問欲何之。牼自謂往説二王必有所遇，得從其志。孟子敬宋牼，自稱其名曰軻，不敢詳問，願聞其指，欲如何説之？牼曰，我將爲二王言興兵之不利也。孟子曰，先生志誠大矣，所稱名號不可用也。二王悦利罷三軍，三軍士樂之而悦利，則舉國尚利以相接待而忘仁義，則其國亡矣。以仁義之道不忍興兵，三軍之士悦，國人化之，咸以仁義相接，可以致王，何必以利爲名也？《章指》言：上之所欲，下以成俗。俗化於善，久而致平；俗化於惡，失而致傾。是以君子創業，慎其所以爲名也。

《集注》 時宋牼方欲見楚王，恐其不悦，則將見秦王也。遇，合也。按《莊子》書有宋銒者，禁攻寢兵，救世之戰，上説下教，强聒不舍。《疏》云"齊宣王時人"。以事考之，疑即此人也。徐氏曰："能於戰國擾攘之中，而以罷兵息民爲悦，其志可謂大矣。然以利爲名，則不可也。"此章言休兵息民，爲事則一，然其心有義利之殊，而其效有興亡之異。學者所當深察而明辨之也。

《正義》 《荀子·非十二子篇》云："不知壹天下、建國家之權稱，上功用，大儉約而僈差等，曾不足以容辨異，縣君臣，然而其持之有故，其言之成理，足以欺惑愚衆，是墨翟、宋銒也。"楊倞注云："宋銒，宋人，與孟子、尹文子、彭蒙、慎到同時。《孟子》作'宋牼'。牼與銒同音，口莖反（kēng·ㄎㄥ）。"牼蓋年長於孟子,故孟子以先生稱之而自稱名。

12.5

【原文】

孟子居鄒,季任爲任處守,以幣交,受之而不報;處於平陸,儲子爲相,以幣交,受之而不報。他日,由鄒之任見季子,由平陸之齊不見儲子。

屋廬子喜曰:"連得閒矣!"問曰:"夫子之任見季子,之齊不見儲子,爲其爲相與?"

曰:"非也。《書》曰:'享多儀,儀不及物曰不享,惟不役志于享。'爲其不成享也。"

屋廬子悦。或問之,屋廬子曰:"季子不得之鄒,儲子得之平陸。"

【譯文】

孟子住在鄒國期間,季任擔當任國的留守,贈送幣帛之禮想跟孟子交往,孟子接受下禮物却不酬報;在齊國平陸居住期間,儲子擔任齊相,也贈送幣帛之禮想跟孟子交往,孟子也接受下禮物而不酬報。改日,孟子從鄒國來到任國看望了季子,從平陸來到齊都却不看望儲子。

屋廬子歡喜地説:"我屋廬連得知什麽是嫌隙了呀!"問道:"夫子您來到任國便去會見季子,來到齊都却不會見儲子,因爲他僅僅擔任齊相的緣故麽?"

孟子説:"不是哩。《尚書·洛誥篇》中周公説:'獻享之禮注重威儀,威儀不如禮物等於不獻享,這是對獻享不用心。'不見儲子,因爲他算不上獻享嘛。"

屋廬子心悦誠服。有人問起此事,屋廬子説:"季子守國不得抽身到鄒國去造訪,儲子可以循行平陸順便去造訪却没去。"

【古注】

《注》 任,薛之同姓小國也。季任,任君季弟也。任君朝會於鄰國,季任爲之居守其國也。致幣帛之禮以交孟子,受之而未報也。平陸,齊下邑也。儲子,齊相也,亦致禮以交孟子,受而未答也。連,屋廬子名也,見孟子答此二人有異,故喜曰,連今日乃得一見夫子與之閒隙也,俱答二人獨見季子不見儲子者,以季子當君國子民之處,儲子爲相,故輕之邪?孟子曰非也,非以儲子爲相故不見。《尚書·洛誥篇》曰"享多儀",言享見之禮多儀法也。物,事也。儀不及事,謂有闕也,故曰不成享禮。儲子本禮不足,故我不見也。屋廬子已曉其意,聞義而服,故悦也。人問之曰何爲若是?屋廬子曰,季子守國,不得越境至鄒,不身造孟子可也;儲子爲相,得循行國中,但遥交禮,爲其不尊賢,故答而不見。《章指》言:君子交接,動不違禮,享見之儀,亢答不差,是以孟子或見或否,各以其宜也。

《集注》 不報者，來見則當報之，但以幣交則不必報也。屋廬子知孟子之處此有義理，故喜得其閒隙而問之，言儲子但爲齊相，不若季子攝守君位，故輕之邪？享，奉上也；儀，禮也；物，幣也；役，用也。言雖享而禮意不及其幣，則是不享矣，以其不用志於享故也。孟子釋《書》意如此。徐氏曰："季子爲君居守，不得往他國以見孟子，則以幣交而禮意已備。儲子爲齊相，可以至齊之境内而不來見，則雖以幣交而禮意不及其物也。"

《正義》 任，風姓；薛，任姓，非同姓之國，趙氏蓋誤以任爲任姓與？錢大昕《養新録》云："國君之弟以國氏，字當在國下，依《春秋》例，季任當爲任季，傳寫顛倒耳。"《書序》云："召公既相宅，周公往營成周，使來告卜，作《洛誥》。"此文云："公曰：已，汝惟沖子惟終。汝其敬識百辟享，亦識其有不享；享多儀，儀不及物惟曰不享。惟不役志于享，凡民惟曰不享。"鄭氏注云："朝聘之禮至大，其禮之儀不及物，謂所貢篚者多而威儀簡也。威儀既簡，亦是不享也。"江聲《尚書集注音疏》云："享，獻也。言當識别諸侯之享與不享。《孟子·告子篇》引此經，趙岐訓物爲事，不若鄭注義長。"鄭氏以儀爲威儀，物即指所享之物，謂享獻宜多威儀。今儀不及物，是儀少而物多。意雖與趙亦略同，然儲子以幣交，幣即物也。得之平陸而不自往，是威儀不及幣物也。鄭氏之義，尤與孟子引經之指爲切矣。

12.6

【原文】

淳于髡曰："先名實者，爲人也；後名實者，自爲也。夫子在三卿之中，名實未加於上下而去之，仁者固如此乎？"

孟子曰："居下位，不以賢事不肖者，伯夷也；五就湯，五就桀者，伊尹也；不惡汙君，不辭小官者，柳下惠也。三子者不同道，其趨一也。"

"一者何也？"

曰："仁也。君子亦仁而已矣，何必同？"

曰："魯繆公之時，公儀子爲政，子柳、子思爲臣，魯之削也，滋甚。若是乎，賢者之無益於國也？"

曰："虞不用百里奚而亡，秦繆公用之而霸。不用賢則亡，削何可得歟？"

曰："昔者王豹處於淇而河西善謳，緜駒處於高唐而齊右善歌，華周、杞梁之妻善哭其夫而變國俗。有諸内必形諸外，爲其事而無其功者，髡未嘗覩之也。是故無賢者也，有，則髡必識之。"

曰："孔子爲魯司寇，不用，從而祭，燔肉不至，不税冕而行。不知者以爲爲肉也，其知者以爲爲無禮也。乃孔子則欲以微罪行，不欲爲苟去。君子之所爲，衆人固不識也。"

【譯文】

淳于髡説："視務實立名爲首要之事的官員，是爲了救民於水火嘛；把務實立名置於腦後的官員，是爲了獨善其身嘛。夫子您曾位在三卿之中，上無匡君的名聲下無濟民的務實就離開了齊國，仁者就該如此嗎？”

孟子説：“身居下位，不肯用自己的賢能服事不肖者，伯夷就這樣嘛；五次跟隨湯、五次跟隨桀的人，乃伊尹嘛；不厭惡汙濁的昏君，不辭卻小官的人，乃柳下惠嘛。這三位君子所遵行的途徑不同，其趨向是一樣的嘛。”

“一樣的是什麽呢？”

孟子説：“仁道嘛。君子只不過趨向仁道而已呀，行事何必相同？”

髡説：“魯繆公之時，公儀子主持政務，子柳、子思擔任師傅之臣，魯國的削弱呢，日益嚴重。賢者對國家的無益呢，就像這樣嗎？”

孟子説：“虞國不用百里奚從而走向滅亡，秦繆公重用他從而稱霸諸侯。不用賢者就會亡國，何只是削弱麽？”

髡説：“昔日王豹住在淇水岸邊因而黄河以西的人都善於謳歌，緜駒住在高唐地區所以齊國西部的人都愛唱歌，華周和杞梁之妻哭其丈夫極其悲慟從而改變了國家的風俗。在内部存在的事物必定會在外面表現出來，做某種事却没有相應功效的情形，我淳于髡未曾見過哩。所以要麽没有賢者哩，要是有，我淳于髡就必定能識别出來。”

孟子説：“孔子擔任魯國司寇之職時，不採用其建議，只好跟從魯君去祭祀，事畢祭肉也不依禮分贈給大夫，於是來不及脱掉禮冠就出行了。不知情的人認爲是爲了燔肉不至的緣故嘛，即使知情的人也認爲是因爲魯君無禮才出走哩。可是孔子却寧願採用不税冕而行的輕微罪名出行，也不願做出苟且的舉動離去。君子的所作所爲，多數人必定不能識别嘛。”

【古注】

《注》 淳于姓，髡名，齊之辨士。名者，有道德之名也；實者，治國惠民之功實也。齊大國有三卿，謂孟子嘗處此三卿之中矣，未聞名實下濟於民，上匡其君而速去之，仁者之道固當然邪？伊尹爲湯見貢於桀，桀不用而歸湯，湯復貢之，如此者五，思濟民，冀得施行其道也。此三人雖異道，所履者一也。髡問一者何也？孟子言君子進退行止未必同也，趨於履仁而已。髡譏其速去，故引三子以喻意也。髡曰，魯繆公時，公儀休爲執政之卿。子柳，泄柳也；子思，孔伋也。二人爲師傅之臣，不能救魯之見削奪，亡其土地者多。若是，賢者無所益於國家，何用賢爲？孟子云，百里奚所去國亡，所在國霸。無賢國亡，何但得削，豈可不用賢也？王豹，衛之善謳者；淇，水名。《衛詩·竹竿》之篇曰：“泉源在左，淇水在右。”《碩人》之篇曰：“河水洋洋，北流活活。”衛地濱於淇水，在北流河之西，故曰處淇水而河西善謳，所謂鄭衛之聲也。緜駒，善歌者也；高唐，齊西邑。緜駒處之，故曰齊右善歌。華周，華旋也；杞梁，杞殖也。二人，齊大夫死於戎事者。其妻哭之哀，城爲之崩，國俗化之則效其哭。髡曰，如是歌哭者尚能變俗，有中則見外，爲之而無功者，髡不聞也。有功，乃爲賢者，不見其功，故謂之無賢者也，如有之，則髡必識知之。孟子言，孔子爲魯賢臣。不用，不能用其道也。從魯君而祭於宗廟，當賜大夫以胙。燔肉不至，膊炙者爲燔，《詩》云“燔炙芬芬”。反歸其舍，未及税解祭之冕而行，出適他國。不知者以爲不得燔肉而愠也，知者以爲爲君無禮，乃欲以微罪行。燔肉不至，我黨從祭之禮不備，有微罪乎，乃聖人之妙旨。不欲爲，誠欲急去也。衆人固不能知君子之所爲，謂髡不能知賢者之志。《章指》言：見幾而作，不俟終日。孔子將行，冕不及税，庸人不識，課以功實。淳于雖辨，終亦屈服，正者勝也。

《疏》 先名實者爲人也，後名實者自爲也，言名生於實者也。有功利之實斯有功利之名，進而治國濟民，則名利在所先，故先名實者爲人；退而獨善其身，則功利在所後，故後名實者爲自爲。今夫子嘗處於三卿之中而名實未加及於上下而去之，仁者固肯如是乎？髡之意以爲，仁人必不如是也，故以此譏之。蓋名實未加於上下，以其上無輔佐君而治國，下無以惠澤而濟於民也。孟子乃答曰，居臣下之位，不肯以賢而奉事不肖者，是伯夷也，所謂"伯夷非其君不事"是矣；五就於湯，五就於桀者，是伊尹也，所謂"何事非君？治亦進，亂亦進"是矣；不恥惡汙君，不辭小官者，謂柳下惠也，所謂"爾爲爾，我爲我，爾焉能浼我哉？阨窮而不憫，遺佚而不怨"是矣。此三子者雖進退之道不同，然其所履則一而已。髡又問孟子，所謂其趨一者是何也？孟子又答曰，其一者是一於仁也，言三子進退行止皆一於仁也。伯夷之仁則見於必退以爲清，伊尹之仁則見於必進而爲任，柳下惠之仁則見於不必進亦不必退而爲和，如此則君子進退行止亦履仁而已，何用同其進退行止然後爲仁也？孟子所以引此三子而喻者，蓋謂我之去齊，是亦伯夷之清者也，是亦有仁而已，故以是答淳于髡。

《集注》名，聲譽也；實，事功也。言以名實爲先而爲之者，是有志於救民者也；以名實爲後而不爲者，是欲獨善其身者也。名實未加於上下，言上未能正其君，下未能濟其民也。仁者，無私心而合天理之謂。楊氏曰："伊尹之就湯，以三聘之勤也；其就桀也，湯進之也，湯豈有伐桀之意哉？其進伊尹以事之者，欲其悔過遷善而已。伊尹既就湯，而以湯之心爲心矣。及其終也，人歸之，天命之，不得已而伐其耳。若湯初求伊尹即有伐桀之心，而伊尹遂相之以伐桀，是以取天下爲心也。以取天下爲心，豈聖人之心哉?"公儀子，名休，爲魯相。削，地見侵奪也。髡譏孟子雖不去，亦未必能有爲也。王豹，衛人，善謳；緜駒，齊人，善歌；華周杞梁二人皆齊臣，戰死於莒。其妻哭之哀，國俗化之皆善哭。髡以此譏孟子仕齊無功，未足爲賢也。按《史記》，孔子爲魯司寇攝行相事，齊人聞而懼，於是以女樂遺魯君。季桓子與魯君往觀之，怠於政事。子路曰："夫子可以行矣。"孔子曰："魯今且郊，如致燔於大夫，則吾猶可以止。"桓子卒受齊女樂，郊又不致膰俎於大夫，孔子遂行。孟子言以爲爲肉者固不足道，以爲爲無禮則亦未爲深知孔子者。蓋聖人於父母之國不欲顯其君相之失，又不欲爲無故而苟去，故不以女樂去而以膰肉行。其見幾明決而用意忠厚，固非衆人所能識也。然則孟子之所爲豈髡之所能識哉？尹氏曰："淳于髡未嘗知仁，亦未嘗識賢也，宜乎其言若是。"

《正義》 《列女傳·貞順篇》云："杞梁之妻無子，内外皆無五屬之親，既無所歸，乃枕其夫之屍於城下而哭。内誠動人，道路過者莫不爲之揮涕，十日而城爲之崩。"此亦專言杞梁。乃《説苑·善説篇》："孟嘗君曰，昔華舟、杞梁戰而死，其妻悲之，向城而哭，隅爲之崩，城爲之阤。"舟、周古字通。趙氏言城爲之崩，本《列女傳》、《説苑》所記也。《論衡·感虚篇》云："傳書言杞梁氏之妻嚮城而哭，城爲之崩。此言杞梁從軍不還，其妻痛之，嚮城而哭，至誠悲痛，精氣動城，故城爲之崩也。夫言嚮城而哭者，實也；城爲之崩者，虚也。或時城適自崩，杞梁妻適哭於下，世好虚不原其實，故崩城之名至今不滅。"然則城崩之説，由來久矣。趙佑《温故録》云："膰者，祭肉之名，不必獨以郊是也。賜大夫胙，禮也。不得燔肉，是君失賜胙之禮。知者與不知者所見略同，特一以肉，一以禮，而皆歸過於君。乃孔子以不欲歸罪於君，而自以微罪行，何也？燔肉不至於大夫固君之疏，亦從祭者之不備也。我亦從祭者，使君失賜胙之禮，凡從祭者均不能無過，則我黨皆有微罪，我亦不免於微罪，故以此罪行，爲聖人妙旨也。趙氏此解從《史記》'夫子則非罪'一言悟入，蓋孔子當時臨行必自稱此罪，故師己曰'夫子則非罪'也。知與不知皆莫測夫子妙旨，故云衆人不識。”閻若璩《釋地續》云：“何故前此助祭反舍，未及稅所著之冕輒行以適他國，不幾悻悻乎？與接淅而行異乎？蓋孔子爲魯司寇，既不用其道，宜去一；燔俎又不至，宜去二。其去之之故，天下自知之。但孔子不欲其失純在君相，己亦帶有罪焉。其所爲有罪，即在‘不稅冕而行’一句。蓋冕原祭服，《禮》‘大夫冕而祭於公’是也。今也，戴於道路間，尚非罪乎？故當時不知者以孔子爲爲祭肉，縱在知者亦以孔子爲爲無禮。乃孔子之意則欲以己不稅冕之罪行，不欲爲苟去。苟去猶言徒去。空空而去，無己一點不是處，是爲徒去。樂毅《報燕王》尚云‘忠臣去國，不潔其名’，況孔子乎？又《禮》‘大夫士去國，不說人以無罪’，注云：‘己雖遭放逐，不自以無罪解説於人，過則稱己也。’《史記·世家》師己送曰：‘夫子則非罪。’觀此，似孔子當日自認一罪名而行，師己則送而解之。千載而下，猶可以情測云。或云：以燔肉不至遂行，無乃太甚，此之謂‘以微罪行’。魯人爲肉、爲無禮之議，正愜孔子微罪之心。”

【淺悟】

冕，讀音 kūn(ㄎㄨㄣ)。燔，讀音 fán(ㄈㄢˊ)，通膰，祭肉。稅，讀音 tuō(ㄊㄨㄛ)，通脱。

《集注》所引楊氏之説，純屬臆斷，毫無根據；湯也決不是什麽聖人。孔子心目中的聖人，最根本的標誌是：以天下爲公，而不得將天下據爲自家所有。

12.7

【原文】

孟子曰：“五霸者，三王之罪人也；今之諸侯，五霸之罪人也；今之大夫，今之諸侯之罪人也。天子適諸侯曰巡狩，諸侯朝於天子曰述職。春省耕而補不足，秋省斂而助不給，入其疆，土地辟，田野治，養老尊賢，俊傑在位，則有慶，慶以地；入其疆，土地荒蕪，遺老失賢，掊克在位，則有讓。一不朝則貶其爵，再不朝則削其地，三不朝則六師移之。是故天子討而不伐，諸侯伐而不討。五霸者，摟諸侯以伐諸侯者也，故曰五霸者，三王之罪人也。五霸桓公爲盛，葵丘之會諸侯，束牲載書而不歃血：初命曰，誅不孝，無易樹子，無以妾爲妻；再命曰，尊賢育才，以彰有德；三命曰，敬老慈幼，無忘賓旅；四命曰，士無世官，官事無攝，取士必得，無專殺大夫；五命曰，無曲防，無遏糴，無有封而不告。曰：‘凡我同盟之人，既盟之後，言歸于好。’今之諸侯皆犯此五禁，故曰今之諸侯，五霸之罪人也。長君之惡其罪小，逢君之惡其罪大。今之大夫皆逢君之惡，故曰今之大夫，今之諸侯之罪人也。”

【譯文】

孟子説：“五位稱霸的諸侯，是夏禹商湯周武三位帝王的罪人哩；如今的諸侯，乃五霸的罪人哩；如今的大夫，又是當今諸侯的罪人哩。三王的禮制規定，天子前往諸侯國視察稱爲巡狩，諸侯到天子那裏朝覲叫做述職。天子春季省察農耕從而彌補不足，秋季省察收斂從而救助不給，進入該國疆域，土地已開闢，田野得到治理，養老尊賢已成風尚，傑出人才都安排在主要職位上，這樣的諸侯國就有慶功行賞，賞賜給以土地；進入該國疆域，倘若滿目都是荒蕪的土地，老人遭遺棄賢者消失，在位的多是搜刮民財的貪官，這樣的諸侯國將受到責讓。一次不朝覲就貶謫其爵位，再次不朝覲就削減其封地，三次不朝覲就派王師將其移送到國都。所以天子聲討而不征伐，諸侯征伐而不聲討。這五位稱霸的諸侯，專門摟牽諸侯用以征伐不順從的諸侯哩，所以説這五位稱霸的諸侯，是夏商周三位開國帝王的罪人嘛。五霸之中以齊桓公最爲强盛，葵丘那次與諸侯會盟，把盟書放在綑束的犧牲背上却不歃血立誓：初道命令稱，誅罰不孝，不得改立世子，不得將愛妾立爲正妻；二道命令稱，尊敬賢者培育人才，用以彰顯行事忠厚有道德；三道命令稱，敬重老人慈愛幼童，不得忘忽賓朋旅客；四道命令稱，士中不得有世襲的官員，公家的事務不得兼職，選取人才必須得當，不得以私忿擅自殺戮大夫；五道命令稱，不得曲意遍設隄防，不得遏制買進糧食，不得以私恩擅自有所封賞而不向盟主禀告。最後宣佈説：'凡我同盟之人，既盟之後，言歸于好。'如今的諸侯，全都觸犯了這五項禁令，所以説如今的諸侯，是五霸的罪人嘛。助長國君的惡劣行徑這種罪狀還算小，逢迎國君的惡劣行徑這種罪狀大。如今的大夫全都逢迎國君的惡劣行徑，所以説如今的大夫，是當今諸侯的罪人嘛。”

【古注】

《注》 五霸者，大國秉直道以率諸侯，齊桓、晉文、秦繆、宋襄、楚莊是也。三王，夏禹、商湯、周文王是也。謂當孟子之時諸侯及大夫也。諸侯臣揔謂之大夫。罪人之事下别言之。巡狩述職皆以助人民。慶，賞也。養老尊賢，能者在位，賞之以地，益其地也。掊克不良之人在位則責讓之。不朝至三，討之以六師。移之，就之也。討者，上討下也；伐者，敵國相征伐也。五霸强摟牽諸侯以伐諸侯，不以王命也，於三王之法乃罪人也。齊桓公，五霸之盛者也，與諸侯會於葵丘，束縛其牲但加載書，不復歃血，言畏桓公，不敢負也。不得專誅不孝。樹，立也。已立世子不得擅易也，不得立愛妾爲嫡也。尊賢養才，所以彰明有德之人。敬老愛小恤矜孤寡，賓客羈旅勿忘忽也。仕爲大臣不得世官，賢臣乃得世禄也。官事無攝，無曠庶僚也。取士必得賢，立之無方也。無專殺大夫，不得以私怒行誅戮也。無敢違王法，而以己曲意設防禁也。無遏止穀糴不通鄰國也，無以私恩擅有所封賞而不告盟主也。言歸于好，無搆怨也。桓公施此五命而今諸侯皆犯之，故曰罪人也。君有惡命，臣長大而宣之，其罪在不能距逆君命，故曰小也。逢，迎也。君之惡心未發，臣以諂媚逢迎而導君爲非，故曰罪大。今諸侯之大夫皆逢君之惡，故曰罪人也。《章指》言：王道寖衰，轉爲罪人，孟子傷之，是以博思古法，匡時君也。

《疏》 入其封疆，見土地荒蕪而不開辟，又遺棄其耆老失其賢人，惟以掊克多取聚斂之臣其位以殘民，如此則有責讓。不特責讓之，又其一不朝覲述所職則貶損其爵，至二不朝則削減其土地，以至三不朝則命六師以移易其位也，以其不能保安社稷。是故天子於諸侯有其罪則討而不行兵征伐，諸侯之於諸侯則行兵征伐而不討，蓋彼有罪而布令陳辭以責之，是謂討也；彼有罪而用兵興師以加之，是謂伐也。且五霸者，牽率諸侯者也，故曰五霸者，三王之罪人也。以其五霸擅自專權，不待天子錫之弓矢然後征，錫之鈇鉞然後殺者也。特牽率諸侯以伐諸侯而已，是則豈非三王之罪人歟？

《集注》 辟，與闢同。掊克，聚斂也。讓，責也。移之者，誅其人而變置之也。討者，出命以討其罪而使方伯連帥帥諸侯以伐之也；伐者，奉天子之命聲其罪而伐之也。摟，牽也。五霸牽諸侯以伐諸侯，不用天子之命也。自"入其疆"至"則有讓"，言巡狩之事；自"一不朝"至"六師移之"，言述職之事。按《春秋傳》："僖公九年葵丘之會，陳牲而不殺，讀書加於牲上，壹明天子之禁。"樹，立也，已立世子不得擅易。初命三事，所以修身正家之要也。賓，賓客也；旅，行旅也，皆當有以待之，不可忽忘也。士世禄而不世官，恐其未必賢也。官事無攝，當廣求賢才以充之，不可以闕人廢事也。取士必得，必得其人也。無專殺大夫，有罪則請命於天子而後殺之也。無曲防，不得曲爲隄防壅泉激水以專小利病鄰國也。無遏糴，鄰國凶荒，不得閉糴也。無有封而不告者，不得專封國邑而不告天子也。君有過不能諫又順之者，長君之惡也；君之過未萌而先意導之者，逢君之惡也。林氏曰："邵子有言：'治《春秋》者，不先治五霸之功罪則事無統理，而不得聖人之心。春秋之間，有功者未有大於五霸，有過者亦未有大於五霸。故五霸者，功之首，罪之魁也。'孟子此章之義，其亦若此也與？然五霸得罪於三王，今之諸侯得罪於五霸，皆出於異世，故得以逃其罪；至於今之大夫，其得罪於今之諸侯，則同時矣；而諸侯非惟莫之罪也，乃反以爲良臣而厚禮之，不以爲罪而反以爲功，何其謬哉！"

《正義》 三王，《風俗通·皇霸篇》云："《禮號謚記》説：'夏禹、殷湯、周武王，是三王也。'《尚書》説：'文王作罰，刑兹無赦。'《詩》説：'有命自天，命此文王；文王受命，有此武功；儀刑文王，萬國作孚。'《春秋》説：'王者孰謂？謂文王也。'按《易》稱'湯武革命'，《尚書》：'武王戎車三百兩，虎賁八百人，擒紂于牧之野。惟十有三祀，王訪于箕子。'《詩》云：'亮彼武王，襲伐大商，勝殷遏劉，耆定爾功。'由是言之，武王審矣。《論語》：'文王率殷之叛國，以服事殷。'時尚臣屬，何緣便得列三王哉？"謹按：三王或列周武王，或列周文王，故應氏並列二説，而辨其宜列武王也。趙氏列文王不列武王，蓋即本《尚書》説、《詩》説、《春秋》説，與《白虎通》同。掊克，《毛詩·大雅·蕩篇》"曾是掊克"，傳云："掊克，自伐而好勝人也。"箋云："女曾任用是惡人，使之處位執職事。"《音義》云："掊，深也，聚斂也。"蓋謂深克朘民之人，與毛傳不同。移之，《荀子·大略篇》云"移而從所仕"，楊倞注云："移，就也。"是移之即就之也。六師本在王畿，移而就此，是爲移之，即爲就之。李太青云："不朝者三，則非方伯連帥能制其命，亦非折簡可致，故須以天子六師移之。見先王武備之豫，紀律之臧，兵出於國都而此無徵發之勞，威行於侯服而彼無震驚之患，如以物加移之而已。作移易者恐非。"討，《説文》言部云："討，治也。"段玉裁《説文解字注》云："發其紛糾而治之曰討，《秦風》傳云：'蒙，討羽也。'箋云：'蒙，尨也；討，雜也。畫雜羽之文於伐，故曰尨伐。'據鄭所言，則討者，亂也。治討曰討，猶治亂曰亂也。《論語》'世叔討論之'，馬曰：'討，治也。'《學記》'古之學者，比物醜類'，醜或作討。凡言討論、探討，皆謂理其不齊者而齊之也。"侯國亂天子治之，故討爲上討下之辭。上討下即上治下，《禮記·王制》云"畔者君討"是也。伐，莊公二十九年《左傳》云"凡師有鐘鼓曰伐"，杜預《春秋釋例》云："鳴鐘鼓以聲其過曰伐。"蓋諸侯奉王命以聲諸侯之罪，既伐之，當必告於王以治之。五霸不奉王命而牽摟諸侯以伐諸侯，所以爲三王之罪人。摟之爲牽，詳見前。誅不孝，無易世子二事，殊相牴牾。蓋趙氏以"誅不孝無易樹子"七字作一句，謂子之不孝者當誅，但已立爲世子，不得以其不孝而專誅而擅易之，須公論而後誅之。桓公命諸侯，不可云"毋專誅不孝"，亦不可云"毋易不孝之樹子"，故爲互辭。趙氏探其恉，一云不得專誅，一云不得擅易，實能斡旋經文而彌縫其闕隙也，且實能禁當時假不孝之名以擅易樹子也。《管子》兩言"無曲隄"，然則防即隄也，謂曲設隄防以障遏水泉，使鄰國受水旱之害。趙氏言曲意設防禁，則虛指王法而言，謂王法所不禁而曲意以禁之，是爲違王法。《周禮·秋官·序官》"使帥其屬而掌邦禁"，注云："禁，所以防姦者也。"故以防爲禁也。然隄爲防之正訓，僖公三年《公羊傳》云："桓公曰：無障谷，無貯粟，無易樹子，無以妾爲妻。"障谷即曲防也。何氏注云："無障斷川谷專水利也。"此五命之告若指告天子，則桓公封衛，轉是自犯其禁矣。故趙氏以爲不告盟主，此五霸之盛亦即五霸所以爲三王之罪人也。

【淺悟】

辟，讀音 pì（ㄆㄧˋ），通闢。掊，讀音 póu（ㄆㄡˊ），掊克，聚斂、搜刮民財之義。歃，讀音 shà（ㄕㄚˋ）。糴，讀音 dí（ㄉㄧˊ），買入糧食。

趙氏注三王，列周文王是錯誤的。《論語》稱文王"三分天下有其二，以服事殷"，至死依然稱"西伯"，所稱文王，那是武王滅殷建立周朝後追尊的謚號。所謂三王，當指夏禹、商湯、周武王而言。

12.8

【原文】

魯欲使慎子爲將軍。孟子曰："不教民而用之，謂之殃民。殃民者，不容於堯舜之世，一戰勝齊，遂有南陽，然且不可。"

慎子勃然不悦曰："此則滑釐所不識也。"

曰："吾明告子：天子之地方千里，不千里不足以待諸侯；諸侯之地方百里，不百里不足以守宗廟之典籍。周公之封於魯爲方百里也，地非不足，而儉於百里；太公之封於齊也，亦爲方百里也，地非不足也，而儉於百里。今魯方百里者五，子以爲有王者作，則魯在所損乎，在所益乎？徒取諸彼以與此，然且仁者不爲，況於殺人以求之乎！君子之事君也，務引其君以當道，志於仁而已。"

【譯文】

魯國準備使慎子擔任將軍。孟子説："不以道德教育人民便用他們去參戰，那是叫他們去禍殃人民。禍殃人民的人，在堯舜的時代決不容留，哪怕一戰而勝齊國，遂即占有泰山以南的土地，這樣也不可能容留。"

慎子臉上登時露出不愉悦的表情説："這倒是我慎滑釐所不明白的哩。"

孟子説："我明確告訴你：天子的地域方圓千里，達不到千里便不够用於接待諸侯朝聘的用度；諸侯的地域方圓百里，達不到百里便不够用以守護宗廟内的法典圖籍等重要資料的費用。周公在魯國的封地原爲方圓百里嘛，由於土地未嘗不够用，因而少於百里；姜太公在齊國的封地呢，原本也是方圓百里嘛，也由於土地未嘗不够用嘛，因而也少於百里。如今魯國方圓百里的國土增加了五倍，你認爲要是有像武王那樣的王者興起，那麽魯國的國土在所減損之列，還是在所增益之列呢？憑空獲取彼國的土地拿來贈與此國，這樣的舉動仁者尚且不肯做，何況用戰伐殺人的方式來索求土地呀！君子的服事國君嘛，只是專心引導其國君走正當的道路，立志於行仁道而已。"

【古注】

《注》 慎子，善用兵者。不教民以仁義而用之戰鬬，是使民有殃禍也。堯舜之世皆行仁義，故好戰殃民者不能自容也。就使慎子能爲魯一戰取齊南陽之地，且猶不可。山南曰陽，岱山之南謂之南陽也。滑釐，慎子名。不悦，故曰我所不知此言何謂也。孟子見慎子不悦，故曰明告子，天子諸侯地制如是。諸侯當來朝聘，故言守宗廟典籍，謂先祖常籍法度之文也。周公太公地尚不能滿百里，儉而不足也。後世兼侵小國，今魯乃五百里矣。有王者作，若文王武王者，子以爲魯在所損之中邪，在所益之中也？言其必見損也。但取彼與此爲無傷害，仁者尚不肯爲，況戰鬬殺人以求廣土地乎。言君子事君之法，牽引其君以當正道者，仁也。志仁而已，欲使慎子輔君以仁。《章指》言：招携懷遠，貴以德禮，及其用兵，廟勝爲上，戰勝爲下，明賤戰也。

《集注》 教民者，教之禮義，使知入事父兄、出事長上也。用之，使之戰也。是時魯蓋欲使慎子伐齊取南陽也，故孟子言：就使慎子善戰有功如此，且猶不可。待諸侯，謂待其朝覲聘問之禮。宗廟典籍，祭祀會同之常制也。二公有大勳勞於天下，而其封國不過百里。儉，止而不過之意也。魯地之大，皆併吞小國而得之。有王者作，則必在所損矣。當道，謂事合於理。志仁，謂心在於仁。

《正義》 《史記·孟子列傳》云："自騶衍與齊之稷下先生如淳于髡、慎到、環淵、接子、田駢、騶奭之徒，各著書言治亂之事以干世主。慎到，趙人，學黄老道德之術，因發明序其指意，故慎到著《十二論》。"徐廣云："今《慎子》。"張守節正義云："《慎子》十卷在法家，則戰國時處士。"《漢書·藝文志》法家者流有"《慎子》四十二篇，名到，先申韓，申韓稱之"。到與孟子同時，此慎子宜即是到，乃《史》但言其學黄老，爲法家者流，不當使爲將軍，故趙氏不以爲到而以其使爲將軍，則以爲善用兵者耳。閻若璩《釋地》云："《左傳》'晉於是始啓南陽'，杜注：'在晉山南河北，故曰南陽。'余謂即今太行山之南河内、濟源、修武、温縣地。《孟子》'遂有南陽'，趙注：'山南曰陽，岱山之南謂之南陽也。'余謂史稱泰山之陽則魯，其陰則齊。南陽屬齊，必齊之地深插入魯界中者，魯故欲一戰有之。二南陽所指各不同。"趙氏以慎子自稱滑釐不識，則滑釐是慎子之名，故不以爲到也。

12.9

【原文】

孟子曰："今之事君者，皆曰我能爲君辟土地，充府庫。今之所謂良臣，古之所謂民賊也。君不鄉道，不志於仁，而求富之，是富桀也。我能爲君約與國，戰必克。今之所謂良臣，古之所謂民賊也。君不鄉道，不志於仁，而求爲之强戰，是輔桀也。由今之道，無變今之俗，雖與之天下，不能一朝居也。"

【譯文】

孟子説："如今那些服事國君的臣子，都説自己能爲國君開闢土地，充實府庫。殊不知如今這些所謂的良臣,乃是古人所説的民賊哩。國君不嚮慕道義,不在推行仁道上立志,却一味爲他追求財富,這等於富裕了夏桀嘛。都説自己能爲國君邀約相與交好的盟國,所戰必勝。殊不知如今這些所謂的良臣,恰是古人所説的民賊哩。國君不嚮慕道義,不在推行仁道上立志,反而謀求爲他强横征戰,這等於輔佐夏桀嘛。從現今所走的道路來看,如果無法改變當今的流俗,即便將天下授與他,其王位也不能有一朝坐得安穩哩。"

【古注】

《注》 辟土地,侵鄰國也。充府庫,重賦斂也。今之所謂良臣者,於古之法爲民賊。傷民,故謂之賊也。爲惡君聚斂以富之,爲富桀也。謂若夏桀也。連諸侯以戰,求必勝也。今之道,非善道;今之世俗漸惡久矣,若不變更,雖得天下之政而治之,不能自安一朝之間居其位也。《章指》言:善爲國者,以藏於民。賊民以往,其餘何觀?變俗移風,非樂不化。以亂濟民,不知其善也。

《集注》 辟,與闢同,開墾也。鄉,與嚮同。約,要結也;與國,和好相與之國也。言必争奪而至於危亡也。

《正義》 由今之道,道爲道德之道,上言君不鄉道是也。道之訓亦爲行,今之道猶云今之行。《禮記·樂記》云"居,吾語汝",注云:"居,猶安坐也。"不能一朝居,即是不能一朝安,謂其危亡之速也。陳氏《説書》云:"與之天下不能一朝居,何也?其國雖富强,而民心先已失,孟子之言,至於秦而驗矣。"

12.10

【原文】

白圭曰:"吾欲二十而取一,何如?"

孟子曰:"子之道,貉道也。萬室之國,一人陶,則可乎?"

曰:"不可,器不足用也。"

曰:"夫貉,五穀不生,惟黍生之,無城郭宫室宗廟祭祀之禮,無諸侯幣帛饔飧,無百官有司,故二十取一而足也。今居中國,去人倫,無君子,如之何其可也?陶以寡且不可以爲國,况無君子乎!欲輕之於堯舜之道者,大貉小貉也;欲重之於堯舜之道者,大桀小桀也。"

【譯文】

白圭問:"我想使税率二十取一,怎樣?"

孟子説:"你這一思路,正是北方荒遠的貉狄人的思路哩。我問你,萬户的國家,只有一人燒製陶器,這樣可以嗎?"

答:"不可,陶器不够用嘛。"

孟子説:"這貉地,五穀不生,只有黍子生長在那兒,没有城郭房屋宗廟祭祀的禮儀，没有諸侯互相贈送幣帛和酒食款待，没有各司其職的衆多官吏，所以税率二十取一就够了嘛。我們如今居住的中原各國，要是像貉狄人那樣廢棄人倫關係，没有君子執掌政策，這怎麽可以呢？陶器因燒製得少尚且不能滿足國用，何况没有君子執掌政策呀！希望推行比堯舜以來所實施的什一而税還輕的税率，那是大貉小貉的願望哩；希望推行比堯舜以來實施的什一而税更重的税率，那是大桀小桀的願望哩。"

【古注】

《注》 白圭，周人也，節以貨殖，欲省賦利民使二十而税一。貉，夷貉之人在荒服者也。貉之税二十而取一。萬家之國使一人陶瓦器，則可乎？以此喻白圭所言也。白圭曰，一人陶，則瓦器不足以供萬室之用也。貉在北方，其氣寒，不生五穀，黍早熟，故獨生之也。無中國之禮，如此之用，故可二十取一而足也。今之居中國，當行禮義，而欲效夷貉無人倫之叙，無君子之道，豈可哉？陶器者少尚不可以爲國，况無君子之道乎！堯舜以來，什一而税，足以行禮，故以此爲道。今欲輕之二十税一者，夷貉爲大貉，子爲小貉也；欲重之過十一，則夏桀爲大桀，子爲小桀也。《章指》言：先王典禮，萬世可遵，什一供貢，下富上尊。裔土簡惰，二十而税，貉道有然，不足爲貴，圭欲法之，孟子斥之以王制也。

《集注》 白圭，名丹，周人也，欲更税法二十分而取其一分。林氏曰："按《史記》：白圭能薄飲食，忍嗜欲，與僮僕同苦樂，樂觀時變，人棄我取，人取我與，以此居積致富。其爲此論，蓋欲以其術施之國家也。"貉音陌，北方夷狄之國名也。孟子設喻以詰圭，而圭亦知其不可也。北方地寒，不生五穀。黍早熟，故生之。饔飧，以飲食饋客之禮也。無君臣祭祀交際之禮，是去人倫；無百官有司，是無君子。什一而税，堯舜之道也，多則桀，寡則貉。今欲輕重之，則小貉小桀而已。

《正義》 《史記·貨殖列傳》云："白圭，周人也。當魏文侯時，李克務盡地力，而白圭樂觀時變，故人棄我取，人取我與，能薄飲食，忍嗜欲，節衣服，與用事僮僕同苦樂，趨時若猛獸摯鳥之發，故曰吾治生産猶伊尹吕尚之謀、孫吴用兵、商鞅行法是也。蓋天下言治生祖白圭。"趙氏以《孟子》白圭即此人也。閻若璩《釋地續》云："《史記·貨殖傳》此一白圭也，圭其名；《孟子》白圭，此一白圭也，其名丹，圭則字爾。先後殊不同時，趙氏傅會爲一人，吾嘗斷之曰此兩人也。韓非書'白圭相魏'，鄒陽書'白圭戰亡六城，爲魏取中山'，又'白圭顯於中山，中山人惡之魏文侯，文侯投以夜光之璧'。魏拔中山在文侯十七年癸酉，下逮孟子乙酉至梁，凡七十三年，縱存，尚能爲國築隄防治水害乎？"毛氏奇齡説與閻氏同。全祖望《經史問答》云："宋人鮑彪已嘗言之，但魏人，當昭王時，是孟子之後輩，見《國策》，不知潛丘何以不引及？鮑彪謂當是孟子所稱者。"周廣業《孟子時地出處考》云："閻百詩，毛初晴並言有兩白圭，今考《韓非子》有云：'白圭之行隄也，塞其穴，故無水難。'《吕氏春秋》載白圭與惠施析辯二條，《新序》有孟嘗君問白圭之文，則其爲别一人似無可疑。乃《史》又稱白圭自言'吾治生産猶商鞅行法'，則正與孟子同時。《戰國策》昭王時白圭始見，而拔中山者，言樂羊不言白圭；《史》及鄒陽之説又恐誤以武侯爲文侯。"貉夷，《説文》豸部云："貉，北方貉豸種也。"鄭司農云："北方曰貉狄。"《書·禹貢》云："五百里荒服，三百里蠻，二百里流。"胡渭《禹貢錐指》云："單言蠻，則爲四裔之通稱。蠻在荒服，知貉即在荒服也。"宣公十五年《公羊傳》云："古者曷爲什一而籍？什一者，天下之中正也。多乎什一，大桀小桀；寡乎什一，大貉小貉。"注云："蠻貉無社稷宗廟百官制度之費，税薄。"何氏本《孟子》注《公羊傳》，趙氏即本《公羊傳》注《孟子》。

12.11

【原文】

白圭曰:“丹之治水也,愈於禹。”

孟子曰:“子過矣!禹之治水,水之道也,是故禹以四海爲壑。今吾子以鄰國爲壑:水逆行,謂之洚水。洚水者,洪水也,仁人之所惡也。吾子過矣!”

【譯文】

白圭説:“我白丹的治水嘛,勝過禹。”

孟子説:“你言過其實啦!禹的治水,遵照水的運行規律進行疏導嘛,正是這個緣故,禹把四面的大海當做蓄水的溝壑。而今你把鄰國當做蓄水的溝壑:使壅塞的水逆行,人們稱之爲洚水。這逆行的洚水,乃製造氾濫成災的洪水哩,是有仁德的人所憎惡的嘛。你言過其實了呀!”

【古注】

《注》 丹,名;圭,字也。當諸侯時有小水,白圭爲治除之,因自謂過禹也。子之所言過矣!禹除中國之害,以四海爲溝壑,以受其害水,故後世賴之。今子除水,近注之鄰國,觸於洚水之名,仁人惡爲之。自以爲愈於禹,子亦甚過矣!《章指》言:君子除害,普爲人也。白圭壑鄰、亦以狹矣。是故賢者志其大者遠者也。

《集注》 趙氏曰:“當諸侯時有小水,白圭爲之築隄,壅而注之他國。”水之道,順水之性也。壑,受水處也。水逆行者,下流壅塞,故水逆流。今乃壅水以害人,則與洪水之災無異矣。

《正義》 《韓非子·喻老篇》云:“千丈之隄以螻蟻之穴潰,故曰白圭之行隄也,塞其穴,是以白圭無水難。”此白圭治除小水之證也。水之道,猶云水之路,謂水所行之路,而禹順導之耳。

【淺悟】

水之道,道在中華文化中的涵義極廣,其正訓爲道路,可引申爲思路、言路、學説、法則、規律等。此水之道,即水的運行法則或運行規律,結合禹的治水,上下文就通順了。

12.12

【原文】

孟子曰:“君子不亮,惡乎執?”

【譯文】

孟子説:“君子不守信,還能執掌什麽?”

【古注】

《注》 亮,信也。《易》曰“君子履信思順”。若爲君子之道,舍信將安執之?《章指》言:《論語》曰:“自古皆有死,民無信不立。”重信之至也。

《疏》 亮，信也。然言亮而不言信者，蓋亮之爲義，其體在信，其用在明。君子之道惟明，爲能明善在信，爲能誠身。不明乎善，不能誠其身矣。是則君子不亮，又惡乎執歟？以其誠也者，擇善而固執之者也。

《集注》 亮，信也，與諒同。惡乎執，言凡事苟且，無所執持也。

《正義》 引《易》者，《繫辭上傳》云："《易》曰：'自天祐之，吉無不利。'子曰：祐者，助也。天之所助者，順也；人之所助者，信也。履信思乎順，又以尚賢也。是以自天祐之，吉無不利也。"引此以見君子之道不外乎信，故爲君子之道舍此烏執乎？何異孫《十一經問對》云："問：此惡字作平聲還作去聲？對曰：亮與諒同。孔子曰：'豈若匹夫匹婦之爲諒哉？'又曰：'君子貞而不諒。'諒者，信而不通之謂。君子所以不諒者，非惡乎信，惡乎執也。故孟子又曰：'所惡執一者，爲其賊道也。'"

12.13

【原文】

魯欲使樂正子爲政。

孟子曰："吾聞之，喜而不寐。"

公孫丑曰："樂正子强乎？"

曰否。

"有知慮乎？"

曰否。

"多聞識乎？"

曰否。

"然則奚爲喜而不寐？"

曰："其爲人也，好善。"

"好善足乎？"

曰："好善優於天下，而況魯國乎！夫苟好善，則四海之内皆將輕千里而來告之以善；夫苟不好善，則人將曰訑訑，予既已知之矣。訑訑之聲音顔色距人於千里之外。士止於千里之外，則讒諂面諛之人至矣。與讒諂面諛之人居，國欲治，可得乎？"

【譯文】

魯君準備令樂正子執掌國政。

孟子道："我聽説後，歡喜得不能入睡。"

公孫丑問："樂正子能力强嗎？"

回答不然。

"有才智謀慮嗎？"

回答不然。

"博聞多識嗎?"

回答不然。

"那麽爲何歡喜得不能入睡?"

孟子説:"他的爲人嘛,好擇善而從。"

"好擇善而從就够了嗎?"

孟子説:"好擇善而從對於治理天下尚且優裕有餘,何況一個魯國呀!此人如果好擇善而從,那麽四海之内的有識之士都會不遠千里前來把好的建議告訴他;此人倘若不好擇善而從,人家就會説他自作聰明,不論對待多麽好的建議他都會説我已經全知道了呀。那自命不凡的聲音和臉色,分明在拒人於千里之外。有識之士被拒止在千里之外,那些讒慝諂媚當面阿諛的小人就會來到呀。跟讒慝諂媚當面阿諛的小人相處在一起,國家要想政治清明安定,可能嗎?"

【古注】

《注》 樂正子克也,魯君欲使之執政於國。喜其人道德得行,爲之喜而不寐。丑問樂正子有此三問之所能乎。孟子皆曰否,不能有此也。丑問無此三者,何爲喜而不寐?孟子言樂正子之爲人也,能好善,故爲之喜。丑問人但好善足以治國乎?孟子曰,好善,樂聞善言,是採用之也,以此治天下可以優之虞舜是也,何況於魯不能治乎?人誠好善,四海之士皆輕行千里以善來告之;誠不好善,則其人將曰訑訑賤他人之言。訑訑者,自足其智,不嗜善言之貌。訑訑之人發聲音見顏色,人皆知其不欲受善言也。道術之士聞之,止於千里之外而不來也。懷善言之士止於千里之外不肯就之,則邪惡順意之人至矣。與邪惡居,欲使國治,豈可得乎?《章指》言:好善從人,聖人一概,禹聞讜言,答之而拜。訑訑吐之,善人亦逝,善去惡來,道若合符。《詩》曰:"雨雪瀌瀌,見晛聿消。"此之謂也。

《集注》 優,有餘裕,言雖治天下尚有餘力也。輕,易也,言不以千里爲難也。訑音移。君子小人迭爲消長,直諒多聞之士遠,則讒諂面諛之人至,理勢然也。此章言,爲政不在於用一己之長,而貴於有以來天下之善。

《正義》 强猶果,有知慮猶達,多聞識猶藝,孔子稱此三者於從政乎何有。從政宜才,執政宜德,此章亦與《論語》互相發。優即足也。乃足則僅足而已,優則饒裕有餘也。按諛但順意而已,長君之惡也;諂則道之爲不善,逢君之惡也;讒則因道之爲不善,而除去不便己意之人。讒因於諂,諂因於諛,諛因於訑,訑不好善也。

12.14

【原文】

陳子曰:"古之君子,何如則仕?"

孟子曰:"所就三,所去三。迎之致敬以有禮,言將行其言也,則就之;禮貌未衰，言弗行也，則去之。其次，雖未行其言也，迎之致敬以有禮，則就之；禮貌衰，則去之。其下，朝不食，夕不食，飢餓不能出門户，君聞之曰：'吾大者不能行其道，又不能從其言也，使飢餓於我土地，吾恥之，周之。'亦可受也，免死而已矣。"

【譯文】

陳子問："古時候的君子，怎樣的情形才肯踏入仕途？"

孟子説："所就職的情形有三種，所去職的情形有三種。迎接君子表達敬意時若有禮，又答應將會推行他的獻言呢，就留下任職；表達敬意的容貌姿態未衰退，獻言要是不打算推行呢，就離去。其次，雖未推行他的獻言呢，不過迎接君子表達敬意時如果有禮，那就姑且留下；一旦表達敬意的容貌姿態衰退，就離去。其下策，早飯没得吃，直到晚飯還没得吃，餓得不能走出屋門，國君聽到後説：'我大的方面不能推行他的主張，又不能聽從他的獻言哩，可是使他在我的領地内忍饑挨餓，這是我的恥辱，快周濟他。'這種情形下的周濟也可以接受嘛，只爲避免餓死而已呀。"

【古注】

《注》 陳臻問古之君子得何禮可以仕也？所去就，謂下事也。禮者，接之以禮也；貌者，顔色和順有樂賢之容。禮衰，不敬也；貌衰，不悦也。其下者，困而不能與之禄則當去；矜其困而周之，苟免死而已。此三就三去之道。窮餓而去不疑也，故不言去。免死而留，爲死故也。權時之宜，嫌其疑也，故載之也。《章指》言：仕雖正道，亦有量宜。聽言爲上，禮貌次之，困而免死，斯爲下矣。備此三科，亦無疑也。

《疏》 言國君迎接之致其敬以有禮，言將行用其言也，則就而仕之，是所謂行可之仕也；如禮貌接之以禮，又有樂賢之容未衰，而言弗得行也，則當退而去之。其次，國君雖未行用其言，然而接之致敬以有禮，則就而仕之，是所謂際可之仕也；及其國君接之不以禮又無樂賢之容，是其禮貌衰也，是則退而去之。其下，朝旦無以食，夕昏又無以食，以致饑餓困乏不能出其門户，國君聞之乃曰："吾大爲之君者不能使之得行其道，又不能聽從其言，而使饑餓於我之土地，吾羞恥之也。"如此國君有以周賜之，亦可以受之而不辭也，無他，免其餓死而已矣，是爲公養之仕也。是以昔之孔子去就如是，此孟子答陳臻之問所以執此而詳悉告之。

《正義》 按大之既不能行道，又不能從其言，所以不去者，饑餓不能去也。受其所周即是就，云可受，亦就之可者也，但免死而已。既不死，可以出門户則仍去，故云權時之宜。顧炎武《日知録》云："免死而已矣，則亦不久而去矣，故曰所去三。"

12.15

【原文】

孟子曰："舜發於畎畝之中，傅説舉於版築之間，膠鬲舉於魚鹽之中，管夷吾舉於士，孫叔敖舉於海，百里奚舉於市。故天將降大任於是人也，必先苦其心志，勞其筋骨，餓其體膚，空乏其身，行拂亂其所爲，所以動心忍性，曾益其所不能。人恒過，然後能改；困於心，衡於慮，而後作；徵於色，發於聲，而後喻。入則無法家拂士、出則無敵國外患者，國恒亡。然後知生於憂患，而死於安樂也。"

【譯文】

孟子説："舜在田間耕作中被發現，傅説從築牆的刑徒之間被舉薦，膠鬲從魚販鹽販之中被推舉，管夷吾從士師的繫囚中被舉薦，孫叔敖隱居在海濱被推舉，百里奚從市井中被舉薦。所以上天將要降下重大責任給此人呢，必先苦腦其心思意志，勞累其筋骨，使其忍饑挨餓，身無分文，使其經歷的一切行爲都給擾亂得事與願違，以此觸動其心思使之性格堅忍，從而增益其所不能的本領。人經常犯過錯，然後才能改正；内心經受了憂困，思慮經受了阻塞，然後才能振作；用臉色等待驗證，用歌聲等待發現，然後曉喻來訪者。國内如果没有守護法度的世臣和直言諫諍的拂士、國外如果没有敵國外患的話，國家常會被滅亡。然後使來訪者明白因憂患而生，因安樂而身敗名裂的道理嘛。"

【古注】

《注》 舜耕歷山，三十徵庸。傅説築傅巖，武丁舉以爲相。膠鬲，殷之賢臣，遭紂之亂隱遁爲商，文王於鬻販魚鹽之中得其人，舉之以爲臣也。士，獄官也。管仲自魯囚執於士官，桓公舉以爲相國。孫叔敖隱處耕於海濱，楚莊王舉之以爲令尹。百里奚亡虞適秦，隱於都市，繆公舉之於市而以爲相也。言天將降下大事以任聖賢，必先勤勞其身，餓其體而瘠其膚，使其身乏資絶糧，所行不從拂戾而亂之者，所以動驚其心堅忍其性，使不違仁，困而知勤，曾益其素所不能行。人常以有繆思過行不得福，然後乃更其所爲，以不能爲能也。困瘁於心，衡，横也，横塞其慮於胷臆之中，而後作爲奇計異策憤激之説也。徵驗見於顔色，若屈原憔悴，漁父見而怪之；發於聲而後喻，若甯戚商歌，桓公異之。入，謂國内也，無法度大臣之家，輔拂之士；出，謂國外也，無敵國可難，無外患可憂，則凡庸之君驕慢荒怠，國常以此亡也。故知能生於憂患，死於安樂也。死，亡也。安樂怠惰，使人亡其知能也。《章指》言：聖賢困窮，天堅其志；次賢感激，乃奮其慮；凡人佚樂，以喪知能。賢愚之敍也。

《集注》 曾，與增同。降大任，使之任大事也。空，窮也；乏，絶也。拂，戾也。言使之所爲不遂，多背戾也。動心忍性，謂竦動其心，堅忍其性也。恒，常也，猶言大率也。衡，與横同，不順也。作，奮起也。徵，驗也。喻，曉也。此又言中人之性常必有過，然後能改，蓋不能謹於平日，故必事勢窮蹙以至困於心，横於慮，然後能奮發而興起；不能燭於幾微，故必事理暴著，以至驗於人之色，發於人之聲，然後能警悟而通曉也。法家，法度之世臣也；拂士，拂與弼同，輔弼之賢士也。以上文觀之，則知人之生全出於憂患，而死亡由於安樂矣。尹氏曰："言困窮拂鬱，能堅人之志，而熟人之仁以安樂失之者多矣。"

《正義》 然後知生於憂患,《音義》出"生知"字,云:"丁依注音智,注同。陸如字,云:'言憂患者以生全,安樂者得死亡也。'"趙氏讀知爲智,故以知能明之,即德慧術智恒存乎疢疾之義。乃知能可言生不可言死,故以死爲亡,謂死於安樂,即是安樂怠惰亡其知能。然揆經文之意,然後二字終不可達。以死爲亡,究爲曲説。陸氏讀如字是。《春秋繁露·竹林篇》云:"深本頃公之所以大辱,身幾亡國,爲天下笑,其端乃從懾魯勝衛起。伐魯,魯不敢出;擊衛,大敗之。因得氣而無敵國以興患也。故曰得志有喜,不可不戒,此其效也。自是後頃公恐懼,不聽聲樂,不飲酒食肉,内愛百姓,問疾弔喪,外敬諸侯,從會與盟,卒終其身,家國安康。是福之本生於憂,而禍起於喜也。"此正發明《孟子》此文之義。

【淺悟】

傅説,説讀音 yuè(ㄩㄝˋ)。膠鬲,鬲讀音 gé(ㄍㄜˊ)。拂亂之拂讀音 fú(ㄈㄨˊ)。拂士之拂讀音 bì(ㄅㄧˋ),同弼。曾益即增益。

孟子從節操堅貞,歷盡磨難,百折不撓,終於擔負起大任的舜、傅説、膠鬲、管夷吾、孫叔敖,百里奚的遭遇中,歸納出"天將降大任於是人也"這段至理名言。此言有兩個關鍵性的要件:"天"和"心志"。所謂天,指的應當是天命,包括時運、機遇這些非自身所能操縱的客觀因素;心志則不然,完全是由自己掌控的主觀動力。比如上述六君子,縱然立志堅定,不畏艱辛,假如時運不濟,所遇到的不是聖王明君,其命運將會怎樣就難説了,至少治國大任不會降落到他們身上。時運固然重要,却無法主宰意志堅定者的志向,只要心地善良,無視功利,遵循天道,維護全人類的最高利益,實踐中不論遭遇到怎樣的艱難險阻,都能一往無前,不達目的,决不罷休。這難道不是天所降下的大任麽?未經歷過苦難折磨的人,即使大任落到肩上,他也擔不起,起碼擔不好。因爲苦難是一切真理的源泉,絶對是人生最大的財富,經歷的苦難越多,遭受的折磨越深重,其真知灼見越豐厚。以孔子爲例,"吾道一以貫之"是其畢生遵奉的宗旨。道即道路。什麽道路呢?"一"在中華文化中代表陽,即天;天道主生,即生養萬物。毋庸置疑,凡是符合天道法則的行爲,必是真的、善的、美的;反之,必是假的、惡的、醜的。就是説,孔子的人生道路是用天道法則貫穿起來的。遵奉天道法則,不論身處何種境地,所做的自然都是有關匡世濟民、贊天地之化育的事。孔子出身貧賤,所以能勝任許多卑賤之職事;三十歲確立了人生志向,却四處碰壁;四十歲對確立的志向不再困惑,其道德學問及才華漸受重視;五十歲時,陽貨爲亂魯國,平定後,乏人治理,魯君不得已起用孔子任中都宰,一年後因政績卓著升任爲司空,旋又升任爲大司寇兼攝相事,與聞國政僅四年,國内便呈現出欣欣向榮之景象,外交上也以和平方式收復了許多失地。這反而使國内權臣和周邊鄰國惶恐不安起來,以致遭到冷落。爲了能繼續推行匡世濟民之道,孔子毅然舍棄了高官厚禄,率領弟子踏上長達十四年之久的艱苦卓絶的周游列國的漫漫征塵。其立志之堅定,由此可見。然而亂世之下,竟無一國肯容納此道。好在其周游還有另一重任:搜集因戰亂而散落在民間的珍貴文獻,一面作去粗取精地整理,一面在實踐中傳授給弟子,爲拯救和傳承中華文化建立了不朽的功勳。回到祖國時,已是垂暮之年。其一生除了整理出《易》、《詩》、《書》、《禮》、《樂》、《春秋》六經和培養了衆多德才兼備的弟子外,别無所有。以世俗的功利角度來衡量,他與"大任"無緣,一生只做了一件"知其不可而爲之"的傻事。然而孔子却被後世公舉爲素王、與堯舜二帝齊名的聖人!説到此,不能不提及《論語》。此書用極精練的筆法將孔子最精華、最具有真理性、最有影響力、最富教育意義的言論和行爲,作了全方位的如實記録,才使後人得以近距離了解到他的全貌。此書顯然出自衆弟子和再傳弟子之手筆,具體都有誰,不得而知,只知其主觀意願自然也是爲了弘揚中華精神,匡扶正義,申斥欺壓良善的權貴,而客觀上又成就了孔子聖人之令名。默默無聞的衆弟子,成就了這部與日月同輝的《論語》。對比當今爲了不知能存世幾時的著作之版權而對薄公堂、吵得廢寢忘食者,能不汗顔? 總之,孔子及其弟子們都完成了各自天所降下的大任。由此可見,大任未必指從政,未必見名利,區别只在朽與不朽。孟子最後總結的"生於憂患,死於安樂"這句話,的確是規律性的格言。尤其對於政治。

12.16

【原文】

孟子曰:"教亦多術矣,予不屑之教誨也者,是亦教誨之而已矣。"

【譯文】

孟子説:"教書育人也有多種方法呀,我顯示出不值得對他加以教誨的姿態呢,這不過是教誨的一種手段而已呀。"

【古注】

《注》 教人之道多術。予,我也。屑,絜也。我不絜其人之行,故不教誨之。其人感此,退自修學而爲仁義,是亦我教誨之一道也。《章指》言:學而見賤,恥之大者,激而厲之,能者以改。教誨之方,或折或引,同歸殊塗,成之而已。

《疏》 蓋謂教亦多術者,有君子之五教:或三隅不反則不復也,或叩兩端而竭於鄙夫,或瀆則不告,或謂子之歸求有餘師,或爲挾貴而不答,是教之多術矣。

《集注》 屑,潔也。不以其人爲潔而拒絶之,所謂不屑之教誨也。其人若能感受此退自修省,則是亦我教誨之也。尹氏曰:"言或抑或揚,或與或不與,各因其材而篤之,無非教也。"

孟子卷十三淺悟

盡心章句上　凡四十七章

《注》　盡心者，人之有心，爲精氣主，思慮可否然後行之，猶人法天。天之執持維綱，以正二十八舍者，北辰也。《論語》曰："北辰居其所而衆星共之。"心者，人之北辰也。苟存其心，養其性，所以事天也，故以"盡心"題篇。

《疏》　前篇章首論告子之言性，此篇章首以論盡心。蓋以情性有主於心，故次之以盡心也。言盡己之心與天道通，是道之極者，故《孟子》七篇所以終於《盡心》也。

13.1

【原文】

孟子曰："盡其心者，知其性也。知其性，則知天矣。存其心，養其性，所以事天也。殀壽不貳，脩身以俟之，所以立命也。"

【譯文】

孟子説："能竭盡自己心力的人，才能明白自己的本性嘛。能明白自己的本性，才能認識天道呀。存省自己的心思，涵養自己的本性，用來遵照天道行事嘛。不論短命還是長壽都不懷二心，只一心脩養自身來聽天任命，用這種方式樹立起天命觀嘛。"

【古注】

《注》　性有仁義禮智之端，心以制之，惟心爲正。人能盡極其心以思行善，則可謂知其性矣。知其性，則知天道之貴善者也。能存其心，養育其正性，可謂仁人。天道好生，仁人亦好生。天道無親，惟仁是與，行與天合，故曰所以事天。貳，二也。仁人之行一度而已，雖見前人或殀或壽，終無二心改易其道。殀若顔淵、壽若邵公，皆歸之命。脩正其身以待天命，此所以立命之本也。《章指》言：盡心竭性，所以承天，殀壽禍福，秉心不違，立命之道，惟是爲珍。

《集注》　殀壽，命之短長也。貳，疑也。不貳者，知天之至，脩身以俟死，則事天以終身也。立命，謂全其天之所賦，不以人爲害之。程子曰："心也，性也，天也，一理也。自理而言謂之天，自禀受而言謂之性，自存諸人而言謂之心。"張子曰："由太虚有天之名，由氣化有道之名，合虚與氣有性之名，合性與知覺有心之名。"愚謂盡心知性而知天，所以造其理也。存心養性以事天，所以履其事也。不知其理，固不能履其事，然徒造其理而不履其事，則亦無以有諸己矣。知天而不以殀壽貳其心，智之盡也；事天而能脩身以俟死，仁之至也。智有不盡，固不知所以爲仁；然智而不仁，則亦將流蕩不法而不足以爲智矣。

《正義》 性之善，在心之能思行善，故極其心以思行善，則可謂知其性矣。知其性，謂知其性之善也。天道貴善，特鍾其靈於人，使之能思行善。惟不知己性之善，遂不能盡極其心，是能盡極其心以思行善者，知其性之善也。知其性之善，則知天道之好善矣。趙氏之義如此。戴震《原善》云："孟子曰：'盡其心者，知其性也。知其性，則知天矣。'耳目百體之所欲，血氣資之以養，所謂性之欲也，原於天地之化者也。是故在天爲天道，在人咸根於性而見於日用事爲爲人道。仁義之心，原於天地之德者也，是故在人爲性之德，斯二者一也。由天道而語於無憾，是謂天德；由性之欲而語於無失，是謂性之德。性之欲，其自然之符也；性之德，其歸於必然也。歸於必然適全其自然，此其爲自然之極致。《詩》曰：'天生蒸民，有物有則，民之秉常，好是懿德。'凡動作威儀之則，自然之極致也，民所秉也。自然者，散之普爲日用事爲；必然者，秉之以協於中，達於天下。知其自然，斯通乎天地之化；知其必然，斯通乎天地之德；故曰知其性，則知天矣。天人道德靡不豁然於心，故曰盡其心。"程瑶田《論學小記》云："知性知天非二事，亦無二時也，知其性則知天矣。夫然而心可不存乎？不存則放；夫然而性可不養乎？不養則戕。父母生我以身，而不毁傷其身者，能事親者也。天分我以心與性，而能不放之戕之，非所以事天乎？故苟能存其心而養其性，則必其明物察倫，以致其知者既詳且盡而見之於行，必能居仁由義以盡其道，而其功之盛，必將有以馴致夫參天地贊化育之能。任則至重也，道則至遠也，死而後已者也。夫然後天之所以與我以爲性而具於心者，是我所受之命，而殀壽不貳，脩身以俟之矣，豈非所以立命乎？"按程氏説是也。惟知人性之善，故盡其心以教之，知性即是知天，知天而盡其心以教之，即所以事天。所以盡其心者，不過存其心，養其性也。盡其性，以盡人之性，盡物之性，贊天地之化育，所以成天之能，猶人臣贊君之治以成君之功。聖人事天，猶人臣事君也。天之命有殀壽窮達智愚賢不肖，而聖人盡其心以存之養之，存之養之即所以脩身使天下皆歸於善。天之命雖有不齊，至是而皆齊之，故爲立命知性，知天窮理也。盡其心以存之養之脩之，盡性也，立命至於命也。《孟子》此章發明《易》道也。

【淺悟】

孟子此章教給我們的是，如何樹立遵奉天道的天命觀。不幸文中涉及到了"性"。於是各家注解便理所當然地全都引用孟子所創的性善論來解説此文。這樣的解説必定經不起推敲，也必定與實際存在的事實不符。由此可見，凡是獨辟蹊徑也創論孔子所不談論的話題，往往都是謬論。

13.2

【原文】

孟子曰："莫非命也，順受其正。是故知命者不立乎巖墻之下。盡其道而死者，正命也；桎梏死者，非正命也。"

【譯文】

孟子説："没有不是命運所主宰的嘛，應順從並接受自己正常的命運。

正是這個緣故，知道生命涵義的人不在高峻危險的墻壁之下站立。走盡人生正道而死的話，屬於正命嘛；帶着脚鐐手銬而死的話，就不屬於正命嘛。”

【古注】

《注》 莫，無也。人之終無非命也。命有三名：行善得善曰受命，行善得惡曰遭命，行惡得惡曰隨命。惟順受命爲受其正也。知命者欲趨於正，故不立於巖墻之下，恐壓覆也。盡脩身之道以壽終者，爲得正命也；畏壓溺死，禮所不弔，故曰非正命也。《章指》言：人必趨命，貴受其正，巖牆之疑，君子遠之。

《疏》 命有三名，丁云：“案此三命事出《考經援神契》。”行善得善曰受命者，如舜聞一善言、見一善行，沛然若決江河而莫之禦，而終得升於帝而崩是也；行善得惡曰遭命，如《淮南子》“伯牛有癩”，《論語》云“伯牛有疾，孔子自牖執其手曰‘亡之，命矣夫！斯人也，而有斯疾也！斯人也，而有斯疾也！’”包曰“伯牛有惡疾”是也；行惡得惡曰隨命，如舜之四凶之類是也。《禮・檀弓》云：“死而不弔者三：畏壓溺。”鄭氏云：“謂輕身忘孝也。畏，人或時以罪攻己，不能有以説之死之者，孔子畏於匡是也；壓，行止危險之下是也；溺，不乘橋船是也。”《荀子》曰：“夏首之南有人曰：涓蜀梁其爲人善畏，明月而宵行，俯見其影以爲伏鬼也，仰視其髮以爲立魅背而走，比至其家失氣而死。”是亦畏死者也；又秦武王時，大蛇從身出，復入穴，五女示之，五子拔蛇壓殺五女，是壓死者也；尾生與女子期於梁下，水至不去，抱梁柱而死，是溺死者也。

《集注》 人物之生，吉凶禍福皆天所命，然惟莫之致而至者乃爲正命，故君子脩身以俟之，所以順受乎此也。巖墻，墻之將覆者，知正命，則不處危地以取覆壓之禍。盡其道，則所值之吉凶皆莫之致而至者矣。桎梏，所以拘罪人者，言犯罪而死，與立巖墻之下者同，皆人所取，非天所爲也。此章與上章蓋一時之言，所以發其末句未盡之意。

《正義》 趙氏以無釋莫是也。非命二字相連，即下非正命。莫非命，禁戒之辭，謂不可非命而死也。莫字不與非字連也。《論語》言“五十而知天命”，“不知命無以爲君子也”，又云“死生有命”，又云“道之將行也與，命也；道之將廢也與，命也”。孟子既云“殀壽不貳，脩身以俟之，所以立命”，此章又詳言之。又云“口之於味也，目之於色也，耳之於聲也，鼻之於臭也，四體之於安佚也，性也，有命焉，君子不謂性也。仁之於父子也，義之於君臣也，禮之於賓主也，知之於賢者也，聖人之於天道也，命也，有性焉，君子不謂命也”，皆發明孔子知命之説也。死生窮達皆本於天，命當死而營謀以得生，命當窮而營謀以得達，非知命也；命可以不死而自致於死，命可以不窮而自致於窮，亦非知命也。故子畏於匡，回不敢死，死於畏，死於桎梏，死於巖墻之下，皆非命也，皆非順受其正也。知命者不立巖墻之下，然則立巖墻之下，與死於畏、死於桎梏，皆爲不知命。味色聲臭安佚聽之於命，不可營求，是知命也。仁義禮智天道，必得志乃可施諸天下，所謂“道之將行，命也”；不得位，則不施諸天下，所謂“道之將廢，命也”。君子以行道安天下爲心，天下之命立於君子，百姓之饑寒囿於命。君子立命則盡其心，使之不饑不寒。百姓之愚不肖囿於命，君子立命則盡其心，使之不愚不不肖。口體耳目之命，己溺己饑者操之也；仁義禮智之命，勞來匡直者主之也。皆盡其心也，故己之命聽諸天，所謂“脩身以俟之”。而天下之命任諸己，所謂“盡心”，所謂“立命”也。於己則俟命，於天下則立命，於正命則順受，於非命則不受，聖賢知命之學如是。俗以任運之自然爲知命，將視天下之饑寒愚不肖而不必盡其心，且自死於畏，自死於桎梏，自死於巖墻之下，而莫知避也。

【淺悟】

什麽是命運？天所賦予的窮通得喪，非己力所能左右者。從這個意義講，正命和非正命都是命運，没有優劣之分。誰不想得到正命？誰又希望淪爲非正命？民族英雄岳飛，文天祥、史可法等都是"桎梏死者"。亂世之下，讒諂面諛之徒得勢，俊傑常遭冤獄，死於非命；窮苦百姓住在屋頂漏雨、四壁皆是危墻，隨時都有坍塌的可能，他們將到何處安享天年？他們也只能"順受"這正常的命運了。這大概就是孟子所要告訴我們的吧？

13.3

【原文】

孟子曰："求則得之，舍則失之，是求有益於得也，求在我者也。求之有道，得之有命，是求無益於得也，求在外者也。"

【譯文】

孟子説："尋求就能得到它，舍棄就會喪失它，這種尋求對獲得有益哩，因爲尋求的決定權握在我們自己手上嘛。尋求它需有門道，得到它還需有命數，這種尋求對獲得没有益處哩，因爲尋求的決定權掌握在外人手中嘛。"

【古注】

《注》 謂脩仁行義，事在於我，我求則得，我舍則失，故求有益於得也。謂賢者脩其天爵而人爵從之，故曰求之有道也。脩天爵者或得或否，故言得之有命也。禄爵須知己，知己者在外，非身所專，是以云求無益於得也，求在外也。《章指》言：爲仁由己，富貴在天，故孔子曰"如不可求，從吾所好"。

《疏》 《論語》云"求仁而得仁"，是求則得之之謂也。《荀子》云"君子能爲可用，不能使人必用己"，是得之有命者也。

《集注》 在我者，謂仁義禮智凡性之所有者。有道，言不可妄求；有命，則不可必得。在外者，謂富貴利達凡外物皆是。

《正義》 《史記·管晏列傳》云："吾聞君子詘於不知己而信於知己者，故須知己而後禄爵可得也。"翟灝《攷異》云："兩'是求'字皆作一讀，其上二語皆古語常言。《荀子·不苟篇》云：'操之則得之，舍之則失之。'《文子·符言篇》云："求之有道，得之有命。"

【淺悟】

本章的四個代詞之字，孟子既然没有具體所指，就應視爲指世間的一切事物，主要告訴我們"求"的普遍規律。趙氏認爲前句得之、失之的之字，代表脩仁行義；下句求之、得之的之字，代表禄爵，自然也在此規律之中，這樣解説當然也可以。

13.4

【原文】

孟子曰："萬物皆備於我矣，反身而誠，樂莫大焉；强恕而行，求仁莫近焉。"

【譯文】

孟子說："世間的一切事物在我們身上都具備呀，反思自身的施爲如果都誠實，所得到的快樂將没有比這種快樂更大的呀；如果能强勉以己所不欲勿施於人的恕心指導自己的行爲，求取仁道之路將没有比這條路更近便的呀。"

【古注】

《注》 物，事也。我，身也。普謂人爲成人以往，皆備知天下萬物常有所行矣。誠者，實也。反自思其身所施行，能皆實而無虚，則樂莫大焉。當自强勉以忠恕之道求仁之術，此最爲近。《章指》言：每必以誠，恕己而行，樂在其中，仁之至也。

《疏》 人之生也，萬物皆備足於我矣，但能反己思之以誠，不爲物之喪己，是有得於内矣。有得於内，則爲樂亦莫大焉。以其外物爲樂，則所樂在物不在於我，故爲樂也小；以内爲樂，則所樂在己不在物，其爲樂也大。又言勉强以忠恕之道而行之，以求仁之術爲最近。故《傳》有云："仁者必恕而後行。"是之謂也。斯亦力行近乎仁之意歟？

《集注》 此言理之本然也。大則君臣父子，小則事物細微，其當然之理無一不具於性分之内也。言反諸身，而所備之理皆如惡惡臭、好好色之實然，則其行之不待勉强而無不利矣，其爲樂孰大於是？强，勉强也；恕，推己以及人也。反身而誠，則仁矣。其有未成，則是猶有私意之隔而理未純也。故當凡事勉强推己及人，庶幾心公理得而仁不遠也。此章言萬物之理具於吾身，體之而實，則道在我而樂有餘；行之以恕，則私不容而仁可得。

《正義》 成人已往，男子年二十已上也，是時知識之開，故備知天下萬事。我本自稱之名，此我既指人之身，即指天下人人之身，故云普謂人。既知則有所行，故云常有所行矣。戴震《孟子字義疏證》云："《中庸》曰：'忠恕違道不遠。'孟子曰：'强恕而行，求仁莫近焉。'蓋人能出於己者必忠，施於人者以恕，行事如此，雖有差失而少矣。凡未至乎聖人，未可語於仁，未能無憾於禮義；如其才質所及，心知所明，謂之忠恕可也。聖人仁且智，其見之行事無非仁，無非禮義，忠恕不足以名之。然而非有他也，忠恕至斯而極也，故曾子曰：'夫子之道，忠恕而已矣。'"段玉裁《説文解字注》云："恕，仁也，從心如聲。孔子曰：'能近取譬，可謂仁之方也矣。'孟子曰：'强恕而行，求仁莫近焉。'是則爲仁不外於恕，析言之則有别，渾言之則不别也。"謹按：此章申明知性之義也，知其性而乃盡其心。然則何以知其性？以我推之也。我亦人也，我能覺於善，則人之性亦能覺於善，人之情即同乎我之情，人之欲即同乎我之欲，故曰萬物皆備於我矣。己欲立而立人，己欲達而達人，己所不欲勿施於人，即反身而誠也，即强恕而行也。聖人通神明之德，類萬物之情，亦近取諸身而已矣。

【淺悟】

萬物皆備於我，即世間的一切事物在我們身上都具備。然而人的生存狀態却千差萬别。其主要原因有三：命運、智力和志趣。命運不關照我，智力又不如人，大事幹不成可以幹小事，只要立志堅定，做到"反身而誠，强恕而行"，就一定能獲得最大的快樂。

集注的解説，似乎在宣揚其宋代理學的學説，讀起來比原文更艱澀，好像不屬於儒家文化，稱之爲宋理文化似乎更恰當。

13.5

【原文】

孟子曰:“行之而不著焉,習矣而不察焉,終身由之而不知其道者,衆也。”

【譯文】

孟子説:“成天實行却不能明白爲什麽要這樣實行,習慣的事情却不審察怎樣形成的習慣,終生跟隨着做去却不懂得其中的道理這種現象,多數人都有嘛。”

【古注】

《注》 人皆有仁義之心,日自行之於其所愛而不能著明其道,以施於大事。仁妻愛子亦以習矣,而不能察知可推以爲善也。由,用也。終身用之以爲自然,不究其道可成君子,此衆庶之人也。《章指》言:人有仁端,達之爲道,凡夫用之,不知其爲寶也。

《疏》 孟子言,仁義之道人皆有之,然而行之而不著,則其迹不能彰明;習此仁義之道而不察,則其理不能推明;終身用而行之而不知其是爲道,凡如此者非君子者也,是則爲凡衆者矣。故孟子以此閔之。

《集注》 著者知之明,察者識之精。言方行之而不能明其所當然,既習矣而猶不識其所以然,所以終身由之而不知其道者多也。

《正義》 著、察、知三字義同。按《孟子》此章亦所以發明《易》道也。行、習即由之也,著、察即知之也。聖人知人性之善,而盡其心以教之,豈不欲天下之人皆知道乎?所以“可使由之,不可使知之”者,則以行而能著、習而能察者,君子也;行而不著、習而不察者,衆庶也。則以能知道者,君子也;終身由之而不知其道者,衆庶也。衆庶但可使由,不可使知,故必盡其心,通其變,使之不倦,神而化之,使民宜之也。自首章以下,章雖分而義實相承,玩之可見。《易·上繫傳》云:“一陰一陽之爲道,繼之者善也,成之者性也。仁者見之謂之仁,知者見之謂之知,百姓日用而不知,故君子之道鮮矣。”日用而不知,即所謂終身由之而不知其道也。百姓,即衆庶也。道,即君子之道,一陰一陽者也。

【淺悟】

本文的兩個“焉”字是代詞,代表各自的主語“行”和“習”。“終身由之而不知其道者,衆也”一語,趙氏將“衆”解説爲衆庶、凡夫。用這等居高臨下的口氣,説明其未將自己列入其中,這不符合孔子“君子求諸己,小人求諸人”的教誨。解經若不遵循這條法則,必定不能讀懂經文。焦氏正義引用《論語》中孔子説的“民可使由之,不可使知之”這句話來解説“終身由之而不知其道者,衆也”一語,更是離譜。殊不知這二者説的根本不是一回事。孔子説的是執政的規律,孟子説的則是人類認識事物存在的普遍現象。孔子這句話,歷來被誤解成:“民衆可使跟着走,不可使他們知道爲什麽這樣走。”這就奇怪了,不使民衆知道爲什麽這樣走,又怎能保證他們會跟着走呢?再説,孔門的絶大多數優秀弟子,終身都是庶民,就連孔子本人,在其七十三年的生命中,除當過四年多官外,其餘的六十八年多時光也是庶民，孔子爲什麽要毫無緣由地貶低自己及其心愛的弟子呢？可見這樣解説決非孔子之本意。對此，拙著《論語淺悟》已作了駁辯，在此不妨略述一二。理解孔子此言的關鍵，只在準確把握“之”、“知”二字的涵義上。作爲民衆，終身所“由”的無非是政府的決策，包括政策法令、規章制度以及長遠的和階段性的發展規劃等，那麽“之”字就應是政府決策的這一切的代詞；所謂“民”，其本義就是人，或很多人，只要不是主持決策的人，都應在“民”之列；“知”字只有訓爲“主”，即主持、主宰、主張之義，這句話才能表達出一個完整而經得起推敲的合情合理的指導思想，即：“民衆可使跟隨決策走，不可使其主持決策的制訂。”政府制訂決策前都有徵求建議的過程，徵求完經過平衡、調整作出決定的，必定是執掌政柄者；如果交給下面的民衆去主持，必然會出現有些人希望下雨、有些人希望晴天之類的意見分歧而争執不下，永遠形不成決議，所以“不可使知之”。這是自古以來政治上永恒不變的規律，也是孔子的經驗之談。《論語》中子張向孔子請教如何求禄位，孔子説：“多聞闕疑，慎言其餘，則寡尤；多見闕殆，慎行其餘，則寡悔。言寡尤，行寡誨，禄在其中矣。”多聞，即多傾聽民聲；多見，即多觀察世情，説的正是如何主持政務的問題。孔子在魯國擔任大司寇兼攝相事期間，當其“一以貫之”的主張無法推行後，便拋棄了高官厚禄，率領弟子周游列國，以擴展其匡世濟民主張的影響。可喜的是，此影響至今已遍及全球。但願解經家們以其對孔子此言的錯誤理解作注脚來解説孟子此言之類的誤導，不再影響下去。

其實孟子本章説的是另一回事。所謂“終身由之而不知其道者，衆也”中的“由之”，指的是前兩句的“行”和“習”。“知”是知道、明白的意思；“者”字是指前兩句那種現象；“衆”字決非衆庶、凡夫，而是指多數人。就是説，所實行和所習慣的那些事，終身跟隨着做去却不明白其中的道理這種現象，多數人都有。就拿一日三餐這種小事來説，餐餐重復這一行爲，稱得上是最習以爲常的事，可是誰又注意到各種糧食和蔬菜對自身有哪些利弊呢？再看大事，不是説人人皆有仁義善良之心嗎？可是工業革命以來，人類爲了滿足自己的貪婪，瘋狂地破壞大自然，使被滅絶的物種與日俱增。當我們幸福地沈醉於由此帶來的愉悦時，又有多少人能清醒認識到這種行爲的不仁不義不善良，是在揮霍後世子孫賴以活命的資源呢？更可怕的是，多數人一直以爲這種行爲是造福人類的進步，是在走向文明而樂此不疲。孟子此言，是在呼唤人們早日憬悟，注重自身的修養，不要被不良的行爲和習慣給蒙蔽。

中華祖先創造出世上最先進的以天道法則爲指導的燦爛文化，作爲子孫，我們没有理由不遵照祖先的教誨，投身於維護生態平衡的實際行動中，以贊天地之化育，使萬物生生不息。

13.6

【原文】

孟子曰：“人不可以無恥，無恥之恥，無恥矣。”

【譯文】

孟子説："人不可以無恥，能以無恥的行爲感到可恥，才能没有恥辱之累呀。"

【古注】

《注》 人不可以無所羞恥也，《論語》曰"行己有恥"。人能恥己之無所恥，是爲改行從善之人，終身無復有恥辱之累也。《章指》言：恥身無分，獨無所恥，斯必遠辱，不爲憂矣。

《疏》 孟子言，人之不無其羞恥也，人能無恥而尚有羞恥，是爲遷善遠罪之人，終身無復有恥辱累之矣。案《禮》云君子有五恥：朝不坐燕不善，君子恥之；居其位無其言，君子恥之；有其言無其行，君子恥之；既得之又失之，君子恥之；地有餘而民不足，君子恥之。如此而人可以無恥乎？此孟子所以有此言而救時之弊與？

【淺悟】

《孟子》之文筆太艱澀，遠不如《論語》流暢。本章之譯文只能照搬趙氏注。

13.7

【原文】

孟子曰："恥之於人大矣！爲機變之巧者，無所用恥焉。不恥不若人，何若人有？"

【譯文】

孟子説："羞恥對於人關係重大呀！從事機械變詐這種技巧的人，羞恥對他毫無用處。不以趕不上别人爲可恥，又怎能趕得上别人？"

【古注】

《注》 恥者，爲不正之道，正人之所恥爲也。今造機變阱陷之巧以攻戰者，非古之正道也，取爲一切可勝敵也，宜無以錯於廉恥之心。不恥不如古之聖人，何有如賢人之名也？《章指》言：不慕大人，何能有恥？是以隰朋愧不及黄帝，佐齊桓以有勳；顔淵慕虞舜，仲尼歎庶幾之云。

《疏》 孟子言，人之所以恥者，以其爲不正之道也。不正之道正宜羞恥而無爲之也，是爲恥之於人爲大者也。今之人乃造機變阱陷藏兵之巧以爲攻戰者，是爲不正之道也，是無所用而恥之也，如不恥不若古之聖賢，何能有古聖賢之名也？

《集注》 恥者，吾所固有羞惡之心也，存之則進於聖賢，失之則入於禽獸，故所繫爲甚大。爲機械變詐之巧者所爲之事，皆人所深恥，而彼方且自以爲得計，故無所用其愧恥之心也。但無恥一事不如人，則事事不如人矣。或曰不恥其不如人，則何能有如人之事？或問：人有恥不能之心如何？程子曰："恥其不能而爲之，可也；恥其不能而掩藏之，不可也。"

【淺悟】

"機變之巧"在我國已有兩千多年的應用史，由於儒家的抵制（《禮記》有載），始終未能成氣候，所以工業革命下的堅船利炮等機械化，不可能發端於中國。假如儒學三百年前爲世界各國所認識並欣然接受，萬物的生存環境決不會被摧殘成如今這般景象。

13.8

【原文】

孟子曰："古之賢王，好善而忘勢。古之賢士何獨不然？樂其道而忘人之勢。故王公不致敬盡禮，則不得亟見之。見且由不得亟，而況得而臣之乎！"

【譯文】

孟子説："古時候的賢明帝王，喜愛美好事物又能忘記權勢。古時候的賢能之士何嘗不是這樣？對自己的主張樂此不疲從而忘記别人的權勢。所以帝王諸侯表達敬意不盡到禮數，就不可能經常約見他們。約見尚且不能常約，何況是想得到且臣服他們呀！"

【古注】

《注》 樂善自卑，若高宗得傅説而稟命。何獨不然，何獨不有所樂有所忘也。樂道守志，若許由洗耳，可謂忘人之勢矣。亟，數也。若伯夷非其君不事，伊尹樂堯舜之道，不致敬盡禮可數見之乎？作者七人，隱各有方，豈可得而臣之。《章指》言：王公尊賢，以貴下賤之義也；樂道忘勢，不以富貴動心之分也。各崇所尚，則義不虧矣。

《集注》 言君當屈己以下賢，士不枉道而求利，二者勢若相反而實則相成，蓋亦各盡其道而已。

《正義》 若許由洗耳，《史記·伯夷列傳》云："説者云：堯讓天下於許由，許由不受，恥之逃隱。"正義引皇甫謐《高士傳》云："許由，字武仲。堯聞，致天下而讓焉。乃退而遁於中嶽潁水之陽、箕山之下隱。堯又召爲九州長，由不欲聞之，洗耳於潁水濱。時有巢父牽犢欲飲之，見由洗耳，問其故，對曰：'堯欲召我爲九州長，惡聞其聲，是故洗耳。'巢父曰：'子若處高岸深谷，人道不通，誰能見子？子故浮游，欲求其名譽，汙吾犢口。'牽犢上流飲之。"段玉裁《説文解字注》云："今人亟分入聲去聲，入之訓急也，去之訓數也。古無是分别，數亦急也，非有二義。"

【淺悟】

許由洗耳的故事，趙氏當做賢士的範例，欠妥。《論語》子曰："天下有道則見，無道則隱。邦有道貧且賤焉，恥也；邦無道富且貴焉，恥也。"倘若是無道昏君召爲九州長，許由洗耳，這才堪稱賢士。但是眼下召其爲九州長的是開創"天下爲公"社會制度的天子、孔子屢屢稱之爲"聖"的堯，許由洗耳的意圖何在？正如巢父所説："你若躲到高岸深谷，人走的道路不通，誰能見到你？你故意到處遨遊，想索求高潔的名譽，你這洗耳水會弄髒我牛犢的口。"於是將牛犢牽到上流去飲。

13.9

【原文】

孟子謂宋句踐曰："子好遊乎？吾語子遊。人知之亦囂囂，人不知亦囂囂。"

曰："何如斯可以囂囂矣？"

曰："尊德樂義，則可以囂囂矣。故士窮不失義，達不離道。窮不失義，故士得己焉；達不離道，故民不失望焉。古之人得志澤加於民，不得志脩身見於世，窮則獨善其身，達則兼善天下。"

【譯文】

孟子對宋句踐説："你愛好遊説嗎？我告訴你遊説的訣竅。人家知遇你只是表現出一副悠然自得的模樣，人家不知遇也是那副悠然自得的樣子。"

問："怎麼樣才可以做到悠然自得呀？"

孟子説："尊崇德行喜愛道義，就可以做到悠然自得呀。所以士子困窮時不喪失道義，顯達後不背離正道。困窮時不喪失道義，士子必定能保持自己的本色；顯達後不背離正道，民衆必定不會對你失望。古時候的人得志後就向民衆施加恩澤，不得志時便脩養身心向世間展現，困窮時就獨善其身，顯達後就兼善天下。"

【古注】

《注》 宋，姓也，句踐，名也。好以道德遊，欲行其道者。囂囂，自得無欲之貌。句踐問何執守可囂囂也？尊，貴也。孟子曰能貴德而履之，樂義而行之，則可以囂囂無欲矣。窮不失義，不爲不義而苟得，故得己之本性也。達不離道，思利民之道，故民不失其望也。古之人得志君國，則德澤加於民人；不得志，謂賢者不遭遇也。見，立也。獨治其身以立於世間，不失其操也，是故獨善其身。達謂得行其道，故能兼善天下也。《章指》言：内定常滿，囂囂無憂，可出可處，故云以遊。脩身立世，賤不失道，達善天下，乃用其寶。句踐好遊，未得其要，孟子言之，然後乃喻。

《集注》 遊，遊説也。德，謂所得之善；尊之，則有以自重而不慕乎人爵之榮。義，謂所守之正；樂之，則有以自安而不徇乎外物之誘矣。言不以貧賤而移，不以富貴而淫，此尊德樂義見於行事之實也。得己，不失己也；民不失望，言人素望其興道致治，而今果如所望也。見，音現，謂名實之顯著也。此又言士得己、民不失望之實。此章言内重而外輕，則無往而不善。

《正義》 宋句踐姓名未見他書。趙佑《温故録》云："注'好以道德遊，欲行其道者'，按道德非遊具，蓋觀孟子進而數之，其亦有異於縱横捭闔者流與？"囂囂見《萬章》上篇。按囂囂見於經籍者，義多不一，大抵皆由假借也。

【淺悟】

句，讀音 gōu（ㄍㄡ）。語，讀音 yù（ㄩˋ），告訴的意思。囂囂，讀音 áo（ㄠˊ），多種涵義，因文而異，此訓自得，不在乎之貌，故解爲悠然自得。

“窮則獨善其身，達則兼善天下”一語，早已成爲我國人所共知的砥節礪行的格言，所以譯文未詳細解説。

13.10

【原文】

孟子曰：“待文王而後興者，凡民也。若夫豪傑之士，雖無文王猶興。”

【譯文】

孟子説：“有待文王教化之後興起向善的人，那是凡庸之輩嘛。要是才智出衆的豪傑之士，就算没有文王也依然能興以守身。”

【古注】

《注》 凡民，無自知者也，故須文王之大化乃能自興起以趨善道。若夫豪傑才知千萬於凡人者，雖不遭文王，猶能自起以善守身正行不陷溺也。《章指》言：小人待化，乃不僻邪；君子特立，不爲俗移，故稱豪傑自興者也。

《疏》 孟子言，必待文王之化乃能興起以從善道者，凡民也，以其無自知者也。若夫才有過於千萬人之豪傑者，雖不遭遇文王之化，猶能自興起以從善而正立其身也已。

《集注》 興者，感動奮發之意。凡民，庸常之人也。豪傑，有過人之才智者也。蓋降衷秉彝，人所同得，惟上知之資無物欲之蔽，爲能無待於教而自能感發以有爲也。

13.11

【原文】

孟子曰：“附之以韓魏之家，如其自視欿然，則過人遠矣。”

【譯文】

孟子説：“把晉國六卿中最富有的韓魏兩家的資産附益到他的財富中，如果他仍能自視德行欿然不足，那便超過常人遠去了呀。”

【古注】

《注》 附，益也。韓魏，晉六卿之富者也。言人既自有家，復益韓魏百乘之家，其富貴已美矣。而其人欿然不以足，自知仁義之道不足也，此則過人甚遠矣。《章指》言：人情富盛，莫不驕矜，若能欿然，謂不如人，非但免禍，卓絶乎凡也。

《正義》 但視外所附則見其富貴，自視其中之所有，故欿然知不足也。自知由於自視，自視仁義之心不移於富貴，益於外不能益於中也。《老子》云：“富貴而驕，自遺其咎。”定公十三年《左傳》史鰌云：“富而不驕者鮮。”《晏子春秋·雜下》云：“富而不驕者，未嘗聞也。”

【淺悟】

欿然，欿讀音 kǎn(ㄎㄢˇ)，不自滿之貌。自滿可引申爲驕傲、傲慢之意。趙氏注則引申爲不足，這樣就須加入道德仁義才通，故云"自知仁義之道不足也"。《論語·學而篇》子貢曰："貧而無諂，富而無驕，何如？"子曰："可也。未若貧而樂，富而好禮者也。"孔子之教導，過人遠矣。

13.12

【原文】

孟子曰："以佚道使民，雖勞不怨；以生道殺民，雖死不怨殺者。"

【譯文】

孟子説："從安佚的角度出發指使民事，雖勞累却不抱怨；從保護生民的角度出發殺戮罪人，雖死不怨恨殺他的人。"

【古注】

《注》 謂教民趨農，役有常時，不使失業，當時雖勞，後獲其利則佚矣。若亟其乘屋之類也，故曰不怨。謂殺大辟之罪者，以坐殺人故也。殺此罪人者，其意欲生民也，故雖伏罪而死不怨殺者。《章指》言：勞人欲以佚之，殺人欲以生之，則民無怨讟也。

《集注》 程子曰："以佚道使民，謂本欲佚之也，播穀乘屋之類是也。以生道殺民，謂本欲生之也，除害去惡之類是也。蓋不得已而爲其所當爲，則雖咈民之欲而民不怨。其不然者反是。"

【淺悟】

《論語·述而篇》載："子之所慎齊、戰、疾。"、"子不語怪、力、亂、神。"未聞子論殺人。

13.13

【原文】

孟子曰："霸者之民，驩虞如也。王者之民，皞皞如也，殺之而不怨，利之而不庸，民日遷善而不知爲之者。夫君子所過者化，所存者神，上下與天地同流，豈曰小補之哉？"

【譯文】

孟子説："稱霸之國的民衆，臉上常露出歡娱的表情。帝王之國的人民，臉上常挂着曠達自得的表情，死刑被殺能够不怨恨，使之獲利却不知是誰的功績，使人每天都能改惡從善却不知操作的人是誰。可見君子所經過的時局必發生變化，所存在的變化極其神奇，從上到下均與天地同時流轉，難道説這對時局的補益還小啊？"

【古注】

《注》 霸者行善恤民，恩澤暴見易知，故民驩虞樂之也。王者道大法天，浩浩而德難見也。殺非不教，故殺之人不怨也。庸，功也。利之使趨時而農，六畜繁息，無凍餒之老，而民不知猶是王者之功。脩其庠序之教，使日遷善亦不能覺知誰爲之者，言化大也。君子通於聖人，聖人如天，過此世能化之，存在此國其化如神，故言與天地同流也。天地化物，歲成其功，豈曰使成人知其小補益也？《章指》言：王政皞皞，與天地同道；霸者德小，民人速覩，是以賢者志其大者也。

《集注》 驩虞，與歡娛同。皞皞，廣大自得之貌。程子曰："驩虞，有所造爲而然，豈能久也？耕田鑿井、帝力何有於我？如天之自然，乃王者之政。"楊氏曰："所以致人驩虞，必有違道干譽之事。若王者則如天，亦不令人喜，亦不令人怒。"豐氏曰："因民之所惡而去之，非有心於殺之也，何怨之有？因民之所利而利之，非有心於利之也，何庸之有？輔其性之自然使自得之，故民日遷善而不知誰之所爲也。"所過者化，身所經歷之處即人無不化，如舜之耕歷山而田者遜畔，陶河濱而器不苦窳也。所存者神，心所存主處便神妙不測，如孔子之"立斯立，道斯行，綏斯來，動斯和"，莫知其所以然而然也。是其德業之盛，乃與天地之化同運並行，舉一世而甄陶之，非如霸者但小小補塞其罅漏而已。此則王道之所以爲大，而學者所當盡心也。

《正義》 浩、昊、皓、皞古字皆通。蓋水之廣大爲浩浩，天之廣大則爲皞皞，故趙氏以道大法天解之，則仍以皞皞爲元氣廣大，以浩浩明之耳。天氣廣大故難見，王者道大法天其廣大故亦難見。過此世，謂生於此世也；存在此國，以在釋存也。如堯舜生唐虞，則唐虞之民皆化；孔子在魯國，則魯國三月大治。過之義爲動爲行，所過者化，猶云所行者化也，所動者化也。行動著於外，存者運於中，所行動者民即變化，由於所存者神也。民日遷善爲化，不知爲之者則神也。《易・下繫傳》云："黄帝氏没，堯舜氏作，通其變，使民不倦；神而化之，使民宜之。"所過者化所存者神，神而化之也。能通其變爲權，霸者亦知乘時運用，以得人心，而遠乎聖人之道者，未能神而化也。大而化之之謂聖，聖而不可知之之謂神，神化者通其變而民不知也。殺之威刑也，利之善政也，惟聖人有所裁成輔相於威刑善政之中，即有所盈虚消息於威刑善政之外，此全繫乎一心之運用。所謂"脩己以敬"，所謂"篤恭而天下平"，所謂"爲政以德"，所謂"無爲而治，恭己正南面"，所謂"執其兩端，用其中於民"，所謂"惟天爲大，惟堯則之，蕩蕩乎民無能名焉"，皆以言乎所存者神也。威刑善政，則所行所動也。民日遷善，化也。不怨不庸，由所存者神而不知爲之也。所過有定，而所存無定。夫行而無定者，水流也，故云與天地同流。天地變化人不可知，聖人成天地之能人亦不可知。

13.14

【原文】

孟子曰："仁言不如仁聲之入人深也，善政不如善教之得民也。善政民畏之，善教民愛之；善政得民財，善教得民心。"

【譯文】

孟子説："引人向仁的言語不如引人向仁的雅頌之聲深入人心嘛，善於施政不如善於教化那樣爲人民所歸向嘛。善於施政民衆必將畏懼政令，善於教化民衆必將喜愛教導；善於施政得到的是民財，善於教化得到的是民心。"

【古注】

《注》 仁言，政教法度之言也；仁聲，樂聲雅頌也。仁言之政雖明，不如雅頌感人心之深也。善政使民不違上，善教使民尚仁義，心易得也。畏之，不逋怠，故賦役舉而財聚於一家也；愛之，樂風化而上下親，故歡心可得也。《章指》言：明法審令，民趨君命；崇寬務化，民愛君德：故曰“移風易俗，莫善於樂”。

《集注》 程子曰：“仁言，謂以仁厚之言加於民；仁聲，謂仁聞，謂有仁之實而爲衆所稱道者也，此尤見仁德之昭著，故其感人尤深也。”政謂法度禁令所以制其外也，教謂道德齊禮所以格其心也。得民財者，百姓足而君無不足也；得民心者，不遺其親，不後其君也。

13.15

【原文】

孟子曰：“人之所不學而能者，其良能也；所不慮而知者，其良知也。孩提之童無不知愛其親者，及其長也，無不知敬其兄也。親親，仁也；敬長，義也。無他，達之天下也。”

【譯文】

孟子説：“人的所不用學便具備的能力，是他善良的能力嘛；所不加考慮便能知道的知識，是他善良的知識嘛。比如兩三歲的孩童没有不知愛其父母的，及其長大呢，没有不知敬畏其兄長的嘛。親愛父母，屬於仁德嘛；敬畏年長者，屬於道義嘛。其實没有别的緣故，使這類良能良知通達到全天下嘛。”

【古注】

《注》 不學而能，性所自能。良，甚也，是人之所能甚也。知亦猶是能也。孩提，二三歲之間，在襁褓知孩笑可提抱者也。少知愛親，長知敬兄，此所謂良能良知也。人，仁義之心少而皆有之。欲爲善者無他，達，通也，但通此親親敬長之心推之天下而已。《章指》言：本性良能，仁義是也。達之天下，恕乎已也。

《集注》 良知，本然之善也。程子曰：“良知良能皆無所由，乃出於天，不繫於人。”言親親敬長雖一人之私，然達之天下無不同者，所以爲仁義也。

《正義》 良能猶言甚能，良知猶言甚知。甚能甚知即最能最知，最能最知即能之最、知之最也。孟子前言衆庶終身由之而不知其道，民日遷善而不知爲之者，此則言所知也。所不知者道，所無不知者愛親敬長，聖人因其有此知，故以仁義之道達之天下。所以以仁義之道達之天下者，以親親仁也、敬長義也。孩提之童無不知愛其親，則仁可達矣；及其長也，無不知敬其兄，則義可達矣。有此親親敬長之心者，性善也。通此親親敬長之心推之天下人者，聖人之盡心也。孫星衍《原性篇》云：“何以言‘性待教而爲善’？《易》言天道陰陽，地道柔剛，人道仁義，后以裁成，輔相左右民；《禮記》言盡人物之性，與天地參；《書》言剛克柔克正直，剛屬性，柔屬情，平康之者教也；《禮記》謂天命謂性，率性謂道，脩道謂教。教者何？性有善而教之以止於至善，故《禮記》之言‘明德’也，曰‘親民’，曰‘止至善’。止者，如文王止於仁敬孝慈信，即性中之五常必教而能之，學而知之也。孟子以孩提之童愛其親、敬其長是也。然童而愛其親非能愛親，慈母乳之而愛移；敬其長非能敬長，嚴師扑之而敬移。然則良知良能不足恃，必教學成而後真知愛親敬長也。故董仲舒之言‘性待教爲善’是也。”謹按：孟子言良能爲不學而能，良知爲不慮而知。其言孩提之童無不知愛其親，則不言無不能愛其親也；其言及其長也，無不知敬其兄，則不言無不能敬其兄也。蓋不慮而知，性之善也，人人所然也；不學而能，惟生知安行者有之，不可概之人人。知愛其親，性之仁也，而不可謂能仁也；知敬其兄，性之義也，而不可謂能義也。曰親親，則能愛其親矣，仁矣，故曰親親仁也；曰敬長，則能敬其兄矣，義矣，故曰敬長義也。何以由知而能也？何以由無不知而無不能也？無他，有達之者也。聖人通神明之德，類萬物之情，而達之天下也。

【淺悟】

焦氏正義所引孫星衍《原性篇》對本章的解說，引用董仲舒“性待教而爲善”的論點，其論據充分，解說頗富哲理。相比之下，焦氏諸如“有此親親敬長之心者，性善也”、“蓋不慮而知，性之善也，人人所然也；不學而能，惟生知安行者有之，不可概之人人”的反駁，純屬强詞奪理的無稽之談。其又拉起“性善”大旗不説，其所謂“生知”，乃孔子所云“生而知之者，上也”的簡稱，歷來的解經家都給解説成“生下來什麽都知道的人”。請問，有這種人的實據麽？真是笑話！再請問，孩提之童爲什麽無不知愛其親？長大之後又爲什麽無不知敬其兄？如果回答不出，請去觀察飼養的家畜就明白了，這方面人與畜是没有區别的：孩提之童愛其親，是愛其親的乳汁；長大後敬其兄，是敬畏其兄的拳頭。焦氏的反駁，決非孟子本章所要表達的意願。

孔子在《論語·季氏篇》中有云：“生而知之者，上也”，正是孟子本章所説的“不學而能者，良能也。”什麽是生而知之、不學而能的事物呢？即孔子在《禮記·禮運篇》中所説的“喜怒哀懼愛惡欲，七者弗學而能”，除此七情别無生而知、不學而能者。孟子將“愛其親”引導到“親親”這一仁道上，將“敬其兄”引導到“敬長”這一義路上，使這種仁義之行“達之天下也”，這應是孟子本章所要表達的意願。這種從“愛其親”到“親親”，從“敬其兄”到“敬長”，則是教化的過程，即董仲舒所説的“性待教而爲善”，而非“性”使之然。

13.16

【原文】

孟子曰：“舜之居深山之中，與木石居，與鹿豕遊，其所以異於深山之野人者幾希。及其聞一善言，見一善行，若決江河，沛然莫之能禦也。”

【譯文】

孟子説：“舜當年住在深山之中，與樹木岩石同居，跟野鹿野豬共遊，其能用以跟深山的野人相區分之處很少。然而當其聽到一句高妙之論，見到一種好的行爲時，其向往的心情有如決口的江河，那一往無前的進取氣勢没有什麼力量能够扞禦哩。”

【古注】

《注》 舜耕歷山之時，居木石之間，鹿豕近人若與人遊也。希，遠也。當此之時，舜與野人相去豈遠哉？舜雖外與野人同其居處，聞人一善言則從之，見人一善行則識之，沛然不疑，辟若江河之流，無能禦止其所欲行也。《章指》言：聖人潛隱，辟若神龍，亦能飛天，亦能小同，舜之謂也。

《集注》 蓋聖人之心至虛至明，渾然之中，萬理畢具，一有感觸，則其應甚速而無所不通。非孟子造道之深，不能形容至此也。

《正義》 《孟子》三言沛然：《梁惠王》上篇“沛然下雨”，此言大雨潤物，故趙氏以潤釋之；《離婁》上篇“沛然德教溢乎四海”，此言德教滿溢，故趙氏以大釋之；此言“沛然莫之能禦”，謂舜舍己從人、取人爲善，有所聞見即取而行之，故趙氏以行釋之。此沛然上承若決江河，是爲水流，即爲水行。以水之行狀舜之行，而云沛然不疑者，不疑能決也。承上若決之決，江河決，則莫能禦止其行；舜決，亦莫能禦止其行。趙氏解經精密如此。

13.17

【原文】

孟子曰：“無爲其所不爲，無欲其所不欲，如此而已矣。”

【譯文】

孟子説：“没有做自己所不該做的事，没有想自己所不該想的事，能這樣就行了呀。”

【古注】

《注》 無使人爲己所不欲爲者，無使人欲己之所不欲者，每以身況之如此則人道足也。《章指》言：己所不欲勿施於人，仲尼之道也。

《集注》 李氏曰：“有所不爲不欲，人皆有是心也。至於私意一萌，而不能以禮義制之，則爲所不爲欲所不欲者多矣。能反是心，則所謂擴充其羞惡之心者，而義不可勝用矣。故曰如此而已矣。”

【淺悟】

按照趙氏的注解，本章就得譯成：“不要使别人做自己所不想做的事，不要使别人想自己所不想的事。”如此解説太荒謬。比如自己不想做生意，如何能使商人也不想做生意呢？自己不想官場上的事，如何能使官員們也不想官場上的事呢？顯然辦不到。更可笑的是，其《章指》還引用孔子説的“己所不欲勿施於人”這句話來概括本章的指趣。但是孔子此言的意思是：“自己所不願接受的事物，不要施加給别人。”這才是需要終生奉行的爲人處世的要道。孟子的言論決不會違背這一要道，而是趙氏的注解欠思量，不該爲原文添枝加葉。

孔子説：“古之學者爲己，今之學者爲人。”還説：“君子求諸己，小人求諸人。”能否爲己和求諸己，是區分君子小人的分水嶺，也是做人及閱讀儒家經典的訣要。閱讀儒家經典倘若違背了這一訣要，即使能背誦得滚瓜爛熟也等於没讀，更談不上準確地理解。

13.18

【原文】

孟子曰："人之有德慧術知者，恒存乎疢疾。獨孤臣孽子，其操心也，危；其慮患也，深，故達。"

【譯文】

孟子説："人所具有的德行智慧學術知識這些才華，常儲存在災難疾苦之中。獨有那些失勢的孤臣及失寵的孽子，他們爲前程的操心呢，每每料想得很危險；他們思慮將會面臨的禍患呢，常常估計得很深遠，所以往往能顯達。"

【古注】

《注》 人所以有德行智慧道術才智者，在於有疢疾之人，疢疾之人又力學，故能成德。此即人之疢疾也，自以孤微，懼於危殆之患而深慮之，勉爲仁義，故至於達也。《章指》言：孤孽自危、故能顯達；膏粱難正，多用沈溺。是故在上不驕，以戒諸侯也。

《疏》 疢疾，如孤臣孽子，其操心也常危，其慮患也常深。是若疢疾也，此孟子所以執此喻以自解也。言孤臣不得於其君者也，孽子不得於其親者也，故能秉心常危，慮患常深，以勉力於道德，故能顯達也。然而非謂德慧術智必繫乎有疢疾者，但常存乎疢疾之人而已。蓋有德於己謂之德，述而行之謂之術。然德又以慧連，術又以智連之者，以其德以慧明，術以智釋耳，是則所謂智慮生於憂患，豈非德慧術智存於疢疾之意有同歟？此孟子所以有是言之而戒當時之人者也。

《集注》 德慧者，德之慧；術知者，術之知。疢疾，猶災患也。言人必有疢疾，則能動心忍性，增益其所不能也。孤臣，遠臣；孽子，庶子。皆不得於君親而常有疢疾者也。達，謂達於事理，即所謂德慧術知也。

【淺悟】

疢，讀音 chèn（ㄔㄣˋ）。

整部《孟子》智慧的智，大多直接用智字，不用知字替代。德慧術知的知字，趙氏釋爲才智，一不妥；才智即才能與智慧，與前面的慧字重，二不妥。所以知字只能訓爲知識。術字有多種涵義，一般多指方術、技藝或學術，與身後的知識爲鄰，解作學術似較妥。趙氏解作道術，何爲道術？意思不明，故不敢盲從。

13.19

【原文】

孟子曰："有事君人者，事是君則爲容悦者也；有安社稷臣者，以安社稷爲悦者也;有天民者,達可行於天下而後行之者也;有大人者,正己而物正者也。"

【譯文】

孟子説:"有專門服事國君本人的佞臣,服事該國君只是爲了逢迎取悦哩;有關係國家安危的重臣,是以安定社稷爲快樂的人嘛;有像伊尹那樣的先知先覺的天民,其主張要等到在天下能通行無阻之後才施行哩;有像舜那樣的不爲利害所動的大人,只端正自己就能使萬物隨之端正嘛。"

【古注】

《注》 事君求君之意,爲苟容以悦君而已;忠臣志在安社稷而後悦也;天民,知道者也,可行而行,可止而止;大人,大丈夫不爲利害動移者也,正己物正,象天不言而萬物化成也。《章指》言:容悦凡臣,社稷股肱,天民行道,大人正身。凡此四科,優劣之差。

《疏》 孟子言有人事其君以求君之意者,是爲苟容以悦君者也;有忠臣爲安社稷臣者也,在於安社稷而後爲悦者也;言天民爲之先覺者,志在於行道,然而既達而在位可以行其道於天下然後乃行之也,以其若窮而在下未可行其道,則亦止而不行矣;有大丈夫不爲利害之所移動,是則自正治其己,而物後自取正於我也。

《集注》 阿徇以爲容,逢迎以爲悦,此鄙夫之事,妾婦之道也。大臣之計安社稷,如小人之務悦其君,眷眷於此而不忘也。民者,無位之稱,以其全盡天理,乃天之民,故謂之天民,必其道可行於天下然後行之,不然則寧没世不見知而不悔,不肯小用其道以徇於人也。張子曰:"必功覆斯民然後出,如伊吕之徒。"大人,德盛而上下化之,所謂"見龍在田,天下文明"者。此章言人品不同,略有四等:容悦佞臣不足言;安社稷則忠矣,然猶一國之士也;天民則非一國之士矣,然猶有意也;無意無必,惟其所在而物無不化,惟聖者能之。

《正義》 天民,孟子引伊尹自稱"我天民之先覺者也",則天民指伊尹太公一流也。《莊子·庚桑楚》云:"人之所舍謂之天民,天之所助謂之天子。"郭象注云:"出則天子,處則天民,此二者皆以泰然而自得之,非爲而得之也。"《列子·楊朱篇》稱舜禹周公爲天人,稱孔子爲天民之遑遽者,稱桀爲天民之逸蕩者,紂爲天民之放縱者。當時稱天民者别有異説,故孟子明之。大人之稱有二,《論語·季氏篇》云"畏大人",何晏注云:"即聖人與天地合其德者也。"《儀禮·士相見疏》引鄭氏云:"大人爲天子諸侯爲政教者。"《昭公十八年左傳》:"葬曹平公,往者見周原伯魯焉,與之語,不説學。歸以語閔子馬,閔子馬曰:'夫必多有是説而後及其大人,大人患失而惑,又曰可以無學,無學不害。'"此大人指原伯魯,故注云:"大人,在位者。"《管子·幼官篇》云:"民之所利立之,所害除之,則民人從;立爲六千里之侯,則大人從。"尹知章注云:"大人,謂天子三公四輔。"此鄭氏之義也。《易》稱"利見大人"、"大人虎變",虞翻謂"乾稱大人",此何氏之義也。《孟子·離婁下篇》兩云"大人",其一"言不必信,行不必果,惟義所在",趙氏云"大人杖義",是以德言也;其一"不失其赤子之心",趙氏云"大人謂君",是以位言也。此注以大丈夫解之,大丈夫得志與民由之,不得志獨行其道,亦不以位言;乃下云"象天不言而萬物化成",此則非不得志者。《史記索隱》引向秀注《易·乾卦》云:"聖人在位謂之大人。"此解《易》之言大人是也,而孟子之言大人蓋即謂此。孟子深於《易》,此大人即舉《易》之大人而解之也。正己物正,篤恭而天下平也，惟黄帝堯舜通變神化，乃足以當之，故又進於天民一等也。

13.20

【原文】

孟子曰："君子有三樂，而王天下不與存焉。父母俱存，兄弟無故，一樂也；仰不愧於天，俯不怍於人，二樂也；得天下英才而教育之，三樂也。君子有三樂，而王天下不與存焉。"

【譯文】

孟子說："君子有三件快樂事，而且君臨天下還不包括在其中。父母都健在，兄弟無意外事故，第一件快樂事嘛；仰望無愧於天，俯察無怍於人，第二件快樂事嘛；得到天下傑出人才從而教育他們，第三件快樂事嘛。君子有此三件快樂事，而且君臨天下還不包括在其中。"

【古注】

《注》 天下之樂，不得與此三樂之中。兄弟無故，無他故。不愧天又不怍人，心正無邪也。育，養也。教養英才成之以道，皆樂也。孟子重言，是美之也。《章指》言：保親之養，兄弟無他，誠不愧天；育養英才，賢人能之。樂過萬乘，孟子重焉，一章再云也。

《集注》 此人所深願而不可必得者，今既得之，其樂可知。程子曰："人能克己，則仰不愧，俯不怍，心廣體胖，其樂可知。有息則餒矣。"盡得一世明睿之才，而以所樂乎己者教而養之，則斯道之傳得之者衆，而天下後世將無不被其澤矣。聖人之心所願欲者莫大於此，今既得之，其樂爲何如哉！林氏曰："此三樂者，一繫於天，一繫於人，其可以自致者惟不愧不怍而已，學者可不勉哉？"

13.21

【原文】

孟子曰："廣土衆民，君子欲之，所樂不存焉；中天下而立，定四海之民，君子樂之，所性不存焉。君子所性，雖大行不加焉，雖窮居不損焉，分定故也。君子所性，仁義禮智根於心，其生色也，睟然見於面，盎於背，施於四體，四體不言而喻。"

【譯文】

孟子說："廣闊的土地衆多的人口，這是君子希望得到的，然其所歡樂的事却不在這方面；能在天下的中心登上天子之位，安定四海的人民，這才是君子歡樂之所在，然其所具有的天性却不在此。君子所具有的天性，哪怕有比統一天下更重大的行動也不能使之增加，縱然陷入窮乏隱居的地步也不能使之減損，因其本分已固定的緣故嘛。君子所具有的天性，仁義禮智已在心中扎下了根，其生發的氣色呢，温潤的光澤呈現在臉上，旺盛的氣象洋溢到脊背，蔓延到四肢，其四肢將會做出怎樣的舉動是不言而喻的。”

【古注】

《注》 廣士衆民，大國諸侯也。所樂不存，欲行禮也。中天下而立，謂王者。所性不存，謂性仁義也。大行，行政於天下。窮居，不失性也。分定故不變。四者根生於心，色見於面。睟然，潤澤之貌也。盎，視其背而可知。其背盎盎然盛。流於四體，四體有匡國之綱。口不言人以曉喻而知之也。《章指》言：臨莅天下，君國子民，君子之樂，尚不與存。仁義内充，身體履方，四支不言，蟠辟用張。心邪意溺，進退無容，於是之際，知其不同也。

《集注》 地辟民聚，澤可遠施，故君子欲之，然未足以爲樂也；其道大行，無一夫不被其澤，故君子樂之，然其所得於天者則不在是也。分者，所得於天之全體，故不以窮達而有異。上言所性之分，與所欲所樂不同，此乃言其蘊也。仁義禮智，性之四德也。根，本也。生，發見也。睟然，清和潤澤之貌。盎，豐厚盈溢之意。施於四體，謂見於動作威儀之間也。四體不言而喻，言四體不待吾言而自能曉吾意也。蓋氣禀清明，無物欲之累，則性之四德根本於心，其積之盛，則發而著見於外者，不待言而無不順也。程子曰：“睟面盎背，皆積盛致然。四體不言而喻，惟有德者能之。”此章言君子固欲其道之大行，然其所得於天者，則不以是而有所加損也。

《正義》 《禮記・樂記》云：“揖讓而治天下者，禮樂之謂也。暴民不作，諸侯賓服，兵革不試，五刑不用，百姓無患，天子不怒，如此則樂達矣。合父子之親，明長幼之序，以敬四海之内，天子如此則禮行矣。”又云：“王者功成作樂，治定制禮。”《中庸》云：“非天子不議禮，不制度，不考文。”是行禮者天子之事。君子不以大國諸侯爲樂，而樂於中天下而立，中天下而立是王者，故知所樂爲行禮也。大行，即所謂“武王周公繼之，然後大行”也。《音義》云：“分，扶問切。”《禮記・禮運》云：“故禮達而分定。”《荀子・王制篇》云：“分均則不偏。”分者，蓋所受分於道之命也。既分得人之性，自有人所當爲之職分，自有人所不易之分，主是爲分也，故謂之分定。段玉裁《説文解字注》云：“色，顔氣也。顔者，兩眉之間也。心達於氣，氣達於眉間，是之謂色。顔氣與心若合符節，故其字從人卪。《記》曰：‘孝子之有深愛者必有和氣，有和氣者必有愉色，有愉色者必有婉容。’又曰：‘戎容，盛氣闐實揚休、玉色。’孟子曰：‘仁義禮智根於心，其生色也，睟然見於面。’生色而後見於面，所謂‘陽氣浸淫，幾滿大宅’，許曰‘面顔前也’是也。《魯頌》‘載色載笑’，傳曰：‘色，色温潤也。’《大雅》‘令儀令色’，箋云：‘善威儀，善顔色也。’《内則》云‘柔色以温之’，《玉藻》云‘色容莊’、‘色容顛顛’、‘色容厲肅’，《論語》曰‘色難’、‘色思温’、‘色勃如也’、‘正顔色’，引申之爲凡有形可見之稱。”《論語・爲政篇》“施於有政”，集解包氏云：“施，行也。”《史記・萬石張叔傳》云“劊人之所施易”，如淳云：“施讀若移。”《易・文言傳》云：“君子黄中通理，正位居體，美在其中而暢於四支，發於事業，美之至也。”虞翻云：“體謂四支，四支謂股肱。”美在中即仁義禮智根於心，先暢四支，而乃發於事業。事業者，匡國之謂也，故四體爲匡國之綱。

【淺悟】

睟，讀音 suì(ㄙㄨㄟˋ)。施，讀音 yì(ㄧˋ)，蔓延之義。

朱氏集注云：“仁義禮智，性之四德。”性居然還有四德？不可思議。

13.22

【原文】

孟子曰："伯夷辟紂，居北海之濱，聞文王作，興曰：'盍歸乎來？吾聞西伯善養老者。'太公辟紂，居東海之濱，聞文王作，興曰：'盍歸乎來？吾聞西伯善養老者。'天下有善養老，則仁人以爲己歸矣。五畝之宅，樹牆下以桑，匹婦蠶之，則老者足以衣帛矣；五母雞，二母彘，無失其時，老者足以無失肉矣；百畝之田，匹夫耕之，八口之家足以無飢矣。所謂西伯善養老者，制其田里，教之樹畜，導其妻子使養其老。五十非帛不煖，七十非肉不飽，不煖不飽，謂之凍餒。文王之民無凍餒之老者，此之謂也。"

【譯文】

孟子説："伯夷躲避殷紂亂世，隱居在北海之濱，聽説文王有作爲，興奮地説：'爲何不去歸附來着？我聽説西伯善於贍養老人。'姜太公躲避殷紂亂世，隱居在東海之濱，聽説文王有作爲，興奮地説：'爲何不去歸附來着？我聽説西伯善於贍養老人。'天下有善於贍養老人的處所，有仁德的人就會認爲那裏是自己的歸宿呀。每户五畝範圍的宅院，院墻下種植桑樹，婦女養蠶織布，就足以保證老人穿上絲帛衣裳了呀；再養五隻母鷄、兩頭母豬，切勿錯失畜養繁育的時節，便足以保證老人没有缺少肉食之憂了呀；百畝農田，由男勞力去耕作，足以保證八口之家没有饑餓之苦了呀。所謂西伯善於贍養老人，就是指他爲百姓制定出農田宅院等制度，教他們種植和畜養，開導他們的妻子兒女使之奉養其老人而言。五十歲非穿絲帛襖不暖，七十歲非吃肉食不飽，不暖不飽，文王管此叫做凍餒。文王轄内的平民没有凍餒的老人，就是指上述這些情形説的嘛。"

【古注】

《注》 伯夷太公辟紂已説於上篇。天下有若文王者，仁人將復歸之矣。五鷄二彘，八口之家畜之足以爲畜産之本也。所謂無凍餒者，教導之使可以養老者耳，非家賜而人益之也。《章指》言：王政普大，教其常業，各養其老，使不凍餒。二老聞之，歸身自託。衆鳥不羅，翔鳳來集，亦斯類也。

《疏》 所謂"衆鳥不羅，翔鳳來集"之類者，其類亦孔子所云"刳胎殺夭，則麒麟不至；覆巢毁卵，則鳳凰不翔"，此亦類也。

《正義》 趙佑《温故録》云："無帛肉之不煖飽，與無衣食之不煖飽稍差。纔不煖不飽，尚未即凍餒，而已謂之凍餒矣。謂之者，文王謂之也。"

13.23

【原文】

孟子曰："易其田疇，薄其税斂，民可使富也；食之以時，用之以禮，財不可勝用也。民非水火不生活，昏暮叩人之門户求水火，無弗與者，至足矣。聖人治天下，使有菽粟如水火。菽粟如水火，而民焉有不仁者乎？"

【譯文】

孟子説："督促農民修治田地，減輕他們的賦税，可使農民富裕嘛；糧食依照時節吃，花費依照常禮用，錢財使用不完嘛。人没有水火便不能生活，黄昏叩别人的家門求討水火，没有人會不給，因爲這是最充足的東西呀。聖人治理天下，將會使糧食有如水火。糧食有如水火一樣充足，而民衆中還會有不講仁道的人嗎？"

【古注】

《注》 易，治也。疇，一井也。教民治其田疇，薄其税斂不踰什一，則民富矣。食取其征賦以時，用之以常禮，不踰禮以費財也，故畜積有餘，財不可勝用也。水火能生人，有不愛者，至饒足故也。菽粟饒多若是，民皆輕施於人，何有不仁者也？《章指》言：教民之道，富而節用、蓄積有餘，焉有不仁？故曰"倉廩實知禮節"也。

《集注》 疇，耕治之田也。教民節儉，則財用足也。水火，民之所急，宜其愛之而反不愛者，多故也。尹氏曰："言禮義生於富足，民無常産，則無常心矣。"

《正義》 疇，《一切經音義》引《國語》賈氏注云："一井爲疇，九夫爲一井。"趙氏所本也。《説苑·辨物篇》云："疇也者何也？所以爲麻也。"《史記·天官書》"視封疆田疇之正治"，如淳引蔡邕云："麻田曰疇。"韋昭注《國語·周語》、《齊語》皆云"麻地曰疇"。麻田之説，趙氏所不取。"倉廩實知禮節"，語出《管子·牧民篇》。

13.24

【原文】

孟子曰："孔子登東山而小魯，登太山而小天下。故觀於海者難爲水，遊於聖人之門者難爲言。觀水有術，必觀其瀾。日月有明，容光必照焉。流水之爲物也，不盈科不行；君子之志於道也，不成章不達。"

【譯文】

孟子説："孔子登上東山頓感魯國藐小，登上泰山遂又覺得天下藐小。所以到過大海觀望的人對那些河流湖泊很難稱其爲水，到過聖人之門遊學的人對其他學説很難爲其演説。觀察水有學問，必須觀察它涌起的波瀾。日月有明亮的光芒，只要有容進光綫的縫隙必能照進去。流水此物的性質呢，不灌满凹陷地不前行；君子立志於道藝呢，做事不能順理成章便不會顯達。”

【古注】

《注》 所覽大者意大，觀小者志小也。瀾，水中大波也。容光，小郤也，言大明照幽微。盈，滿也；科，坎也。流水滿坎乃行，以喻君子學必成章乃仕進也。《章指》言：宏大明者無不照，包聖道者成其仁，是故賢者志大，宜爲君子。

《疏》 孟子言，孔子登魯國之東山而所覽者大，故小其魯國；登太山而能小其天下，亦所覽者大。如此故觀之於海者難爲水也，以其水同歸於海者也，是以海爲百谷王；遊聖人之門者難爲言，以其道之所同出又同歸於此者也。楊子云“視日月而知衆星之蔑，如仰天庭而知天下之居卑”，亦與此同意。人之觀於水以其有術也，有術者，所謂觀水必觀其波瀾。云此者，以其人之觀書亦若是也，亦當觀其五經而已矣，五經所以載聖人之大道者也。日月之有明，凡於幾隙但有容其光者必照之，亦若道之在天下無往而不在也。又言流水之爲物，所流遇於科坎，不盈滿其科坎則不流進而行也。如君子之學志在於道也，不成章則不達而進仕，以其君子於道至於成章，則充實美在其中，暢於四支，發於事業，爲美之至者也。

《集注》 此言聖人之道大也。言所處益高，則其視下益小；所見既大，則其小者不足觀也。難爲水，難爲言，猶“仁不可爲衆”之意。此言道之有本也。瀾，水之湍急處也；明者，光之體；光者，明之用也。觀水之瀾，則知其源之有本矣；觀日月於容光之隙無不照，則知其明之有本矣。言學當以漸乃能至也；成章，所積者厚而文章外見也。達者，足於此而通於彼也。此章言聖人之道大而有本，學之者必以其漸乃能至也。

《正義》 周廣業《孟子逸文攷》云：“攷魯無東山之名。《論語》‘顓臾爲東蒙主’注，孔云：‘使主祭蒙山也。’皇侃，邢昺二疏並云‘蒙山在東，故云東蒙主’。《魯頌》‘奄有龜蒙’，毛傳：‘龜山蒙山也。’正義亦云《論語》疏云：‘顓臾主蒙山。’《水經注》：‘琅邪郡臨沂縣有洛水，出太山南武陽縣之冠石山，一名武水，東流過蒙山下，有蒙祠；又東南逕顓臾城，即孔子稱顓臾爲東蒙主也。’即令云東山其爲蒙山，固無可疑。”按閻若璩《釋地》云：“或曰費縣西北蒙山，正居魯四境之東，一名東山。孟子云‘孔子登東山而小魯’，指此。疑近是。”以東山爲蒙山可也，以爲《孟子》本作蒙山，則失之矣。

13.25

【原文】

孟子曰：“雞鳴而起，孳孳爲善者，舜之徒也；雞鳴而起，孳孳爲利者，跖之徒也。欲知舜與跖之分，無他，利與善之閒也。”

【譯文】

孟子説：“鷄鳴就起身，孳孳不倦做善事的話，就會成爲舜一類的人嘛；鷄鳴即起身，孳孳不倦爲牟利操勞的話，將會淪爲盜跖一類的人哩。要想識别舜與盜跖的分歧，没有别的，只在牟利與行善之閒嘛。”

【古注】

《注》 跖，盗跖也。跖舜之分以此别之。《章指》言：好善從舜，好利從跖，明明求之，常若不足，君子小人，各一趣也。

《集注》 孳孳，勤勉之意。程子曰："言間者，謂相去不遠，所争毫末耳。善與利，公私而已矣。才出於善，便以利言也。"楊氏曰："舜跖之相去遠矣，而其分乃在利善之間而已，是豈可以不謹？然講之不熟，見之不明，未有不以利爲義者，又學者所當深察也。"或問："鷄鳴而起，若未接物如何爲善？"程子曰："只主於敬，便是爲善。"

13.26

【原文】

孟子曰："楊子取爲我，拔一毛而利天下，不爲也。墨子兼愛，摩頂放踵利天下，爲之。子莫執中，執中爲近之；執中無權，猶執一也。所惡執一者，爲其賊道也，舉一而廢百也。"

【譯文】

孟子説："楊子採取爲我的方針，拔一根毫毛能對天下有利，不肯拔哩。墨子提倡兼愛，從頭頂到脚跟的毛髮全摩光只要對天下有利，樂意這樣做。子莫保持在他們二者之中，保持在其二者之中接近聖人之道；不過保持在其二者之中要是不知權變，仍然會固執一端嘛。所憎惡固執一端這種人，是因爲他賊害聖人之道嘛，提起一物却把其他各物全給廢棄了嘛。"

【古注】

《注》 楊子，楊朱也。爲我，爲己也。拔己一毛以利天下之民，不肯爲也。墨子，墨翟也。兼愛他人，摩突其頂下至於踵以利天下，己樂爲之也。子莫，魯之賢人也，其性中和專一者也。執中和，近聖人之道，然不權聖人之重權，執中而不知權，猶執一介之人不得時變也。所以惡執一者，爲其不知權，以一知而廢百道也。《章指》言：楊墨放蕩，子莫執一，聖人量時，不取此術。孔子行止，惟義所在。

《集注》 取爲我者，僅足於爲我而已，不及爲人也。兼愛，無所不愛也。子莫知楊墨之失中也，故度於二者之間而執其中。近，近道也。權，稱錘也，所以稱物之輕重而取中也。執中而無權，則膠於一定之中而不知變，是亦執一而已矣。程子曰："中字最難識，須是默識心通。且試言一廳，則中央爲中；一家，則廳非中而堂爲中；一國，則堂非中而國之中爲中。推此類可見矣。"又曰："中不可執也。識得，則事事物物皆有自然之中，不待安排，安排著則不中矣。"爲我害仁，兼愛害義，執中者害於時中，皆舉一而廢百者也。此章言道之所貴者中，中之所貴者權。楊氏曰："禹稷三過其門而不入，苟不當其可則與墨子無異；顔子在陋巷不改其樂，苟不當其可則與楊氏無異。子莫執爲我兼愛之中而無權，鄉鄰有鬭而不知閉户，同室有鬭而不知救之，是亦猶執一耳，故孟子以爲賊道。禹稷顔回易地則皆然，以其有權也；不然，則是亦楊墨而已矣。"

《正義》 《列子》有《楊朱篇》，張湛注云："或云字子居，戰國時人，後於墨子。"楊子與禽滑釐辨論，其説在愛己，不拔一毛以利天下，與墨子相反。《莊子·天下篇》云："墨子稱道曰：'禹親自操橐耜，而九雜天下之川，腓而肢，脛無毛，沐甚風，櫛疾雨，置萬國。禹，大聖也，而形勞天下如此。使後世之墨者多以裘褐爲衣，跂蹻爲服，日夜不休，以自苦爲極。曰不能如此，非禹之道也，不足爲墨。'墨翟、禽滑釐之意則是，其行則非也。將使後世之墨者，必自若以腓無胈，脛無毛，相進而已矣。亂之上也，治之下也。"孟子推其汜愛兼利，生勤死薄之道，而擬之爲"摩頂放踵"，即"自苦以腓無胈，脛無毛"之意耳。《易·繫傳》云："天下何思何慮？天下同歸而殊途，一致百慮。"途既殊，則慮不可不百，慮百則不執一也。執一則不百慮，不百慮，故廢百矣。楊子爲我，執一於爲我也；墨子兼愛，執一於兼愛也。孟子所以距楊墨，距其執一也，故舉一執中之子莫。然則凡執一者，皆能賊道，不必楊墨也。楊子惟知爲我，而不復慮及兼愛；墨子惟知兼愛，而不復慮及爲我；子莫但知執中，而不復慮及有當爲我，當兼愛之事。聖人之道善與人同，執兩端以用其中，故執中而非執一。孟子學堯舜孔子之道，知道在變通神化，故楊墨之執一不知變通，則距之。

【淺悟】

孟子好抨擊異己的作風，令人不解。

孔子在《論語》中說："攻乎異端，斯害也已。"意思是：攻訐異己的一方，只會制造禍害而已。還說："躬自厚而薄責於人，則遠怨矣。"意思是：自身多檢討而對別人少責備，就會遠離怨恨。這都是從實踐中得出的萬古不磨的結論。子貢問："君子亦有惡乎？"孔子說："有惡，惡稱人之惡。"告誡弟子樊遲"攻其惡，無攻人之惡"，只攻擊自己的惡行，不攻訐別人的劣迹。子貢好譏評人，孔子批評道："賜也，賢乎哉？夫我則不暇。"端木賜哩，你就那麽好啊？要是我就没那閒工夫。以此制止其攻擊。對待不同的主張，也僅限止在"道不同不相爲謀"。教誨顔淵"克己復禮爲仁"，克制自己的欲望返回到禮的規範中來就是仁，具體做法是"非禮勿視，非禮勿聽，非禮勿言，非禮勿動"，約束自己的視聽言動，就能成就仁這一標準。孔子這樣教誨弟子，自己也是這樣示範的。他說："三人行必有吾師焉。"同行者不論什麽人，皆可爲"吾師"，學的方法是："擇其善者而從之，其不善者而改之。"所謂"不善者"，當屬異端吧？將其作爲參照物來對照自己，若有，則改之，而不是攻擊人家。管仲和晏嬰都是法家的代表人物，孔子評價管仲時，把從不輕易許人的"仁"許給了管仲："如其仁，如其仁。"晏嬰曾背後捕風捉影地誣蠛孔子，以阻撓齊景公的重用；而孔子評論晏嬰時則說："晏平仲善與人交，久而敬之。"再看其周游列國，目的在匡世濟民，當時列國的政治一片烏烟瘴氣，互爲寇讎，而他每到一國"必聞其政"。假如孔子不是以"溫良恭儉讓"的作風對待人家，而是一味指責、攻訐，不要說"必聞其政"，恐怕屍骨都難還鄉。怎樣的人可以攻擊呢？自家人，比如魯國權臣季氏比魯國公室更富裕，其弟子冉求擔任季氏的家臣，竟然爲季氏搜刮民脂民膏使之增加更多的財富。孔子氣憤地說："非我徒也！小子鳴鼓攻之可也！"發動後生弟子敲着鼓去聲討冉求，而不直指向季氏，依然是"攻其惡無攻人之惡"。孟子曾自言："乃所願，則學孔子也。"前面還曾告誡鄒穆公："出乎爾者，反乎爾者也。"可是在對待異端的問題上，爲什麽不學孔子呢？可見學孔子之難！

不幸的是，素以攻擊異端見長的宋代理學家們，極力推崇孟子，將其捧到了"亞聖"

寶座，爲自家肆意攻訐楊墨佛老等異端奠定了堅實基礎。更不幸的是，理學被此後的歷代王朝欽定爲學術之正統，致使部分真實的儒學被歪曲。凡有責任心的學者，都應鼓足勇氣，當仁不讓地投身於還儒學以真實面貌的偉業中。

13.27

【原文】

孟子曰："飢者甘食，渴者甘飲，是未得飲食之正也，飢渴害之也。豈惟口腹有飢渴之害？人心亦皆有害。人能無以飢渴之害爲心害，則不及人不爲憂矣。"

【譯文】

孟子説："飢餓的人吃什麼食物都香，口渴的人喝什麼飲料都甜，這種未能得到飲料和食物的真正滋味的原因呢，是由於飢餓和口渴的妨害造成的嘛。難道只有嘴巴和肚子才存在着飢餓和口渴的妨害？人的心理也都存在着這種妨害。如果能够没有因飢餓口渴那樣的妨害造成心理的妨害，那麼飲食不如人也就不會成爲憂患了呀。"

【古注】

《注》 飢渴害其本，所以知味之性，令人强甘之。爲利欲所害，亦猶飢渴得之。人能守正不爲邪利所害，雖謂富貴之事不及逮人，猶爲君子，不爲善人所憂患也。《章指》言：飢不妄食，忍情抑欲；賤不失道，不爲苟求：能無心害，夫將何憂？

《集注》 口腹爲飢渴所害，故於飲食不暇擇而失其正味。人心爲貧賤所害，故於富貴不暇擇而失其正理。人能不以貧賤之故而動其心，則過人遠矣。

《正義》 飢渴者急欲得飲食，以不甘爲甘，故爲强甘。不及人即不如人。趙氏謂人之貧賤者，所爲之事不能及富貴之人，爲利所動不能守正，必爲强奪詐取之事以傷害善人，則善人憂患之。使不爲利欲所害，雖不及富貴之人亦不肯爲禍於善人，故善人不爲所憂患。强奪詐取，猶飲食之不甘者也。近時通解不爲憂謂己不憂不及人。

【淺悟】

孔子在《禮記・禮運篇》中説："飲食男女，人之大欲存焉。"説的是人有各種各樣的欲望，而飲食和兩性生活排在一切欲望的首位。孟子以飲食爲例，揭示出任何欲望在實施過程中，都存在着妨害其達到真正目標的阻礙。飲食不光是爲了解渴和填飽肚子，還需品嘗冷熱鹹淡，不然便對身體不利。可是饑渴時就不同了，它會妨害品嘗，使人品嘗不出飲料食物的真實滋味。再比如當官，目的只有爲國分憂，爲民解難才是正道。假如心思全用在爲了討好上峰而制造出的華而不實的政績，不用説，勢必妨害爲官之正道；如果心思没有那些妨害，而是盡本盡力地當好官，即使政績不如人，起碼也會問心無愧，何憂之有？

13.28

【原文】

孟子曰："柳下惠不以三公易其介。"

【譯文】

孟子説："柳下惠不能用三公這種最高官位的誘惑改變他的耿介。"

【古注】

《注》 介，大也。柳下惠執宏大之志，不恥汙君，不以三公榮位易其大量也。《章指》言：柳下惠不恭，用志大也。無可無否，以賤爲貴也。

《疏》 陸云："介，謂特立之行。"三公者，乃百僚之師帥也，人臣之位極者也，衣則服衮，圭則執桓圭，而世之所謂富貴崇顯者無以過也。

《集注》 介，有分辨之意。柳下惠進不隱賢，必以其道；遺佚不怨，阨窮不憫，直道事人，至於三黜，是其介也。此章言柳下惠和而不流，與孔子論夷齊不念舊惡意正相類，皆聖賢微顯闡幽之意也。

《正義》 趙氏以惠不羞汙君，不辭小官爲大量是也。承上"不及人"而言之，士師之賤不及三公之榮，若少存艷羨之心，則辭小官不居矣，是其心之淺隘也。

【淺悟】

介，即耿介，光明正大，有操守氣節，不隨波逐流之義。《論語·微子篇》柳下惠爲士師，三黜。人曰："子未可以去乎？"曰："直道而事人，焉往而不三黜？枉道而事人，何必去父母之邦？"又：子謂柳下惠、少連："降志辱身矣，言中倫，行中慮，其斯而已矣。"可與本章相發明。

13.29

【原文】

孟子曰："有爲者辟若掘井，掘井九軔而不及泉，猶爲棄井也。"

【譯文】

孟子説："有作爲的人做事拿掘井作比喻，掘到九仞深還没掘到泉眼，依然認爲是前功盡棄的廢井哩。"

【古注】

《注》 有爲，爲仁義也。軔，八尺也。雖深而不及泉，喻有爲者中道而盡棄前行也。《章指》言：爲仁由己，必在究之，九軔而輟，無益成功，《論》之一簣，義與此同。

《集注》 辟，讀作譬；軔，與仞同。言鑿井雖深，然未及泉而止，猶爲自棄其井也。吕侍講曰："仁不如堯，孝不如舜，學不如孔，終未入於聖人之域，終未至於天道，未免爲半途而廢自棄前功也。"

《正義》　《音義》云:“軔,丁音刃,云義與仞同,借用耳。”先儒以七尺爲仞,趙注云八尺爲軔。

【淺悟】

《論語·子罕篇》子曰:“譬如爲山,未成一簣,止,吾止也。譬如平地,雖覆一簣,進,吾往也。”

《書·旅獒》云:“爲山九仞,功虧一簣。”

三者之涵義大同小異。

13.30

【原文】

孟子曰:“堯舜,性之也;湯武,身之也;五霸,假之也。久假而不歸,惡知其非有也?”

【譯文】

孟子説:“堯舜行仁道,屬於天性自然嘛;成湯周武行仁政,屬於身體力行嘛;五霸行仁政,屬於借助嘛。借助久了如果不歸還,怎麽知道其不是原本就有呢?”

【古注】

《注》　性之,性好仁,自然也。身之,體之行仁,視之若身也。假之,假仁以正諸矦也。五霸若能久假仁義,譬如假物久而不歸,安知其不真有也?《章指》言:仁在性體,其次假借,用而不已,實何以易?在其勉之也。

《集注》　堯舜天性渾全,不假脩習;湯武脩身體道,以復其性;五霸則假借仁義之名,以求濟其貪欲之私耳。歸,還也;有,實有也,言竊其名以終身,而不自知其非真有。或曰“蓋歎世人莫覺其僞者”,亦通。舊説“久假不歸,即爲真有”則誤矣。尹氏曰:“性之者,與道一也;身之者,履之也,及其成功則一也;五霸則假之而已,是以功烈如彼其卑也。”

《正義》　性之,《荀子·正名篇》云:“性之和所生,精合感應,不事而自然謂之性。”《春秋繁露·察名號篇》云:“如其生生自然之資謂之性。”《周髀算經》云:“此天地陰陽之性,自然也。”故以性爲自然好仁也。五霸假借仁義之名,旋復不仁不義,不能久也;假而能久,仁亦及人,究殊乎不能假而甘爲不仁者也。

【淺悟】

集注總是不失時機地貶抑五霸,實際針對的是管仲,其評説太苛刻,有失公允,與孔子給予管仲“如其仁,如其仁”的評價迥别。宋理學家常以孔孟道統自居,看來也是假孔子之名,行己理學之實而已。

13.31

【原文】

公孫丑曰："伊尹曰：'予不狎于不順，放太甲于桐，民大悦；太甲賢，又反之，民大悦。'賢者之爲人臣也，其君不賢，則固可放與？"

孟子曰："有伊尹之志則可，無伊尹之志則篡也。"

【譯文】

公孫丑問："伊尹説：'我不跟不順從的人狎近，所以把太甲放逐到桐邑，人民大歡悦；太甲變得賢達後，又把王位返還給了他，人民大歡悦。'有賢德的人擔任臣下呢，他的君上不賢明，本來就可以放逐麼？"

孟子説："有伊尹那種志節才可以，没有伊尹那樣的志節就會篡位哩。"

【古注】

《注》 丑怪伊尹賢者而放其君何也。人臣秉忠志，志若伊尹欲寧殷國則可放，惡而不即立君，宿留冀改而復之。如無伊尹之忠，見間乘利，篡心乃生，何可放也？《章指》言：憂國忘家，意在出身，志在寧君，放惡攝政，伊周有焉。凡人志異，則生篡心也。

《集注》 "予不狎于不順"，《尚書·太甲篇》文。狎，習見也；不順，言太甲所爲不順義理也。伊尹之志，公天下以爲心，而無一毫之私者也。

【淺悟】

朱熹集注純屬爲了維護君主專制政體而立言，天下非爲太甲一家之天下，"公天下以爲心"從何説起？真正的"公天下以爲心"，就應像堯舜那樣，天子之位由"選賢與能"産生。伊尹只不過是"家天下"的忠臣而已。

13.32

【原文】

公孫丑曰："《詩》曰'不素餐兮'，君子之不耕而食，何也？"

孟子曰："君子居是國也，其君用之，則安富尊榮；其子弟從之，則孝悌忠信。不素餐兮，孰大於是？"

【譯文】

公孫丑問："《詩經·魏風·伐檀篇》中有云'不得無功而食禄'，然而當今的君子們不耕作却照樣食禄，爲什麼呢？"

孟子説："君子居住在該國呢，該國的國君任用他，就能使國家安定富强國君尊顯榮耀；其子弟聽從他的教誨，就會使他們做到孝悌忠信。不耕作而食禄，跟君子的這種作用相比哪樣重大？"

【古注】

《注》 詩,魏國《伐檀》之篇也。無功而食謂之素餐。世之君子有不耕而食,何也?君子能使人化其道德,移其習俗,君安國富而保其尊榮,子弟孝悌而樂忠信,不素餐之功,誰大於是?何爲不可以食禄?《章指》言:君子正己,以立於世,世美其道,君臣是貴,所遇者化,何素餐之謂?

《正義》 《詩序》云:"《伐檀》,刺貪也。在位貪鄙,無功而受禄,君子不得進仕爾。"毛傳云:"素,空也。"空之言虚也,無功受禄,是虚得此餐也。

13.33

【原文】

王子墊問曰:"士何事?"

孟子曰尚志。

曰:"何謂尚志?"

曰:"仁義而已矣。殺一無罪,非仁也;非其有而取之,非義也。居惡在?仁是也;路惡在?義是也。居仁由義,大人之事備矣。"

【譯文】

王子墊問道:"士子應當做什麽事?"

孟子回答使自己的意志高尚。

又問:"怎樣做才能稱得上意志高尚?"

孟子説:"崇尚仁義就成呀。殺一無罪之人,不符合仁道嘛;不是自己所有的東西却硬取來據爲己有,不符合道義嘛。意志的居處何在?在仁德之中嘛;遵循的途徑何在?在道義之中嘛。居住在仁德之中,遵循道義行事,大人所需具備的條件齊全了呀。"

【古注】

《注》 齊王子名墊也,問士當何事爲事也。尚,上也,士當貴上於用志也。孟子言志之所尚,仁義而已矣。不殺無罪,不取非有者爲仁義。欲知其所當居者仁爲上,所由者義爲貴,大人之事備也。《章指》言:人當尚志,志於善也。善之所由,仁與義也。欲使王子無過差也。

《集注》 墊,齊王之子也。上則公卿大夫,下則工農商賈,皆有所事,而士居其間獨無所事,故王子問之也。尚,高尚也;志者,心之所之也。士既未得行公卿大夫之道,又不當爲農工商賈之業,則高尚其志而已。非仁非義之事雖小不爲,而所居所由無不在於仁義,此士所以尚其志也。大人,謂公卿大夫。言士雖未得大人之位,而其志如此,則大人之事體用已全。若小人之事,則固非所當爲也。

《正義》 程瑶田《通藝録·論學小記》云:"隱居以求其志,求其所達之道也。當其求時,猶未及行,故謂之志。行義以達其道,行其所求之志也。及其行時,不止於求,故謂之道。志與道,通一無二,故曰士何事,曰尚志。"又云:"尚志者,居仁由義之謂也。不殺無罪曰居仁,不取非其有曰由義,尚志之時雖曰士也，然豈待爲大人而後謂之大人哉？蓋大人之事，天生己時已備之矣。”

13.34

【原文】

孟子曰：“仲子不義與之齊國而弗受，人皆信之，是舍簞食豆羹之義也。人莫大焉亡親戚君臣上下。以其小者，信其大者，奚可哉？”

【譯文】

孟子説：“陳仲子對待不合道義的就算把齊國贈與他也不會接受，國人都會相信他能這樣做，這是依據他曾舍棄一竹筒飯一碗菜湯的那點小義氣作出的判斷嘛。人的卑劣没有比忘記親戚之情、君臣之義、上下之序更糟糕的。因他那點幼稚表現，就相信他有大操守，這怎麽可以啊？”

【古注】

《注》 仲子，陳仲子處於陵者。人以爲廉，謂以不義而與之齊國，必不受之。孟子以爲仲子之義，若上章所道簞食豆羹無禮則不受，萬鍾則不辨禮義而受之也。人當以禮義爲正，陳仲子避兄離母，不知仁義親戚上下之叙，何可以其小廉，信以爲大哉？《章指》言：事有輕重，行有小大，以大包小可也，以小信大，未之聞也。

《集注》 言仲子設若非義而與之齊國，必不肯受，齊人皆信其賢，然此但小廉耳。其避兄離母，不食君禄，無人道之大倫，罪莫大焉，豈可以小廉信其大節而遂以爲賢哉？

《正義》 仲子不義其兄之禄而處於陵，此實事也；不義而與之齊國而不受無此事，人虚擬之也。不義與之齊國而不受，猶萬鍾之不受也；處於陵，猶簞食豆羹之不受也。亡親戚君臣上下，是不知禮義之大者；若能不義與之齊國而不受，則宜知親戚君臣上下矣。仲子既不知有親戚君臣上下，又何能不義與之齊國而不受也？經言亡親戚君臣上下，趙氏言不知仁義親戚上下之叙，不言君臣者，以上下即君臣也。避兄離母，是不知親戚；不義蓋禄，是不知君臣。親戚屬仁，君臣屬義，故不知仁義。

【淺悟】

結合卷六《滕文公章句下》第十章閲讀，有助於對此章的理解。

13.35

【原文】

桃應問曰：“舜爲天子，皋陶爲士，瞽瞍殺人，則如之何？”

孟子曰：“執之而已矣。”

“然則舜不禁與？”

曰：“夫舜惡得而禁之？夫有所受之也。”

“然則舜如之何？”

曰："舜視棄天下猶棄敝蹝也，竊負而逃，遵海濱而處，終身訢然，樂而忘天下。"

【譯文】

弟子桃應問道："舜是天子，皋陶擔任執法士官，舜的父親瞽瞍殺人，將怎麼處置他？"

孟子說："將其拿下就是了呀。"

"那麼舜不禁止麼？"

孟子說："舜怎麼可能禁止人家執法呢？人家是有所受命執法的嘛。"

"那麼舜對父親將會怎麼辦？"

孟子說："舜看待放棄天下猶如丢棄破鞋一般哩。他將偷着背起父親遠逃，在沿海一帶住下，終生過着欣喜的生活，快樂得忘了天下。"

【古注】

《注》 桃應，孟子弟子。皋陶爲士官，主執罪人，瞽瞍惡暴而殺人，則皋陶如何？孟子曰皋陶執之耳。桃應以爲舜爲天子，使有司執其父，不禁止之邪？夫，辭也。孟子曰，夫舜惡得禁之？夫天下乃受之於堯，當爲天理民，王法不曲，豈得禁之也？應問舜爲之將如何？孟子曰舜視棄天下如捐棄敝蹝。蹝，草履可蹝者也；敝喻不惜。舜必負父而遠逃，終身訢然，忽忘天下之爲貴也。《章指》言：奉法承天，政不可枉，大孝榮父，遺棄天下。虞舜之道，趨將如此，孟子之言，揆聖意也。

《集注》 桃應其意以爲舜雖愛父，而不可以私害公；皋陶雖執法，而不可以刑天子之父，故設此問，此觀聖賢用心之所極，非以爲真有此事也。言皋陶之心知有法而已，不知有天子之父也；言皋陶之法有所傳受，非所敢私，雖天子之命亦不得而廢之也。蹝音徙，草履也。訢，與欣同。言舜之心知有父而已，不知有天下也。孟子嘗言舜視天下猶草芥，而惟順於父母可以解憂，與此意互相發。此章言爲士者但知有法，而不知天子父之爲尊；爲子者但知有父，而不知天下之爲大。蓋其所以爲心者，莫非天理之極，人倫之至。學者察此而有德焉，則不待較計論量，而天下無難處之事矣。

《正義》 《書・堯典》云："帝曰：皋陶，蠻夷猾夏，寇賊姦宄。汝作士，五刑有服，五服三就；五流有宅，五宅三居。惟明克允。"馬氏注云："士，獄官之長。"鄭氏注云："士，察也，主察獄訟之事。"《禮記・月令》"孟秋，命理瞻傷"，注云："理，治獄官也。有虞氏曰士，夏曰大理，周曰大司寇。"士爲刑官之長，故主執有罪之人。趙氏以舜之天下受之於堯，故不得禁皋陶執殺人之罪人。惠士奇《春秋說》云："夫有所受之也，惡乎受之？曰受之舜。殺人者死，天之道也。皋陶既受之舜矣，而舜復禁之，是自壞其法也。自壞其法，不可以治一家，況天下乎？且受之舜猶受之天，受之天者，非諄諄然命之也，謂其法當乎天理，合乎人心而已。"

【淺悟】

五經中，孔子屢屢稱述的聖人，只有開創和忠誠堅守着天下爲公這一社會制度的堯和舜兩位。孟子也是"言必稱堯舜"。可是本章他對舜的揣測，究竟是褒還是貶？

據《尚書》和《史記》載，堯在徵詢能順應天道的繼位人時，經各路重臣反復舉薦，篩選出最佳人選舜。舜出身清貧,父親是盲人且頑鈍,繼母陰險狡詐,弟象傲慢狠毒。在繼母的授意下,兩次陷舜於必死之境,均被其巧妙逃脱。舜非但未採用冤冤相報的手段使自己也淪於邪惡,反而以更謹慎的孝行感化他們,終使一家人和諧相處,即所謂"克諧以孝,烝烝乂,不格姦"。由此看來,舜必是一位心地善良、性情沈穩、不好衝動、卑以自牧的謙謙君子。於是堯又設下許多圈套和磨難,對其人品和才能進行長期觀察和考驗才確定了舜的天子之位。在舉行禪讓儀式時,主要是立下誓言。《論語·堯曰篇》載,堯曰:"舜! 天之厤數在爾躬,允執其中,四海困窮,天禄永終。"舜亦以命禹。堯的意思是:舜,上天嬗遞治理天下的次序現已降臨到你身上,你要公允執守那中庸之道,時刻想着四海困窮的百姓,將上天賜予的爵禄執守到永久。舜遜位時也以此言任命禹。這種新老天子交替時隆重而肅穆的儀式上所立下的誓言,非同兩人之間的承諾,那是要對天下困窮的蒼生負責到底的呀! 很難想像,這位才智過人、處事沈穩、以天下爲公的聖王舜,爲了使殺人犯的父親免受懲罰,居然"視棄天下猶棄敝蹝",甘願出爾反爾地踐踏自己爲了保護天下生民而制定的法律,淪落爲"竊負而逃"的同案犯! 孟子爲何如此輕率地揣測聖人天子呢? 假如此事發生在孟子身上,他果真能這樣做嗎? 但願天下不要出現這樣的天子。

13.36

【原文】

孟子自范之齊,望見齊王之子,喟然嘆曰:"居移氣,養移體,大哉居乎! 夫非盡人之子與?"

【譯文】

孟子從范邑前往齊都,望見齊王的兒子,喟然嘆道:"處境能改變氣質,猶如營養能改變體質,可見處境多麽重要啊! 這齊王的兒子不都是人的兒子麽?"

【古注】

《注》 范,齊邑,王庶子所封食也。孟子之范,見王子之儀聲氣高涼,不與人同。還至齊謂諸弟子喟然嘆曰,居尊則氣高,居卑則氣下,居之移人氣志使之高涼,若供養之移人形身使充盛也。大哉居乎者,言當慎所居,人必居仁也。凡人與王子豈非皆是人之子也? 王子居尊勢,故儀聲如是也。《章指》言:人性皆同,居使之異,君子居仁,小人處利,譬猶王子,殊於衆品也。

《疏》 孟子嘗自范邑見齊王之子儀體,聲氣高爽不與人同,乃往歸齊,而於弟子之間喟然嘆息之曰:夫居足以移易人之氣,所養足以移易人之體,以其王子之儀體聲氣如是者。大哉居乎,言人當慎所居,以仁爲廣居。凡衆之人豈非盡人之子與? 言齊王之子亦人之子也,凡人亦人子也。下文觀宜合此章。

《集注》 居,謂所處之位;養,奉養。其言人之居處所繫甚大,王子亦人子耳,特以所居不同,故所養不同，而其氣體有異也。

《正義》　以經言自范之齊，則是在范望見王子，至齊乃言，故云之范見王子之儀，還至齊謂諸弟子。阮元《校勘記》云："高涼，按涼字與亮同，古字通用。"按亮者，明也。乃聲之高明由於志之高明，志之高明由於居之尊貴，故既言聲氣，又云氣志。趙氏以養移體爲比喻之辭，故云若供養之移人形身使充盛也。蓋下專言居，故以養爲喻也。夫居尊爲居，居仁亦爲居，以居仁與居尊較，則居仁爲大矣，故云大哉居乎。同是居，宜擇而居其大者，必以居仁爲大也。即以居勢言之，則居尊者高，居下者卑，居下者之氣不如居尊者之高，而居勢者之小又不如居仁者之大矣。同是子，而王子異於凡人；亦同是人，而君子異於小人，可相觀而喻矣。孟子之言，含蓄不盡，趙氏注與《章指》互發明之。

【淺悟】

《論語·衛靈公篇》子曰："吾之於人也，誰毀誰譽？如有所譽者，其有所試矣。"的確，孔子從未在弟子面前談論某權貴之短長，尤其不詆毀，只向弟子傳授具有普遍意義的有益進德修業的知識。略舉一例：《學而篇》子貢問："貧而無諂，富而無驕，何如？"孔子説："可也。未若貧而樂，富而好禮者也。"此言既關係到每個人，又不針對某個人，任何人聽後都會仔細琢磨一番。孟子"乃所願，則學孔子也"的願望，又一次落空。

13.37

【原文】

孟子曰："王子宮室車馬衣服多與人同，而王子若彼者，其居使之然也，況居天下之廣居者乎！魯君之宋，呼於垤澤之門，守者曰：'此非吾君也，何其聲之似我君也？'此無他，居相似也。"

【譯文】

孟子説："齊王之子的宫室車馬衣服大多跟别人相同，然而王子表現出像前面説的那種氣質，應當是處境使他變成這樣的嘛，何況身處仁這一天下最廣闊的處境之人會是怎樣的氣質呀！此前魯君來到宋國，朝向東城的垤澤門呼唤，把守監門的官員説：'這不是我們的國君嘛，爲何他呼唤的聲腔像我們國君呢？'這没有其他緣故，是他們的處境相似嘛。"

【古注】

《注》　言王子宫室乘服皆人之所用之耳，然而王子若彼高涼者，居勢位故也。況居廣居，謂行仁義，仁義在身，不言而喻也。垤澤，宋城門名也。人君之聲相似者，以其俱居尊勢，故音氣同也。以城門不自肯夜開，故君自發聲。《章指》言：輿服器用，人用不殊，尊貴居之，志氣以舒。是以居仁由義，盎然内優，胷中正者，眸子不眊也。

《疏》　此章宜與上章合而爲一，不當分而爲二也。垤澤，宋城門之名。守者，監門之官也。

《正義》　閻若璩《釋地》云："垤澤，即襄十七年築者謳曰之澤門，杜預注'宋東城南門'是也。或曰：得無《禹貢》盟諸澤名其門乎？按盟諸澤，在故宋國微子所封之東北，自此爲南門耳。"

13.38

【原文】

孟子曰:“食而弗愛,豕交之也;愛而不敬,獸畜之也。恭敬者,幣之未將者也。恭敬而無實,君子不可虛拘。”

【譯文】

孟子說:“只供給飲食却不愛惜,那是跟豬交往嘛;愛惜却不尊敬,那是畜養禽獸嘛。要是恭敬的話,在未進幣帛禮之前就有敬意了嘛。只恭敬却没有真實的敬意,對君子不可用這種虛僞的情誼去籠絡。”

【古注】

《注》 人之交接但食之而不愛,若養豕也。愛而不敬,若人畜禽獸,但愛而不能敬也。且恭敬者如有幣帛,當以行禮,而未以命將行之也。恭敬貴實,如其無實,何可虛拘致君子之心也?《章指》言:取人之道,必以恭敬,恭敬貴實,虛則不應,實者謂愛敬也。

《疏》 孟子言,人之交接但飲食爲備而歡意弗加者,非以愛相接者也,是爲豕交之也。犬馬者,人所愛而畜養者也,而敬心弗加者,是謂愛而弗敬,以爲獸畜之也。然而恭敬者,是幣帛之禮未行之也,蓋以恭敬爲先而幣帛從之也。如恭敬而無幣帛之實以將之,是又君子不可以虛拘矣,以其禮不可以徒虛而行耳,必以恭敬修於内而爲之本,幣帛以將之而爲之末,則君子交接之道畢矣。

《集注》 食音嗣;畜,許六反,養也。交,接也。獸,謂犬馬之屬。將,猶奉也。《詩》曰:“承筐是將。”程子曰:“恭敬雖因威儀幣帛而後發見,然幣之未將時已有此恭敬之心,非因幣帛而後有也。”此言當時諸侯之待賢者,特以幣帛爲恭敬而無其實也。拘,留也。

《正義》 將之義爲送、爲奉,而將幣、將命皆是行禮,故將爲行。趙氏之義,蓋謂以幣行禮,必以命行之乃爲實;若但以幣將,未以命將,則爲無實,不可以虛致君子。近時通解,謂幣帛未將時已有此恭敬之心,乃是其實;若幣行時方恭敬,即是虛文,君子不可以虛文拘留之。

【淺悟】

“恭敬而無實”的實,是誠實、真實的意思;孫氏疏認爲實指實物,即幣帛,則大錯特錯。如果是指實物,原文將是“恭敬而無幣”,而不是“恭敬而無實”。比如《禮記》中所强調的“禮尚往來”的禮,同樣不是指禮物而言。怎樣往來呢?即“父慈子孝,兄良弟悌,夫義婦聽,長惠幼順,君仁臣忠”,用俗話説就是你敬我一尺,我敬你一丈。只强調單方面遵循禮,禮將是一紙空文。孔子在《論語》中説:“禮云禮云,玉帛云乎哉?”《禮記》中還强調:“貧者不以財貨爲禮。”禮的核心作用是求和諧。《論語》云:“恭近於禮,遠恥辱也。”恭敬雖不屬於禮,但必須貼近禮,才能遠離恥辱。可見恭敬也是内心活動,必須真實才叫恭敬。如果用實物代替恭敬,那是用虛情假意籠絡人以達到某種目的,是做生意,不是恭敬。

13.39

【原文】

孟子曰："形色，天性也，惟聖人然後可以踐形。"

【譯文】

孟子說："形貌和容色，是天然的本性嘛，只有成爲聖人之後才能踐行這天賦的形象。"

【古注】

《注》 形，謂君子體貌尊嚴也，《尚書·洪範》"一曰貌"。色，謂婦人妖麗之容。《詩》曰"顏如舜華"。此皆天假施於人也。踐履居之也，《易》曰"黄中通理"。聖人内外文明，然後能以正道履居此美形。不言居色，主名尊陽抑陰之義也。《章指》言：體德正容，大人所履，有表無裏，謂之柚梓，是以聖人乃堪踐形也。

《集注》 人之有形有色，無不各有自然之理，所謂天性也。蓋衆人有是形而不能盡其理，故無以踐其形。惟聖人有是形而又能盡其理，然後可以踐其形而無歉也。程子曰："此言聖人盡得人道而能充其形也。蓋人得天地之正氣而生，與萬物不同。既爲人，須盡得人理，然後稱其名。衆人有之而不知，賢人踐之而未盡。能充其形，惟聖人也。"楊氏曰："天生烝民，有物有則。物者，形色也；則者，性也。各盡其則，則可以踐形矣。"

《正義》 趙氏謂體貌尊嚴與顏色妖麗，皆天之所生，故爲天性。形而言踐履，故以"居之"明之。引《易》者，《坤六五·文言傳》文，云"君子黄中通理，正位居體，美在其中，而暢於四支"，蓋以踐形爲居體也。趙氏以男子生有美形，宜以正道居之；女子生有美色，亦宜以正道居之。乃上並稱形色，下單言踐形，不言踐色，是尊陽抑陰，猶數晝不數夜，達宋公不達紀侯之母也。

13.40

【原文】

齊宣王欲短喪。

公孫丑曰："爲朞之喪，猶愈於已乎？"

孟子曰："是猶或紾其兄之臂，子謂之姑徐徐云爾，亦教之孝悌而已矣。"

王子有其母死者，其傅爲之請數月之喪。

公孫丑曰："若此者何如也？"

曰："是欲終之而不可得也，雖加一日愈於已，謂夫莫之禁而弗爲者也。"

【譯文】

齊宣王打算縮短喪期。

公孫丑問："改爲一周年的喪期，不是也比終止守喪好嗎？"

孟子說："這如同有人扭他哥的胳臂，你勸他姑且徐徐扭怎麽可以，教他孝悌才成呀。”

有位母親死了的王子，其師傅替他請求守數月之喪。

公孫丑問：“像這種情形該怎麼辦呢？”

孟子説：“這位王子希望服完齊衰之喪期却不可能做到哩，所謂哪怕增加一天喪期對他來説也比終止守喪好，這是對那種没有人禁止守喪而是自己不願守喪的人説的嘛。”

【古注】

《注》 齊宣王以三年之喪爲太長久，欲减而短之，因公孫丑使自以其意問孟子。既不能三年喪，以朞年差愈於止而不行喪者。紾，戾也。孟子言有人戾其兄之臂爲不順也，而子謂之曰且徐徐云爾，是豈以徐之爲差者乎？不若教之以孝悌，勿復戾其兄之臂也。今欲行其朞喪，亦猶曰徐徐之類也。丑曰，王之庶夫人死，迫於適夫人，不得行其喪親之數，其傅爲請之於君，欲使得行數月喪，如之何？孟子曰，如是，王子欲終服其子禮而不能者也，加益一日則愈於止，況數月乎？所謂不當者，謂無禁自欲短之，故譏之。《章指》言：禮斷三年，孝者欲益，富貴怠厭，思減其日。君子正言，不可阿情，丑欲朞之，故譬以紾兄徐徐也。

《疏》 齊宣王欲短三年之喪，公孫丑勸之以謂朞之喪猶勝於止而不爲者矣。朞年，十二月也。孟子言，如此是若或有紾戾其兄之臂者，子以爲之姑且徐徐然紾其兄臂云爾，但當教之以孝悌，不復戾其兄之臂也。今子欲勸齊王短其三年之喪，而且謂爲朞年之喪，亦若徐徐然之謂也。公孫丑又復問，王子有母死之者，其傅相者爲之請行數月之喪，如此者是如之何也？以其王子庶生之母死，迫於嫡母而不敢終喪者也。孟子答之曰，是王子欲終之喪有所禦而不可得而爲者也，雖加益一日亦足勝於止而不爲者矣，今齊宣王欲短三年之喪，以其禮所當終之，而且謂朞年之喪猶愈於已以勸之，是謂夫莫之禁止而自弗爲者也。此孟子所以不取之也。《論語》宰我問三年之喪，期已久矣；孔子所以責之曰：予之不仁也，汝安之則爲之乎。是亦孟子於此不取公孫丑之意也。

《集注》 已，猶止也。紾，之忍反，戾也。教之以孝悌之道，則彼當自知兄之不可戾，而喪之不可短矣。孔子曰：“子生三年，然後免於父母之懷。予也有三年之愛於其父母乎？”所謂教之以孝悌者如此，蓋示之以至情不能已者，非强之也。陳氏曰：“王子所生之母死，厭於嫡母而不敢終喪，其傅爲請於王，欲使得行數月之喪也。時又適有此事，丑問如此者是非何如？按《儀禮》：‘公子爲其母練冠，麻衣縓緣，既葬除之。’疑當時此禮已廢，或既葬而未忍即除，故請之也。”言王子欲終喪而不可得，其傅爲請，雖止得加一日，猶勝不加。我前所譏，乃謂夫莫之禁而自不爲者耳。此章言三年通喪，天經地義，不容私意有所短長。示之至情，則不肖者有以企而及之矣。

《正義》 趙佑《温故録》云：“齊宣王欲短喪，意在變今非變古。蓋當時久不行三年之喪，直已而已矣。齊王殆聞孟子之教，知已之不可，而又以三年爲過，故欲酌易而從朞。不知天下無得半之理，既知其非，不求其是，而小變之以爲安，終身無望於是矣。故孟子於戴盈之請輕税，則喻之攘鷄；而公孫丑問短喪，則喻之紾兄。”閻若璩《釋地又續》云：“以經解經，莫合於《喪服記》公子爲其母章以解王子爲其母。此厭於父在，本無服，權爲制練冠麻、麻衣縓緣、既葬而除之服。鄭康成曰：‘不奪其恩也。’無厭於嫡母之説。厭嫡母，誤自趙岐，沿於孔疏。明初，《大明令》載‘庶子爲其所生母齊衰期’，注曰：‘謂嫡母在室者。’後《孝慈録》成，益定制，讀自製序文，真有冠履倒置之歎！”今公子厭於父，爲其母練冠麻、麻衣縓緣、既葬除之，注云："諸侯之妾，貴者視卿，賤者視大夫，皆三月而葬。"然則僅喪三月，視期少九月，是不能終子禮也。其傅請數月之喪，蓋即此三月既葬而除之喪。數月者，三月也。公子厭於父，君之所不服，子亦不敢服，則君於庶夫人無一日之喪者也。則公子亦宜不敢有一日之喪。然制禮者權情度義，不奪其母子之恩，故爲制此三月之服。乃雖有此制，必請之於君，俾恩由君出，此傅所以爲之請也。請之，蓋舊例如此。若本無數月之喪之制，安容妄請乎？若依君所不服不敢服之例，則當已而得有此推恩三月之禮，是加於已，故云"雖加一日愈於已"。若無此制，孟子豈如是言乎？夫以當已之喪而尚加三月，以伸母子之恩，而三年之喪降而爲期，何以伸孝子之志？同一愈於此，爲有所禁而加，彼爲無所禁而短，或得或失，不待智者知之矣。

13.41

【原文】

孟子曰："君子之所以教者五：有如時雨化之者，有成德者，有達財者，有答問者，有私淑艾者。此五者，君子之所以教也。"

【譯文】

孟子説："君子用來施教的方式有五種：有像及時雨化育萬物那樣的方式，有成全德行的方式，有通達才能的方式，有解答疑問的方式，有使人宗仰其學而私下自治的方式。此五種方式，君子用來施教嘛。"

【古注】

《注》 教民之道有五品。教之漸漬而沾洽也。私，獨；淑，善；艾，治也。君子獨善其身，人法其仁，此亦與教法之道無差也。申言之，孟子貴重此教之道。《章指》言：教人之術，莫善五者。養育英才，君子所珍，聖所不倦，其惟誨人乎！

《疏》 有如時雨之教者，以教人漸漬恰如時雨之澤也，是其潤之以德，漸之以仁，善有萌芽則誘之，使敷秀性，有其材則養之使長茂，凡此因其大以成大、小以成小，是爲有若時雨而教者也。有成德者，以其因固有之德但教而成之也，是其能仁不能反者則教之以克己復禮；能勇不能怯者則教之以臨事而懼，是爲有成德者也。有達財者，以其有材之具而不能用者，則教而達之也，子貢問曰："賜也何如？"子曰："女器也。"曰："何器也？"曰："瑚璉也。"子謂子夏曰："女爲君子儒，無爲小人儒。"是爲有達材之教者也。有答問者，以其在於答問之間也，"不憤不啓，不悱不發，舉一隅不以三隅反，則不復也"，是爲有答問之教也。有私淑艾者，以其獨善其身使彼法之也。子曰："我非生而知之者，好古，敏以求之者也。""子不語怪力亂神"，凡此之類是有私淑艾之教也。《論語》云"有教無類"同。

《集注》 下文五者，蓋因人品高下或相去遠近先後之不同。時雨，及時之雨也。草木之生，播種封植，人力已至而未能自化，所少者雨露之滋耳，及此時而雨之則其化速矣。教人之妙亦猶是也，若孔子之於顔、曾是也。財與材同。此各因其所長而教之者也。成德，如孔子之於冉、閔；達財，如孔子之於由、賜。就所問而答之，若孔、孟之於樊遲、萬章也。私，竊也；淑，善也；艾音乂，治也。人或不能及門受業，但聞君子之道於人，而竊以善治其身，是亦君子教誨之所及，若孔、孟之於陳亢、夷之是也。孟子亦曰："予未得爲孔子徒也，予私淑諸人也。"聖賢施教各因其材，小以成小，大以成大，無棄人也。

《正義》 趙氏以獨善解私淑，則私淑指獨善其身之人，艾字指人之法其仁以自治。按《離婁下篇》云:“予未得爲孔子徒也,予私淑諸人也。”趙氏以爲我私善之於賢人,則私淑屬法其仁之人,與此注義異。然私淑艾三字殊不易達。叔從又,故爲拾取之正訓。淑與叔通,艾之義爲取,與叔之義爲拾同,蓋私淑諸人即私拾諸人也。淑艾二字義相疊,私淑艾者即私拾取也。親爲門徒面相授受,直也;未得爲孔子之徒而拾取於相傳之人,故爲私。私淑猶云竊取也。彼言私淑諸人,不必又疊艾字,其義自足;此疊艾字以足其句,其實私淑艾猶私淑也。德恐其惑而不定,故成之;財即才也,才恐其滯而不通,故達之。義易明,故趙氏不注。《音義》云:“陸云:‘達財周恤之。’一本作‘才’,説云:‘以有善才,就開其性理也。’”開其善才,此正義也。轉附諸後而取陸之説,陸直以財爲貨財,全不知古人六書通借之學,鄙不足議,況淑之爲叔拾乎!”

13.42

【原文】

公孫丑曰:“道則高矣美矣,宜若登天然,似不可及也。何不使彼爲可幾及而日孳孳也?”

孟子曰:“大匠不爲拙工改廢繩墨,羿不爲拙射變其彀率。君子引而不發,躍如也。中道而立,能者從之。”

【譯文】

公孫丑説:“夫子的主張則是高深而完美呀,幾乎像登天一樣,似乎不可能達到嘛。爲什麼不使其成爲可以企及的主張,從而使人每天都能孜孜不倦地追求呢?”

孟子説:“技藝高超的大匠不會爲拙劣的木工改换或廢棄標準的繩墨,后羿不會爲笨拙的射手變更其拉開弓弦的法度。君子施教就像教射箭那樣拉滿弓而不發射,使學者保持躍躍欲射的狀態嘛。立足在中庸之道上,有學習能力的人都能跟得上。”

【古注】

《注》 丑以爲聖人之道大高遠,將若登天,人不能及也。何不少近人情,令彼凡人可庶幾使日孳孳自勉也?大匠不爲新學拙工故,爲之改鑿廢繩墨之正也。羿不爲新學拙射者變其彀率之法也。彀,弩長嚮表率之正體。望之極思用巧之時不可變也。君子謂於射則引弓彀弩而不發,以待彀偶也。於道則中道德之中,不以學者不能,故卑下其道,將以須於能者往取之也。《章指》言:曲高和寡,道大難追。然而履正者不枉,執德者不回,故曰人能宏道。丑欲下之,非也。

《疏》 公孫丑問孟子,謂聖人之道則至高至美矣,學者跂慕之宜如登天之難,以其不可得而跂及也,何不使彼之道幾近令人可庶幾能及,而使之日孳孳自勉而至也?孟子答之曰,大匠之師不爲新學拙工改去其繩墨之正,羿之善射不爲新學拙射更變其彀率之法。彀率,張弓向的正體極思用巧之時也。君子循循善誘而引人於道不以開發者,又且躍如使進而無退也,是其不高不卑,但於中道而立教,使賢愚智者皆能從而學之也。

《集注》 彀,古候反;率音律。彀率,彎弓之限也。言教人者皆有不可易之法,不容自貶以徇學者之不能也。引，引弓也；發，發矢也；躍如，之踴躍而出也。因上文彀率而言君子教人，但授以學之之法，而不告以得之之妙，如射者引弓而不發矢。然其所不告者，已如踴躍而見於前矣。中者，無過不及之謂；中道而立，言其非難非易。能者從之，言學者當自勉也。此章言，道有定體，教有成法，卑不可抗，高不可貶，語不能顯，默不能藏。

《正義》 孜、孳二字古多通用，自勉與無怠，義亦相近。戴震《孟子字義疏證》云："問：顏子喟然歎曰：'仰之彌高，鑽之彌堅，瞻之在前，忽焉在後。'公孫丑曰：'道則高矣美矣，宜若登天然，似不可及也，何不使彼爲可幾及而日孳孳也？'今謂人倫日用舉凡出於身者謂之道，但就此求之，得其不易之則可矣，何以茫然無據又若是哉？曰：若孟子言'夫道若大路然，豈難知哉'，謂人人由之。如爲君而行君之事，爲臣而行臣之事，爲父爲子而行父之事行子之事，皆所謂道也。君不止於仁，則君道失；臣不止於敬，則臣道失；父不止於慈，則父道失；子不止於孝，則子道失：然則盡君道、臣道、父道、子道，非智仁勇不能也。質言也，曰達道，曰達德；精言之，則全乎智仁勇者，其盡君道、臣道、父道、子道，舉其事而亦不過謂之道。故《中庸》曰：'大哉聖人之道，洋洋乎，發育萬物，峻極於天。優優大哉！禮儀三百，威儀三千，待其人而後行。'極言乎道之大如是，豈出人倫日用之外哉？以至道歸之至德之人，豈下學所易窺測哉？今以學於聖人者，視聖人之語言行事，猶學弈於弈秋者，莫能測弈秋之巧也，莫能遽幾及之也。顏子之言又曰：'夫子循循然善誘人，博我以文，約我以禮。'《中庸》詳舉其目，曰博學，審問，慎思，明辨，篤行，而終之曰：'果能此道矣，雖愚必明，雖柔必强。'蓋循此道以至乎聖人之道，實循此道以日增其智，日增其仁，日增其勇也，將使智仁勇齊乎聖人。其日增也有難有易，譬之學一技一能，其始日異而月不同，久之，人之不見其進矣；又久之，己亦覺不復能進矣，人雖以國工許之，而自知未至也。顏子所以言'欲罷不能，既竭吾才，如有所立卓爾，雖欲從之，末由也已'。此顏子之所至也。"李光地《榕村藏稿》云："丑非欲孟子貶其高美，欲孟子使己幾及其高美耳。又非以其立教之高而謂如天不可幾及，正謂其立教之循循有序而苦於高美者，速至之無期如天之不可幾及耳。故孟子告之云云。"弩張向表率之正體，以張弩向的準之，則表率之正體即指的而言。正體，謂正鵠之體，表即標也。所射之識，猶云標也。望之極思用巧之時，即所謂用思專時也。機張，即《孟子》所謂彀也。律與率同，行度可云行率，則《孟子》所云率，正即省括於度之度也。繩墨兩事，彀率亦是兩事。彀，謂張弩；率，謂省括於度。趙氏言極思用巧，即是省而率則，不必專指正之體耳。引爲張弓，故趙氏即以彀弩釋引弓。引弓不發即猶張弩不發，故云引弓彀弩而不發。《音義》云："丁云：'躍如，猶如卓爾。'陸云：'躍如，心願中。'陸是也。心願中，故不發以待彀之偶。"《爾雅・釋詁》云："偶，合也。"謂所張之彀合乎所擬之率，則釋之乃必中也。待其合而後發，故不遽發者，必願中也。躍如猶云躍躍，言手雖不發，心則躍躍疾去也。趙氏以君子於射喻君子於道，引而不發以待其偶，中道而立以待其從。

【淺悟】

彀率，讀音 gòu lǜ（ㄍㄡˋㄌㄩˋ）。

焦氏正義所引戴震《孟子字義疏證》之説，最值得細心玩味。

13.43

【原文】

孟子曰："天下有道，以道殉身；天下無道，以身殉道。未聞以道殉乎人者也。"

【譯文】

孟子説："天下政治清明，使真理隨從自身；天下政治昏暗，不惜犧牲自身隨從真理。没聽説以犧牲真理的代價去隨從人的嘛。"

【古注】

《注》 殉，從也。天下有道，得行王政，道從身施功實也。天下無道，道不得行，以身從道，守道而隱。不聞以正道從俗人也。《章指》言：窮達卷舒，屈伸異變。變流從顧，守者所慎，故曰金石獨止，不殉人也。

《疏》 天下有治道之時，則當以道從身以施其功實也，以其身顯而道彰也。天下無治道之時，則當以身從道而卷藏守伏也，以其道藏則身伏也。未聞於此無道之時以道從人而饕富貴也。《論語》云"天下有道則見，無道則隱"同意。

《集注》 殉，如殉葬之殉，以死隨物之名也。身出則道在必行，道屈身在必退，以死相從而不離也。以道從人，妾婦之道。

《正義》 《文選·通幽賦》"豈余身之足殉兮"，注引項岱云："殉，從也。"《史記·屈原賈生傳》"貪夫殉財"，索隱引臣瓚云："亡身從物謂之殉。"《莊子·駢拇》云"小人則以身殉利"，《釋文》引崔注云："殺身從之曰殉。"

【淺悟】

宋代理學家解經時，屢屢捎帶貶抑弱者，全然不顧孔子"君子求諸己，小人求諸人"的教誨。其直指"以道從人，妾婦之道"的評論，與儒家學説迥異，不可混爲一談。

13.44

【原文】

公都子曰："滕更之在門也，若在所禮而不答，何也？"

孟子曰："挾貴而問，挾賢而問，挾長而問，挾有勳勞而問，挾故而問，皆所不答也。滕更有二焉。"

【譯文】

公都子問："滕更既然在門下就學嘛，好像在所禮遇之列您却不答理他，爲什麼呢？"

孟子説："依仗尊貴來提問，自恃賢才來提問，自恃年長來提問，自恃有功勳勞績來提問，自恃有故舊之情來提問，都是我所不回答的嘛。況且滕更占有其中的兩項。"

【古注】

《注》 滕更，滕君之弟，來學於孟子也。言國君之弟而樂在門人中，宜答見禮而夫子不答，何也？挾，接也。接己之貴勢，接己之有賢才，接己長老，接己嘗有功勞之恩，接己與師有故舊之好，凡恃此五者，而以學問望師之待以異意而教之，皆所不當答。滕更有二焉，接貴接賢，故不答矣。《章指》言：學尚虛己，師誨貴平，是以滕更恃二，孟子弗應。

《疏》 此孟子於滕更所以不答者，是亦不屑教之道也。

《集注》 尹氏曰："有所挾，則受道之心不專，所以不答也。"此言君子雖誨人不倦，又惡夫意之不誠者。

《正義》 《說文》手部云："挾，俾持也。"《楚辭·天問》"何馮弓挾矢"，王逸注云："挾，持也。"《廣雅·釋詁》云："接，持也。"是挾與接義同也。《儀禮·鄉射禮》"兼挾乘矢"、《大射儀》"挾乘矢"，注並云："方持弦矢曰挾。古文挾皆作接。"是挾與接字通也。昭公十九年《左傳》"以持其世而已"，《釋文》云："持，本作恃。"《莊子·徐無鬼》"恃源而往者也"，《釋文》云："恃，本亦作持。"持、恃同聲義通，挾之爲持，即爲恃，故趙氏既以接釋挾，又云恃此五者，挾貴、挾賢、挾長、挾有勳勞、挾故，即持貴、持賢、持長、持有勳勞、持故，亦即恃貴、恃賢、恃長、恃有勳勞、恃故也。

13.45

【原文】

孟子曰："於不可已而已者，無所不已；於所厚者薄，無所不薄也。其進銳者其退速。"

【譯文】

孟子說："對於不可拋棄的人反而拋棄的話，足見没有什麼人是他不能拋棄的；對於所應親厚的人反而鄙薄他，足見没有什麼人會不被其鄙薄哩。那種進用快的人其被斥退必迅速。"

【古注】

《注》 已，棄也。於義所不當棄而棄之則不可。所以不可而棄之，使無罪者咸恐懼也。於義當厚而反薄之，何不薄也？不憂見薄者亦皆不自安矣。不審察人而過進不肖越其倫，悔而退之必速矣。當翔而後集，慎如之何。《章指》言：賞僭及淫，刑濫傷善，不僭不濫，詩人所紀，是以季文三思，何後之有？

《疏》 孟子言，人君於不可棄去者而反棄去之，是其餘之類無所不棄也，如堯去四凶之罪，是可以棄而棄之者也；其於賞當所厚者反而薄之，是其餘之類亦無所不薄也，如舜舉八元八凱，是所厚而厚之也。其於無所不棄無所不薄之君，得銳進而爲仕則其被退黜亦必急速矣，無他，以其君不能鑒其賢否，不能信任，所以如是矣。

《集注》 已，止也。不可止，謂所不得不爲者也。所厚，所當厚者也，此言不及者之弊。進銳者，用心太過，其氣易衰，故退速。三者之弊，理勢必然，雖過不及之不同，然卒同歸於廢弛。

《正義》 《論語·公冶長篇》"三已之"對上"三仕"，則已爲罷黜。趙氏以無罪而黜則凡仕者皆自危，故云使無罪者咸恐懼也。何不薄，猶云何人不爲所薄。素與親厚者本不憂其薄，今見其自薄於所當厚，則人人不安，而親厚不可恃也。《莊子·天下篇》云"銳則挫矣"，郭象注云："進躁無崖爲銳。"

進之太過，故以過進解其進鋭也。越其倫即卑踰尊、疏踰戚。《論衡·狀留篇》云："吕望之徒，白首乃顯；百里奚之知，明於黄髮。深爲國謀，因爲國輔，皆夫沉重難進之人也。輕躁早成，禍害暴疾，故曰其進鋭者退速。"

13.46

【原文】

孟子曰："君子之於物也，愛之而弗仁；於民也，仁之而弗親。親親而仁民，仁民而愛物。"

【譯文】

孟子説："君子對待萬物嘛，愛惜它們却不施以仁道；對待人民呢，能施以仁政却不親近他們。能親近親戚且能對人民施以仁政，能對人民施以仁政才會愛惜萬物。"

【古注】

《注》 物，謂凡物可以養人者也。當愛育之，而不加之仁，若犧牲不得不殺也。臨民以非己族類，故不得與親同也。先親其親戚然後仁民，仁民然後愛物，用恩之次者也。《章指》言：君子布德，各有所施，事得其宜，故謂之義也。

《集注》 物，謂禽獸草木。愛，謂取之有時，用之有節。程子曰："仁，推己及人，如老吾老，以及人之老。於民則可，於物則不可。統而言之則皆仁，分而言之則有序。"楊氏曰："其分不同，故所施不能無差等，所謂理一而分殊者也。"尹氏曰："何以有差等？一本故也，無僞也。"

《正義》 程瑶田《通藝録·論學小記》云："人有恒言，輒曰一公無私。此非過公之言，不及公之言也。此一視同仁，愛無差等之教也。其端生於意必固我，而其弊必極於父攘子證，其心則陷於欲博大公之名，天下之人皆枉己以行其私矣。而此一人也，獨能一公而私，果且無私乎？聖人之所難，若人之所易，果且易人之所難乎？果且得謂之公乎？公也者，親親而仁民，仁民而愛物。有自然之施爲，自然之等級，自然之界限，行乎不得不行，止乎不得不止。時而子私其父，時而弟私其兄，自人視之，若無不行其私者。事事生分别也，人人生分别也，無他，愛之必不能無差等，而仁之必不能一視也，此之謂公也，非一公無私之謂也。《儀禮·喪服傳》之言昆弟也，曰：'昆弟之義無分，然而有分者，則辟子之私也。子不私其父，則不成其子。'孔子之言直躬也，曰：'父爲子隱，子爲父隱，直在其中。'皆言以私行其公，是天理人情之至，自然之施爲、等級、界限，無意、必、固、我於其中者也。如其不私，則所謂公者，必不出於其心之誠然，不誠則私焉而已矣。或問第五倫曰：'公有私乎？'曰：'吾兄子嘗病，一夜十往，退而安寢。吾子有疾，雖不省視，而竟夜不眠。豈可謂無私乎？'嗚呼，是乃所謂公也。是父子相隱者之爲吾黨直躬也。不博大公之名，安有營私之舉？天不容僞，故愚人千慮必有得焉，誠而已矣。"

【淺悟】

本章提到的君子，顯然是指執政者，希望他們能正確對待親戚、人民和萬物之間的關係。《易經·繫辭下》云："天地之大德曰生。"人是萬物之靈，理應弘揚天地好生之大德。既然愛惜萬物，爲什麽不能用一顆仁心去愛護，以使它們能生生不息，而不至於滅絶？既然能向人民施仁政，如果不親近他們，將如何施仁政？希望每一位君子都能時刻作這樣的反省，應當是孟子的本意。然而各注疏家却莫名其妙地將孟子此言理解爲“用恩之次”，還説什麽“犧牲不得不殺”。如果説爲了祭祀不得不殺犧牲，那麽每每宴饗時的大殺珍禽異獸，難道也是不得不殺？説穿了，這依然是性善論所支配的論調：人類性善，可以任意屠殺禽獸；禽獸性惡，餓死也不准傷人。這種論調首先違背了天地好生之大德，又怎能用天道法則來指導人類的行爲？禽獸若能言，一定會説：這種論調純屬仗勢欺物的强盗邏輯！

其實孟子强調的“親親而仁民，仁民而愛物”思想，在中華文化的各種典籍中隨處可見。尤其對愛物一事，祖先們一再告誡要遵奉天道，以贊天地之化育，使萬物生生不息。諸如“昆蟲未蟄，不以火田，不麛、不卵、不殺胎、不殀夭、不覆巢”、“釣而不綱，弋不射宿”等等。對比當今，由於西方的産業革命的影響，加劇了人類的貪婪競賽，不參與其中，必遭侵略，被奴役。於是瘋狂掠奪自然資源，開採終將耗盡的不可再生的能源和礦藏，使生物呈加速度地滅絶，由此引發的各種自然災害和不適宜萬物生存的環境日益擴大，足見中華祖先的遠見卓識。不幸的是，當這一遠見卓識被西方有識之士認同並採納，往往已是處於生存危機、陷入窮途末路時。此時即便立即作出亡羊補牢的努力，也無法使自然恢復原貌，何況貪婪競賽仍以“爲民造福”爲借口而理直氣壯地繼續着，貪婪之頑梗由此可見。兩千多年前，西漢大儒董仲舒應武帝之策問時曾説：“視前世已行之事，以觀天人相與之際，甚可畏也。國家將有失道之敗，而天乃出災害以譴告之；不知自省，又出怪異以警懼之；尚不知變，傷敗乃至。”此話不啻爲今而言也。我們既無力回天，只能冀望於人們念及後世子孫的生存發些慈悲之心，收斂些許貪婪，減少些許揮霍，回到祖先告誡的節儉、愛物的軌道上，給後世子孫留下儘量多的可以活命的環境吧。如果連這點慈悲都不肯給，我們還配稱之爲萬物之靈麽？

大力弘揚萬古不朽的中華文化，乃大慈悲。

13.47

【原文】

孟子曰：“知者無不知也，當務之爲急；仁者無不愛也，急親賢之爲務。堯舜之知而不徧物，急先務也；堯舜之仁不徧愛人，急親賢也。不能三年之喪而緦小功之察，放飯流歠而問無齒決，是之謂不知務。”

【譯文】

孟子説：“智者没有不能識别的事務嘛，而以當下必須處理的事務爲急迫；仁者没有不愛惜的事物嘛，而把親近賢者視爲緊急事務。堯舜雖有大智慧却不遍及所有的事，因急於辦理必須先辦的事務嘛；堯舜的仁政並不普遍愛人，因急於親近賢者嘛。那種不能奉行三年的重喪却去苛察緦麻和小功這些輕喪之禮，自己大吃大喝一副狼狽相却責問别人没用牙齒咬斷濡肉，這種人只能説他不知所務。”

【古注】

《注》 知者，知所務善也。仁者，務愛其賢也。物，事也。堯舜不徧知百工之事，不徧愛衆人，先愛賢使治民，不一一自往親加恩惠也。尚不能行三年之喪而復察緦麻小功之禮。放飯，大飯也。流歠，長歠也。齒決，斷肉置其餘也。於尊者前賜食，大飯長歠，不敬之大者；齒決，小過耳。言世之先務舍大譏小，有若大飯長歠而問無齒決類也。《章指》言：振裘持領，正羅維綱，君子百行，先務其崇，是以堯舜親賢，大化以隆道爲要也。

《集注》 知者固無不知，然常以所當務者爲急，則事無不治而其爲知也大矣；仁者固無不愛，然常急於親賢，則恩無不洽而其爲仁也博矣。三年之喪，服之重者也；緦麻三月，小功五月，服之輕者也。察，致詳也。放飯流歠，不敬之大者也；齒決，嚙斷乾肉，不敬之小者也。問，講求之意。此章言君子之於道，識其全體則心不狹，知所先後則事有序。豐氏曰：“智不急於先務，雖徧知人之所知，徧能人之所能，徒弊精神而無益於天下之治矣。仁不急於親賢，雖有仁民愛物之心，小人在位無由下達，聰明日蔽於上而惡政日加於下，此孟子所謂不知務也。”

《正義》 百工，百官也。急親賢爲務，則知所當務，即知急親賢也。知急親賢，因即以親賢爲務，所以不必徧知百官之事，不必自往加惠於民。《禮記・曲禮》：“毋放飯，毋流歠。”又云：“濡肉齒決，乾肉不齒決。”注云：“去手餘飯於器中，人所穢；大歠嫌欲疾。決，猶斷之。乾肉堅，宜用手。”孔氏正義云：“放飯者，手就器中取飯，飯若黏著手，不得拂放本器中者，去手餘飯於器中，人所穢也。當棄餘於篚，無篚棄餘於會，會爲簋蓋也。毋流歠者，謂開口大歠，汁入口如水流，則欲多而速，是傷廉也。濡肉齒決者，濡，濕也。濕軟不可用手擘，故用齒斷決而食之。乾肉，脯屬也，堅肕不可齒決斷之，故須用手擘而食之。”按趙氏以流歠爲長歠，與鄭同；而以放飯爲大飯，與鄭異。大飯猶長歠也。《吕氏春秋・審分篇》“無使放悖”，高誘注云：“放，縱也。”又《適威篇》“故流於之堯”，注云：“流，放也。”是放飯猶流歠也。蓋歠，歠之也；則飯，飯之也。流歠，謂流離而歠之；放飯，謂放縱而飯之。段玉裁《説文解字注》云：“飯，食也。食也者，謂食之也。此飯之本義也。引申之所食爲飯。今人於本義讀上聲，於引申之義讀去聲，古無是分别也。”然則鄭云“去手餘飯”，則以飯爲所食之飯，即指饋餾之粒，與歠爲不類。而訓放爲去，去手之餘飯，何以見其必反本器？設去之反於篚，反於會，亦可云放飯也。放不得專爲反本器之稱，則不如趙氏之義爲的矣。問無齒決者，蓋食濡肉而以手決之，責問其何以不齒決也。

【淺悟】

歠，讀音 chuò(ㄔㄨㄛˋ)，通啜。

本章應是對上章意指所作的進一步闡述。堯舜之仁以親賢爲急，意欲更廣泛地親民愛物。

孟子卷十四淺悟

盡心章句下　凡三十八章

14.1

【原文】

孟子曰:"不仁哉梁惠王也！仁者以其所愛及其所不愛,不仁者以其所不愛及其所愛。"

公孫丑問曰:"何謂也?"

"梁惠王以土地之故,糜爛其民而戰之,大敗,將復之,恐不能勝,故驅其所愛子弟以殉之,是之謂以其所不愛及其所愛也。"

【譯文】

孟子説:"梁惠王太不仁道啊！仁者用恩惠施給他所愛的人一併惠及他所不愛的人,不仁者則是把災難降給他所不愛的人同時殃及他所愛的人。"

公孫丑問道:"指什麼説的呢?"

"梁惠王因貪圖鄰國土地的緣故,摧殘其人民去征戰,被打得大敗,準備再戰,惟恐不能勝,所以又驅使其所愛的子弟以身殉利,這就是所謂的把災難降給他所不愛的人同時殃及他所愛的人嘛。"

【古注】

《注》 梁,魏都也。以,用也。仁者用恩於所愛之臣民,王政不偏,普施德教,所不親愛者并蒙其恩澤也。用不仁之政加於所不親愛則有災傷,加所愛之臣民亦并被其害。惠王好戰殺人,故孟子曰不仁哉。丑問及所愛之狀何謂也?孟子言惠王貪利鄰國之土地而戰,其民死亡於野,骨肉糜爛而不收,兵大敗而欲復戰,恐士卒少不能用勝,故復驅其所愛近臣及子弟而以殉之。殉,從也。所愛從其所不愛而往趨死亡,故曰及其所愛也。東敗於齊,長子死焉。《章指》言:發政施仁,一國被恩;好戰輕民,災及所親。著此魏王,以戒人君也。

《集注》 親親而仁民,仁民而愛物,所謂以其所愛及其所不愛也。糜爛其民,使之戰鬭糜爛其血肉也。復之,復戰也。子弟,謂太子申也。以土地之故及其民,以民之故及其子,皆以其所不愛及其所愛也。此承前篇之末三章之意,言仁人之恩自内及外,不仁之禍由疏逮親。

【淺悟】

《論語·衛靈公篇》子曰："吾之於人也，誰毁誰譽？如有所譽者，其有所試矣。斯民也，三代之所以直道而行也。"的確，孔子從未私下指名道姓地詆毁過任何執政者。亂世之下的列國執政者，皆似病入膏肓，詆毁又有何用？

14.2

【原文】

孟子曰："春秋無義戰，彼善於此，則有之矣。征者，上伐下也，敵國不相征也。"

【譯文】

孟子説："春秋時期没有爲正義而發動的戰争，彼國略好於此國，倒是有這種情形而已。需征討的話，那是上頭討伐下面的事哩，同等地位的諸侯國不得相互征討嘛。"

【古注】

《注》 《春秋》所載戰伐之事，無應王義者也，彼此相覺有善惡耳。孔子舉毫毛之善貶纖介之惡，故皆録之於《春秋》也。上伐下謂之征，諸侯敵國不得相征。五霸之世諸侯相征，於三王之法不得其正者也。《章指》言：《春秋》撥亂，時多争戰，事實違禮，以文反正，征伐誅討，不自王命，故曰無義戰也。

《疏》 春秋之世，凡兵之所起皆小役大，弱役强，或因怒興師，或棄禮貪利，未嘗有禁暴救亂之義也，是以春秋無義戰。然而其彼國之戰有善於此國，未嘗無也，是以彼善於此則有之矣。夫征者，以上伐下，無有敵於我師所以正彼之罪也，如抗敵之國則相爲强弱以結禍亂，非上之所以伐下罔有敵於我師者也，其勢皆足以相抗、皆出於交惡者也，故曰敵國不相征也。注孔子舉毫毛之善云云，此蓋言春秋無義戰之謂也，如有之，則孔子必書。

《集注》 《春秋》每書諸侯戰伐之事必加譏貶，以著其擅興之罪，無有以爲合於義而許之者。但就中彼善於此者則有之，如召陵之師之類是也。征，所以正人也。諸侯有罪，則天子討而正之。此春秋所以無義戰也。

《正義》 《春秋繁露·竹林篇》云："《春秋》之法，凶年不脩舊，意在無苦民爾。苦民尚惡之，况傷民乎？傷民尚痛之，况殺民乎？凶年脩舊則譏，造邑則諱。是害民之小者，惡之小也；害民之大者，惡之大也。今戰伐之於民，其爲害幾何？考意而觀指，則《春秋》之所惡者，不任德而任力，驅民而殘賊之，其所好者設而勿用仁義以服之也。《詩》云：'弛其文德，洽此四國。'此《春秋》之所善也。夫德不足以親近，而文不足以來遠，而斷斷以戰伐爲之者，此固《春秋》之所甚疾已，皆非義也。"又云："《春秋》愛人而戰者殺人，君子奚説善殺其所愛哉？故《春秋》之於偏戰也，比之詐戰則謂之義，比之不戰則謂之不義。不義之中有義，義之中有不義，辭不能及，皆在於指，非精心達思者，其孰能知之！"此即發明《孟子》"無義戰"之義也。《説苑·至公篇》云："夫子行説七十諸侯，無定處，意欲使天下之民各得其所，而道不行，退而脩《春秋》，采毫毛之善，貶纖介之惡，人事挾，王道備，精和聖制，上通於天而麟至。"哀公十四年《公羊傳》云:"君子曷爲爲《春秋》? 撥亂世,反諸正,莫近諸《春秋》。"《史記·太史公自序》引此又云:"夫不通禮義之旨,至於君不君,臣不臣,父不父,子不子,此四行者,天下之大過也。以天下之大過予之,則受而弗敢辭,故《春秋》者,禮義之大宗也。夫禮禁未然之前,法施已然之後。法之所爲用者易見,而禮之所爲禁者難知。壺遂曰:'孔子之時,上無明君,下不得任用,故作《春秋》,垂空文以斷禮義,當一王之法。'"

【淺悟】

對於戰争,拙著《論語淺悟》曾有評述,不妨在此重述一遍:凡不是爲了抵禦外侮,捍衛國家主權和領土完整,不是以消滅獨裁的家天下的罪惡統治,建立人民當家作主的公有制社會爲宗旨的任何戰争,皆非義戰,哪怕是上伐下。

14.3

【原文】

孟子曰:"盡信《書》則不如無《書》,吾於《武成》取二三策而已矣。仁人無敵於天下,以至仁伐至不仁,而何其血之流杵也?"

【譯文】

孟子説:"完全相信《尚書》還不如没有這部《尚書》,我從其中的《武成》篇内只選取了兩三板簡策而已呀。簡策既然説仁人無敵於天下,那麼以最仁的武王討伐最不仁的殷紂,爲何死傷戰士流的血能把舂米的杵漂起來呢?"

【古注】

《注》 《書》,《尚書》。經有所美,言事或過,若《康誥》曰"冒聞於上帝",《甫刑》曰"帝清問下民",《梓材》曰"欲至于萬年",又曰"子子孫孫永保民",人不能聞天,天不能問民,萬年永保,皆不可得爲書,豈可案文而皆信之哉?《武成》,逸《書》之篇名,言武王誅紂,戰鬭殺人,血流舂杵。孟子言武王以至仁伐至不仁,殷人簞食壺漿而迎其師,何乃至於血流漂杵乎? 故吾取《武成》兩三簡策可用者耳,其過辭則不取也。《章指》言:文之有美過實,聖人不改,録其意也。非獨《書》云,《詩》亦有言,"嵩高極天,則百斯男",亦已過矣。

《集注》 程子曰:"載事之辭,容有重稱而過其實者,學者當識其義而已。苟執於辭,則時或有害於義,不如無《書》之愈也。"《武成》,《周書》篇名,武王伐紂歸而記事之書也。策,竹簡也。取其二三策之言,其餘不可盡信也。程子曰:"取其奉天伐暴之意,反政施仁之法而已。"《武成》言武王伐紂,紂之"前徒倒戈,攻于後以北,血流飄杵"。孟子言此則其不可信者。然《書》本意乃謂商人自相殺,非謂武王殺之也。孟子之設是言,懼後世之惑且長不仁之心耳。

《正義》 《禮記·經解》以《詩》教、《書》教、《樂》教、《易》教、《禮》教、《春秋》教並稱,此書專指《尚書》。趙氏以上言《書》、下言《武成》,故知爲《尚書》也。《尚書》在孟子時有百篇,舉《武成》以爲例,所言盡信《書》則不如無《書》,非專指《武成》而言,故趙氏廣而推之《康誥》、《甫刑》、《梓材》諸篇也。《康誥》云"惟時怙冒聞於上帝",冒有上進意,故云冒聞也。聞於上帝即是聞於天,故云人不能聞天。《甫刑》即《吕刑》,吕之稱者猶唐之稱晉也。《吕刑》云"皇帝清問下民",鄭氏注云:"皇帝清問以下,乃説堯事。”惠棟《九經古義》云：“棟按：孔傳云：‘君帝，帝堯也。’是孔氏本作君帝。”謹按：孔傳以君帝釋皇帝，而亦以爲堯，不以爲天也。趙氏所見《吕刑》無皇字固矣。蓋趙氏讀“帝清”二字相連，帝爲王天下之名，而古亦稱天爲帝。蓋趙氏以帝清猶太清，單稱帝不必是天，稱帝清則必非天子，故以帝清問下民爲天問民也。閩監毛三本依《吕刑》增作“皇帝清問下民”，阮元《校勘記》云：“宋本廖本孔本韓本《考文》古本足利本無皇字。按無者是。《困學紀聞》所引正同。按閩監毛三本增皇字，因又增云‘天子不能問於民’，而諸本亦無子字，且天子問民，何不能也？”按武王伐紂於牧之野，河北地高壤，靡不乾燥，兵頓血流，輒燥入土，安得杵浮？且周殷士卒皆賫盛糧，或作乾糧，無杵臼之事，安得杵而浮之？言血流杵，欲言誅紂惟兵頓士傷，故至浮杵。是杵爲杵臼之杵，故趙氏言血流舂杵。李樗《詩經講義》云：“《詩》中言多，則曰‘則百斯男’，言少則曰‘靡不孑遺’，言廣則曰‘日辟國百里’，言狹則曰‘一葦杭之’，皆甚辭也。”是又因趙氏《章指》推言之耳。

14.4

【原文】

孟子曰：“有人曰‘我善爲陳，我善爲戰’，大罪也！國君好仁，天下無敵焉。南面而征北夷怨，東面而征西夷怨，曰‘奚爲後我？’武王之伐殷也，革車三百兩，虎賁三千人，王曰：‘無畏，寧爾也，非敵百姓也。’若崩厥角稽首。征之爲言，正也，各欲正己也，焉用戰？”

【譯文】

孟子道：“有人説‘我善於排兵布陣，我善於指揮作戰’，罪大惡極哩！國君好仁政，天下没有人敢與之爲敵。王師向南面征討北方邊民便埋怨，向東面征討西方邊民便埋怨，都説‘爲何最後解救我？’武王率師討伐殷紂呢，兵車數百乘，勇士數千人，武王向殷民傳令説：‘不要畏懼，是來安寧你們哩，並非跟百姓爲敵哩。’百姓叩頭觸地的聲音像山崩似的響。以征討的目的而言，爲了糾正嘛，各方都想着糾正自己呢，何必用戰爭？”

【古注】

《注》 此人欲勸諸侯以攻戰也，故謂之有罪。好仁無敵，四夷怨望遲，願見征，何爲後我？已説於上篇。革車，兵車也。虎賁，武士爲小臣者也，《書》云：“虎賁贅衣，趣馬小尹。”三百兩，三百乘也。武王令殷人曰，無驚畏，我來安止爾也。百姓歸周，若崩厥角，額角犀厥地，稽首拜命亦以首至地也。各欲令武王來征己之國，安用善戰陳者？《章指》言：民思明君，若旱望雨，以仁伐暴，誰不欣喜？是以殷民厥角，周師歌舞，焉用善戰？故云罪也。

《集注》 制行伍曰陳，交兵曰戰。此引湯之事以明之。解見前篇。兩，去聲，車數，一車兩輪也。賁音奔。《書・泰誓》文與此小異。孟子之意當云：“王謂商人曰：‘無畏我也。我來伐紂，本爲安寧汝，非敵商之百姓也。’於是商人稽首至地，如角之崩也。”民爲暴君所虐，皆欲仁者來正己之國也。

《正義》 趙氏謂武士爲小臣，引《書・立政》證之。蓋《立政》言“亦越文王武王”，則此虎賁爲文武時官，於武王伐殷時較切，《周禮》則爲天子後所制矣。以勇力爲左右近臣，故云武士爲小臣者也。

武王之言必由傳命宣喻之，故云令也。《漢書・諸侯王表》“漢諸侯王厥角𩓣首”，應劭曰：“蹶者，頓也。角者，頟角也。稽首，首至地也。”《文選・羽獵賦》“蹶浮麋”，應劭亦云：“蹶，頓也。”是厥、蹶古字通，然則厥角猶頓首，故云厥地也。若崩者，狀其角之多而迅也。《説文》山部云：“崩，山壞也。”《毛詩・小雅・無羊》云“不騫不崩”，傳云：“崩，羣疾也。”蓋一羣之羊全病，僵伏不起，詩人以山之壞狀之。此殷民歸周，以頟角犀蹶地，其狀若僵伏，而加“若崩”二字，極狀其人之衆多如山之下墜，如羊之羣疾而僵伏，方聞“寧爾”之令，猝然厥地，其聲其狀可於“若崩”二字見之。阮元《校勘記》云：“宋本孔本韓本犀作犀。段玉裁云：‘丁説殊誤，字當作犀，從牛。《國語》云角犀豐盈，《國策》曰眉目準頞犀角。權衡偃月，今人謂之天庭，古謂之犀角，相書云伏犀貫頂。’即其理也。”按《説文》尸部云：“犀，犀遲也，從尸，辛聲。”《爾雅・釋詁》云：“棲遲，息也。”此丁氏所本。然棲遲義爲遊息，於此不切。丁氏蓋不知厥即蹶，而以厥地爲其地，故改犀爲犀，而以爲止息其地也。不知上云“若崩”，下云“稽首”，則一時衆聲之轟然而首之上下不已，何止息之有？丁氏之誤，誠誤也。

14.5

【原文】

孟子曰：“梓匠輪輿，能與人規矩，不能使人巧。”

【譯文】

孟子説：“製造車輪和車箱的木匠，能教給人使用圓規和矩尺的技藝，不能使人做工靈巧。”

【古注】

《注》 梓匠輪輿之功，能以規矩與人，人之巧在心，拙者雖得規矩，不以成器也。《章指》言：規矩之法，喻若典禮，人不志仁，雖誦憲籍，不能以善。善人脩道，公輸守繩，政成器美，惟度是應，得其理也。

《疏》 孟子言，梓匠輪輿之工，能與人規矩法度，而不能使人之巧，以其人之巧在心，如心拙，雖得規矩法度亦不能成美器也。喻當時之君如心不在仁，雖誦憲籍亦不能成美政也。梓匠輪輿，已説於上篇矣。

《集注》 尹氏曰：“規矩，法度可告者也。巧則在其人，雖大匠亦末如之何也已。蓋下學可以言傳，上達必由心悟。莊周所論斫輪之意蓋如此。”

14.6

【原文】

孟子曰：“舜之飯糗茹草也，若將終身焉；及其爲天子也，被袗衣，鼓琴，二女果，若固有之。”

【譯文】

孟子説：“舜在吃乾糧就野菜那時呢，像是打算終生這樣渡過；到他成爲天子呢，穿着綉有文采的華貴衣裳，敲擊着琴，堯的兩個女兒侍候着，也像是本來就有這一切。”

【古注】

《注》 糗飯，乾糒也。袗，畫也。果，侍也。舜耕陶之時，飯糗茹草，若將終身如是；及爲天子，被畫衣，黼黻絺繡也。鼓琴，以協音律也。以堯二女自侍，亦不佚豫，如固自當有之也。《章指》言：阨窮不憫，貴而思降，凡人所難，虞舜所隆，聖德所以殊也。

《集注》 飯，食也；茹，亦食也。袗，畫衣也。二女，堯二女也。果，《説文》作婐，烏果反，女侍也。言聖人之心不以貧賤而有慕於外，不以富貴而有動於中，隨遇而安，無預於己，所性分定故也。

《正義》 被袗衣鼓琴，任大椿《深衣釋例》云："《孟子》'被袗衣，鼓琴'，趙岐注：'袗，畫也，黼黻絺繡也。'夫鼓琴，宴居時也。舜於養老朝燕僅服白布深衣，而燕居則服黼黻絺繡，非所以明質，故袗衣當非畫衣也。《史記》'堯乃賜舜絺衣與琴'，與舜被袗衣鼓琴事適相會。然則袗衣或即絺衣與？賜予止用絺葛布衣，可知當時之質。"孔廣森《經學卮言》云："袗非畫也，義如'袗絺綌'之袗。《史記·本紀》'堯賜舜絺衣與琴'是也。"孔氏、任氏引《史記》説之是也。絺綌爲袗，故孟子謂之袗衣。得被袗衣者，以堯賜絺也；得鼓琴者，以堯賜琴也；二女所以侍者，帝釐降二女也。以耕夫一旦膺天子之知，賜賞若此，明其榮顯也。若徒袗絺綌而鼓琴，則不過習爲山人耳。趙氏以袗衣黼黼絺繡本《尚書·皋陶謨》，乃鄭氏讀絺爲黹，此以絺繡爲"袗絺绤"之絺，與鄭氏異。以袗訓畫，則以繪與繡互見，非袗有畫義也。段玉裁《説文解字注》云："衣部：'袗，禪衣也；一曰盛服。裖，袗或從辰。'㐱本訓'稠髮'，凡㐱聲字多爲濃重，《上林賦》'磬石裖崖'，孟康曰：'裖，袗致也，以石致川之廉也。'是裖與㐱稹字義同。《孟子》'被袗衣'，袗衣亦當爲盛服，趙云畫衣者不得其説，姑依《皋陶謨》作繪言之耳。"二女果，臧琳《經義雜記》云："《説文》女部：'婐，婉也。一曰女侍曰婐，讀若騧。一曰若委，從女，果聲。孟軻曰：舜爲天子二女婐。'據此，知《孟子》本作'二女婐'，今作果者，是婐之省。趙氏訓爲侍，與《説文》合。"

【淺悟】

糗，讀音 qiǔ(ㄑㄧㄡˇ)。被袗，讀音 pīzhěn(ㄆㄧㄓㄣˇ)。果，讀音 wǒ(ㄨㄛˇ)，同婐。

《史記·五帝本紀》載"堯賜舜絺之與琴"時，舜僅三十歲，備嘗家庭煎熬，成天孤身耕於歷山，即所謂"飯糗茹草"期間。堯所賜之絺衣，即細葛布衣，對舜來説已是很難得之物了。"及其爲天子也"，則是二十八年後的事，舜已五十八歲，不可能依舊穿着那件絺衣。所謂"被袗衣"，應當是趙岐注解的"被畫衣，黼黻絺繡也"。任大椿、孔廣森、焦循等學者不察真相，反以正確爲謬誤，太不應該。

14.7

【原文】

孟子曰："吾今而後知殺人親之重也：殺人之父，人亦殺其父；殺人之兄，人亦殺其兄。然則非自殺之也，一間耳。"

【譯文】

孟子説："從今往後我算知道殺害别人親人的後果有多嚴重了：殺了人

家的父親，人家也會殺他的父親；殺了人家的兄長，人家也會殺他的兄長。那麼並非自己殺的父兄呢，那只不過是閒隔一人而已。”

【古注】

《注》 父仇不同天，兄仇不同國，以惡加人，人必加之，知其重也。一閒者，我往彼來閒一人耳，與自殺其親何異哉？《章指》言：恕以行仁，遠禍之端。暴以殘民，招咎之患。是以君子好生惡殺，反諸身也。

《集注》 言吾今而後知者，必有所爲而感發也。一閒者，其實與自害其親無異也。范氏曰：“知此則愛敬人之親，人亦愛敬其親也。”

《正義》 《大戴記·曾子制言上》云：“父母之讎不與同生，兄弟之讎不與聚國。”《禮記·檀弓》云：“子夏問於孔子曰：‘居父母之仇如之何？’夫子曰：‘寢苫枕干，不仕，弗與共天下也。遇諸市朝，不反兵而鬬。’曰：‘請問居昆弟之仇如之何？’曰：‘仕弗與共國。銜君命而使，雖遇之不鬬。’”阮元《曾子注釋》云：“居仇之説，《檀弓》、《曲禮》、《周官·地官·調人》及此曾子所言互有異同。然《周禮》、孔子、曾子之言，三者同義，惟《曲禮》錯出，不可從。《周禮·調人》云：‘凡過而殺傷人者，以民成之。凡和難，父之仇辟諸海外，兄弟之仇辟諸千里之外。’此專言過殺，非本意殺，故調人得以使之遠避平成之，與孔、曾所言有意辱殺之讎不同。又《調人》曰‘凡殺人有反殺者，使邦國交讎之’者，此言謀殺一人，恐此人子弟報仇，因復殺其子弟也。又《調人》曰‘凡殺人而義者，不同國，令勿讎，讎之則死’者，此謂殺其謀殺君父之人爲義，其殺人君父之人之父兄子弟不得再以此人爲仇，仇之則罪當死也。故《周禮》與孔、曾合，以爲不合者，誤解之耳。若《曲禮》言‘兄弟之讎不反兵，交遊之讎不同國’，及《公羊》‘復百世之讎’，則太過，不合聖賢之道矣。”趙氏言此者，不同天，不同國，可知其必報，故云以惡加人，人必加之。其情重大，非可平成之者也。閒，隔也。閒一人，猶云隔一人也。

【淺悟】

《論語·述而篇》有“子不語怪、力、亂、神”的記載。孔子既然不談論有關暴力之事，又怎麼會在《禮記·檀弓》中有問必答地向子夏傳授如此具體的復仇方法呢？更可疑的是，不問結仇原委，便不分青紅皂白地對報仇給以公式化的指導，的確，這不符合聖賢之道，孔子決不會作出如此輕率的答覆。據估計，漢王朝平定天下後，學者們自然要重新輯録被秦火焚毁的諸經。輯録《禮記》的學者，或對暴秦懷有深仇大恨，不免借孔子之口以抒己意，將此復仇的情節加入其中亦未可知。

14.8

【原文】

孟子曰：“古之爲關也，將以禦暴；今之爲關也，將以爲暴。”

【譯文】

孟子説：“古時候設立關卡嘛，將用來防禦暴亂；如今設立關卡呢，將用來實施暴虐。”

【古注】

《注》 古之爲關，將以禦暴亂，譏閉非常也。今之爲關，反以征税出入之人，將以爲暴虐之道也。《章指》言：脩理關梁，譏而不征，如以税斂，非其式程，懼將爲暴，故載之也。

《集注》 范氏曰："古之耕者什一；後世或收大半之税，此以賦斂爲暴也。文王之囿與民同之；齊宣王之囿爲阱國中，此以園囿爲暴也。後世爲暴不止於關。若使孟子用於諸侯，必行文王之政，凡此之類皆不終日而改也。"

14.9

【原文】

孟子曰："身不行道，不行於妻子；使人不以道，不能行於妻子。"

【譯文】

孟子説："自身不走正道，用正道管束妻子兒女都行不通；指使别人不合正道，即使指使妻子兒女都不可能。"

【古注】

《注》 身不自履行道德，而欲使人行道德，雖妻子不肯行之，言無所則效也。使人不順其道理，不能使妻子順之，而況他人乎。《章指》言：率人之道，躬行爲首。《論語》曰："其身不正，雖令不從。"

《疏》 荀況云："有分義，則合天下而治；無分義，則一妻一妾而亂。"《論語》曰："其身正，不令而行；其身不正，雖令不從。"亦其意也。

14.10

【原文】

孟子曰："周于利者，凶年不能殺；周于德者，邪世不能亂。"

【譯文】

孟子説："在貨利上有充足積蓄的人，遭逢凶年也不能餓殺；在德行上有充足積蓄的人，遭逢邪世也不能亂其志。"

【古注】

《注》 周達於利，營苟得之利而趨生，雖凶年不能殺之；周達於德，身欲行之，雖遭邪世不能亂其志也。《章指》言：務利蹈姦，務德蹈仁，舍生取義，其道不均也。

《集注》 周，足也。言積之厚則用有餘。

《正義》 趙氏謂達於取利，則凡苟得之利皆營求之，故雖凶荒之年有心計足以趨生，故不死。不達於德則不能行，達而行之則志定，不爲邪世所亂。近時通解周爲徧帀，謂積蓄無少匱也。積於利，故不困於凶年；積於德，故不染於邪世。

14.11

【原文】

孟子曰："好名之人，能讓千乘之國；苟非其人，簞食豆羹見於色。"

【譯文】

孟子說："喜好名聲不朽的人，能把千輛兵車這樣的大國讓給人；如果不是這種好名之人，哪怕讓出一竹筒飯一碗菜湯，心中的不快也會在臉色上表現出來。"

【古注】

《注》 好不朽之名者，輕讓千乘，伯夷、季札之疇是也。誠非好名者，争簞食豆羹變色，訟之致禍，鄭子公染指黿羹之類是也。《章指》言：廉貪相殊，各亦卓異，故聞伯夷之風，懦夫有立志也。

《疏》 伯夷季札與鄭子公之類，案《史記》列傳云："伯夷叔齊，孤竹君之二子。父欲立叔齊。及父卒，叔齊讓伯夷；伯夷曰'父命也'，遂逃去；叔齊亦不肯立而逃之。"《世家》云："王餘昧卒，欲授弟季札；季札讓，逃去。於是吴人曰：'先王有命，兄卒弟代立，必致季子，今逃位，則王餘昧後立。今卒，其子當代。'乃立王餘昧之子僚爲王。"凡此是伯夷季札之讓千乘之國也。云鄭子公染指黿羹者，案魯宣公四年《左傳》云："楚人獻黿於鄭靈公。公子宋與子家將見，子公之食指動，以示子家曰：'他日我如此，必嘗異味。'及入，宰夫將解黿，相視而笑。公問之，子家以告。及食大夫黿，召子公而弗與也。子公怒，染指於鼎，嘗之而出。公怒，欲殺子公。子公與子家謀先，子家曰：'畜老牛猶憚殺之，而况君乎？'反譖子家，子家懼而從之。夏，殺靈公。"故《經》書曰"鄭子公殺其君夷"是也。

《集注》 好名之人矯情干譽，是以能讓千乘之國。然若本非能輕富貴之人，則於得失之小者反不覺其真情之發見矣。蓋觀人不於其所勉而於其所忽，然後可以見其所安之實也。

《正義》 襄公二十四年《左傳》云："范宣子曰：'古人有言，死有不朽，何謂也？'叔孫穆叔曰：'太上有立德，其次有立功，其次有立言，雖久不廢，此之謂不朽。'"陸賈《新語·輔政篇》云："功垂於無窮，名傳於不朽。"故以好名爲好不朽之名。錢大昕《養新録》云："孔子疾没世而名不稱，孟子亦惡人之不好名，名謂不朽之名也。不好名，亦專於好利，雖簞食豆羹且不能讓，況千乘乎？"非其人者，謂非好名之人也。如此解爲當。

【淺悟】

錢大昕《養新録》所提到的"孔子疾没世而名不稱焉"，"疾"是着急的意思，"名"是死後之名，"焉"是行爲的代詞。就是説，孔子着急死後而名聲與實際不相稱。這完全是一句激發人在有生之年多做善事的話，而不是引誘人"好名"。没世之名，不再受權勢騷擾，是非善惡自有公論。如果純爲好名，請看歷史上多少人生前聲名煊赫，轉瞬而死，留下千古駡名，連其後裔都恥言是其祖，這樣的人生不可怕麽？孔子從未誘人好名，而是提倡"人不知而不愠，不亦君子乎？"，再三强調"不患人之不己知"。

孟子所説的好名之人，能以千乘之國相讓。這種人必能像伯夷叔齊一樣名垂青史。趙岐將好名解爲"好不朽之名"，應符合孟子的本意。

14.12

【原文】

孟子曰："不信仁賢則國空虛，無禮義則上下亂，無政事則財用不足。"

【譯文】

孟子說："不信任仁者賢者國内人才將會空虛，没有禮義規範人的行爲上下秩序將會紊亂，没有完善的政事機構財用將會不足。"

【古注】

《注》 不親信仁賢，仁賢去之，國無賢人，則空虛也。無禮義以正尊卑，則上下之叙泯亂。無善政以教人農時，貢賦則不入，故財用不足。《章指》言：親賢正禮，明其五教，爲政之源，聖人以三者爲急也。

《集注》 禮義所以辨上下，定民志。生之無道，取之無度，用之無節故也。尹氏曰："三者以仁賢爲本，無仁賢，則禮義、政事處之皆不以其道矣。"

14.13

【原文】

孟子曰："不仁而得國者有之矣，不仁而得天下者未之有也。"

【譯文】

孟子說："不行仁道却能得到封國這種情形曾經有過而已，不行仁道却能獲得天下這種情形未曾有過嘛。"

【古注】

《注》 不仁得國者，謂若象封於有庳，叔鮮、叔度封於管、蔡，以親親之恩而得國也，雖有誅亡，其世有土。丹朱、商均，天子元子，以其不仁，天下不與，故不得有天下也。《章指》言：王者當天，然後處之。桀紂幽厲，雖得猶失，不以善終，不能世祀，不爲得也。

《集注》 言不仁之人騁其私智，可以盗千乘之國，而不可以得丘民之心。鄒氏曰："自秦以來，不仁而得天下者有矣，然皆一再傳而失之，猶不得也。所謂得天下者，必如三代而後可。"

《正義》 賈誼《新書·數寧篇》云："臣聞之，自禹已下五百歲而湯起，自湯已下五百餘歲而武王起，自武王已下過五百歲矣，聖王不起何怪矣？及秦始皇帝似是卒非也，終於無狀。及今天下集於陛下，臣觀寬大知通，竊曰是以摻亂業，握危勢，若今之賢也，明通以足天紀，又當天。"按趙氏於不仁得天下前舉丹朱商均，此舉桀紂幽厲，皆非得天下之人，似乎所引未切矣。觀此云"雖得猶失，不以善終"云云，雖承桀紂幽厲，實指后羿、新莽一流。蓋是時曹操儼然無人臣之節，趙氏屬意荆州，此數語實指操而言。於"不仁得國"取象及管蔡，皆宗室同姓之得國者。蓋當時如袁紹、公孫瓚皆不仁得國者也，故有所忌諱，不言異姓也。玩其取賈子"當天"二字，固以此似是而非者，終於無狀，而謬托丹朱商均桀紂幽厲，實以秦皇斥操耳。而亦有所忌諱，不明言之也。

【淺悟】

孟子所説的“得天下者”，當指夏禹、商湯、武王三位開國帝王而言。如果他們不仁，便無法統一天下，這種情形在孟子之前没出現過，故云“未之有也”。然而孟子之後得天下的帝王，即使不仁，也必打着“替天行道”、“爲民除害”之類旗號以及相應的行動。但得天下後又是怎樣呢？後世皆有評説，兹不贅言。

14.14

【原文】

孟子曰：“民爲貴，社稷次之，君爲輕。是故得乎丘民而爲天子，得乎天子爲諸侯，得乎諸侯爲大夫。諸侯危社稷，則變置。犧牲既成，粢盛既絜，祭祀以時，然而旱乾水溢，則變置社稷。”

【譯文】

孟子説：“人民最重要，代表國家的土穀之神在其次，君王最輕。所以獲得人民擁戴才能擔任天子，獲得天子信任才能封爲諸侯，獲得諸侯信任才能封爲大夫。諸侯危害社稷，就變换改立賢諸侯。犧牲已肥碩，盛在祭器内的黍稷已洗潔淨，祭祀也依照時令舉行了，然而仍遭遇旱災水災，就改變設置社稷的處所。”

【古注】

《注》 君輕於社稷，社稷輕於民。丘，十六井也。天下丘民皆樂其政則爲天子，殷湯周文是也。得天子之心，封以爲諸侯。得諸侯之心，諸侯封以爲大夫。諸侯爲危社稷之行，則變更立賢諸侯也。犧牲已成肥腯，粢稻已成絜精，祭祀社稷常以春秋之時，然而其國有旱乾水溢之災，則毁社稷而更置也。《章指》言：得民爲君，得君爲臣，民爲貴也。先黜諸侯，後毁社稷，君爲輕也。重民敬祀，治之所先，故列其次而言也。

《集注》 社，土神；稷，穀神。建國則立壇壝以祀之。蓋國以民爲本，社稷亦爲民而立，而君之尊又繫於二者之存亡，故其輕重如此。丘民，田野之民，至微賤也，然得其心則天下歸之。天子至尊貴也，而得其心者不過爲諸侯耳，是民爲重也。諸侯無道，將使社稷爲人所滅，則當更立賢君，是君輕於社稷也。盛音成。祭祀不失禮，而土穀之神不能爲民禦災捍患，則毁其壇壝而更置之，亦年不順成、八蜡不通之意，是社稷雖重於君而輕於民也。

《正義》 全祖望《經史問答》云：“嘗謂國家之有水旱，原恃乎我之所以格天者，而未嘗以人聽於神。陰陽不和，五行失序，於是有恒雨恒暘之咎，不應於社稷之神是咎。且亦安知社稷之神不將大有所懲創於國君而震動之，使有以知命之不常，天之難諶？而吾乃茫然於其警戒之所在，反以人踧踖之氣責報於天，文過於己，是取滅亡之道也。乃若聖王則有之。聖王之於天地，其德相參，其道相配，而其自反者已極盡而無憾，故湯之易稷是也。夫天人一氣也，在我非尸位，則在神爲溺職，雖黜之非過矣。但是可爲賢主道，而不可爲慢神之主道也。”又云：“《左氏》昭公十有六年：‘鄭大旱，使屠擊等有事於桑山，斬其木，不雨，子産曰：有事於山，蓺山林也，而斬其木，其罪大矣。奪之官邑。'夫斬木是古禮，亦變置之意也。子産以爲非者，即未可輕言之意也。《雲漢》之詩曰'靡神不舉'，正與八蜡不通之説並行不悖，未有毅然以蔑絶明神自任者。"

14.15

【原文】

孟子曰："聖人百世之師也，伯夷柳下惠是也。故聞伯夷之風者，頑夫廉，懦夫有立志；聞柳下惠之風者，薄夫敦，鄙夫寬。奮乎百世之上，百世之下聞者莫不興起也，非聖人而能若是乎？而況於親炙之者乎！"

【譯文】

孟子説："聖人是百世的師表哩，伯夷和柳下惠便如此嘛。所以聽到伯夷之風骨者，貪婪之人都能變得廉潔，懦夫都能立定志向；聽到柳下惠之風骨者，輕薄之人也會變得敦厚，鄙陋之人也會變得寬容。其二人奮發於百世之前，百世之後聽到其事迹者没有人會不立志興起哩，如果不是聖人，能有這樣的影響力嗎？何況對於親自受其薰陶的人呀！"

【古注】

《注》 伯夷之清，柳下惠之和，聖人之一槩也；頑，貪；懦，弱；鄙，狹也。百世，言其遠也。興起，志意興起也。非聖人之行何能感人若是？論聞尚然，況於親見勳炙者乎。《章指》言：伯夷柳下，變貪厲薄，千載聞之，猶有感激，謂之聖人，美其德也。

《正義》 聖人之一概，猶云聖人之一端也。毛奇齡《四書賸言》云："《孟子》'奮乎百世之上百世之下'一氣不斷，古文排句辭例如此，言興乎前以及乎後也。若以'百世之下'連下讀，則失辭例矣。"《漢書・王吉傳》云："《孟子》云：奮乎百世之上，行乎百世之下，莫不興起。"按《論衡・知實篇》引云："百世之下，聞之者莫不興起，非聖而若是乎？而況親炙之乎。"百世之下固屬下讀，與親炙相對，親炙則百世之上與夷、惠同時之人矣。毛説非也。阮元《校勘記》云："毛本作勳，孔本作薰，韓本作勳。按《音義》出'勳炙'，云'字與熏同'，則作薰、熏并非古本。"

14.16

【原文】

孟子曰："仁也者，人也。合而言之，道也。"

【譯文】

孟子説："行仁道的話，靠人嘛。將此二者結合起來説，就是匡世濟民之道嘛。"

【古注】

《注》 能行仁恩者，人也。人與仁合而言之，可以謂之有道也。《章指》言，仁恩須人，人能宏道也。

《疏》 爲仁者，所以盡人道也。此二者，所以爲人也。蓋人非仁不立，仁非人不行，合仁與人而言之，則人道盡矣。

《集注》 仁者，人之所以爲人之理也。然仁，理也；人，物也。以仁之理合於人之身而言之，乃所謂道者也。程子曰："《中庸》所謂'率性之謂道'是也。"或曰："外國本'仁也'之下，有'義也者，宜也；禮也者，履也；智也者，知也；信也者，實也'凡二十字。"今按：如此則理極分明，然未詳其是否也。

《正義》 段氏玉裁《説文解字注》云："仁，親也，從人二。《中庸》曰：'仁者，人也。'注：'人也，讀如相人偶之人，以人意相存問之言。'按人耦猶言爾我，親密之詞。獨則無耦，耦則相親，故其字從人二。孟子曰'仁也者，人也'，謂能行仁恩者，人也。又曰'仁人心也'，謂仁乃是人之所以爲心也。與《中庸》語意皆不同。"

14.17

【原文】

孟子曰："孔子之去魯曰：'遲遲吾行也，去父母國之道也。'去齊，接淅而行，去他國之道也。"

【譯文】

孟子説："孔子在離開魯國時説：'我遲遲出行呢，這是離開父母國的道理嘛。'離開齊國時，接過淘好的米不等下鍋就上路，這是離開他國的道理嘛。"

【古注】

《注》 遲遲，接淅，注義見《萬章下》首章。《章指》言：孔子周流不遇，則之他國，遠逝惟魯斯戀，篤父母國之義也。

《正義》 "去他國之道也"，《萬章》下篇無此句。

14.18

【原文】

孟子曰："君子之戹於陳蔡之閒，無上下之交也。"

【譯文】

孟子説："孔子一行在陳蔡兩國之間遭困戹，只因兩國上下没有賢者可交往嘛。"

【古注】

《注》 君子，孔子也。《論語》曰："君子道者三，我無能焉。"孔子乃尚謙，不敢當君子之道，故可謂孔子爲君子也。孔子所以戹於陳蔡之閒者，其國君臣皆惡，上下無所交接，故戹也。《章指》言：君子固窮，窮不變道。上下無交，無賢援也。

《疏》《論語·衛靈公》之篇云，孔子"在陳絶糧，從者病，莫能興。子路愠見曰：'君子亦有窮乎？'子曰：'君子固窮，小人窮斯濫矣。'"豈非窮不變道者能如是乎？注："君子道者三，我無能焉"，所謂乎"仁者不憂，智者不惑，勇者不懼"，是三者也。

《正義》《史記·孔子世家》云："孔子在陳蔡之閒，楚使人聘孔子，孔子將往拜禮。陳蔡大夫謀相與發徒役圍孔子於野，不得行，絶糧。"此孔子戹於陳蔡之事也。上下無交，即指大夫相謀。

14.19

【原文】

貉稽曰："稽大不理於口。"

孟子曰："無傷也。士憎兹多口。《詩》云'憂心悄悄，愠于羣小'，孔子也。'肆不殄厥愠，亦不殞厥問'，文王也。"

【譯文】

貉稽説："我貉稽對遭人口訕太無能理論。"

孟子説："無妨嘛。士君子憎惡謗訕反而會滋生更多口舌。《詩經·邶風·柏舟篇》中所説的'憂愁埋藏在心中，因爲羣小所愠怒'，孔子就有這樣的經歷嘛。《詩經·大雅·緜》中所説的'既不能殄絶畎夷的愠怒，也不能殞失自己的聲聞'，文王正是這樣嘛。"

【古注】

《注》貉，姓；稽，名。仕者也，爲衆口所訕。理，賴也。謂孟子曰，稽大不賴人之口如之何。審己之德，口無傷也。離於凡人而爲士者，益多口。詩，《邶風·柏舟》之篇。曰"憂心悄悄"，憂在心也；"愠於羣小"，怨小人聚而非議賢者也。孔子論此詩，孔子亦有武叔之口，故曰孔子之所苦也。《大雅·緜》之篇曰"肆不殄厥愠"，殄，絶也；愠，怒也。"亦不殞厥問"，殞，失也。言文王不殄絶畎夷之愠怒，亦不能殞失文王之善聲問也。《章指》言：正己信心，不患衆口；衆口諠譁，大聖所有，況於凡品之所能禦？故答貉稽曰無傷也。

《疏》貉稽自謂名問於孟子曰，稽大不能治人之口使不訕其己者。孟子答之，己之德已脩，雖人之口訕亦不能傷害其己之德也，以其爲士者益此多口，不能免人之訕也。《邶風·柏舟》之詩有云，憂悄悄常在心，見怒於衆小人也，以其孔子亦不能免武叔之毁，故曰孔子尚如是憎多口也。《大雅·緜》之詩有云，不能殄絶畎夷之愠怒，然亦不能殞失文王之善聲，故曰文王尚如此亦憎多口也。《論語》云：叔孫武叔毁仲尼，子貢曰："仲尼不可毁也！仲尼，日月也。人雖欲自絶，其何傷於日月乎？多見其不知量也。"

《正義》按下自稱稽，則稽自是名，貉當是姓矣。以爲衆所訕，知是仕者。《説文》人部云："俚，聊也。"《國策·秦策》云"百姓不聊生"，注云："聊，賴也。"《廣雅·釋言》云："俚，聊也，賴也。"俚、理聲同字通。《國語·晉語》"君得其賴"，韋昭注云："賴，利也。"不理於口，猶云不利於人口也。言出於口，故以人言爲人口。趙氏以憎爲增之假借，故以益釋憎。賈子《新書·道術篇》云"守道者謂之士"，是士離於凡人。觀《章指》凡人即凡品，士即指孔子文王也。憎，《方言》訓憚，《説文》訓惡，《廣雅》訓苦。

《潛夫論·交際篇》云："孔子恂恂，似不能言者。又稱：誾誾言惟謹也。士貴有辭，亦增多口。"此爲憎惡，與趙氏義不同。趙佑《温故録》云："憎如字讀，自明上理字乃分辨之意，不必依舊訓賴。求理於口徒兹多口，有道之士所不取也。此讀兹爲滋，謂士憎惡以辨謗，故益滋多口也。"《詩序》云："《柏舟》言仁而不遇也。衛頃公之時仁人不遇，小人在側。"毛氏傳云："愠，怒也。悄悄，憂貌。"箋云："羣小，衆小人在君側者。"孔氏正義云："言仁人憂心悄悄然而怨此羣小人在於君側者也。"詩非爲孔子作，孟子引以況孔子，謂孔子當日爲羣小非議有如此詩。《毛詩·大雅·緜》傳云："肆，故今也。愠，恚。隕，墜也。"箋云："小聘曰問。文王見太王立冢土有用大衆之義，故不絶去其恚惡惡人之心，亦不廢其聘問鄰國之禮。"鄭氏以問爲聘問，趙氏讀問爲令聞之聞，以爲善聲聞則不合。趙氏説詩每殊於鄭。毛氏但訓隕爲墜，鄭箋原不必同毛，趙氏未詳所受耳。下云"混夷駾矣"，混夷即畎夷，故云不殄絶畎夷之愠怒。箋以不殄愠，愠在文王，趙以愠在畎夷。孟子引此以證多口，則畎夷之愠、畎夷之多口也。而文王不必殄絶之，亦不因其愠而失令聞，在孟子義宜如是也。因念愠於羣小，亦當是爲羣小所愠，即羣小之多口也。

14.20

【原文】

孟子曰："賢者以其昭昭，使人昭昭；今以其昏昏，使人昭昭。"

【譯文】

孟子説："賢者治國用自己昭明的觀念，使别人具有昭明的觀念；如今治國用自己尚且昏昧的觀念，却妄圖使别人具有昭明的觀念。"

【古注】

《注》 賢者治國法度昭昭，明於道德，明躬化之道可也。今之治國法度昏昏，亂潰之政也。身不能治而欲使他人昭明，不可得也。《章指》言：以明昭闇，闇者以開；以闇責明，闇者愈迷。賢者可遵，譏今之非也。

《疏》 有諸己然後求諸人之道也，是亦所謂"曲其表而求影之正，濁其源而求流之清"同其旨。

《集注》 昭昭，明也；昏昏，闇也。尹氏曰："《大學》之道，在自昭明德而施於天下國家，其有不順者寡矣。"

14.21

【原文】

孟子謂高子曰："山徑之蹊閒，介然用之而成路，爲閒不用則茅塞之矣。今茅塞子之心矣。"

【譯文】

孟子訓誨高子説："山上鳥獸踩踏的蹊徑間，專從上面行走就會變成路，間隔一段時間不走茅草就會把路堵塞呀。如今茅草把你的心給堵塞了呀。"

【古注】

《注》 高子，齊人也，嘗學於孟子，鄉道而未明，去而學於他術。孟子謂之曰，山徑，山之領。有微蹊，介然人遂用之不止則蹊成爲路。爲閒，有閒也。謂廢而不用則茅草生而塞之不復爲路，以喻高子學於仁義之道，當遂行之而反中止，比若山路，故曰茅塞子之心也。《章指》言：聖人之道，學而時習，仁義在身，當常被服，舍而不脩，猶茅是塞，明爲善之不可倦也。

《疏》 孟子謂於高子曰，山嶺有微蹊其閒，介然而已如用而行之，則蹊成大路，不用而行之，茅草生塞之不能成其路也。喻高子之爲善止於中道，而其心爲利欲之所充塞，亦若茅塞其路矣，故曰今茅塞子之心矣。

《正義》 程瑶田《通藝録・溝洫疆理小記》云："《孟子》'山徑之蹊閒'，蹊字之義，一見於《月令》'孟冬塞蹊徑'，鄭氏注：'傒徑，鳥獸之道也。'《吕氏春秋》、《淮南子》並作'蹊徑'。一見於鄭氏注《周易》'徑路，爲山閒鹿兔之蹊'，又《左傳》'牽牛以蹊人之田'，《漢書・貨殖傳》'鷹隼未擊，矰弋不施於蹊隧'。然則蹊者，獸蹄之所經，無垠堮，非有一定之跡可睹指者也。今乃介然用之而成路，是路之成，成於蹊閒也。"趙佑《温故録》云："介，亦分别意，如字讀，舊惟以'介然'屬上句，非耳。山徑之蹊閒，謂小道叢雜處。介然用之，謂人力闢除之。"謹按：《荀子・脩身篇》云"善在身，介然必以自好也"，楊倞注云："介然，堅固貌，《易》曰：'介如石焉。'"《漢書・律曆志上》云"介然有常"，注云："介然，特異之意。"《説文》八部云："介，畫也。"蹊無一定之跡，則不可以成路。蓋山領廣闊，原可散亂而行，縱横旁午，不相沿踐，今介然專行一路，特而不散，自畫而不亂，此蹊閒所以能成路。蹊閒之成路全在特行而不旁踰，此"介然"二字定屬下"用之"，即《荀子》、《律曆志》之介然專行一路，所以有常而堅固也。《方言》云："用，行也。"介然用之即介然行之，爲閒不用即是爲閒不行。趙氏注《滕文公》上篇"夷子憮然爲閒"云："爲閒，有頃之閒也。"此云爲閒，有閒也。按有閒之義，數端各不同。《吕氏春秋・去私篇》"居有閒"，高誘注云："閒，頃也。"此言須臾之時，所謂有頃之閒也，以時言也。昭公七年《左傳》"晉侯有閒"，杜預注云："閒，差也。"此有閒謂病愈，《方言》云："南楚病愈者或謂之閒"是也。《淮南子・俶真訓》云"則醜美有閒矣"，高誘注云："閒，遠也。"謂醜與美相隔之遠也。《國語・晉語》"使無有閒隙"，韋昭注云："閒隙，瑕釁也。"昭公十三年《左傳》云："諸侯有閒者"，注云："閒，隙也。"大抵閒爲隔别之義，所隔者少則爲頃，所隔者多則爲遠；無病與有病别，則閒爲愈；相怨與相好别，則閒爲隙。故《史記・黥布傳》以行他道爲閒道，此"爲閒不用"，謂别行他路，遂與此路隔别而不行。趙氏謂高子去而學於他術，正此"爲閒"之喻也。若有頃之閒，何遽遂爲茅塞？蓋廢此不行，以别有行處，爲他歧之惑也。

14.22

【原文】

高子曰："禹之聲尚文王之聲。"

孟子曰："何以言之？"

曰："以追蠡。"

曰："是奚足哉？城門之軌，兩馬之力與？"

【譯文】

高子説："禹對音樂的重視超過文王。"

孟子問："爲何這麽説？"

答道："因禹那懸鐘的掛鈕都快磨斷了。"

孟子説："這怎能作爲充足的依據啊？譬如城門内這車轍深深的軌迹，只是夏代專用的兩馬拉車的重力碾壓的麽？"

【古注】

《注》 高子以爲禹之尚貴聲樂過於文王。孟子難之曰，何以言之？高子曰，禹時鐘在者，追蠡也。追，鐘鈕也。鈕擘齧處深矣，蠡蠡欲絶之貌也。文王之鐘不然，以禹爲尚樂也。孟子曰，是何足以爲禹尚樂乎？先代之樂器後王皆用之，禹在文王之前千有餘歲，用鐘日久，故追欲絶耳。譬若城門之軌齧其限切深者，用之多耳，豈兩馬之力使之然與？兩馬者，《春秋外傳》曰："國馬足以行關，公馬足以稱賦。"《章指》言：前聖後聖，所尚者同，三王一體，何得相踰？欲以追蠡，未達一隅，孟子言之，將啓其蒙。

《音義》 追音堆，蠡音禮。兩馬，如字，丁云："古人駕車以兩馬。軌，謂限之轍迹也。孟子意，言城門限迹切深，以日久遠，爲車所轢多故也，豈是一時兩馬駕車而過之使然？"

《集注》 尚，加尚也。豐氏曰："言禹之樂過於文王之樂。追，鐘鈕也，《周禮》所謂旋蟲是也。蠡者，嚙木蟲也。言禹時鐘在者，鐘鈕如蟲齧而欲絶，蓋用之者多，而文王之鐘不然，是以知禹之樂過於文王之樂也。奚足，言此何足以知之也？軌，車轍迹也。兩馬，一車所駕也。城中之塗容九軌，車可散行，故其轍迹淺。城門惟容一車，車皆由之，故其轍迹深，蓋日久車多所致，非一車兩馬之力能使之然也。言禹在文王前千餘年，故鐘久而鈕絶，文王之鐘未久而鈕全，不可以此而議優劣也。"此章文義本不可曉，舊説相承如此，而豐氏差明白，故今存之，亦未知其是否也。

《正義》 姚文田《求是齋自訂稿》云："趙氏以兩馬爲國馬、公馬，不如豐氏'一車所駕'之説爲長。但當云城中車可散行，城門則車皆由之，兩馬之力乃以車多反言則文義自明。如泥"兩馬"二字，即國中之軌亦豈兩馬所能成？故不可以辭害意也。"曹之升《摭餘説》云："古駕車之法，夏駕二馬謂之麗，殷駕三馬謂之驂，周自天子至大夫皆駕四馬謂之駟。孟子若曰不知禹聲，盍觀禹迹？彼城門之軌，道止一達，車從中央，禹以來閲千八百年於兹，殷之驂於此門也，周之駟亦於此門也，而謂門限切深，猶是夏先王兩馬之力與？"謹按：夏駕二馬，見《毛詩・衛風・干旄》，正義引王肅云："夏后氏駕兩謂之麗，殷益以一騑謂之驂，周人又益一騑謂之駟。"此説於先王之樂器，後王皆用之説尤切，録之以備參考。阮元《校勘記》云："段玉裁云：'門限亦名門切。丁氏云限迹切深，由不解切字也。'"

【淺悟】

趙氏《章指》所言"前聖後聖"，無疑是指夏禹、商湯和周武王三人。不過"聖"這一尊號，孔子只許給了實施禪讓制的以天下爲公的兩位天子堯和舜。禹的天子位雖説由舜禪讓得來，但天下爲公的社會制度也由此和平過渡到將天下據爲自家所有的夏王朝時代。其後的商湯和周武也都沿襲着這種以天下爲家的社會制度，即所謂"所尚者同，三王一體"者也。趙氏之所以仍稱他們爲"聖"，大概因身處家天下之牢籠中，不得不如此的緣故吧？

14.23

【原文】

齊饑。陳臻曰："國人皆以夫子將復爲發棠，殆不可復？"

孟子曰："是爲馮婦也。晉人有馮婦者，善搏虎，卒爲善士。則之野，有衆逐虎；虎負嵎，莫之敢攖，望見馮婦，趨而迎之；馮婦攘臂下車，衆皆悦之，其爲士者笑之。"

【譯文】

齊國遭饑年。陳臻問："齊國人都認爲夫子將再次勸齊王發放棠邑糧倉賑災，恐怕不可再勸了吧？"

孟子説："再這樣勸我就成爲馮婦哩。晉國有位名叫馮婦的人，善於跟老虎搏鬭，後來成爲善士。這天走到野外，遇見很多人正在追逐老虎；老虎背倚着山角，没有人敢迫近，忽然望見馮婦，衆人急步迎了上去；馮婦捋袖露臂下了車，衆人見其勇猛無比不由歡悦起來，那些有識之士却都嗤笑他。"

【古注】

《注》 棠，齊邑也。孟子嘗勸王發棠邑之倉以振貧窮，時人賴之。今齊人復饑，陳臻言一國之人皆以爲夫子復若發棠時勸王也，殆不可復言之也？馮，姓；婦，名也。勇而有力，能搏虎。卒，後也。善士者，以善搏虎有勇名也，故進之以爲士。之於野外復見逐虎者。攖，迫也。虎依陬而怒，無敢迫近者也。馮婦恥不如前，見虎，走而迎之，攘臂下車，欲復搏之。衆人悦其勇猛，其士之黨笑其不知止也。故孟子謂陳臻，今欲復使我如發棠時言之於君，是則我爲馮婦也，必爲知者所笑也。《章指》言：可爲則從，不可則凶，言善見用，得其時也。非時逆指，猶若馮婦，暴虎不已，必有害也。

《正義》 劉昌詩《蘆浦筆記》云："余味此段之言恐合以'卒爲善'爲一句，'士則之'爲一句，'野有衆逐虎'爲一句。蓋有搏虎之勇而卒能爲善，故士以爲則；及其不知止，則士以爲笑也。"周密《志雅堂雜抄》云："一本以'善'字'之'字點句，前云'士則之'，後云'其爲士者笑之'，文義相屬，於《章指》亦合。"閻若璩《釋地又續》云："古人文字，叙事未有無根者。惟馮婦之野，然後衆得望見馮婦。若如宋周密斷'士則之'爲句，野字遂屬下，野但有衆耳，何由有馮婦來？此爲無根。或曰：固已，恐從未見'則之野'此句法。余曰：《周書》'則至于豐'。"

14.24

【原文】

孟子曰："口之於味也，目之於色也，耳之於聲也，鼻之於臭也，四肢之於安佚也，性也，有命焉，君子不謂性也。仁之於父子也，義之於君臣也，禮之於賓主也，知之於賢者也，聖人之於天道也，命也，有性焉，君子不謂命也。"

【譯文】

孟子説："口的愛吃美味呢，眼的愛看美色呢，耳的愛聽悦耳的聲音呢，鼻的愛聞香氣呢，四肢的喜愛安佚呢，乃天性嘛，然而能否如願自有命運主宰，所以君子不提這是天性嘛。仁者的能用仁恩施於父子呢，義者的能用道義施於君臣呢，好禮者的能用禮數施於賓主呢，智者的能用明智知遇賢者呢，聖人的得以施展天道呢，乃命運嘛，然而能否如願尚有才性的因素，所以君子不説這是命運嘛。”

【古注】

《注》 口之甘美味，目之好美色，耳之樂音聲，鼻之喜芬香。臭，香也，《易》曰“其臭如蘭”。四體謂之四肢，四肢懈倦則思安佚不勞苦，此皆人性之所欲也。得居此樂者，有命禄，人不能皆如其願也。凡人則觸情從欲而求可樂；君子之道則以仁義爲先，禮節爲制，不以性欲而苟求之也，故君子不謂性也。仁者得以恩愛施於父子，義者得以義理施於君臣，好禮者得以禮敬施於賓主，知者得以明知知賢達善，聖人得以天道王於天下，皆命禄，遭遇乃得居而行之，不遇者不得施行。然亦才性有之，故可用也。凡人則歸之命禄，任天而已，不復治性；以君子之道則脩仁行義，脩禮學知，庶幾聖人亹亹不倦，不但坐而聽命，故曰君子不謂命也。《章指》言：尊德樂道，不任佚性，治性勤禮，不專委命。君子所能，小人所病，究言其事，以勸戒也。

《集注》 程子曰：“五者之欲，性也。然有分，不能皆如其願，則是命也，不可謂我性之所有而求必得之也。”愚按：不能皆如其願，不止爲貧賤，蓋雖富貴之極亦有品節限制，則是亦有命也。程子曰：“仁義禮智天道，在人則賦於命者，所稟有厚薄清濁。然而性善可學而盡，故不謂之命也。”張子曰：“晏嬰智矣，而不知仲尼，是非命邪？”愚按：所稟者厚而清，則其仁之於父子也至，義之於君臣也盡，禮之於賓主也恭，智之於賢否也哲，聖人之於天道也無不吻合而純亦不已焉；薄而濁則反是。是皆所謂命也。或曰，“者”當作否，“人”衍字，更詳之。愚聞之師曰：此二條者，皆性之所有而命於天者也。然世之人以前五者爲性，雖有不得，而必欲求之；以後五者爲命，一有不至，則不復致力。故孟子各就其重處言之，以伸此而抑彼也。張子所謂“養則付命於天，道則責成於己”，其言約而盡矣。

《正義》 《禮記·月令》“春月其味酸，其臭羶。夏月其味苦，其臭焦。中央其味甘，甘臭香。秋月其味辛，其臭腥。冬月其味鹹，其臭朽”，孔氏正義云：“通於鼻者謂之臭，在口者謂之味。臭則氣也。”味有五，臭亦有五，《孟子》於口目耳鼻渾言味色聲臭，而於四體言安佚以互見之。則味必嗜甘，色必好美，聲必喜音，臭非謂臭，專屬諸香也。引《易》者，《繫辭上傳》文也。其臭如蘭，則臭有不如蘭者矣。虞翻注《易》云：“臭，氣也。”不專以爲香也。戴震《孟子字義疏證》云：“人之血氣心知，原於天地之化育者也。有血氣，則所資以養其血氣者，聲色臭味是也。有心知，則知有父子，有昆弟、有夫婦，而不止於一家之親也，於是又知有君臣，有朋友，五者之倫相親相治，則隨感而應爲喜怒哀樂。合聲色臭味之欲，喜怒哀樂之情，而人道備。欲根於血氣，故曰性也，而有所限而不可踰，則命之謂也。仁義禮智之懿不能盡人如一者，限於生初，所謂命也，而皆可以擴而充之，則人之性也。謂性者，猶云藉口於性耳。君子不藉口於性以逞其欲，不藉口於命之限之而不盡其材。後儒未詳審文義，失孟子立言之指。不謂性非不謂之性，不謂命非不謂之命。由此言之，孟子之所謂性，即口之於味，目之於色，耳之於聲，鼻之於臭，四體之於安佚之爲性；所謂人無有不善，即能知其限而不踰之爲善，即血氣心知能底於無失之爲善，所謂仁義禮智，即以名其血氣心知，所謂原於天地之化者之能協於天地之德也。此荀楊之所未達，而老莊告子釋氏昧焉而妄爲穿鑿者也。”程瑶田《通藝録·論學小記》云：“性命二字必合言之，而治性之學始備。五官百骸，五常百行，無物無則，性命相通，合一於則，性乃治矣。孟子曰：'口之於味也，目之於色也，耳之於聲也，鼻之於臭也，四肢之於安佚也，性也，有命焉，君子不謂性也。'謂我之口而嗜乎味，我之目而美乎色，我之耳而悦乎聲，我之鼻而知乎臭，我之四肢而樂乎安佚，其必欲遂者，與生俱生之性也。其不能必遂者，命之限於天者也。五者，吾體之小者也。遂己所成之性恒易，而順天所限之命恒難。性易遂，則必過乎其則；命難順，則不能使不過乎其則。治性之道以不過乎則爲斷，節之以命而不畏其難，順斯不過乎其則矣。'仁之於父子也，義之於君臣也，禮之於賓主也，智之於賢者也，聖人之於天道也，命也，有性焉，君子不謂命也。'謂以吾心之仁而施於父子，以吾心之義而施於君臣，以吾心之禮而施於賓主，以吾心之智而施於賢者，以吾心所具聖人之德與天道相貫通，其必欲遂者，與生俱生之性也。其不能必遂者，命之限於天者也。五者，吾體之大者也，遂己所成之性恒難，而順天所限之命恒易。性難遂，則必不及乎則；命易順，則任其不及乎則。治性之道以必及乎則爲斷，勉之以性而不畏其難遂，斯必及乎其則矣。"天道，即元亨利貞之天道。乾道變化，各正性命，保合太和，此天道也。通神明之德，使天下各遂其口鼻耳目之欲，各安其仁義禮知之常，此聖人之於天道也。乃伏羲神農黄帝堯舜禹湯文武得位而天道行，所謂"道之將行也與，命也"；孔子不得位而天道不行，所謂"道之將廢也與，命也。"趙氏謂遭遇乃得行之，不遇者不得施行是也。道行則民遂其生，育其德；道不行則民不遂其生，不育其德。故口鼻耳目之欲不遂屬之命，而仁義禮智之德不育亦屬之命。然顓愚之民不能自通其神明之德，又不遇勞來匡直者有以輔翼之，固限於命矣。若君子處此，其口鼻耳目之欲則任之於命而不事外求，其仁義禮智之德則率乎吾性之所有而自脩之，不委諸教化之無人而甘同於顓愚之民，所謂"雖無文王猶興"也。且由是推之，父頑母嚚，命也；而舜則大孝烝烝，瞽瞍底豫，此仁之於父子，君子不謂命也。罪人斯得，命也；而周公則勤勞王家，沖人感悟，此義之於君臣，君子不謂命也。道大莫容，命也；而孔子則栖栖皇皇，不肯同沮溺之辟世，荷蓧之潔身，而明道於萬世，此聖人於天道，君子不謂命也。

【淺悟】

每個人的一生，都必須在天性和命運的支配下生存。天性都相近，而命運則各不相同，於是便有了千差萬别的人生。不論怎樣的人生，如果能像孔子那樣，爲了弘揚、實踐祖先創造的不朽文化而傾盡畢生的精力，不論遭遇怎樣的苦難和挫折，都能"不怨天，不尤人"，義無反顧地面對，就是君子，就是真正的人。要想成爲這樣的人，首先必須平衡好天性與命運之間的各種衝突。這需要學問。而這學問就在中華文化中，只要肯下苦功去追尋。反之，追名逐利的一生，注定成爲被後世子孫唾棄的罪人。

14.25

【原文】

浩生不害問曰："樂正子何人也？"

孟子曰："善人也，信人也。"

"何謂善？何謂信？"

曰："可欲之謂善，有諸己之謂信，充實之謂美，充實而有光輝之謂大，大而化之之謂聖，聖而不可知之之謂神。樂正子二之中，四之下也。"

【譯文】

浩生不害問道："樂正子是怎樣的人呢?"

孟子説："善良的人嘛，守信的人嘛。"

"怎樣做才能稱得上善良？怎樣做才能稱得上守信?"

孟子説："能給人以愛的行爲便稱得上善良，對自己有信用的行爲便稱得上守信，能使善良和守信充實便稱得上美滿，能使善良和守信充實又有光輝便稱得上偉大，能使以上情形擴大並使天下受到感化的程度便稱得上聖明，聖明到使人不可知的地步便稱得上神明。樂正子在善良和守信二者之中，在美滿、偉大、聖明、神明四者之下嘛。"

【古注】

《注》 浩生姓，不害名，齊人也，見孟子聞樂正子爲政於魯而喜，故問樂正子何等人也。樂正子爲人有善有信也。不害問善信之行謂何？己之所欲乃使人欲之，是爲善人。己所不欲勿施於人也。有之於己，乃謂人有之，是爲信人。不意不信也。充實善信使之不虚，是爲美人。美德之人也。充實善信而宣揚之使有光輝，是爲大人。大行其道使天下化之，是爲聖人。有聖知之明，其道不可得知，是爲神人。人有是六等，樂正子善信，在二者之中，四者之下也。《章指》言：神聖以下，優劣異差，樂正好善，應下二科，是以孟子爲之喜也。

《集注》 天下之理，其善者必可欲，其惡者必可惡。其爲人也，可欲而不可惡則可謂善人矣。凡所謂善皆實有之，如惡惡臭，如好好色，是則可謂信人矣。張子曰："志仁無惡之謂善，誠善於身之謂信。"力行其善至於充滿而積實，則美在其中而無待於外矣。和順積中而英華發外，美在其中而暢於四肢，發於事業，則德業至盛而不可加矣。大而能化使其大者泯然無復可見之迹，則不思不勉，從容中道，而非人力之所能爲矣。張子曰："大可爲也，化不可爲也，在熟之而已矣。"程子曰："聖不可知，謂聖之至妙，人所不能測，非聖人之上又有一等神人也。"樂正子蓋在善信之閒，觀其從於子敖，則其有諸己者或未實也。張子曰："顔淵、樂正子皆知好仁矣。樂正子志仁無惡而不致於學，所以但爲善人信人而已；顔子好學不倦，合仁與智具體聖人，獨未至聖人之止耳。"程子曰："士之所難者在有諸己而已，能有諸己，則居之安，資之深，而美且大可以馴致矣。徒知可欲之善而若存若亡而已，則能不受變於俗者鮮矣。"尹氏曰："自'可欲之善'至於'聖而不可知之神'上下一理。擴充之至於神，則不可得而名矣。"

《正義》 可欲之爲善，趙氏以己所不欲勿施於人爲可欲。按此忠恕一貫之學不僅於善也。《吕氏春秋・長攻篇》"所以善代者乃萬故"，高誘注云："善，好也。所好於代者非一事。"欲作好，好善亦爲善，善可欲即可好，其人善則可好，猶其人惡則可惡。其人可惡即爲惡人，其人可好自爲善人也。有諸己之謂信，《説文》人部云："信，誠也。"誠，猶實也。可好未必其不虚也，實有之矣，是爲信也。趙氏引"不意不信"，語見《論語・憲問篇》。謂不可億度人之不信。引之者，蓋謂宜己有此信，不可億人之不信也。充實之謂美，《釋文》引《韓詩》云："實，有也。"即此有諸己者，擴而充之使全備滿盈，是爲充實。充滿其所有以茂好於外，故容貌碩大而爲美，美指其容也。充實而有光輝之謂大，有光輝故大，充則暢於四體，光則照於四方，故趙氏云宣揚之。大而化之之謂聖，此謂德業照於四方而能變通之也。聖而不可知之之謂神，通其變，使民不倦，大而化之也。神而化之，使民宜也，聖而不可知之也。《易・繫辭傳》云"陰陽不測之謂神"，不測即不可知。《周書・謚法解》云"民無能名曰神"，不可知故無能名。孟子論樂正子，推極於聖神，至於神，則堯舜之治天下也。孟子所以言必稱堯舜也。

【淺悟】

"可欲之爲善"，趙氏解爲己之所欲乃使人欲之，是爲善人。又補充道：己所不欲勿施於人。前句的"己之所欲乃使人欲之"的解説，大謬不然，自己願意接受的事物，怎能保證别人也願意接受呢？只有"己所不欲勿施於人"這句出自孔子之口的話，才是正理，即自己不願接受的事物不要施加給别人。但從孟子所説的"可欲"二字中，似乎看不出趙氏解説的那麽多涵義。《增韻》云："欲，愛也。"孟子所説的"可欲之謂善"，似乎解説爲"能給人以愛的行爲便可稱得上善良"，較爲合乎情理。

"有諸己之謂信"，趙氏解爲不意不信，即不揣測别人不講信用。難道這樣做就是講信用嗎？顯然説不通。需知"信"是不可濫用的，《論語》云："信近於義，言可復也。"就是説，道義是守信的前提，所以孔子才有"言必信，行必果，硜硜然小人哉"的教誨，因爲必信之言，必果之行，必不受道義的制約。爲此，孔子在屢屢强調"與朋友交言而有信"、"人而無信不知其可也"、"自古皆有死，民無信不立"等等的同時，並强調"君子欲訥於言而敏於行"、"敏於事而慎於言"。能做到訥言、慎言，自然也能很好控制每言必信的情形。不過這都是對别人和社會作出的承諾，而看一個人是否講信用，從這些方面則很難下結論，這要看他對待自己是否守信。比如對其父母許下的諾言，對其自己立下的志願等，能否始終不渝地堅持，便很容易看出。假如對自己的這一切都言而無信，又何談對别人和社會作出的承諾能守信？所以"有諸己之謂信"一語，理解爲：對自己有信用的行爲便稱得上守信，似乎比較合適。

14.26

【原文】

孟子曰："逃墨必歸於楊，逃楊必歸於儒，歸斯受之而已矣。今之與楊墨辯者，如追放豚，既入其苙，又從而招之。"

【譯文】

孟子説："逃離墨家學派必歸附到楊朱學派，逃離楊朱學派必歸附到儒家學派，歸附的全都接受下來就是了呀。如今那些跟楊墨兩家争辯的人，就像追逐放養的豬一樣，已經關進了豬欄裏，却又隨之把豬脚綑綁起來。"

【古注】

《注》 墨翟之道兼愛無親疏之别，最爲違禮。楊朱之道爲己愛身雖違禮，尚得不敢毁傷之義。逃者，去也。去邪歸正故曰歸。去墨歸楊，去楊歸儒，則當受而安之也。苙，蘭也。招，罥也。今之與楊墨辯争道者譬如追放逸之豕，豚追而還之入蘭則可，又復從而罥之，太甚。以言去楊墨歸儒則可，又復從而罪之，亦云太甚。《章指》言：驅邪反正，正斯可矣。來者不綏，追其前罪，君子甚之，以爲過也。

《集注》 墨氏務外而不情，楊氏太簡而近實，故其反之漸大略如此。歸斯受之者，憫其陷溺之久而取其悔悟之新也。放豚，放逸之豕豚也。苙，蘭也。招，罥也，羈其足也。言彼既來歸，而又追咎其既往之失也。此章見聖賢之於異端拒之甚嚴，而於其來歸待之甚恕。拒之嚴，故人知彼説之爲邪；待之恕，故人知此道之可反，仁之至，義之盡也。

《正義》 趙佑《温故録》云："舊謂墨無親疏之别最爲違禮，楊尚得不敢毁傷之義。竊謂不然，此亦互見之耳。逃墨之人始既歸楊，及逃楊，勢不可復歸墨而歸儒。假令逃楊之人始而歸墨，及逃墨，亦義不可復歸楊而歸儒可知也。亦有逃楊不必歸墨而即歸儒，逃墨不必歸楊而即歸儒者，非以兩必字例定一例如是逃、如是歸，且以斷兩家之優劣也。楊之言似近儒之爲己愛身而實止知有己不知有人，視天下皆漠不關情，至成刻薄寡恩之惡；墨之言亦近儒之仁民愛物而徒一概尚同不知辨異，視此身皆一無顧惜，至成從井救人之愚：其爲不情則一。天下之不近人情者鮮不爲大奸慝，故孟子並斷之無君父，極之於禽獸，非有罪名出入。"又云："《音義》不爲招字作音，字書引此經注，與《詩》'招招舟子'並列音昭之下，明其義有别音無别，不知今讀何以相仍如翹字？此惟《國語》'齊武子好盡言以招人過'，注：'招，舉也。'當讀翹耳。亦猶'招招舟子'本當如字，而今乃與《徵招》、《角招》之招同讀韶。然愚又謂招之爲罥爲羈，僅見此注，絶少作證。孟子之闢楊墨，方深望能言距之人而不可得，蓋未必有追咎太甚之事。此節乃孟子自明我今之所以與楊墨辯者，有如追放豚然，惟恐其不歸也。其來歸者既樂受之使人其苙，未歸者又從而招之，言望人之棄邪反正無已時也。苙既處之有常，招又望之無已，如是則不咎其往之意，具見招字非但無取别音，並不煩别義耳。"

14.27

【原文】

孟子曰："有布縷之征，粟米之征，力役之征。君子用其一，緩其二。用其二而民有殍，用其三而父子離。"

【譯文】

孟子説："有征收布縷的賦税，有征收粟米的賦税，有征收勞役的賦税。君子執政征用其中的一項，緩征其他兩項。如果同時征用其中的兩項民間就會有餓死的人，同時征用這三項賦税就會造成無數家庭父子離散。"

【古注】

《注》 征，賦也。國有軍旅之事則横興此三賦也。布，軍卒以爲衣也；縷，紩鎧甲之縷也。粟米，軍糧也。力役，民負荷斯養之役也。君子爲政雖遭軍旅，量其民力不並此三役，更發異時。急一緩二民不苦之，若並用二則路有餓殍，若並用三則分崩不振、父子離析、忘禮義矣。《章指》言：原心量力、政之善者；繇役並興，以致離殍；養民輕斂，君子道也。

《集注》 征賦之法歲有常數，然布縷取之於夏，粟米取之於秋，力役取之於冬，當各以其時。若並取之，則民力有所不堪矣，今兩税三限之法亦此意也。尹氏曰："言民爲邦本，取之無度則其國危矣。"

14.28

【原文】

孟子曰："諸侯之寶三：土地、人民、政事。寶珠玉者，殃必及身。"

【譯文】

孟子說："諸侯的珍愛之物有三件：土地、人民、政治事務。如果只珍愛珠寶玉器的話，禍殃必將降臨到他身上。"

【古注】

《注》 諸侯正其封疆，不侵鄰國，鄰國不犯，寶土地也。使民以時，民不離散，寶人民也。脩其德教，布其惠政，寶政事也。若寶珠玉，求索和氏之璧、隋侯之珠，與强國争之，强國加害，殃及身也。《章指》言：寶此三者，以爲國珍。寶於争玩，以殃其身。諸侯如兹，永無患也。

《疏》 此孟子見當時之君争城殺人，横賦重斂，不以土地人民政事爲寶，所以有是言而救之耳。和氏之璧隋侯之珠，案《韓詩》云："楚人和氏得玉璞於楚山中獻武王，武王使人相之曰非也，王怒，刖其左足。後成王即位，和抱玉璞泣於楚山下；成王使人琢之，果得寶，名曰和氏之璧。"又："隋侯姓祝，字元暢，往齊國，見一蛇在沙中頭上血出，隋侯以杖挑於水中而去。後回還到蛇處，乃見此蛇銜珠來隋侯前，隋侯意不懌。是夜夢脚踏一蛇，驚起，乃得雙珠，後人稱爲隋侯珠矣。"

《正義》 《史記·藺相如傳》云："趙惠文王時，得楚和氏璧，秦昭王聞之，使人遺趙王書，願以十五城請易璧。"秦亦不以城予趙，趙亦終不予秦璧，其後秦伐趙，拔石城，明年復攻趙，殺二萬人。此所謂與强國争之，强國加害也。

14.29

【原文】

盆成括仕於齊，孟子曰："死矣盆成括！"

盆成括見殺，門人問曰："夫子何以知其將見殺？"

曰："其爲人也，小有才，未聞君子之大道也，則足以殺其軀而已矣。"

【譯文】

盆成括在齊國仕進，孟子說："盆成括要死了呀！"

不久盆成括果真被殺，弟子問道："夫子您如何知道他將會被殺？"

孟子說："他的爲人呢，雖說小有才幹，却未曾聽講過做官的大道理嘛，這就足以使其招來殺身之禍而已呀。"

【古注】

《注》 盆成，姓；括，名也。嘗欲學於孟子，問道未達而去。後仕於齊，孟子聞而嗟歎曰死矣盆成括，知其必死。門人問孟子何以知之。孟子答門人，言括之爲人小有才，慧而未知君子仁義、謙順之道，適足以害其身也。《章指》言：小知自私，藏怨之府；大雅先人，福之所聚。勞謙終吉，君子道也。

《集注》 恃才妄作，所以取禍。徐氏曰："君子道其常而已。括有死之道焉，設使幸而獲免，孟子之言猶信也。"

【淺悟】

在家天下的專制統治下，不論小有才還是大有才，也不論未聞大道還是熟知大道，只要從政，都難保不遭殺身之禍，除非是去混生活。要想爲國爲民有所作爲，只能遵從孔子的教導："篤信好學，守死善道。危邦不入，亂邦不居。天下有道則見，無道則隱。邦有道貧且賤焉，恥也；邦無道富且貴焉，恥也。"這應當就是孟子所説的"大道"吧？除此還有良策嗎？

14.30

【原文】

孟子之滕，館於上宫。有業屨於牖上，館人求之弗得，或問之曰："若是乎從者之廋也？"

曰："子以是爲竊屨來與？"

曰："殆非也。"

"夫予之設科也，往者不追，來者不拒，苟以是心至，斯受之而已矣。"

【譯文】

孟子到達滕國，住在客館樓上的宫室。有雙没織好的麻鞋放在窗臺上不見了，客館服務員尋找不到，有人問孟子説："會不會是這些隨從您的人給藏起來了呢？"

孟子反問："你以爲這些人是爲了偷麻鞋而來的麼？"

答道："也許不是哩。"

孟子説："要説我的開設學科施教嘛，離去的不追究，來求學的不拒絶，如果以這種學道之心來到，把他們接受下來就完了呀（其他事一概不問）。"

【古注】

《注》 館，舍也。上宫，樓也。孟子舍止賓客所館之樓上也。屨，屝屨也。業，織之有次業而未成也。置之窗牖之上，客到之後，求之不得，有來問孟子者曰，是客從者之廋。廋，匿也。孟子與門徒相隨，從車數十，故曰侍從者所竊匿也。孟子謂館人曰，子以是衆人來隨事我，本爲欲竊屨故來邪？館人曰，殆非爲是來事夫子也。自知問之過。孟子曰，夫我設教授之科，教人以道德也，其去者亦不追呼，來者亦不逆拒，誠以是學道之心來至我則斯受之，亦不知其取之與否，君子不保異心也。見館人言殆非爲是來，亦云不能保知，謙以答之。《章指》言：教誨之道，受之如海，百川移流，不得有拒。雖獨竊屨，非己所絶，順答小人，小人自咎，所謂造次必於是也。

《集注》 上宫，别宫也。業屨，蓋館人所作，置之牖上而失之也。或問之者，問於孟子也，言子之從者乃匿人物如此乎？孟子答之，而或人自悟其失，因言：此從者固不爲竊屨而來，但夫子設置科條以待學者，苟以向道之心而來則受之耳，雖夫子亦不能保其往也。門人取其言有合於聖賢之指，故記之。

《正義》 此上宫當如上舍，謂上等之館舍也。趙氏以爲樓者，宫在屋之上，故名上宫。此直以屝釋屨，屝爲草屨，故云織之有次業而未成，謂織草爲屝，已有次第而尚未成。云有次業者，以次釋業也。《説文》欠部云："次，不前不精也。"故以爲未成。《廣雅·釋詁》云："業，始也。"與創、造、作等字相轉注。然則業履猶云造屨、創屨。屨始作爲業，猶墻始築爲基，衣始裁爲初，皆造而未終之稱也。《論語·爲政篇》"人焉廋哉"，集解孔氏云："廋，匿也。"不直言竊而詭云藏匿以爲戲也，其實疑其竊也，故孟子直以竊對之。臧琳《經義雜記》云："以經省曰字，趙注特下'孟子曰'以補之，《章指》云'非己所絶'，己字正釋經予字。"阮元《校勘記》云："'夫子之設科也'，閩監毛三本同。宋本岳本廖本孔本韓本'子'作'予'。案注云'夫我設教授之科'，僞疏亦云'夫我之設科以教人'，則作予是也。予、子蓋字形相涉而譌。"趙佑《温故録》云："此作孟子語而云'夫我'，趙氏從無改字，明是漢人經文不作'夫子'，子乃予字而夫音扶。作孟子言，適足見聖賢之大；作或人語，仍是意含隱諷矣。"《荀子·法行篇》云："南郭惠子問於子貢曰：'夫子之門何其雜也？'子貢曰：'君子正身以俟，欲來者不拒，去者不止。且夫良醫之門多病人，檃栝之側多枉木，是以雜也。'"孟子録此章，一以見設教者之大，一以見寄托者之多，所以銷門户之見而黜借㢡之餽。趙氏生漢末，見當時跋扈之家非不受學於大賢君子之門，而黨籍中未嘗無依附虚聲之士，故有慨乎言之。

【淺悟】

或問之曰："若是乎從者之廋也？"問之的之字，指孟子。若，你也。是，此也，意思是：會不會是這些隨從你的人給藏起來了呢？

最後一段話有兩種版本，一是"夫予之設科"，一是"夫子之設科"。前者爲孟子自言，後者爲或人所説。究竟該採用哪一種？焦循正義所引臧琳、阮元、趙佑三位學者之説，皆傾向前者，其觀點似更具説服力。如果採用後者，請問：孟子一行初來乍到，或人與之邂逅相遇，怎會知道孟子"之設科，往者不追，來者不拒，苟以是心至，斯受之而已"呢？除非其十分了解孟子，否則決説不出這番話。

14.31

【原文】

孟子曰："人皆有所不忍，達之於其所忍，仁也；人皆有所不爲，達之於其所爲，義也。人能充無欲害人之心，而仁不可勝用也；人能充無穿踰之心，而義不可勝用也；人能充無受爾汝之實，無所往而不爲義也。士未可以言而言，是以言餂之也；可以言而不言，是以不言餂之也，是皆穿踰之類也。"

【譯文】

孟子説："人人都有不忍害人之心，能將這種不忍貫徹到自己所願意做的事上，就是仁道嘛；人人都有不願做不光彩的事的心願，能將這種心願貫徹到自己所願意做的事上，就是道義嘛。人能擴充不想害人之心，就能使仁道用不完嘛；人能擴充不願做翻墻偷竊之類不光彩的事的心願，就能使道義用不完嘛；人要是能擴充不會受到尊長輕賤的成果，他無論走到何處都没有不符合道義的言行嘛。作爲士子没到可以跟尊長談話時如果硬跟他談，這是拿話刺探他的意向哩；可以交談如果不跟他談，這是用不交談的手段刺探他的意圖哩，這二者都屬於穿踰偷竊之類不光彩的行爲嘛。”

【古注】

《注》 人皆有所愛，不忍加惡，推之以通於所不愛皆令被德，此仁人也。人皆有不喜爲，謂貧賤也；通之於其所喜爲，謂富貴也；抑情止欲使若所不喜爲，此者義人也。人皆有不害人之心，能充大之以爲仁，仁不可勝用也。穿墻踰屋，姦利之心也。人既無此心，能充大之以爲義，義不可勝用也。爾汝之實，德行可輕賤人所爾汝者也。既不見輕賤，不爲人所爾汝，能充大而以自行，所至皆可以爲義也。餂，取也。人之爲士者，見尊貴者未可與言而强與之言，欲以言取之也，是失言也；見可與言者而不與之言，不知賢人可與之言，而反欲以不言取之，是失人也，是皆趨利人邪無知之人，故曰穿踰之類也。《章指》言：善恕行義，充大其美，無受爾汝，何施不可？取人不知，失其臧否，比之穿踰，善亦遠矣。

《集注》 惻隱羞惡之心，人皆有之，故莫不有所不忍不爲，此仁義之端也。然以氣質之偏，物欲之蔽，則於他事或有不能者，但推所能達之於所不能，則無非仁義矣。充，滿也。能推所不忍以達於所忍，則能滿其無欲害人之心而無不仁矣。穿，穿穴；踰，踰墻，皆爲盗之事也。能推其所不爲以達於所爲，則能滿其無穿踰之心而無不義矣。蓋爾汝，人所輕賤之稱，人雖或有所貪昧隱忍而甘受之者，然其中心必有慚忿而不肯受之之實，人能即此而推之使其充滿，無所虧缺，則無適而非義矣。餂，音忝，探取之也。今人以舌取物曰餂，即此意也。便佞隱默，皆有意探取於人，是亦穿踰之類。然其事隱微，人所易忽，故特舉以見例。明必推無穿踰之心，以達於此而悉去之，然後爲能充其無穿踰之心也。

《正義》 “人皆有所不忍”，近時通解所不忍即下無害人之心。“人皆有所不爲”，近時通解所不爲即下無穿踰之心。爾汝，爲尊於卑、上於下之通稱。卑下者自安而受之，所謂實也。無德行者爲有德行者所輕賤，亦自安而受之，亦所謂實也。蓋假借爾汝爲輕賤，受爾汝之實即受輕賤之實，故云德行可輕賤人所爾汝者也，非謂德行可輕賤專在稱謂之爾汝也。經言無受者，自勉於德行不爲人所輕賤也，故云既不爲輕賤，不爲人所爾汝。但德行無窮，非僅免人輕賤而已，故又須充大之，使不獨不爲人輕賤，凡身所至無非義之所至，斯爲自强不息之道也。《音義》云：“丁曰：‘注云餂，取也。今案字書及諸書並無此餂字。郭璞《方言》注云音忝，謂挑取物也。其字從金，今此字從食，與《方言》不同，蓋傳寫誤也。本亦作䬯，奴兼切。’”按銛、䬯二字《方言》皆有之，一云“銛，取也”，注云：“謂挑取也。”一云“凡陳楚之郊、南楚之外，相謁而餐，或曰飵，或曰䬯”。徐鍇《説文繫傳》云：“相謁相見後，設麥飯以爲常禮，如今人之相見飲茶也。”趙氏以取釋餂，自本《方言》丁公著謂“傳寫誤”者是也。失言、失人本之《論語·衛靈公篇》，但彼之咎止於不智，故云“智者不失人，亦不失言”。此以言餂、以不言餂，是以儇巧刺取人意，心術隱伏，以竊取人情，與竊人物無異，故云是皆穿踰之類。一不智，一巧智，兩者正相反。然趨利人邪，亦終是無知而已。穿踰，人所恥而不爲；以言不言餂，人所甘於爲，而且自詡以爲得計者，由不知此即穿踰之類，宜充而達之者也。充無穿踰之心，而不以言餂，不以不言餂，則庶幾能勉進於義而不爲人所輕賤矣。

14.32

【原文】

孟子曰:“言近而指遠者,善言也;守約而施博者,善道也。君子之言也,不下帶而道存焉;君子之守,脩其身而天下平。人病舍其田而芸人之田,所求於人者重而所以自任者輕。”

【譯文】

孟子説:“言語淺近如果意指深遠的話,便是高妙的言論嘛;操守儉約如果施舍博大的話,便是親善之道嘛。君子的言語嘛,從心胸脱口而出就能使善道存在其中;君子的操守,通過脩治自身就能使天下太平。人可憂患的是,舍棄自家的田不管却去芸人家的田,對人家的責求重而自己承擔的責任輕。”

【古注】

《注》 言近指遠,近言正心,遠可以事天也。守約施博,約守仁義,大可以施德於天下也。二者可謂善言善道也。正心守仁皆在胸臆,吐口而言之,四體不與焉,故曰不下帶。身正物正,天下平矣。芸,治也。田以喻身,舍身不治而欲責人治,是求人太重自任太輕也。《章指》言:言道之善,以心爲原,當求諸己,而責於人,君子尤之,況以妄芸,言失務也。

《疏》 不下帶而道存焉,是所謂言近而指遠也,是孟子自解其旨也。以君子於其言也,皆在胸臆,以其不遠於心而道存焉。蓋帶者,所以服之近於人身也,故取而喻之。君子之守脩其身而天下平,是所謂守約而施博也,是孟子又自解其旨也。以其君子之所守特在脩身,而天下由是平矣,是所謂正己而物正者也。

《集注》 古人視不下於帶,則帶之上乃目前常見至近之處也。舉目前之近事而至理存焉,所以爲言近而指遠也。

《正義》 “不下帶而道存”,孟子自發明言近指遠之義也;“脩其身而天下平”,孟子自發明守約施博之義也。趙氏以脩身明指身言,此不下帶暗指心言,故以近言爲正心。凡人束帶於腰限間,心在帶之上,胸臆當心,亦居帶上,仁守於心而吐於口,故四體不與也。守雖明言脩身,而未言所以脩身之事,趙氏以仁義明之,謂所以脩身者爲守此仁義也。仁者元也,義者利也,元亨利貞爲四德,故云施德於天下,施德即施仁義也。既以正心明言近,以守仁明脩身,又並云正心守仁皆在胸臆者,謂正心即守此仁義,脩身即是正心,言如是,守即如是,雖分言之,實互言之也。事天之本不外身心,平天下之功不外仁義。孟子之恉,趙氏得之矣。

14.33

【原文】

孟子曰:“堯舜,性者也;湯武,反之也。動容周旋中禮者,盛德之至也。哭死而哀,非爲生者也。經德不回,非以干禄也。言語必信,非以正行也。

君子行法以俟命而已矣。”

【譯文】

孟子説:“堯舜以天下爲公,屬天性自然嘛;商湯和周武,與之相反哩。動作儀容周旋應酬等皆符合禮制規範的人,盛德達到了極致嘛。哭死者以致哀傷,不是爲了討好活着的人嘛。徑行道德不邪僻,並非用來謀求禄位嘛。言語必定守信,不是用在正當行爲上嘛。君子奉行法令制度以聽天任命而已呀。”

【古注】

《注》 堯舜之體性,自善者也。殷湯周武反之於身,身安乃以施人,謂加善於民也。人動作容儀周旋中禮者,盛德之至。死者有德,哭者哀也。經,行也。體德之人行其節操,自不回邪,非以求禄位也。庸言必信,非必欲以正行爲名也,性不忍欺人也。君子順性蹈德行其法度,夭壽在天,待命而已矣。《章指》言:君子之行,動合禮中,不惑禍福,脩身俟終,堯舜之盛,湯武之隆,不是過也。

《集注》 性者,得全於天,無所汙壞,不假脩爲,聖之至也。反之者,脩爲以復其性而至於聖人也。程子曰:“性之、反之,古未有此語,蓋自孟子發之。”吕氏曰:“無意而安之,性也;有意利行而至於無意,復性者也。堯舜不失其性,湯武善反其性,及其成功一也。”細微曲折無不中禮,乃其盛德之至,自然而中,而非有意於中也。經,常也;回,曲也。三者亦皆自然而然,非有意而爲之也,皆聖人之事,性之之德也。法者,天理之當然者也,君子行之而吉凶禍福有所不計,蓋雖未至於自然,而已非有所爲而爲矣。此反之之事,董子所謂“正其義不謀其利,明其道不計其功”,正此意也。程子曰:“動容周旋中禮者,盛德之至。行法以俟命者,‘朝聞道夕死可矣’之意也。”吕氏曰:“法由此立,命由此出,聖人也。行法以俟命,君子也。聖人性之,君子所以復其性也。”

《正義》 體性,猶《荀子·解蔽篇》云“體道”,楊倞注云:“體,謂不離道也。”《管子·君臣上篇》“則君體法而立矣”,房玄齡注云:“體,猶依也。”依與不離義同,依性即《中庸》所云率性。人性本善,堯舜生知率性而行,自己爲善者也。湯武以善自反其身,己身已安於善,然後加善於人。堯舜率性,固無所爲而爲;湯武反身而後及人,亦非爲以善加人而始爲善。德盛於中,發揚於外,言非虚飾以悦人。哀出至情自無僞飾,惟因其人有德,雖非親屬而亦哀之,出於真意,非以此結交其子弟父兄。回邪不正之人,國所廢黜不用,而此則自行其德,非由求固禄位,故爲清操介節,以結上知也。言不信,則招尤謗而來惡名,今以不忍欺人而庸言必信,非謂欲弋致方正之名也。人生有不容踰、不容缺之常度,則而行之,是爲行法,周旋中禮,哭死而哀,經德不回,言語必信是也。其有所爲而爲,不出干禄、正行二端,乃君子於此二端則俟之於命也。

【淺悟】

孟子於本章的前兩句,顯然是説堯舜與湯武的區别,即“性也者”和“反之也”。所謂性,當然是指天性。天對天下萬物大公無私,一視同仁。堯和舜所遵循的正是這一天道法則:以天下爲公,天子位的傳承實行的是禪讓制,即孔子在《禮記·禮運篇》中所説的“選賢與能”。湯和武則與之相反,將天下據爲己有,王位的傳承是世襲制,即孔子所説的“天下爲家,大人世及以爲禮”——大人指君王,世指父子,及指兄弟,即父傳位給子,無子傳位給兄弟——孟子所説的“反之也”，即反堯舜之公以爲私。然其反公爲私之首創乃“三過其門而不入”的禹，孟子何以不提？這大概是孟子行文之技巧，有意不説，却能讓人一看便知還有誰。比如下面四事中的“言語必信”，對照前面《離婁章句下》孟子説的“大人者，言不必信，行不必果，惟義所在”可以斷定，必信之言，必是指禪讓儀式時，繼位人上對皇天后土、下對黎民百官發出的信誓旦旦的大義所在的誓言。然而“非以正行”、違背誓言，將天下據爲自家所有的是哪位“言不必信”的大人，難道還須説出他的名字麽？其後的商湯和周武同樣經不起將天下據爲自家所有的誘惑，沿襲着夏王朝家天下的社會制度，即所謂“反之也”。孟子最後那句話，是在告訴後世的君子，“行法以俟命”，等待時機改變這種“反之”的專制政體，回到堯所創立，舜所忠實維護的天下爲公的社會制度中。

不幸的是，各注都站在維護君主專制政體的角度進行解説，爲“湯武反之”一語極盡美化，附會以與原意不符的附加義，可謂學者之墮落，中華文化之災難。

14.34

【原文】

孟子曰：“説大人則藐之，勿視其巍巍然。堂高數仞，榱題數尺，我得志弗爲也。食前方丈，侍妾數百人，我得志弗爲也。般樂飲酒，驅騁田獵，後車千乘，我得志弗爲也。在彼者皆我所不爲也，在我者皆古之制也，吾何畏彼哉！”

【譯文】

孟子説：“遊説王公大人就應藐視他，不要將其看成高不可攀的樣子。殿堂的臺階高數仞，屋簷的椽子寬數尺，我若得志不會這樣奢侈哩。肴饌擺在面前一丈見方，侍奉的婢妾數百人，我若得志不會這樣揮霍哩。奏樂飲酒，馳騁打獵，後面隨從的馬車上千乘，我若得志不會這樣享樂哩。在他那邊所做的一切都是我所不願做的事嘛，在我心中所謀劃的都是古聖王的法制嘛，我幹麽要畏懼他啊！”

【古注】

《注》 大人，謂當時之尊貴者也。孟子言説此大人之法，心當有以輕藐之，勿敢視之巍巍富貴，若此而不畏之，則心舒意展，言語得盡。仞，八尺也。榱題，屋霤也。堂高數仞，振屋數尺，奢汰之室，使我得志不居此堂也。大屋無尺丈之限，故言數仞也。極五味之饌食，列於前方一丈，侍妾衆多至數百人也。般，大也。大作樂而飲酒，驅騁田獵，從車千乘，般於遊田也。在彼貴者驕佚之事，我所恥爲也。在我所行皆古聖人所制之法，謂恭儉也，我心何爲當畏彼人乎哉！《章指》言：富貴而驕，自遺咎也。茅茨采椽，聖堯表也。以賤説貴，懼有蕩心，心謂彼陋，以寧我神，故以所不爲爲之寶玩也。

《集注》 説，音税。榱，楚危反，桷也；題，頭也。食前方丈，饌食列於前者方一丈也。般音盤，樂音洛。此皆其所謂巍巍然者，我雖得志有所不爲而所守者皆古聖賢之法，則彼之巍巍者何足道哉！楊氏曰："孟子此章以己之長方人之短猶有此等氣象，在孔子則無此矣。"

《正義》 勿視其巍巍然者，趙氏云"勿敢視之巍巍富貴若此而不畏之"，勿敢視與勿視二義相反。勿敢視者，心畏其富貴，目不敢視也；勿視者，不以其富貴爲重而視之也。勿敢視是畏，勿視是不畏。蓋在他人則勿敢視者，在我則勿視；在他人則畏之，在我則不畏之：曲折以互明其義也。趙氏蓋云屋旅數尺，譌旅爲振，又倒屋旅爲振屋，遂不知其説，而竟改注文爲榱題矣。今乃存振屋二字而證明之，以著趙氏之義，識者察之。經傳稱堂高者，皆指堂階而言。

【淺悟】

正如集注所引楊氏之説，孟子此章之氣象，在孔子則無此。孔子至於是邦必聞其政，子貢曰："夫子温良恭儉讓以得之。"

14.35

【原文】

孟子曰："養心莫善於寡欲。其爲人也，寡欲，雖有不存焉者，寡矣；其爲人也，多欲，雖有存焉者，寡矣。"

【譯文】

孟子説："脩養身心没有比減少欲念更好的辦法。他的爲人呢，很少欲念，雖説其脩養工夫有時會忘記，不過這種情形也少呀；他的爲人呢，欲念很多，雖説有時也會不忘脩養，然而這種情形太少了呀。"

【古注】

《注》 養，治也。寡，少也。欲，利欲也。雖有少欲而亡者，謂遭横暴，若單豹卧深山而遇饑虎之類也，然亦寡矣。謂貪而不亡，蒙先人德業，若晉欒黶之類也，然亦少矣，不存者衆也。《章指》言：清净寡欲，德之高者；畜聚積實，穢行之下。廉者招福，濁者速禍，雖有不然，蓋非常道，是以正路不可不由也。

《疏》 此以教時人養心之術也。言人之治其心莫善於少欲也。其爲人也少欲，則不爲外物之汩喪，雖有遭横暴而亡者，蓋亦百無二三也。然而未必全無也，以其少也，是如單豹爲人少欲，獨隱處於深山而卧，乃遭遇於饑虎而亡之是也。其爲人也多欲，則常於外物之所汩喪，雖間有不亡其德業於身者，蓋亦百無二三也，然而未必多有者焉，以其亦少也，是如欒黶爲人多貪，乃爲卿於晉國者是也。荀子云"養心莫善於誠"，蓋亦與此孟子同其旨也。

《集注》 欲，如口鼻耳目四支之欲，雖人之所不能無，然多而不節，未有不失其本心者，學者所當深戒也。程子曰："所欲不必深溺，只有所向便是欲。"

《正義》 存與亡對，故以不存爲亡。單豹事，《莊子·達生篇》云："田開之見周威公曰：'善養生者若牧羊然，視其後者而鞭之。魯有單豹者，巖居而水飲，而與民共利，行年七十而猶有嬰兒之色，不幸遇餓虎，餓虎殺而食之。有張毅者，高門縣薄無不走也，行年四十而有内熱之疾以死。豹養其内而虎食其外，毅養其外而病攻其内，此二子者，皆不鞭其後者也。'"《吕氏春秋·必己篇》云："單豹好術，離欲棄塵，不食穀實，不衣芮温，身處山林嚴崛以全其生，不盡其年而虎食之。"高誘注云："不食穀實，行氣道引也。芮，絮也。《幽通記》曰'單豹治裹而外凋'，此之謂也。"亦見《淮南子·人間訓》。引晉欒黶者，襄公十四年《左傳》："秦伯問於士鞅曰：'晉大夫其誰先亡？'對曰其欒氏乎。秦伯曰以其汰乎？對曰：'然。欒黶汰虐已甚猶可以免，其在盈乎！'秦伯曰何故？對曰：'武子之德在民，如周人之思召公焉，愛其甘棠，況其子乎？欒黶死，盈之善未能及人，武子所施没矣，而黶之怨實章，將於是乎在。'"是其事也。黶雖不亡，而盈亦必亡，先德之恃焉可久乎？

14.36

【原文】

曾晳嗜羊棗，而曾子不忍食羊棗。

公孫丑問曰："膾炙與羊棗孰美？"

孟子曰："膾炙哉！"

公孫丑曰："然則曾子何爲食膾炙而不食羊棗？"

曰："膾炙所同也，羊棗所獨也。諱名不諱姓，姓所同也，名所獨也。"

【譯文】

曾晳生前有吃羊棗的嗜好，因此曾子不忍吃羊棗。

公孫丑問道："炒肉絲和羊棗哪樣味美？"

孟子説："當然是炒肉絲啊！"

"那麼曾子爲何吃炒肉絲而不吃羊棗？"

孟子説："炒肉絲是人們共同的嗜好嘛，羊棗是其父獨自的嗜好哩。譬如諱言父親的名而不諱言姓，因爲姓都相同嘛，名字則是父親所獨有的嘛。"

【古注】

《注》 羊棗，棗名也。曾子以父嗜羊棗，父没之後惟念其親，不復食羊棗，故身不忍食也。公孫丑怪之，故問羊棗孰與膾炙美也。言膾炙固美也，何比於羊棗。孟子言膾炙雖美，人所同嗜。獨曾子父嗜羊棗耳，故曾子不忍食也。譬如諱君父之名，不諱其姓，姓與族同之，名所獨也，故諱之也。《章指》言：情禮相扶，以禮制情，人所同然，禮則不禁。曾參至孝，思親異心，羊棗之感，終身不嘗，孟子嘉焉。故上章稱曰豈有非義而曾子言之者也。

《正義》 《爾雅·釋木》云："遵，羊棗。"郭璞注云："實小而圓，紫黑色，今俗呼之羊矢棗。"趙氏以棗名釋之，以棗類衆多，此其中一名耳。何焯《讀書記》云："羊棗非棗也，乃柿之小者，初生色黄，熟則黑，似羊矢。其樹再接則成柿。余乙卯客授臨沂始覩之。沂近魯地，可據也。今俗呼牛奶柿，一名㮕棗，此尤可證柿之小者通得棗名，不必以《爾雅》遵羊棗之説爲疑。"周炳中《辨正》云："陳禹謨《名物攷》云：'嘗道鄒，登嶧山，或以羊棗啖余，其狀絶類柿，大僅如芡實，蓋名爲棗而去棗遠矣。'"此皆得之親見，益信何氏之説不誣。

14.37

【原文】

萬章問曰："孔子在陳曰：'盍歸乎來？吾黨之小子狂簡，進取不忘其初。'孔子在陳何思魯之狂士？"

孟子曰："孔子不得中道而與之，必也，狂獧乎！狂者進取，獧者有所不爲也。孔子豈不欲中道哉？不可必得，故思其次之。"

"敢問何如斯可謂狂矣？"

曰："如琴張、曾晳、牧皮者，孔子之所謂狂矣。"

"何以謂之狂也？"

曰："其志嘐嘐然，曰古之人，古之人，夷考其行而不掩焉者也。狂者又不可得，欲得不屑不絜之士而與之，是獧也，是又其次也。孔子曰：'過我門而不入我室，我不憾焉者，其惟鄉原乎！鄉原，德之賊也。'"

曰："何如斯可謂之鄉原矣？"

"曰：'何以是嘐嘐也？言不顧行，行不顧言，則曰古之人，古之人行何爲踽踽涼涼？生斯世也，爲斯世也，善斯可矣。'閹然媚於世也者，是鄉原也。"

萬子曰："一鄉皆稱原人焉，無所往而不爲原人，孔子以爲德之賊，何哉？"

曰："非之無舉也，刺之無刺也，同乎流俗，合乎汙世，居之似忠信，行之似廉絜，衆皆悦之，自以爲是，而不可與入堯舜之道，故曰德之賊也。孔子曰：'惡似而非者：惡莠，恐其亂苗也；惡佞，恐其亂義也；惡利口，恐其亂信也；惡鄭聲，恐其亂樂也；惡紫，恐其亂朱也；惡鄉原，恐其亂德也。'君子反經而已矣。經正則庶民興，庶民興，斯無邪慝矣。"

【譯文】

萬章問道："孔子困在陳國時説：'何不回去來着？我家鄉的弟子心志狂放處事簡單，勇於進取而不忘其初願。'孔子困在陳國，爲何會思念魯國那些狂放之士？"

孟子説："孔子得不到依中庸之道而行的人給他以扶持，勢必呢，扶持那種狂放、獧介的人吧！狂放的人勇於進取，獧介的人潔身自守有所不爲嘛。孔子難道不想扶持依中庸之道而行的人啊？不可能想得就必能得到，所以只好思考其次的嘛。"

"敢問怎樣的人才可稱爲狂士呀？"

孟子説："比如琴張、曾晳、牧皮這類人，只能算孔子所説的狂士而已。"

"因何稱他們爲狂士呢?"

孟子說:"他們志大言誇,動輒便說古人如何,古人如何,考察其行爲却掩飾不住其狂放的作風嘛。這種狂士又不可得,於是便想得到瞧不起行爲不潔凈的人士給他以扶持,此乃獧介之士嘛,這種人又在其次嘛。孔子說:'經過我的家門却不進入我的居室,我不爲此感到遺憾的話,大概只有鄉原吧! 鄉原,那是偷竊道德的賊哩。'"

又問:"怎樣的人才可稱他爲鄉原呀?"

"這種人譏誚狂獧之士說:'他們因何這樣志大言誇呢? 說的話不顧及行爲,行爲不顧及所說的話,動輒便提及古時候的人,古人的行爲何故那樣孤獨淒涼? 生在這個世上呢,一切爲了這個世道嘛,讓人說你好才可以呀。'像這類太監一樣只會取悦於當世的人呢,正是鄉原嘛。"

萬子又問:"全鄉都稱道他是誠實的善人,所到之處也没有人不說他是誠實的善人,孔子却認爲是偷竊道德的賊,爲什麼啊?"

孟子說:"非難他無從舉發哩,諷刺他又無從諷刺哩,混同在流俗之中,迎合着汙濁的時世,居止類似忠誠守信,行爲類似廉潔,多數人都喜歡他,他自己也認爲做得都正確,然而却不可相與步入堯舜之大道,所以說他是偷竊道德的賊嘛。孔子說:'憎惡那些外表相似而實質不然的事物:憎惡狗尾巴草,恐其攪亂禾苗嘛;憎惡諂佞,恐其攪亂道義嘛;憎惡巧舌利口,恐其攪亂信用嘛;憎惡鄭國的靡靡之音,恐其攪亂雅樂嘛;憎惡紫色,恐其攪亂朱紅色嘛;憎惡鄉原,恐其攪亂德行嘛。'君子能返回常道就行了呀。常道端正庶民就會聞風興起,庶民興起,就没有邪慝滋生之地了呀。"

【古注】

《注》 孔子戹陳不遇賢人,上下無所交,蓋歎息思歸,欲見其鄉黨之士也。簡,大也。狂者,進取大道而不得其正者也。不忘其初,孔子思故舊也。《周禮》"五黨爲州,五州爲鄉",故曰吾黨之士也。萬章怪孔子何爲思魯之狂士也。中道,中正之大道也。狂者能進取,獧者能不爲不善。時無中道之人,以狂獧次善者,故思之也。萬章曰,人行何如斯則可謂之狂也? 孟子言人行如此三人者,孔子謂之狂也。琴張,子張也。子張之爲人踸踔譎詭,《論語》曰"師也辟",故不能純善而稱狂也,又善鼓琴,號曰琴張。曾皙,曾參父。牧皮,行與二人同,皆事孔子學者也。萬章問何以謂此人爲狂? 嘐嘐,志大言大者也。重言古之人,欲慕之也。夷,平也。考察其行不能掩覆其言,是其狂也。屑,絜也。不絜,污穢也。既不能得狂者,欲得有介之人,能恥賤污行不絜者,則可與言矣,是獧人次於狂者也。憾,恨也。人過孔子之門不入,則孔子恨之,獨鄉原不入者無恨心耳,以其賊德故也。萬章問鄉原之惡云何? 孟子言,鄉原之人言:何以是嘐嘐若有大志也? 其言行不顧,則亦稱古之人,古之人行何爲踽踽涼涼,有威儀如無所施之貌也? 鄉原者,外欲慕古之人而其心曰:古之人何爲空自踽踽涼涼? 而生於今之世,無所用之乎? 以爲生斯世,但當取爲人所善善人則可矣。其實但爲合衆之行。媚,愛也。故閹然大見愛於世也。若是者謂之鄉原。萬子即萬章也，孟子録之，以其不解於聖人之意，故謂之萬子。子，男子之通稱也，美之者，欲以責之也。萬章言人皆以爲原善，所至亦謂之善人，若是，孔子以爲賊德，何爲也？孟子言，鄉原之人能匿蔽其惡，非之無可舉者，刺之無可刺者，志同於流俗之人，行合於汚亂之世，爲人謀，居其身若似忠信，行其身若似廉絜爲行矣，衆皆悦美之，其人自以所行爲是，而無仁義之實，故不可與人堯舜之道也。無德而人以爲有德，故曰德之賊也。似真而非真者，孔子之所惡也。莠，莖葉似苗。佞人詐飾，似有義者。利口辯辭，似若有信。鄭聲淫人之聽，似若美樂。紫色似朱，朱，赤也。鄉原惑衆，似有德者。此六似者，皆孔子之所惡也。經，常也；反，歸也。君子治國家，歸其常經，謂以仁義禮智道化之，則衆民興起，而家給人足矣。倉廩實而知禮節，安有爲邪惡之行也？《章指》言：士行有科，人有等級，中道爲上，狂獧不合。似是而非，色厲内荏，鄉原之惡，聖人所甚。反經身行，民化於己，子率而正，孰敢不正也？

《集注》 盍，何不也。狂簡，謂志大而略於事。進取，謂求望高遠。不忘其初，謂不能改其舊也。此語與《論語》小異。不得中道至有所不爲，據《論語》亦孔子之言，《論語》道作行，獧作狷。有所不爲者，知恥自好，不爲不善之人也。琴張名牢，字子張，子桑户死，琴張臨其喪而歌，事見《莊子》，雖未必盡然，要必有近似者。曾晳事見前篇。季武子死，曾晳倚其門而歌，事見《檀弓》；又言志“異乎三子者之撰”，事見《論語》。牧皮未詳。嘐嘐，志大言大也。重言古之人，見其動輒稱之，不一稱而已也。夷，平也；掩，覆也。言平考其行，則不能覆其言也。程子曰：“曾晳言志，而夫子與之，蓋與聖人之志同，便是堯舜氣象也。特行有不掩焉耳，此所謂狂也。”此因上文所引，遂解所以思得獧者之意。狂，有志者也；獧，有守者也。有志者能進於道，有守者不失其身。鄉原，非有識者。原與愿同。《荀子》“原慤”，字皆讀作愿，謂謹愿之人也。故鄉里所謂愿人，謂之鄉原。孔子以其似德而非德，故以爲德之賊。過門不入而不恨之，以其不見親就爲幸，深惡而痛絶之也。踽踽，獨行不進之貌。涼涼，薄也，不見親厚於人也。鄉原譏狂者曰：“何用如此嘐嘐然，行不掩其言，而徒每事必稱古人邪？”又譏獧者曰：“何必如此踽踽涼涼無所親厚哉？人既生於此世，則但當爲此世之人，使當世之人皆以爲善則可矣。”此鄉原之志也。閹，如奄人之奄，閉藏之意也。媚，求悦於人也。孟子言：此深自閉藏以求親媚於世，是鄉原之行也。吕氏講曰：“言此等之人，欲非之則無可舉，欲刺之則無可刺也。”流俗者，風俗頹靡如水之下流，衆莫不然也。汙，濁也。非忠信而似忠信，非廉絜而似廉。孟子又引孔子之言以明之。莠，似苗之草也。佞，才智之稱，其言似義而非義也。利口，多言而不實者也。鄭聲，淫樂也；樂，正樂也。紫，閒色；朱，正色也。鄉原不狂不獧，人皆以爲善，有似乎中道而實非也，故恐其亂德。反，復也；經，常也，萬世不易之常道也。興，興起於善也。邪慝，如鄉原之屬是也。世衰道微，大經不正，故人人得爲異説以濟其私，而邪慝並起，不可勝正。君子於此亦復其常道而已。常道既復，則民興於善，而是非明白，無所回互，雖有邪慝，不足以惑之矣。尹氏曰：“君子取夫狂獧者，蓋以狂者志大而可與進道，獧者有所不爲而可與有爲也。所惡於鄉原而欲痛絶之者，爲其似是而非，惑人之深也。絶之之術無他焉，亦曰反經而已矣。”

《正義》 此文見《論語・公冶長篇》，但彼云“斐然成章，不知所以裁之”，與此不同。彼集解引孔氏云：“簡，大也。孔子在陳思歸欲去，故曰吾黨之小子。狂簡者，進趨於大道，穿鑿以成文章，不知所以裁制。”蓋孔氏讀斐爲匪，匪然即非然，謂以非然者成爲文章也。趙氏本此，以不得其正解之。蓋趙氏生桓、靈時，目見當時南北部黨人之議，朝廷捕而禁之，謂之黨錮，恐學者誤以聖人所稱吾黨之士即此三君八俊、希風標榜之徒，故既以鄉釋黨，又引《周禮》以明之。不得中道而與之，此亦見《論語・子路篇》，獧作狷。《音義》云：“獧，丁音絹。與狷同。”《國語・晉語》“小心狷介”，韋昭注云：“狷者守分，有所不爲也。”琴張之名，一見於昭公二十年《左傳》云：“琴張聞宗魯死、將往弔之。仲尼曰：‘齊豹之盜而孟縶之賊，女何弔焉？’”注云：“琴張，孔子弟子，字子開，名牢。”孔氏正義云：“《家語》云：‘孔子弟子琴張，與宗魯友。’《七十子篇》云：‘琴牢，衛人，字子開，一字張。’則以字配姓爲琴張，即‘牢曰子云’是也。賈逵、鄭衆皆以爲子張即顓孫師。服虔云：‘案《七十子傳》云子張少孔子四十餘歲。’孔子是時四十，知未有子張。鄭、賈之說不知所出。”《左傳》周人之書，趙氏豈不知之而以琴張爲子張？觀《左傳》正義所引鄭、賈之說，則當時固以琴張爲子張而趙氏本之也。服虔始疑而《家語》始以琴牢一字張，杜預注《左傳》所本者，此也。然《家語》晚出之書，未足爲據。《論語·子罕篇》牢曰：“子云：‘吾不試，故藝。’”鄭氏注云：“牢，弟子子牢也。”不言即琴張。陳鱣《論語古訓》云：“王肅《家語叙》云：‘《語》云牢曰子云吾不試故藝，談者不知爲誰，多妄爲之說。’《孔子家語》‘弟子有琴張，一名牢，字子開，亦字張，衛人也。’肅云談者，即指鄭氏。夫《論語》記弟子不應稱名，《漢白水碑》琴張、琴牢判爲二人，肅臆說不可信。”趙氏生王肅前，未見有《家語》，自不知琴張即琴牢，以子張釋之，非無本也。《說文》口部云：“嘐，誇語也。”志大言大，是誇語矣。“曰何以是嘐嘐也”，孟子言三字解曰字，何以是嘐嘐以下皆論鄉原。嘐嘐，鄉原之嘐嘐也。言何以是嘐嘐若有大志，謂鄉原之言何以嘐嘐若有大志也，非如狂者之真有大志也。言不顧行，行不顧言，鄉原之言行不顧也。狂者曰古之人古之人，鄉原則亦曰古之人。但狂者之稱古之人是欲之慕之，鄉原之稱古之人則大言以譏斥之，謂古之人行何爲踽踽涼涼無所用於世？此鄉原之大言，非如狂者之大言也。趙氏以上“古之人”爲句，“古之人行何爲踽踽涼涼”爲句，“生斯世也”句，“爲斯世也善”句，與“斯可矣”一連貫下相呼應，故云但當取爲人所善善人也。閹爲宦豎之稱。臧琳《經義雜記》云：“趙注‘萬子即萬章也’云云，是趙邠卿注本作萬子。趙氏謂‘其不解於聖人之意，美之者欲以責之’，此說頗曲。夫公孫丑、萬章、告子之徒，平日反復辨難往往數千百言，孟子皆據理告之，未嘗責其不解，何至此忽欲責其不解而反假以美之乎？蓋鄉原之行，孟子雖已告之，其所以稱原者，孟子尚未言也。孟子未言，則萬章不知；萬章不問，則孟子終不言，後世之人亦終不知賊德、亂德者幾何不接踵於世，而堯舜之道不可得入矣。是非有萬章此問不可，故特稱子以美之也。”《論語·泰伯篇》云“侗而不愿”，《釋文》引鄭注云：“愿，善也。”趙氏讀原爲愿，故以原人爲善人。無可非無可刺則真善矣，故趙氏以能匿蔽其惡解之。惟其志行既同流合汙，而其與此流俗汙世之人共事又能盡心力以爲之謀而不自私其財利，此人所以皆悦之也。彼見人皆悦之，遂亦自信爲涉世之善法，故自以爲是，而要之非仁義之實也。所謂非之無可舉，刺之無可刺，亦此流俗汙世之人耳。若孔子則已刺之爲賊，孟子則已非之爲不可入舜堯之道。反經，反與返同，歸即還也；經，常也。趙氏以正爲政教，故以道化釋之。五常是仁義禮智信，經正是以仁義禮智道化之，謂經正之也。興爲積聚，又爲茂盛，故以庶民興爲家給人足，倉廩實而知禮節。

【淺悟】

獧，讀音 juàn（ㄐㄩㄢˋ），同狷。嘐，讀音 xiāo（ㄒㄧㄠ）。原，讀音 yuàn（ㄩㄢˋ），同愿。踽，讀音 jǔ（ㄐㄩˇ）。慝，讀音 tè（ㄊㄜˋ）。

萬章問“何如斯可謂之鄉原矣”，下面這段話，趙氏注、孫氏疏、焦氏正義都認爲“曰”是孟子曰，“何以是嘐嘐”至“斯可矣”，是鄉原的表現，“閹然”以下是孟子給鄉原下的結論。由此說來，鄉原一身兼有狂士和獧士二者的特性。這樣一來，鄉原還會具有孟子所說的“非之無舉”以下那些特點，還會被“衆皆悦之”嗎？顯然不會。由於對原文的理解有誤，便注定其對這段話的斷句不能無誤。相比之下，似覺朱氏集注的解說更爲在理。

不過首字曰應在引號内，是孟子轉述鄉原譏誚狂者和獧者的話。“閹然”以下才是孟子自己的話。因此應在“曰”下斷句，“嘐嘐也”下斷句，“言不顧行”、“行不顧言”、“則曰古之人”、“古之人行何爲踽踽涼涼”、“生斯世也”、“爲斯世也”、“善斯可矣”下都斷句，鄉原説的話結束。“閹然”以下是孟子爲鄉原下的定義。只有如此處理，這段話才能解説得既通順又合情合理。

14.38

【原文】

孟子曰：“由堯舜至於湯五百有餘歲，若禹皋陶則見而知之，若湯則聞而知之。由湯至於文王五百有餘歲，若伊尹萊朱則見而知之，若文王則聞而知之。由文王至於孔子五百有餘歲，若太公望散宜生則見而知之，若孔子則聞而知之。由孔子而來至於今百有餘歲，去聖人之世若此其未遠也，近聖人之居若此其甚也，然而無有乎爾，則亦無有乎爾！”

【譯文】

孟子説：“由堯舜直到成湯歷時五百多年，像禹和皋陶則是親眼所見而知道堯舜如何治理天下，像成湯對此則是通過傳聞才知道的。由成湯直到文王歷時也是五百多年，像伊尹和萊朱則是親眼所見而知道成湯如何治理天下，像文王對此則是通過傳聞才知道的。由文王直到孔子歷時又是五百多年，像太公望和散宜生則是親眼所見而知道文王三分天下有其二以服事殷的全過程，像孔子對此乃是通過傳聞才知道的。由孔子以來直到如今歷時百有餘年，我離聖人生活的時代如此之未遠哩，距聖人的居處如此之近哩，然而聖人却没有再出現呀，連效法的人也没有呀！”

【古注】

《注》 言五百歲聖人一出，天道之常也。亦有遲速，不能正五百歲，故言有餘歲也。見而知之，謂輔佐也。通於大賢次聖者，亦得與在其閒，親見聖人之道而佐行之，言易也。聞而知之者，聖人相去卓遠，數百歲之閒變故衆多，踰聞前聖所行，追而遵之以致其道，言難也。伊尹，摯也。萊朱，亦湯賢臣也，一曰仲虺是也。《春秋傳》曰“仲虺居薛，爲湯左相”，是則伊尹爲右相，故二人等德也。太公望，吕尚也，號曰師尚父。散宜生，文王四臣之一也。吕尚有勇謀而爲將，散宜生有文德而爲相，故以相配而言之也。至今者，至今之世當孟子時也。聖人之閒必有大賢名世者，百有餘年適可以出，未爲遠而無有也。鄒魯相近，《傳》曰“魯擊柝聞於邾”，近之甚也。言己足以識孔子之道能奉而行之，既不遭值聖人若伊尹吕望之爲輔佐，猶可應備名世如傅説之中出於殷高宗也。然而世謂之無有，此乃天不欲使我行道也，故重言之知天意之審也。言則亦者，非實無有也，則亦當使爲無有也乎？爾者，歎而不怨之辭也。《章指》言：天地剖判，開元建始，三皇以來，人倫攸叙。宏析道德，班垂文采，莫貴乎聖人。聖人不出，名世承閒，雖有此限，蓋有遇有不遇焉。是以仲尼至“獲麟”而止筆，孟子以無有乎爾終其篇章，斯亦一契之趣也。

《疏》 此孟子欲歸道於己，故歷言其世代也。言自堯舜二帝至於商湯其年數有五百餘載矣，如禹皋陶爲堯舜之臣則親見而知堯舜聖人之大道而佐行之也，如湯王之去堯舜之世則相去有數百歲之遠，則但聞其二帝所行之道遵而行之者也。又自商湯逮至文王周時又有五百餘歲，如伊尹萊朱二者俱爲湯之賢臣則親見而知湯所行之道而輔佐之者也，如文王之去湯世則相去有數百歲之遠，則但聞其湯所行之道而遵之者也。以自文王之世至於孔子之時又有五百餘載，如太公望散宜生二者爲文王之臣則親見而知文王所行之道而輔佐之者也，如孔子之去文王世則相去亦有數百載之遠，則但聞其文王之道而遵之者也。故自孔子以來逮至於今但百有餘歲，以其去孔子之世如此之未遠，自鄒國至於魯國其地相去如此之甚近，然而猶可應備名世如傳説之中出於高宗也，然而世之以謂無有此名世而出於閒者，乃天不欲使我行道也，故曰然而無有乎爾，則亦無有乎爾矣。此所以欲歸於己而歷舉世代而言之也。然而仲尼作《春秋》必至獲麟而止者也，《孟子》亦必止於無有乎爾而終其篇者，蓋亦見孟子擬仲尼而作者也。故"哀公十四年春，西狩獲麟"，杜氏云："麟，仁獸也，聖王之嘉瑞。時無明王出而遇獲，仲尼傷周道不興，感嘉瑞之無應。故《春秋》脩中興之教，絶筆於獲麟之一句。所感而作，固所以爲終也。"《孟子》之言終於是言者，蓋亦憫聖道不明於世，歷三皇以來推以世代，雖有歲限，然亦有遇不遇焉，故述仲尼之意而作此七篇，遂以"無有乎爾"終於篇章之末，蓋亦深歎而不怨之云爾。

《集注》 趙氏曰："五百歲而聖人出，天道之常。然亦有遲速，不能正五百年，故言有餘也。"尹氏曰："知，謂知其道也。"子貢曰："文武之道未墜於地，在人，賢者識其大者，不賢者識其小者，莫不有文武之道焉。夫子焉不學？"此所謂聞而知之也。林氏曰："孟子言孔子至今時未遠，鄒魯相去又近，然而已無有見而知之者矣；則五百餘歲之後，又豈復有聞而知之者乎？"愚按：此言雖若不敢自謂已得其傳而憂後世遂失其傳，然乃所以自見其有不得辭者，而又以見夫天理民彝不可泯滅，百世之下必將有神會而心得之者耳。故於篇終歷序羣聖之統而終之以此，所以明其傳之有在，而又以俟後聖於無窮也，其旨深哉！有宋元豐八年，河南程顥伯淳卒，潞公文彦博題其墓曰"明道先生"。而其弟頤正叔序曰："周公歿，聖人之道不行。孟軻死，聖人之學不傳。道不行，百世無善治；學不傳，千載無真儒。無善治，士猶得以明夫善治之道以淑諸人，以傳諸後；無真儒，則天下貿貿焉莫知所之，人欲肆而天理滅矣。先生生乎千四百年之後，得不傳之學於遺經，以興起斯文爲己任，辨異端，辟邪説，使聖人之道焕然復明於世。蓋自孟子之後，一人而已。然學者於道不知所向，則孰知斯人之爲功？不知所至，則孰知斯名之稱精也哉！"

《正義》 孟子言必稱堯舜，以堯舜治天下之法爲萬世所不能易，故末自堯舜而下，言湯文孔子所聞而知之，禹皋陶伊尹萊朱太公望散宜生所見而知之，無非堯舜之道。堯舜之道，通變神化之道也。上言鄉原自以爲是而不足與入堯舜之道，末言君子反經而已矣。然則反經者，堯舜之道也。鄉原而外皆可與入堯舜之道者也。此堯舜之道爲萬世君子之法，故湯文王孔子聞而知之，即知此反經經正之道也。"然而無有乎爾，則亦無有乎爾"，趙氏以無有爲無有名世之人。上云"然而無有"，謂當時之人以爲無有；下云"則亦無有"，因人言無有則亦當使之無有。《音義》云："陸本作'然而無乎爾，則亦有乎爾'，云：'孟子意自以當之。'鄒魯相鄰，故曰近聖人之居。無乎爾，有乎爾，疑之也。此意以況絶筆於獲麟也。"趙佑《温故録》云："湯文孔子雖甚聖，其不歎文獻無徵者幾希矣。獨至春秋戰國之際，而異學邪説争鳴交煽，班生所謂'仲尼没而微言絶，七十子喪而大義乖'也，其孰是與於知之者？孟子未得爲孔子徒，亦既不親見聖，而猶以其近而未遠爲幸，因益以未遠而無有爲懼。夫未遠而已無有知之者，復何望於遠而知之哉？孟子力肩斯道，實自居於見聞絶續之交之一人，而備述所知，以上紹前之知，下遺後之知，其所紹直自禹以下，有不止於顔、曾、思者，而其所遺於後爲益無窮期矣。”謹按：此義與趙氏之恉小異而相近，然謂顔、曾、思爲見知，非也。堯舜湯文以此道措諸天下而巍巍皡皡，一時輔佐之人共見之，是爲見而知之。湯文王之知雖起於聞而實徵於見，禹伊尹周公雖見知而非不可聞知。惟孔子但聞知而不能措之天下，使當時賢者得見而知。七十子學於孔子，亦皆聞而知之，非見而知之者也。孟子去孔子之生未遠，鄒魯又相近，言庶幾私淑其人得聞而知之也。然而堯舜湯文不復見於世，則此聞而知者無有措於天下，蓋自孔子時已無有見而知之者矣，況生百年後，則亦無有見而知之者矣。爾者，辭之終也；乎爾者，決絶之中尚有餘望也。此孟子思王者之不作而不欲徒托諸空言，其辭遜，其恉婉。或乃以孟子道統自居，夫道無所爲統也。爲道統之説者，失孟子之教矣。

【淺悟】

趙氏所謂“五百歲聖人一出，天道之常”的論斷，實在荒謬。禹以後的那些違反天道、與堯舜背道而馳、將天下據爲自家所有的歷朝歷代的帝王們，莫非都可稱之爲聖人？當然，這種話也只能在徹底推翻了專制王朝的當今才敢説，對待曾備受專制政體迫害的趙氏，則不可求全責備。再者，焦氏正義云：“湯、文、孔子所聞而知之，禹、皋陶、伊尹、萊朱、太公望、散宜生所見而知之，無非堯舜之道。”要説禹和皋陶親眼所見堯舜之道確屬實事，可是五百多年後的伊尹、萊朱，以及千餘年後的太公望和散宜生他們，怎能親眼見到堯舜以天下爲公之大道呢？伊尹和萊朱是成湯的輔臣，只能親眼見到湯王如何治理天下；太公望和散宜生是文王的輔臣，文王終生都是諸侯，此二人親眼見到的必是文王最著名的政績，即孔子所稱頌的“三分天下有其二以服事殷”，而不可能是堯舜之道。更具諷刺意味的是，北宋理學家程顥先生卒，其弟程頤爲之標榜道：“孟軻死，聖人之學不傳。學不傳，千載無真儒。無真儒，則天下貿貿焉莫知所之，人欲肆而天理滅矣。先生生乎千四百年之後，得不傳之學於遺經，以興起斯文爲己任，辨異端，辟邪説，使聖人之道焕然復明於世。蓋自孟子之後，一人而已。”此一番標榜，此前的儒學巨子全被其踩在脚下；不惜歪曲孔子“攻乎異端，斯害也已”的教誨，赫然爲其理學樹起“辨異端，辟邪説”之旗幟，居然敢以“使聖人之道焕然復明於世”自詡。傳至南宋，朱熹在繼承二程理學的基礎上又有新發展，成爲集理學之大成者。朱子年十八登進士第，大概因年少得志的關係，致使仕途多坎坷，雖一生歷仕四朝，然其在朝斷斷續續總共不足四十天，故有條件專注於學術研究和講學。爲此，他無視孔子“君子謀道不謀食，憂道不憂貧”的教誨，將孔子聲明的“自行束脩以上，吾未嘗無誨焉”這一收徒標準中的束脩二字，曲解爲十條肉脯，從而爲自己以講學“謀食”找到了理直氣壯的借口。於是財源滚滚而來，支撑其著述和建學堂。所撰《四書章句集注》，成了專制王朝的寵兒，被元、明、清三代欽定爲科舉考試選題的範圍和答案的標準，自然也就成爲天下學子必讀的教科書。宋理學家果真成了鵲巢鳩占的“真儒”，統治着八百餘年來的學術界。爲了金榜得以題名，學子們只能死記硬背朱熹的注釋，而不敢懷疑其中是否存在着謬誤，以致習非勝是，人們不再探討中華文華的精神實質。從此教育成了“應試”的奴隸：教師“呻其佔畢”（《禮記·學記》語），弟子鸚鵡學舌。八百多年來的師生都在重復着朱熹説過的話，致使這種高度統一的學舌風氣影響到整個社會的思維方式和行爲模式。這是極爲可怕的,它限制着整個民族的獨立思考能力和奮發進取的精神。科舉的影響必須徹底清除,還中華文化以本來面貌,才能使堯舜之道立於不敗之地。

“則亦無有乎爾”的則字,效法的意思。實際正是這樣,自禹之後至孟子此時的一千多年間,没有一個君王效法堯舜之道。

焦氏正義最後所説的“或乃以孟子道統自居,夫道無所爲統也。爲道統之説者,失孟子之教矣”這段話,正是針對程頤爲其兄之標榜而言也。

《孟子》索引

索引内之語句，按首字之拼音順序排列；順序相同者，按書中出現之先後順序排列。

不孝有三,無後爲大。舜不告而娶,爲無後也。 7.26

不得乎親,不可以爲人;不順乎親,不可以爲子。 7.28

博學而詳説之,將以反説約也。 8.15

百里奚,虞人也。 9.9

伯夷,目不視惡色,耳不聽惡聲,非其君不事,非其民不使,治則進,亂則退。横政之所出,横民之所止,不忍居也,思與鄉人處,如以朝衣朝冠坐於塗炭也。當紂之時,居北海之濱,以待天下之清也。伯夷,聖之清者也。 10.1

不挾長,不挾貴,不挾兄弟而友。友也者,友其德也,不可以有挾也。 10.3

抱關擊柝者皆有常職以食於上,無常職而賜於上者,以爲不恭也。 10.6

飽乎仁義也,所以不願人之膏粱之味也;令聞廣譽施於身,所以不願人之文繡也。 11.17

不揣其本而齊其末,方寸之木可使高於岑樓。金重於羽者,豈謂一鉤金與一輿羽之謂哉?取食之重者與禮之輕者而比之,奚翅食重!取色之重者與禮之輕者而比之,奚翅色重! 12.1

不惡汙君,不辭小官者,柳下惠也。 12.6

不教民而用之,謂之殃民。 12.8

百里奚舉於市。 12.15

霸者之民,驩虞如也。 13.13

不言而喻。 13.21

不能三年之喪而緦小功之察,放飯流歠而問齒決,是之謂不知務。 13.47

不信仁賢則國空虚,無禮義則上下亂,無政事則財用不足。 14.12

不仁而得國者有之矣,不仁而得天下者未之有也。 14.13

C、ch(ㄘ、ㄔ)

數罟不入洿池,魚鼈不可勝食也。 1.3

春省耕而補不足,秋省斂而助不給。 2.4

從流下而忘反謂之流,從流上而忘反謂之連,從獸無厭謂之荒,樂酒無厭謂之亡。先王無流連之樂,荒亡之行。 2.4

畜君者,好君也。 2.4

出乎爾者,反乎爾者也。 2.12

出於其類,拔乎其萃,自生民以來,未有盛於孔子也。 3.2

廛無夫里之布,則天下之民皆悦而願爲之氓矣。 3.5

惻隱之心,仁之端也;羞惡之心,義之端也;辭讓之心,禮之端也;是非之心,智之端也。人之有是四端也,猶其有四體也。 3.6

城非不高也,池非不深也,兵革非不堅利也,米粟非不多也,委而去之,是地利不如人和也。 4.1

采薪之憂。 4.2

綽綽然有餘裕哉。 4.5

成覸謂齊景公曰：彼丈夫也，我丈夫也，吾何畏彼哉！ 5.1

陳良，楚産也，悦周公仲尼之道，北學於中國，北方之學者未能或之先也。彼所謂豪傑之士也。 5.4

從許子之道，則市賈不貳，國中無僞，雖使五尺童子適市莫之或欺。 5.4

城郭不完，兵甲不多，非國之災也；田野不辟，貨財不聚，非國之害也。上無禮，下無學，賊民興，喪無日矣！ 7.1

誠身有道，不明乎善，不誠其身矣。是故誠者，天之道也；思誠者，人之道也。至誠而不動者，未之有也；不誠，未有能動者也。 7.12

存乎人者，莫良於眸子，眸子不能掩其惡。 7.15

辭尊居卑，辭富居貧，惡乎宜乎？抱關擊柝。 10.5

存其心，養其性，所以事天也。 13.1

恥之於人大矣，爲機變之巧者，無所用恥焉。不恥不若人，何若人有？ 13.7

春秋無義戰，彼善於此則有之矣。 14.2

Dd（分）

遁辭知其所窮。 3.2

迨天未陰雨，徹彼桑土，綢繆牖户。 3.4

大舜有大焉，善與人同，舍己從人，樂取於人以爲善。自耕稼陶漁以至爲帝，無非取於人者。 3.8

得道者多助，失道者寡助。寡助之至，親戚畔之；多助之至，天下順之。 4.1

大有爲之君，必有所不召之臣，欲有謀焉則就之。其尊德樂道不如是，不足與有爲也。 4.2

當堯之時，天下猶未平，洪水横流，氾濫於天下，草木暢茂，禽獸繁殖，五穀不登，禽獸偪人，獸蹄鳥迹之道交於中國。堯獨憂之，舉舜而敷治焉。 5.4

大夫有賜於士，不得受於其家，則往拜其門。 6.7

得天下有道，得其民，斯得天下矣；得其民有道、得其心，斯得民矣；得其心有道，所欲與之聚之，所惡勿施，爾也。 7.9

地之相去也，千有餘里；世之相後也，千有餘歲。得志行乎中國，若合符節，先聖後聖，其揆一也。 8.1

大人者，言不必信，行不必果，惟義所在。 8.11

大人者，不失其赤子之心者也。 8.12

帝使其子九男二女，百官牛羊倉廩備，以事舜於畎畝之中，天下之士多就之者，帝將胥天下而遷之焉。爲不順於父母，如窮人無所歸。 9.1

大孝終身慕父母。五十而慕者，予於大舜見之矣。 9.1

大匠誨人必以規矩，學者亦必以規矩。 11.20

得志澤加於民，不得志脩身見於世。 13.9

待文王而後興者，凡民也；若夫豪傑之士，雖無文王猶興。 13.10

獨孤臣孽子，其操心也危，其慮患也深，故達。 13.18

大匠不爲拙工改廢繩墨，羿不爲拙射變其彀率。 13.42

得乎丘民而爲天子，得乎天子爲諸侯，得乎諸侯爲大夫。 14.14

動容周旋中禮者，盛德之至也。 14.33

Ee、en、eng、er(ㄜ、ㄣ、ㄥ、ㄦ)

恩足以及禽獸，而功不至於百姓者，獨何與？ 1.7

二老者，天下之大老也，而歸之，是天下之父歸之也。天下之父歸之，其子焉柱？諸侯有行文王之政者，七年之内，必爲政於天下矣。 7.13

耳目之官不思而蔽於物，物交物則引之而已矣。心之官則思，思則得之，不思則不得也，此天之所與我者。先立乎其大者，則其小者不能奪也，此爲大人而已矣。 11.15

Ff(ㄈ)

斧斤以時入山林，林木不可勝用也。 1.3

發政施仁，使天下仕者皆欲立於王之朝，耕者皆欲耕於王之野，商賈皆欲藏於王之市，行旅皆欲出於王之塗，天下欲疾其君者皆欲赴愬於王。其若是，孰能禦之？ 1.7

夫志，氣之帥也；氣，體之充也。夫志至焉，氣次焉，故曰持其志，無暴其氣。 3.2

夫仁，天之尊爵也，人之安宅也。莫之禦而不仁，是不智也。 3.7

夫天未欲平治天下，如欲平治天下，當今之世，舍我其誰也？ 4.13

夫仁政，必自經界始。經界既正，分田制禄可坐而定也。 5.3

父子有親，君臣有義，夫婦有别，長幼有叙，朋友有信。 5.4

放勳日勞之來之，匡之直之，輔之翼之，使自得之，又從而振德之。聖人之憂民如此，而暇耕乎？ 5.4

夫以百畝之不易爲己憂者，農夫也。 5.4

分人以財謂之惠，教人以善謂之忠，爲天下得人者謂之仁。是故以天下與人易，爲天下得人難。 5.4

非其道，則一簞食不可受於人；如其道，則舜受堯之天下不以爲泰。 6.4

夫人必自侮，然後人侮之；家必自毁，而後人毁之；國必自伐，而後人伐之。 7.8

父子之間不責善，責善則離，離則不祥莫大焉。 7.18

非禮之禮，非義之義，大人弗爲。 8.6

非仁無爲也，非禮無行也，如有一朝之患，則君子不患矣。 8.28

父子責善，賊恩之大者。 8.30

父母愛之，喜而不忘；父母惡之，勞而不怨。 9.1

夫義，路也；禮，門也。惟君子能由是路，出入是門也。 10.7

富歲子弟多賴，凶歲子弟多暴，非天之降才爾殊也，其所以陷溺其心者然也。 11.7

夫道，若大路然，豈難知哉？人病不求耳。子歸而求之，有餘師。 12.2

夫苟好善，則四海之内皆將輕千里而來告之以善。 12.13

傅説舉於板築之閒。 12.15

附之以韓魏之家，如其自視欿然，則過人遠矣。 13.11

夫予之設科也，往者不追，來者不拒，苟以是心至，斯受之而已矣。 14.30

非之無舉也，刺之無刺也，同乎流俗，合乎汙世，居之似忠信，行之似廉絜，衆皆悦之，自以爲是，而不可與入堯舜之道，故曰德之賊也。 14.37

Gg（ㄍ）

苟爲後義而先利，不奪不饜。 1.1

穀與魚鼈不可勝食，材木不可勝用，是使民養生喪死無憾也。 1.3

狗彘食人食而不知檢，塗有餓莩而不知發，人死則曰"非我也，歲也"，是何異於刺人而殺之曰"非我也，兵也"？ 1.3

國君進賢，如不得已，將使卑踰尊，疏踰戚，可不慎與？ 2.7

苟爲善，後世子孫必有王者矣。 2.14

關譏而不征，則天下之旅皆悦而願出於其路矣；耕者助而不稅，則天下之農皆悦而願耕於其野矣。 3.5

古之君子，過則改之；今之君子，過則順之。古之君子，其過也，如日月之食，民皆見之，及其更也，民皆仰之；今之君子，豈徒順之，又從爲之辭。 4.9

古之爲市也，以其所有易其所無者，有司者治之耳。 4.10

公明儀曰：文王我師也，周公豈欺我哉？ 5.1

公事畢，然後敢治私事。 5.3

蓋上世嘗有不葬其親者，其親死，則舉而委之於壑。他日過之，狐狸食之，蠅蚋姑嘬之。其顙有泚，睨而不視。夫泚也，非爲人泚，中心達於面目，蓋歸反虆梩而掩之。掩之誠是也，則孝子仁人掩其親，亦必有道矣。 5.5

公明儀曰：古之人，三月無君則弔。 6.3

古之人未嘗不欲仕也，又惡不由其道。不由其道而往者，與鑽穴隙之類也。 6.3

苟行王政，四海之内皆舉首而望之，欲以爲君。 6.5

公明儀曰：庖有肥肉，廄有肥馬，民有飢色，野有餓莩，此率獸而食人也。 6.9

規矩，方員之至也。 7.2

恭者不侮人，儉者不奪人。恭儉豈可以聲音笑貌爲哉？ 7.16

古者易子而教之，父子之閒不責善。責善則離，離則不祥莫大焉。 7.18

敢問國君欲養君子，如何斯可謂養矣？曰：以君命將之，再拜稽首而受。其後廩人繼粟，庖人繼肉，不以君命將之。子思以爲鼎肉使己僕僕爾亟拜也，非養君子之道也。 10.6

告子曰：性猶杞柳也，義猶桮棬也。以人性爲仁義，猶以杞柳爲桮棬。 11.1

告子曰：性猶湍水也，決諸東方則東流，決諸西方則西流。人性之無分於善不善也，猶水之無分於東西也。 11.2

告子曰：生之謂性。 11.3

告子曰：食色，性也。 11.4

公都子曰："告子曰：'性無善無不善也。'或曰：'性可以爲善可以爲不善，是故文武興則民好善，幽厲興則民暴。'或曰：'有性善，有性不善。是故以堯爲君而有象，以瞽瞍爲父而有舜，以紂爲兄之子且以爲君，而有微子啓、王子比干。'今曰性善，然則彼皆非與？" 11.6

拱把之桐梓，人苟欲生之，皆知所以養之者。至於身而不知所以養之者，豈愛身不若桐梓哉？弗思甚也。 11.13

古之君子所就三，所去三。迎之致敬以有禮，言將行其言也，則就之；禮貌未衰，言弗行也，則去之。其次，雖未行其言也，迎之致敬以有禮，則就之；禮貌衰，則去之。其下，朝不食，夕不食，飢餓不能出門户，君聞之曰：吾大者不能行其道，又不能從其言，使飢餓於我土地，吾恥之，周之。亦可受也，免死而已矣。 12.14

管夷吾舉於士。 12.15

古之賢王，好善而忘勢。古之賢士何獨不然，樂其道而忘人之勢？故王公不致敬盡禮則不得亟見之。見且由不得亟，而況得而臣之乎！ 13.8

廣土衆民，君子欲之，所樂不存焉；中天而立，定四海之民，君子樂之，所性不存焉。 13.21

觀於海者難爲水，遊於聖人之門者難爲言。 13.24

恭敬者，幣之未將者也。恭敬而無實，君子不可虛拘。 13.28

國君好仁，天下無敵焉。 14.4

古之爲關也，將以禦暴；今之爲關也，將以爲暴。 14.8

Hh（厂）

何事非君，何使非民？治亦進，亂亦進，伊尹也。 3.2

禍福無不自己求之者。 3.4

桓公之於管仲，學焉而後臣之，故不勞而霸。 4.2

后稷教民稼穡，樹藝五穀，五穀熟而民人育。 5.4

獲於上有道，不信於友，弗獲於上矣。 7.12

好善優於天下。 12.13

孩提之童無不知愛其親者，及其長也，無不知敬其兄也。 13.15

何謂尚志？曰：仁義而已矣。居惡在？仁是也；路惡在？義是也。居仁由義，大人之事備矣。 13.33

好名之人能讓千乘之國，苟非其人，簞食豆羹見於色。 14.11

何如斯可謂狂矣？曰：其志嘐嘐然，曰古之人，古之人。夷考其行，而不掩焉者也。狂者又不可得，欲得不屑不絜之士而與之，是獧也，是又其次也。 14.37

Jj（ㄐ）

君子之於禽獸也，見其生不忍見其死，聞其聲不忍食其肉，是以君子遠庖廚也。1.7

今王與民同樂，則王矣。 2.1

戒之戒之，出乎爾者，反乎爾者也。夫民今而後得反之也。君無尤焉！君行仁政，斯民親其上，死其長矣。 2.12

君子創業垂統，爲可繼也。若夫成功，則天也。 2.14

君子不以其所以養人者害人。 2.15

飢者易爲食，渴者易爲飲。 3.1

見其禮而知其政，聞其樂而知其德，由百世之後，等百世之王，莫之能違也。 3.2

今人乍見孺子將入於井，皆有怵惕惻隱之心。非所以内交於孺子之父母也，非所以要譽於鄉黨朋友也，非惡其聲而然也。 3.6

今天下地醜德齊，莫能相尚，無他，好臣其所教，而不好臣其所受教。 4.2

君子不怨天，不尤人。 4.13

君子之德，風也；小人之德，草也。草尚之風必偃。 5.2

經界不正，井地不鈞，穀禄不平，是故暴君汙吏必慢其經界。經界既正，分田制禄可坐而定也。 5.3

居天下之廣居，立天下之正位，行天下之大道，得志與民由之，不得志獨行其道，富貴不能淫，貧賤不能移，威武不能屈，此之謂大丈夫。 6.2

救民於水火之中，取其殘而已矣。 6.5

今有人日攘其鄰之雞者，或告之曰：是非君子之道。曰：請損之，月攘一雞，以待來年然後已。如知其非義，斯速已矣，何待來年？ 6.8

今有仁心仁聞而民不被其澤，不可法於後世者，不行先王之道也。故曰徒善不足以爲政，徒法不能以自行。 7.1

巨室之所慕，一國慕之；一國之所慕，天下慕之。故沛然德教溢乎四海。 7.6

桀紂之失天下也，失其民也；失其民者，失其心也。 7.9

今之欲王者，猶七年之病求三年之艾也，苟爲不畜，終身不得；苟不志於仁，終身憂辱，以陷於死亡。 7.9

居下位而不獲於上，民不可得而治也。 7.12

君不行仁政而富之，皆棄於孔子者也，況於爲之强戰！ 7.14

君子之不教子何也？孟子曰：勢不行也，教者必以正，以正不行，繼之以怒；繼之以怒則反夷矣：夫子教我以正，夫子未出於正也。則是父子相夷也。父子相夷則惡矣。 7.18

君仁莫不仁，君義莫不義，君正莫不正，一正君而國定矣。 7.20

君之視臣如手足，則臣視君如腹心；君之視臣如犬馬，則臣視君如國人；君之視臣如土芥，則臣視君如寇讎。 8.3

君子深造之以道，欲其自得之也。自得之則居之安，居之安則資之深，資之深則取之左右逢其原，故君子欲其自得之也。 8.14

晉之《乘》，楚之《檮杌》，魯之《春秋》，一也。其事則齊桓晉文，其文則史。孔子曰：其義則丘竊取之矣。 8.21

君子所以異於人者，以其存心也。君子以仁存心，以禮存心。 8.28

君子有終身之憂，無一朝之患也。 8.28

君子可欺以其方，難罔以非其道。 9.2

居堯之宫，逼堯之子，是篡也，非天與也。 9.5

晉人以垂棘之璧與屈産之乘，假道於虞以伐虢。宫之奇諫；百里奚不諫，知虞公之不可諫而去之秦。不可諫而不諫，可謂不智乎？ 9.9

集大成也者，金聲而玉振之也。金聲也者，始條理也；玉振之也者，終條理也。始條理者，智之事也；終條理者，聖之事也。 10.1

晉平公之於亥唐也，入云則入，坐云則坐，食云則食，雖蔬食菜羹，未嘗不飽，蓋不敢不飽也。然終於此而已矣：弗與共天位也，弗與治天職也，弗與食天禄也，士之尊賢者也，非王公之尊賢也。 10.3

君之於氓也，固周之。 10.6

今夫水，搏而躍之可使過顙，激而行之可使在山，是豈水之性哉？其勢則然也。人之可使爲不善，其性亦猶是也。 11.2

今夫弈之爲數，小數也，不專心致志，則不得也。 11.9

今有無名之指屈而不信，非疾痛害事也，如有能信之者，則不遠秦楚之路，爲指之不若人也。指不若人則知惡之，心不若人則不知惡，此之謂不知類也。 11.12

今之爲仁者，猶以一杯水救一車薪之火也，不熄，則謂之水不勝火，此又與於不仁之甚者也，亦終必亡而已矣。 11.18

居下位，不以賢事不肖者，伯夷也。 12.6

君子之所爲，衆人固不識也。 12.6

君子之事君也，務引其君以當道，志於仁而已。 12.8

今之事君者，皆曰我能爲君辟土地，充府庫。今之所謂良臣，古之所謂民賊也。君不鄉道，不志於仁，而求富之，是富桀也。 12.9

今居中國，去人倫，無君子，如之何其可也？陶以寡且不可以爲國，況無君子乎！ 12.10

君子不亮，惡乎執？ 12.12

膠鬲舉於魚鹽之中。 12.15

教亦多術矣。予不屑之教誨也者，是亦教誨之而已矣。 12.16

盡其心者，知其性也。知其性，則知天矣。 13.1

盡其道而死者，正命也；桎梏死者，非正命也。 13.2

君子所過者化，所存者神，上下與天地同流，豈曰小補之哉？ 13.13

君子有三樂，而王天下不與存焉。父母俱存，兄弟無故，一樂也；仰不愧於天，俯不怍於人，二樂也；得天下英才而教育之，三樂也。 13.20

君子所性，雖大行不加焉，雖窮居不損焉，分定故也。君子所性，仁義禮智根於心，其生色也，睟然見於面，盎於背，施於四體，四體不言而喻。 13.21

君子之志於道也，不成章不達。 13.24

雞鳴而起，孳孳爲善者，舜之徒也；雞鳴而起，孳孳爲利者，蹠之徒也。欲知舜與蹠之分，利與善之閒也。 13.25

飢者甘食，渴者甘飲，是未得飲食之正也，飢渴害之也。 13.27

久假而不歸，惡知其非有也。 13.30

君子居是國也，其君用之，則安富尊榮；其子弟從之，則孝悌忠信。'不素餐兮'，孰大於是？ 13.32

居惡在？仁是也；路惡在？義是也。居仁由義，大人之事備矣。 13.33

居移氣，養移體，大哉居乎！夫非盡人之子與？ 13.36

君子之所以教者五，有如時雨化之者，有成德者，有達財者，有答問者，有私淑艾者。此五者，君子之所以教也。 13.41

君子引而不發，躍如也。中道而立，能者從之。 13.42

君子之於物也，愛之而弗仁；於民也，仁之而弗親。親親而仁民，仁民而愛物。 13.46

盡信《書》則不如無《書》，吾於《武成》取二三策而已矣。仁人無敵於天下，以至仁伐至不仁，而何其血之流杵也？ 14.3

君子之戹於陳蔡之閒，無上下之交也。 14.18

晉人有馮婦者，善搏虎，卒爲善士。則之野，有衆逐虎；虎負隅，莫之敢攖，望見馮婦，趨而迎之；馮婦攘臂下車，衆皆悦之，其爲士者笑之。 14.23

君子之言也，不下帶而道存焉。君子之守，脩其身而天下平。 14.32

經德不回，非以干禄也。君子行法以俟命而已矣。 14.33

君子反經而已矣，經正則庶民興，庶民興斯無邪慝矣。 14.37

Kk(丂)

孔子曰：德之流行，速於置郵而傳命。 3.1

可以仕則仕，可以止則止，可以久則久，可以速則速，孔子也。 3.2

孔子曰：里仁爲美，擇不處仁，焉得智？ 3.7

孔子曰：大哉，堯之爲君！惟天爲大，惟堯則之！蕩蕩乎，民無能名焉！君哉，舜也！巍巍乎，有天下而不與焉！ 5.4

孔子三月無君，則皇皇如也，出疆必載質。 6.3

孔子，聖之時者也。孔子之謂集大成。 10.1

《康誥》曰："殺越人于貨，閔不畏死，凡民無不譈。"是不待教而誅者也。 10.4

孔子有見行可之仕，有際可之仕，有公養之仕。於季桓子，見行可之仕也；於衛靈公，際可之仕也；於衛孝公，公養之仕也。 10.4

孔子嘗爲委吏矣，曰會計當而已矣；嘗爲乘田矣，曰牛羊茁壯長而已矣。 10.5

口之於味也，有同耆焉；耳之於聲也，有同聽焉；目之於色也，有同美焉。至於心，獨無所同然乎？心之所同然者何也？謂理也，義也。聖人先得我心之所同然耳，故理義之悦我心，猶芻豢之悦我口。 11.7

孔子登東山而小魯，登太山而小天下。 13.24

孔子之去魯曰：遲遲吾行也，去父母國之道也。去齊，接淅而行，去他國之道也。 14.17

口之於味也，目之於色也，耳之於聲也，鼻之於臭也，四肢之於安佚也，性也，有命焉，君子不謂性也。 14.24

可欲之謂善，有諸己之謂信，充實之謂美，充實而有光輝之謂大，大而化之之謂聖，聖而不可知之之謂神。 14.25

孔子在陳，何思魯之狂士？孟子曰：孔子不得中道而與之，必也，狂獧乎！狂者進取，獧者有所不爲也。孔子豈不欲中道哉？不可必得，故思其次也。 14.37

孔子曰：過我門而不入我室，我不憾焉者，其惟鄉原乎！鄉原，德之賊也。 14.37

孔子而來至於今，百有餘歲，去聖人之世若此其未遠也，近聖人之居若此之甚也，然而無有乎爾，則亦無有乎爾！ 14.38

LI(ㄌ)

梁惠王曰：叟不遠千里而來，亦將有以利吾國乎？孟子對曰：王何必曰利？亦有仁義而已矣。 1.1

梁惠王立於沼上，顧鴻鴈麋鹿曰：賢者亦樂此乎？孟子對曰：賢者而後樂此，不賢者雖有此不樂也。 1.2

老吾老以及人之老，幼吾幼以及人之幼，天下可運於掌。 1.7

老者衣帛食肉，黎民不飢不寒，然而不王者，未之有也。 1.7

樂民之樂者，民亦樂其樂；憂民之憂者，民亦憂其憂。樂以天下，憂以天下，然而不王者，未之有也。 2.4

老而無妻曰鰥，老而無夫曰寡，老而無子曰獨，幼而無父曰孤。此四者，天下之窮民而無告者。 2.5

柳下惠不羞於汙君，不卑小官，進不隱賢，必以其道，遺佚而不怨，阨窮而不憫，故曰爾爲爾，我爲我，雖袒裼裸裎於我側，爾焉能浼我哉？ 3.9

勞心者治人，勞力者治於人；治於人者食人，治人者食於人，天下之通義也。 5.4

離婁之明，公輸子之巧，不以規矩，不能成方員。 7.1

禮，朝廷不歷位而相與言，不踰階而相揖也。 8.27

柳下惠，聖之和者也。 10.1

力不能勝一匹雛，則爲無力人矣；今曰舉百鈞，則爲有力人矣。然則舉烏獲之任，是亦爲烏獲而已矣。夫人豈以不勝爲患哉？弗爲耳。 12.2

流水之爲物也，不盈科不行。 13.24

柳下惠不以三公易其介。 13.28

魯君之宋，呼於垤澤之門。守者曰："此非吾君也，何其聲之似我君也？"此無他，居相似也。 13.37

Mm（冂）

明君治民之産，必使仰足以事父母，俯足以畜妻子，樂歲終身飽，凶年免於死亡，然後驅而之善，故民之從之也輕。 1.7

孟施舍之所養勇也，曰：視不勝猶勝也；量敵而後進，慮勝而後會，是畏三軍者也。舍豈能爲必勝哉？能無懼而已矣。 3.2

孟子曰："伯夷隘，柳下惠不恭。隘與不恭，君子不由也。" 3.9

孟子道性善，言必稱堯舜。 5.1

民之爲道也，有恒産者有恒心，無恒産者無恒心。苟無恒心，放辟邪侈無不爲已；及陷乎罪，然後從而刑之，是罔民也。焉有仁人在位罔民而可爲也？ 5.3

民之歸仁，猶水之就下，獸之走壙也。 7.9

莫之爲而爲者，天也；莫之致而至者，命也。 9.6

孟獻子，百乘之家也，有友五人焉。獻子之與此五人者友也，無獻子之家者也；此五人者，亦有獻子之家，則不與之友矣。 10.3

繆公之於子思也，亟問，亟餽鼎肉。子思不悦，於卒也，摽使者出諸大門之外，北面稽首再拜而不受曰：今而後知君之犬馬畜伋。蓋自是臺無餽也。悦賢不能舉又不能養也，可謂悦賢乎？ 10.6

繆公亟見於子思曰：古千乘之國以友士，何如？子思不悦曰：古之人有言曰，事之云乎，豈曰友之云乎！子思之不悦也，豈不曰以位，則子君也，我臣也，何敢與君友也？以德，則子事我者也，奚可以與我友？千乘之君求與之友而不可得也，而況可召與？ 10.7

孟子曰：子能順杞柳之性而以爲桮棬乎？將戕賊杞柳而後以爲桮棬也？如將戕賊杞柳而以爲桮棬，則亦將戕賊人以爲仁義與？ 11.1

孟子曰：水信無分於東西，無分於上下乎？人性之善也，猶水之就下也。人無有不善，水無有不下。 11.2

莫非命也，順受其正，是故知命者不立乎巖牆之下。 13.2

民非水火不生活。昏暮叩人之門户求水火，無弗與者，至足矣。 13.23

墨子兼愛，摩頂放踵利天下，爲之。 13.26

孟子自范之齊，望見齊王之子，喟然嘆曰：居移氣，養移體，大哉居乎！夫非盡人之子與？ 13.36

民爲貴，社稷次之，君爲輕。 14.14

Nn（ㄋ）

乃所願，則學孔子也。 3.2

南蠻鴃舌之人，非先王之道，子倍子之師而學之，亦異於曾子矣。吾聞出於幽谷遷於喬木者，未聞下喬木而入於幽谷者。 5.4

能言距楊墨者，聖人之徒也。 6.9

男女授受不親，禮也；嫂溺援之以手者，權也。 7.17

男女居室，人之大倫也。舜如告，則廢人之大倫，以懟父母，是以不告也。 9.2

乃若其情，則可以爲善矣，乃所謂善也。若夫爲不善，非才之罪也。惻隱之心人皆有之，羞惡之心人皆有之，恭敬之心人皆有之，是非之心人皆有之。 11.6

牛山之木嘗美矣！以其郊於大國也，斧斤伐之，可以爲美乎？是其日夜之所息，雨露之所潤，非無萌蘖之生焉，牛羊又從而牧之，是以若彼濯濯也。人見其濯濯也，以爲未嘗有材焉，此豈山之性也哉？ 11.8

P（ㄆ）

庖有肥肉，廄有肥馬，民有飢色，野有餓莩，此率獸而食人也。 1.4

匹夫之勇，敵一人者也。 2.3

般樂怠敖，是自求禍也。禍福無不自己求之者。 3.4

逢蒙學射於羿，盡羿之道，思天下惟羿爲愈己，於是殺羿。 8.24

匹夫而有天下者，德必若舜禹，而又有天子薦之者，故仲尼不有天下。繼世而有天下，天之所廢，必若桀紂者也，故益、伊尹、周公不有天下。 9.6

般樂飲酒，驅騁田獵，後車千乘，我得志，弗爲也。 14.34

Qq（ㄑ）

權然後知輕重，度然後知長短，物皆然，心爲甚。王請度之。 1.7

齊人有言曰：雖有智慧，不如乘勢；雖有鎡基，不如待時。 3.1

麒麟之於走獸，鳳凰之於飛鳥，泰山之於丘垤，河海之於行潦，類也。聖人之於民，亦類也。出於其類，拔乎其萃，自生民以來，未有盛於孔子也。 3.2

取諸人以爲善，是與人爲善者也。故君子莫大乎與人爲善。 3.8

親喪，固所自盡也。曾子曰：生，事之以禮；死，葬之以禮，祭之以禮，可謂孝矣。5.2

卻之卻之爲不恭，何哉？曰：尊者賜之，曰其所取者義乎，不義？而後受之，以是爲不恭，故弗卻也。其交也，以道；其接也，以禮。斯孔子受之矣。 10.4

取妻非爲養也，而有時乎爲養。 10.5

齊宣王請問貴戚之卿。曰：君有大過則諫，反覆之而不聽則易位。王勃然變乎色。 10.9

親之過大而不怨，是愈疏也；親之過小而怨，是不可磯也。愈疏，不孝也；不可磯，亦不孝也。 12.3

求則得之，舍則失之，則求有益於得也，求在我者也。求之有道，得之有命，是求無益於得也，求在外者也。 13.3

窮則獨善其身，達則兼善天下。 13.9

親親，仁也；敬長，義也。無他，達之天下也。 13.15

豈惟口腹有飢渴之害？人心亦皆有害。人能無以飢渴之害爲心害，則不及人不爲憂矣。 13.27

其進鋭者，其退速。 13.45

親親而仁民，仁民而愛物。 13.46

其爲人也小有才，未聞君子之大道也，則足以殺其軀而已矣。 14.29

Rr（ㄖ）

仁者無敵，王請勿疑。 1.5

若民，則無恒産因無恒心，苟無恒心，放辟邪侈無不爲已；及陷於罪，然後從而刑之，是罔民也。焉有仁人在位罔民而可爲也？ 1.7

仁則榮，不仁則辱。今惡辱而居不仁，是猶惡濕而居下也。 3.4

人皆有不忍人之心。 3.6

人役而恥爲役，由弓人而恥爲弓，矢人而恥爲矢。如恥之，莫如爲仁。仁者如射：射者正己而後發，發而不中不怨勝己者，反求諸己而已矣。 3.7

如欲平治天下，當今之世，舍我其誰也？ 4.13

人倫明於上，小民親於下。有王者起，必來取法，是爲王者師也。 5.3

人之有道也，飽食煖衣逸居而無教，則近於禽獸。聖人有憂之，使契爲司徒，教以人倫：父子有親，君臣有義，夫婦有别，長幼有叙，朋友有信。 5.4

仁義充塞，則率獸食人，人將相食。吾爲此懼，閑先聖之道，距楊墨，放淫辭，邪説者不得作。 6.9

孺子歌曰：滄浪之水清兮，可以濯我纓；滄浪之水濁兮，可以濯我足。孔子曰："小子聽之，清斯濯纓，濁斯濯足矣，自取之也。"夫人必自侮，然後人侮之；家必自毁，而後人毁之；國必自伐，而後人伐之。 7.8

仁，人之安宅也；義，人之正路也。曠安宅而弗居，舍正路而不由，哀哉！ 7.10

人人親其親，長其長，而天下平。 7.11

人之易其言也，無責耳矣。 7.22

人之患在好爲人師。 7.23

仁之實，事親是也；義之實，從兄是也；智之實，知斯二者弗去是也；禮之實，節文斯二者是也；樂之實，樂斯二者，樂則生矣：生則惡可已也？惡可已，則不知足之蹈之手之舞之。 7.27

如中也弃不中，才也弃不才，則賢不肖之相去，其閒不能以寸。 8.7

人有不爲也，而後可以有爲。 8.8

人之所以異於禽獸者幾希，庶民去之，君子存之。 8.19

如智者若禹之行水也，則無惡於智矣。禹之行水也，行其所無事也。如智者亦行其所無事，則智亦大矣。 8.26

仁者愛人，有禮者敬人。愛人者人恒愛之，敬人者人恒敬之。 8.28

人少則慕父母，知好色則慕少艾，有妻子則慕妻子，仕則慕君，不得於君則熱中。大孝終身慕父母，五十而慕者，予於大舜見之矣。 9.1

仁人之於弟也，不藏怒焉，不宿怨焉，親愛之而已矣。 9.3

人有言：至於禹而德衰，不傳於賢而傳於子。 9.6

仁義禮智，非由外鑠我也，我固有之也，弗思耳矣。故曰求則得之，舍則失之。或相倍蓰而無筭者，不能盡其才者也。 11.6

如使人之所欲莫甚於生，則凡可以得生者何不用也？使人之所惡莫甚於死者，則凡可以辟患者何不爲也？ 11.10

仁，人心也；義，人路也。舍其路而弗由，放其心而不知求，哀哉！人有雞犬放則知求之，有放心而不知求。學問之道無他，求其放心而已矣。 11.11

人之於身也，兼所愛，兼所愛則兼所養也。所以考其善不善者，豈有他哉？於己取之而已矣。體有貴賤，有小大，無以小害大，無以賤害貴。 11.14

人之所貴者，非良貴也。趙孟之所貴，趙孟能賤之。 11.17

仁之勝不仁也，猶水勝火。今之爲仁者，猶以一杯水救一車薪之火也，不熄，則謂之水不勝火，此又與於不仁之甚者也，亦終必亡而已矣。 11.18

人皆可以爲堯舜。 12.2

入其疆，土地辟，田野治，養老尊賢，俊傑在位，則有慶，慶以地。入其疆，土地荒蕪，遺老失賢，掊克在位，則有讓。 12.7

入則無法家拂士，出則無敵國外患者，國恒亡。然後知生於憂患而死於安樂也。 12.15

人不可以無恥，無恥之恥，無恥矣。 13.6

人知之亦囂囂，人不知亦囂囂。 13.9

仁言不如仁聲之入人深也，善政不如善教之得民也。 13.14

人之所不學而能者，其良能也；所不慮而知者，其良知也。 13.15

人之有德慧術知者，恒存乎疢疾。獨孤臣孽子，其操心也危，其慮患也深，故達。 13.18

日月有明，容光必照焉。 13.24

人莫大焉亡親戚君臣上下。 13.34

仁者無不愛也，急親賢之爲務。 13.47

仁者以其所愛及其所不愛，不仁者以所不愛及其所愛。梁惠王以土地之故，糜爛其民而戰之，大敗，將復之，恐不能勝，故驅其所愛子弟以殉之，是之謂以其所不愛及其所愛也。 14.1

仁也者，人也。合而言之，道也。 14.16

仁之於父子也，義之於君臣也，禮之於賓主也，知之於賢者也，聖人之於天道也，命也，有性焉，君子不謂命也。 14.24

人皆有所不忍，達之於其所忍，仁也；人皆有所不爲，達之於其所爲，義也。人能充無欲害人之心，而仁不可勝用也；人能充無穿踰之心，而義不可勝用也；人能充無受爾汝之實，無所往而不爲義也。 14.31

人病舍其田而芸人之田，所求於人者重，而所以自任者輕。 14.32

S、sh（ㄙ、ㄕ）

叟不遠千里而來，亦將有以利吾國乎？ 1.1

上下交征利而國危矣。 1.1

殺人以梃與刃有以異乎？以刃與政有以異乎？ 1.4

獸相食，且人惡之；爲民父母行政，不免於率獸而食人，惡在其爲民父母也？ 1.4

宋人有閔其苗之不長而揠之者。 3.2

市廛而不征，法而不廛，則天下之商皆悦而願藏於其市矣。 3.5

率其子弟，攻其父母，自有生民以來未有能濟者也。 3.5

矢人豈不仁於函人哉？矢人惟恐不傷人，函人惟恐傷人。巫匠亦然。故術不可不慎也。 3.7

《書》曰：若藥不瞑眩，厥疾不瘳。 5.1

三年之喪，齊疏之服，飦粥之食，自天子達於庶人，三代共之。 5.2

上有好者，下必有甚焉者矣。 5.2

設爲庠序學校以教之。庠者，養也；校者，教也；序者，射也。 5.3

死徙無出鄉，鄉田同井，出入相友，守望相助，疾病相扶持，則百姓親睦。 5.3

舜使益掌火，益烈山澤而焚之，禽獸逃匿。禹疏九河，瀹濟漯而注諸海，決汝漢，排淮泗而注之江，然後中國可得而食也。當是時也，禹八年於外，三過其門而不入，雖欲耕，得乎？ 5.4

士之失位也，猶諸侯之失國家也。 6.3

世衰道微，邪説暴行有作，臣弒其君者有之，子弒其父者有之。孔子懼，作《春秋》。《春秋》，天子之事也。是故孔子曰：知我者其惟《春秋》乎？罪我者其惟《春秋》乎？ 6.9

聖王不作，諸侯放恣，處士橫議，楊朱、墨翟之言盈天下，天下之言不歸楊則歸墨。楊墨之道不息，孔子之道不著，是邪説誣民，充塞仁義也。 6.9

師曠之聰，不以六律，不能正五音。 7.1

聖人既竭目力焉，繼之以規矩準繩，以爲方員平直，不可勝用也；既竭耳力焉，繼之

以六律正五音，不可勝用也；既竭心思焉，繼之以不忍人之政，而仁覆天下矣。　7.1

上無道揆也，下無法守也，朝不信道，工不信度，君子犯義，小人犯刑，國之所存者，幸也。　7.1

聖人，人倫之至也。　7.2

三代之得天下也以仁，其失天下也以不仁。國之所以廢興存亡者亦然。　7.3

順天者存，逆天者亡。　7.7

善戰者服上刑，連諸侯者次之，辟草萊、任土地者次之。　7.14

嫂溺，則援之以手乎？曰：嫂溺不援，是豺狼也。　7.17

事孰爲大？事親爲大。守孰爲大？守身爲大。　7.19

視天下悦而歸己猶草芥也，惟舜爲然。舜盡事親之道而瞽瞍厎豫，瞽瞍厎豫而天下化，瞽瞍厎豫而天下之爲父子者定，此之謂大孝。　7.28

舜生於諸馮，遷於負夏，卒於鳴條，東夷之人也。　8.1

聲聞過情，君子恥之。　8.18

舜明於庶物，察於人倫，由仁義行，非行仁義也。　8.19

視民如傷。　8.20

所惡於智者，爲其鑿也。如智者若禹之行水也，則無惡於智矣。禹之行水也，行其所無事也。如智者亦行其所無事，則智亦大矣。　8.26

舜，人也，我亦人也。舜爲法於天下，可傳於後世，我由未免爲鄉人也，是則可憂也。憂之如何？如舜而已矣。　8.28

世俗所謂不孝者五：惰其四支，不顧父母之養，一不孝也；博弈好飲酒，不顧父母之養，二不孝也；好貨財，私妻子，不顧父母之養，三不孝也；從耳目之欲，以爲父母戮，四不孝也；好勇鬬很，以危父母，五不孝也。　8.30

舜往于田，號泣于旻天，何爲其號泣也？　9.1

舜之不告而娶，何也？　9.2

舜流共工于幽州，放驩兜于崇山，殺三苗于三危，殛鯀于羽山，四罪而天下咸服，誅不仁也。象至不仁，封之有庳，有庳之人奚罪焉？仁人固如是乎？在他人則誅之，在弟則封之？　9.3

説詩者不以文害辭，不以辭害志。以意逆志，是爲得之。　9.4

思天下之民匹夫匹婦有不被堯舜之澤者，若己推而内之溝中。其自任以天下之重如此，故就湯而説之，以伐夏救民。　9.7

聖人之行不同也，或遠或近，或去不去，歸潔其身而已矣。　9.7

舜尚見帝，帝館甥于貳室，亦饗舜，迭爲賓主，是天子而友匹夫也。　10.3

仕非爲貧也，而有時乎爲貧。爲貧者，辭尊居卑，辭富居貧。　10.5

《詩》曰：天生蒸民，有物有則；民之秉彝，好是懿德。孔子曰：爲此詩者，其知道乎？故有物必有則，民之秉彝，故好是懿德。　11.6

使弈秋誨二人弈，其一人專心致志，惟弈秋之爲聽；一人雖聽之，一心以爲有鴻鵠將至，思援弓繳而射之，雖與之俱學，弗若之矣。爲是其智弗若與？曰非然也。 11.9

生亦我所欲也，義亦我所欲也，二者不可得兼，舍生而取義者也。生亦我所欲，所欲有甚於生者，故不爲苟得也；死亦我所惡，所惡有甚於死者，故患有所不辟也。如使人之所欲莫甚於生，則凡可以得生者何不用也？使人之所惡莫甚於死者，則凡可以辟患者何不爲也？由是則生而有不用也，由是則可以辟患而有不爲也，是故所欲有甚於生者，所惡有甚於死者，非獨賢者有是心也，人皆有之，賢者能勿喪耳。 11.10

士止於千里之外，則譏諂面諛之人至矣。與譏諂面諛之人居，國欲治，可得乎？ 12.13

舜發於畎畝之中，傅説舉於版築之間，膠鬲舉於魚鹽之中，管夷吾舉於士，孫叔敖舉於海，百里奚舉於市。 12.15

生於憂患而死於安樂也。 12.15

士窮不失義，達不離道。窮不失義，故士得己焉；達不離道，故民不失望焉。 13.9

善政不如善教之得民也。善政民畏之，善教民愛之；善政得民財，善教得民心。 13.14

舜之居深山之中，與木石居，與鹿豕遊，其所以異於深山之野人者幾希。及其聞一善言，見一善行，若決江河，沛然莫之能禦也。 13.16

所謂西伯善養老者，制其田里，教之樹畜，導其妻子使養其老。五十非帛不煖，七十非肉不飽。不煖不飽，謂之凍餒。文王之民無凍餒之老者，此之謂也。 13.22

聖人治天下，使有菽粟如水火。菽粟如水火，而民焉有不仁者乎？ 13.23

殺一無罪非仁也，非其有而取之非義也。 13.33

舜爲天子，皋陶爲士，瞽瞍殺人則如之何？孟子曰：執之而已矣。然則舜如之何？曰：舜視棄天下猶棄敝蹝也。竊負而逃，遵海濱而處，終身訢然，樂而忘天下。 13.35

食而弗愛，豕交之也；愛而不敬，獸畜之也。 13.38

舜之飯糗茹草也，若將終身焉；及其爲天子也，被袗衣，鼓琴，二女果，若固有之。 14.6

身不行道，不行於妻子；使人不以道，不能行於妻子。 14.9

聖人，百世之師也，伯夷、柳下惠是也。故聞伯夷之風者，頑夫廉，懦夫有立志；聞柳下惠之風者，薄夫敦，鄙夫寬。奮乎百世之上，百世之下聞者莫不興起也。非聖人而能若是乎？而況於親炙之者乎？ 14.15

士憎兹多口。《詩》云："憂心悄悄，愠于羣小。"孔子也。"肆不殄厥愠，亦不殞厥問。"文王也。 14.19

山徑之蹊閒，介然用之而成路，爲閒不用，則茅塞之矣。 14.21

士未可以言而言，是以言餂之也；可以言而不言，是以不言餂之也，是皆穿踰之類也。 14.31

守約而施博者，善道也。君子之守，脩其身而天下平。 14.32

説大人則藐之，勿視其巍巍然。在彼者皆我所不爲也，在我者皆古之制也，吾何畏彼哉！ 14.34

食前方丈，侍妾數百人，我得志弗爲也。 14.34

Tt(ㄊ)

填然鼓之，兵刃既接，棄甲曳兵而走，或百步而後止，或五十步而後止。以五十步笑百笑，則何如？ 1.3

推恩足以保四海，不推恩無以保妻子。 1.7

天子適諸侯曰巡狩，諸侯朝於天子曰述職。 2.4

湯一征，自葛始，天下信之。民望之，若大旱之望雲霓也。 2.11

天下固畏齊之强也，今又倍地而不行仁政，是動天下之兵也。 2.11

天下之不助苗長者寡矣。 3.2

太甲曰：天作孽，猶可違；自作孽，不可活。 3.4

天時不如地利，地利不如人和。 4.1

天下有達尊三：爵一，齒一，德一。朝廷莫如爵，鄉黨莫如齒，輔世長民莫如德。 4.2

湯之於伊尹，學焉而後臣之，故不勞而王；桓公之於管仲，學焉而後臣之，故不勞而霸。 4.2

滕文公問爲國。孟子曰：民事不可緩也。 5.3

湯始征，自葛載，十一征而無敵於天下。東面而征西夷怨，南面而征北狄怨，曰奚爲後我？民之望之，若大旱之望雨也。 6.5

天下之生，久矣一治一亂。 6.9

天子不仁，不保四海；諸侯不仁，不保社稷；卿大夫不仁，不保宗廟；士庶人不仁，不保四體。 7.3

天下之本在國，國之本在家，家之本在身。 7.5

天下有道，小德役大德，小賢役大賢；天下無道，小役大，弱役强。斯二者，天也。順天者存，逆天者亡。 7.7

太公辟紂，居東海之濱，聞文王作，興曰：盍歸乎來？吾聞西伯善養老者。 7.13

天下不心服而王者，未之有也。 8.16

湯執中，立賢無方。 8.20

天下之言性也，則故而已矣。故者以利爲本。天之高也，星辰之遠也，苟求其故，千歲之日至，可坐而致也。 8.26

同室之人鬭者，救之，雖被髮纓冠而救之可也；鄉鄰有鬭者，被髮纓冠而往救之則惑也，雖閉户可也。 8.29

天下之士悦之，人之所欲也，而不足以解憂；好色，人之所欲，妻帝之二女，而不足以解憂；富，人之所欲，富有天下，而不足以解憂；貴，人之所欲，貴爲天子，而不足以解憂。

人悦之、好色、富貴，無足以解憂者，惟順於父母可以解憂，予於大舜見之矣。 9.1

天無二日，民無二王。 9.4

天子不能以天下與人，天與之。天不言，以行與事示之而已矣。天子能薦人於天，不能使天與之天下；諸矦能薦人於天子，不能使天子與之諸矦；大夫能薦人於諸矦，不能使諸矦與之大夫。昔者堯薦舜於天，而天受之；暴之於民，而民受之。故曰天不言，以行與事示之而已矣。 9.5

《泰誓》曰：天視自我民視，天聽自我民聽。 9.5

天與賢則與賢，天與子則與子。 9.6

天之生此民也，使先知覺後知，使先覺覺後覺。 9.7

體有貴賤，有小大。無以小害大，無以賤害貴。養其小者爲小人，養其大者爲大人。飲食之人則人賤之矣，爲其養小以失大也。 11.14

天子討而不伐，諸矦伐而不討。 12.7

天將降大任於是人也，必先苦其心志，勞其筋骨，餓其體膚，空乏其身，行拂亂其所爲，所以動心忍性，曾益其所不能。 12.15

天下有善養老，則仁人以爲己歸矣。 13.22

天下有道，以道殉身；天下無道，以身殉道，未聞以道殉乎人者也。 13.43

逃墨必歸於楊，逃楊必歸於儒。歸，斯受之而已矣。今之與楊墨辯者如追放豚，既入其苙，又從而招之。 14.26

堂高數仞，榱題數尺，我得志，弗爲也。 14.34

W(ㄨ)

未有仁而遺其親者也，未有義而後其君者也。王亦曰仁義而已矣，何必曰利？ 1.1

五畝之宅，樹之以桑，五十者可以衣帛矣；雞豚狗彘之畜無失其時，七十者可以食肉矣；百畝之田，勿奪其時，數口之家可以無飢矣；謹庠序之教，申之以孝悌之義，頒白者不負戴於道路矣。七十者衣帛食肉，黎民不飢不寒，然而不王者，未之有也。 1.3

王無罪歲，斯天下之民至焉。 1.3

爲民父母行政，不免於率獸而食人，惡在其爲民父母也？ 1.4

王如施仁政於民，省刑罰，薄税斂，深耕易耨；壯者以暇日脩其孝悌忠信，入以事其父母，出以事其長上，可使制梃以撻秦楚之堅甲利兵矣。 1.5

無恒産而有恒心者，惟士爲能。 1.7

惟仁者爲能以大事小，惟智者爲能以小事大。以大事小者，樂天者也；以小事大者，畏天者也。樂天者保天下，畏天者保其國。 2.3

文王一怒而安天下之民，而武王亦一怒而安天下之民。今王亦一怒而安天下之民，民惟恐王之不好勇也。 2.3

王顧左右而言他。 2.6

王者之不作，未有疏於此時者也；民之憔悴於虐政，未有甚於此時者也。飢者易爲

食，渴者易爲飲。當今之時，萬乘之國行仁政，民之悦之猶解倒懸也，故事半古之人，功必倍之，惟此時爲然。 3.1

我知言，我善養吾浩然之氣。 3.2

無敵於天下者，天吏也，然而不王者，未之有也。 3.5

無惻隱之心非人也，無羞惡之心非人也，無辭讓之心非人也，無是非之心非人也。 3.6

我非堯舜之道不敢以陳於王前，故齊人莫如我敬王也。 4.2

吾聞之也，有官守者不得其職則去，有言責者不得其言則去。我無官守，我無言責也，則吾進退豈不綽綽然有餘裕哉？ 4.5

王如用予，則豈徒齊民安？天下之民舉安， 4.12

五百年必有王者興，其閒必有名世者。 4.13

爲富不仁矣，爲仁不富矣。 5.3

爲民父母，使民盻盻然，將終歲勤動不得以養其父母，又稱貸而益之，使老稚轉乎溝壑，惡在其爲民父母也？ 5.3

吾聞用夏變夷者，未聞變於夷者也。 5.4

物之不齊，物之情也，或相倍蓰，或相什百，或相千萬。子比而同之，是亂天下也。巨屨小屨同賈，人豈爲之哉？從許子之道，相率而爲僞者也，惡能治國家？ 5.4

枉尺而直尋者，以利言也。枉己者，未有能直人者也。 6.1

無父無君，是周公所膺也。我亦欲正人心，息邪説，距詖辭，以承三聖者，豈好辯哉？予不得已也。能言距楊墨者，聖人之徒也。 6.9

爲高必因丘陵，爲下必因川澤，爲政不因先王之道，可謂智乎？是以惟仁者宜在高位。不仁而在高位，是播其惡於衆也。 7.1

惡死亡而樂不仁，是猶惡醉而强酒。 7.3

爲政不難，不得罪於巨室。巨室之所慕，一國慕之；一國之所慕，天下慕之。故沛然德教溢乎四海。 7.6

爲淵敺魚者，獺也；爲叢敺爵者，鸇也；爲湯武敺民者，桀與紂也。今天下之君有好仁者，則諸侯皆爲之敺矣，雖欲無王，不可得已。 7.9

惟大人爲能格君心之非。 7.20

我不意子學古之道而以餔啜也。 7.25

文王生於岐周，卒於畢郢，西夷之人也。 8.1

無罪而殺士，則大夫可以去；無罪而戮民，則士可以徙。 8.4

文王視民如傷，望道而未之見；武王不泄邇，不忘遠。 8.20

王者之迹熄而詩亡，詩亡然後《春秋》作。 8.21

我竭力耕田，共爲子職而已矣；父母之不我愛，於我何哉？ 9.1

吾未聞枉己而正人者也，況辱己以正天下者乎？ 9.7

聞伯夷之風者，頑夫廉，懦夫有立志；聞柳下惠之風者，鄙夫寬，薄夫敦。 10.1

萬章曰：今有禦人於國門之外者，其交也以道，其餽也以禮，斯可受禦與？曰：不可。《康誥》曰："殺越人于貨，閔不畏死，凡民罔不譈。"是不待教而誅者也。於今爲烈，如之何其受之？ 10.4

位卑而言高，罪也；立乎人之本朝而道不行，恥也。 10.5

爲其多聞也，則天子不召師，而況諸侯乎？爲其賢也，則吾未聞欲見賢而召之也。 10.7

王請問貴戚之卿。曰：君有大過則諫，反覆之而不聽則易位。王勃然變乎色。 10.9

無或乎王之不智也。雖有天下易生之物也，一日暴之，十日寒之，未有能生者也。吾見亦罕矣，吾退而寒之者至矣，吾如有萌焉何哉？ 11.9

萬鍾則不辯禮義而受之，萬鍾於我何加焉？爲宫室之美、妻妾之奉，所識窮乏者得我與？ 11.10

爲人臣者懷利以事其君，爲人子者懷利以事其父，爲人弟者懷利以事其兄，是君臣父子兄弟終去仁義懷利以相接，然而不亡者，未之有也。爲人臣者懷仁義以事其君，爲人子者懷仁義以事其父，爲人弟者懷仁義以事其兄，是君臣父子兄弟去利懷仁義以相接也，然而不王者，未之有也。何必曰利？ 12.4

五就湯，五就桀者，伊尹也。 12.6

五霸者，三王之罪人也；今之諸侯，五霸之罪人也；今之大夫，今之諸侯之罪人也。 12.7

五霸，桓公爲盛。 12.7

"我能爲君約與國，戰必克"，今之所謂良臣，古之所謂民賊也。君不鄉道，不志於仁，而求爲之强戰，是輔桀也。 12.9

萬物皆備於我矣，反身而誠，樂莫大焉；强恕而行，求仁莫近焉。 13.4

王者之民皞皞如也，殺之而不怨，利之而不庸，民日遷善而不知爲之者。 13.13

無爲其所不爲，無欲其所不欲，如此而已矣。 13.17

五畝之宅，樹牆下以桑，匹婦蠶之，則老者足以衣帛矣；五母雞，二母彘，無失其時，老者足以無失肉矣；百畝之田，匹夫耕之，八口之家足以無飢矣。 13.22

武王之伐殷也，革車三百兩，虎賁三千人。王曰："無畏，寧爾也，非敵百姓也。"若崩厥角稽首。 14.4

吾今而後知殺人親之重也：殺人之父，人亦殺其父；殺人之兄，人亦殺其兄。然則非自殺之也，一閒耳。 14.7

惡似而非者；惡莠，恐其亂苗也；惡佞，恐其亂義也；惡利口，恐其亂信也；惡鄭聲，恐其亂樂也；惡紫，恐其亂朱也；惡鄉原，恐其亂德也。君子反經而已矣，經正，則庶民興；庶民興，斯無邪慝矣。 14.37

X(丅)

挾太山以超北海，語人曰我不能，是誠不能也；爲長者折枝，語人曰我不能，是不爲也，非不能也。故王之不王，非挾太山以超北海之類也；王之不王，是折枝之類也。 1.7

先王無流連之樂，荒亡之行，惟君所行也。 2.4

昔者文王之治岐也，耕者九一，仕者世禄，關市譏而不征，澤梁無禁，罪人不孥。老而無妻曰鰥，老而無夫曰寡，老而無子曰獨，幼而無父曰孤，此四者，天下之窮民而無告者。文王發政施仁，必先斯四者。《詩》云：哿矣富人，哀此煢獨。 2.5

凶年飢歲，君之民，老弱轉乎溝壑，壯者散而之四方者幾千人矣。而君之倉廩實，府庫充，有司莫以告，是上慢而殘下也。 2.12

昔者太王居邠，狄人侵之，去之岐山之下居焉。非擇而取之，不得已也。苟爲善，後世子孫必有王者矣。 2.14

行或使之，止或尼之，行止非人所能也。吾之不遇魯侯，天也，臧氏之子焉能使予不遇哉？ 2.16

昔者曾子謂子襄曰：子好勇乎？吾嘗聞大勇於夫子矣：自反而不縮，雖褐寬博，吾不惴焉；自反而縮，雖千萬人，吾往矣。 3.2

邪辭知其所離。 3.2

行一不義、殺一不辜而得天下，皆不爲也。 3.2

先王有不忍人之心，斯有不忍人之政矣。 3.6

賢君必謙恭禮下，取於民有制。 5.3

夏曰校，殷曰序，周曰庠，學則三代共之，皆所以明人倫也。人倫明於上，小民親於下。有王者起，必來取法，是爲王者師也。 5.3

契爲司徒，教以人倫：父子有親，君臣有義，夫婦有别，長幼有叙，朋友有信。 5.4

昔者孔子没，三年之外，門人治任將歸，入揖於子貢，相嚮而哭，皆失聲，然後歸；子貢反，築室於場，獨居三年，然後歸。 5.4

昔齊景公田，招虞人以旌，不至，將殺之。志士不忘在溝壑，勇士不忘喪其元。孔子奚取焉？取非其招不往也。 6.1

脅肩諂笑，病于夏畦。 6.7

昔者禹抑洪水而天下平，周公兼夷狄、驅猛獸而百姓寧，孔子成《春秋》而亂臣賊子懼。 6.9

小國師大國而恥受命焉，是猶弟子而恥受命於先師也。如恥之，莫若師文王。師文王，大國五年，小國七年，必爲政於天下矣。 7.7

信於友有道，事親弗悦，弗信於友矣。 7.12

胸中正，則眸子瞭焉；胸中不正，則眸子眊焉。聽其言，觀其眸子，人焉廋哉？ 7.15

西子蒙不潔，則人皆掩鼻而過之；雖有惡人，齊戒沐浴，則可以祀上帝。 8.25

昔者有饋生魚於鄭子産，子産使校人畜之池。校人烹之，反命曰：始舍之，圉圉焉，

少則洋洋焉,攸然而逝。子産曰:得其所哉,得其所哉!校人出曰:孰謂子産智?予既烹而食之,曰得其所哉,得其所哉。 9.2

孝子之至,莫大乎尊親;尊親之至,莫大乎以天下養。爲天子父,尊之至也;以天下養,養之至也。 9.4

學問之道無他,求其放心而已矣。 11.11

心之官則思,思則得之,不思則不得也。此天之所與我者。先立乎其大者,則其小者不能奪也。此爲大人而已矣。 11.15

徐行後長者謂之弟,疾行先長者謂之不弟。夫徐行者,豈人所不能哉?所不爲也。 12.2

先生以利説秦楚之王,秦楚之王悦於利以罷三軍之師,是三軍之士樂罷而悦於利也。先生以仁義説秦楚之王悦於仁義而罷三軍之師,是三軍之士樂罷而悦於仁義也。 12.4

先名實者,爲人也;後名實者,自爲也。 12.6

行之而不著焉,習矣而不察焉,終身由之而不知其道者,衆也。 13.5

西伯善養老者,制其田里,教之樹畜,導其妻子使養其老。五十非帛不煖,七十非肉不飽,不煖不飽,謂之凍餒。文王之民無凍餒之老者。 13.22

形色,天性也,惟聖人然後可以踐形。 13.39

挾貴而問,挾賢而問,挾長而問,挾有勳勞而問,挾故而問,皆所不答也。 13.44

犧牲既成,粢盛既絜,祭祀以時,然而旱乾水溢,則變置社稷。 14.14

賢者以其昭昭使人昭昭,今以其昏昏使人昭昭。 14.20

鄉原,德之賊也。 14.37

Yy(丨、ㄡ、ㄩ)

以五十步笑百步則何如? 1.3

養生喪死無憾,王道之始也。 1.3

緣木而求魚。 1.7

焉有仁人在位罔民而可爲也? 1.7

與百姓同樂,則王矣。 2.1

一人衡行於天下,武王恥之,此武王之勇也。 2.3

樂民之樂者民亦樂其樂,憂民之憂者民亦憂其憂。樂以天下,憂以天下,然而不王者,未之有也。 2.4

由湯至於武丁,賢聖之君六七作,天下歸殷久矣,久則難變也。紂之去武丁未久也,其故家遺俗、流風善政猶有存者,又有微子、微仲、王子比干、箕子、膠鬲,皆賢人也,相與輔相之,故久而後失之也。 3.1

淫辭知其所陷。 3.2

有若曰:自生民以來,未有盛於孔子也。 3.2

以力假仁者霸，霸必有大國；以德行仁者王，王不待大。以力服人者，非心服也，力不贍也；以德服人者，中心悦而誠服也，如七十子之服孔子也。 3.3

以不忍人之心，行不忍人之政，治天下可運之掌上。 3.6

禹聞善言則拜。 3.8

域民不以封疆之界，固國不以山谿之險，威天下不以兵革之利。得道者多助，失道者寡助。寡助之至，親戚畔之；多助之至，天下順之。以天下之所順，攻親戚之所畔，故君子有不戰，戰必勝矣。 4.1

焉有君子而可以貨取乎？ 4.3

有官守者不得其職則去，有言責者不得其言則去。 4.5

有賤丈夫焉，必求龍斷而登之，以左右望而罔市利。人皆以爲賤，故從而征之。征商自此賤丈夫始矣。 4.10

顔淵曰："舜何人也？予何人也。"有爲者亦若是。 5.1

有恒産者有恒心，無恒産者無恒心。苟無恒心，放辟邪侈無不爲已，及陷乎罪，然後從而刑之，是罔民也。焉有仁人在位罔民而可爲也？ 5.3

有大人之事，有小人之事。且一人之身而百工之所爲備，如必自爲而後用之，是率天下而路也。故曰或勞心，或勞力；勞心者治人，勞力者治於人；治於人者食人，治人者食於人，天下之通義也。 5.4

禹八年於外，三過其門而不入，雖欲耕，得乎？ 5.4

堯以不得舜爲己憂，舜以不得禹、皋陶爲己憂。夫以百畝之不易爲己憂者，農夫也。是故以天下與人易，爲天下得人難。堯舜之治天下，豈無所用心哉？亦不用於耕耳。 5.4

有楚大夫於此，欲其子之齊語也，則使齊人傅諸，使楚人傅諸？ 6.6

堯舜既没，聖人之道衰，暴君代作，壞宫室以爲汙池，民無所安息；棄田以爲園囿，使民不得衣食。邪説暴行又作，園囿汙池沛澤多而禽獸至。及紂之身，天下又大亂。 6.9

楊朱、墨翟之言盈天下，天下之言不歸楊則歸墨。楊氏爲我，是無君也；墨氏兼愛，是無父也。無父無君，是禽獸也。楊墨之道不息，孔子之道不著，是邪説誣民，充塞仁義。仁義充塞，則率獸食人，人將相食。吾爲此懼，閑先聖之道距楊墨，放淫亂，邪説者不得作。 6.9

堯舜之道不以仁政，不能平治天下。今有仁心仁聞而民不被其澤，不可法於後世者，不行先王之道也。 7.1

欲爲君，盡君道；欲爲臣，盡臣道。二者皆法堯舜而已矣。不以舜之所以事堯事君，不敬其君者也；不以堯之所以治民治民，賊其民者也。 7.2

欲無敵於天下而不以仁，是猶執熱而不以濯也。 7.7

悦親有道，反身不誠，不悦於親矣。 7.12

有不虞之譽，有求全之毁。 7.21

言人之不善，當如後患何？ 8.9

養生者不足以當大事，惟送死可以當大事。 8.13

以善服人者，未有能服人者也；以善養人，然後能服天下。 8.16

言無實不祥。不祥之實，蔽賢者當之。 8.17

原泉混混，不舍晝夜，盈科而後進，放乎四海。有本者如是，是之取爾。苟爲無本，七八月之閒雨集，溝澮皆盈；其涸也，可立而待也。故聲聞過情，君子恥之。 8.18

禹惡旨酒而好善言。 8.20

予未得爲孔子徒也，予私淑諸人也。 8.22

有人於此，其待我以橫逆，則君子必自反也：我必不仁也，必無禮也，此物奚宜至哉？其自反而仁矣，自反而有禮矣，其橫逆由是也，君子必自反也：我必不忠。自反而忠矣，其橫逆由是也，君子曰：此亦妄人也已矣，如此則與禽獸奚擇哉？於禽獸又何難焉？是故君子有終身之憂，無一朝之患也。 8.28

禹稷當平世，三過其門而不入，孔子賢之；顏子當亂世，居於陋室，一簞食，一瓢飲，人不堪其憂，顏子不改其樂，孔子賢之。禹思天下有溺者由己溺之也，稷思天下有飢者由己飢之也，是以如是其急也。禹稷顏子易地則皆然。 8.29

堯崩，三年之喪畢，舜避堯之子於南河之南，天下諸侯朝覲者不之堯之子而之舜，訟獄者不之堯之子而之舜，謳歌者不謳歌堯之子而謳歌舜。故曰天也。夫然後之中國踐天子位焉。 9.5

伊尹相湯以王於天下，湯崩，太丁未立，外丙二年，仲壬四年，太甲顛覆湯之典刑，伊尹放之於桐三年。太甲悔過，自怨自艾，於桐處仁遷義，三年以聽伊尹之訓己也，復歸于亳。 9.6

伊尹耕於有莘之野而樂堯舜之道焉，非其義也，非其道也，禄之以天下弗顧也，繫馬千駟弗視也；非其義也，非其道也，一介不以與人，一介不以取諸人。湯使人以幣聘之，囂囂然曰：我何以湯之聘幣爲哉？我豈若處畎畝之中，由是以樂堯舜之道哉？湯三使往聘之，既而幡然改曰：與我處畎畝之中由是以樂堯舜之道，吾豈若使是君爲堯舜之君哉？吾豈若使是民爲堯舜之民哉？吾豈若於吾身親見之哉？ 9.7

伊尹曰："何事非君？何使非民？"治亦進，亂亦進，曰："天之生斯民也，使先知覺後知，使先覺覺後覺。予，天民之先覺者也，予將以此道覺此民也。"思天下之民匹夫匹婦有不與被堯舜之澤者，若己推而内之溝中。其自任以天下之重也。伊尹，聖之任者也。 10.1

用下敬上謂之貴貴，用上敬下謂之尊賢。貴貴尊賢，其義一也。 10.3

禦人於國門之外。 10.4

悦賢不能舉，又不能養也，可謂悦賢乎？ 10.6

堯之於舜也，使其子九男事之，二女女焉，百官牛羊倉廩備，以養舜於畎畝之中，後舉而加諸上位，故曰王公之尊賢者也。 10.6

欲見賢而不以其道，猶欲其人而閉之門也。夫義，路也；禮，門也。惟君子能由是路，出入是門也。 10.7

一鄉之善士斯友一鄉之善士，一國之善士斯友一國之善士，天下之善士斯友天下之善士。以友天下之善士爲未足，又尚論古之人，頌其詩，讀其書，不知其人可乎？是以論其世也。是尚友也。 10.8

易生之物，一日暴之，十日寒之，未有能生者也。 11.9

弈秋，通國之善弈者也。 11.9

魚我所欲也，熊掌亦我所欲也，二者不可得兼，舍魚而取熊掌者也。 11.10

一簞食，一豆羹，得之則生，弗得則死，嘑爾而與之，行道之人弗受；蹴爾而與之，乞人不屑也。萬鍾則不辯禮義而受之，萬鍾於我何加焉？ 11.10

飲食之人則人賤之也，爲其養小以失大也。飲食之人無有失也，則口腹豈適爲尺寸之膚哉？ 11.14

有天爵者，有人爵者。仁義忠信、樂善不倦，此天爵也；公卿大夫，此人爵也。古之人脩其天爵而人爵從之。今之人脩其天爵以要人爵，既得人爵而棄其天爵，則惑之甚者也，終亦必亡而已矣。 11.16

欲貴者，人之同心也。人人有貴於己者，弗思耳矣。人之所貴者，非良貴也。《詩》云："既醉以酒，既飽以德。"言飽乎仁義也，所以不願人之膏粱之味也；令聞廣譽施於身，所以不願人之文繡也。 11.17

堯舜之道，孝弟而已矣。 12.2

虞不用百里奚而亡，秦繆公用之而霸。 12.6

殃民者，不容於堯舜之世。 12.8

由今之道，無變今之俗，雖與之天下，不能一朝居也。 12.9

欲輕之於堯舜之道者，大貉小貉也；欲重之於堯舜之道者，大桀小桀也。 12.10

訑訑之聲音顔色距人於千里之外，士止於千里之外，則讒諂面諛之人至矣。與讒諂面諛之人居，國欲治，可得乎？ 12.13

予不屑之教誨也者，是亦教誨之而已矣。 12.16

殀壽不貳，脩身以俟之，所以立命也。 13.1

以佚道使民，雖勞不怨；以生道殺民，雖死不怨殺者。 13.12

有事君人者，事是君則爲容悦者也；有安社稷臣者，以安社稷爲悦者也；有天民者，達可行於天下而後行之者也；有大人者，正己而物正者也。 13.19

易其田疇，薄其稅斂，民可使富也。食之以時，用之以禮，財不可勝用也。 13.23

欲知舜與蹠之分，無他，利與善之閒也。 13.25

楊子取爲我，拔一毛而利天下，不爲也。 13.26

有爲者辟若掘井，掘井九軔而不及泉，猶爲棄井也。 13.29

堯舜，性之也；湯武，身之也；五霸，假之也。 13.30

伊尹曰：予不狎于不順，放太甲于桐，民大悦；太甲賢，又反之，民大悦。 13.31

以其小者信其大者，奚可哉？ 13.34

於不可已而已者，無所不已；於所厚者薄，無所不薄也。其進鋭者，其退速。 13.45

堯舜之知不徧物，急先務也；堯舜之仁不徧愛人，急親賢也。 13.47

有人曰，我善爲陳，我善爲戰。大罪也！國君好仁，天下無敵焉。 14.4

有布縷之征，粟米之征，力役之征。君子用其一，緩其二；用其二而民有殍，用其三而父子離。 14.27

言近而指遠者，善言也。君子之言也，不下帶而道存焉。 14.32

堯舜，性之也；湯武，反之也。 14.33

言語必信，非以正行也。 14.33

養心莫善於寡欲。其爲人也寡欲，雖有不存焉者，寡矣；其爲人也多欲，雖有存焉者，寡矣。 14.35

閹然媚於世者，是鄉原也。 14.37

由堯舜至於湯，五百有餘歲，若禹、皋陶，則見而知之；若湯，則聞而知之。 14.38

Z、zh（ㄗ、ㄓ）

仲尼曰：始作俑者，其無後乎？ 1.4

仲尼之徒無道桓文之事者，是以後世無傳焉。 1.7

左右皆曰賢，未可也；諸大夫皆曰賢，未可也；國人皆曰賢，然後察之；見賢焉，然後用之。 2.7

賊仁者謂之賊，賊義者謂之殘，殘賊之人謂之一夫。聞誅一夫紂矣，未聞弑君也。 2.8

曾子曰：戒之戒之！出乎爾者，反乎爾者也。 2.12

曾子謂子襄曰：子好勇乎？吾嘗聞大勇於夫子矣：自反而不縮，雖褐寬博，吾不惴焉；自反而縮，雖千萬人，吾往矣。 3.2

志壹則動氣，氣壹則動志也。今夫蹶者趨者，是氣也，而反動其心。 3.2

宰我曰：以予觀於夫子，賢於堯舜遠矣。子貢曰：見其禮而知其政，聞其樂而知其德，由百世之後等百世之王，莫之能違也。自生民以來，未有夫子也。 3.2

尊賢使能，俊傑在位，則天下之士皆悦而願立於其朝矣。 3.5

子路，人告之以有過則喜。 3.8

曾子曰：晉楚之富不可及也。彼以其富，我以吾仁；彼以其爵，我以吾義，吾何慊乎哉？ 4.2

周公使管叔監殷，管叔以殷畔。知而使之，是不仁也；不知而使之，是不智也。 4.9

治於人者食人，治人者食於人，天下之通義也。 5.4

子夏、子張、子游以有若似聖人，欲以所事孔子事之，彊曾子。曾子曰：不可！江漢以濯之，秋陽以暴之，皜皜乎不可尚也。 5.4

志士不忘在溝壑，勇士不忘喪其元。 6.1

丈夫生而願爲之有室，女子生而願爲之有家，父母之心，人皆有之。 6.3

子不通功易事，以羡補不足，則農有餘粟，女有餘布；子如通之，則梓匠輪輿皆得食於子。 6.4

子謂薛居州善士也，使之居於王所。在於王所者，長幼尊卑皆薛居州也，王誰與爲不善？在王所者長幼尊卑皆非薛居州也。王誰與爲善？一薛居州獨如宋王何？ 6.6

曾子曰："脅肩諂笑，病於夏畦。"子路曰："未同而言，觀其色赧赧然，非由之所知也。"由是觀之，則君子之所養可知矣。 6.7

周公相武王誅紂，伐奄三年討其君，驅飛廉於海隅而戮之，滅國五十，驅虎豹犀象而遠之，天下大悦。 6.9

遵先王之法而過者，未之有也。 7.1

責難於君謂之恭，陳善閉邪謂之敬，吾君不能謂之賊。 7.1

自暴者不可與有言也，自棄者不可與有爲也。言非禮義謂之自暴也，吾身不能居仁由義謂之自棄也。 7.10

至誠而不動者，未之有也；不誠，未有能動者也。 7.12

諸侯有行文王之政者，七年之内，必爲政於天下矣。 7.13

争地以戰，殺人盈野；争城以戰，殺人盈城，此所謂率土地而食人肉，罪不容於死。故善戰者服上刑，連諸侯者次之，辟草萊、任土地者次之。 7.14

曾子養曾晳，必有酒肉；將徹，必請所與；問有餘，必曰有。曾晳死，曾元養曾子，必有酒肉；將徹，不請所與；問有餘，曰亡矣，將以復進也：此所謂養口體者也。若曾子，則可謂養志也。 7.19

子産聽鄭國之政，以其乘輿濟人於溱洧。孟子曰：惠而不知爲政。歲十一月徒杠成，十二月輿梁成，民未病涉也。君子平其政，行辟人可也，焉得人人而濟之？故爲政者每人而悦之，日亦不足矣。 8.2

中也養不中，才也養不才，故人樂有賢父兄也。如中也弃不中，才也弃不才，則賢不肖之相去，其間不能以寸。 8.7

仲尼不爲已甚者。 8.10

左右逢其原。 8.14

周公思兼三王以施四事，其有不合者，仰而思之，夜以繼日，幸而得之，坐以待旦。 8.20

責善，朋友之道也；父子責善，賊恩之大者。 8.30

至於禹而德衰，不傳於賢而傳於子。 9.6

自怨自艾。 9.6

智譬則巧也，聖譬則力也。由射於百步之外也，其至，爾力也；其中，非爾力也。 10.1

尊者賜之,曰其所取之者義乎不義乎?而後受之,以是爲不恭,故弗卻也。 10.4

諸侯失國而後託於諸侯,禮也;士之託於諸侯,非禮也。 10.6

在國曰市井之臣,在野曰草莽之臣,皆謂庶人。 10.7

周道如底,其直如矢,君子所履,小人所視。 10.7

至於味,天下期於易牙,是天下之口相似也;惟耳亦然,至於聲,天下期於師曠,是天下之耳相似也;惟目亦然,至於子都,天下莫不知其姣也,不知子都之姣者,無目者也。至於心,獨無所同然乎? 11.7

指不若人則知惡之,心不如人則不知惡,此之謂不知類也。 11.12

紾兄之臂而奪之食則得食,不紾則不得食,則將紾之乎?踰東家牆而摟其處子則得妻,不摟則不得妻,則將摟之乎? 12.1

子服堯之服,誦堯之言,行堯之行,是堯而已矣;子服桀之服,誦桀之言,行桀之行,是桀而已矣。 12.2

長君之惡其罪小,逢君之惡其罪大。 12.7

知其性,則知天矣。存其心,養其性,所以事天也。 13.1

知命者不立巖牆之下。桎梏死者,非正命也。 13.2

尊德樂義,則可以囂囂矣。 13.9

中天下而立,定四海之民,君子樂之,所性不存焉。 13.21

執中無權,猶執一也。所惡執一者,爲其賊道也,舉一而廢百也。 13.26

知者無不知也,當務之爲急;仁者無不愛也,急親賢之爲務。 13.47

征者,上伐下也,敵國不相征也。 14.2

征之爲言,正也,各欲正己也,焉用戰? 14.4

梓匠輪輿能與人規矩,不能使人巧。 14.5

周於利者凶年不能殺,周於德者邪世不能亂。 14.10

諸侯危社稷則變置。 14.14

諸侯之寶三:土地、人民、政事。寶珠玉者殃必及身。 14.28